Dà Yuán City
The Idea and Spatial Structure of Chinese Capital Cities

大元都市
中国都城の理念と空間構造

布野修司
Shuji Funo

京都大学学術出版会

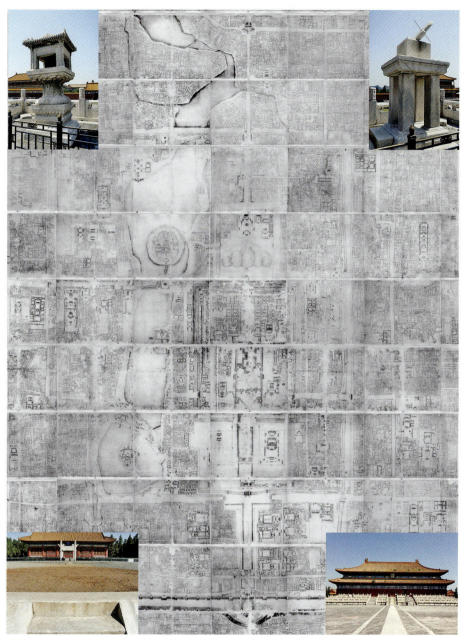

口絵1 『乾隆京城全図』(1750年)宮城部分(中国国家第一資料館所蔵).太和殿前の嘉量・日暑(上左右),社稷壇・太廟(下左右)(写真:布野修司)

『乾隆京城全図』は,縮尺600分の1,北京全図を北から17排(行)に分かち,毎排を東路・中路・西路の3列に画する.各排3冊,全体で51冊からなる.全てを繋げると高さ14.1m,幅13.2mになる.民国24(1935)年に故宮内内務府造辦処興図房で発見された.1戸1戸の四合院住居を判別できる.

本書は,乾隆帝の命によって1750年頃作製された『乾隆京城全図』と今日の北京の現状を比較することによって,大都の設計計画を解き明かす.

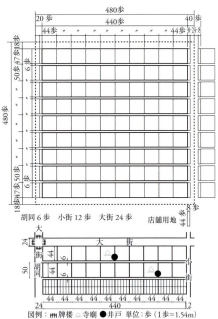

口絵2 北京の中軸線．鐘楼から南鼓楼を望む（上），観象台の観測機器（紀限儀 1673 年（左中）と璣衡撫辰儀 1744 年（左下））（写真：布野修司），大都の基本街区（右中下）（布野修司作成）

天地の空間，時間を統合的に把握，管理するのが天子である．そして，中国都城の中心に位置するのはその天子の宮城である．しかし，大都の中心に置かれたのは「中心台」（鼓楼─鐘楼）である．そして，東南隅に観象台が設置された．モンゴルの伝統における中心は移動する宮廷であって，その都城を固定するためには場所の時空を設定する必要があった．そして，軍団の秩序を維持するために街区と宅地の区画を厳格に管理する必要があった．全体は 480 歩×480 歩の街区を単位として区画され，胡同を挟む基本街区は 8 畝（44 歩×44 歩）の正方形の宅地 10 から構成されていた．詳細は第Ⅴ章 2-3．

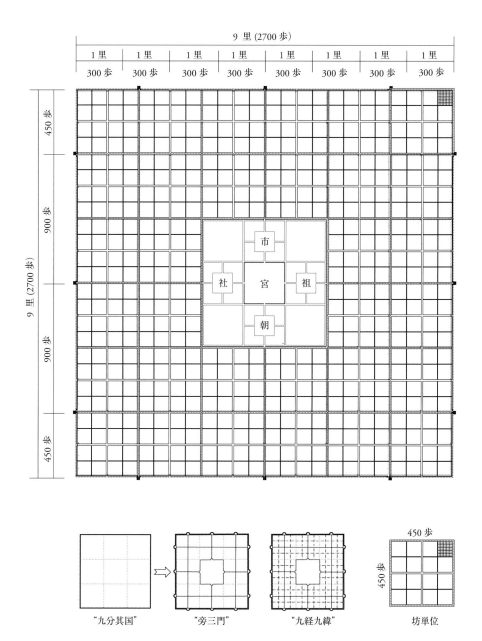

口絵 3 『周礼』都城モデル 布野修司試案(作図:井上悠紀).下図 九分其国→旁三門→九経九緯
(出典:張蓉 (2010))

中国都城の基本モデルを叙述する史料として古来一貫して言及されてきたのが『周礼』「考工記」「匠人営国」条である.その解釈をめぐって議論は終息することはないであろうが,そもそも問題は,「方九里,旁三門,国中九経九緯」をすっきりと体系的に図式化できないことである.その断片的な引用による拡大解釈をあらかじめ排除するためにも,解釈のための前提条件ははっきりさせておく必要がある.諸説を検討した上での一試案である.詳細は第Ⅰ章3.

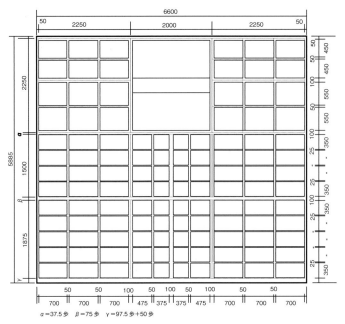

寸法体系（図Ⅲ-3-7）

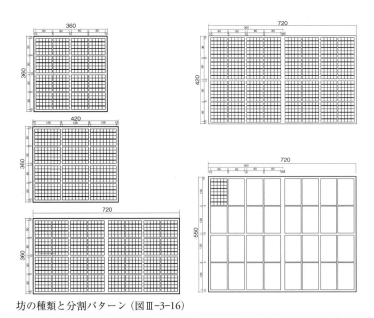

坊の種類と分割パターン（図Ⅲ-3-16）

口絵4　大興城（長安）の設計図（宇文愷）―長安都城モデル　布野修司案（作図：布野修司）

実測値をもとにまず基準グリッドを明らかにした．極めて単純な寸法によってまず全体の区画割りがなされている．続いて，街区体系と街路幅員について検討し，通説を否定して，街路幅員については，50歩，100歩を単位とする．街区モデルは5種，街区の内部分割については，方1里（360歩×360歩），1畝＝240平方歩を単位とする案となる．詳細は第Ⅲ章3-3．

口絵5　中都復元図（上　元中都博物館（河北省張北県））．元上都遺址（下左　Google Earth），上都遺址（下右上）と中都遺址（下右下）（写真：布野修司）

劉秉忠によって設計された元上都は大元ウルスの陪都であり，首都圏域に設けられたいくつかの小城のモデルとなる．武宗（カイシャン）によって建てられた中都もそうで，方一里を宮城とするが，皇帝の宮殿を明快に中心に配置する．また左右相称の形式を徹底するモデルとなっている．詳細は第Ⅴ章2-2，4．

口絵6　カラ・コルム　（復元模型：ハラホリン博物館　写真：趙沖・布野修司）

大モンゴル・ウルスの最初の都カラ・コルムの南には，16世紀末にチベット仏教寺院として建設されたエルデネ・ゾー（写真中央左）が位置する．ドローンによる空撮によると十字街の跡がうっすらと分かる．オゴデイ・カーンの寺院が発掘中である（写真中央右，2014年）．ハラホリン博物館には詳細な復元模型が展示されているが，十字街は漢風の住宅街，北東にはゲル群，北門と東門北には中庭式住宅のイスラーム地区という3つの街区形態（都市組織）（写真下）をもつ実にユニークな都市であった．詳細は第Ⅴ章2-1．

口絵7　盛京・瀋陽故宮（Google Earth，写真：布野修司）

清北京の陪都盛京は，満州国の太祖ヌルハチによって建設された．井の字（ナインスクエア）型の街区分割（写真下左『盛京城闕図』），東西南北への4塔の配置（写真下右下）など天人合一の理念をもとにする満州（女真・女直）族の都城として清北京の起源となる都城モデルの1つである．そして，興味深いのはヌルハチによる大政殿（八角殿）を北に置いて東西に十王殿が並ぶ配置である（写真下右上）．八旗制による軍団編成は都城の空間構成原理となり，清北京にも貫かれる．詳細は第V章4-1．

口絵 8　古都の変貌―大雑院と城中村（写真：布野修司）

西安，洛陽，開封，杭州，南京，そして北京，中国の古都は著しく変貌しつつある．中国都城の街区組織の細胞であった四合院は姿を消しつつあり，その極めて体系的な住居システムは失われつつある．四合院に複数の世帯が居住する大雑院化が進行し，ムラ化したコミュニティ（城中村）が形成される一方，高層アパート居住が一般化しつつある．

大元都市

中国都城の理念と空間構造

Dà Yuán City
The Idea and Spatial Structure of Chinese Capital Cities

布野修司

大元都市

目　次

目次

□本書は，ＱＲコードに対応しております．
□本書中のＱＲコードをスマートフォン（iPhone, Android）で読み込むことで，京都大学地域研究統合情報センター（CIAS）のデータベース中の写真資料にアクセスすることができます．それぞれの図版に関わって，街区景観の年度比較や，古建築の現地調査写真などがカラーで確認できます．
□なお，全ての図版の著作権は，著者に帰属します．私的使用の範囲を超えて許可なく使用・複製・複写・改変・加工・転載等することを禁じます．
□本サービスの利用によって生じたあらゆる損害に関して，当会は一切の責任を負いかねます．また，本サービスは，予告なく変更，全部又は一部の利用停止，廃止されることがあります．あらかじめご了承ください．

口　絵　i
図表リスト　xvii

はじめに ── 1

序章　中国都城論─問題点と課題 ── 5

1　『中国の帝都』　7

2　中国都市論　9

3　都城とコスモロジー　13

4　都市のネットワーク　16

5　中国都城の類型：理念・変異・変容　18

6　都市組織─住居類型とその変容　25

第Ⅰ章　中国都城の理念 ── 29

Ⅰ-1　「中国」という「宇宙」　31

1-1　天下─中国と四夷　31
1-2　九州・五服・八紘　34

1-3　天円地方・天干地支　　40

　I-2　**中国における空間分割システム—土地・集落・都市**　　46

　　2-1　土地分割　　46
　　2-2　集住単位　　63
　　2-3　単位寸法—尺・歩・里・畝　　74

　Column 1　**条里制・条坊制**　　80

　　条里モデル　　80
　　条里制　　82
　　条坊地割　　85
　　100 畝 ＝ 100 歩 × 100 歩　　88

　I-3　**中国都城の基本モデル—『周礼』「考工記」**　　90

　　3-1　『周礼』　　92
　　3-2　「考工記」「匠人営国」条　　95
　　3-3　『周礼』「考工記」の諸解釈　　101
　　3-4　『周礼』都城モデル　　113

第Ⅱ章　中国都城の起源　　121

　II-1　**中国都市の興亡**　　123

　　1-1　都市の発生—X 地域　　123
　　1-2　城郭の民—「中国」化・植民地化・都市化　　127
　　1-3　遊牧世界と農耕世界　　130

　II-2　**中国都城の初期形態**　　133

　　2-1　王都の原像　　134
　　2-2　春秋戦国時代の国都　　140
　　2-3　初期都城の類型　　142

　II-3　**最初の帝都—宇宙の中心としての咸陽**　　148

　　3-1　雍　　149
　　3-2　咸陽　　153

3-3　始皇帝の宇宙　155

　Column 2　陵寝・壇廟―皇帝祭祀　169

第Ⅲ章　西安・洛陽―中国都城の原郷 ―――――――― 181

Ⅲ-1　前漢長安―城壁・宮城・復道　184

　　1-1　長安造営　185
　　1-2　長安城の形態　188
　　1-3　諸施設の配置　193
　　1-4　閭里―住区の構成　198

Ⅲ-2　漢魏洛陽―太極殿・北闕・坊墻制　202

　　2-1　北宮・南宮―後漢洛陽　202
　　2-2　太極殿―魏晋洛陽　205
　　2-3　鄴　207
　　2-4　坊墻制―北魏平城　213
　　2-5　中国都城の原像―北魏洛陽　223

　Column 3　太極殿と大極殿―宮闕の空間構造　230

Ⅲ-3　天可汗の都―隋唐長安都城モデル　239

　　3-1　宇文愷　240
　　3-2　西京―隋唐長安　243
　　3-3　大興城の設計図　247
　　3-4　東京―隋唐洛陽　268

　Column 4　渤海　276

Ⅲ-4　回族居住地区　287

　　4-1　長安から西安へ　287
　　4-2　西安と回族　293
　　4-3　社区の構成　296
　　4-4　住居類型とその変容　306
　　4-5　棲み分けの構造　315

第Ⅳ章　開封・杭州・南京―中国都城の変容　　319

Ⅳ-1　開封　322

- 1-1　開封の都市形成　322
- 1-2　北宋開封　324
- 1-3　開封―文殊寺・学院門社区　337

Column 5　中国都城と建築師　350

Ⅳ-2　杭州　367

- 2-1　杭州の都市形成　368
- 2-2　南宋臨安　376
- 2-3　杭州―姚園寺巷・梅花碑社区（五柳巷歴史街区）　386

Ⅳ-3　南京　398

- 3-1　建康　400
- 3-2　明南京　406
- 3-3　南京旧城の変容　417
- 3-4　南京―中華門・門西地区　422

第Ⅴ章　北京―中国都城の清華　437

Ⅴ-1　大都以前の北京　440

- 1-1　薊城・幽州城　440
- 1-2　燕京―キタイ（契丹，遼）の五京　442
- 1-3　中都―金の首都　456

Ⅴ-2　天（テングリ）の都―大都　460

- 2-1　黒砂の都―カラ・コルム　464
- 2-2　夏の都―上都　467
- 2-3　世界都市―大都　472
- 2-4　元中都　497

Column 6　暦法　500

V-3　明北京　504

   3-1　燕王府　505
   3-2　北京遷都　506
   3-3　明北京の設計計画　509

Column 7　四合院　515

V-4　『乾隆京城全図』(1750)の北京　527

   4-1　盛京―大清都城の原像　528
   4-2　乾隆帝　537
   4-3　北京1750　539

V-5　北京の変容　569

   5-1　北京の20世紀　569
   5-2　朝陽門地区　573
   5-3　北京中軸線　580

終　章　都市組織研究へ──────────────────593

   1　宇宙の組織原理―中国都城の史的展開　596
   2　数の体系：里・畝・歩―中国都城の設計計画　604
   3　城中村と大雑院―中国都城の変容パターン　609
   4　店屋の世界史―都市組織研究のさらなる展開　610

   おわりに　615
   参考文献　621
   索　　引　647

図表リスト

序　章

図序-1　ユーラシアの都城と文明圏（作図：布野修司，参照文献：応地利明（2012），妹尾達彦（2009））の遊牧・農耕圏，陸域・海域交通圏の概念図）
図序-2　都城とコスモロジー（作図：布野修司）
図序-3　中国都城の変遷（作図：川井操）

第 I 章

I–1
図 I-1-1　天下四海図（出典：渡辺信一郎（2003））
図 I-1-2　九州　『孟子』梁惠王上（作図：布野修司）
図 I-1-3　a 五服　『史記』夏本紀（作図：布野修司）　b 弼成五服図（出典：『欽定書経図経』）　c 堯五服図（出典：『三才図絵』）　d 禹五服図（出典：『三才図絵』）
図 I-1-4　黄道十二次二十八宿（出典：李志超（2012））
図 I-1-5　漢代日時計　1897 年内蒙古托克托出土（出典：中国国家博物館）

I–2
図 I-2-1　a 井田制　b 都邑の構成　『周礼』地官司徒　c 五家爲鄰，五鄰爲里，四里爲酇，五酇爲鄙，五鄙爲縣，五縣爲遂（出典：『周礼』「地官」司徒遂人，作図：布野修司）
図 I-2-2　友延新田　私田百畝の図（出典：岡山県備前市）
図 I-2-3　a 阡陌モデル　木村正雄　bc 阡陌モデル（作図：林裕，出典：古賀登（1980））
図 I-2-4　abc 代田法の耕区設定　d 単位耕区の変化と亭分（出典：佐竹靖彦（2006））
図 I-2-5　a 県・郷・亭概念図　b 午汲古城調査に基づく漢代郷（亭）里想像復元図　出典：宮崎市定（1957），cd 阡陌モデル　米田賢次郎（作図：林裕，出典：古賀登（1980））
図 I-2-6　阡陌モデル　楠山修作（作図：林裕，出典：古賀登（1980））
表 I-2-1　一里戸数，一亭戸数，一家あたり耕地面積（出典：佐竹靖彦（2006））
表 I-2-2　防牆制の変遷　妹尾達彦（魏晋南北朝隋唐時代史の基本問題編集委員会（1997））
表 I-2-3　現存歴代古尺表（出典：藪田嘉一郎（1969））

I–3
図 I-3-1　『周礼』王城図　a 宋・聶崇義の『三礼図』「周王城図」　b『元河南志』「周王城図」　c『永楽大典』巻 9561（『河南志』収録）　d 清・戴震の『考工記図』　e『欽定礼記義疏』付録『禮器図』「朝市廛里図」
図 I-3-2　中国都城モデル（出典：応地利明（2011））
図 I-3-3　アマラプラとマンダレー（出典：布野修司（2006，作図：ナウィット・オンサワンチャイ）
図 I-3-4　『周礼』「考工記」都城モデル（出典：賀業鉅（1985））
図 I-3-5　『周礼』「考工記」都城モデル（出典：王世仁（2001），作図：井上悠紀）

xvii

図 I-3-6　『周礼』「考工記」都城モデル（出典：張蓉（2010），作図：林裕）
図 I-3-7　基準グリッド（作図：布野修司）
図 I-3-8　『周礼』「考工記」都城モデル　布野修司
図 I-3-9　a『周礼』「考工記」都城街区モデル A　布野修司，b『周礼』「考工記」都城街区モデル B　布野修司
表 I-3-1　『周礼』「考工記」内容（出典：戴吾三編（2002））

第 II 章

II-1
図 II-1-1　中国都城の起源（作図：布野修司，ベースマップ：中国の集落遺址，譚其驤編 1982））
図 II-1-2　中国民族の形成（出典：李済（1943））
表 II-1-1　中国城邑建設の記録（出典：李済（1943））

II-2
図 II-2-1　二里頭遺跡（Google Earth，作図：許宏）
図 II-2-2　東都成周（出典：叶驍軍（1986））
図 II-2-3　中国古代都市遺構比較（出典：佐原康夫（2002），作図：布野修司）
図 II-2-4　中国都城の発展段階（「紙上考古学」）（出典：宮崎市定（1933）「中国都城の起源異説」（『宮崎市定全集 3 古代』岩波書店，1991 年））
図 II-2-5　曲阜（出典：『曲阜魯国故城』斉魯書社（1982），楊寛（1987））
表 II-2-1　春秋戦国時代の都城（作図：成浩源）

II-3
図 II-3-1　秦の東漸（作図：布野修司）
図 II-3-2　a 秦都雍城の宮殿遺跡構造図（出典：『考古与文物』1985 年 2 期），b 馬家荘 1 号建築遺構（出典：『文博』1986 年 1 期）
図 II-3-3　成都（Google Earth）　b 成都（四川省文史館（1987））
図 II-3-4　始皇帝の国土軸（作図：布野修司）
図 II-3-5　始皇帝の宇宙幾何学（出典：中野美代子（1991））
図 II-3-6　馳道（出典：鶴間和幸（2013））
図 II-3-7　始皇帝陵（出典：『考古』1962 年 8 期（叶驍軍 1986））
図 II-3-8　帝都咸陽のプラネタリウム（出典：鶴間和幸）

第 III 章

III-1
図 III-1-1　前漢長安城祉の実測図（出典：『新中国的考古収穫』（村田治郎 1982））
図 III-1-2　前漢長安城復元図（出典：鶴間和幸（2004））
図 III-1-3　前漢長安城の測定点（出典：宇野隆夫編（2010））

III-2
図 III-2-1　a 曹魏の鄴城（鄴北城）想定平面図，b 東魏の鄴城（鄴南城）想定平面図（出典：村田治郎（1982））
図 III-2-2　a 曹魏鄴　復元図（出典：段智鈞・趙娜冬（2011）），b 十六国後趙石虎鄴城復元図（出

　　　　典：段智鈞・趙娜冬（2011））
図 III-2-3　　北魏平城復元案（出典：応地利明（2011））
図 III-2-4　　北魏平城復元案（出典：段智鈞・趙娜冬（2011））
図 III-2-5　　北魏平城　大内の変遷（出典：段智鈞・趙娜冬（2011））
図 III-2-6　　北魏洛陽復元図（出典：賀業鋸（1985））
図 III-2-7　　北魏洛陽城平面復元図（出典：塩沢裕仁（2010））
表 III-2-1　　五胡十六国の都城（出典：川本芳昭（2005），作表：呉宝音）

III-3
図 III-3-1　　長安条坊図（出典：愛宕元（徐松撰・愛宕元訳注 1994））
図 III-3-2　　長安城実測復元図　宿白
図 III-3-3　　隋大興・唐長安平面分析図（出典：傅熹年（2001））
図 III-3-4　　隋唐長安基準グリッド（作成：布野修司）
図 III-3-5　　長安城復元案　王暉（王貴祥（2008））
図 III-3-6　　隋唐長安の寸法体系（通説）（作図：布野修司）
図 III-3-7　　隋唐長安の寸法体系（布野修司案）（作成：布野修司）
図 III-3-8　　長安　坊の種類（作成：布野修司）
図 III-3-9　　長安　坊の基本分割（出典：王暉（王貴祥等 2008））
図 III-3-10　 長安　坊の基本分割（出典：欧陽恬之（王貴祥等（2008）），作図：布野修司）
図 III-3-11　 長安　坊内宅地配列のパターン（作図：布野修司）
図 III-3-12　 a 平康坊　b 宣陽坊（出典：賀従容（2012））
図 III-3-13　 坊の宅地分割パターン（出典：賀従容（2012））
図 III-3-14　 1 畝の土地（作成：布野修司）
図 III-3-15　 方 1 里の分割（作成：布野修司）
図 III-3-16　 長安　坊の種類と分割パターン（作成：布野修司）
図 III-3-17　 唐洛陽　a 宮城・皇城復元図（出典：王貴祥（2012））
図 III-3-18　 隋唐東都洛陽規劃分析図（出典：傅熹年（2001））
図 III-3-19　 洛陽　a 里坊モデル図　b 分割図（八院相対）　c 16 分割図

III-4
図 III-4-1　　a 新城　五代十国期，b 京兆府第　北宋期，c 奉元路城　元代，d 西安府城　明代　万
　　　　　　　 暦 39（1611）年，e 西安府城　清　雍正 13（1735）年（出典：史念回主編（1996））
図 III-4-2　　清末　西安府城の諸施設の分布（作成：川井操，出典：光諸 19（1893）年「西安府城」
　　　　　　　（史念回主編（1996））
図 III-4-3　　西安旧城地区と回族居住地区（作成：川井操）
図 III-4-4　　社区の構成（作成：川井操）
図 III-4-5　　諸施設の分布（作成：川井操）
図 III-4-6　　1930 年代における哲瑪堤の分布（作成：川井操）
図 III-4-7　　清真店の分布（作成：川井操）
図 III-4-8　　街路体系（作成：川井操）
図 III-4-9　　a 清代四合院（出典：大西國太郎 1995）　b 北院門 144 号（作図：諏訪雅央）
図 III-4-10　 実測住戸　街区 A（作成：川井操）
図 III-4-11　 宅地の類型（作成：川井操）
図 III-4-12　 住居の基本型（作成：川井操）

図 III-4-13　住居の類型（作成：川井操）
図 III-4-14　住居の変容パターン（作成：川井操）
図 III-4-15　棲み分けの構造（作成：川井操）

第 IV 章

図 IV-1-1　開封城祉の変遷（出典：李路珂（2012）他，作図：于航）
図 IV-1-2　坊牆制の崩壊　街路断面の変化（出典：李路珂（2012））
図 IV-1-3　開封復元諸図　a 張馭寰（2011）　b『事林広記』　c 張馭寰（2011）　d 張馭寰（2011）
図 IV-1-4　a『事林広記』，bcd 宋代開封大内の構成（出典：張馭寰（2011））
図 IV-1-5　宋代開封（作成：于航. 出典：孟元老『東京夢華録』劉春迎（2004, 2009）＋入矢義高・梅原郁訳注（1996））
図 IV-1-6　宋代開封の地区編成（出典：李路珂（2012），作図：成浩源）
図 IV-1-7　『清明上河図』と開封（出典：李路珂（2012））
図 IV-1-8　「邸店」（出典：張擇端『清明上河図』）
図 IV-1-9　開封城の変遷　a 光緒 33（1907）年，b 民国 3（1914）年，c 民国 8（1919）年，d 民国 28（1939）年（作図：于航）
図 IV-1-10　開封歴史保存地区（作図：于航）
図 IV-1-11　文殊寺社区・学院門社区　施設分布（作図：于航）
図 IV-1-12　文殊寺社区・学院門社区の変化（作図：于航）
図 IV-1-13　劉家住宅　1880 年（作図：于航）
図 IV-1-14　学院門社区　建築構造と階数（作図：于航）
図 IV-1-15　学院門社区　宅地形状と調査住居（作図：于航）
図 IV-1-16　学院門社区　住居類型（作図：于航）

IV-2
図 IV-2-1　杭州の都市形成（作図：榎本雅司）
図 IV-2-2　南宋杭州城の城門・水門と水路の名称（作図：榎本雅司）
図 IV-2-3　主要な宗教施設の位置（作図：榎本雅司）
図 IV-2-4　廂と坊巷位置図（出典：呉自牧・梅原郁訳注（2006））
図 IV-2-5　2000 年代の街路の変化（作図：榎本雅司）
図 IV-2-6　a 建物の取り壊し　2005 年-2010 年　b 建物の建設　2005 年-2010 年（作図：榎本雅司）
図 IV-2-7　姚園寺巷・梅花碑社区の位置（作図：榎本雅司）
図 IV-2-8　社区の概要（作図：榎本雅司）
図 IV-2-9　五都巷歴史街区　施設分布（作図：榎本雅司）
図 IV-2-10　a 五都巷歴史街区　建築構造　b 建築階数（作図：榎本雅司）
図 IV-2-11　a 五都巷歴史街区実測住居の位置　b 梅花碑社区の住居位置（作図：榎本雅司）
図 IV-2-12　住居類型（作図：榎本雅司）
表 IV-2-1　廂と坊巷名（出典：呉自牧・梅原郁訳注 2006））

IV-3
図 IV-3-1　南京　都城の変遷（出典：段智鈞（2012））
図 IV-3-2　六朝建康復元図　a 軸線　b 城坊グリッド方一里（出典：武廷海（2011））
図 IV-3-3　南朝建康宮城復元図（a 出典：傳熹年（2001），b 出典：郭湖生（1987），cd 出典：渡辺信一郎（2003））

図 IV-3-4　南朝建康宮城の変遷　a 東晋台城，b 南朝台城，c 南朝建康，d 南朝建康（出典：武廷海（2011））

図 IV-3-5　南朝建康復元図，a 台城周辺，b 東晋台城，c 東晋台城復元図，d 南唐建康（出典：武廷海（2011））

図 IV-3-6　六朝建康と明南京（出典：王剣英（2005））

図 IV-3-7　明中都　a 街坊後元図　b 皇城（出典：王剣英（2005））

図 IV-3-8　a 明南京城　b 応天府城と明皇城（出典：潘谷西主編（2001））

図 IV-3-9　明南京皇城・宮城（出典：張泉（1984））

図 IV-3-10　南京街路体系の変化（作成：井上悠紀）

図 IV-3-11　南京施設分布の変化 1889～1946（作成：井上悠紀）

図 IV-3-12　中華門・門西地区（作成：井上悠紀）

図 IV-3-13　中華門・門西地区　施設分布（作成：井上悠紀）

図 IV-3-14　a 中華門・門西地区　建築構造　b 中華門・門西地区　建物階数（作成：井上悠紀）

図 IV-3-15　中華門・門西地区　四合院（作成：井上悠紀）

図 IV-3-16　中華門・門西地区　調査住居（作成：井上悠紀）

図 IV-3-17　中華門・門西地区　住居類型（作成：井上悠紀）

図 IV-3-18　中華門・門西地区　住居類型の分布（作成：井上悠紀）

図 IV-3-19　中華門・門西地区　住居 No. 32，No. 34（作成：井上悠紀）

図 IV-3-20　中華門・門西地区　住居 No. 39（作成：井上悠紀）

図 IV-3-21　中華門・門西地区　住居類型の変容パターン（作成：井上悠紀）

第 V 章

V-1

図 V-1-1　北京の変遷（作図：呉宝音）

図 V-1-2　慶州城跡測量図（出典：田村実造・小林行雄（1952，1953）+ Google Earth）

図 V-1-3　上京臨潢府皇城（出典：向井佑介（遼文化・慶遼一帯調査報告書 2005））

図 V-1-4　a 南京幽都府・燕京モデル図（作成：布野修司），b 燕京実測図　（出典：李路珂・王南・胡介中・李青（2009））

図 V-1-5　中京大定府　『乗軺録』の中京（出典：張欽楠（2010））

図 V-1-6　唐雲州—遼西京—明大同（出典：傅熹年（2001））

図 V-1-7　a 金中都　b 皇城（出典：李路珂・王南・胡介中・李青（2009））

V-2

図 V-2-1　カラ・コルム（Google Earth，出典：白石典之（2002））

図 V-2-2　上都宮城皇城苑（出典：白石典之（2002）+ 原田淑人・駒井和愛（1941））

図 V-2-3　大都　a 瓊華島，b 宮城，c 東宮，d 興聖宮（出典：福田美穂（2009））

図 V-2-4　元大都施設分布（作図：呉宝音，出典：侯仁之編（1988））

図 V-2-5　元大都・坊の分布（作図：布野修司）

図 V-2-6　大都の寸法計画（傅熹年（2001））

図 V-2-7　大都の基本設計（作成：布野修司）

図 V-2-8　大都の基準グリッド（作成：布野修司）

図 V-2-9　大都の店舗の立地（出典：王南（2012））

図 V-2-10　北京の基本街区（作成：布野修司・鄧奕）

図 V-2-11　大都のモデル街区（作成：布野修司・鄧奕）
図 V-2-12　大都・中都・上都と交通路（出典：元中都博物館）
図 V-2-13　中都宮城（出典：元中都博物館）

V-3
図 V-3-1　a 北京燕王府　b 西安秦王府（出典：新宮学 (2004)）
図 V-3-2　明清北京城平面分析（出典：傅熹年 (2001)）
図 V-3-3　明外城計画図（出典：新宮学 (2012)）
図 V-3-4　明清北京の方位と尺度（出典：宇野隆夫・王維坤共編 (2008)）

V-4
図 V-4-1　a ヌルハチの都（出典：申忠一『建州紀程図記』）、b ヘトアラ城（出典：王茂生 (2010)）
図 V-4-2　盛京 ab ヌルハチの都城・宮城　c ホンタイジの盛京　d 清寧宮　e 清陪都盛京　f 盛京と満鉄付属地（出典：王茂生 (2010)）
図 V-4-3　『乾隆京城全図』
図 V-4-4　a 清北京行政区分（作図：鄧奕），b 明北京行政区分（作図：鄧奕））
図 V-4-5　甲喇「牛禄」の構成（作図：鄧奕）
図 V-4-6　街区南北幅と基本街区（作図：鄧奕）
図 V-4-7　北京の街区特性（作図：鄧奕）
図 V-4-8　王府の分布（作図：呉宝音，出典：于振生）
図 V-4-9　基本街区と四合院（作図：鄧奕，出典：陸翔・王其明 (1996)）
図 V-4-10　衛署・寺廟の分布（作図：呉宝音）
図 V-4-11　寺廟の分布（作図：鄧奕）
図 V-4-12　施設の規模　間口と奥行
図 V-4-13　明清宅地班給基準（出典：王貴祥 (2008)）
図 V-4-14　a 基本街区の分割パターン　b 基準宅地の分割パターン　c 基準宅地の分割プロセス（作図：鄧奕）
図 V-4-15　柵欄（出典：『乾隆京城全図』『康熙南巡図』）
図 V-4-16　a 王府井　b 井戸『乾隆京城全図』　c 井戸の分布（作図：鄧奕）
図 V-4-17　a『康熙南巡図』前門大街　b 舗面の分類（出典：王南 (2012)）
図 V-4-18　『康熙六旬萬寿盛典図』に描かれた店舗（出典：『清朝北京都市大図典』(滝本弘之 1998)）
図 V-4-19　店舗の 2 類型　a「前店後宅」と b「勾連搭」（出典：高村雅彦（陣内秀信・朱自煊・高村雅彦 (1998)））
図 V-4-20　店舗の分布（作成：呉宝音）
図 V-4-21　会館の分布（出典：王南 (2012)）

V-5
図 V-5-1　北京 1916-1949 の変化（作成：布野修司）
図 V-5-2　解放後の消失胡同
図 V-5-3　陳梁プラン（出典：王軍 (2003)，琿・多田麻美紀 (2008)）
図 V-5-4　朝陽門の胡同（作成：鄧奕）+『乾隆京城全図』の朝陽門
図 V-5-5　a 朝陽門建物用途，b 朝陽門建物階数分布，c 朝陽門大型施設分布，d 朝陽門胡同と入口（作成：鄧奕）

図 V-5-6　新大倉歴史文化保護区　四合院類型分布（出典：尼躍紅（2007））
図 V-5-7　四合院の類型　四合院の集合形式（出典：尼躍紅（2007））
図 V-5-8　a 北京胡同 2006（出典：北京市規劃委員会・北京市城市規劃設計研究院・北京建築工程学院（2008））　b 北京歴史文化保護区（出典：北京市規劃委員会（2002），北京市規劃委員会（2004））
図 V-5-9　北京の古建築　調査路線図（出典：李路珂・王南・胡介中・李青（2009），作図：呉宝音）
表 V-5-1　北京の古建築

終章

図終-1　中国都城の変遷（作図：布野修司）

Column 1

図 Column 1-1　日本の条里制
図 Column 1-2　「京城条坊及周囲班田条里制図」（出典：関野貞『平城京及大内裏考』）
図 Column 1-3　井田制と条里制（作図　布野修司）

Column 2

図 Column 2-1　殷墟　潜埋（撮影：布野修司）
図 Column 2-2　前漢長安円丘（出典：賀従容（2012））
図 Column 2-3　円丘・壇（作図：布野修司）
図 Column 2-4　円丘・壇（作図：布野修司）

Column 3

図 Column 3-1　唐長安宮城皇城（出典：妹尾達彦（新宮学編（2014））
図 Column 3-2　中国都城宮城比較　（作成：布野修司，作図：呉宝音）

Column 4

図 Column 4-1　中京顕徳府（出典：斉藤優（1978））
図 Column 4-2　a 東京城・上京龍泉府周辺地形図（出典：井上和人（田村晃一編 2005）），b 上京龍泉府遺構計測値　六頂山与渤海鎮』（出典：中国社会科学院考古研究所（1997））
図 Column 4-3　a 上京龍泉府復元図（出典：東亜考古学会『東京城』），b 上京龍泉府復元図（出典：黒龍江文物考古研究所（2009）『渤海上京城』上下巻），c 上京龍泉府復元図（出典：千田稔（1992）），d 上京龍泉府復元図（出典：小方登（2002））
図 Column 4-4　上京龍泉府復元図（出典：井上和人（田村晃一編 2005））
図 Column 4-5　平城京と上京龍泉府（出典：井上和人（田村晃一編 2005））

Column 5

図 Column 5-1　『営造方式』（出典：竹島卓三（1970））

図 Column 5-2　曲尺の図　『魯班営造正式』（出典：陳耀東（2009））
図 Column 5-3　永寧寺遺址（撮影：布野修司）
図 Column 5-4　独楽寺観音閣（撮影：布野修司）
図 Column 5-5　仏宮寺釈迦塔（撮影：布野修司）
表 Column 5-1　中国建築師年表　作表：呉宝音（出典：張欽楠（2010））

Column 6

図 Column 6-1　郭宇敬設計の登封・観呈台（撮影：布野修司）

Column 7

図 Column 7-1　西周時代の宮殿遺跡―陝西省岐山県鳳雛村，BC1100年頃
図 Column 7-2　四合院の基本型（作図：趙冲）
図 Column 7-3　中国各地の四合院（作図：趙冲）
図 Column 7-4　北京四合院
図 Column 7-5　a 基本単位となる一明両暗型・一明一暗・一室型　b 中国における非「一明両暗」形式四合院の分布（周南他（1999）をもとに作成）

はじめに

「大元都市」の「大元」は「大元ウルス uls (大元大モンゴル・ウルス[1])」の「大元」であり，クビライ (Qubilai, Khubila, 忽必烈)[2]・カーンの新国号宣布の詔 (1271) に「乾元の義」に基づくとある．『易経』「乾卦」の「大いなるかな乾元．万物資りて始む．乃ち天を統ぶ．……」[3]を典拠としたとされる．「乾元」とは天や宇宙あるいはその原理をさす．一方，テュルク・モンゴル系の人々にとって，世界は天(テングリ)[4]であり，大元は「大なる元(もと)」を意味する．大元都市とは，「大なる元」の都市という意味となる．中国古来の『易経』からとったというが，「大 Yeke(イェケ)」はモンゴル社会においても大きな意味をもっていた[5]．

直接的には，大元都市とは，大元ウルスの首都となる「元」の「大都」をいう．ペルシャ語資料では大都を音写して「ダーイドゥー」(دايدو Dāydū) というが，テュルク語では，「カンの都」を意味する「カンバリク」(بالیق خان Khān Bālīq/Qan-balïq) という．マルコ・ポーロが「カンバルク Cambaluc」というのはこれに由来する．しかし，本書はもとより大都のみを追求するわけではない．「大なる元」となる都市ということで，大都に1つの焦点を当てた．大都はモンゴル語読みで「ダイオン」，訛っ

---
1) モンゴル語ではダイオン・イェケ・モンゴルウルス (ローマ字表記 Dai-ön Yeke Mongyol Ulus) すなわち「大元大蒙古国」が正式名称である．中国の歴代王朝としては元が一般的に用いられるが，「大元 (ダイオン・イェケ)」が重要な鍵概念として用いられていることから，元ではなく，「大元」を用いることが一般化しつつある．ウルスは，モンゴル語で「国家」「人々」を意味する．原義は「人の渦」という意味である．遊牧民であるモンゴル人にとっては，国家とはすなわち人々の集合体であったことから同義語とされる．すなわち，国号問題は，その国家体制をどう捉えるかに関わる．1271年の元の成立は従来のモンゴル帝国の国号「イェケ・モンゴルウルス」を改称したにすぎないと考えれば，元は，クビライ以降のモンゴル帝国の皇帝政権のこととなる．一方，中国史の王朝の正統性に関わる観念では元朝とはクビライから遡って改称以前のチンギス・カーンに始まる王朝であるとされ，元とはモンゴル帝国の中国王朝としての名称ととらえられる．元は政治制度や政治運営の特徴においてはモンゴル帝国を引き継ぎ遊牧国家の性格が強く，行政制度や経済運営の特徴は南宋の仕組みをほぼそのまま継承したとされる．
2) ラテン文字表記で Qubilai Qa'an, Qubilai Qaγan など，現代モンゴル語のキリル文字表記では Хубилай хаан，漢字表記では忽必烈とされる．『集史』をはじめとするモンゴル帝国時代のペルシャ語表記などではقابیلای قان Qūbīlāī qā'ān である
3) 「大哉乾元，萬物資始，乃統天．云行雨施，品物流形，大明始終，六位時成，時乘六龍以御天．乾道變化，各正性命，保合大和，乃利貞．首出庶物，萬國咸寧．」
4) 匈奴語では撐犂(とうり)，回語で Täŋri，『元朝秘史』の蒙古語で騰格里 (拼音：Ténggéli) という．
5) モンゴル皇帝が主催するクリルタイを「大クリルタイ」(Yeke Qurilta; Qūrīltāī-yiBuzurg；大集会)，チンギス・カーン以降の歴代モンゴル皇帝の墓所を「大禁地」(ghuruq-i buzurg) と呼んだ．モンゴル王家やモンゴル帝国の国政に関わる重要な事柄について，漢文では「大～」とし，モンゴル語では "Yeke～" とした．モンゴル帝国全体で行政用語として広く用いられたペルシャ語では "～buzurg" という表現を用いていた (志茂碩敏 (1995))．

て「ダヤンDayan」は，明代には，文字通り「世界」を意味するようになる．

したがって，大元都市とはすなわち「世界都市」である．大モンゴル・ウルスがユーラシアの東西を繋ぐことによって「世界史」が誕生したというならば，大都はまさに最初の「世界都市」である．もともと固定的な都市を必要としなかった遊牧国家が，チンギス・カーンが創出した大モンゴル・ウルスにおいて，クビライ・カーンに至って大都という「天の都」を建設するに至る過程は杉山正明の一連の著作がダイナミックに描き出すところである．

大都はその後，明清の「北京 Beijing」に変転していく．今日の中華人民共和国の首都北京の前身である．北京の起源をめぐっては遥かに中国の歴史を遡ることになるが，北京が中国の首都になるのは「大元ウルス」の首都大都になって以降である．続く，明清の各王朝も曲折はあるが北京を首都とした．そして，「南京」を首都とした中華民国の時代を経て，解放後は，中華人民共和国の首都となって今日に至る．いずれ，中国歴代都城，首都の中でも最長を誇ることになる．

ユーラシア大陸の大半を支配下に収めた大モンゴル・ウルスは，「日の沈まない国」と言われたスペイン植民地帝国，「七つの海」を制し1930年代には陸地の4分の1を支配した大英帝国と比較しても，地続きの陸地を治めた帝国としては，史上最大，空前絶後の帝国といっていい．カラ・コルムを中核として，ユーラシアをネットワークで結んだ大モンゴル・ウルスはやがて「ジョチ・ウルス」「フレグ・ウルス」「チャガタイ・ウルス」そして「大元ウルス」に分かれていくことになるが，中国を統治し，「大元ウルス」の拠点となるのが大都である．

さて，ここからが本書の課題である．一般に，儒教の古典『周礼』「考工記」に中国の「都城」に関する理念が表現されるとされるが，極めて興味深いのは，その『周礼』「考工記」「匠人営国」条の記述する「都城」モデルに唯一適合すると思われているのが大都→後の北京（大都と北京を一つの連続として扱うとき，本書では「大都→北京」と書くことにする）だということである．

しかし，果たしてそうなのか？　というのが本書の大きな関心である．

「匠人営国，方九里，旁三門．国中九経九緯，経塗九軌．左祖右社，面朝後（后）市．市朝一夫．」というごく短い ── 実は，本書で指摘するような無視できない記述がさらに続くが，いずれにしても短い ── 条文をめぐって，中国都城論は展開されてきた．ここに示された，『周礼』「考工記」の「都城」理念とは何か，その基本モデルとはどのようなものか？　本書がまず答えるのはこの問いであるが，問題はそのモデルと実際の都市形態とのずれである．

そこで，本書がターゲットとするのが「大都→北京」である．その都市形成史，とりわけ都市計画の理念と現実の都市の具体的なかたちの変遷，その原理を明らかにするのが本書の第1の目的となる．その際，具体的な考察のベースマップとするのが『乾

隆京城全図』である.『乾隆京城全図』は,乾隆帝の命によって,1750年頃作製され,現在,中国国家第一資料館に保存されている.縮尺1/600,全体で51冊からなる.縮尺1/600となると,ありありと空間をイメージすることができる.この『乾隆京城全図』と現状を比較したい.

　その上で本書の考察は,大都,さらに金「中都」,キタイ(契丹,遼)「燕京」まで遡る.大モンゴル・ウルスの最初の都市カラ・コルム,元上都,金中都に遡るのは言うまでもない.そして,その遡行は,中国における「大なる元」となる都市を突き詰めることになる.すなわち,北京の都市計画の理念と現実の都市の具体的なかたち,そしてその変遷を明らかにすることは,中国都城の空間理念とその変容を明らかにするということである.必然的に,歴代中国都城の空間構成原理が本書の大きなテーマとなる.具体的には,七大古都とも八大古都[6]とも言われる中国の歴代首都,中国の歴史において中央集権的王権の所在地となった都市,統一王朝の首都が第2の対象になる.

---

[6]　安陽(殷墟),西安,洛陽,開封,杭州,南京,北京の7大古都に,鄭州を加える.

序　章

中国都城論
―問題点と課題―

1 『中国の帝都』

　本書が，出発点において念頭に置くのは村田治郎の『中国の帝都』(1981) である．同書は，「中国帝都の平面図型」と題する通史（第一章）を頭に，鄴（第二章），金上京会寧府（第三章），元大都（第四章），渤海国上京龍泉府（第五章），そして日本・平城京（第六章）を扱っている．中国歴代王朝の都城，王都についてはその後まとまった著作がない．したがって本書が最低限果たすべきは，『中国の帝都』以降の中国都城に関する新たな知見と議論を盛り込むことである．村田は，元大都についてその構成がオルド（移動宮廷）の構成を起源とすることを最初に主張したのであるが，箭内亘 (1875～1926) が白城子遺址（河北省張北県）をそれだと指摘していたとはいえ，元中都（第V章 2-4）の見事な構成については 20 世紀末にそれが確認されるまで誰しも知る由はなかったのである．

　ただ，本書が出発点とするのは現在の「古都」であり，変貌を続けるかつての「中国の帝都」である．すなわち本書では，北京，西安・洛陽，開封，杭州，南京という中国古都の空間構成を臨地調査に基づいて明らかにし，その変容の過程を歴史的に振り返る構えをとる．「世界都市」化していく中国の現代都市を考えること，とりわけ，北京という世界有数の都市の歴史と現在を考えることは「世界都市史」そして「アジア都市史」を考える大きな軸となるであろう．

　日本では，中国都城とりわけ長安についての関心は高く，これまで数多くの論考が積み重ねられてきた．言うまでもなく，日本の「都城」が中国の「都城」理念を「輸入」することによって成立したという経緯があってのことであるが，それゆえこうした議論の最大の関心は，「日本の都城のモデルとなったのはどの都城か」である．そこでまず日本における中国都城論，中国都城研究史を簡潔に振り返っておこう[7]．

　中国都城研究として第 1 に挙げられるのは，那波利貞の「支那首都計画史上より考察したる唐の長安城」[8] (1930) である[9]．那波論文は，『周礼』「考工記」「匠人営国」条に

---

[7] 中国における都城研究の重要文献については，本書において個々の都市に即して触れたい．主要なものとしては，劉敦楨 (1932)『漢長安城與未央宮』を嚆矢として，董鑒泓 (1961)『中国城市建設史』，郭湖 (1997)『中華古都 ── 中国古代城市史論文集』，賀業鉅 (1986)『中国古代城市規画史論集』(1996)『中国古代城市規画史』，呉良金庸 (1985)『中国古代城市史好網』，劉慶忠 (1983)『古番禺城の発展史』，呉慶洲 (1987)『中国古代城市防洪研究』などがある．

[8] 『桑原博士還暦記念東洋史論叢』，弘文堂書房，1930 年．

[9] それ以前に，宮内庁の建築家片山東熊の「唐土大内裏制」(『建築雑誌』No. 43 1890 年 7 月) といった論考，平安奠都 1100 年 (1895) を記念して京都御所のミニアチュールとして平安神宮を

関わる種々の注釈書を検討して,「前朝後市」「左祖右社」「中央宮闕」「左右民廛」を中国都城の原則として取り出して,以後の論文に大きな影響力をもった.しかし,本書(第I章3)で詳細に検討するが,例えば「左右民廛」という記述は『周礼』「考工記」「匠人営国」条にはない.那波論文があげる中国首都計画の原則6カ条は以下である.

①首都都城の各面に3門宛合計12門を設け,此の12門を聯結して都城彊域を碁盤目式に9等分する様に幹線道路を確定すること.
②宮闕区域をばその都城彊域を9等分したる中央区に位置せしむること.
③闕区域の南方前面の都城内の区には民家の存在を許さざること.
④宮闕区域の南半部を朝廷の所在域と為し,その北半分を宮闕の所在域と為し,宮闕区域外の都城内北部,宮闕区域外直北の区を市の存在地と為すこと.
⑤宮闕区域外の東方に宗廟,西方に社稷壇の位置をとるか,或は宗廟の位置を宮闕正門前より直南に通ずる御道の東方にとり,社稷壇の位置を御道の西方にとるか,何れの場合に於ても左祖右社と為る様に為すこと.
⑥碁盤目式に9等分区画せし各区の中,宮闕区域外の都城内東西に位置する東の3区,西の3区,計6区の地域を民家存在区域とすること.

すぐさま指摘できる最大の問題は,①と②が矛盾していることである.村田治郎(1981)が指摘するように,①であれば,全体は4×4=16に分割され,9分割(②)にならない.これについては,村田以前に礪波護も指摘している(上田正昭編(1976)).「左右民廛」(③⑥)については,『欽定礼記義疏』附録『礼記図』所載「朝市廛里図」(図I-3-1e)に依拠していると考えられるが,『周礼』「考工記」に記述があるわけではない.また,「中央宮闕」ということも明示的に書かれているわけではない.本書では,『周礼』「考工記」「匠人営国」条が理念化する都城モデル(以下『周礼』都城モデル)を独自に提示することになる.

那波論文に続いて長安を踏査した足立喜六の『長安史蹟の研究』(1933)が上梓され,さらに,都城に関する考古学的研究の先鞭をつけたのが駒井和愛である.礪波護の「中国都城の思想」(岸俊男編(1987))によれば,「都城」という言葉を冠する論考は,上田正昭編『都城』(1976)以前には,駒井の「中国の都城」(駒井和愛(1948))と滝川政次郎『京制並びに都城制の研究』(1967)があるだけである.もともと学術用語として「都城」という言葉は使われてこなかったということも念頭に置こう.

駒井和愛は,考古学者として1928年の牧羊城址(漢代県城址,遼寧省旅大市)を皮切

設計した伊東忠太の「北京紫禁城殿門の建築」(『東京帝国大学工科大学学術報告』,1903年4月)といった調査報告がある.また,日本の都城については,喜田貞吉が平城京の研究と法隆寺再建論をもとに学位論文(1909)を書き,『帝都』(喜田貞吉(1915))の刊行によって,一応の成果はまとめられていた.建築史の分野では,それ以前に関野貞の「平城京及大内裏考」(『東京帝国大学紀要』,1909年)もある.

りに,曲阜魯城,邯鄲,楽浪郡治,元上都,元大都,渤海国首都等の発掘調査に携わった.中国では,1926年に李済が山西省夏県で発掘調査を開始し,1928年からは殷墟の発掘が始まっていた.また同じ時期,北京大学の馬衡らによって燕下都の発掘調査が行われている.駒井の調査報告は,中国における都城研究の最初期の基礎資料となる.

礪波護は,それまで専ら平城京と長安の関係が問題にされてきたのに対して,平城京の原型としての藤原京の存在,また平城京への北魏洛陽城の影響を指摘することにおいて,『都城』が都城論の画期となったという.しかし,駒井はつとにそのことを指摘している.中国都城の平面形式を,王城が中心に位置する「『周礼』「考工記」→開封→大都→北京」の系譜と北辺中央に位置する「長安→渤海国上京龍泉府→平城京→平安京」の系譜2つに分け,それぞれの起源を,前者は魯城,後者は北魏洛陽城にまで遡るとしているのである(駒井和愛(1948)).そして,後者の系譜となる元上都と前者の典型となる元大都が同じ劉秉忠の設計になることに「興味を覚える」と書いている.これは,本書の出発点となる.すなわち,中国都城の形態は,専ら『周礼』都城モデルとそれからの逸脱という脈絡でのみ問題にされてきたが,あらかじめ「中央宮闕」型と「北闕」型の2つの都城パターンを区別する見方が提出されているのである.

駒井の論考が『中国都城・渤海研究』としてまとめられたのは1977年である.そして,1981年に,大連工業専門学校時代に駒井等の渤海国首都東京城の調査に参加した村田治郎の『中国の帝都』が上梓される.戦前に書かれた「鄴都」(1938),「金の上京会寧府」(1928),「元・大都」(1934),「渤海国上京龍泉府」(1944)についての論考に手を入れ,冒頭に「中国帝都の平面図型」と題する通時的総論を書下ろしたものである.戦前から戦後にかけての中国都城に関する研究成果を総括する位置を占めたのが『中国の帝都』である.

村田は,『周礼』「考工記」に一致する都城として認めるのは明清の北京だけだという.では,大都はどうか.村田は,「考工記」はそう大きな影響力はもたなかったとし,モンゴルのオルドの配置法がその基本にあるとする.また,宮闕を北に置く「北闕」型が中国古来の伝統であるとする.この村田の2つの指摘は何故かこれまで問題にされてきていないが,本書で確認することになる.

2 中国都市論

中国都城の空間構造,とりわけ『周礼』都城モデル,すなわち,主として城と郭の

配置関係あるいは「宮城」と「京城」の配置関係に着目した都城論の展開を大きく包み，方向性を与えてきたのは東洋史・中国史における都市論の展開である．中でも特記すべきは，宮崎市定の都市論，都市国家論の展開である．「中国城郭の起源異説」(1933)，「中国上代は封建制か都市国家か」(1950)，「中国における聚落形体の変遷について ── 邑・国と郷・亭と村とに対する考察」(1957)，「戦国時代の都市」(1962)，「東洋的古代」(1965)，「中国上代の都市国家とその墓地 ── 商邑は何処にあったか」(1970)など『宮崎市定全集3 古代』に収められることになった一連の論文は，中国都城の起源とその歴史を明らかにする基本的な視角と枠組みを提示し，その後の論考に大きな影響を及ぼした．古代のみならず，「中国における村制の成立 ── 古代帝国崩壊の一面」(1960年)，「六朝時代華北の都市」(1961)，「漢代の里制と唐代の坊制」[10] (1962)など，都市論は宮崎史学の1つの軸になっている．ただ残念なことに，宮崎の場合，都市の，そしてそれを構成する街区の，具体的な空間構成にまでは関心を及ぼさない．

本書では，可能な限り具体的に，身近な空間のあり方に即して宮崎の論の展開を確認することを目指したい．例えば，「阡陌」をめぐって，宮崎は，どちらが南北でどちらが東西かは枝葉の問題とするが，本書ではまさにそのことをテーマとする．南北，東西というのは黄河に流れる河川の方向に関わっている．本書では徹底的に枝葉の問題に拘ってみたい．例えば，宮崎は「里」の構成について外郭を示すにとどまるけれど，本書では，その内部構成も問題としたい．

宮崎の都市論の枠組みを踏襲しながら，都城に偏してきた視野を拡張し，県城や鎮市も含めて城郭都市一般を対象としたのが『中国の城郭都市 ── 殷周から明清まで』(愛宕元(1991))である．さらに，戦争形態の変化と城郭構造[11]，兵法書[12]，築城書[13]への着目など広がりも見られる．『中国都市史』(斯波義信(2002))は，中国都市史研究について，包括的なフレームとパースペクティブを示している．斯波は，中国都市の基本単位を「邑」，郡県制における「県城」，あるいは，宋代以降に現れてきた「鎮市(市鎮)」として，その全体的布置とヒエラルキー，その消長を問題とする．その上で，都市立地の生態的，経済的基盤，都市行政システム，社会構造を問う構えをとってい

---

10) いずれも『宮崎市定全集7 六朝』所収．
11) 都市国家の時代から領土支配の時代へ，すなわち，春秋時代から戦国時代へ移行するとともに，騎馬・戦車を主力とする野戦から大規模な歩兵を主力とする攻城戦が主となる．必然的に，城郭の防御力が高められることになった．
12) 著名な『孫子』には攻城法の記述は少なく，『墨子』に12種類の攻城法が説かれている．
13) 上代から唐の玄宗期までの歴代諸制度をまとめた杜佑の『通典』に，軍事制度，戦略，戦術，戦訓を記した「兵典」があり，その中に「守拒の法」が説かれている．北宋の曾公亮が編纂した『武経綜要』は軍事に関する総合マニュアル書である．唐代と宋元代とで城郭構造はそう変わってはいない．

る.

　『中国都市史』の末尾には参考文献として中国都市史の基本文献が挙げられており，本書の前提になる．そして，中国都市の位置づけをめぐってさらに大きな空間的フレームを用意したのが，妹尾達彦の『長安の都市計画』(2001)とそれ以降の一連の論考である．妹尾は，隋唐長安とアッバース朝の首都バグダードの比較を念頭に，ユーラシア世界全体を視野に長安の位置づけを行う．中国史上初めて遊牧地域と農耕地域をともに含み込んだ大帝国となったのが唐であり，バグダードもまた，遊牧と農耕と都市をめぐる同じ歴史生態学的パースペクティブにおいて位置づけられるのである．妹尾は，その後もその視点を深化させつつ中国都城論を総括してきている．中国都市研究の近年の動向については，妹尾が欧米における中国都市研究を含めてグローバルな視野においてまとめるところである[14]．欧米の著書の中から1冊挙げるとすると，本書の関心とほぼ重なるのがSchinz, Alfred "*The Magic Square: Cities in Ancient China*" (1996)である．キーワードとされる「魔法の正方形（マジック・スクエア）」は「幻方」と中国語に訳される（『幻方 —— 中国古代的城市』梅青訳，呉志強審，何暁昕・干靚校 (2008))．「ローマ・クアドラータ（正方形のローマ）」という言い方が想起されるが，「正方形の中国」ほどの意味であろうか．Schinzの関心は，専ら世界の秩序のダイアグラムとしての聖なる都市のレイアウトにある．中国都市の幾何学的秩序をめぐって，その起源から現代に至る数多くの都市が取り上げられている．中国都市のかたちの全史という趣の大著である．本書が対象とする古都のみならず，特に南部の諸都市さらに北方諸族の諸都市もとりあげられており，中国都市の多彩な世界を教えてくれる．

　妹尾は，東アジアの都城の歴史について，わかりやすい年表を作製している（橋本義則編 (2011)，新宮学 (2014))．そして，その年表を基に，7〜8世紀を「都城の時代」という．そして，何故中国およびその周辺地域に「都城」が数多く建設されることになったのかについて，隋・唐による中国大陸の再統一が大きな要因だとする．すなわち，強大な軍事力をもった唐帝国の都城・長安を中核とする行政都市網による統治空間の拡大が隣接地域に強い緊張を与え，唐に対抗する政治組織と外交機能をもつ国家そしてその中心としての「都城」の建設を促したとみる．東アジアについて，中華史観に立てばまさにそうである．しかし，7〜8世紀の世界，ユーラシア大陸に視野を拡げると，異なる展開が西方にはある．

　妹尾は，遊牧世界と農耕世界の境界域に出現した大都城として，長安とバグダードを対比するが，必ずしもユーラシアの東西を同じように位置づけることはできな

---

[14] 妹尾達彦 (2010)「都市の千年紀をむかえて—中国近代都市史研究の現在—」(中央アジア人文科学研究所編 (2010))．妹尾達彦 (2011a)「都城の時代の誕生」(『歴博　特集　東アジアの都城』167．佐倉・国立歴史民俗博物館)．妹尾達彦 (2011a)「東アジア都城の時代の誕生」(国立歴史民族博物館　国際シンポジウム　プロシーディング『アジアの都市—インド・中国・日本』)など．

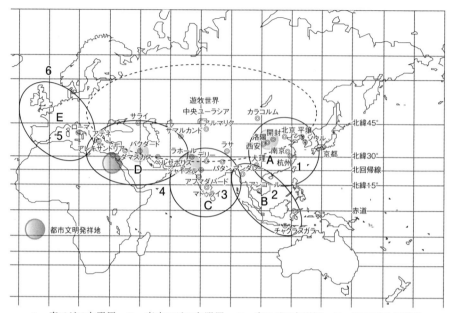

A 東アジア文明圏　B 東南アジア文明圏　C 南アジア文明圏　D 西アジア文明圏
E ヨーロッパ文明圏
1 東アジア海域世界　2 東南アジア海域世界　3 ベンガル湾海域世界
4 アラビア海海域世界　5 地中海海域世界　6 北海・バルト海海域世界

図序-1　ユーラシアの都城と文明圏（作図：布野修司，参照文献：応地利明（2012），妹尾達彦（2009））の遊牧・農耕圏，陸域・海域交通圏の概念図）

い．中国都城のコピーとして東アジアに「都城の時代」がもたらされるのと「イスラーム都市」のネットワークとして「オアシス都市」が結合されるのとは位相が違う．「イスラーム都市」については，『ムガル都市　イスラーム都市の変容』（布野修司・山根周（2008））で議論したが，理念型としても都城モデルはないのである．東アジアからユーラシアに拡大した妹尾のパースペクティブと並行して，ユーラシア全体を視野に収めた都城論を展開するのが応地利明（2011）である（図序-1）．

　妹尾のいう「都城の時代」の後，中国は再び分裂時代に入る．この分裂を統合して，大モンゴル・ウルスによるユーラシア統一がなされ，「世界史」が誕生することになる．そして，その後大モンゴル・ウルスが解体分立していく中で，東方に建てられた大元ウルスの首都となるのが大都である．本書は，主として，大都とそれ以降に焦点を当てることになるが，妹尾のいう「北京時代」が，本書が対象とする時代である．

中国の都市に関する著作として最後に触れておきたいのは、大室幹雄の『劇場都市』(1981)以下一連の作品である。この時空を自在に行き交う試みを何と言えばいいのか、都市に焦点が当てられているとはいえ、都市史、都市論の範疇には収まらないし、かといって単に都市を媒介とする歴史叙述を目指したものでもない。新たな歴史解釈というか、壮大なる中国空間史論とでも呼びうるのが、「歴史の中の都市の肖像」と題されたシリーズ6冊[15]である。

最初の『劇場都市』において大きく展望されているが、中国大陸における「中国」化・植民地化・都市化の歴史が中原世界と江南世界を対比しながら重層的に描かれる。城郭都市と園林都市、コスモス志向と風景志向、牧畜原理と農耕原理……。そして、世界の中心たる帝国あるいは王国の首都の解読と叙述がその主題の核に据えられている。都市を舞台として繰り広げられる出来事やそこで生み出されたもの、それを支えるコスモロジーや諸観念などについてめくるめくような解釈が施されるが、その基底にフィジカルな空間のあり方が据えられているのは極めて興味深く刺激的である。ともすると、空間の分割システムのみに集中する本書での思考を広大な世界へ連れ戻してくれる。

3　都城とコスモロジー

さて、村田治郎が中国の「帝都」としたのは、中国の歴代王朝の首都である。本書では、村田が取り上げた中国の歴代王朝の首都、現在では、中国の七大古都とか八大古都と言われる中国古都の「現在」を明らかにし、それぞれの起源、形成、変容、転生の過程について問うことになる。

そこでまず考察の対象とする「都城」という概念について確認しておきたい。

本書が繰り返し参照することになる応地利明『都城の系譜』(2011) は、

「都城」とは、「都(みやこ)」の「城(しろ)」であり、

①「都の城」＝都城は王権が所在する至高の都市であること、

②「都の城」は王権による政事・祭事・軍事の諸権力の顕示と行使の場であること、

---

15) 『劇場都市　古代中国の世界像』(1981)、『桃源の夢想―古代中国の反劇場都市』(1984)、『園林都市―中世中国の世界像』(1985)、『干潟幻想―中世中国の反園林都市』(1992)、『監獄都市―中世中国の世界芝居と革命』(1994)、『遊蕩都市―中世中国の神話・笑劇・風景』(1996). いずれも三省堂.

③正統的権威によって認証され担保されることによって王権によるそれらの権力行使が可能となること，
　④その正統的権威の源泉はコスモロジーにあること，
という4点を確認した上で，〈コスモロジー―王権―王都〉の三位一体的連関をもつ「至高」の都市のみを「都城」と規定する．①～④は，世界のどの「王都」あるいは王権についても妥当するが，全ての「王都」を「都城」とは呼ばない．「王都」が王権を媒介としてコスモロジーと結合する場合のみ「都城」とするのである．「王都の立地や形態またその内部での「都」と「城」の施設編成などがコスモロジーと結合する」のが「都城」であり，〈地上におけるコスモロジーのミニチュア〉すなわち〈宇宙の縮図〉となるのが「都城」である．

　本書は，都市形態，都市の空間的編成に表現されたコスモロジカルな秩序に大きな関心を抱いている．そして，応地利明（2011）による都城論の枠組みを前提としている．すなわち，中国古代の都城のみをモデルとして，その枠組みの中で「都城」を考えるのではなく，より一般的に「都城」を考えたい．応地都城論は，インド都城，イスラーム圏を含んでアフロ・ユーラシアにまでその視野を広げるが，前提とするのは，そうしたグローバルな視座である．

　応地都城論の基本フレームによると，都城思想に関して，ユーラシアは，1つの都市（王都）がコスモロジカルな空間的秩序を表現する地域（A地域：南アジア・東アジア・東南アジア）とそうでない地域（B地域：西アジア・北方アジア）に大きく2分され，A地域については，さらに都城思想を生み出した核心域（中心）とその周辺域に分かれる．その核心域とは，すなわち，古代インド（A1）と古代中国（A2）である（図序-2）[16]．本書は，『曼荼羅都市―ヒンドゥー都市の空間理念とその変容』（布野修司（2006）），『ムガル都市―イスラーム都市の空間変容』（布野修司・山根周（2008））とともに3部作を構成するが，この基本フレームをもとにしている．

　ただしかし，本書では，「都城」概念を〈コスモロジー―王権―王都〉の三位一体的連関をもつ〈地上におけるコスモロジーのミニチュア〉すなわち〈宇宙の縮図〉となる「至高」の都市のみに限定することについては留保し，「都城」をより緩やかに「王権の所在地としての都市」「国家の祭事，政事，軍事，経済の中心としての都市」として，より一般的に規定（①～④）した上で出発したい[17]．中国歴代古都を対象とすることに

---

16) 中国，インド，さらにユーラシア全体にまで視野を拡げた都城論の基本フレームはそれ以前から示されてきた（応地利明「V　アジアの都城とコスモロジー」（布野修司編（2003））．

17) そもそも「都市」とは何か，という問いが必要かもしれないが，「都市」とは何かをめぐる，例えば，ギリシャのポリス polis，ローマのキヴィタス civitas あるいはウルブス urbs に遡るであろう議論については他に譲りたい（拙稿，「都市とは何か」（『岩波講座　都市の再生を考える』第1巻，岩波書店，2005年3月所収）．日本語の都市は「都(みやこ)」と「市(いち)」の合成語であり，近代語である．

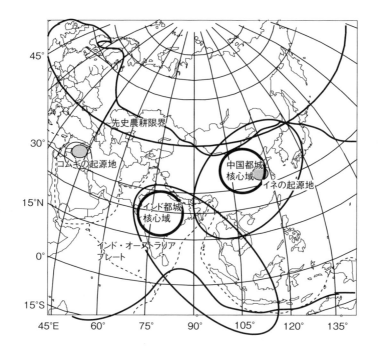

図序-2　都城とコスモロジー（作図：布野修司）

おいて,〈宇宙の縮図〉となる「至高」の都市のみを考察するわけではないからである．

　コスモロジーあるいは都市の理念と都市の形態，都市の空間構造をめぐっては，これまで『曼荼羅都市』（布野修司 (2006)），『ムガル都市』（布野修司・山根周 (2008)）などで具体的な都市に即して議論してきたが，いくつかの基本的な問題がある．

　すなわち，

　　Ａ コスモロジーを基にした「都城」の理念型が一般的に共有され，具体的な書物として，さらには幾何学的な図式によって表される場合でも，その空間形態は多様でありうる，

　すなわち〈宇宙の縮図〉は１つに限定されないのである．また，

　　Ｂ それがそのまま実現するとは限らない，

ということがある．理念は理念であって，実際建設するとなると，立地する土地の形状や地形など様々な条件のためにそのまま実現されるとは限らないのである．さらに，

　　Ｃ 理念通りに実現したとしても，時代を経るに従って，すなわち，人々に生きられることによってその形状も様々に変化していく，

のである．

本書では，A〜Cをむしろ問題とすることになる．そしてそれ以前に，中国都城の場合，専ら『周礼』都城モデルを参照対象として，その形態解釈論が展開されてきたけれど，そもそも

  D その理念型とされる『周礼』都城モデルがいつどのように成立したのか，
    という問題がある．さらに，
  E 『周礼』「考工記」「匠人営国」条には，様々な解釈の余地があるが，そうした解
    釈がどのようにモデル化されるか，その仮定は何か，

という問題がある．そして，

  F どのような解釈モデルが，実際の都城建設に影響を与えてきたか，

という問題がある．

本書では，〈宇宙の縮図〉を一様なかたちや図式に還元することなく，D〜F も含めて考察することになる．

4　都市のネットワーク

「都城」を「王権の所在地としての都市」「国家の祭事，政事，軍事，経済の中心としての都市」とごく一般的に定義することで出発したい．本書では，都城の空間編成のコスモロジカルな秩序と共に軍団の編成，集団の組織管理という側面を強調することになる．その確認の上で，「都城」と他の都市との関係についてさらに確認しておきたい．

日本語の「都」は，日本では，大王—天皇の居住地をさす言葉で，「宮（みや）」+「処（こ）」を語義としている．「城」は境界をもった一定の区域を意味する．日本では，城砦あるいは城壁の存在を必ずしも問題にしない[18]．

一方，中国では「都」にもともと王都（宮処（みやこ））の意味はない．中国の史書で用いられる「都」あるいは「都城」は「都市国家」の時代あるいは「領域国家」の時代における諸侯あるいは卿（けい）・大夫（たいふ）の都市をいう．王の都である「王城」とははっきり分けられていた．『春秋左氏伝』冒頭に「蔡仲いわく，都城の百雉を過ぐるは，国の害なり．先王の制，大都は国を三とするの一を過ぎず，中は五の一，小は九の一なり」とあり，「都城」が百雉（き），すなわち周囲 300 丈を超えるのは国にとって危険であり，大都でも国都の 3

[18) 日本語の「都市」は近代に新たに作られた言葉であり，今日の中国語では「城市」が用いられる．「城市」というけれど，必ずしも市壁で囲われていることを前提としているわけではない．

分の 1, 中都は 5 分の 1, 小都は 9 分の 1 とする, というのである[19]. 漢代の文献でも,「都」は, みやこの長安を除いた地方の大都市を意味した. すなわち,「都城」は, 中国古代において「王権の所在地としての都市」ではない.「都城」が天子の場所を一義的に意味するようになるのは後代のことである[20].

　日本の史料で「都城」という言葉が初めて使われるのは,『日本書紀』巻29「天武12 (683) 年 12 月庚午 (17 日)」の詔である.「凡そ都城・宮室は一処にあらず, 必ず両三を造らん. 故にまず難波に都せんと欲す. ここをもって百寮の者, おのの往きて家地を請え.」という.「都城・宮室は一処にあらず」という.「難波に都せん」といっても「両三 (副都) を造らん」ということだから, 日本でも「都城」といってもあらかじめいくつかの「都」が前提とされている. 両都制 (両京制) あるいは複都制で, 長岡京の造営に関しても,「都城」という言葉が用いられている. この場合は, 遷都のケースである.「京」と「都」の使い方の区別についても,「恭仁・難波の二京, 何れをか定めて都とせむ」(『続日本紀』「天平十六年閏正月乙丑朔」条) といった表現があるところから, 複数の「京」があって, そのうちに 1 つの「都」が置かれるという関係が指摘される.

　「都城」を天子 (天皇) あるいは王の場所と規定するとして, 以上の用例から確認できるのは,「都城」が他の都市の関係において成り立っており, また, 移動すること (遷都) がある, ということである. そして, さらに, 同じ場所, 同じ地域に「都城」が積み重ねるかたちで建設されることがある, ということである.『都城』(上田正昭編 (1976)) に収められた岸俊男の「日本の宮都と中国の都城」は,「宮都」という概念を用い,「○○宮」の段階について「宮都」を用いている. そして, 藤原京 (新益京) 以降,「都城」という概念を用いるのが一般的になっていく.

　中国では, 周 (西周・東周), 漢 (西 (前) 漢・東 (後) 漢), 唐などが長安・洛陽を両都としてきた. また, 古来, 中国が「五京」の制をとってきたことが知られる.「北京」は,「西京」「東京」「南京」という一般名称の「北京」でもある. 皇帝が常住する都を上京, 上都, 京城, 皇都, 京師などといい, その他の都を陪都, 留都などという.「都城」は必ずしも皇帝が常住する 1 都市とは限らないのである.

　北宋は, 東京開封府 (開封市), 西京河南府 (洛陽市), 南京応天府 (河南省商丘市), 北京大名府 (河北省邯鄲市大名県) の 4 つの都を置く四京制を敷いた. キタイ (遼) は, 国土を次の五道に分け, それぞれ, 上京臨潢府 (バイリン左旗南波羅城), 東京遼陽府 (遼陽市), 中京大定府 (赤峰市の南), 南京析津府 (北京市), 西京大同府 (大同市) の都を置いた (276 頁 Column 4). 皇帝が陪都に滞在し, 皇帝不在の皇都で国政をみさせる

---

19)　礪波護「中国都城の思想」(岸俊雄編 (1987))
20)　「都城」が天子の場所を一義的に意味するようになるその次第は, 明末清初の儒学者顧炎武 (1613～1682) が『日知録』の「都」の条で考証している.

ために代理を置くときは，権限を制限した上で太子を置いたり（太子監国制），信頼の厚い重臣などの有力者を置いたりした（留守官制）例もある．

倍都制あるいは副都制は，中国に限定されるわけではない．1つの統治システム，国家システムとして考える必要がある．中国古代において，国都は大都，中都，小都との関係で考えられていたように，「都城」は，国土を構成する国都を中心とする都市のネットワークにおいて考える必要がある．ということは，ある1つの「都城」が「地上におけるコスモロジーのミニチュア」すなわち「宇宙の縮図」として考えられるのとは別のレヴェルの，より上位の国家の，あるいは国土の空間編成とコスモロジーを問題にする必要があるということである．

中国最初の「都城」とみなされるのは秦始皇帝の「咸陽」である．応地利明は，秦の「王都としての咸陽」と，「天下統一」後の「都城としての咸陽」を区別するが，注目すべきは咸陽が城壁をもたないことである．そしてさらに注目すべきは，秦の故地と東海の入口の東門を結ぶ東西同一軸線上に咸陽と始皇帝陵園を並べ，咸陽宮，渭河，極廟，阿房宮などの配置を星座に見立てていることである．

応地利明は，王都自体がコスモロジーを具現しないケース，すなわち王都は王権と連関するが，コスモロジーとは連関しない王都を第2の類型とし，イスラーム世界の諸王都がそうだとするが，イスラーム都市の場合，マッカ（メッカ）とマディーナ（メディナ）を2極（あるいはエルサレムを加えた3極）とする諸都市のネットワークがイスラームのコスモロジーと連関していると見ることができる．中国という国家とそれを支えるコスモロジー，その連関に基づく国土の編成，すなわち国土計画の問題の次元が第2の類型に対応するのである．

中国における首都の移動については，王朝交代の歴史として，また主として社会経済史的観点から説明されてきた．そして，「中華」思想に基づく国家史観に捕らわれず，ユーラシア史全体に視野を広げて，文明の生態史的視点から説明することが試みられてきている．本書もそうしたグローバルな社会文化経済の複合的生態学的視点を前提とすることになる．

5 中国都城の類型：理念・変異・変容

本書が対象とする中国都城は，西安（鎬京，咸陽，長安，1077年間），北京（大都，1272～，740年間～），洛陽（885年間），南京（建康，450年間），開封（366年間），安陽（鄴，351年間），杭州（臨安，210年間）である．中国の統一王朝は秦漢，隋唐，宋，元，

中国都城の類型：理念・変異・変容

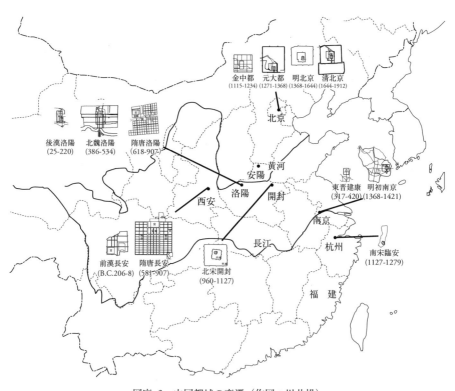

図序-3　中国都城の変遷（作図：川井操）

明，清の六王朝で五大古都と言われていたが，1930年代に杭州が加わり，その後の殷墟などの発掘成果を踏まえて安陽が加わった．以上の古都の変遷は，殷墟（安陽）→咸陽→長安←→洛陽→開封→杭州→北京←→南京を線で結んで示される（図序-3）．本書は，この歴代中国都城のかたちと空間構造の変遷をそれぞれ明らかにしようとしている．その前提として，各都城の相互の関係をめぐって，中国都城の歴史的展開についての一定のパースペクティブが必要とされる．

中国都城論は，冒頭に振り返ったように，『周礼』都城モデルと具体的に建設された都城のかたちの関係を中心に展開されてきた．『周礼』都城モデルを本書では中国都城の基本モデル（原型）とする．この基本モデルは「中央宮闕」型である．中心に天子が居て天下＝世界＝中国を統治するという空間モデルは中国の歴史を通じて維持される．

しかし，そもそも『周礼』都城モデルは1つの平面図式に限定できないという問題がある．「方九里，旁三門．国中九経九緯」をすっきりと図式化できないし，どの条

19

項を重視するかで図は異なるのである．そこで本書はまず『周礼』「考工記」「匠人営国」条について詳細に検討を加え，モデル案を示す（第Ⅰ章3）．

「中央宮闕」型の『周礼』都城モデルに対して，隋唐長安は「北闕」型であり，「北闕」型は北魏平城に遡ることがこれまで指摘されてきた．本書は，隋唐長安についても，坊の宅地分割まで含むこれまでにない詳細な設計計画図を示した．宅地班給のための単位面積を考えるとほぼ間違いないと考えるが，果たしてどうか，評価を待ちたい．

『周礼』都城モデル（「中央宮闕」型）と隋唐長安都城モデル（「北闕」型）が異なる2つの型とみなされ，2つの系譜が歴史的に跡づけられる中で，新たに中国都城史の軸線を引いたのが楊寛（1987）『中国都城の起源と発展』である．

楊寛は，中国都城の空間構造（布局，格局）の歴史的変化について，①「城郭連結」「座西朝東」構造の成立（西周から春秋戦国にかけて），②「座北朝南」構造への転換（前漢から後漢にかけて），③「東西対称」「南北中軸線」構造の成立（隋唐長安），そして④宮城・皇城・外郭の三重構造の成立（北宋汴州（汴梁，開封））という4つの段階を区別する．そして，その変化を礼制の変化によって説明する．礼制とは，位置関係や方位に関する吉凶，上下，善悪などの価値体系，朝賀の礼などの祭礼の際の序列や配置関係をいう．

礼制に着目したこの楊寛の発展段階説は概ね説得力を持つものと受け止められたように思う．少なくとも，中国都城論を深化させることになった．もちろん，問題はなくはない．例えば，楊寛は，④の段階についてはほとんど議論をしていない．南宋臨安（杭州），金中都，元大都，明清北京などは，全て北宋汴梁（開封）に始まる配置構造を踏襲するものだというだけである．

本書では，この楊寛の発展段階説を踏まえて中国都城の歴史を見通すことになるが，そのために決定的な問題は楊寛が『周礼』都城モデルについて全く触れないことである．考古学的都市遺構のかたちのみが考察の対象とされ，その理念型が問題にされることはない．「城郭連結」「座西朝東」構造→「座北朝南」構造→「東西対称」「南北中軸線」構造という変遷の過程に「中央宮闕」型の都城モデルは位置づけられないのである．そうした実例がないからである．「中央宮闕」型の都城モデルが出現するのは，この3段階の変遷の後，北宋開封以降である．楊寛によれば，「北闕」型→「中央宮闕」型というのが歴史的展開となる．

実際に建設された都市のかたちの類型とその発展段階を問題にする楊寛に対して，中国都城の理念，〈地上におけるコスモロジーのミニチュア〉すなわち〈宇宙の縮図〉としての「都城」に焦点を当てるのが応地利明（2011）である．応地の中国都城論がユニークなのは，『周礼』都城モデル（「中央宮闕」型）と隋唐長安都城モデル（「北闕」型）を異なる2つの型とみる従来の見方に対して，隋唐長安都城モデルを『周礼』都城モデルの異端とみなすのでも，別の1つの類型とみなすのでもなく，その「バロック化」

の完成形態とみなす点である．「バロック化」とは，王権による理念型の世俗的再編，モデルからの逸脱をいう．応地は，一方で，「北闕」型都城モデルは遊牧国家の軍営編成に由来するとする．これも未だ誰も主張してこなかった新たな指摘である．『周礼』都城モデル（「中央宮闕」型）の「バロック」化の完成形態であることと「北闕」型の採用との関係をどう考えるかが問題となるが，軍営あるいは軍団の編成原理が都城空間の組織原理となるという主張には大いに説得力がある．これは，元大都，清の八旗城の編成を考える上でも極めて重要な視点である．

問題は，『周礼』都城モデルがいつ成立したかということになる．応地は前漢長安において既にバロック化への胎動が始まっているとする．ということは，秦漢以前に『周礼』都城モデルは成立していることになる．しかし，『周礼』都城モデルに当てはまる実例はそもそも前漢以前には見られない．それどころか隋唐長安以前にもない．成立がなければ「バロック化」も起こりえない．応地は，『周礼』都城モデルを忠実に刻印する遺跡は未だ未発見であるとする．

『周礼』そのものの成立年代については，春秋末期，戦国初期，戦国年間，戦国後期，秦漢期と諸説がある．そして，『周礼』六官（篇）のうちで冬官は「考工記」によって補っており，その成立年代は他の五官より下がると考えられている．かなり新しく，王莽（BC. 45～AD. 23年）の側近である劉歆（りゅうきん）（?～AD. 23年）により捏造されたのではないかとする説もある．

国制とそれを支えるコスモロジー，中国の「天下」をめぐる論争については，前漢から後漢にかけての現実の政治状況を背景と絡めてかなり詳細に明らかにされてきているが，都城のあり方が盛んに議論され，実際の建設に活かされるようになるのは前漢末から後漢にかけてのことと思われる．それは皇帝祭祀のあり方が整備される過程でもあり，儒教が国教化される過程でもある．

この儒教の国教化の時期をめぐっては，従来，①前漢第7代武帝（位 BC. 141～87年）期と考えられてきたが，その後，②前漢第10代元帝期（位 BC. 49～33年），③王莽・新期（位 AD. 8～23年），④後漢初代光武帝期（位 25～57年），⑤後漢第3代章帝期（位 75～88年）など諸説が提出されてきている．渡辺信一郎（2003）は，中国における「古典的国制」の成立に関わる14の指標をあげるが，渡辺義浩（2012）は，それを前提として⑤の章帝期の「白虎観会議」（AD. 79年）によって定められた国制（班固『白虎通』）をもって儒教国家の成立とする．

郊祀・宗廟の祭祀を中心とする皇帝祭祀が整備されていくのは前漢後期で，呪術的な祭祀から儒教的な祭祀へ，私的な祭祀から公的な祭祀へ，皇帝祭祀は変化していくことになるが，その方向を確立したのは王莽の郊祀改革である．

本書では，『周礼』「考工記」をめぐる議論は，『周礼』解釈について大きな影響力を持った後漢末の『鄭玄注』を起点にするのが妥当ではないかと考える．すなわち，『周

礼』都城モデルの実現が目指されたとすれば，後漢洛陽以降である．そして，具体的に，『周礼』都城モデル（「中央宮闕」型）の成立を示す指標となるのは，曹魏洛陽における太極殿の成立である．そして，曹魏洛陽から北魏洛陽に至る過程において『周礼』都城モデルは1つの現実的形態をとったと考えられる．しかし，北魏洛陽において既に南北中軸線の成立があり，『周礼』都城モデルそのものが実現したというわけではない．また，『周礼』「考工記」にその記述はないが，『周礼』『礼記』が説く三朝五門制が実現するのは隋唐長安である．

　『周礼』都城モデルはあくまで理念モデルに留まった可能性がある．とすれば，そのモデルの成立時期は必ずしも問題ではなくなる．理念型とその現実形態との関係，そのずれの問題ということになる．上で確認したように，コスモロジーを基にした「都城」の理念型が一般的に共有され，具体的な書物として，さらには幾何学的な図式によって表される場合でも，その空間形態は多様でありうる．すなわち〈宇宙の縮図〉は1つに限定されない，また，それがそのまま実現するとは限らないのである．

　『周礼』都城モデル（「中央宮闕」型）を理念型（原型）と考えるとして，本書では，隋唐長安都城モデルは『周礼』都城モデルのバロック化の唯一の完成型ではなく，その1つの変異型（ヴァリアントⅠ）と考える．応地は，隋唐長安都城モデルを『周礼』都城モデルのバロック化と規定する一方，『周礼』理念の「包摂・同化」であるとする．すなわち，「基本構想のレヴェルでは遊牧集団鮮卑の軍団・軍営組織を範型とし，ディテールのレヴェルでは『周礼』理念を「包摂・同化」した都城であった」という．この2つのモデルを異なる2類型と考えないのだとすると，どちらかを原型とし他を変異型と考えることができるはずである．『周礼』都城モデルを原型として，遊牧集団の軍団編成原理，北闕，「宗主督護制」などを包摂・同化した変異型が隋唐長安都城モデルである．

　本書では，『周礼』都城モデルは，まず宮城の形式として実現されたと考える．『周礼』「考工記」「匠人営国条」には，本書で全文を掲げるが（第Ⅰ章3），通常引用されるわずかな条項に続く宮殿に関わる条項がある．というより，ほとんどが宮殿についての説明であり，これまで関心が寄せられてきたのは，冒頭の32文字にすぎない．宮室の理想的実現が皇帝に仕える匠人たちの第1の使命であったはずである．三国時代から魏晋南北朝にかけての動乱の中で都市全体の設計が理念通りに実現する機会はむしろ稀であった．宮城モデルの萌芽的形態は曹魏鄴にみられ，曹魏洛陽における太極殿の成立を経て北魏洛陽においてほぼ整えられる．『周礼』都城モデルの中核の実現である．但し，三朝五門制の成立は隋唐長安を待たねばならない．

　『周礼』都城モデルの中核の実現の過程で，一方，郊祀・宗廟の祭祀を中心とする皇帝祭祀が整備され，「座西朝東」から「座北朝南」という方位観の転換が起こる．北魏平城においては，北方遊牧民族の西郊祀天の伝統は維持されており，「座北朝南」

が明確となるのは北魏洛陽においてである．また，「北闕」型そして「坊墻制」という北方遊牧集団に由来する新たな都城の構成要素が持ち込まれる．そうした要素を加えて実現されたのが，南北中軸線をもつ 3 重の回字状の入れ子構造をした北魏洛陽である．

　この北魏洛陽の空間構成を，本書では，『周礼』都城モデル（理念型としての原型）の現実形態（としての原型）と考える．「座北朝南」という方位観の成立と「左祖右社」という配置，また，都城の中心が太極前殿・東西 2 堂形式をとることにおいて南北軸線は必然的になる．三次元の宇宙の上下関係を二次元に配列しようとする際に軸線は発生し（応地のいう「バロック化」），方位によって空間が価値づけられるのは一般的である．

　後漢洛陽から北魏洛陽への中国都城の変遷を見ると，『周礼』都城モデル（「中央宮闕」型）のコスモロジーと遊牧社会の集団編成原理（「北闕」型および坊墻制）が鬩（せめ）ぎあっているようにみえる．北魏洛陽は，『周礼』都城モデル（「中央宮闕」型）を曲がりなりにも実現する 1 つの解答である．一方，隋唐長安もまたその鬩ぎあいを踏まえた 1 つの解答である．坊墻制の解体によって，隋唐長安都城モデルは崩壊するが，『周礼』都城モデルの理念型は，その現実形態として開封の空間構成とともに，範型として維持され続けるように思える．周辺遊牧集団が建設する都城はむしろ『周礼』都城モデルを目指しているようにみえる．そして，再び，『周礼』都城モデルのコスモロジーと遊牧社会の集団編成原理が鬩ぎあう局面が訪れる．クビライの元大都の建設がその局面であり，元大都の設計計画（大元都城モデル）がまたもう 1 つ解答となる．これがもう 1 つの中国都城の変異型（ヴァリアント II）である．

　バロック化という概念を長安について用いることに躊躇するのには以下の理由もある．美術史で盛期ルネサンス以降に現れたスタイル（誇張された動き，装飾の多用，強烈な光の対比など，劇的な効果，緊張，壮大さなどによって特徴づけられるとされる）を総称してバロックというけれど，その概念は，原義である「歪んだ真珠」の意味を含んでデフォルメというニュアンスを持つ．バロックという概念は後世の歴史家の命名であり，当時の芸術家たちは自らのスタイルを古典主義と考えていた．同時代（16 世紀末から 17 世紀初頭）の都市，建築を「バロック建築」「バロック都市」というけれど，都市も建築も中心軸線を持ち，左右相称を前提としている．そうした意味で，隋唐長安を「バロック都市」に比することは理解できるが，あくまで古典的な秩序を前提としてそれを歪めるというのが美術史のバロックという概念である．とすれば，中国都城の古典的完成が確認されなければバロック化とは言えないだろう．隋唐長安を中国都城の古典的完成とみなすとすれば，むしろ，その後の北宋汴梁（開封），南宋臨安（杭州）における理念モデルからの逸脱，王権の世俗化をバロック化と位置づけた方がすっきりする．

開封において，坊墻制の崩壊，市制の変化という中国都城史上の一大転換がある．加えて，朱雀門街の御街への変化がある．皇帝祭祀は宋代に入って，都市祭礼へと変化していく．すなわち，王家，宮廷の祭祀から住民に見せる祭礼へと変化する．その舞台となったのが都市の中軸線を形成するのが御街である．すなわち，単なる「中央宮闕」型の構造をしているわけではない．杭州においても，皇帝の権威を示す皇帝祭祀は，北宋開封同様，明堂で代替される形式的なものとなり，また，地上において演出されるものと化している．これこそ皇帝の権威の世俗化である．
　「坐北朝南」構造さらに「東西対称」「南北中軸線」構造の成立が中国における古典的国制の成立に関わっているのは間違いない．そして，長安の精緻な都市計画の体系は，強烈なインパクトを周辺地域（→渤海国上京龍泉府→平城京→平安京）に及ぼした．後漢洛陽の「坐北朝南」構造から，曹魏鄴→北魏平城→北魏洛陽→隋唐長安という「東西対称」「南北中軸線」構造の成立過程については，本書でも跡づけることになるが，本書は主として隋唐長安以降を問題とすることになる．
　『周礼』都城モデルは，中国都城の理念モデルとして繰り返し参照されてきた．そういう意味で，『周礼』都城モデルは，中国都城の理念型であり原型である．しかし，その理念型は一義的に決定される空間モデルとして示されるものではなく，いくつかの変異型を生んだ．隋唐長安はその変異型（Ⅰ），元大都がその変異型（Ⅱ）である．『周礼』「考工記」をそれぞれに解釈する建築家たちによって中国都城は設計されてきた．その代表が隋大興城を設計した宇文愷であり，大元ウルスの上都と大都の設計に関わった劉秉忠である．都市を必要とせず，その伝統をもたなかった遊牧民族が都市建設を行うに際して理念としたのが『周礼』都城モデルであり，隋唐長安と元大都はその解答としてのヴァリアント（Ⅰ，Ⅱ）である．ヴァリアントというのが軽いとすれば，「世界都市」モデルⅠ，Ⅱとしてもいい．隋大興城そして元大都の設計をそれぞれ命じた文帝（楊堅）とクビライはともに転輪聖王（チャクラ・ヴァルティン）を任じた天子である．
　開封以降，中国古代都城の世俗化，その変容が起こっていくが，骨格は一定程度維持されたとみることができる．開封は北魏洛陽を基礎にしている．臨時の都城であった杭州は，「南闕」型となるが施設配置に皇帝を中心とする方位観（相対方位）は維持されている．大都の建設にあたって開封は参照されるが，むしろ，理念型としての『周礼』都城モデルが直接念頭に置かれたように思われる．南京は，南北朝時代に理念型が持ち込まれてきた．その歴史を踏まえて，明の南京（以下，明南京）の建設あたっては『周礼』都城モデルが参照される．そして，その経験が明北京に引き継がれることになる．明北京は，『周礼』都城モデルへの修正である．変異型を理念型としての原型に転換しようとするものであり，さらに外城によってそのさらなる完成型を目指しながら挫折する．そして，清北京は明北京の大都に遡る空間の

枠組みを踏襲し，八旗制という集団編成をその空間的枠組みの中に収納することになる．

中国都城のかたちの史的展開についての本書のパースペクティブはおよそ以上のようである．

6 都市組織 ── 住居類型とその変容

さて，本書で着目するのは都市の形態，そしてその空間構造であるが，特に焦点を当てようとするのが「都市組織(urban tissue, urban fabric)」とその構成要素としての建築(住居)類型である．これまでの中国都城論は，都市全体の基本的要素，すなわち，王宮，皇城，城壁・城門，祭祀施設など主要な施設の配置を問題にするだけである．そこに留まる限り，中国都城論のさらなる進展はない，と考える．

「都市組織」とは，都市を建築物の集合体と考え，集合の単位となる建築の一定の型を明らかにする建築類型学(ティポロジア)で用いられている概念である．また，さらに建築物をいくつかの要素(部屋，建築部品，……等々)あるいはいくつかのシステム(躯体，内装，設備，……等々)からなるものと考え，建築から都市まで一貫して構成する建築＝都市構成理論[21]において用いられる概念である．

都市を1つの(あるいは複数の)組織体とみなすのが「都市組織」論であり，一般的に言えば，国家有機体説，社会有機体説のように，都市を有機体に喩え，遺伝子，細胞，臓器，血管，骨など様々な生体組織からなっているとみる．ただ，都市計画・建築学の場合，第1にそのフィジカルな基盤(インフラストラクチャー)としての空間の配列(編成)を問題とし，その配列(編成)を規定する諸要因を明らかにする構えをとる．「都市組織」という場合，近隣組織のような社会集団の編成がその規定要因として意識されているといっていい．集団内の諸関係，さらに集団と集団の関係によって規定される空間の配列，編成を問題とするのである．

北魏平城において坊墻制が成立するが，その基になっているのはその組織原理である「宗主督護制」である．南面する中央と左右両翼の三極体制，十・百・千・万の10進法による軍事・社会組織は，ユーラシア東半に共通の国家システムであり，北闕左右の構成は，鮮卑軍団の軍営組織，テュルク系遊牧集団に共通する「オグス・カガン

---

21) N. J. ハブラーケン N. John Habraken, オランダの建築家, 建築理論家. 1928年インドネシア, バンドン生れ. デルフト工科大学(1948-1955)卒業. アイントホーフェン工科大学を経てMIT教授1975-89. オープン・ビルディング・システムの提唱で知られる.

の軍団編成」に由来するとされるが（杉山正明 (2008)），応地利明が指摘するように，隋唐長安の設計計画にその集団の編成原理が用いられた可能性は高い．清北京の内城が八旗軍の編成に従って分割されていたことも集団の編成と空間の編成とが密接に対応する例である．

　都市組織研究が具体的に考察の対象とするのは，都市を構成する街区，あるいは居住地である．あるいは，それらが集合して成り立つ都市の全体である．わかりやすく言えば，都市を構成する単位としての住居あるいは居住関連施設とその集合形態としての街区のあり方である．住居の空間構成を規定する諸要因としては様々なものをあげることができるが，本書で主として焦点を当てるのは，土地（宅地）のかたち（地形）とその所有関係である．また，地形を前提として成り立つ建築類型（住居類型）である．これまで，オランダの近代植民都市（布野修司編 (2005a)），インド都城（布野修司 (2006)），ネパール都市 (Funo, Shuji & Pant, M. M. (2007))，イスラーム都市（布野修司＋山根周 (2008)），韓国都市（布野修司＋韓三建＋朴重信＋趙聖民 (2010)），そしてスペイン植民都市（布野修司＋ヒメネス・ベルデホ，ホアン・ラモン (2013)）について考察を重ねてきたが，都市組織研究としての視点は共通している．

　本書では，中国都城の街区と宅地の分割パターンに着目する．これまで示されてきた都城モデルは，街路体系，街路寸法，条坊の規模を示すにとどまるが，本書では街区の内部構造，宅地の規模と配列パターンを考える．『周礼』都城モデル，隋唐長安城，元大都などについて，具体的に街区の内部構造まで示したことは，本書の大きな意義と考える．

　元大都の基本街区モデルを明らかにしたのは 1999 年であるが[22]，そのモデル図は，既に中国でも引用され流布している．そして，中国都城の都市組織についての関心を引き起こしたようである．中でも，『中国古代建築基址規模研究』（王貴祥等 (2008)）は，国家自然科学基金資助を得た一大研究プロジェクトの成果として貴重である．本書では，ここに収められた諸論文を随所で援用することになる．

　本書ではさらに住居形式に着目する．中国における伝統的都市的集住形式は「四合院」と呼ばれる (515 頁 Column 7)．住棟 4 つを東西南北に配して中央の院子（中庭）を取り囲む住居形式をいうが，この前後左右を別棟分棟で中庭（院子）を囲む四合院という形式は，住居のみならず，宮殿，壇廟，寺観，官衙なども含めてあらゆる建築類型に用いられる．「中庭式住居 courtyard house」という形式は古今東西一般的で，四大都市文明にも共通する．現存する最も古い四合院は明代のものであるが，その起源は

---

[22] 鄧奕，布野修司「北京内城朝陽門地区の街区構成とその変化に関する研究」『日本建築学会計画系論文集』第 526 号，p175-183，1999 年 12 月．鄧奕，布野修司，重村力「乾隆京城全図にみる北京内城の街区構成と宅地分割に関する考察」『日本建築学会計画系論文集』第 536 号，p163-170，2000 年 10 月．

遙かに時代を遡り，西周時代の遺構が見つかっている (田中淡 (1995)).

　この四合院という住居形式は，極めて単純であるが，空間システムとして前後左右に自在に延長できる特性がある．それ故，そのシステムは現代にまで維持されてきたといっていいが，『乾隆京城全図』を見ると，四合院の形式も様々に変容していることがわかる．本書では，各古都について四合院の変容パターンを明らかにする.

　『乾隆京城全図』に描かれた街路や街区のかたちが比較的最近まで維持されてきたことは驚くべきことであるが，20世紀末から21世紀にかけて，北京も他の中国古都も急速急激に変容してしまう．具体的には，四合院は，「大雑院」化したり，分割されたり，また，全く新たな集合住宅の形式に建て替えられてきた．「大雑院」というのは，1つの四合院に複数の世帯が住む形態をいう．臨地調査では，四合院の変容パターンを分析することで古都の変貌を明らかにすることになる．本書は，その変貌の貴重な記録となるであろう.

　一方，四合院と異なる住居形式が歴史的に成立する.

　1つは，間口の狭い日本の「町屋」によく似た形式で，中庭が小さくなり，「天井 tian jing」と呼ばれる天窓状のものとなる住居形式である．主として，中国南部の四合院の類型の1つといってもいいが，四合院と併存する．福建で「手巾寮」あるいは「紫欄厝」，広東で「竹筒屋」と呼ばれる住居形式がそれである．大都=北京でも宅地が細分化されると狭小間口の分棟形式が出現する．『乾隆京城全図』には四合院の様々な変容パターンをみることができる.

　もう1つは，店舗併用の連棟形式である．中国南部でみられる「店屋」がそれである．東南アジアの「ショップハウス shop house」は「店屋」の英訳である．台湾では「街屋」という言葉が一般的に用いられる.

　この「店屋」という形式は，「市制」そして坊墻制の崩壊以降，すなわち，唐代中期以降に成立したと考えられるが，中国都城の歴史において「店屋」の成立は重要な指標となる．『乾隆京城全図』の北京の内城は「店」は禁止されていたが，八旗軍の家族など内城居住者のための「勾連搭」と呼ばれる平入で棟を平衡に連結させる「前店後宅」という「店」の形式をみることができる.

　本書は，こうした住居形式とその集合形式としての街区に着目しながら，各都城の変容を明らかにすることになる.

　本書の目的，関連論考，基本的視点，意義等は以上の通りである．本書は，まず第Ⅰ章で「中国」という概念，それを支えるコスモロジーを念頭に中国の空間分割システムを明らかにし，『周礼』都城モデルを明らかにする．そして，第Ⅱ章で，中国の都市史をグローバルな視点から明らかにした上で，中国都城の起源，とりわけ，秦始皇帝の咸陽について解読する．その後の各章では具体的に中国都城をとりあげるが，

第Ⅲ章では西安，洛陽，第Ⅳ章では開封，南京，杭州を扱った上で，大都そして北京（第Ⅴ章）に迫りたい．

第Ⅰ章

中国都城の理念

I-1 「中国」という「宇宙」

　中国都城のかたちを問う前提として，そもそも「中国」とは何かが問題となる．そして，その「中国」を成り立たせる前提としての「世界」あるいは「宇宙」が問題となる．

　中国という理念，その起源，成立根拠，構成員とその統合原理，そして，その継承の理論，王朝交代のメカニズムと都城の役割，位置づけ等々については，そのほとんど全てを東洋史，中国史に関する膨大な研究蓄積に委ねることになるが，都城のかたちと空間構造に関連する中国という宇宙（空間・時間）をめぐる基本的概念についてまとめておきたい．特に注目するのは，中国という国土の編成，その国土計画，また都城の空間計画に関連する数の体系である．中国という空間とその境界，中国という空間の内部構造，中国という宇宙（時間・空間）と数の秩序について順次みていこう．

1-1 ｜ 天下 ── 中国と四夷

　「中国」という語は，最古の詩編である『詩経』[23]に見られる[24]．文字通り真中の「国」あるいは「国」の中という意味である．中国では「国」は「國」であり，「國」＝都市国家（「都邑」）である．「國」は西周時代には「或」とのみ書かれたが，「或」は，「口」すなわち人口と「戈」すなわち武器からなる．「或」が，くにがまえで囲われると「國」である．すなわち国は，市壁で囲まれた城壁都市である．

　中国という概念そのものはわかりやすいが，何の真中なのかが問題である．普通に考えれば，いくつかの国々があってその中心に「中国」がある，あるいは，国の領土の中心に位置するのが「中国」である．国々の成立がまずあって「中国」が成立するということになる．

　「天下」という概念は，「戦国七雄」が天下を目指して争った戦国時代に成立してい

---

[23] 古くは「詩」あるいは「周詩」とも呼ばれる．もともと西周時代に歌われていた民謡や廟歌で，漢詩の祖型となる．『史記』「孔子世家」によれば，当初3000篇あった膨大な詩編を，孔子が311編（うち6編は題名のみ現存）に編成しなおしたという（孔子刪詩説）．『詩経』は，儒教の基本経典である五経あるいは十三経の1つとされる．現行本『詩経』のテキストは毛亨・毛萇が伝えたもので『毛詩』と呼ぶことも多い．

[24] 『詩経』「大雅・民労」に「民亦勞止, 汔可小康. 惠此中國, 以綏四方. 無縱詭隨, 以謹無良. 式遏寇虐, 憯不畏明. 柔遠能邇, 以定我王. 民亦勞止, 汔可小休. 惠此中國, 以為民逑. 無縱詭隨, 以謹惛恗. 式遏寇虐, 無俾民憂. 無棄爾勞, 以為王休. ……」とある．

る．すなわち，中国という概念は，天下という概念との関係において天下統一前後で次元を異にすることになる．天下統一以前において中国という言葉は具体的な一定の地域を指した．「中国」と同じように用いられる言葉に，同じく『詩経』「小雅」にある「中原」[25]があるが，「中国」も「中原」も中国文明の発祥地とされる黄河中下流域にある平原を意味する[26]．しかし，天下統一以後の「中国」は，その一部ではなくて天下そのものとなる．「中国」とともに用いられる言葉としてさらに「中華」があるが，その起源は「中原」「中国」に比べるとかなり新しい．初出は唐代に編纂された『晋書』[27]で，5〜6世紀，南北朝以降に用いられるようになったという．中国と「夏」という言葉が合わさった言葉で，もともとは「中夏」である．もちろん，中国最初の王朝である「夏」が意識されている．

「中国」「中原」「中華」は，こうして，いずれも権力の中心，先進地を意味する言葉として用いられるようになるが，それが指し示す空間的広がりは異なる．天下統一以降に用いられるようになった「中華」がそれ以前の中国より広い領域を指すことは明らかである．そして上述のように，中国という概念は，秦漢帝国の成立以前と以後で，次元を異にする．天下統一によって中国は「天下」＝「中華帝国」になる．天下統一後の中国の都城，統一王朝の中国都城を「帝都」と本書では呼ぼう．

天下統一以後の中国は，分裂，あるいは伸縮を繰り返していくことになるが，天下統一以前には複数の中国が分立し　覇を競っていた．中国の史書が一貫して主張するのが，「天下」の「正統」であり，「正統」は「天下」に1つだけ存在するという「唯一正統」（「一統」）という観念が中国の成立に関わる[28]．

25) 「中原有菽, 庶民采之」（「小宛」）とある．菽（しゅく）は大豆で，農業が盛んであったと解釈されている（西晋の杜預の注釈）.

26) 狭義には春秋戦国時代に周の王都があった現在の河南省一帯を指していたが，後に漢民族の勢力拡大によって広く黄河中下流域を指すようになり，河南省を中心として山東省の西部から，河北省・山西省の南部，陝西省の東部にわたる平原地域をいうようにもなった．さらに歴史が下って，「中原」は王権の所在地の象徴となり，「中原に鹿を逐う」と言えば，「天下」を取るために争うことを意味するようになる．

27) 唐の648年に太宗・李世民の命により，房玄齢・李延寿によって『北斉書』・『梁書』・『陳書』・『隋書』・『周書』と『晋書』が編纂された．二十四史の1つで，帝紀十巻・載記三十巻，列伝七十巻，志二十巻からなる．既存の正史『史記』『漢書』『三国志』はいずれも個人が編纂し後に正史と定めたものであったが，太宗の欽定史書として『晋書』が編纂されて以降，史書編纂は国家事業となり，滅亡した王朝の史書を編纂することが正統王朝としての義務となる．

28) 「中国」そして「天下」という概念の成立にとって決定的なのは漢字（文字）である．「中国」の歴史は，「正史」として書かれることによって成立したという意味で，まさに漢字（文字）の成立と不可分であった．もちろん，歴史（記録）のために漢字という文字が必要とされたということではない．言語は，支配のための道具であり，文字による文書がそれを裏打ちする．そうした意味では，漢字と漢字文化圏の成立が，「中国」の成立にとって決定的である．「漢字」は，「甲骨文字」から発展したと考えられているが，エジプトの象形文字やメソポタミアの楔形文字と異なり，亀の甲や牛の骨に刻まれ，神の前で吉凶を占うために用いられた．そして，世界に類例の

「正統」に対するのは「異端」である．「中国」に対するのは「夷狄」あるいは「四夷」（北狄・東夷・南蛮・西戎）である．「夷」「狄」「蛮」「戎」は，それぞれ野蛮人を意味する．『礼記』「王制編」は，「五方之民」について，「東夷は髪を結わず文身し，なまものを食べることがある」「南蛮は額に文身をし，足を組み，生ものを食べることがある」「西戎は髪を結わず毛皮を纏い，穀物を食べない」「北狄は羽毛を着て，穴居に住み，穀物を食べない」[29]などという．「夷狄」を禽獣とみなすかのようである．「中国」―「夷狄」を，人―獣，文明―野蛮，先進―未開……として対置し，差別する「華夷思想」と「中華思想」は表裏一体となる．

中国という空間は，すなわち，「四夷」によって境界づけられる空間である．「天下」は，すなわち，中国という内部と「四夷」という外部からなっていた．この中心と東西南北という4方向から世界が構成されるという観念は必ずしも中国に固有のものではない．ジャワのモンチョパット[30]もそうした例である．村落連合としてのモンチョパットは，まさに「五京の制」と同じ空間認識である．

中国と呼ばれる空間の具体的な領域区分（中国＋四夷）は時代によって異なる．戦国時代の諸国が「中国」とし，それに応じて「夷狄」とした地域もそれぞれ異なる．「中国」と「四夷」の具体的な関係について，『春秋』三伝（『春秋公羊伝』『春秋穀梁伝』『春秋左氏伝』）に即してそれぞれ見ると，中国―四夷関係が相対的関係であることがわかる[31]．

しかし，複数の中国（中央）が存在し，「中国」も「夷狄」も「天下」の一部であった戦国時代の「天下」観は，天下統一がなった漢代以降になると，大きく変化する．漢

ない「表意文字」である．エジプトの象形文字はセム語系諸族によって表音文字に変化し，アルファベットになるが，「漢字」は，「中国」を「中国」たらしめる道具として，機能し続けることになる．最初に漢字がどの「都市国家」で成立したのかは現在のところ不明である．夏の末期の都とされる二里頭遺跡から文字は確認されていない．文字は，殷の時代にはその中核地域，すなわち「中原」において使われており（甲骨文字，殷金文），そして周の時代に入って，春秋時代（BC. 770年〜BC. 5世紀）には周辺地域に広がっていたと考えられている．この漢字文化圏を母胎に「中国」という「天下」が成立するのである．なお，2013年，浙江省で甲骨文字様の線刻の見える土器片が発見された．文字の発生についての定説は変わる可能性がある．

29) 中国戎夷，五方之民，皆有性也，不可推移．東方曰夷，被髪文身，有不火食者矣．南方曰蛮，雕題交趾，有不火食者矣．西方曰戎，被髪衣皮，有不粒食者矣．北方曰狄，衣羽毛穴居，有不粒食者矣．中国，夷，蛮，戎，狄皆有安居，和味，宜服，利用，備器，五方之民，言語不通，嗜欲不同，达其志，通其欲．東方曰寄，南方曰象，西方曰狄鞮，北方曰译．『礼記』「王制編」
30) Mancapat ないし prapat．ジャワの慣習法研究の中で明らかにされた「中心＋四囲」という概念で，ある村落を中心として，その周囲にある4つの村落の連合をいう．秩序の概念としてのモンチョパットに最初に注目し，それをコスモロジーという次元で捉えたのは，フォン＝オッセンブリュッヘンである．モンチョパットは，ジャワにおける空間，社会などを包括する秩序を表現するものとしてジャワ人の思考を大きく特徴づけるとされる．
31) 平勢隆郎（2003, 2005）が，『春秋』三伝の他，『尚書』「禹貢」，『容成氏』「訟城氏」，『周礼』「職方氏」，『墨子』「兼愛」にみられる「中国」と「天下」の構成について図化している．

字文化圏の内部で争われていた「中国」―「夷狄」関係は，漢族の居住地を中国とし，それ以外を「夷狄」とする「天下」観へ転換していくのである．「中華」という理念の成立はこの転換に関わっている．

中国都城を建設した民族は漢民族とは限らない．むしろ，長安，大都のような明確な型をもった都城を建設したのは北方遊牧民たちである．「中華」の天下観との関係の中で，都城の理念が選び取られるのである．このことは本書の大きな視点となる．

1-2 │ 九州・五服・八紘

中国（天下）という空間はどのような広がり（規模）をもつのか，そして，どのような内部構造をもつのか，すなわち，中国（天下）はどのように構成されるのか，あるいはどのように分割されるのか，これは中国という空間の支配システムの問題であり，領域分割の問題でもある．「四夷」あるいは「四海」，すなわち東西南北という方位分割が既に空間構造に関わるが，この空間分割には中国のコスモロジーに密接に関わる数の体系がある．「陰陽五行」「十干十二支」がまさにそうであるが，例えば『周礼』がそもそも数のピラミッドといってもいい形式的数値主義に貫かれている．

渡辺信一郎（2003）によれば，史書に記される「天下」の領域は，

① 『礼記』「王制」の「天下」＝方三千里の「九州」＝中国，
② 『尚書』「禹貢」（経今文学）「五服」の「天下」＝方五千里＝「九州」，
③ 『周礼』の「九服」・「九畿」＝方万里＝「九州」＋蕃国（四海），

そして，

④ 『尚書』「禹貢」（経古文学）の「五服」の「天下」＝方万里＝「九州」＋四海

の各説に分けられる．以下に触れるが，『周礼』「秋官」大行人は王畿から要服までを「九州」とし，その外側を蕃国としており，それに拠れば，方七千里が「九州」ということになる（図Ⅰ-1-1）．

方三千里，方五千里，方万里の3つの「天下」観念の成立は，それぞれ，戦国中期，戦国後期から漢代，漢初から前漢末である．

「天下」は「九州」からなるという観念（①）は，中国に古来からある．『史記』「夏本紀」に，禹は，「左準縄，右規矩，載四時，以開九州」，すなわち左手に縄（水準器，墨縄），右手に物差し（コンパスと差金）をもって，四季（春夏秋冬）を記録して，「九州」を開いたという[32]．夏王朝を開いたとされる禹は，治水で知られるが，測量に長けた建築家，

---

[32] 禹乃遂與益，后稷奉帝命，命諸侯百姓興人徒以傅土，行山表木，定高山大川．禹傷先人父鯀功之不成受誅，乃勞身焦思，居外十三年，過家門不敢入．薄衣食，致孝于鬼神．卑宮室，致費於溝減．陸行乘車，水行乘船，泥行乘橇，山行乘樏．左準縄，右規矩，載四時，以開九道，通九道，陂九澤，度九山．

「中国」という「宇宙」

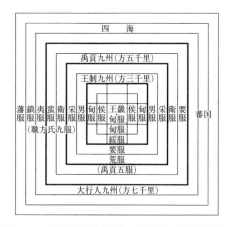

図 I-1-1　天下四海図（出典：渡辺信一郎（2003））

土木技術者の祖先である．「於是九州攸同，四奥既居，九山刊旅，九川滌原，九澤既陂，四海會同」というように，9 という数字がやたら出てくるが，9 というのは古代中国における聖数である．清の陳澧（1810〜82 年）は，方 200 里のグリッドを引いた「中国九州」（禹貢図）を描いている．

そして，「九州」という観念は，『史記』を遡って見られる．『孟子』「梁惠王上」には，「海内之地　方千里者九」とある．「海内之地」すなわち「天下」は 9 つの方千里からなるという[33]．孟子は，王が方千里に王道を敷き，方伯が治める残りの 8 州に徳が及ぶことによって「天下」が治まると考えた．夏，殷（商），周の各王朝も方千里に王道を敷いたとし，「九州」の 1 つを斉（齊）が王道を敷けば「天下」を治められるという．「九州」というのは理念ではあるが，具体的なスケール（方千里）は意識されていたことになる．そしてまた，理念としては，「天下」があって，それを分割して「九州」となるということではない．中央に天子の治める「州」，すなわち「中州（中国）」があり，方伯の治める 8 州がそれを取り囲む，9 州からなる「天下」は，ナインスクエア・モデル，すなわち，正方形を 3×3 の 9 つに分割するモデルとして図式化できる（図 I-1-2）．「井田制」の耕作地の分割システムがまさにナインスクエアである．井田制については次節でみるが，「方九里」という『周礼』都城モデルの都城の規模の規定が，こうした分割システムと関係があることは言うまでもない．

方三千里という「天下」観は，戦国末期に秦国で編纂された『呂氏春秋』「慎勢」にみられ，さらに，前漢後期に戴聖が編纂した『礼記』「王制」も「凡四海之内九州，州

---

33) 海内之地方千里者九，齊集有其一．以一服八，何以異於鄒敵楚哉，蓋亦反其本矣．

35

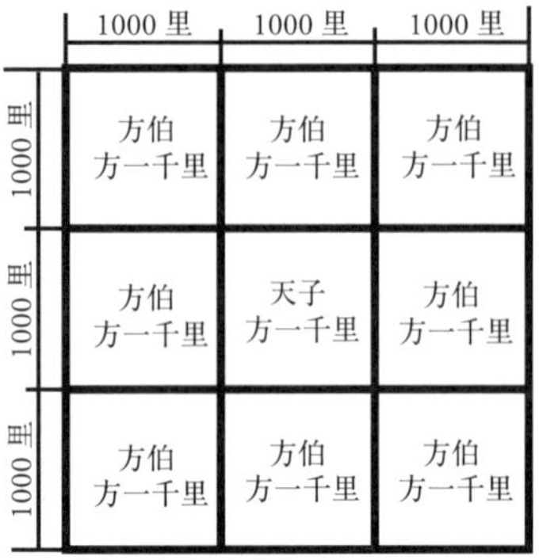

	1000 里	1000 里	1000 里
1000 里	方伯 方一千里	方伯 方一千里	方伯 方一千里
1000 里	方伯 方一千里	天子 方一千里	方伯 方一千里
1000 里	方伯 方一千里	方伯 方一千里	方伯 方一千里

図 I-1-2　九州　『孟子』梁惠王上（作図：布野修司）

方千里」[34]，「凡四海之内，断长补短．方三千里」[35]．「四海」すなわち「天下」は9州からなり，1つの州は方千里という．1つの方千里は天子が治め（天子之田方千里），他は「方伯」（公，侯，伯，子，男）が治める[36]．そしてさらに各州方千里の内部分割について，公，侯の田は方100里，伯は方70里，子，男は方50里とし，「州」は，「州建百里之国三十，七十里之国六十，五十里之国百有二十，凡二百一十国」という．「天下」の構成理念は『孟子』「梁惠王上」と同じと考えていいが，よりヒエラルキカルに整理されている．各州は，方100里の国30 + 方70里の国60 + 方50里の国120 = 210の「国」からなる，というのがモデルとなる[37]．方千里は方100里100個分だから，面積計算は厳密には合わないが，およその比例関係1：2：4を示している．

「五服」という「天下」観（②）も，『史記』「夏本紀」に見られ，遡って，戦国末に秦

---

34) 凡四海之内九州，州方千里，州建百里之国三十，七十里之国六十，五十里之国百有二十，凡二百一十国．名山大泽不以封，其余以为附庸间田．八州，州二百一十国．

35) 自恒山至于南河，千里而近．自南河至于江，千里而近．自江至于衡山，千里而遥．自东河至于东海，千里而遥．自东河至于西河，千里而近．自西河至于流沙，千里而遥．西不尽流沙，南不尽衡山，东不尽东海，北不尽恒山．凡四海之内，断长补短．方三千里，为田八十万亿一万亿亩．

36) 王者之制禄爵．公，侯，伯，子，男，凡五等．--- 天子之田方千里，公侯田方百里，伯七十里，子男五十里．--- 凡四海之内九州，州方千里，州建百里之国三十，七十里之国六十，五十里之国百有二十，凡二百一十国．--- 其余以为附庸间田．八州，州二百一十国．--- 千里之外设方伯，五国以为属，属有长．十国以为连，连有帅．三十国以为卒，卒有正．二百一十国以为州，州有伯．八州，八伯，五十六正，百六十八帅，三百三十六长．八伯各以其属，属于天子之老二人，分天下以为左右，曰二伯．

37) 中国における尺度，里程については後述（第I章3）するが，隋唐までは，1里 = 300 歩 = 1800尺である．1尺は，およそ商代が170mm，「商鞅変法」による度量衡の標準化を経て，秦漢時は平均230mm（出入り±5mm），後漢代の尺を平均すると5mmほど伸びて235mmとされる．仮に230mmとすると1里 = 414mとなる．方千里というと約41.4km四方である．

「中国」という「宇宙」

国で編纂された『尚書』「禹貢」に見られる[38]．「五服」とは，文字通り，5 つの服という意味であるが，服すなわち冠帯によって，身分，地位を分け礼儀の違いを表現した．服によって，5 つの地域を区別する天子自らを中心として，「天下」を甸服、候服、綏服、要服、荒服に分けるのである．5 という数字も，五帝，陰陽五行等，中国においては特別な数字である．

「天子の國の外五百里までを甸服とする．百里以内では總（藁つきの穀物）を賦税として収め，二百里以内は總（穂）を，三百里以内は秸服（藁）を，四百里以内は粟を，五百里以内では米を納める．甸服の外五百里を候服とする．その百里以内は采（卿大夫の采邑地），二百里以内は任國（男爵の地），三百里より外を諸侯の地とする．侯服の外五百里までを綏服とする．その三百里以内は文教によって統治し，その外二百里は武衛を奮う．綏服の外五百里を要服とする．その三百里以内は夷の地，その外二百里は蔡の地とする．要服の外五百里を荒服とする．その三百里以内は蠻（野蛮人）の地であり，その外二百里は流（流人）の地である．」[39] という．

渡辺によれば，「五服」についての解釈は経今文学と経古文学[40]で異なっていて，前者では方五千里（②），後者では方万里（④）となるが，以上の叙述では，「天下」は方五千里[41] となる（図 I-1-3abcd）．こうして，史書には「九州」説と「五服」説が並存しているが[42]，数の体系として，5 と 9 は公約数をもたないから，そもそも「五服」の 5 区分モデルと「九州」のナインスクエア・モデルとは整合しない．

そこで，「五服」の 5 区分を「九州」（方千里 9 つ分）に当てはめる議論が後漢時代には展開される．「天下」を 5×5 に分け，25 の方千里を，天子が方千里（1），方伯が方

---

38) 「天下」が九州からなる，あるいは五服からなる，という以外にもいくつか分割モデルがある．例えば，『漢書』も『史記』を受けて，禹が九州を定めたというが（禹平洪水，定九州，制土田，各因所生遠近，賦入貢棐，楙遷有無，萬國作乂（『漢書』「食貨志」），黄帝に遡って，「天下」の分割を問題にし，黄帝は，方万里を区画して州に分け，堯は「天下」を「十二州」に分けたという（昔在黄帝，作舟車以濟不通，旁行天下，方制萬里，畫野分州，得百里之國萬區．是故ousにゅうnal「先王以建萬國，親諸侯」，『書』云「協和萬國」，此之謂也．堯遭洪水，裏山襄陵，天下分絶，為十二州，使禹治之．水土既平，更制九州，列五服，任土作貢（『漢書』「地理志」）．「方万里」にしても「十二州」にしても『漢書』が書かれた後漢代の認識とされる．
39) 令天子之國以外五百里甸服：百里賦納總，二百里納秸服，三百里納秸服，四百里粟，五百里米．甸服外五百里侯服：百里采，二百里任國，三百里諸侯．侯服外五百里綏服：三百里揆文教，二百里奮武衛．綏服外五百里要服：三百里夷，二百里蔡．要服外五百里荒服：三百里蠻，二百里流．『史記』「夏本紀」．
40) 儒教経典には，経典ごとに多くの種類が併存し，それらは，今文と古文にまず大別される．今文は，口承で伝えられてきた経典とその解釈が漢代に書き留められたもので，隷書という漢代の文字（今文）で書かれている．これに対して，古文は，漢以前の文字（古文）で書かれた経典とその解釈をいう．
41) 禹曰：予（辛壬）娶塗山，［辛壬］癸甲，生啟予不子，以故能成水土功，輔成五服，至于五千里，州十二師，外薄四海，咸建五長，各道有功．苗頑不即功，帝其念哉．帝曰：道吾德，乃女功序之也．
42) 『国語』「周語上」，『荀子』「正論」にも九州説とは無関係に叙述されている（渡辺信一郎（2003））．

第Ⅰ章
中国都城の理念

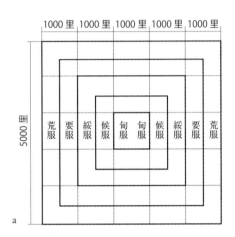

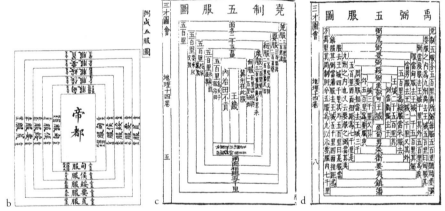

図 I-1-3　a 五服　『史記』夏本紀（作図：布野修司）　b 弼成五服図（出典：『欽定書経図経』）
　　　　 c 堯五服図（出典：『三才図絵』）　d 禹五服図（出典：『三才図絵』）

千里を3つずつ（3×8＝24）支配するとした．そしてさらに，宋代以降になると5000里四方（方千里5×5）に「五服」を当てはめるモデルがつくられるようになる（尾形勇・平勢隆郎（2009））．

　「九服」という概念も提出される．漢初景帝期に河間献王劉徳の経書収集活動によって発見された『周官』六篇に由来するとされる『周礼』の「天下」観がそうで，「夏官大司馬」（「九畿」説），「職方氏」（「九服」説），「秋官大行人」の職掌の3か所に見える（③）．

「中国」という「宇宙」

　『周礼』「夏官職方氏」は，「夏官大司馬」の「九畿」説も同様であるが，次のようである.「邦國を「九服」に弁別する.方千里を王畿といい，その外五百里を侯服，またその外方五百里を甸服，またその外方五百里を男服，またその外方五百里を采服，またその外方五百里を衛服，またその外方五百里を蠻服，またその外方五百里を夷服，またその外方五百里を鎮服，またその外方五百里を藩服という.」[43]．このモデルだと方万里（約400km四方）[44]ということになる．方千里が $10 \times 10 = 100$ のモデルとなる．

　この「九服」説によっても，「五服」説と「九州」説の不整合を解決できるわけではないが，『周礼』「秋官大行人」には，職方氏の蕃服を要服とし，王畿から要服までを九州とし，その外側を蕃国とする．大行人に拠れば，方七千里が九州ということになる．すなわち，「九服」が「九州」と四海からなるとする解釈がなされるようになる．後漢末の鄭玄（127〜200年）[45]の「五服」説が代表である．

　『尚書』「禹貢」の「五服」についての経古文学説（④）は，『周礼』の方万里説（③）を受けて,「九服」と「五服」の整合を図ろうとするものである．鄭玄は，堯の制定した「五服」方五千里が，禹の治水によって拡大されて「五服」＝方万里となったとし，要服までの方八千里が「九州」＝中国で，その外側の荒服千里が四海の領域であるとする．もちろん，鄭玄説によっても数の体系としてすっきりするわけではない．この鄭玄説をめぐっても様々な批判が行われてきたが，渡辺信一郎（2003）に委ねよう．鄭玄の『周礼注』（『鄭玄注』）については，中国都城の空間モデルに関わる『周礼』「考工記」に関連して続いて詳細に検討したい（第Ⅰ章3-1）．

　「天下」に関わる数ということでは，「九州」「五服」とともに「八紘」という概念がある．「八紘一宇」の「八紘」である．漢代の『淮南子』に出てくる[46]．大地は八本の綱

43) 乃辨九服之邦國，方千里曰王畿，其外方五百里曰侯服，又其外方五百里曰甸服，又其外方五百里曰男服，又其外方五百里曰采服，又其外方五百里曰衛服，又其外方五百里曰蠻服，又其外方五百里曰夷服，又其外方五百里曰鎮服，又其外方五百里曰藩服

44) 『史記』以降『旧唐書』までの史書は全て「天下」を「方万里」とする．平勢隆郎（2009）は，この「方万里」は，万里四方のことではなく，方千里が10個分という意味だとし，面積について，「五服」の5区分とナインスクエア・モデルの整合性を議論しているが，中国では古来，長さと面積について同じ単位を用いる．「九服」モデルによれば「方万里」はそのまま面積ということでいい．『史記』夏本紀は，「邦國は千里，公に方五百里を封ずると四公となる．方四百里を六侯，方三百里を十一伯，方二百里を二十五子，方百里を則百男に封ずる.」とする．この場合，侯と伯については方千里を整数に分割できないが，およその面積を示していると考えられる．

45) 青州北海郡高密県（現山東省高密市）の出身．字は康成．当時の儒教のほとんどの書籍に注を作成しており，また，自らも多くの著作を残した．『周礼』の解釈についても後代に大きな影響を与えた．鄭玄については，間嶋潤一（2010）がある．

46) 是故疾而不搖，遠而不勞，四支不動，聰明不損，而知八紘九野之形埒者，何也？執contentメント之柄，而游於無窮之地.『淮南子』「原道訓」．八殯之外，而有八紘，亦方千里，自東北方曰和丘，曰荒土；東方曰棘林，曰桑野；東南方曰大窮，曰眾女；南方曰都廣，曰反戶；西南方曰焦僥，曰炎土；西方曰金丘，曰沃野；西北方曰一目，曰沙所；北方曰積冰，曰委羽．凡八紘之氣，是出寒暑，以合八正，必以風雨.「墜形訓」．八紘之外，乃有八極，自東北方曰方土之山，曰蒼門；東方曰

で支えられており,「八紘」の外は「海」である.『孟子』が既に「海内」を「天下」の意味で用いたことを上で触れたが,「海内」はすなわち「八紘」であり,『史記』以降,「八紘」の別名としても用いられている.この「八紘」は,ナインスクエアの中央(「中州」)を八方から支えるというイメージで捉えることができる.

　問題は,戦国時代の「九州」が,漢の武帝以降には拡大していることである.「九州」の外に「八紘」を設定するか,「九州」の内に「八紘」を設定するか,によって,「天下」は異なってくる.すなわち,戦国時代の「九州」に「五服」を設定するのではなく,漢代に武帝が征服した領域を含めた「天下」に「五服」を設定するようになるのである.平勢隆郎が,漢の『史記』から五代の『旧唐書』までの1000年の「原中国」の時代と,宋の『新唐書』以後清朝までの約1000年の「中華帝国」の時代では,「天下」あるいは中国に関わる概念が大きく異なるというのはこの変化を指している.平勢に拠れば,(1)中国を漢字圏である「天下」の9分の1として,中国に王道を敷き,徳によって「天下」を風化すると考えるか,(2)その「天下」をあらためて漢族の居住地たる中国(「八紘」)と規定しなおし(郡県統治),外の異民族の地を徳によって風化する(外交)と考えるか,(3)征服王朝の故地までふくめて王道を行うと規定し,その外を徳によって風化すると考えるか,の違いである(尾形勇・平勢隆郎(2009)).

　中国の内部を「九州」「五服」「八紘」というかたちに分割する議論は,『周礼』都城モデルの内部構成に関わる議論にそのまま接続するものである.

1-3 | 天円地方・天干地支

　中国では,古来「往古来今謂之宙,四方上下謂之宇」[47]という.すなわち,往古来今=「宙」(時間)と四方上下=「宇」(空間)とからなるのが「宇宙」である.中国という概念,その広がり,そして,その空間分割については以上のようであるが,中国において,この「宇宙」がどのように考えられてきたのか,すなわち,空間と時間がどう考えられてきたのかが大きく都城のかたちを規定する.

　『晋書』「天文志上」に「天圓如張蓋,地方如棋局(天は圓(円)なること張蓋の如く,地は方なること碁局の如し)」[48],すなわち,「天」は球形をしており,「地」は正方形(碁

東極之山,曰開明之門;東南方曰波母之山,曰陽門;南方曰南極之山,曰暑門;西南方曰編駒之山,曰白門;西方曰西極之山,曰閶闔之門;西北方曰不周之山,曰幽都之門;北方曰北極之山,曰寒門.凡八極之雲,是雨天下;八門之風,是節寒暑.八紘,八殥,八澤之雲,以雨九州而和中土.「墜形訓」

47)　『淮南子』「齊俗訓」が初出とされる.
48)　故曰《周髀》.又《周髀》家云:「天圓如張蓋,地方如棋局.天旁転如推磨而左行,日月右行,随天左転,故日月実東行,而天牽之以西没.譬之于蟻行磨石之上,磨左旋而蟻右去,磨疾而蟻遅,故不得不随磨以左回焉.天形南高而北下,日出高,故見;日入下,故不見.天之居如倚蓋,故

盤目状)をしているという[49].いわゆる「天円地方」である.

これは蓋天説として知られる.蓋天説は戦国時代末期から前漢にかけてと成立したと考えられているが,同じ頃成立した蓋天説を説明するために編纂されたと考えられる中国最古の数学書[50]として『周髀算経』(『周髀』)がある.それ故,蓋天説は周髀説ともいわれるが,「髀」は「股」とも「表」ともいい(欧米語ではノーモン gnomon),8 尺の棒(表)を立てて「股」とし,冬至夏至などにおける太陽の「髀」による影の長さを「勾」,表と影の先端を繋ぐ長さを「弦」として(「勾股弦の法」)天文測量を行った.要するに,「天円地方」の空間モデルを支えるのは中国の天文学である.

「天円地方」は,天地すなわち中国を天子がどう捉えてきたかを示す宇宙模型である.「地方」という地の形に関わるのが「九州」「五服」あるいは「九服」という平面モデルである.「地」すなわち「天下」は,3×3,5×5 といった碁盤目で構成されると考えるのである[51].蓋天説は,後になると,天は半球状(蓋笠)で,地はひっくり返した皿(覆槃)の形をしているとするようになる.

それに対して,渾天説は,天地は 2 重の球からなり,球形の天の内部に小さな球形の地があると考える.天の半分は地上を覆い,半分は地下を囲んでおり,「二十八宿(星宿)」は半分が見え,半分が隠れて見えない.天の表面,裏面には水があり,「天」と「地」は気に支えられ,水にのって運行している.天の両端には南極・北極の両極があり,天は極を軸として回転しているという.すなわち,観測機器でもある渾天儀が宇宙模型となる.赤道儀としての渾天儀が「円儀」の名前で文献上初出するのは,前漢の甘露 2 (BC. 25) 年における耿壽昌の上表文だという(小沢賢二 (2010)).

「地」の空間座標については,第 1 に方位が問題とされる.東西南北という太陽,月の運行をもとにした絶対方位については世界各地において普遍的である.また,北東,北西,南東,南西を加えた 8 方位が用いられるのも一般的である.そして,中国で用いられるようになったのは「十二支」(子丑寅卯辰巳午未申酉戌亥)である.戦国時代中期には広範に用いられるようになった十二支は,方位のみならず,時間についても,すなわち時空の分割概念として用いられるようになる.北東,北西,南東,南西の八方位については,艮,巽,坤,乾と呼ばれるようになる.十二支に対して十二獣

極在人北,是其証也.極在天之中,而今在人北,所以知天之形如倚盖也.日朝出陽中,暮入陰中,陰気暗冥,故没不見也.夏時陽気多,陰気少,陽気光明,与日同輝,故日出即見,无蔽之者,故夏日長也.冬天陰気多,陽気少,陰気暗冥,掩日之光,雖出猶隠不見,故冬日短也.」『晋書』天文志上

49) 『大戴礼記』「曾子天円」の「単居離問于曾子曰,天円而地方者誠有之乎.……夫子曰,天道曰円,地道曰方」が初出という(小沢賢二 (2010)).
50) 他に,前漢から後漢にかけて成立したと考えられる『九章算術』がある.
51) この碁盤について,その空間的象徴性,「天円地方」の宇宙像との関係について論ずるのが大室幹雄 (1977, 2004) である.

を当てるようになるのは戦国時代とされるが，文献における初出は後漢の王充の『論衡』である．

「天」の方位としては，さらに「星宿」すなわち星座が問題となる．中国の場合，黄道十二星座を区別する西欧世界より細かく二十八宿が区別された．星宿という概念が定められたのは春秋時代に入ってからと考えられている．それ以前においては，太陽と月以外の天体は一律に「星」として認識され，方位と角度でその位置が観察されていた．この地平座標系が「天円地方」の元になっている．本来は，「天円球地円」というべきであるが，地を四角とするのが中国独特である．二十八宿の名称には史資料によって異同があるが，『史記』によれば，角，亢，氐，房，臣，尾，箕，南屋（建星），牽牛，女（須女），虚，営室，東壁，奎，婁，胃，昴，畢，觜，参，東井，弧（輿鬼），柳，七星，張，翼，軫である[52]．西欧の十二星座との対応関係は，例えば，乙女座は角宿と亢宿，蠍座は房宿，心宿，尾宿からなる（図I-1-4）．

二十八宿は地上から天を見上げるかたちで把握されるものであったが，「天円地方」を一体的に構造化するために，天の方位にも地の方位と同様十二支が割り当てられることになる．ただ，星宿は天蓋上を回転することから，基点を決めることが必要となるが，基準とされたのは冬至の未明に現れる星宿である．すなわち，角宿，亢宿，房宿，心宿，尾宿を基準として十二支の方位を割り振ることになるのである．こうして「天」の方位と「地」の方位を一致させる見方が成立することになるが，この一致は，天蓋をその上から眺める視点によって可能となるのであり，これにより「天下」の概念も「天子」の概念も成立する．

4，8，12という天地の方位によって秩序づけられる宇宙の空間構造は，以上のように，太陽，月，星宿の運行によって規定されている．すなわち，暦，年月日，季節という時間のシステム（暦法）と不可分である（500頁 Column 6）．

天地の時間の秩序は，「天干地支」と言われる．天の時間は，十二支，「二至二分」，四立，八節，「二十四節季」という数の秩序（2の倍数）によって分割される．そして，地の時間を規定するのは十干である．

十二支と合わせた60を周期とする「十干十二支」は，中国人，そしてそれを輸入した日本人の時間感覚を大きく規定してきた．「干支」[53]は既に殷（商）代に成立していて，殷墟出土の亀甲，獣骨に多くの「干支」が日付を表すために用いられている（干支紀日法）．殷代には「十日十二辰」[54]と呼ばれたというが，十二支よりも十干[55]の方が

---

52) 『史記』による．小沢賢二（2010）「第3章　中国古代における宇宙構造論の段階的発展と占星術の出現」に，史・資料における「二十八宿」の名称の異同が示されている．
53) 「十干十二支」を縮めて「干支」という表記が定まった時期は後漢代からである．
54) 上を母，下を子に見立てて「十母十二子」という呼び方もある．
55) 甲骨文には，干名だけで日を表すことがあり，祖王の名を「祖甲」「父丁」など，その人に関連する特定の干名で呼ぶ例がある．現在のような順序数による紀日法がいつ始まったかはわかって

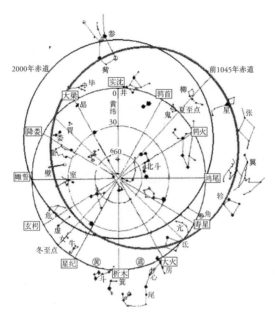

図 I-1-4　黄道十二次二十八宿（出典：李志超（2012））

より基本的であったと考えられる[56]．殷代では，「干支」はもっぱら紀日法として用いられ，月，年に関しては1から始まる順序数を使用していた．月および年を表すために「干支」が広く普及したのは戦国時代以降で，1日（24時間）を十二支に分けるようになった時期は漢代である．1日の時刻については，100等分した目盛りを振った日時計の存在から，古代には1日を100等分して1つの分割を「刻」としていたことが知られる（図 I-1-5）．百刻制と呼ばれるが，漢代になっても用いられていた．一刻は約15分（14分24秒）ということで，今日の中国でも使われている．一方，秦代に，1日を12等分して，夜半から十二支を順に振って，子の「刻」，丑の「刻」……とする「時辰」が生まれている[57]．

　暦法とは別に，中国では数の秩序が重んじられてきた．古代中国で聖数とされるのは9，8，6である．平勢隆郎（1995，1996，2008）によれば，戦国中期以降，天地，時間，

　　いないが，現在のところ，山東省臨沂県（りんぎけん）から出土した銀雀山漢墓竹簡および武帝7（元光元年，BC. 134）年の暦譜竹簡の例が最古とされている．
56)　その理由として，10進法の起源にも関わるが，数を数える行為との関連で両手の指が合わせて10本であることが指摘される．そして，甲乙丙丁戊己庚辛壬癸という漢字の意味することを検討した上で，草木のライフサイクル，農耕のサイクルに由来するという興味深い解釈がある（永田久（1982））．
57)　単位は同じ「刻」であるが，100分割の刻と区別するために「辰刻（しんこく）」ともいう．

図 I-1-5　漢代日時計　1897 年内蒙古托克托出土（出典：中国国家博物館）

季節の秩序を 9, 8, 6 なる 3 つの聖なる数の調和で説明することが開始されている．その基になっているのは音楽理論「三分損益法」である[58]．1 オクターブを 12 の音階に区別する方法で，具体的には，祭器としての青銅楽器（編鐘）あるいは管楽器（竹笛）の編成について，その径，長さの大小の配列を決定する．基準となる長さに 2/3 をかけ，さらに 4/3 をかける，これを繰り返すと 12 の長さが得られるが，この長さの比例関係に 9, 8, 6 という整数がでてくる．これは物理学の法則であり，春秋時代以前から確立されていたともされるが，戦国中期に至って，9, 8, 6 が宇宙の生成に関わる聖数として尊重されるようになり，例えば，天の数が 9，地の数が 6，人の数が 8 となるという観念が生まれる．聖数そのものより，その比例関係，全体の体系の問題であるが，12 音階は十二支に容易に割り当てることができる．

　そして，中国における数の体系として欠かすことができないのが「陰陽五行」である．最古の王伏羲がつくったとされる陰陽説と禹が創ったとされる五行説[59]をもとに完成させたのは斉（齊）の陰陽五行家，趨衍（BC. 305〜240）とされるが，趨衍は，木火土金水を，二十八宿の間で不規則な運動を行う 5 つの惑星に結びつけ[60]，さらに万

58）「第 2 章　中国古代帝王の理念背景―紀年問題の本質を理解するために―　第 1 節　編鐘と三分損益法―編鐘の時代を語るために」（平勢隆郎（1996））他．

59）禹は，「水は土地を潤し，穀物を養い，集まって川となって流れ，海に入って鹹（かん，しお）となる．火は上に燃え上り，焦げて苦くなる．木は曲がったものも真直ぐなものもあり，その実は酸っぱい．金は形を変えて刀や鍬となり，味は辛い．土は種を実らせ，その実は甘い．」（「水は潤下し，火は炎上し，木は曲直，金は従革し，土は稼穡(かしょく)する」）といい，木火土金水を五つの味に対応させて（五味五行）その調和を原理としたとされる．

60）「天地のはじめ，混沌とした中で，明るく軽い気が陽の気をつくり，火となる．暗く重い気は陰の気をつくり，水となる．天上では火は太陽となり，水は月となり，これが組み合わされて，五つの惑星となる．地上では火と水から五元素ができる．」という．

物に当てはめた．五行説は，天地万物の姿をとって五行が現れると考えるので，五星，五方（方位），五時（季節）の他，禹のいう五味，五色，五感，五臭，五音，五臓，五蓄……などありとあらゆるものに五を配当することになる．五行の徳をもった「五帝」という概念も強力である．

陰陽五行説の詳細は省くとして，単純な整数秩序の問題として，十二支と五行（5進法）を調整するのはいささか厄介である．単純な数の割当ての問題として，陰陽五行説と「十干十二支」との関係についていえば，陰陽(2)×五行(5)というのは極めて整合的であった．十干の甲乙を木，丙丁を火，戊己を土，庚辛を金，壬癸を水と定め，さらに十干の前半，甲乙丙丁戊を陽（兄）とし，後半，己庚辛壬癸を陰（弟）とすることで（「兄弟」），最小公倍数60の周期に入り込むことができる．

それに対して，十二支への陰陽五行の配当は苦労する．5で割り切れないから当然である．十干と同様，十二支についても前半を陽，後半を陰とするのはいいけれど，五行の割当てに困る．王充の『論衡』は，寅卯を木，巳午を火，申酉を金，亥子を水とするが，その他については言及がない．残った4つ，丑，辰，未，戌に土を割り当てることになった．わからなくもない．「二十四節季」には，従って春夏秋冬に土用の日が設けられることになる．

陰陽五行説は，時間のみならず，空間，すなわち方位へもそのシステムを当てはめようとするが，東西南北の4つの絶対方位，また8方位，さらに12方位と整合性がとれない．そこで，土を中央に割り当てて，「木火土金水」を「東南中央西北」とするが，上記の十二支への割当てと比較すると矛盾が起こる．北を亥子丑，東を寅卯辰，南を巳午未，西を申酉戌というのはいいが，五行を配すると，東西南北がそれぞれ，水水土，木木土，火火土，金金土となって，中央に配されるものはないことになる．例えば，丑の方位（北北東）は，前者では水の方位なのに後者では土の方位となってしまう．この矛盾を取り除くために採られたのは優先順位を決めることであり，結果として十二支への配当が優先されることになる．

以上のような，宇宙＝世界についての認識，すなわちコスモロジーは，現実の世界を大きく規定する．古代中国において，王朝の交代を正統化する理論とされるのが「天命思想」であり，「易姓革命」論である．「天命思想」は，天帝が天命を授けた天子のみが地上の統治者として世界に君臨できるとする．また，地上の全ての生物は天命を受命した天子の恩沢を受けて生きているとされ，この天子の恩沢に報いるために，人民は貢納と労役の義務があると説く．この「天命思想」は殷周交代期（BC. 1200年頃）に生まれたとされるが，やがて儒教の王権理論の核心となっていく．そして，天は己に成り代わって王朝に地上を治めさせるが，徳を失った現在の王朝に天が見切りをつけたとき，「革命（天命を革める）」が起きるとされ，前王朝とその王族が徳を失い，新たな徳を備えた一族が新王朝を立てることを「易姓（姓が易わる）」という（「易姓革

命」）．血統の断絶ではなく，徳の断絶が革命の根拠とされるのである．

　秦始皇帝は，天下統一後，五行相克説に基づき，火徳とされた周に勝ったということで水徳を採用する．五行には方角・季節・色・数字が割り当てられるが，水は，北・冬・黒・六であり，秦のキーワードとなる．冬を年初とし，衣服や旗の色は黒とされ，6寸，6尺などが基準寸法として用いられた．「天下」を36（6×6）郡に分割されたのも6を聖数と考えたからである．

I-2　中国における空間分割システム ── 土地・集落・都市

　中国における都城の理念型について，続いて『周礼』「考工記」に即して考察するが，手掛かりとなる「匠人営国」条の記述はごくわずかであり，それをモデル化するに当たっては様々な解釈が入り込む余地があり，また，そもそも都城の内部構造については触れてはいない．

　そこで，都城モデルの検討に必要となるのが「井田制（井田法）」など中国の土地分割システムである．本節では，中国における尺度の体系，田制，邑制など土地・村落・都市の空間的編成に関わる制度に関する事項を必要な範囲でまとめておきたい．依拠するのは中国史学の蓄積であるが，諸説をめぐって本書の依拠する史資料と根拠を明らかにしておく意味がある．

　第1に，土地の分割システムを問題にしたい．土地の分割単位とかたちは都城の街区と宅地分割を考える前提となる．第2に，集団構成のシステム，行政組織の構成を問題にしたい．里制および坊制のあり方は都城の居住単位を考える直接的な手掛かりとなる．特に坊墻制の成立についてはここでまとめている．第3に，長さ，面積に関する尺度，基準寸法を問題にしたい．単位となる空間の規模とかたちを規定するのが尺度の体系であり，都城の設計計画に当たっての前提となるのが尺度の体系である．本書の各所で用いる尺度の変遷をあらかじめ比較しておきたい．

2-1 ｜ 土地分割

（1）井田制

　中国古代において理想的と考えられた田制が井田制である．『周礼』の作者であるという周公旦が整備したとされ，『孟子』が取り上げていることからよく知られる．方一里（300歩）を「井」の字の形に分割する，すなわち3×3＝9の100歩×100歩

中国における空間分割システム―土地・集落・都市

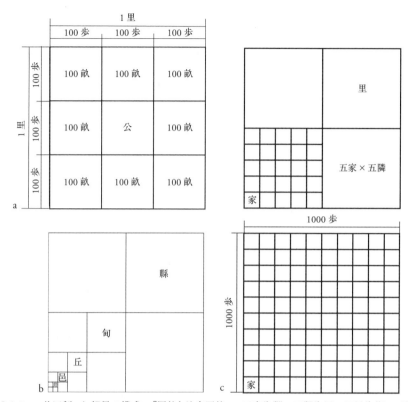

図 I-2-1　a 井田制　b 都邑の構成『周礼』地官司徒　c 五家為鄰, 五鄰為里, 四里為酇, 五酇為鄙, 五鄙為縣, 五縣為遂（出典:『周礼』「地官」司徒遂人, 作図: 布野修司）

の正方形に分割する（ナインスクエア）, そして, その中央の区画 100 畝（100 歩 × 100 歩）を公田とし, 残りの 8 区画を 100 畝ずつ 8 家の私田とする, というのは, 空間分割（地割）モデルとして極めて明快である（図 I-2-1a）.

『孟子』「滕文公章上」[61]における「滕文公問為国」の一節に,

①「請野九一而助, 國中什一使自賦. 卿以下必有圭田, 圭田五十畝. 餘夫二十五畝. 死徙無出鄉, 鄉田同井. 出入相友, 守望相助, 疾病相扶持, 則百姓親睦. 方里而井, 井九百畝, 其中為公田. 八家皆私百畝, 同養公田. 公事畢, 然後敢治私事, 所以別野人也.」

とある.「方一里」を井とし, 井は 900 畝, その中に公田を為し, 8 家がそれぞれ 100

61）「梁惠王章句上・下」,「公孫丑章句上・下」,「滕文公章句上・下」,「離婁章句上・下」,「萬章章句上・下」,「告子章句上・下」,「盡心章句上・下」の 7 篇よりなる.

47

畝を私し，同じく公田を養うというのが，井田制のナインスクエア・モデルである．しかし，様々な典籍に見える井田制に関する記述が全て以上のように図式化されるわけではない．この記事に既に50畝，25畝といった下位の分割単位が見えている．

この『孟子』「滕文公章句」とほぼ同じであるが，より具体的な内容が『漢書』「食貨誌」にみられる．

　②「六尺為歩，歩百為畝，畝百為夫，夫三為屋，屋三為井，井方一里，是為九夫，八家共之，各受私田百畝，公田十畝，是為八百八十畝，余二十畝以為廬舎，出入相友，守望相助」

すなわち，6尺＝1歩，100歩＝1畝，100畝＝1夫，3夫＝屋，3屋＝1井であり，井は方一里で，1井（＝3屋）＝9夫，すなわち，方300歩（900畝）である．さらに，方一里（井＝900畝）の土地を8家が共有し，8家はそれぞれ私田100畝，公田10畝を給される．合わせて880畝となるが，残り20畝は廬舎とする，という．

注目されるのが3夫＝屋，3屋＝1井という，「井」の下位単位として「屋」が設定されていることである．1井（＝3屋）＝9夫という「屋」を3家からなるとすると，8家が10畝ずつ耕作する公田を中央に配するナインスクエア・モデルと合わせて明快に図式化するのは難しい．また，20畝の「廬舎」と10畝ずつの公田を100歩×100歩（＝100畝）の中央耕地に配分する図式を描くのも容易ではない．いくつかの案が考えられるが，わかりやすい空間図式とはならない．

『孟子』「滕文公章上」には，他に

　③「夏后氏五十而貢．殷人七十而助．周人百畝而徹．其実皆什一也．」

とある．

すなわち，夏が50畝，殷が70畝，周が100畝という班給（分田）される耕地の規模についての記述がある．貢・助・徹という租税がどのようなものかについては議論があるが，周において一家に100畝が与えられたことは，『春秋穀梁伝』「宣公5年」に同じ記述があるし，『孟子』「蔓章章句」にも「耕者所穫．一夫百畝．」とあり，『礼記』「王制」の「制農田百畝」などにも見える．ただ，『周礼』では，「不易」の上地（連作地）は100畝，「一易」の中地（1年休耕地）は200畝，「再易」の下地（2年休耕地）は300畝を給すとしている．また，『呂氏春秋』「先識覧」には，「業獨二百畝．是田悪也」とあって，業だけは土地が悪いから200畝を与えたとしている．土地の地味に従って給付を増減することもおこなわれた．そして，①に「卿以下必有圭田，圭田五十畝．餘夫二十五畝．」とあるように，卿すなわち官人に祭祀用の穀物を作る圭田が給付される場合，また余力のあるものにも給付がおこなわれる場合があり，その単位は25畝，50畝である．100畝の2分の1，4分の1という分割もおこなわれていたことが窺がえる．

大きな問題として，100畝の耕地に宅地が含まれていたかどうかということがある．

この点については,『孟子』「盡心上」に

④「五畝之宅, 樹牆下以桑, 匹婦蠶之, 則老者足以衣帛矣. 五母雞, 二母彘, 無失其時, 老者足以無失肉矣. 百畝之田, 匹夫耕之, 八口之家足以無飢矣. 所謂西伯善養老者, 制其田里, 教之樹畜, 導其妻子, 使養其老. 五十非帛不煖, 七十非肉不飽. 不煖不飽, 謂之凍餒. 文王之民, 無凍餒之老者, 此之謂也.」

とある.

すなわち, 宅地の囲いである墙に桑を植えた「五畝之宅」は, 100畝の耕地とは別であると考えられる[62]. ①で「請野九一而助, 國中什一使自賦.」, すなわち, 野では田地を9等分してその一に助法を適用し, 國(都市)においては10分の1を共同経費として割り当てる, というように, 國と野の関係において「五畝之宅」と「百畝之田」が分配されていたのである.

『孟子』とは別に『周礼』にも井田制についていくつかの記述がある[63].

『周礼』「地官司徒」に,

⑤「凡國之大事, 致民；大故, 致餘子. 乃經土地而井牧其田野：九夫為井, 四井為邑, 四邑為丘, 四丘為甸, 四甸為縣, 四縣為都, 以任地事而令貢賦, 凡稅斂之事. 乃分地域而辨其守, 施其職而平其政.」

とある.「九夫為井」は方一里の構成を示し, 続いてさらに上位の空間編成が書かれている. すなわち, 井を最小単位として井4つで邑, さらに4つの邑で丘……というように, 都 ($=4$ 縣 $=4^2$ 甸 $=4^3$ 丘 $=4^4$ 邑 $=4^5$ (1024) 井) が構成されるとする. 4進法で, これは容易に概念図化できる (図I-2-1b).

また,「地官司徒」遂人には,

⑥「凡治野：夫間有遂, 遂上有徑；十夫有溝, 溝上有畛；百夫有洫, 洫上有塗；千夫有澮, 澮上有道；萬夫有川, 川上有路, 以達于畿.」

とある.

水路 (遂溝洫澮川) と道路 (徑畛塗道路) を, 夫間に遂, 10夫毎に溝, 100夫毎に洫, 千夫毎に澮, 萬夫毎に川を設け, 澮の上に道, 川の上に道を設けるという. これは10進法のヒエラルキカルな体系である. すなわち, この体系は, 上述のナインスクエア・モデル4つを単位とする体系と整合的ではない.

「考工記」については続いてみるが,「匠人為溝洫」条には,

⑦「匠人為溝洫. 耜廣五寸, 二耜為耦. 一耦之伐, 廣尺深尺謂之畎. 田首倍之, 廣二尺, 深二尺謂之遂. 九夫為井, 井間廣四尺, 深四尺謂之溝. 方十里為成,

---

62) 他に『孟子』梁恵王章句上に「五畝之宅. 樹之以桑. 五十者可以衣帛矣. 鶏豚狗彘之畜. 無失其時. 七十者可以食肉矣. 百畝之田. 勿奪其時. 數口之家. 可衣無飢矣.」のように「五畝之宅」という記述がある.
63) 水津一朗「古代華北の方格地割」『地理学評論』第36巻第1号, 1963年.

成間廣八尺,深八尺謂之洫.方百里為同,同間廣二尋,深二仞謂之澮.專達於川,各載其名.……」

とある.

9夫をもって1井とするとまずあり,井間の溝は幅4尺深さ4尺,10里毎の洫は幅8尺深さ8尺,100里毎の澮幅2尋深さ2仞として,川に接続するなど,これも10進法によるヒエラルキカルなシステムを示している.

また,「地官司徒」遂人に別の体系が,

⑧「掌邦之野.以土地之圖經田野,造縣鄙形體之法.五家為鄰,五鄰為里,四里為酇,五酇為鄙,五鄙為縣,五縣為遂,皆有地域,溝樹之.」

のように書かれている.

すなわち,遂=5縣=25鄙=125酇=500里=2500鄰=1万2500家である.

5進法が基礎とされるが,「五家為鄰,五鄰為里,四里為酇」であるから,1里は25家に分割され,4里(酇)=100家が基本単位とされているように思われる.公田をどう考えるかが問題になるが,単純に割れば,1家に割り当てられるのは,36畝ということになる.上述のように,25畝,50畝,70畝といった分割単位の存在も文献に見られるが,井田制の空間分割モデルと明らかに整合性がとれない.100畝(100歩×100歩)=1家を前提とすると,それを基本単位として10×10=100家=1里(1000歩×1000歩)を配列するのがモデル図となる(図I-2-1c).

史料から知られる井田制の概要はおよそ以上のようであるが,まとめると以下のようになる.

A. 「井」(=方一里)を構成する単位(夫)は100畝である.6尺=1歩,100歩(×1歩)=1畝,100畝=1夫で,9夫によって里(井)が構成される.

しかし,

B. 班給(分田)される耕地の単位としては,100畝以外に10畝,20畝,25畝,70畝,200畝,300畝など様々な単位がある.

C. 「井」の字型(ナインスクエア型)の空間単位によって全体を構成する体系(①②)以外のものとして,10進法による体系(⑥,⑦)がある.

D. 「井」の下位単位として,3夫を単位とする(屋)ものがある(3屋=1井).また,5家を単位とするものがある(5家=隣,5隣=里).

E. 宅地の班給(「五畝之宅」)と分田(「百畝之田」)は別であったと考えられる.

すなわち,井田制といっても様々なのである.

井田制の理念が,中国の歴史において,儒家の土地制度の理想として大きな力を持ったことははっきりしている.新の王莽の「王田制」や,北魏に始まる均田法の範

となったのは井田制とされる．そして，その影響は朝鮮半島[64]，さらに日本にも及んでいる．古代日本の条里制と井田制の空間モデルとしての比較は興味深いテーマである（80頁 Column 1）．日本については，江戸時代に，岡山藩主池田光政が津田永忠に命じて，古代中国の井田制に倣って新田開発を行った例（友延新田）があり，長方形モデル（1670）と正方形モデル（1688）の2つが提案され，実施されている（図I-2-2）．その新田が今日にまで維持されていることは[65]，井田制の理念がいかに強力であるかを示している．

しかし，そもそも，『孟子』の説くナインスクエア型の空間分割（地割）モデルが周代に実施されていたかどうかについては疑問視される．実際，井田地割が遺構として確認されたことはないからである．中国では井田制の実在はア・プリオリに前提とされているが[66]，日本の研究者でその実在を認めるものは少ない[67]．

だとすると，井田制とは異なる周代に存在したであろう先行する田制，土地制度はどのようなものであったかが問題となるが，この問題に説得力をもって答えているのが，井田制→阡陌制→代田制という田制の変化を耕作単位の変化に即して統一的に説明する佐竹靖彦（2006）である．佐竹は，『孟子』のナインスクエア・モデルは抽象的理念的観念にすぎないとし[68]，『周礼』に見られる10進法の体系が採られていたとす

---

64) 朝鮮にも箕子の伝えた井田の制が後世まで伝承された．『史記』などによれば，箕子は名を胥余（しよ）といい，殷の貴族で箕国に封ぜられ子爵であったという．殷末，紂王の太師となり，王の無道をいさめて，かえってうとんぜられ，やがて殷が滅亡すると朝鮮半島西北部，おそらく現平壌付近に亡命して国を建て，「8条の教訓」を制定して人民を感化したとされている．しかし箕子についての『史記』や『漢書』などの記述は矛盾が多くそのまま信頼できない．李朝では儒教が国教的立場にあったので箕子追慕の思想が強くみられるに至った．箕子朝鮮王朝の最後の王は箕準とよばれている．箕準は朝鮮侯を自称していたが，前2世紀初めころ衛氏朝鮮の開祖，燕人衛満によって追放されたことになっている．
65) 友延新田は，南北に長い長方形の上井田と，正方形の下井田とから成る．上井田の造成当初は9田に1田を公田とする運用で開始したが，藩の財政危機や飢饉のために実際には井田制として機能した期間はごく短い．下井田は，庶民の教育施設として創立した閑谷学校の財政基盤を支える校田に割り当てられた．後楽園にミニチュア（1/100）が再現されている．
66) 井田制に関する現代中国における代表的研究とされるのは，呉慧（1985）『井田制考察』農業出版社
67) 太田幸男（1975）「商鞅変法の再検討」『歴史学研究』別冊特集は，日本人研究者で井田制の実在を想定するものはいないとする．
68) 「孟子のいう井田法とは，要するに100畝（田毎）の田と5畝（田毎）の宅という二つの単元を基礎とする農民の生活と，その上での農民の八家100畝（田毎）の公田の耕作によって国家社会が維持されるという，公私の二元性の統一としての社会のあり方を，抽象的理念的に説いたのに過ぎないのであって，それは孟子全編を通じる基調と同じ原則論本質論なのである」といい，「井字型の真中に公田をおくというプランは，この理念を鮮明にうち出すのに大きく貢献した」と続けながらも，「ここにわれわれは喧伝家としての孟子の才能を見るべきであって，孟子自身でさえ，現実の政策の中で，このままのプランが実現可能であるとも，実現すべきものであるとも考えていなかったのではないだろうか」という（第II部第3章「県郷亭里制度考証」）．

第 I 章
中国都城の理念

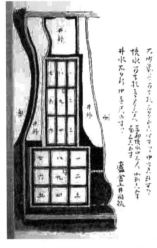

図 I-2-2　友延新田　私田百畝の図
（出典：岡山県備前市）

る．関中平野に残る方格地割にナインスクエア・モデルがみられないこと，文献的にそれを支える農業形態が確認できないことが根拠とされる．

佐竹は，周代の公田である「藉田」のあり方を検討し[69]，周における各地域における大きな集落はせいぜい 100 家前後であるとする．空間モデルは，100 歩間隔に 11 本の農道があり，各農道に 100 畝ずつの耕地が 10 区画附属し（100 家，110 区画），10 区画の共同耕作地が「藉田」に指定され，残りの 100 区画は個々の農家が耕作する，という図式となる[70]．重要なのは農業生産の方法についての指摘であり，井田制の下においては，隔年休耕農法（易田体制）が行われていたとする点である．

農家は，毎年耕作を行う 100 畝の田地と休耕田 100 畝，合わせて 200 畝を所有する．100 家の集落とすると，100 畝を単位として，10×10＝100 耕地単位×2（休耕田）—うち 10 区画 1000 畝の耕地を公田とする—が集落の空間モデルとなる．単純な 10 進法モデルであるが，10 区画の公田を 100 区画に含めるか，加えるのかが問題となる．数的，幾何学的モデルとしてはすっきりしない．

そもそも，井田制のわかりやすいナインスクエア・モデルにしても，井田間の農道をどう分配するかが問題である．いささかディテールに拘りすぎると思われるかもしれないが，土地の区画や道路を設計する立場に立つと大きな問題である．「心々（芯々，真々）制」と「内法制」の問題[71]，すなわち，街路の中心間の距離を一定とする方式と街区（街路を除いた土地，宅地）の面積を一定とする方式の違いの問題である．基準グリッドをシングル・グリッド（1 本線）とするかダブルグリッド（2 本線）とするかの違いである．本書において，様々な都城について，設計寸法を問題にするが，このことが踏まえられていないと，結論が大きく変わる可能性もある．

井田制については，「心々（芯々，真々）制」に基づく図（図 I-2-1）が決まって挙げられるが，農道を考えると，各農地は同じではない．井田を均等と考えるモデルを描く

---

69) 『詩経』研究として，白川静（1981），谷口義春（1988）が参照される．
70) 「藉田新考」（唐代史研究会編（1992））．
71) 畳を敷いた日本間でいうと，関東間と京間の違いである．例えば，4 隅に柱が建つ 2 間（3.6m）四方の 8 畳の部屋を考えると，京間の場合，柱と柱の間（内法）を 2 間とする．畳の大きさは一定の大きさ（3 尺（1.8m）× 6 尺（1.8m））となる．それに対して，関東間の場合，柱の中心と中心の間を 2 間とする．畳を敷く面積は小さくなり（2 間−柱の太さ），畳の大きさも小さくなる．

とすれば農道をきちんと表現すべきである．しかし，以上にみてきたように，井田間の道の幅について記す史書はほとんどない．

そうした中で，青川田律に「一百道，百畝為頃，一千道，道広三歩」とある．農道を三歩とするとあるから，井田制の基本モデルは，心々103歩のグリッドで描かれることになる．日本の「条里制」と井田制の関係もこの農道の幅を考慮することによってすっきり説明できることになる (Column 1)．

(2) 阡陌制

井田制に代わる田制として，商鞅[72] が導入したとされるのが「阡陌制」である．二次 (BC. 359年，BC. 350年) にわたる「商鞅変法」と総称される大改革には，戸籍，家族，爵位，行政組織など中央集権体制を目指す社会の編成全体に関わる様々な法整備が含まれるが，農業技術の変化 (鉄器具の導入) を背景として，度量衡を整備し，新たな徴税システムを構築する田制整備に関わるのが阡陌制である．

井田制が廃され，新たな田制，土地制度として阡陌制が導入されたと一般的には考えられている．しかし，そもそも井田制が実在しないとすると，阡陌制はいったい何を改変したのかが問題となる．井田制の実在・非実在，井田制と阡陌制の連続・不連続をめぐっては，諸説が入り乱れるが，阡陌制の空間分割モデルはどのようなものなのかがここでの関心である．そもそも「阡陌」とは何か，が問題である．

「阡陌」の最も古い用例は，『史記』「秦本紀」の商鞅の第2次変法 (BC. 350年) に関する記事で，

⑨「初取(聚)小邑．為三一県令．為田開阡陌」(初めて小邑を聚め，三一県令と為し，田を為り，阡陌を開く)[73]，

⑩「抒諸小郷聚．集為大県．県一令．四一県．為田開阡陌」(諸の郷聚を抒せ，集めて大県と為す．県に一令あり．四一県とす．田を為り，阡陌を開く)[74]

など，「為田開阡陌」という語が何カ所かに出てくる．他に「為田開阡陌封疆」(『史記』巻68「商君列伝」) という表現もある．

また，『史記』秦本紀索隠に引かれている後漢應劭の『風俗通』に

⑪「南北曰阡．東西曰陌．河東以東為阡．南北為陌」(南北，阡といい，東西，陌

---

72) 商鞅 (？－前338) は戦国秦の政治家，法家として知られる．衛の公子の出身で姓は公孫または衛，名は鞅，後に秦における功績で商 (陝西省商県) に封ぜられたので商鞅という．孝公のもとで，前359年 (孝公3) と前350年の2度にわたって「商鞅変法」と総称される大改革を断行した．君主を頂点とする強力な中央集権体制の確立を目ざしたこの改革により，秦は強国となる．孝公が死ぬと反対派に謀反の罪をきせられ，車裂きの極刑に処せられたが，彼の改革はその後も秦の政治の基本路線として継承され，秦の天下統一を実現に導くとともに秦・漢帝国の基礎を築いたとされる．商鞅に仮託して編纂されて書物に『商君書』(『商子』) がある．

73) 『史記』6国年表，周顕王19年 (秦孝公12年，前350) の条．読み下しは宮崎市定．

74) 『史記』秦本紀，秦孝公12年の条．読み下しは宮崎市定．

という．河東は，東西を以て阡となし，南北陌となす）

とある．
　さらに，『戦国策』「秦策第 3」（『史記』巻 79「蔡澤列伝」）に
　　⑫「夫商君為孝公平権衡．正度量．調軽重．決裂阡陌．救民耕戦（夫れ商君，孝公のために権衡を平らかにし，度量を正し，軽重を調べ，決裂阡陌，民に耕戦を教う）．
とある．
　「阡陌」とは，文字通りには千と百を意味するが，⑪に拠れば，東西・南北の道のことである．南北の道を阡，東西の道を陌という．そして興味深いことに，「河東」では，東西の道を阡，南北の道を陌という．要するに縦横の道が阡陌と呼ばれたことははっきりしている．そして，「為田開阡陌（封疆）」[75]（⑨⑩），「決裂阡陌」（⑫）というから，すなわち，阡陌を「開」く，阡陌を「決裂」するというから，道路を建設して新田開発を行う，あるいは既存の道路体系を改変するといったことに関わることが理解できる．そして,「初取（聚）小邑．為三一県令．」（⑨）「幷諸小郷聚．集為大県．県一令．四一県．」（⑩）とあるように，「開阡陌」は，行政組織の編成に関わっている．さらに「平権衡．正度量．調軽重．」（⑫）とあるように，度量衡の改変に関わっている．ただ，以上の⑨〜⑫からは，阡陌制の具体的空間分割モデルは明らかではない．
　阡陌制と井田制との関係であるが，南宋の朱熹[76]を嚆矢として，「阡陌」を「井田」間の道，境界と解釈する見方が現れる．つまり，商鞅が撤廃したのは「井田」間の道＝「阡陌」であるという主張である．阡陌制は「井田」間の道を改変して成立したということになる．中国における商鞅研究を代表し，中国都城研究についても第一人者といっていい楊寛もこれに従っている（楊寛（1995））．それに対して，「阡陌」と井田制は無関係であるという説が唱えられる．日本の学会では井田制の実在を認めないのが大勢であるから，これはむしろ定説化しているといっていい[77]．
　阡陌制をめぐる諸説を古賀登（1980）に従って整理すれば，a．井田制破壊説，b．井田制復活説，c．新たな田制，土地制度の創出説，d．特定の田制とは直接関係ない道路・境界とする説に分かれる．a，b などは真っ向から対立するが，b は，井田制の実在は認めるけれど，商鞅の時代には崩壊もしくは形骸化していたということであろう．議論の前提とされているのは，「阡陌」という言葉が用いられる史料は，およそ秦漢以降であり，戦国のものと思われる史料でも商鞅の時代を遡らないことである．そして，「阡陌」という言葉は，『説文』になく，「井田」制を伝える『孟子』『周礼』『春

---

75) 他に，「田をおさめ，阡陌を開き，疆に封す」，「田のためには阡陌封疆を開く」，などという読み下し方が提示されている．
76) 朱熹「開阡陌辯」『文献通考』巻 1「田賦 1 歴代田賦之制」．
77) 守屋美都男が 20 世紀中葉までの諸説を整理している（「『開阡陌』の一解釈」『中国古代の社会と文化』東京大学出版会，1957 年．「阡陌制度に関する諸研究について」『中国古代史の諸問題』東京大学出版会，1954 年）．

54

秋』三伝,『礼記』には見られないということである.
　「為田開阡陌封疆」における「阡陌」を「井田」間の縦横の道,「法疆」を封土の境界と見なし,「開」を破壊と解するのが,上述の井田制破壊説 (a) である.
　儒教の立場を明確にした班固の『漢書』「食貨志」に
　　⑬「及秦孝公. 用商君. 壊井田. 開阡陌.」(秦の孝公が商君を用いうるに及び,井田を壊し,阡陌を開く)
とあるように,古来,儒家は井田制賛美の立場から「商鞅変法」をもって古代田制の破壊と考えてきた.
　同じ『漢書』「食貨志」によれば,儒教の国教化を武帝に進言した董仲舒(BC. 176 ?～104 ?)[78] も
　　⑭「用商鞅之法. 改帝王之制. 除井田. 民得売買. 富者田連阡陌. 貧者亡立錐之地」(商鞅の法を用い,帝王の制を改め,井田を除き,民売買するを得たり. 富者は田阡陌を連ね,貧者は立錐の地なし)」
という. すなわち,商鞅の法を用いて井田を除いたから,貧富の差が拡大したと言っているのである.
　中国においては,「商鞅変法」の根本は,新興地主階級の要請に応じ,井田の道路と旧領主たちの封土の境界を撤廃し,開墾および土地所有の自由を許したことにある,というのが一般的見解である. 以上のように,井田制の実在は認める場合も,商鞅以前にそれは崩壊していたという見方があるが,その場合,商鞅は井田制の遺制を破壊したというのが統一的解釈となる. 日本でも,加藤繁 (1916, 1952) が早くに,「土地公有制度其物」ではなく,「土地公有制度の遺物たる道路経界」「井田の形骸」を破壊した,という見解を示している[79].
　「阡陌」を井田間の縦横の道とする解釈は日本でも行われてきた. 周初の井田制は,長さ100歩で,幅1歩=100畝を区分する道路と,これに直交する長さ1000歩で10夫=1000畝を区分する道路を基線とした土地区画であり,阡は長さ1000歩,陌は長さ100歩に由来する,というのが小川琢治[80] である. そして,商鞅は,崩壊していた井田制を秦の土地で復活したのであり,「開」というのは「開設」であるとする. これが井田制復活説 (b) である. ここでは井田制としてナインスクエア・モデルではなく,10進法の空間分割システムが前提になっている.

---

78) 前漢の儒者. 景帝のとき博士となる. 武帝が位につくと,賢良として策問に応じて,「六芸の科,孔子の術にあらざる」諸子百家をしりぞけて,儒教を唯一の正統思想とすべきことを奏上し,この意見がきっかけとなって儒教の国教化が実現した. のち江都国の相となって,易王(武帝の兄)に仕えた.
79) 加藤繁 (1916, 1952) は,「決裂阡陌」の「決裂」を破壊と解し,井田制の形骸を尽く破壊したとする.
80) 小川琢治「井田と阡陌」『支那学』第5巻第2号,1929年(小川琢治 (1929)).

井田制と「阡陌」は全く関係ない，全く新たな制度の導入である (c) というのが木村正雄である[81]．「阡」「陌」は，それぞれ 1000 畝，100 畝の田地を意味し，100 畝，1000 畝の田地区画を基礎として耕作組織を編成したのが阡陌制で，兵制，邑制における「什伍の制」[82]と関係づけて考えるのである．この場合，井田制の実在・非実在は棚上げされることになる．

　木村正雄によると，「6 尺を 1 歩，240 歩を 1 畝とし」，「1 家の田を 100 畝とし，10 家の耕作単位を 1000 畝とする」のが阡陌制である．例えば，中央の道「阡」によって千畝の土地を左右 500 畝ずつに分け，「陌」によって 100 畝の 1 夫田 (100 歩×240 歩) と 1 夫田を分けるというのが空間分割モデルとなる (図I-2-3a)．

　それに対して，全く新たな制度の創出とは言えないという説 (d) が出され，日本では大勢となったようである．阡は長さ 1000 歩あるいは 1000 畝，陌は長さ 100 歩あるいは 100 畝という説で，単なる土地区画の数量的統一であるとするのである．平中苓次[83]は，「百畝単位の面積に画一的に土地を区分し，之によって土地課税の均一化を計った」のであり，「必ずしも一律に一家百畝宛の土地所有が行われたことを意味するものではなく，百畝単位の土地保有が行われたことを意味しているにすぎない」とする．守屋美都男[84]は，「為田開阡陌封疆」を「田をお為め，阡陌を開き，疆に封す」と読み，これを新県設置に伴う未墾地の開発であるとする．西嶋定生 (1961) は，秦の新県設置 (置県) に伴う未墾地の開発という守屋の説に従いながら，それが全国に及んだかどうかは疑問であるとする．100 歩＝1 畝制によって耕地整理を行ったとするのは，全く新たな制度の創出とは言えないという説 (d) に共通である．

　「商鞅変法」そしてその田制改革の背景として，農業技術の変化，すなわち，鉄器の導入があることは大きな前提である．そして，それに伴う，都市と農村の関係の変化を含む大きな社会の変動があることも前提である．中国古代における「聚落形体の変遷」，「都市国家の成立」を跡づける宮崎市定によれば[85]，「開阡陌」とは大耕地開拓のための農道整備である．宮崎にとっては，大都市，大耕地の発生が重要であり，孝公によって大県，すなわち，小邑あるいは郷聚の住民を移動集中させ大都市をつくったことが「開阡陌」に大きく関わる．

　『史記』「亀策列伝」に，
　　⑮「故牧人民．為之城郭．内経閭術．外為阡陌」(故に人民を牧すには，之が城郭を

---

81) 木村正雄「阡陌について」『史潮』第 12 巻第 2 号，1943 年
82) 秦漢時代の「什伍の制」は，商鞅の第 1 次変法において定められたとされる．五人を「伍」，「伍」二つを「什」として編成した軍組織に由来するとされ，五家を「伍」，2「伍」(十家) を「什」とするのが一般的である．
83) 平中苓次「秦代土地制度の一考察」(平中苓次 (1967))．
84) 守屋美都男前掲書．
85) 宮崎市定「東洋的古代」『宮崎市定全集 3　古代』，岩波書店，1991 年．

中国における空間分割システム——土地・集落・都市

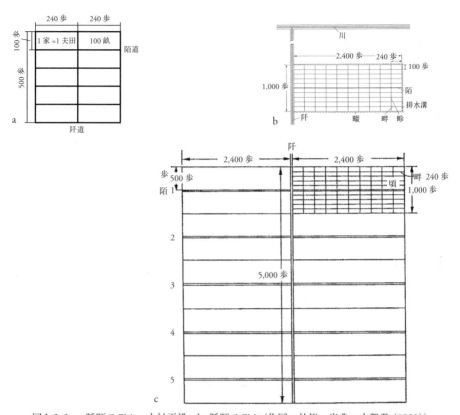

図 I-2-3　a 阡陌モデル　木村正雄　bc 阡陌モデル（作図：林裕，出典：古賀登（1980））

為り，内に閭術を経め，外に阡陌を為る）」
とある．

すなわち，阡陌は東西南北の城門に接続する農道であって，城内の道，閭術から城外へ繋がる道がつくられたとしている．諸説がほぼ一致するのは，上述したように，「為田開阡陌（封疆）」が孝公12年の31県（あるいは41県）設置（置県）に伴うものであることであり，「開阡陌」によって全県にわたって耕地整理がなされようとしたことである．

宮崎市定の視点ははっきりしている．「民得売買」によって「田連阡陌」が出現したこと，すなわち，大耕地が発生し大土地所有が成立したこと，また，大都市が造られたことが「商鞅変法」のもたらしたものである．

阡陌制をめぐる議論にいささか深入りしすぎたかもしれないけれど，問題は空間分割モデルである．宮崎市定は，阡陌について，どちらが南北，東西かは末梢的問題だ

とするが，その末梢的問題を含めて，具体的な「阡陌」地割のシステムに拘ってみよう．100 歩＝1 畝制か 240 歩＝1 畝制かが大きな問題となる．井田制＝ナインスクエア・モデルの妥当性については留保するとして，はっきりしているのは，歴史的に 100 歩（×1 歩）＝1 畝制から 240 歩（×1 歩）＝1 畝制への移行が行われたことである．

古賀登（1980）は，阡陌制を 240 歩＝1 畝制の導入であるとして，上述の木村正雄説[86]以下諸案を検討批判しながら自説を提示している．古賀登が提示するのは，縦 5000 歩の阡の左右に，横 2400 歩の陌を 5 本ずつ作り，各陌の左右に 240 歩＝1 畝制で 50 頃(けい)ずつ合わせて 100 頃，全体で 1000 頃の土地を開くというものである（図 I-2-3bc）．

根拠はおよそ以下のごとくである．

（1）『漢書』「成帝紀顔師古[87]注」（上記⑪『史記』秦本紀索隠）に引かれている後漢應劭の『風俗通』）「南北曰阡．東西曰陌．河東以東西為阡．南北為陌」というのは，黄河流域の川筋に即して理解される．阡陌は，灌漑用水を引くためにつくられた道路であり，川との関係によって設定される．川に直交するのが阡，川に平行するのが陌である．渭水のように東流する場合は，南北が阡，東西が陌となるが，汾水のように南流する河東では，東西が阡，南北が陌となる．

（2）阡陌が灌漑と密接に関係するのであれば，面積単位に即した土地分割が合理的である．その場合，1000 夫田（頃）を 100 夫田に分け，さらに 100 夫田を 10 夫田ずつに分けることが考えられる．すなわち，阡陌は，長さをいうのではなく，灌漑を行う単位数に関わっている．

（3）阡陌は，数両の車が通れるような道であって，井田間の道のような小さな道ではない．古文献からは，道路には，阡，陌，畛，畔というヒエラルキーがあり，「睡虎地秦簡」からも阡，陌，頃（畛），畔が田界であることがわかるから，阡＝1000 夫田の境，陌＝100 夫田の境，畛＝10 夫田の境，畔＝1 夫田の境と考えることができる．

以上を基にした直交する街路（水路）網は容易に描くことができるが，具体的な寸法を与える手掛かりが必要である．

（4）阡陌制が前提とするのは，240 歩＝1 畝制である．すなわち，100 歩＝1 畝制から 240 歩＝1 畝制に変わったのは，秦商鞅の時である．理由は，農業生産力の増加，牛犂耕の発達によって，耕作可能な面積が増えたためだとする[88]．

（5）漢の長安城についての『漢旧儀』などに記述される規模からも 240 歩＝1 畝制

---

86) 古賀登は，「陌」を 100 畝間の道（畔）とするのは狭いとし，少なくとも乗車の通れる道であると考える．さらに，「阡」はそれより大きな道であるとして，木村説を退けている．

87) 顔師古（581～645）は，中国・初唐の学者．琅邪郡臨沂県（山東省臨沂市）出身．

88) 100 歩＝1 畝制が，いつ 240 歩＝1 畝制に変わったかについては，秦商鞅の時，漢景帝 2（前 155）年，漢武帝の時（在位 141～87 年），秦始皇帝在位中など，古来，諸説ある．

が確認できる.『三輔黄図』[89]にいう「長安城中, 八街九陌」という九陌を検討すると, 4800歩×5000歩を1阡陌とするのが妥当である. この詳細については長安城に即して後に触れる.

　この耕地分割のモデルが極めて妥当だと思われるのは, 1つには「什伍の制」と呼ばれる軍編成あるいは隣保組織の編成と見事に整合しているからである. 軍隊, 軍営の編成と居住区画の構成の関係については本書の一貫する関心である.

　(6) 商鞅は,「開阡陌」によって成年男子1人に1頃ずつ割り当てた.『商君書』境内篇には, 5人を1伍, 50人 (10伍) 1隊に1屯長を置き, 100人1隊に1将を置き, 500人1隊に1「五百主」, 1000人1隊に1「二五百主」を置くとある. この編成は阡陌の編成と完全に対応している.

　田制と邑制を一貫するものとする古賀登 (1980) は前漢長安について極めて興味深い土地分割システムを示すが, 第Ⅲ章で触れたい.

　問題は阡陌制である. 何故, どのようにして100歩=1畝制から240歩=1畝制への移行が行われたかである. 佐竹靖彦 (2006) によれば以下のようになる.

- A. 商鞅田制 (新制, 秦制) の100畝は周制 (旧制) の300畝である[90]. 隔年耕作による易田制においては休耕田を含めて200畝が耕作単位とされていたが, 新制においては周制300畝 (1.5倍) が単位とされた.
- B. 周制300歩×1歩=3畝を秦制の1畝とし, 周制300歩を秦制240歩に読み替えた.
- C. 新たな単位耕区 (周制300歩×100歩=秦制240歩×80歩) は, 8則の帯状耕地 (轅田) に区分された[91].

　阡はこの単位耕区間の道であり, 陌はそれに直交する轅田を挟む道である. 阡陌制と言われる空間分割 (地割) モデルは, A～Cによって図式化されることになる. この単位耕区が横に連なることによって, 阡陌の改変はスムーズに行われることになる.

　商鞅田制によって, 鉄犂を長辺に沿って動かす鉄犂牛耕 (作条耕) の普及に対応する240歩×100歩=100畝の耕区が設定されたとするのが一般的であるのに対して, その前段階に鉄製手労働農具の普及があり, それに対応するのが, 縦8歩×横30歩

---

89) 中国, 長安 (現, 西安) を中心にその近郊に位置する三輔 (京兆尹, 左馮翊, 右扶風) の地域の, 主として漢代の古跡を記述した地理書. 宮殿, 苑囿, 陵墓などの来歴を述べ, ときにそうした場所にまつわる伝説も引用される. 筆者は不明. 原本は南北朝期にできたと考えられるが, 中唐以降の付加になる部分もある.
90) 手掛かりとされるのが『商君書』算地篇第6の「故為国分田者, 小畝五百, 足待一役, 此地不任也. 方土百里, 出戦卒万人者, 数小也」である. 旧制の500小畝は新制の100畝に当たり, 新尺度を1里360歩とすると, 新制の100畝は旧 (周) 制の300畝となる.
91) 四川省青川県で発見された戦国墓から出土 (1979年) した木牘から知られる「青川田律」の「田広一歩, 袤八歩, 為畛, 畝二畛」という一文が大きな手掛かりとされる.

を1則とする下位の耕区単位であるとするのが佐竹靖彦（2006）である．すなわち，木石手労働農具→鉄製手労働農具→鉄犂牛耕という生産手段の変化に応じて，耕区の区分が行われてきたとするのである．もちろん，240歩1畝制の施行によって，旧制が直ちに消滅するとは考えられない．一般には，前漢武帝期には全面的に240歩＝1畝制に切り替えられたと考えられているが，商鞅から武帝に至る200年の間は100歩＝1畝制と240歩＝1畝制が共存していたことになる．この間，農法としては，共同体的易田農法（1）→小経営的易田農法（2）→小経営的年一作方式（3）という変化があり，上述の農具の変化に対応するが，（2）の段階の始点になったのが商鞅田制であり，（3）の始点になったのが武帝の改革というのが見取り図となる．

（3）代田法・屯田制・均田制

前漢武帝期に全面的に240歩1畝制が採用されるが，その定着に寄与したとされるのが趙過の「代田法」である．代田法に関する記事は，唯一『漢書』巻24「上食貨志上」にみえるだけというが，その耕作法（畝立法）そのものは，はっきりしており，一畝，すなわち幅一歩（＝6尺）長さ240歩の短冊型の地に，幅1尺の甽と幅1尺高さ1尺の畝を交互に3本ずつ作り，甽(みぞ)の中に播種し，作物の成長とともに畝を崩して作物の根に培う．そして，翌年は畝と甽を交代する，というものである．

テキストの読解については史学の議論に委ねるが，空間分割モデルとして，代田法がいかなる耕区設定を基準としたかである．鍵は，

⑯「……率十二夫，為田一井一屋，古魁五頃，用耦犂，二牛三人，一歳之収，……」（『漢書』巻24「上食貨志上」）

である．

「率十二夫，為田一井一屋」すなわち12夫＝1井1屋を単位とする，ということである．ここでも佐竹靖彦（2006）に従って代田法の耕区設定をまとめると以下のようになる．

 A．代田区は，旧制（周制）300歩×旧制500歩（1井（9夫）＋1屋（3夫））であり，商鞅田制の旧制1000歩×300歩の10頃の2分の1である．

 B．代田区の3分の1，すなわち，旧制100歩×旧制500歩が「一具牛」の下位単位となる．両端の陌道以外は廃絶された．

 C．以上の代田区は，新制240歩×新制400歩（単位耕区）となる．

井田制→阡陌制→代田法という空間分割（地割）モデルは，佐竹靖彦（2006）によれば極めて明快に整理される（図I-2-4abcd）．

グリッド・システムの連続的展開として極めてわかりやすい．代田法は，井田制，阡陌制の「阡陌」の消滅を促し，より均質的な空間分割システムを導入する嚆矢となるのである．その背景となるのは，鉄犂牛耕の全面的展開であり，それを基礎にする豪族経営の一般化である．

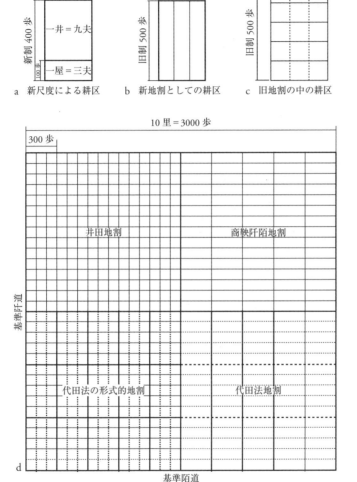

図 I-2-4　abc 代田法の耕区設定　d 単位耕区の変化と亭分（出典：佐竹靖彦(2006)）

代田法以降，中国の田制として，「屯田制」，そして「均田制」が知られる．

井田制→阡陌制→代田法という田制が進化していく中で，貧富の格差が拡大してきたことは，董仲舒が商鞅田制のせいだとした『漢書』「食貨志」の記事（⑥）に見えることを上にみたが，前漢末には土地所有の最高限をきめる「限田令」が出される．そ

して，王莽は土地の私有を禁止し，全てを王田とする王田制を敷く．このラディカルな改革は大地主層からの激しい反発を受けて，国土の少なからぬ荒廃を招くことになる．

戦争などで荒廃した田地の再整備，さらに辺境警備のために採用されたのが屯田制である．既に，武帝が辺境警備のために派遣した兵士に農耕を行わせたことが知られる（軍屯）．軍組織に安定的に食料供給を確保するこのシステムは，一般化していくことになる．後漢末には，徐州の陶謙が陳登に命じて屯田を行った後，曹操もまた呉・蜀との国境（淮河流域，関中）に軍屯を設け，両国との戦いを有利に進めたとされる．曹操はまた，辺境のみならず各地に屯田制を導入し（民屯），晋に引き継がれる．この魏晋の屯田制は，代田地割によって明確化された空間分割システムを継承，一般化するものであったと考えられる．

代田法を基礎として，それを全国的に体制化することになるのが，テュルク系鮮卑族の建てた北魏の文明太后・孝文帝時代の勅令（太和9（485）年）によって制定されたとされる均田制である．第Ⅲ章2で詳しく見るが，これは遊牧国家が農耕国家へと転換していく過程において重要な役割を果たすことになる．

戸籍に登録した民に一代限りの口分田（露田，麻田）と一定の広さまで世襲を認める永業田（桑田，世業田）を給付し，その給付に対して一定額の租庸調の納税を求める均田制は，東魏，北斉（北齊），西魏，北周，隋，唐に受け継がれた．均田制は「律令制」の根幹として，日本でも「班田収授法」として移植されているから親しいが，その内容は時代とともに変化している．そして，様々な議論がある．ここでは，空間分割に関わる給付の単位を確認するにとどめたい．

北魏均田制の骨子は，

- 男夫（15歳以上の男性）に，露田80畝（正田40畝・倍田40畝）+桑田20畝ないし麻田10畝，
- 夫人（既婚女性）に，露田40畝（正田20畝・倍田20畝）+麻田5畝が給付される，
- 奴婢は，良民（奴婢以外）に準じて給付が行われる．加えて，
- 耕牛のために，正田30畝+倍田30畝（但し4年まで）が与えられる，
- さらに，園宅地として良民3人に1畝，奴婢5人に1畝が与えられる，

というものである．

露田とは木が植えられない裸の田という意味で，穀物を栽培する田地のことである．倍田は連作を避け，正田と交替で耕作するための田地である．桑田は桑を栽培できる土地，麻田は桑が栽培できない土地をいう．この内，桑田と園宅地は世襲が認められ，ある程度自由に処分することが認められた．露田と麻田については，男夫は死ぬか，70歳になった時に返還する．夫人の場合は，夫が死んだり，離縁したりして夫人でなくなった場合には返還する．奴婢や牛に対する給付はその所有者が受け取る．

北斉の場合，基本的には北魏を踏襲するが，男夫には，露田80畝+桑田ないし麻田20畝を給付するとして麻田を10畝増やし，夫人には，露田40畝として麻田5畝を減らしている．

隋唐になると，奴婢，牛，夫人への給付を廃止し，男丁（男夫）のみの給付とする．上限100畝，口分田80畝+世業田20畝が基本であった．口分田は59歳になると返還する田であり，世業田は世襲が可能な田地である．

王貴祥等（2008）によれば，唐代の宅地規模と均田制の等級は，九品以下1畝，九品2畝，八品2.5畝，七品3.5畝，六品4畝，従五品5畝，五品8畝……一品60畝，帝王100畝という規模配列となる．隋唐長安の街区分割を窺う大きな手掛かりとなる．これについては第Ⅲ章3で検討する．

均田制は，唐代に入って，人口増大による未授給の欠田戸や浮戸や逃戸が増加し，田籍による把握が困難になると，立ち行かなくなる．「安史の乱」以降は藩鎮が経営する営田の増加もあって有名無実となり，両税法（780年）の施行によって実質上廃止されることになる．

以上のような，耕区単位や班給単位は，北魏の均田制が三長制（五家を一隣，五隣を一里，五里を一党とする）と結びついていたように，兵制，邑制など統治組織と密接に関わる．

2-2 | 集住単位

（1）県郷亭里

阡陌制の施行は孝公12（BC. 357）年の31県（あるいは41県）設置（置県[92]）に伴うものであった．この置県は，やがて秦始皇帝の「郡県制」という地方行政区画制度に結びつくことになる．始皇帝は，BC. 221年，国土を全て皇帝直轄地とし，全国を36の郡（後に48まで増加する）に分け，数多くの県を統轄させた[93]．郡県制は，秦朝設立時から，おそくとも前漢代末には全国に普及したと考えられている[94]．

しかし，この改革はあまりに急進的であり混乱を招いたために，漢は封建制の封国を加味した「郡国制」を敷き，郡と同格の王国，県と同格の侯国を設ける．さらに，武帝の元封五（BC. 106）年には，全国は13の州部に分けられ，刺史を置いて郡県を

---

92) この県（縣）は，「よりかかる」「依存する」「中心に繋ぐ」という意味をもつ．領内の新開地を直轄地として中央に懸ける意味で県と呼んだ．起源的には，秦の武公の10年（前688）に，「冀の戎を伐って初めてこれを県にする」と『史記』に見えるのが最も古い．

93) この郡県には中央の丞相（民政），太尉（軍政），御史（監察）に対応して，郡守，郡尉，監御史と県令，県尉，県丞の官が置かれた．

94) 元始2（AD. 2）年の統計では，郡国103（王国20），県など1578（侯国241）を数える．武帝の元封5（BC. 106）年，全国は13の州部に分けられ，刺史を置いて郡県を監督することが始まった．

監督することが行われるようになる．州はやがて郡の上級区画としての性格を強くしていく．また，数も次第に増加する．後漢，三国，魏晋南北朝時代を経て，南北を再統一した隋の文帝は開皇3(583)年に，241州608郡をあわせ，190州1255県に整理する．これが唐代の「州県制」となり，以降に，省，路，府などがつくられていく．漢の刺史州部に相当する郡県を統轄する監察区画として，唐は道，宋では路を設けるが，元になって行省ができると，それが最高の行政区画となり，その下が路，府州，県の3段階に変わった．明清から民国時代までは省（本部18）の下で府州・県制が敷かれた．

中国における行政区画システムのおよその変遷は以上であるが，問題は，県城など中心都市を含めた郡県の下位単位のあり方である．戦国期から漢代にかけての聚落制度が「県郷亭里」である．すなわち，戦国秦漢において郡県を構成していたのは，郷であり，亭であり，里である．その具体像，また相互関係については，いくつかの説があり議論がある．

戦国秦漢期の集落の規模，形態，編成に関する基本的資料はそう多くはなく，『漢書』「百官公卿表第7上」，『漢書』「地理志第8下」，『続漢書』「郡国5」，『続漢書』「百官5・補注」，『宗書』「志第30百官下」があるのみという．ここでも資料の読解に関わって学説史に踏み込んで議論する能力はないが，最大の問題は，「十里一亭」(『漢書』「百官公卿表」・『続漢書』「百官志補注」・『宗書』「百官志」），「十里一郷」(『続漢書』「百官志」補注所引『風俗通』）という相矛盾する記述があることである．すなわち，「十里一亭」「十亭一郷」という『漢書』「百官公卿表」の記載によれば，「百里一郷」となるが，「十里一郷」と合わないのである．また，「十里一亭」が亭間の距離を示す場合（『続漢書』「百官志補注」）と行政単位の編成を示す場合（『漢書』「百官公卿表」）があることである．

そうした中で，極度に発達した集村型の聚落から都市国家が発展してきたと考える宮崎市定は，基本的に郷も亭も周囲に城郭が廻らされており，本質的に差異がないと考える．そして，里はその城郭内の居住区画であるとする[95]．すなわち，農民たちは郭内に住んでいたとする．宮崎は，県・郷・亭そして里の相互関係に関わる概念図，郷里想像図を描いている（図I-2-5a）．また，具体的に，里は概ね100戸を単位としていたとし，午汲古城の発掘調査報告をもとにした復元図が郷里の具体的なモデルになるとする（図I-2-5b）[96]．既に見たように，阡陌を城郭内の区画と考える米田賢次郎，楠山修作もそれぞれモデル図を起こしている．

5家を1伍とし，2伍を1什とするのであるから，2伍が1条の道を挟んで並んだものを単位とし，それが1条の道の左右に5個ずつ並んだものを一里（100戸）とする，

---

95) 宮崎市定「中国における聚落形体の変遷について―邑・国と郷・亭と村とに対する考察」(1957年)，『宮崎市定全集3―古代』岩波書店，1991年．

96) 宮崎市定「漢代の里制と唐代の坊制」(1962年)『宮崎市定全集7　六朝』岩波書店，1992年．

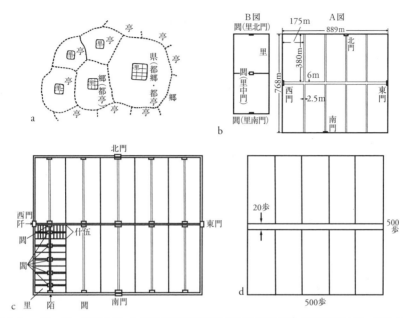

図 I-2-5　a 県・郷・亭概念図　b 午汲古城調査に基づく漢代郷（亭）里想像復元図　出典：宮崎市定（1957）　cd 阡陌モデル　米田賢次郎（作図：林裕，出典：古賀登（1980））

そして，この里が 1 条の大道の左右に 5 個ずつ並んだものを 1 城とする，というのが米田賢次郎[97]である．城中の大道が阡，里から阡に通ずる里中の道が陌である．城外についても，基本的に城内の 2 伍と同じ面積を単位とし，500 歩×500 歩からなり，間を分ける道を 20 歩とする[98]（図 I-2-5cd）．

　縦 1000 歩，横 2400 歩の耕地を 1 ブロックとし，縦横 10 ずつに分けて 100 個の耕地に分割したというのが楠山修作である[99]．縦の道が 1000 歩だから，これを阡と呼び，横の道が 240 歩＝ 1 畝制で 100 頃の耕地を区画することから，これを陌と呼んだという説である．そして，1 県の農家を 2000 戸とし，阡陌＝ 100 頃が 4 つで県城が構成され，城外に 20 の阡陌が配される，とする．県は，6×4＝ 24 ブロックからなる．極めて素朴単純なモデルである（図 I-2-6ab）[100]．

　宮崎説に対して，里を自然村とする説がある．というより，宮崎説以前の論考は基

---

97) 米田賢次郎，「二四〇歩一畝制の成立について—商鞅変法の一側面」『東洋史研究』第 26 巻第 4 号，1968 年．
98) 古賀登は，阡陌は基本的に農道であること，幅 20 歩というのが広すぎる，ということなどから，米田説を斥ける．
99) 楠山修作「阡陌の研究」『東方学』第 38 輯（1969 年）『中国古代史論集』精興社，1976 年
100) 古賀登は，城内の 1 戸当たりの宅地が 20 畝というのは適当ではないと斥ける．

第 I 章
中国都城の理念

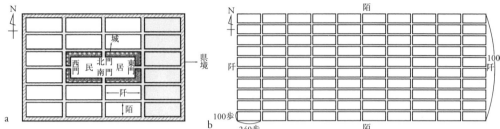

図 I-2-6　阡陌モデル　上の長方形の一つが，一家の保有地の（百畝）である．全て百家すなわち一里の保有地が示され，この百家分を企画して南北に走るのが阡であり，東西に走るのが陌である．楠山修作（作図：林裕，出典：古賀登（1980））

本的に里を自然村としており，里の戸数も一定ではなかったと考えている[101]．それに対して，里を行政村と考える説もある[102]．その場合，100 家＝1 里（『続漢書』「百官志」）を標準と考えるのが一般的である．問題は，里を自然村と考えるか行政村と考えるか，城郭外と考えるか城郭内と考えるか，さらに自然聚落か計画聚落か，ということになる．

阡陌制をもとに解答を与えようとするのが古賀登である．すなわち，成年男子 1 人に 1 頃ずつ割り当てるとすると 100 頃で 1 里，1 阡陌が 10 里だから，1 郷＝1 阡陌となる．この場合の阡陌は城外にあるが，古賀登は，農民は城内ではなく，里の中央に囲まれた居住区を造って住んでいたとする．1 阡陌＝1 郷＝1000 戸が全て城内に住んでいたとすると郷城は『墨子』備城門篇にいう大城（方 500 歩）を超えるというのがその理由である．

そこで，古賀は，4800 歩×5000 歩の矩形の中央に郷城があったという「百家一里」「十里一郷」のモデル図を示し，文献上の諸データをもとに郷城の規模を 500 戸（役人・軍人，商工業者，私続人それぞれ 3 分の 1）と推定する．すなわち，「十里一郷」は，正しくは「什五里一郷」ないし「一城十里一郷」であるとする．そして，卿の境界は 1 阡陌の法彊であるとする．さらに，「県大卒方百里」（『漢書』「百官公郷表」）を基に，「県方百里」をモデル化し，県治の置かれた都郷（県城）を郷城の 2 倍の大郷であるとする．

阡陌のモデル図は具体的な尺度を基にしており，具体的な土地区画と見なせたのであるが，その境界を絶対視し，そのうちに，里，郷城などを配置させてしまっている

---

[101] 清水盛光『中国郷村社会論』岩波書店（1951 年），松本善海「秦漢時代における村落組織の編成方法について」（1951 年），「秦漢時代における亭の変遷」（1952 年），『中国村落制度の史的研究』岩波書店（1977 年），など．
[102] 日比野丈夫「郷亭里についての研究」（1955 年）『中国歴史地理研究』同朋舎，1977 年，池田雄 1「漢代における里と自然村とについて」『東方学』第 38 輯，1969 年．

ために，尺度をもとにしたモデルの価値を失ってしまっている．「一城十里一郷」にしても，県城・県モデルにしても根拠があるわけではない．モデルとしての一貫性はむしろ宮崎モデルにある．

「十亭一郷」「十里一郷」の矛盾を解消するために，上述の宮崎説など諸説が提示されるが，有力なのは，「十里一亭」を亭間の距離で亭の管轄区域を10里四方とする説である．例えば，岡崎史夫 (1932) は，亭とは行路の宿舎のことで，亭長は訴訟裁判などを司って10里四方を管轄していたと考える．亭とはもともと物見櫓であり，監視施設であり，軍事施設であった．軍事的要衝，幹線道路上，国境線上など各所に置かれ，その地域の警察・裁判所を兼ね，またそれが一定間隔に置かれたことから，旅の宿舎となり，さらに郵逓のことも兼ねるようになった．つまり，元々は軍事郵逓施設である．松本善海 (1977) も「十里一亭」を亭間の距離と見なしている．そして，この亭が地方行政組織に転化していったということが考えられる．古賀登は，亭が地方行政組織に転化していったのは，王莽の時からではないか，と言う．こうして，亭には軍事施設・行旅の宿舎として置かれた亭（路亭，街亭）と地方行政機関として置かれた亭（郷亭）の2種類が想定されることになる．結論は宮崎説に近づくことになる．

一方，「十里一亭」について，方十里すなわち10里四方を1亭とみる見解がある（日比野丈夫 (1977) 他）．そして，田籍（地籍）は亭を単位とし，名籍は郷里を単位としていたという仮説が提出される（佐竹靖彦 (2006)）．それぞれについて，理念型（基本モデル），すなわち10進法に基づくヒエラルキカルな組織編成を想定することができる．田籍すなわち耕地面積を基準とする単位として亭を考えるとすれば，井田制，阡陌制との関係において基本モデルを想定できる．田制をめぐる空間分割（地割）に関する基本モデルについては，農業技術と生産組織の編成に即して一定の体系の成立を以上に確認してきたところである．しかし，土地とそれを基盤に生活を展開する人々の編成について，当然，ずれが考えられる．機械的な10進法で構成される亭と名籍すなわち構成員を基準とする単位としての郷が1対1に対応することは実際にはないであろうし，実際，郷はいくつかの亭からなるというのが実態である．

問題は田制と邑制の関係であり，居住地と耕作地の関係である．本書で焦点を当てるのは居住地であり住居の形態である．すなわち，亭が，田籍（地籍）の単位であるとすると，逆に問題としたいのは郷里の空間構造である．それを確認するためには，家族制度，隣保組織制度などを検討する必要がある．都市組織に焦点を当てる本書の基本テーマの出発点もここにある．阡陌制が「什伍の制」と呼ばれる軍制あるいは隣保制度と関係することは既に触れたが，その基礎となる家族制度についても諸説がある．

(2) 里・隣・家

漢代の家族制度については，古賀登 (1980) の整理によれば，A 小家族制説，B「三

族制」(父母・妻子・兄弟同居共財)説，C「小宗制」あるいは「兄弟集団制」(兄弟終身同居共財)説がある．家族は，その定義をめぐっても諸説あり，その具体的あり方は古今東西様々である．特定の社会において，制度として家族のあり方が規定されているとしても，個々のあり方は多様であり，文献上にその多様なあり方が記されるのも当然である．A〜Bは，それぞれ典拠とする文献事例に拠る．おそらく，小家族「三族制」「小宗制」[103]「兄弟集団制」[104]という範疇は，核家族，拡大家族，合同家族といった今日一般的に用いられる範疇でも理解することができる．ただ，「三族制」は必ずしも一般的ではない．『史記』秦本紀の「法に初めて三族に罪あり」条への注で三国魏の張晏が「父母・兄弟・妻子なり」としていることを典拠とし，法律（刑），経済（生計・生業），財産（土地・家屋）を共にする家族制をいう．

中国古代の家族は大家族であったが時代を下るに従って縮小したという通説に対し，夫婦だけの家族から三世代同居家族まで，漢代においても現代とそう変わらない規模をしていたというのが例えば牧野巽 (1944) である．それに対して，下層階級では小家族であったが，上層階級では大家族であったとするのが清水盛光 (1942) である．また，「三族制」が基本であるとするのが宇都宮清吉 (1955, 1977) である．

一律の制度があったという主張に固執するのであれば別であるが，家族人数をおよそ推定すればいいという立場に立つと，諸論考から確認できるのは，一家族五人，すなわち五口くらいの家族がかなり広範であったことである．

家族によって構成される隣保組織が里である．秦漢の地方行政制度は，以上のように，県郷亭里からなり，最小単位は里である．里は壁で囲われ，門を「閭」といい，里中の道を「巷」と呼んだ．それ故，里のことを「閭里」ともいった．

里の構成，すなわち里が何戸（家）からなるかについては，いくつかの史料があり，諸説がある．田制については上に見てきたところであるが，『孟子』「滕文公章上」(①)や『漢書』「食貨志」(②)に従う井田制モデルでは1里=8家である．すなわち，田地については，1家=100畝が班給の単位となる．しかし，1家に25畝，50畝，70畝を班給する例も同じ史料に同時に記載されている．田地と別に「五畝之宅」が存在することを示す史料（『孟子』「盡心上」④）についても上で触れた．

隣保組織としての里については，まず，1里=25家という史料がある．『周礼』「地官大司徒」に

　⑰「令五家為比，使之相保，五比為閭，使之相受，四閭為族，使之相葬，五族為党，使之相救，五党為州，使之相賙，五州為郷，使之相賓」

という．5家=比，5比=閭(25家)で，4閭(100家)=族，5族=党，5党=州，5州

---

[103] 越智重明「漢時代の戸と家—主として戸籍制度面からみた」『史学雑誌』第78編第8号（越智重明 (2000)).

[104] 越智重明「春秋時代の兄弟集団」『史淵』第112編（越智重明 (2000)).

（周）＝郷となる．

『周礼』「地官遂人」に，

 ⑱「遂人掌邦之野……・五家為隣，五隣為里，四里為鄷」，

『釈名』「州國篇」に，

 ⑲「五家為五，又謂之隣，五隣為里，居方一里之中也」，

という．5家＝隣，5隣＝里（＝25家）である．

 一方，1里＝100家という史料がある．

『続漢書』「百官志」に，

 ⑳「里有里魁，民有什伍，善悪以告，本注曰，里魁掌一里百家，什主十家，五主五家，以相検察，民有善事悪事，以告監告」，

という．里＝100家，5家，10家が下位単位となる．

 時代は下るが，『宋書』「百官志」に，

 ㉑「五家為五，五長主之，二五為什，什長主之，十什為里，里魁主之」，

という．「什伍の制」に関わるが，これは，5家×2＝1什，10什＝里（＝100家）である．

『管子』「立政第四首憲」に，

 ㉒「分国以為五郷，郷為之師，分郷以為五州，……分里以為十游，游以之宗，十家為什，五家為五，什伍皆有長焉」，

とあるのも，10家＝什，100家＝里である．

 明らかに2説があることになるが，宮崎市定が経書では或いは25家とし，或いは50家とし，或いは72家として一定しないがといいながらも，これを100家とするのが経・史・子に通じた普通の解釈である[105]というように，100家＝1里説を採る論者が多い．

 2説の関係をどう考えるかということになるが，田制と県郷亭里という行政組織，隣保組織と合わせて統一的に説明する佐竹靖彦（2006）は，亭は田籍（地籍）の単位として10里1亭とした上で，1里の戸数，1亭の戸数，1家あたり耕地面積などについて諸説（A～D）を整理して表にまとめてくれている（表I-2-1）．

 ㉓「古者処師，八家而為隣，三隣而為朋，三朋而為里，五里而為邑，十邑而為都，十都而為師，州十有二師焉」

によると，8×3×3＝72家＝里となる．ただ，『尚書』大伝については信憑性が薄いといわれる．Bは，銀雀山漢簡その他など考古資料にみえる「一里五十家」による．耕地率5/6というのは，佐竹靖彦（2006）の仮説である．

 極めて興味深いのはCで，数の体系としては，75家で一家あたりの耕地を100畝

---

105) 宮崎市定，「中国における聚落形体の変遷について—邑・国と郷・亭と村とに対する考察」（1957年），『宮崎市定全集33—古代』，岩波書店，1991年

表 I-2-1　一里戸数，一亭戸数，一家あたり耕地面積　（出典：佐竹靖彦 (2006)）

	一里戸数	一亭戸数	一亭面積	一家あたり面積	耕地率	一家あたり耕地
A	25 家	250 家	90000 周畝	360 周畝	5/6	300 周畝
B	50 家	500 家	90000 周畝	180 周畝	5/6	150 周畝
C	72 家	720 家	90000 周畝	125 周畝	5/6	105 周畝
D	100 家	1000 家	90000 周畝	90 周畝	5/6	75 周畝

とするのがすっきりするが，何故，72家で105畝なのか．佐竹は，この『尚書』「大伝」のいうのは「五畝之地」を捻出する細工（計算）であるとする．そして，1里100家の観念に従って，1家あたりの土地面積を計算すると90畝，これに6分の5をかけて得られる75畝の数は，もはや十里一亭の制度を地域的面積的区分と人的聚落的区分との相関をもとにして，真面目に考えることを不可能にするものであり，漢代に入っての1里100家の数字を追い越した時点で，十里一亭の制度における亭と里の対応を論ずる体系的な論説は，その現実的な基礎を失い放棄されたことを物語るものと思われるという．

　全くその通りである．理念と実態は異なっていく．しかし，耕地，宅地の所有・使用と税に関わる仕組みが一夜にして一変するという事態は考えられない．佐竹靖彦 (2006) も，田制に関して，井田制と阡陌制の連続性に着目することにおいて，歴史的システム変容を説明するのである．

　問題は，土地と人間組織（家族・隣保組織・集落・都市組織）の関係のずれである．本来，空間と人の集団とを一括管理するためには，人の集団の方を一括管理する必要がある．それが中国における邑制であり，都市の起源，形成に関わる．都市組織研究をうたう本書の基本的問いは，社会を構成する基礎単位としての里と空間（土地）の単位としての里の関係にある．佐竹は「真面目に考えることを不可能にする」というが，現実は全て理念的に割り切れるわけではない．その問題を「真面目」に考えるのが本書である．

　まず確認すべきは，古代中国において，耕地と宅地は，別々であったことである．すなわち，城壁で囲われた居住地と耕作地は区別されていた．以上に触れてきた空間編成は専ら農業生産に関わる耕地の編成（地割）に関する空間分割の問題である．邑，すなわち城壁内の編成については，以上の史資料は触れるところがない．

　100家を1里とする場合の里の具体的な配置としては，午汲古城を下敷きにした宮崎市定の想定図（図 I-2-5b）を既に見た．宮崎は具体的な規模を示す史料として，『水経注』巻25「泗水」条の

　　㉔「南北百二十歩．東西六〇歩．四門各有石門閫」

を挙げている．また，閭閻というかたちで頻繁に用いられる「閭」について，「閭里中

門也」という表現を「里の中門なり」と読んで，里を2つに分けて考える．それに対して，米田賢次郎は，やはり「閭は里中の門」と読むべきだとして，同じく午汲古城を基に里の具体的な構成について1つの想定図を示している（図I-2-5c）[106]．

里の空間構成についての手掛かりは少ないが，まず，検討すべきは，『釈名』「州國篇」の「方一里」⑲である．この「方一里」は明らかに規模に関わっている．一里四方＝一井に25家が住むことになる．1里＝300歩四方とすると，100歩＝1畝制で1家当たり36畝，240歩＝1畝制で1家当たり15畝となる．これだと，宅地としては広すぎるし，耕地としては，井田制をもとにすると，もともと8夫のためのものだから当然狭すぎる．

そこで「方一里」を周囲1里と解釈すると，仮に正方形（75歩×75歩）として換算して，戸当たり131坪[107]，50歩×100歩の長方形とすると，戸当たり116坪となって，宅地として適当な規模となる．この規模はそれなりの目安になる．しかし，「方一里」を周囲1里とするのは明らかに後代の解釈である．

『荀子』「大略篇」に

㉕「不富無以養民情．不教無以理民性．故家五畝宅百畝田．務其業而勿奪其時所以富之也．」

とある．「家五畝宅百畝田」というが，後代においては5畝では大きすぎるということであろうか，『孟子』「梁恵王章句上」趙岐注に

㉖「廬井邑居，各々二畝半．以為宅．冬城入保．二畝半．故五畝」という．

すなわち，城郭内と城郭外にそれぞれ2.5畝ずつ宅地を持つというのである．同じ解釈は後漢の趙によってもなされている．また，朱熹もこれにならって，「二畝半在田．二畝半在邑」としている．これは井田制の公田を八家で分けた余り20畝を廬舎とする，とあることを根拠にしている．20畝を8家で割れば，1家当たり2.5畝となるのである．

全ての農夫が城郭内に住んでいたとする宮崎説によれば，2畝半ずつ田邑に宅地をもつという説は受け入れられない．また，「五畝之宅」を2つに分ける根拠は希薄である．

そこで改めて検討すべきが「三族制」家族である．井田制に即して既に見たが，「司馬法」に「六尺為歩，歩百為田＋毎（畝），田毎百為夫，夫三為屋，屋三為井，井十為通……」とあり，「夫三為屋」「屋三為井」が手掛かりとなる．すなわち，司馬法によれば，公田はなく，井＝9夫であり，井を9の家族に分けたものと考えられる．だとすれば，3夫＝1屋という単位が存在したと考えていい．「司馬法」あるいは『周礼』の井田制を即『孟子』のそれと同じとするわけにはいかないけれど，「五畝之宅」が1

---

106) 米田賢次郎，「240歩＝1畝制の成立について」，『東洋史研究』，第26巻第4号，1986年
107) 仮に1尺＝231mm，1歩＝6尺として換算．

屋＝3夫で共有されていたとすれば，宅地の規模は適切となる．

こうした共住の形式がとられていたとすれば，「5家＝1隣」（⑧⑱⑲）について，同一宅地に5家が居住するという解釈が可能となる．すなわち，隣は共住の単位である．そして，隣には5家の「三族制」家族集団が住むとすると，「5隣＝1里」という25家＝1里には5つの「三族制」集団が住むと解釈できる．すなわち，5畝の宅地5つによって構成されるのが里である．

しかし，孟子の井田説では，8夫＝1井だから，3夫＝1屋とすると，里＝25家とは数字的には整合しない．ほぼ一致するということで，古賀登（1980）は，8宅地×3夫，「巷」の両側に4宅地ずつ並ぶ形を「里」とするが，すっきりはしない．

こうして，宅地の構成をめぐっては定説はなく，基本モデルも一般的に確認されてはいない．

(3) 坊墻制

都市行政区画の名称としては漢代までは「里」が使われて来た．里が壁で囲われ，門を「閭」といい，里中の道を「巷」と呼んだこと，その具体的形態については，上でみた通りである．しかし，唐代以降「坊」が公式に使われ始め，明清まで用いられることになる．「坊」は「防」が訛ったもので，防壁である坊墻で囲まれた街区を指し，後漢末から五胡北朝にかけての動乱期に造られたとされる．坊制は，名称としては清代まで用いられるので，牆壁で囲われた坊制ということで，坊墻制という言葉が使われる．

宮崎市定の「漢代の里制と唐代の坊制」[108]については，既に何度か触れてきたが，都城内の住区のあり方すなわち都市組織を問題にする本書の前提となる．その要点を確認すると以下のようになる．

(1) 漢代までの里は，墻壁で囲われており，里内の住人は里内に向かって門を開き，門前の巷を通じて閭門のみから出入りができた．墻壁を破って街路に直接門を開くことは禁止されていた．

これに対して，例外があり，

(2) 政府の官衙や王府，軍事，警察のための用地は，直接街路に面して門を設けていた．これらも里同様墻壁をめぐらしていたが，里の墻壁より高く丈夫に造られ，坊と呼ばれた．この坊は，里制が乱れかけた後漢以降に一般的にみられるようになった．

(3) 三国魏以降になると，坊名が史書に一般的にみられるようになる．晋代の洛陽には，多くの坊があったことが記録に残されている．

(4) 北魏の太祖道武帝（拓跋珪）（位386〜409年）は，平城を都として，城内に里制を施行した．各里の門は，太鼓の合図とともに開閉された．公式には里が用いられたが，一般には坊と呼ばれる．坊の設置は治安維持が目的であったとされる．坊が外郭

---

[108]『東洋史研究』第21巻第3号，1962年12月．

城全域に造られたのは北魏平城が最初である.

(5) 北魏の都城の里制は，遷都した新都洛陽にも引き継がれた．内城外郭内の民居は里に分けられ，里には佳名がつけられていた．史書によれば，323の坊があったという（『魏書』巻8「世宗宣武帝紀」）．里は，東西南北の4門を有し，門ごとに門士2人が出入りを監視したという．鮮卑拓跋部が建てた北魏王朝は，匈奴，羯，氐，羌など諸民族を分割統治する必要があり，里には里正，里吏，門士などが置かれて警察，管理業務に当たった．

(6) 東魏，西魏に分裂後，東魏の孝静帝は，従来の鄴県の住人をその西側に移して鄴県とし，移した東側に臨漳県を立て，洛陽から住人を移住させた．またその北東に成安県を新設した．里の構成と統治の仕組みは洛陽と同じであった．鄴はそのまま北斉の都となった．鄴城は北周によって破壊された（580）．

(7) 唐長安城において，坊が正式の呼称とされる．里は，100家を単位とする人為的な集団の名とされ，1坊はいくつかの里からなった．坊には坊正，里には里正が置かれたが，里正のほうが重要視されていた．坊は，東西南北の4門を有し，東西と南北の2坊門を連ねる2条の大街は横街，縦街と呼ばれた．坊門が夜間に閉じられ，夜行が禁じられたのは漢代と同様である．

(8) 唐代において，坊正，里正の上に立って治安維持にあたったのは左右巡使と左右街使で，前者は坊門の開閉に責任を持ち，後者は街路上の管理に当たった．時代が下るにつれて，坊の牆壁を破って，大街に直接面する特権者が増大する．そして，街路を私用（侵占）する例が増えていった．坊の閉鎖性は次第に失われ，坊制は崩壊の一路を辿っていく．

(9) 五代に入ると洛陽そして開封が都とされるが，ともに街路の侵占が広範に行われていたと考えられる．五代末，後周の世宗は都城の街道の制度を定め，幅員に応じて侵占を認めている[109].

(10) 宋代に入っても，街道の侵占は続き，「侵街」と呼ばれる．「侵街」の取締りは行われるが，既成事実として認めざるを得なくなる．史書には「侵街銭」の記載がみられ，一定の金銭が徴収されていた[110].

坊牆制についてまとめると表I-2-2（妹尾達彦）のようになる．

---

109)「京城内の街道は，闊さ五十歩なる者は両辺の人戸が各々五歩内において便を取り樹を種え井を掘り，涼棚を修蓋するを許す．其の三十歩已下より二十五歩に至る者は各々三歩を与し，其の次は差あり．」（「五代会」要巻二十六）
110) 宮崎市定は，侵街銭は意外に古く，唐代に遡るのではないかとしている．

表 I-2-2　防牆制の変遷　妹尾達彦（魏晋南北朝隋唐時代史の基本問題編集委員会（1997））

防牆制の国都	国都建設年	外郭城の坊数・坊の規模	里正・坊正の規定
北魏・平城	398年建設開始 406年外郭城建設 太武帝代（424〜39）に外郭城重修	【坊数】不明 【坊規模】「郭城繞宮城南，悉築為坊，坊開巷．坊大者容四五百家，小者六七十家」（『南斉書』巻五七，魏虜）	
北魏・洛陽	493年建設開始 502年外郭完成	【坊数】320 【坊規模】「坊周各千二百歩」（『魏書』巻18，広陽王嘉）（「方三百歩為一里」（『洛陽伽藍記』巻五，城北）） 「京邑諸坊，大者或千戸，五百戸」（『魏書』巻六八，甄） 「京邑諸坊，或七八百家」（『魏書』巻一八，太武 五王）	「京邑諸坊，或七八百家．唯一里正・二史，庶事無闕」（『北斉書』巻二八，元孝友） 「里開四門，門置里正二人，吏四人，門士八人」（『洛陽伽藍記』巻五，城北）
東魏・鄴 北斉・鄴	535年建設	【坊数】不明 【坊規模】「一坊僑旧或有千戸以上」（『通典』巻三，食貨，郷党）	「至於城邑，一僑旧或有千戸以上，唯里正二人，里吏二人，里吏不常置．隅老四人．非是官府，私充事力，坊事亦得取済．」（『通典』巻三，食貨，郷党）
隋・大興 唐・長安		【坊数】108坊2市（呂大坊『長安図題記』等は108，『唐六典』巻七等は110とする） 【坊規模】	「大唐令，（中略）在邑者為坊．別置正一人，掌坊門管鑰，督察姦非，並免其課役」（『通典』巻三，食貨，郷党）
隋・洛陽 唐・洛陽		【坊数】109坊3市（『隋唐東都城祉的勘査和発掘』続記，『考古』1978年第6期） 【坊規模】	同上

2-3　単位寸法 —— 尺・歩・里・畝

　中国では，早くから度量衡の統一管理が行われてきた．『周礼』には，天官の内宰が度量衡の制度を発布し，秋官の大行人が標準器の統一の職務を掌握し，さらに地官の質人が地方の市場の度量衡を管理したとある．

　都城の空間計画にとっては，長さそして面積の尺度は極めて重要である．1906年から10年にかけて西安に滞在し，史蹟調査を行い大著『長安史蹟の研究』を著した足立喜六（1933）は，最初に漢唐の尺度と里程について論じている[111]．長安の都市計画

---

[111]「第2章　漢唐の尺度及び里程考」（足立喜六（1933））

を解き明かすためには欠くことができないからである．各時代の尺度を明らかにするためには，まず，用いられていた物差しを計測する方法がある．また，貨幣，剣，衣など文献に長さの書かれた事物を実際に計測する方法がある．

足立喜六が採ったのは，数多く遺物が発見されている漢唐の古銭を計測する方法である．結果は，以上とほぼ同じである．足立の検討結果だけ示せば以下のようである．

　　漢 1尺 = 7寸6分（日本：曲尺）= 0.230m = 商鞅尺
　　唐（大尺）1尺 = 1尺（日本：曲尺）= 0.3030m
　　唐（小尺）1尺 = 8寸3分（日本：曲尺）= 0.2520m　1寸 = 8分3厘
　　清 1尺 = 1尺4分2厘（日本：曲尺）= 0.3157m

中国最古の物差しは，殷墟から出土したと伝えられる骨尺（殷（商）骨尺）である．1尺は16.95cmで，十進法による目盛がなされている（羅福頤(1957)）．尺，すなわち中国古代の尺度の単位（尺）の起源は，親指と人差し指を広げた長さである．尺の字はそれを象形化したものと考えられている．最古の骨尺はそれに近い．ところが，時代が下るに従って，尺の長さは長くなっていく．多くの物差しがある場合，一概に決定できないが，およその数値は得ることができる．

戦国秦の時代には「商鞅変法」によって，斗桶，権衡，丈尺の度量衡を標準化する法が実施され，BC.344年には標準量器の商鞅銅方升が作られる．そして，始皇帝は自らの詔を刻ませた標準分銅（銅権，鉄石権）と標準枡（銅方升）を作り，同時に尺度や車軌も統一させた（BC.221年）．秦代には度量衡について年に1度定期的な検査が実施されていた．上海博物館所蔵の商鞅升（方量）の側面には「十六尊（寸），五分尊壱を積みて升と為す」という刻文があり，測ると，長さ12.4774cm，幅6.9742cm，深さ2.323cmあり，1寸は2.32cmすなわち1尺は232mmである（国家計量総局主編(1981)）．ただ，出土した物差しを測ると，秦漢時の尺は平均230mmで，出入りが5mmある．商代が17cmほどであったとすると6cmほど伸びたことになる．

商鞅尺とも言われるこの長さはかなりの期間安定しており，新の王莽が劉歆に命じて整備させたものとほぼ同じである．また，狩谷棭斉[112]が王莽『嘉量』の記事を基に考証算定するものと，故宮から再発見（1924年）された嘉量[113]の実物とは合っているという．王莽が整備させたとされるのは，1尺 = 231mm（商鞅尺）である．

尺の変化については，矩斉[114]，羅福頤，楊寛(1938)，王国維（『観堂集林』）の著作を翻訳校注する藪田嘉一郎(1969)『中国古尺集説』さらに『中国古代度量衡図集』（国家計量総局主編(1981)）『中国歴代度量衡考』（丘光明編(1992)）などによって知ることができる．まとめると，漢代は1尺 = 233mm程度である（表I-2-3）．

---
112) 狩谷棭斉『本朝度量衡攷』（日本古典全集『狩谷棭斉』）現代思潮社，1978年．
113) 容量を量る升の標準器．深さは1尺であった．
114) 「古尺考」『文物3攷資料』1957年．

表 I-2-3　現存歴代古尺表（出典：藪田嘉一郎（1969））

No	時代	尺名	王莽貨布尺	メートル	日本尺	備考
1	商	骨尺	0.733	0.1695	0.55935	伝安陽出土，南京博物院蔵
2	戦国	銅尺1	0.982	0.227	0.7491	拓本，古尺図録は周物とする
3	戦国	銅尺2	0.997	0.23	0.759	伝長沙出土，羅振玉蔵
4	戦国	銅尺3	0.982	0.227	0.7491	伝長沙出土，長沙湖南文管会蔵
5	戦国	銅尺4	0.997	0.23	0.759	北京歴史博物館蔵
6	戦国	鏤牙尺	0.997	0.23	0.759	葉氏蔵
7	戦国	銅尺1（図録4）	1	0.231	0.7623	北京歴史博物館蔵
8	戦国	銅尺1（図録5）	1	0.231	0.7623	伝洛陽金村古墓出土，拓本
9	漢	牙尺1	1.009	0.233	0.7689	伝濬県出土，北京歴代博物館蔵
10	漢	牙尺2	1.009	0.233	0.7689	伝濬県出土，北京歴代博物館蔵
11	漢	牙尺3	1.009	0.233	0.7689	伝濬県出土
12	漢	銅尺	1.009	0.233	0.7689	拓本
13	漢	鏤鳥獣形花紋銅尺	1.009	0.233	0.7689	拓本
14	漢	画彩牙尺	1.01	0.2338	0.77154	日本白鶴美術館蔵
15	新	王莽度	10	0.231	7.7154	甘粛定西県出土，拓本
16	新	王莽貨布尺	1	0.231	0.7623	王莽貨布（長2寸5分）を4枚縦累する
17	後漢	彫鳥獣形花紋銅尺	1.019	0.235	0.7755	伝長沙出土，北京歴史博物館蔵
18	後漢	建初6年銅尺	1.019	0.235	0.7755	拓本
19	後漢	鎏金鏤花銅尺	1.021	0.236	0.7788	山東掖県坊北村出土，山東文管会蔵
20	後漢	画彩牙尺	1.028	0.239	0.7887	日本白鶴美術館蔵
21	魏	正始弩尺	1.05	0.2426	0.8151	弩機
22	宋	骨尺	1.07	0.247	0.8151	北京歴史博物館蔵
23	宋	残骨尺	1.07	0.247	0.8151	陝西西安出土，陝西文管会蔵
24	梁	鏤花銅尺	1.072	0.2475	0.82005	羅振玉蔵
25	梁	鎏金彫鳳銅矩尺	1.075	0.249	0.8217	日本白鶴美術館蔵
26	梁	銅尺	1.078	0.2495	0.82335	北京歴史博物館蔵
27	梁	鎏金銅尺	1.088	0.2515	0.82995	北京歴史博物館蔵
28	唐	石尺	1.212	0.28	0.924	陝西西安六号墓出土陝西文管会蔵
29	唐	白牙尺	1.281	0.296	0.9768	日本正倉院蔵（正倉院図録1-30）
30	唐	紅牙撥鏤尺（1）	1.283	0.297	0.9801	日本正倉院蔵（正倉院図録1-35）
31	唐	紅牙撥鏤尺（1）	1.283	0.297	0.9801	日本正倉院蔵（正倉院図録1-28）
32	唐	鎏金銅尺	1.29	0.299	0.9867	北京歴史博物館蔵
33	唐	鎏金鏤花銅尺（2）	1.303	0.301	0.9933	陝西西安郭家灘78号墓出土西安文管会蔵
34	唐	鏤牙尺	1.303	0.301	0.9933	拓本
35	唐	紅牙撥鏤尺（2）	1.309	0.3025	0.9982	日本正倉院蔵（正倉院図録1-27）
36	唐	紅牙撥鏤尺（2）	1.315	0.304	1.0032	日本正倉院蔵（正倉院図録1-27）
37	唐	鎏金鏤花残銅尺	1.315	0.304	1.0032	陝西西安郭家灘24号墓出土西安文管会蔵
38	唐	鎏金鏤花残銅尺	1.315	0.304	1.0032	北京歴史博物館蔵
39	唐	鏤牙尺（2）	1.345	0.311	1.0263	日本白鶴美術館蔵
40	唐	鏤花銅尺	1.345	0.311	1.0263	北京歴史博物館蔵

No	時代	尺名	王莽貨布尺	メートル	日本尺	備考
41	唐	鎏金鏤花銅尺 (3)	1.35	0.3135	1.03455	日本白鶴美術館蔵
42	宋	木矩尺 (1)	1.338	0.309	1.0917	鉅鹿故城出土，日本白鶴美術館蔵
43	宋	鎏金銅尺	1.338	0.309	1.0917	鉅鹿故城出土，日本白鶴美術館蔵
44	宋	金錯玉尺	1.215	0.281	0.9273	拓本
45	宋	銅尺	1.368	0.316	1.0428	北京歴史博物館蔵
46	宋	鏤花銅尺	1.368	0.316	1.0428	北京歴史博物館蔵
47	宋	木矩尺 (2)	1.422	0.329	1.0857	北京歴史博物館蔵
48	宋	木尺	1.422	0.329	1.0857	北京歴史博物館蔵
49	宋	浙尺（金殿揚仿宗尺）	1.166	0.2695	0.88935	北京歴史博物館蔵
50	明	骨尺	1.385	0.32	1.056	山東梁山出土，山東文管会蔵
51	明	嘉靖牙尺	1.385	0.32	1.056	故宮博物館蔵
52	清	部頒牙尺	1.341	0.31	1.023	羅振玉蔵
53	清	工部営造尺（河口尺）	1.385	0.32	1.056	牙尺による
54	清	量地範尺	1.482	0.343	1.1319	木尺による，羅振玉蔵
55	清	裁衣銅尺	1.51	0.349	1.1517	羅振玉蔵
56	清	裁衣牙尺	1.523	0.353	1.1814	北京歴史博物館蔵
57	清	楽律用尺	1.118	0.258	0.8514	清会典による

　前漢末頃まで，比較的安定していた尺度も後漢以後長くなり始める．羅福頤の挙げる後漢代の尺を平均すると 5mm ほど伸びて 235mm となる．そして，魏晋南北朝の時代になると急激に伸び，あまりにも変化が激しいということで晋の武帝の時には古来の正統尺の復元（晋前尺）が行われたほどである．王国維は魏晋以降尺が伸びたのは絹布を調としたことによるとしている（小泉袈裟勝 (1977)）．

　隋の文帝は 581 年に全土を再統一すると，増加した量目に従って度量衡を統一しそれを固定化したが，隋代の公定尺は 245mm にもなる．実際はそれより長く，隋代の大尺は約 294mm，小尺約 246mm である．

　唐は隋の制度を受け継いだが，南北朝期以来の常用尺の増大は続いた．唐の公定尺は 303mm で，日本が制度として採用したのはこの唐尺である．『唐六典』巻 66 によれば，唐代には大小の 2 つのシステムがあり，小尺の 1 尺 2 寸が 1 大尺にあたる．しかし，実際の物差しは，日本の唐尺より短く，隋代と同じである．もちろん，以上は，およその目安と言っていい．表 I-2-3 が示すように，唐代の物差しにも 0.280〜0.3135cm と幅があり，平均すれば日本の曲尺より短い．

　唐以後の宋，元，明清の時代は唐制を踏襲し，基本的には同一のものであったとされる．しかし，物差しや枡の単位の量目はそう大きくはないが変化し続けた．宋代の布帛を収めさせる公定尺は，宋初 310mm 程度であったのに宋末には 329mm にまで伸びた．清代までにさらに 15mm ほど伸びている（表 I-2-3）．

　大都の設計計画に関して問題となるのは元代そして明清代の尺度である．残念なが

ら，元代の物差しの出土例は皆無である．宋代と同じ物差しが用いられていたと考えられるが，出土した宋代の物差しにも269.5〜329mmという幅がある．そして諸説[115]ある．本書では，モンゴルの遺構の尺度の変遷を明らかにする白石典之(2002)のいう宋尺＝316mmに従うが，中国社会科学院自然科学史研究所主編(1985)など研究者の多くが想定する1尺＝308mmも考慮して分析する．白石典之(2002)は，カラ・コルムの万年宮で用いられた宋尺＝316mmが上都でも用いられ，それが元初期の元尺＝316mmとなっていったとする．モンゴル高原とその周辺地域では8世紀から12世紀にかけて296mm尺が広く使われていたと考えられる，その起源は唐尺で，金上京会寧府，中都，キタイ（遼）の上京臨潢府などでも使われている．316mm尺は宋代に使われるようになり，金朝によって北方に伝えられ元尺となっていく．元代末になると350mm尺が使われるようになるが，明代には320mm尺が広く使われ，清代に引き継がれていく，というのが見取図である．

里程については，秦漢では6尺を1歩とし，300歩を1里とした．漢1尺＝7寸6分（日本：曲尺）＝0.230m＝商鞅尺によって換算すると，漢1歩＝6尺＝1.381m，漢1里＝300歩＝414mということになる．隋唐になると，5尺を1歩とし，360歩を1里とする歩里法が併用されるようになる．唐1尺（大尺）＝0.3030mとすれば，唐1歩＝5尺（大尺）＝1.515m，唐1里（大程）＝360歩（1800大尺）＝1里＝545.4mとなる．小尺の6尺（大尺の5尺）を1歩とし，300歩を1里とするものは小程とされ，唐1里（小程）＝300歩＝454.5mとなる．しかし，以上のように，実際の物差しは日本の唐尺より短く，隋代の大尺約294mm，小尺約246mm（1歩＝1470mm）と考えておいた方がいい．文献によって大程，小程のどちらが用いられているかは見極める必要がある．

360歩を1里とする歩里法は唐以降も使われていくのであるが，注目すべきは，元大都の設計には240歩＝1里という歩里法が用いられ，元末明初まで用いられていたことである．これは大都の設計寸法を考えるうえでも大きなポイントとなる．

歩という単位は，尺と異なり，歩幅を基にしたものである．1歩，2歩と歩く2歩分を1歩とした．この1歩は面積の単位にも用いられ，1歩四方も1歩と呼ぶ．面積

---

115) 曾武秀「中国歴代尺度概述」（『歴史研究』1964年第3期）は，「元明楽尺，1尺＝29.76cm」という．郭正忠『三至十四世紀中国的権衡度量』（中国科学出版社，1993年）は，「金朝楽尺，1尺＝30cm．元明楽尺，1尺＝24.6cm（30cm）」という．呉承洛『中国度量衡史』商務印書館，(1998年)には，「1尺＝0.32m」，矩斎の「古尺考」（『文物』第3期，28，1957年）には，「宋尺合今尺由0.309〜0.329米之間，明尺合今尺0.320米，清尺合今尺0.310〜0.353米之間．……」，閻文儒の「金中都」（『文物』第9期，p11〜⑯，1959年）には，「按宋鉅鹿城出土木尺計算（1尺等于0.305米），……」，楊寛の「宋元明清之尺度」（『中国歴代尺度考』第8，商務印書館1938年版，1955年重版）には，「宋1尺＝30cm」とある．また，姜舜源の「明清歴史一論北京元明清三朝宮殿的継承与発展」（『故宮博物院院刊』第3期，81992年）は，「元代一尺合今0.31米，……」という．

については，さらに100平方歩を1畝とする畝制が古来用いられてきた．井田制が方一里（方300歩）を基本単位としてきたことはみてきた通りである．「商鞅変法」による阡陌制の導入以降，240平方歩が1畝とされる．他に，斉の制度として，360平方歩を1畝とする畝制もあったとされる．これらを区別して小畝，中畝，大畝と呼ぶ．この畝制は，別に頃(けい)という単位（1頃＝100畝）とともに漢代を経て，清代まで継承されることになる．ただ，元代において用いられたのは，240歩を1畝とする中畝である．

因みに，日本では，唐の大尺，小尺を移入して，大宝律令（701）によって尺度の単位を定めている．ただ，寸法は唐尺より長く，大尺（度地尺）は約356mm前後，小尺は約296mm前後とされる．小尺が唐大尺にほぼ当たる．大尺は，高麗尺に由来し，土地の計量などに用いられたという．日本には大宝令以前に大尺より2尺長い高麗尺が普及しており，これが大宝令の大尺とされ，唐の大尺が小尺にされたというのが定説となっている．ただ，高麗尺の物差しは発見されておらず，その存在を否定する主張もある（小泉袈裟勝（1977），川端俊一郎（2004），新井宏（1992））．

律令体制の崩壊以降，各地で様々な尺度が用いられるようになるが，永正年間に京都の指物師又四郎が定めたとされ，大工が主に用いた又四郎尺・鉄尺（約302.58mm），徳川吉宗が紀州熊野社の古尺を写して天体観測に用いたとされる享保尺・竹尺（約303.63mm），伊能忠敬が測量のために又四郎尺と享保尺を平均して作った折衷尺（約303.04mm）などが知られる．

そして，又四郎尺，享保尺，折衷尺などを勘案して明治期に定められたのが曲尺（明治度量衡法）約30.303cm（10/33m）である．これとともに明治度量衡取締条例が定めたのが鯨尺（約378.8mcm，曲尺1尺2寸5分，明治度量衡法25/66m）であり，主に呉服について用いられてきた．6尺褌や3尺帯といったときは鯨尺の長さのことである．呉服尺（呉服ざし）（約364mm（曲尺1尺2寸））は鯨尺の一種である．通常ただ「尺」といえば曲尺のことをいう．

中国では，1929年にメートルを基準として1尺＝1/3mと決められている．メートルにも尺を当てており，前者を市尺，後者を公尺という．

Column 1　条里制・条坊制

　日本の条里制は中国の土地制度の影響を受けて成立した．井田制の100畝＝100歩×100歩が条里制の1町にほぼ等しいのは偶然の一致とは考えられない．中国から尺度をそのまま受け入れているのであるから，条里制の起源を中国に求めるのはごく自然である．しかしながら，日本の条里制と中国の田制との具体的な関係については必ずしも明らかにされず，井田制の100畝＝100歩×100歩が条里制の1町にほぼ等しいといった事実も，具体的には議論されてこなかった．

　日本列島の各地には，近畿地方のみならず，北は東北地方，秋田平野や庄内平野の一部，南は九州，福岡平野，筑後平野，佐賀平野一帯まで，今なお，条里地割が残存しており，今なお，地図やGoogle Earthによって確認できる．もちろん，その全てが古代に遡るわけではないが，この土地区画，農地区画の持続力，その規定力の強靭さは特筆すべきもののように思える．

条里モデル

　条里制について，ほぼ定説となっているその完成形態をまず確認しよう．

　条里の基本単位は「町」であり，1町（＝60歩）四方からなる基本単位を「坪」または「坊」ともいう．1歩は6尺すなわち1町＝360尺（小尺）である．1町（坪）を10等分に地割し，この区画を「段（反）」とする．1町（坪）の100分の1を「畝」とする．すなわち，1町（坪）＝10段（反）＝100畝である．

　1町（坪）の地割方法は長地型と半折型に大別される．基本単位である町（坪）を6×6に並べた区画（6町四方）を「里」という．里における各々の坪は1から36まで番号表示され，一ノ坪，二ノ坪などと呼称された．坪の番号表示方法（坪並）は平行式坪並と千鳥式坪並に大別される．里の横列を「条」，里の縦列を「里」とし，縦方向は1条，2条，3条……，横方向は1里，2里，3里……のように位置表示が行われる（図Column 1-1abc）．

　この1町＝60歩＝360尺の具体的な寸法が以下に述べるように大きな問題となる．

　大宝律令（701年）によって定められた尺度は，大尺は約356mm前後，小尺は約296mm前後であるから，1町は106.56mほどである．時代は下って，太

Column 1
条里制・条坊制

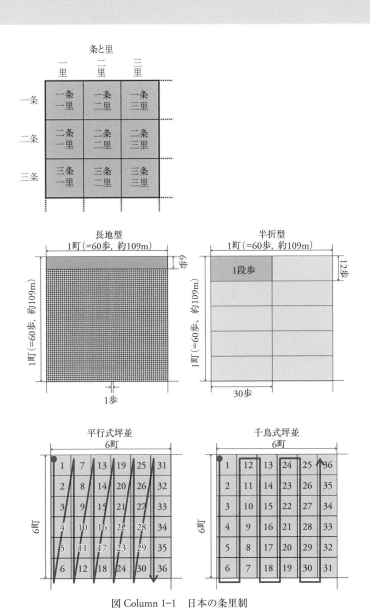

図 Column 1-1　日本の条里制

閣検地の際に6尺3寸を1間とする1町＝60間制が導入され，後に6尺＝1間となる．明治に入って1尺＝10/33＝0.303mと決められ，現在の尺貫法でいう1町は109.08mである．

確認しておくべきは，この1町＝109.08mが，日本古代の条里制で用いられた1町にほぼ等しく，しかし，2.52mほどの差があることである．

里，町（坪，坊），段，歩，尺という単位の階層構成は，6尺＝1歩，6歩＝1段，60歩＝10段＝町，6町×6町＝里と6が基数となっており，特異と言えば特異である．本文で中国の空間分割システムについてみたが，中国にこうした6を基数とする空間分割モデルがあるわけではない．ただ，9，8とともに6を基本数とする音楽理論があり，秦始皇帝が6を聖数として，天下を36（6×6）郡に分割したこと，『周礼』がそもそも6官からなり，各職はそれぞれ6×60＝360からなることなどには触れた．いずれにせよ，地割方法や番号表示法など実にシステマティックである．都城の条坊地割についてもそうであるが，日本のこの土地分割に関する緻密さは世界にそう例がない．

条里制

しかし，この日本の条里制の起源は必ずしも明らかになっているわけではない．施行時期について諸説あって，また，単位寸法，単位面積についても異なる主張がある．A．現存する条里地割，条里地割の遺構，B．律令体制の整備に伴う法規定，C．史資料における条里呼称のそれぞれの起源が問題とされるが，基本的な事項として確認されるのは以下の諸点である．

①条里制の導入は，従来，班田収授法の施行に伴うものと考えられてきた．班田収授法の本格的な成立は，701年の大宝律令の制定によるとされている．律令は，民衆に支給する農地の面積を一律に定めていたことから，整然とした条里区画は班田収授と強い関連もつことが想定されたのである．班田収授法は，『日本書紀』の大化の改新の詔（646）に初見されるが，具体的に実施されたのは初めて戸籍が作成された670年，もしくは飛鳥浄御原令が制定された689年以降と考えられる．しかし，法制度としての条里地割の規定は大宝律令などにはない．大宝令に続いて施行された現存する養老令（757）によると，班田収授は6年に1度行われた（六年一班）ことがわかっている[116]．

---

[116] 戸籍も同様に6年に1度作成されており，戸籍作成に併せて班田収授も実施されていた．戸籍において，新たに受田資格を得た者に対して田が班給されるとともに，死亡者の田は収公された．口分田，位田，職田，功田，賜田がが班田収授の対象とされ，寺田，神田は例外とされた．班給面積は，口分田（1段＝360歩）は，良民男子＝2段，良民女

そして，

②条里による土地表記の初見は奈良時代中期の天平15 (743) 年である．また，大和における条里名称は平城京を中心として名称・地番が付けられていることから（以下の⑨参照），条里名称の設定は平城遷都以降と考えられる．一方，

③条里名称の設定に先立って，また，平城京造営以前に条里地割が施行されていたと考えられる考古学的遺構がある[117]．また，平城京の条坊地割と条里地割はずれており，条里地割が先行していたと考えられる（関野貞(1907)）．

考古学的遺構については，近年の新たな知見に基づいて，現存する奈良盆地の「大和統一条里」の区画の多くは，平安時代後半，12世紀以降に整備されたものであるという主張がある（石野博信(1982)，中井一夫(1981)など）．しかし，多くの研究者は，史資料を基に，また律令体制の整備状況から（B，C），おそくとも9，10世紀には既に広範な領域に条里地割が施行されていたとみている．

例えば，班田制との関連（①）を考慮し，統一的な規格による条里地割が全国的に施行されたのは，和銅～養老年間（708～722）であったという説がある（吉田孝(1983)）．また，金田章裕[118]は，条里地割の土地表示法は，①小字地名的名称による表示→②条里呼称法に小字地名的名称を付記して行う表示→③条里呼称法のみによる表示という変遷をたどるとし，条里地割と条里呼称法からなるシステム（条里プラン）が完成するのは8世紀中頃とする．この条里プランの完成は，三世一身法（養老7(723)年），墾田永代私財法（天平15(743)年）により私領としての墾田が急増したことに行政的に対応するためであったという．およそ，奈良時代半ばには条里システムが成立していたというのが定説で

子=1段120歩（男子の2/3）官戸・公奴婢=良民男女に同じ（男子：2段，女子：1段120歩），家人・私奴婢=良民男女の1/3（男子：240歩，女子：160歩），位田は，正一位=80町，従一位=74町，正二位=60町，従二位=54町，正三位=40町，従三位=34町，正四位=24町，従四位=20町，正五位=12町，従五位=8町．職田は，太政大臣=40町，左右大臣=30町，大納言=20町，大宰帥=10町，大宰大弐=6町，大宰少弐=4町，以下大監から史生まで2町～1町を支給．大国守=2町6段，中国守・大国介=2町2段，中国守・上国介=2町，下国守・大上国掾=1町6段，中国掾・大上国目=1町2段，中下国目・史生=1町．郡司大領=6町，少領=4町，主政・主帳=2町である．功田，賜田には支給面積の基準はなかった．

117) 近年の論考に，秋山日出雄「条里施行期の問題」『大和国条里復原図』解説（奈良県立橿原考古学研究所編(1987)），岩本次郎(1987)「大和国条里制の諸問題」『奈良県史』第4巻条里制など．

118) 金田章裕(1987)「古代・中世における水田景観の形成」『稲のアジア史』

ある.

問題は，平城京条坊制地割施行以前に現存条里地割に先行する方格地割があったとすれば (③)，それがどのようなものであったかということになる．現存条里地割と異なる先行地割があり，平城京造都以後，それが再編成されて，それとともに条里称呼法が土地表示法として確立されたという説を提起したのは岸俊男であり，着目したのが，奈良盆地を南北に縦貫する上ツ道，中ツ道，下ツ道という「大和の古道」の間隔と条里地割の関係である．

④ a. 三道の間隔は，図上計測で 2118m，それぞれ 4 里 = 1200 歩 = 6000 大尺 = 7200 小尺 (大尺 = 高麗尺約 356mm，小尺約 296mm で換算すると約 2.136km) である．

b. 1 歩 = 6 尺 (大尺 = 高麗尺) とすると，4 里 = 1000 歩という完数 (ラウンドナンバー，丸めた数，一定の単位で割り切れる数) になる．1000 歩を 10 等分した 100 歩を一辺とした方格地割が 2000 代であり，この 2000 代を 2 等分したものが 1000 代であり，この 1000 代をさらに 2 等分したものが 1 町で，後の条里制の 1 坪となる．

c. 「4 町 = 2000 代」単位の地積が濃厚に分布する．100 歩 × 100 歩 = 4 町 = 4 坪 = 2000 代が地積の基本単位になっていた．

この「4 町 = 2000 代」単位の地割は代制地割と呼ばれる．大尺 (= 高麗尺 6 尺) = 1 歩とする代制から大尺 (= 高麗尺) 5 尺 = 1 歩の町段歩制へ移行したというのが岸俊男説である．

条里制に先立って，代制地割が先行地割として存在したのではないかという説が立てられたのは，

⑤ 現存する条里地割が約 109m 四方である

からである．すなわち，代制地割によると，町 = 坪 = 500 代 = 50 歩 × 50 歩 = 300 大尺 × 300 大尺となるが，300 大尺 = 106.8m であるから，現存する条里地割に合わないのである．この代制地割が大尺 (= 高麗尺) 5 尺 = 1 歩の町段歩制に変化したというけれど，町 = 60 歩は同じ 300 大尺である．

この代制地割が先行地割としてあって，その後条里地割に再編成されたという説については，なぜ 2m ほどの拡大を行うためにシステム全体を変更するのか，その必要性については極めて素朴に疑問が提出できる．井上和人 (2004) は，条里地割に関する所説をレビューする中で，素朴な疑問に加えて地割が大きく変更された形跡が認められないことを指摘し，代制地割の存在そのものを批判し，否定している．説得力ある否定であるが，何故，1 町 = 約 109m なのかに

については，説明されるわけではない．

条坊地割

このことを考える上で，まず都城における条坊地割を確認しておこう．代制地割（1町＝300尺）は，寺院の伽藍や都城の条坊地割と関係があるとされるし，田地の分割と宅地の分割がなんらかの関連をもつと想定するのはごく自然である．

条坊地割については，藤原京，難波京，そして平城京が「心々制」により，長岡京を過渡的な併用制として，平安京の「内法制」に変化していくことはほぼ定説になっている（山中章（1977））．

⑥平城京の条坊地割は，「心々」制に基づき，大路心々間の距離1500大尺に基づいている．すなわち，小尺ではなく大尺によって設計されている．

1500大尺は，5尺（大尺）＝1歩とすると300歩となる．300歩四方が条坊の単位ということになる．1町＝60歩（300大尺＝360小尺）四方，すなわち，条里地割の町＝坪を単位とすると1坊は5×5＝25に分割されることになる．この場合，もちろん同じく1町＝106.8mである．しかし，条坊を5×5町に分割するパターンは，その後の日本の条坊分割の展開を見ると考えにくい．すなわち，条坊は2×2＝4つの坪，あるいは4×4＝16の坪に分割されるのである．

⑦藤原京，難波京の1坊は，心々750大尺四方が基準となっていたとされる．そうだとすると，平城京の場合，それを2倍にしたと考えられる．心々750大尺の坊は，2×2＝4つの坪に分割され，坪は375大尺（450小尺）（＝133.5m）四方となる．ただ，大藤原京説によると，1坊は1500大尺四方，すなわち，1坊＝16坪であったとされる．平城京はそれを踏襲したことになる．大宝令の施行から平城遷都の決定までわずかの期間であり，1坊を4×4＝16分割するパターンは藤原京の計画において既に規定方針であったと思われる．

平安京の条坊街区の単位である1坪が40丈（400小尺）であることは，延喜左京職式京程に明記されており，平安京の1坊は4×4＝16の40丈（400小尺）四方の坪からなることは，実際にも確認されるところであるが，平城京についても1坪40丈（400小尺）という単位が用いられていたという主張がある．⑥に確認するように，条坊間は大尺によって設計されているのであるが，条坊の実際の遺構や史料を見ると，

⑧「一坪四〇丈四方」という通念と実態がある（井上和人（2004））．

これについては，心々450小尺の坪から大路（28丈，12丈），小路（4丈）の幅を差し引けば，290小尺×350小尺から410小尺×380小尺まで様々な坪が

区画され，1坪400小尺四方程度のものが多数存在したからだと考えることができる．また，時代の推移に従って小尺が基準となっていったと考えることができる．むしろ，平城京の経験によって，400小尺四方という単位が選択され，芯々制から内法制へ進化していったと考えることができるだろう．400小尺は約118.4mである．

以上から確認できることは，条坊制の分割単位と条里制の分割単位は直接的には関係ないということである．

このことはつとに関野貞によって指摘されていたところでもある．

⑨平城京周辺の条里地割（図Column 1-2）の条里呼称を見ると，条数は，平城京の南端付近を基準として，京南条里の路東は30条，路西は36条を数える．里数は，下ツ道を基準として，東西ごとに数える．京東条里は平城京の北端（北京極）から8条を数え，南の基準線に達する．京北条里は，平城京の北端から北へ6里を数え，条数は，平城宮の二坊当たりから西へ数える．全体は，平城京の北端（北京極）と下ツ道を東西南北の基準線とする本来連続した条里地割であったと考えられる．しかし，この「大和統一地割」と平城京の条坊は，基準とされる南端（南京極）が平城京の9条の南端から4町南にずれており，京南条里は七条に至るまで路西と路東で一町食い違いがある．京北条里の南端は北京極の一町北にある．

一町約109m（300大尺）のグリッドと心々1500大尺のグリッドがずれていくのは当然と言えば当然である．興味深いことに，近年，平城京の東南部に接続すると考えられる条坊跡が発見されている．左京「十条」条坊といわれるが，これを加えると条里制の南の東西基準線にほぼ合致すると思われるが，この左京「十条」条坊は，730年頃までに埋め戻され耕地化されているという．上述のように，東西基準線は路西と路東で1町ずれており，京北条里の南端は北京極の1町北にあるが，路西について見ると，京北地割に連続している．平城京の条坊設定は，条里地割の上に行われたことになる．路東について条里呼称がずれているのは，左京「十条」条坊があったからだと思われる．条坊地割と条里地割の関係について留意しておくべきなのは，1町約109mのグリッドと心々1500大尺のグリッドは，10条（40町）＝1万2240尺と8条＝1万2000大尺，ほぼ等しいということである．言うまでもなく，1500大尺＝5×300大尺の条坊地割と1町＝300大尺の6×6＝36町＝1里のグリッド（代制地割）は30町（6条，5里）ごとに一致するはずである．

Column 1
条里制・条坊制

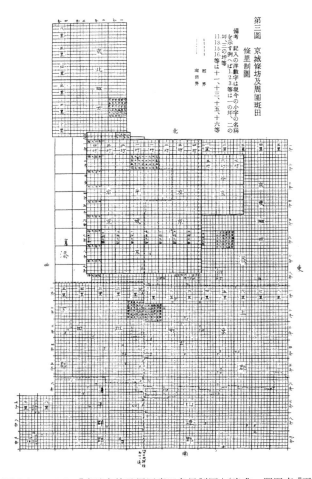

図 Column 1-2 「京城条坊及周囲班田条里制図」(出典:関野貞『平城京及大内裏考』)

100畝＝100歩×100歩

　さて以上を基に，中国の土地区画制度との関係を考えよう．

　問題は，やはり心々制と内法制，シングル・グリッドとダブル・グリッドの問題になる．要するに，条里地割の間に農道をどう設定するかという問題である．

　⑩1町＝60歩（360小尺）＝50歩（300大尺）の町間に1歩（6大尺）の農道を想定とするとグリッドの単位は306大尺（＝108.936m）となる．

　これが佐竹靖彦（2006）の提起する仮説である．本論でみたように，

　⑪井田制の基本単位となるのは100歩×100歩＝100畝の土地である．

　1歩＝6尺，周尺1尺＝18cmとすると108.0mとなる．これは偶然ではないのではないか．井田制の場合，3歩幅の農道を想定すると，心々103歩のグリッド（図 Column 1-3）となるが，日本の条里制の場合，農道を1歩とした，というのが佐竹靖彦（2006）である．周尺3歩＝3.24mであり，1歩＝6大尺＝2.196mである．農道の設定としては妥当と言えるのではないか．1町＝100畝という畝の大きさも同じである．

　井田制の地割は，100歩×240歩の阡陌制に移行し，さらに「代田制」に移行する．歩という尺度の単位も変化していくが，商鞅の田制の100歩×240歩が周制の100歩×300歩であり，「代田制」の単位耕区である240歩×400歩が周制300歩×周制500歩，代田区の3分の1，すなわち，周制100歩×周制500歩が下位単位となることは佐竹靖彦（2006）に従って本論でみたところである．井田地割から阡陌（商鞅）地割，代田地割を経て，屯田地割，さらには均田地割に至る地割の変転において，井田地割の100歩×100歩が一定の単位となっていることも同様である（図 I-2-1）．尺度の変化も農道が田地に繰り込まれたと考えることで理解することができる．

　以上を考えると，日本の条里地割の基本単位（1町＝約109m）は中国の基本単位（100歩×100歩＝100畝）をそのまま導入したと考えていいのではないか．『日本書紀』成務条に「則隔山河而分国建，随阡陌以定邑里」とある．また，長和3年「筑前国符案」に「已令阡陌之，定四至所令之後，経数百年」とある．阡陌によって邑里を定めたといい，数百年経っている，というのは，全く根拠がないとは言えないだろう．

309 歩
100 歩　100 歩　100 歩
3 歩　3 歩

井田制　　100 畝＝100 歩×100 歩
1 歩＝6 尺　1 周尺＝180mm　100 歩＝108.0m

条里制　1 町＝60 歩×60 歩
1 歩＝6 尺　1 小尺＝296mm
60 歩＝106.56m＋1 歩（1,776m）＝108.336m

60 歩　1 歩

図 Column 1-3　井田制と条里制（作図　布野修司）

I-3　中国都城の基本モデル ── 『周礼』「考工記」

　中国都城の基本モデルを叙述する史料として古来一貫して言及されてきたのが『周礼』「考工記」「匠人営国」条である．その解釈をめぐって議論は終息することはないであろうが，その断片的な引用による拡大解釈をあらかじめ排除するためにも，解釈のための前提条件ははっきりさせておく必要がある．特に都城内部の空間的編成について，「匠人営国」条は必ずしも充分に読み込まれたとはいえない．以下に，本書の前提になる中国都城の基本モデル（『周礼』都城モデル）について明らかにしたい．

　『周礼』は，周代の官制，行政組織を記した書で，中国古代の礼書「三礼」[119]の１つである．周公旦の作と言われるが内容的には疑問視されている．秦始皇帝の焚書を経て，漢代に編纂されたものが今日に伝わる．すなわち，前漢の河間国の献王劉徳（BC. 155〜130）が伝えた「古文尚書」（河間献王本）[120]の１つで，『周礼』は，五篇のみで冬官は失われており，「考工記」によってそれを補ったものとされる．上述のように，王莽（BC. 45〜AD. 23）[121]の側近である劉歆により捏造されたのではないかとする説もある[122]．『周礼』冬官すなわち「考工記」の成立年代は他の五官より下がる．「考工記」の成立をいつの時代とみるかは極めて重要であり，様々な解釈の立論に大きく関わることになる．

　『周礼』『儀礼』『礼記』の三書を総合的に解釈する「三礼の学」を作り上げたのは後漢の代表的儒者である鄭玄である．『周礼』解釈に大きな役割を果たし，その『鄭玄注』は後世に大きな影響を与えた．『礼記』には，戦国・秦・漢の礼家のさまざまな言説が集められているが，現存の『礼記』49 篇は，唐代に「五経正義」に取り上げられ，『鄭玄注』に孔穎達が疏をつけた『礼記正義』が作られて『十三経注疏』[123]に収められてい

---

119) 『周礼』『儀礼』『礼記』をいう．鄭玄が三書を総合的に解釈する「三礼の学」を作り上げて以来「三礼」という．『礼記』には，戦国・秦・漢の礼家のさまざまな言説が集められているが，現存の『礼記』49 篇は，唐代に，『五経正義』に取り上げられ，鄭玄注に孔穎達が疏をつけた『礼記正義』が作られ，『十三経注疏』に収められている．
120) 『漢書』「景十三王伝」の記載によると，河間献王は古典収集を好み，その集めた書物は『周官』『礼』『礼記』『孟子』『老子』などであったというが，その仔細は不明である．
121) 劉氏漢王朝の前後漢の間に新王朝（AD. 9〜23）を建てた．王莽は，古文を典拠として自らの帝位継承を正当化づけようとした．中国史上初めての禅譲である．王莽は周代の治世を理想とし，『周官』を元に国策を行ったことから王莽捏造説が生まれた．
122) 南宋・洪邁『容齋続筆』巻 16「周礼非周公書」，清末・康有為『新学偽経考』「漢書劉歆王莽伝弁偽第 6」など．
123) 十三経について漢以来の権威ある注疏を選んで集成した書物いう．唐の『五経正義』も収めら

る．後漢（東漢）洛陽以降の都城建設については，鄭玄の『周礼』解釈が大きな影響を与えたことは前提となる．

都城の建設は，天下すなわち王権の正統性の問題と大きく関わる．古代中国において，王朝の交代を正統化する理論とされた「天命思想」は，時代を経て，儒教の王権理論の核心となっていく．すなわち，王権の正統性をめぐる理論と議論には，儒教の国教化の過程が大きく関わっている．

儒教の経典とされる『詩経』『書経』『春秋』『周易（易教）』『礼記』『楽経』の「六経」について，『史記』（司馬遷）は全てを孔子が編纂したとするが[124]，早くに全てが失われた『楽経』を除くと「五経」，そして『論語』『孝経』といった儒教経典には，経典ごとに多くの種類が併存していた．それらは，今文と古文にまず大別されるが，前漢の哀帝（位 BC. 7～1 年）以前の「経書」は全て今文である．『礼記』は今文で書かれ，『周礼』は古文である．しかも，経典そのものが異なる．それに対して，同じく『春秋』を経典とするが，『春秋公羊伝』は今文，『春秋左氏伝』は古文で書かれ，しかも，解釈，主張も異なっている．『周礼』解釈をめぐっては，経典の起源と来歴を押さえておく必要がある．古文経書を学官に立てるべきことを主張したのは劉向，劉歆の父子であり，『周礼』を最も重視したのが王莽である．

『周礼』解釈のために用いられたのは「経書」のみではない．王莽は，讖緯の説と呼ばれる様々な予言書を用いた．元来は，「讖」と「緯」とは別のものであり，「讖」は春秋戦国時代の天文占などに由来して未来を予言することを意味し，予言書は「讖記」と呼ばれていた．それに対して，「緯」は，儒教の経典に対応する「緯書」と呼ばれる書物群を指す．すなわち，儒教の「四書五経」を中心とする「経書」に対する「緯書」であり，「経書」の「経」（経糸）を「緯」（横糸）で補助，解説する書物群を「緯書」という．

「緯書」は，儒教を国教化していった後漢代にも盛んに著述され，また「讖記」も「緯書」の中に採り入れられて，全て聖人である孔子の言として受け入れられていく．『周礼注』については，続いてとりあげるが（第 I 章 3-1），鄭玄も『周礼』『儀礼』『礼記』の注釈書を表す以前は専ら「緯書」の注釈書を著している．鄭玄が師事した馬融（79～166）[125]も「緯書」を用いて経典を解釈した．桓譚[126]や張衡（78～139）[127]のような，

　　る．もともと『十三経注』と『十三経疏』が別々とされていたが，南宋末に，1 つに合刻して刊行された（十行本）．刊本には十行本以降，正徳本，閩本，南監本，北監本，汲古閣本，武英殿本，阮元本などがあり，清の阮元本がもっとも善本とされ用いられてきた．

124) 『春秋』『周易（易教）』『礼記』に孔子が関わった可能性は低いとされる．
125) 茂陵県（陝西省興平市）出身．『後漢書』に馬融伝がある．鄭玄が師事した．『周易注』『礼記注』『孝経注』『尚書伝』『毛詩伝』『周官伝』『春秋三伝異同説』『論語訓説』など多くの著作がある．
126) 生没年不詳．前漢末から後漢初の儒家．字は君山，相（安徽省宿県北西）生．後漢の光武帝のもとで議郎，給事中となるが，讖緯説を否定したことから，帝の怒りをかって地方官に左遷された．著書に時局を論じた《新論》29 編があったが，原本は失われて輯本が残されるだけである．
127) 字は平子．南陽郡西鄂県（現河南省南陽市臥竜区石橋鎮）生．「東京賦」「西京賦」など文学者，

識緯説を信じない者は不遇を囲った.

王莽以降，時代が下るにつれて，識緯の説は，「易姓革命」論，「符命革命」論と深く結びついていき，時の王朝からは常に危険視されるようになる．南北朝以来，歴代の王朝は識緯の書を禁書扱いし，その流通を禁圧してしまう．しかし，明朝を建てる朱元璋のような平民上がりの皇帝を産む伝統は生き続ける．

3-1 │『周礼』

『周礼』は，古くは『周官』ともいった．天官，地官，春官，夏官，秋官，冬官からなり，天官大宰，地官大司徒，春官大宗伯，夏官大司馬，秋官大司寇，冬官大司空の6人の長官に統帥される役人たちの職務が規定されている．

冬官を除く五官は，いずれも冒頭に「惟王建國，辨方正位，體國經野，設官分職，以為民極」とある．すなわち，王が國（都市国家）を建てる際には，方位を正しく定め，王都と封土を区画し，官職を設け，民の安定をはかるべし，という基本理念が宣言されている．天官は治（国政）を所管し，長官は冢宰である．地官は教（教育）を所管，長官は司徒，春官は礼（礼法・祭典）を所管，長官は宗伯，夏官は兵（軍政）を所管，長官は司馬，秋官は刑（訴訟・刑罰）を所管，長官は司寇，冬官は事（土木工作）を所管，長官は司空がそれぞれ務める．

6官がそれぞれ60，計360の官職[128]からなるのは，天地四時（春夏秋冬），日月星辰が運行する周天の360度に象っている，のだとされる（『周礼』天官・小宰，鄭玄『周礼注』）．この6官からなる政治体制は，周王朝の制度を理想化する中国の官僚組織の根幹として後世にまで大きな影響を与えることになる．

現在に伝えられ，用いられる『周礼』は，『十三経注疏』に収められた後漢の鄭玄による『周礼注』（『鄭玄注』），あるいは唐の賈公彦[129]による『周礼注疏』である．

確認すべきは，第1に，『鄭玄注』は師である馬融ら後漢の儒学者たちの『周礼』解

詩人として知られるが，「霊憲」「霊憲図」「渾天儀図注」「算網論」を著した天文学者・数学者・地理学者・発明家・製図家でもあった．その発明には，世界最初の水力渾天儀（117），水時計，候風と名付けられた世界初の地動儀（132），つまり地震感知器などがある．南陽で下級官吏となり，元初3（116）年張衡38歳の時，暦法機構の最高官職の太史令についた．建光2（122）年，公車馬令に出任した．永建3年から永和元年（128～136）の間，再び太史令を勤めた．最後は尚書となった．歴史と暦法の問題については一切妥協しなかったため，また，順帝の時代の宦官政治に我慢できず，朝廷を辞し，河北に去った．

128) 内藤湖南「日本文化史研究」（内藤湖南・礪波護責任編集（2004））によれば，今文派の官職の数え方が3の倍数（3公，9卿，27大夫，81元士）であるのに対して，古文派は6の倍数を官職数（六官（天地春夏秋冬×60＝360官））の理想とするという．

129) 唐初の儒学者．生没年不詳．永年（河北省）出身．唐の太宗の永徽年間（650～655）に太学博士となり，『周礼疏』50巻，『儀礼疏』50巻，『礼記疏』80巻，『孝経疏』5巻を著した．

釈[130]を踏まえたものであり，第2に，『鄭玄注』は数多くの「緯書」の注釈書[131]を著した後にまとめられたものであること，すなわち，鄭玄が生きた時代における理想の国家についての思想，言説が集大成されているということである．そして，第3に，『鄭玄注』は後代に大きな影響力を持ったということである．間嶋純一 (2010) は，『鄭玄注』の核心を「周公の太平を致す迹」(「周の太平国家の構想」) だとする．

鄭玄は，周公の『周礼』を周の太平国家の構想ととらえた．鄭玄の考える周の太平国家は，昊天上帝の神意にもとづいて太平を将来した周公が王として主宰する神聖国家である．そして，その国家の中心祭祀ととらえたのが天神・地示の祭祀である．

鄭玄は六天説をとる．すなわち，最高神の昊天上帝と太微五帝 (蒼帝霊威仰，赤帝赤熛怒，黄帝含枢紐，白帝白招拒，黒帝汁光紀) が宇宙を司っているとする．『周礼注』の礼体系を，昊天上帝を中核とする宇宙論体系の一部とみなすのが『鄭玄注』である．

昊天上帝 (皇天上帝，天皇大帝) は宇宙の最高神であり，その実体は，天空の紫微宮にある北極帝星であり，北極大帝，北辰耀魄宝という別称をもつ．昊天上帝の下位に位置づけられる五帝は，天空中の太微 (太微垣[132]) の星官 (星座) の中心，五帝座に位置する[133]．太微五帝は五行に配当され，蒼帝霊威仰，赤帝赤熛怒，黄帝含枢紐，白帝白招拒，黒帝汁光紀は，それぞれ五行相生説に従って木，火，土，金，水とされる．

地について，鄭玄は，崑崙山と神州を地示 (地神) とする．地の中央を崑崙といい，崑崙の東南，地方五千里を神州という．世界は「九州」(大九州) に分かれており，中国の「九州」(小九州) を赤県の神州 (すなわち禹の「九州」) といい，崑崙山はその中心にある (間嶋純一 (2010))．すなわち，鄭玄が考える地上世界は，ナインスクエアからなる大九州であり，各州 (神州) も「九州」(小九州) からなる．そして，神州は「方五千里」(禹の「五服」) の広さをもつ，というものである．あらかじめ確認したように (第I章1-2)，「九州」と「五服」という分割パターンの整合性が問題となるが，鄭玄は，領域の広さとその分割システムは歴史的に異なるとする．すなわち，『礼記』王制の方三千里を殷制，方五千里を堯制とし，『尚書』禹貢の「五服」方万里を夏制，『周礼』職方氏の「九服」方万里を周制と考える．そして，禹の「五服」がそのまま『周礼』夏官・職方氏の方一万里の「九服」になったと考える．

『周礼注』を支える以上のような宇宙観，天下観は，「禘」すなわち祭祀によって象

---

130) 『周礼注』序に挙げられるのは，鄭興『周官解詁』，鄭衆『周官解詁』，衛宏『周官解詁』，賈逵『周官解詁』，馬融『周官伝』である．
131) 『隋書』経籍志には，『易緯注』八巻，『尚書緯注』三巻，『尚書中侯注』五巻，『礼緯注』三巻が挙げられている．加えて，『旧唐書』経籍志などは『詩緯注』三巻があるとする．すなわち，鄭玄は緯書の大半に注釈を行ったとされる．そしてさらに，散佚してしまっているが，緯書の注釈について，また，経書解釈について，その理念と方法をまとめた『六芸論』がある．
132) 庭園を囲う蕃垣の形に象られる，北斗七星より南，星宿・張宿・翼宿・軫宿より北の区画をいう．
133) 中心の星は獅子座β星 (デネボラ)．

徴的に表現される．鄭玄は，天神を祭る「禘」として，円丘において昊天上帝を祀る祭祀，南郊において太微五帝の一である蒼帝霊威仰を祀る祭祀，明堂で太微五帝を祀る祭祀の3つを設定する．そして，地示として崑崙山と神州の2つの大地示を設定し，2つの「禘」，方丘祀地と北郊祀地の2つを設定する．

Column 2にまとめるように，皇帝祭祀は秦始皇帝に始まるとされる．そして，郊祀・宗廟の祭祀を中心とする皇帝祭祀が整備されていくのは前漢後期のことである．呪術的な祭祀から儒教的な祭祀へ，私的な祭祀から公的な祭祀へ，皇帝祭祀は変化していくが，その過程で，南郊で円丘に天を祀り，地は国都の北郊で方丘に祀る制度が成立する．その方向を確立したのは，王莽の郊祀改革である．

鄭玄は，南郊と円丘，北郊と方丘をそれぞれ別の祭場とし，冬至には円丘に昊天上帝を祀り，正月には南郊に五帝[134]を祀る．夏至には方丘に崑崙地祇を祀り，北郊には神州地祇を祀る，とした．この鄭玄の『周礼』解釈に対して，異を唱えたのが魏の王粛である．そもそも，鄭玄の六天説は後漢において必ずしも支配的ではなかった．馬融や賈逵は，天神を唯一とする一天説を採っていた．王粛はそれに従い鄭玄を批判する．すなわち，後漢から三国魏にかけて，南郊，円丘の祭祀，北方，方丘の祭祀はそれぞれ別であるとする鄭玄説と南郊と円丘，北郊と方丘をそれぞれ同一の場所であるとする王粛説の2説が成立することになる．

北魏では，488年に国都平城に円丘が築かれ，翌年初めて円丘と方丘の祭祀が行われるが，鄭玄説に従って，南郊と円丘，北郊と方丘をそれぞれ別の祭場としていくことになる．そして，続く北斉，北周，隋，さらに唐初まで鄭玄説が継承されることになった．

『周礼』と都城については，続いて「考工記」に即して明らかにするが，鄭玄によれば，周公の『周礼』の叙述と雒邑建設は並行するものであった．大平国家の構想とその国都の建設は当然関わる．鄭玄は，「土中を択びて王国を建てんと欲す」(『詩』「王城府」疏引)という．「土中」は天下の中心で雒邑のことである．

『周礼注』(「天官・序官」)に次のように言う．

> 「周公，摂に居りて六典の職を作り，之を周礼と謂い，邑を土中に営ず．七年に政を成王に致すに，此の礼を以て之に授け，雒邑に居りて天下を治めしむ．司徒の職に曰く，日至の景，尺有五寸，之を地中と謂い，天地の合する所なり，四時の交わる所なり，風雨の会する所なり，陰陽の和する所なり，然らば即ち百物阜安すれば，乃ち王国を建つ，と．」(間嶋潤一(2010))

夏至の南中時に八尺のノーモンの影が一尺五寸となる地点を「地中」(「土中」)といい，その場所が，天地が相合して世界が秩序をえる，天下の中心である．後漢の中心

---

[134] 青帝霊威仰，赤帝赤熛怒，黄帝含枢紐，白帝白招拒，黒帝汁光紀

である洛陽を根拠づける解釈であるが，都城建設の起源がここに示されている．

3-2 「考工記」「匠人営国」条

中国都城の理念型というと決まって引用されるのが「考工記」「匠人営国」条である．中国最古の技術書が「考工記」であることは間違いないが，その成立時期については，鄭玄は「此前世識 其事者記録以備大数尓」といい，賈公彦は「先秦之書」という．春秋末期，戦国初期，戦国後期，戦国年間，秦漢期と諸説がある．唐の孔穎建(574～648)[135]は「西漢人作」とし，東周(成周)がモデルであるとする．一方，清の江永は「東周后斎人所作」(春秋時代の斉国の制を記したものである)という．

「考工記」全体は7000字足らずにすぎない．戴吾三編(2002)は「考工記」の構成について，篇，節，段を分けて，それぞれ字数を示してくれている(表I-3-1)．その構成は必ずしも体系的には見えない．すなわち，記述される項目の順序，分量については大きな偏りがある．冒頭に「国有六職」とあるように，扱われているのは，攻木(木工)，攻金(青銅鋳造)，攻皮(皮革製造)，設色(絵画，染色)，刮摩(玉，石)，搏人(陶器製造)，の6分野である．加えて，輪人，輿人，輈人，梓人，廬人，匠人，車人，弓人という職種毎の記述がある．輪人，輿人は，馬車，牛車の車部，輿部の設計に関わる．輈人は物理学，天文学に関わる．梓人は，食器，酒器などを含めた工芸品の作成に関わる．廬人は武器，車人は，牛車，弓人は弓の製作にそれぞれ関わる．

「考工記」には，匠人(すなわち建築土木を担う官)で始まる条が，「匠人建国」条，「匠人営国」条，「匠人為溝洫」条と3つ並んである．その2番目の「匠人営国」条が都市計画，宮室建築に関わって，古来引用される．

(1)「匠人建国」条

「匠人建国」条の全文は以下である．

「匠人建國，水地以縣．置槷以縣．視以景．為規，識日出之景，與日入之景．晝參諸日中之景，夜考之極星，以正朝夕．」

「國」すなわち都市(城邑)の建設に当たって，水平を定め，棒(標柱)を立て，円を描いて，午前午後の棒の影と円の交点を結んで東西南北を定める方法を記す．この方法は洋の東西を問わずよく知られた方法である．

(2)「匠人為溝洫」条

「匠人為溝洫」条は，田に溝を切って水を引く方法について述べている．これについては，井田制に関連して既に触れた(第I章2)．あらためて全文を示せば以下である．

「匠人為溝洫．耜廣五寸，二耜為耦．一耦之伐，廣尺深尺謂之甽．田首倍之，

---

135) 太宗李世民に信任され，魏徴と共に隋史の修撰に参画した．『五経正義』170巻の撰述で知られる．

表 I-3-1 『周礼』「考工記」内容（出典：戴吾三編（2002））

篇	節	段（起止）		内容簡析	字約	計
国有六職		1	国有六職 ・・・・ 此天時也	①開篇講国家的六種社会分工（王公，士丈夫，百工，商旅，農夫，婦功）②分述各地的工芸特産③闡明百工与聖人的関係；④強調制作優質器物須遵循的四個原則（天時，地気，材美，工巧）		
		2	凡攻木之工七 ・・・・ 搏埴之工：陶，旊	列出擬細述的30個工種，攻木之工：輪，輿，弓，盧，匠，車，梓；攻金之工：筑，冶，鳧，栗，段，桃；攻皮之工：函，鮑，韗，韋，裘；設色之工：画，繢，鍾，筐，㡛；刮摩之工：玉，楖，雕，矢，磬；搏埴之工：陶，旊.	740	740
		3	有虞氏上陶 ・・・・ 登下以為節	①記述遠古以来枝術発展的得点；②闡明車有六等之数（兵車，車上士兵和兵器的高度差）；③強調制作車輪須達到的技術要求与輪高尺寸的確定.		
輪人	輪人為輪		輪人為輪 ・・・・ 謂之国工	①記述輪構件轂，輻，牙的総体制作要求；②選用轂材的要求；③輪各構件的尺寸確定及技術要求；④不同道路条件対輪的要求；⑤総結検験輪質量的六種方法：規，萬，水，県，量，権.	600	782
	輪人為蓋		輪人為蓋 ・・・・ 謂之国工	記述車蓋形制，構件尺寸及安装要求.	182	
輿人	輿人為車		輿人為車 ・・・・ 飾車欲侈	記述車箱形制，構件尺寸与制作要求.	160	160
輈人		1	輈人為輈 ・・・・ 謂之国輈	①記述輈（曲轅）的尺寸，形状及制作要求；②指出（牛車）直轅的特点，強調採用弯曲適度的曲轅的必要性；③慣性現象描述.	450	450
		2	軫之方也 ・・・・ 以象弧也	①車箱，車蓋形状与"天円地方"説牽合；輪輻，蓋弓数与星宿数牽合；②車上旗帆飾物数与星宿数牽合.		
攻金	攻金之工		攻金之工 ・・・・ 謂鑒燧之斉	①概述六種冶金工匠的職責（下文実列五種：筑氏，冶氏，桃氏，鳧氏，栗氏）；②記載"金有六斉"—— 制作青銅器物原料的六種配比.	115	715
	筑氏為削		筑氏為削 ・・・・ 敝尽而無悪	記述青銅削的大小，形状和質量要求.	23	
	冶氏為殺		冶氏為殺矢 ・・・・ 与刺重三鋝	記述殺矢，戈，戟的形状，尺寸和重量，并指出戈，戟実戦的角度要求.	82	
	桃氏為剣		桃氏為剣 ・・・・ 下士服之	記述青銅剣的形制，尺寸和重量，并規定上，中，下制三種規格.	97	

中国都城の基本モデル―『周礼』「考工記」

篇	節	段（起止）	内容簡析	字約	計
	鳬氏為鍾	鳬氏為鍾 ‥‥ 深而圜之	介紹鍾体各部位名称及相互位置，制作比例；説明鍾的形状，大小不同所産生的声響差別.	254	
	栗氏為量	栗氏為量 ‥‥ 然后可鋳也	①記述鬴（標准量器）的鋳造工芸歩驟，鬴的形制規範，嘉量銘文；②総結青銅器冶鋳的火候.	144	
攻皮	函人為甲	函人為甲 ‥‥ 則変也	記述皮甲的制作工芸要領；総結検験皮甲質量的六条標准，并簡要説明其理由.	170	433
	鮑人之事	鮑人之事 ‥‥ 則雖敝不甗	記述鞣制皮革的工芸要求和検験方法，并簡要説明其理由.	163	
	韗人為皋陶	韗人為皋陶 ‥‥ 声舒而遠聞	記述幾種木構蒙皮鼓的形制規範；并簡要総結鼓的声響特点.	100	
設色	画繢之事	画繢之事 ‥‥ 后素功	①介紹五色（文中実列六色：青，赤，白，黒，玄，黄）位次；②五色的調和；③五色的相関工芸.	125	249
	鍾氏染羽	鍾氏染羽 ‥‥ 七人為緇	記述以朱砂為原料，丹秫為粘合剤，多次浸染羽毛（或布帛）的工芸.	30	
	㡛氏涑丝	㡛氏涑丝 ‥‥ 是謂水涑	細述練丝的工芸程序，練綢的工芸程序.	94	
刮摩	玉人之事	玉人之事 ‥‥ 以致稍餼	記述礼玉圭，璧，琮，璋（毎類又有若干種）的名称，形制，規範和用途.	370	508
	磬氏為磬	磬氏為磬 ‥‥ 則摩其端	確定石磬的形状和各部位比例；介紹石磬的調音方法.	54	
	矢人為矢	矢人為矢 ‥‥ 同疏欲栗	記述制作鍭矢，茀矢，兵矢，田矢，殺矢的部位比例和要求；帰納箭杆強度不当，箭羽大小失度所造成的幣病；介紹検験箭羽，箭杆的方法；記述制作箭杆選材的要領.	84	
搏埴	陶人為甗	陶人為甗 ‥‥ 唇寸	記述陶器甗，盆，甑，鬲，庾的容量和主要尺寸.	50	97
	㼷人為簋	㼷人為簋 ‥‥ 方四寸	記述瓦器簋，豆的容量和主要尺寸；強調陶人，㼷人制作的次品不能進入交易市場；簡介制陶工具"摶"的主要尺寸.	47	

97

第Ⅰ章
中国都城の理念

篇	節	段 (起止)	内容簡析	字約	計
梓人	梓人為筍虡	梓人為筍虡 ・・・・ 必似不鳴矣	①提出天下大獸 (相当于脊椎動物) 分五類：脂者, 膏者, 裸者, 羽者, ；按外骨, 内骨, 走行方式, 鳴叫部位将小虫分類；②根据裸類, 羽類, 鱗類的体形和性情特征, 介紹它們在虡, 筍造型芸術中的用途；③由視覚形象的声学効果, 強調彫刻攫獗援噬之類動物的工芸要領.	342	510
	梓人為飯器	梓人為飯器 ・・・・ 梓師罪之	記述酒器勺, 爵, 觚的容量；梓人所制的酒器要経検験, 不合規格, 制造者要受処罰.	58	
	梓人為候	梓人為候 ・・・・ 諸候百福	記述射礼用箭靶的形制特点, 記載祭候的礼儀与祭辞.	110	
盧人	盧人為盧器	盧人為盧器 ・・・・ 謂之国工	規定近幾種長兵器柄的長度；強調進攻性兵器要比防守性兵器長, 作原因分析, 鈎, 刺, 彀三類兵器柄形状的特定要求；制作殳, 酋矛的技術規範；記述検験長兵器柄的質量的三種方法.	282	282
匠人	匠人建国	匠人建国 ・・・・ 以正朝夕	記述建設城邑求水平, 定方位的測量技術.	43	596
	匠人営国	匠人営国 ・・・・ 以為都経涂	①記述周代王城的営建制度, 包括規模, 城門数, 干道網絡, 建築布局等；②記述夏"世室", 殷"四阿重屋"和周"明堂"的建築設計；③介紹建築中通行的几種長度単位；④規定王城, 諸候城, 都城 (宗室, 卿大夫採邑) 的営建等級標准.	262	
	匠人為沟洫	匠人為沟洫 ・・・・ 崇三之	①記述西周"井田制"沟洫排灌規画；②介紹几種水利設施的特殊設計, 指出修築水沟和堤防的技術訣竅, 規定堤防修築標准；合理制定修築堤防的工程進度③提出版築技術的要求以及茅屋, 瓦屋, 囷倉, 地窖丑墙体的不同設計.	264	
車人	車人之事	車人之事 ・・・・ 謂之磬折	介紹当時手工業実用的一套几何角度：矩, 宣, 欘, 柯, 磬折.	31	306
	車人為耒	車人為耒 ・・・・ 謂之中地	記述耒的形状, 尺寸；説明直庛, 句庛的用途和特点.	78	
	車人為車	車人為車 ・・・・ 鬲長六尺	介紹制車的実用長度単位"柯"；記述大車 (牛車) 和構件的尺寸, 指出長, 短彀的用途和特点, 反側鞣輪牙的用途和特点；大車, 羊車, 柏車的几種尺寸；車轅的尺寸.	197	

中国都城の基本モデル—『周礼』「考工記」

篇	節	段（起止）	内容簡析	字約	計
弓人		1	弓人為弓 ‥‥ 然后可以為良	①記述制弓所需的六種原材料（干，角，筋，胶，丝，漆）各自所起的作用；②介紹干材的七種級次；選取，制備干材的要領；③鑒別，選取角材的要領及道理；④選擇胶的要求；介紹鹿胶等七種動物胶；⑤選擇筋的要求；⑥選擇漆丝与的要求．	1180	1180
		2	凡為弓 ‥‥ 可以為良矣	①概述冬，春，夏，秋季間対干，角，筋的不同加工要求并説明理由；②詳述制備弓干，弓角的技術要求和目的，指出違背要求的種種不良后果；批評"賊工"的作法．		
		3	凡為弓 ‥‥ 下士服之	①指出弓部件橾箾，拊，隈，敝的設計制作要求和可能產生的弊病；②説明弓干強度的重要和保護弓体的必要，用角掌距増加力量的益処；③介紹"九和之弓"的"九和"之意，制作"九和之弓"所需用的原料数量；④規定天子，諸候，大夫和士所用弓的形制以及上，中，下士所用弓的尺寸．		
		4	凡為弓 ‥‥ 謂之深弓	①指出制作弓箭應根據射手的体形，性格而区分組合，搭配不當就不能穩中目標；②説明夾弓，臾弓，王弓，唐弓之類的弓形特征，性能和用途；③介紹根據弓的漆痕来検験弓的質量；④介紹判定良弓的依據．		

廣二尺，深二尺謂之遂．九夫為井，井間廣四尺，深四尺謂之溝．方十里為成，成間廣八尺，深八尺謂之洫．方百里為同，同間廣二尋，深二仞謂之澮．專達於川，各載其名．凡天下之地勢，兩山之間必有川焉，大川之上必有涂焉．凡溝逆地阞，謂之不行；水屬不理孫，謂之不行．梢溝三十里而廣倍．凡行奠水，磬折以參伍．欲為淵，則句於矩．凡溝必因水勢，防必因地勢，善溝者水漱之，善防者水淫之．凡為防，廣與崇方，其殺參分去一．大防外殺．凡溝防，必一日先深之以為式．里為式然後可以傅眾力．凡任，索約大汲其版，謂之無任．葺屋參分，瓦屋四分．囷窖倉城，逆墻六分．堂塗十有二分．竇，其崇三尺．墻厚三尺，崇三之．」

(3)「匠人営国」条

続いて、「匠人営国」条の全文を以下に掲げよう．都城に触れる部分は少なく，専ら引用されるのは冒頭部分だけであるが，後段にも，ここで議論するのに必要な「九分其国，以為九分，九卿治之」といった重要な記述もある．「匠人営国」条は，大きく分けると3つの部分 (A) (B) (C) からなる．

(A) 匠人営国，方九里，旁三門．国中九経九緯，経塗九軌．左祖右社，面朝後（后）市．市朝一夫．

(B) 夏后氏世室, 堂脩二七, 廣四修一. 五室, 三四歩, 四三尺. 九階. 四旁兩夾, 窗白盛. 門堂三之二, 室三之一. 殷人重屋, 堂修七尋, 堂崇三尺, 四阿, 重屋. 周人明堂, 度九尺之筵, 東西九筵, 南北七筵, 堂崇一筵. 五室, 凡室二筵. 室中度以几, 堂上度以筵, 宮中度以尋, 野度以歩, 塗度以軌.

(C) 廟門容大扃七个, 闈門容小扃三个. 路門不容乗車之五个, 応門二徹三个. 内有九室, 九嬪居之, 外有九室, 九卿朝焉. 九分其国, 以為九分, 九卿治之. 王宮門阿之制五雉, 宮隅之制七雉, 城隅之制九雉. 経塗九軌, 環塗七軌, 野塗五軌. 門阿之制, 以為都城之制. 宮隅之制, 以為諸侯之城制. 環塗以為諸侯経塗. 野塗以為都経塗.

(A) は都城の全体について述べる. (B) は, 宮室関連施設 (夏后氏世室, 殷人重屋, 周人明堂) について, (C) は, 門そして道路についての記述である.

(A) については, 通常, 以下のように解釈される.

 「方九里」: 国 (都城) は9里四方である.

 「旁三門」: 各辺に3つの門がある.

 「国中九経九緯」: 南北 (経), 東西 (緯) それぞれ9条の道路がある.

 「経塗九軌」: 南北道路の幅 (経塗) は車9台分の幅 (9軌) である. 『鄭玄注』によって, 軌は8尺とされる. 経塗は 8×9軌 = 7丈2 (72) 尺となる.

 「左祖右社」: 左に宗廟, 右に社稷を置く.

 「面朝後 (后) 市」: 朝に向かい (面し), 市を後にする. 宮廷 (宮城) は外朝に面し, 市は後方に置く. 市が宮の後ろ (北) にあるのは事例が少ないことから, また, 後を后とする例がある[136]ことから, 面朝后市, 皇帝は政務を司り, 皇后が市を管理する, あるいは, 午前は政務を執り, 午後市を観る, という解釈も提出されている[137].

 「市朝一夫」: 市と朝はそれぞれ広さ一夫 (100歩四方) である.

(B) については, 中国古代の建築類型である宗廟 (夏后氏世室), 正堂 (殷人重屋), 明堂 (周人明堂) を探る上で極めて重要であるが, 『鄭玄注』以降の諸説をめぐって, 田中淡 (1995) による考察が要点をつくしている[138].

隋長安の設計者宇文愷の明堂の復元案をめぐる議論は, その寸法体系など都市計画

---

[136] 『欽定礼器義疏』付録「禮器図」巻1「朝市廛里」の俗本の「後」は「后」の誤植であるという.
[137] 礪波護は, 『周礼』天官冢宰の内宰の条に, 「およそ国を建つるに, 后を佐けて市を立つ. ……」とあり, 鄭玄は, 「王は朝を立て, 后は市を立つ. 陰陽相成の義なり.」と注していることを指摘して, 朝と市はそれぞれ天子と皇后によって主催されるべし, という思想があり, 陰陽思想によって説明されるとする (礪波護, 「中国都城の思想」, 岸俊男編『都城の生態』, 中央公論社, 1987年).
[138] 宮室についての全文とその解釈は, 田中淡の論考 (「第1章 「考工記」匠人営国とその解釈」『中国建築史の研究』, 弘文堂, 1989年, 5~26頁) 参照.

を考える上でも興味深いものである．これについては，王宮など宮殿建築に関して後に見よう．

(B) の最後に「室中度以几，堂上度以筵，宮中度以尋，野度以歩，塗度以軌」とあるのは，寸法の単位を述べたくだりとして注目される．すなわち，室内は「几」，堂 (明堂) は「筵」，宮廷は「尋」，野 (敷地) は「歩」，道路 (塗) 幅は「軌」で計る，というのである．『鄭玄注』他注釈によれば，1「几」＝3 尺，1「筵」＝9 尺，1「尋」＝8 尺，1「歩」＝6 尺，車軌の幅 1「軌」＝8 尺である．

(C) については，門の種類と規模，および数が列挙される．注目すべきは，9，7，5，3 という奇数系列の比例関係が貫かれていることである．廟門は，大扃として 7，闈門は小扃として 3，路門は車が乗り入れられない幅で 5，応門は 3，設けるという．扃は扉の「かんぬき」で，『鄭玄注』によると大扃は長さ 3 尺，小扃は長さ 2 尺である．雉は高さで，一般に 1 丈 (10 尺) と考えられている．

ここで宮城の構成に関わって，廟門，闈門，路門，応門が挙げられていることに留意が必要である．

「経塗九軌，環塗七軌，野塗五軌」は，既に (A) に触れられているが，環塗すなわち城壁に沿う環状道路は車 7 台分 (56 尺) で野塗すなわち城外の道 (野塗) は 5 台分 (40 尺) とする．

「匠人営国」条について，ほとんど注目されることがないが，(C) において注目すべきが「九分其国，以為九分，九卿治之」である．直前にも「内有九室，九嬪居之，外有九室，九卿朝焉．」とあって，9 がここでも強調されている．国 (都城) を 9 つに分け，さらにそれを 9 つにわけて，9 人の卿が之を治めるというのは，『周礼』「考工記」の理念化する都城モデルを概念図として示す際の大きな鍵となる．

3-3 │『周礼』「考工記」の諸解釈

(1) 周王城図

「匠人営国」条の以上のようなごく僅かの記述から都城モデル図を作成するには限界があるが，古来多くの論考が積み重ねられ，具体的な解釈を示す都市概念図が描かれてきた．そして，それらを手掛かりにして実際に建設が行われてきた．描かれた都市概念図の代表的なものが以下である (図 I-3-1 abcde)．b，c は基本的に同じとみていい．

  a．宋・聶崇義の『三礼図』[139]「周王城図」

---

139) 中国，宋の聶崇義の撰．20 巻．礼の経典である『儀礼』『周礼』『礼記』の 3 書は，本文だけを読んでも理解困難な部分が多いところから，その中に出る衣冠や用具，施設などを図に描いたもの．その際，鄭玄らの著した 6 種の旧図を用いたと称するが，鄭玄の旧図の存在などについて

b.『元河南志』「周王城図」
　　c.『永楽大典』[140]巻9561(『河南志』収録)
　　d. 清・戴震の『考工記図』
　　e.『欽定礼記義疏』付録『禮器図』「朝市廛里図」

　各図に共通するのは「旁三門」である．しかし，各図には違いがあって，解釈のずれを窺うことができる．方九里というが，b=cは長方形に描かれている．「方九里」を必ずしも正方形とするのではなく，面積と考える見方があることがわかる．中でも確認すべきは，a～cが東西南北，相対する門を3本の道で結んでいることである．dは，「一道三塗三道九塗」と書き込みがあるから，「九経九緯」の解釈はa～cに共通である．1つの門には3道(3車線)あり，縦横3本ずつの道で合わせてそれぞれ9車線となる．すなわち，歴史的には，「九経九緯」は，縦横9本ずつの道と必ずしも解釈されてはこなかったのである．

　街路体系に加えて，各図には建物配置についていくつかの解釈が示されている．a，cは文字の書き込みはなく情報量は少ないが，cの中央には4行3列の建物が描かれている．基本的にはcと同じbは，正宮を中心に，小寝五，小宮五の建物が描かれる．また，手前下部に面朝，上部に東市と書き込みがあるdの中央には六宮六寝，三朝と，社稷，宗廟の書き込みがある．六宮六寝は「匠人営国」条にはないが，魏晋以後，1つの空間形式として解釈されてきた．寝は王の公私にわたる生活の場であり，宮には后以下夫人，女御などが分居する．六寝(太極殿(前殿，後殿)，東堂，西堂，東閣，西閣)と六宮(あるいは後宮)は南北に並べられる．三朝とは，内朝，中朝，外朝をいう．b=cの場合，環塗は城壁外にめぐらされているが，いずれにせよ，a～dにおいては，環塗は「九経九緯」に含められてはいない．

　日本で最初にこの「考工記」の解釈を試みたのは那波利貞である．そこで取り出されたのが序章の冒頭に触れた「前朝後市」「左祖右社」「中央宮闕」「左右民廛」の原則であるが，その基になったのがe.『禮器図』「朝市廛里」である．これは王城全体を図化したものではない．「旁三門」ということで，各辺三門を道路で結ぶと16分割になるから，ナインスクエア(3×3=9)すなわち井田形に分割するパターンの都市計画図には問題が生じることになる．礪波護，村田治郎がつとに指摘するところであるが，実は，このナインスクエア(3×3)分割と「旁三門」(4×4)分割をめぐってモデル図面は異なることになる．当然と言えば当然である．

　　　は疑問がある．この書物の編纂は五代の末年に宮廷の礼制を整える仕事から始まり，宋代に入って完成したあと，その図は国子監の壁にも描かれたという．
140) 中国明代に編纂された中国最大級の類書22,877巻・11,095冊・目録60巻，永楽6(1408)年の成立．嘉靖41(1562)年に原本の他に正副の2本がつくられ，隆慶年間(1567～1572)の初めに完成した．原本は南京，正本は文淵閣，副本は北京の皇城内に置かれた．

中国都城の基本モデル─『周礼』「考工記」

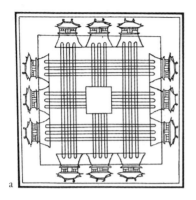
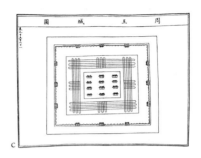
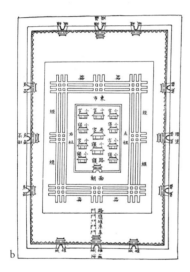

図 I-3-1　『周礼』王城図　a 宋・聶崇義の『三礼図』「周王城図」　b『元河南志』「周王城図」　c『永楽大典』巻9561（『河南志』収録）　d 清・戴震の『考工記図』　e『欽定礼記義疏』付録『禮器図』「朝市廛里図」

第Ⅰ章
中国都城の理念

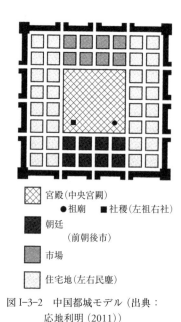

図Ⅰ-3-2　中国都城モデル（出典：応地利明（2011））

鍵となるのは「方九里」である．9という数字は，既にみてきたように，「九機」「九州」「九服」のように極めて理念的な数字である．「九経九緯」もまさにそうであり，上に掲げた「匠人営国」条にもやたらと9という数が出てくる．単なる理念，象徴（聖数）とみなすのではなく，具体的な数字と考えると，「里」を単位として全体を9×9＝81区画に分割するのが自然である．「方九里」の正方形を各辺一里ずつ9分割すると，1区画は方一里，すなわち，方300歩である．方300歩は井田制の基本単位である．

しかし，「九経九緯」を縦横の道と考え，さらに「旁三門」という数字と整合させようとすると，上述のように問題が生じる．「九経九緯」に，城壁沿いの周回道路である環塗を含めるかどうかで異なるが，いずれにしても，9×9＝81分割とすると，「八経八緯」か「十経十緯」となって合わない．わざわざ環塗の幅員について記すのだから「九経九緯」とは別だと考えると，全体は10×10＝100区画となる．

環塗が「九経九緯」に含められていると考えると全体は8×8＝64区画に分けられる．要するに，「九経九緯」の内側には64の空間単位が区切られ，外側を含めると10×10＝100の空間単位ができる．どちらもありうるが，後者の場合，「旁三門」を均等に配置できない．前者の場合，全体は，それぞれ4区画からなる4×4＝16の大区画に均等に分けることができる．

「旁三門」の3門の間隔は等しく配置したいと考えるとすると，1辺を4分割すると都合がいい．だとすると，8×8が自然である．応地利明（2012）は，この8×8＝64分割を『周礼』「考工記」の基本モデルとする（図Ⅰ-3-2）．しかし，この場合，「方九里」と整合しない．「旁三門」の均等配置と「方九里」のどちらかを重視することになる．

この問題を解決するためには，3と4の公倍数である12で全体を分割するモデルが考えられる．実際，そう考えた建築家がいる．ボードパヤー王のアマラプラとミンドン・ミン王のマンダレーの建築家たちである（図Ⅰ-3-3ab，布野修司（2006））．このモデルによれば，「旁三門」は等間隔に配置できるし，「九経九緯」を三道（三軌）×3と考えれば，1つの解答になる．

繰り返せば，問題は「方九里」という理念と数の体系ということになる．

中国都城の基本モデル─『周礼』「考工記」

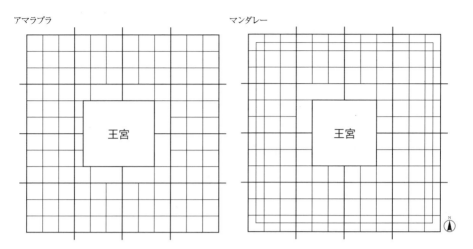

図I-3-3　アマラプラとマンダレー（出典：布野修司（2006），作図：ナウィット・オンサワンチャイ）

(2) 街路体系と街区分割：「方九里」「旁三門」「九経九緯」

「方九里」「旁三門」「九経九緯」という極めて単純な数の体系が問題となる中で，注目すべきモデルを提出したのが賀業鉅（1985，1986）である（都城モデルA）．賀業鉅の都城モデル図（図I-3-4a）は，「考工記」を基にして描かれた最も詳細なものであり，都城の内部構造を問題にするそれまでなかったモデル提案として評価される[141]．その後，王世仁（2001），張蓉（2010）など新たな解釈の展開もある．以下に具体的に検討したい．

賀業鉅が出発点とするのは「方九里」である．そして，中国古代において理想的と考えられていた井田制による分割単位（方一里＝井）を前提とする．「方九里」の正方形を各辺一里ずつ9分割すると全体は81区画からなる．1区画は方一里，すなわち，方300歩である．ところがこれだと，以上のように「旁三門」「九経九緯」と整合性がとれない．そこで，賀業鉅は，次のように考える．

各辺の3門を等間隔に配することはできないが，中央に主門を設けるのは自然である．そうすると中央の区画は2分割するのが素直である．隋唐長安がまさにこうした門の配置していることも賀業鉅は判断の根拠にしていると思われる．中央に主門を設けると，150歩×300歩の区画が生じるが，隣接する300歩×300歩の区画と合わせると300歩×450歩の区画となる．

2種類の区画ができることになるが，そして，道路間の間隔も異なるが，環塗も含

---

141) 応地利明（2011）は，賀業鉅（1985，1986）のモデルを『周礼』理念にほぼ忠実だとしながらも退けるが，応地の都城モデルの場合，街区の内部構造までは問題にしていない．

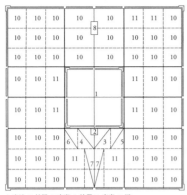

a 1 宮城 2 外朝 3 宗廟 4 社稷 5 府庫 6 廐
   7 官署 8 市 9 国宅 10 閭里 11 倉庁

宮城規劃設想図

1—応門　2—治朝　3—九卿九室　4—宮正及宮伯等官舎　5—路門
6—燕朝　7—路寝　8—王燕寝　9—北宮之朝　10—九嬪九室
11—女祝及女史等官舎　12—后正寝　13—后小寝　14—世子宮
15—王子宮区　16—官舎区　17—府庫区　18—膳房区
19—"典婦功"之属作坊区
d 20—"内司服","縫人"及"屨人"之属作坊区　21—服飾庫

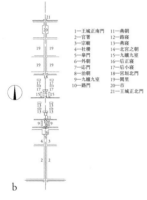

1—王城正南門　11—燕朝
2—官署　　　　12—路寝
3—宗廟　　　　13—燕寝
4—社稷　　　　14—北宮之朝
5—九嬪九室　　15—九嬪九室
6—外朝　　　　16—后正寝
7—応門　　　　17—后小寝
8—治朝　　　　18—宮北比門
9—九嬪九室　　19—閭里
10—路門　　　　20—市
b　　　　　　　21—王城正北門

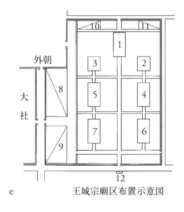

王城宗廟区布置示意図

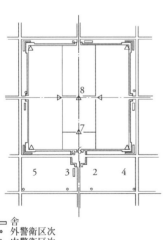

□ 舎
○ 外警衛区次
△ 内警衛区次
c 宮廷警衛次舎分布想像図

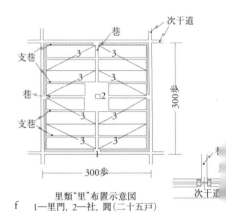

里類"里"布置示意図
f 1—里門, 2—社, 閭(二十五戸)

図 I-3-4　『周礼』「考工記」都城モデル (a, b, c, d, e, f) (出典：賀業鉅 (1985))

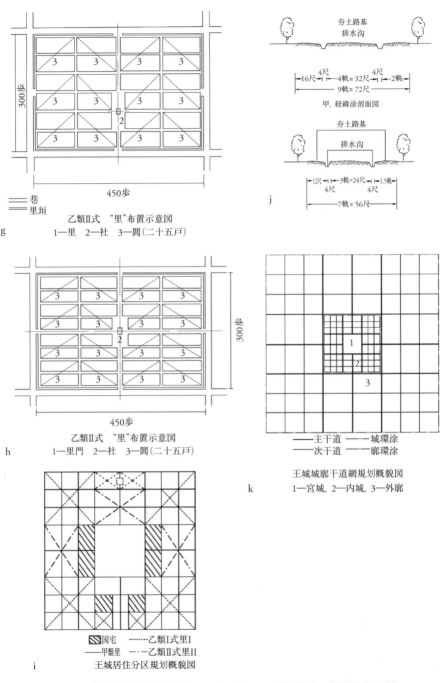

図I-3-4 『周礼』「考工記」都城モデル (g, h, i, j, k)(出典：賀業鉅(1985))

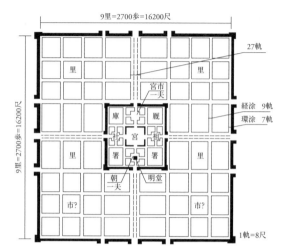

図 I-3-5 『周礼』「考工記」都城モデル（出典：王世仁(2001)，作図：井上悠紀）

めて「九経九緯」となる．平安京のような単純な等間隔のグリッドをよしとする感覚からは違和感があるかもしれないが，例えば長安の場合など街区（里坊）の単位は5種類あるのであって，東西南北（左右前後）は対称であり，形式的に整合性がとれた1つのモデルといっていい．この賀業鉅モデルについては，続いてその内部構成を検討しよう．そこで触れるが，賀業鉅と同じ街路体系を踏襲しながら，異なる施設配置を考える王世仁（2000）案（図I-3-5）もある（都城モデルB）．応地利明（2011）が $8 \times 8 = 64$ 分割の単純グリッド案を提出していることは上述の通りである（図I-3-2）．他の案として注目すべきなのが張蓉（2010）の提案（図I-3-6ab）である（都城モデルC）．

張蓉は，「九分其国，以為九分，九卿治之」を重視し，「九分其国」を出発点とする．すなわち，$3 \times 3 = 9$ のナインスクエア・モデルをまず設定する．「方九里」も当然前提となり，全体は方三里の区画9つからなることになる．そして次に，「旁三門」を考慮する．この場合，各辺を3等分した上で，それぞれの中央に門を設けるのが自然である，とする．方三里の中央を道路が貫通することになるが，各辺は均等割りにはならないが門の間隔は等しい．続いて「九経九緯」を考慮する．これも方三里で考えると，先に配置した門の左右を等分するのが自然である．方三里に3本ずつ道路が通り，「九経九緯」となる．ただ，「九経九緯」は等間隔とはならない．またこの場合，方三里の区画は，$4 \times 4 = 16$ に分割されることになる．3里の4分の1だから半端であるが，歩を単位とすれば225（$300 \times 3/4 = 225$）歩四方が下位単位となる．全体を $12 \times 12 = 144$ に区画したグリッドをもとに門，街路を配置する案である．

中国都城の基本モデル―『周礼』「考工記」

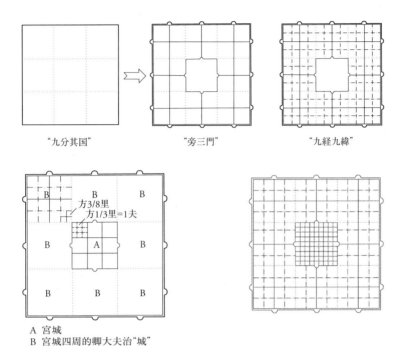

A 宮城
B 宮城四周的卿大夫治"城"

図 I-3-6 『周礼』「考工記」都城モデル（出典：張蓉（2010），作図：林裕）

この張蓉（2010）の提案は，ある意味で当然で，「旁三門」（4×4）分割と「方九里」（ナインスクエア）（3×3）分割とを整合させようとすると，公倍数である 12 × 12 分割を前提にすればいいのである．おそらく同じ問題に悩んだであろう，アマラプラあるいはマンダレーの設計者は同じ解答を提出したのである．アマラプラもマンダレーも各辺は均等割りされ，門間の距離は同一となる（図 I-3-3ab）．

(3) 王宮・朝・祖・社・市

街路体系に基づいて区画された街区に各施設が割り当てられるが，「匠人営国」条が規定するのは上述のように極めて少ない．そこで他の史書や考古学的実例をもとにした考察が付け加えられていくことになるが，ここでは「匠人営国」条の記述に限定しよう．

手掛かりは，「左祖右社，面朝後（后）市」のみである．「中央宮闕」という記載はないが，左右，前後というのであるから，中央に王宮を設定するのは前提である．

賀業鉅は，まず，中央の方三里（9井（区画））を宮城に当て，その南前，3区画を宮前区とし，合わせて12区画を宮廷区とする．宮前区には，中央に外朝，東に宗廟（左祖）と府庫，西に社稷壇（右社）と廐が置かれる．そして，主門に続くその前の2区画を

官衙（官署）に当てる．市は中軸線上宮城の北に配されるが，その市との関係を考慮し，東北の9区画のうちの2区画を倉庫に当てる．さらに一般の居住区を貴族，卿大夫の国宅と商工業者の閭里（廛）に分けて配する．当然，国宅は宮廷近くに配されることになる．

この賀業鉅の施設配置は既に「匠人営国」条を超えている．あまり着目されず通常無視されてしまうが，賀業鉅の全体配置図には，都城の中央断面図というべき南北中軸線上に諸施設を門とともに並べたもう一枚の図がある（図I-3-4b）．市と外朝，官衙（官署）については，このディテールの検討によってその配置と規模が推定されたと思われる．これについては続いてみたい．

疑問なのは，市に2夫（畝）が当てられていることである．また，東北の9区画のうちの2区画を倉庫に当てていることである．後にも触れるが，何故，「市朝一夫」という記述を無視するのかは理解できない[142]．各用途の都城全体に占める割合を賀業鉅は示しているが，それによると，宮廷区は14.8％，国宅区が9.8％，閭里区が70.1％である．理念から，都城の現実的あり方へ，その関心のウエイトが向けられていることが推測できる．

賀業鉅の都城モデル図が現実的設計図に傾いていくのに対して，賀業鉅の全体計画図をもとにして，王宮・祖・社・市・朝を極めて理念的に配置して見せるのが王世仁（2001）である（図I-3-5）．賀業鉅と王世仁の都城モデルの違いは大きく2つある．

①「九経九緯」について，環塗を含めず，中央の経塗と緯塗を27軌（すなわち三経塗（緯塗））とする．

②中央方三里を3×3＝9区分し，中央の区画（方一里）を宮とし，中央東西南北の区画（方一里）の中央一夫（井）にそれぞれ祖・稷，朝・市を配置する．東北区画に厩，西北区画に庫，東南，西南の区画に署（官署）を置く．

厩，倉，署といった施設の配置は「匠人営国」条の規定にはない．また，市について，宮城内中央北に配置した市は官市であるとして，都城の東，西南に市を？マークつきで示しているのも逸脱である．しかし，全体として「匠人営国」条の理念を図式的に示しているという点では賀業鉅のモデルよりすっきりしている．

「匠人営国」条には，上述のように，その他に宗廟，正堂，明堂についての記述があり（B），門についての記述（C）がある．

王宮の構成について，賀業鋸に従って見ると以下のようになる．

宮垣・宮門：「王宮門阿之制五雉，宮隅之制七雉」とある．雉は丈で，城壁高さは，隅部は七丈，その他は五丈である．門は，廟門，闈門，路門，応門とあってそれぞれ大きさが規定されている．大局，小局は，『鄭玄注』によるとそれぞれ3尺，2尺で，

---

[142] 応地利明（2011）案の場合，宮殿が4分の1（16/64），市場が8分の1（8/64），朝廷が同じく8分の1（8/64）を占めることになる．「市朝一夫」は全く考慮されていない．

廟門は21尺，闈門は6尺ということになる．路門は車が5台以上，応門は3台以上通ることができなければならない．『詩経』『書経』に宮城正門の皋門，中門の応門の名が見えることから，鄭玄は，『周礼』秋官「朝士」注で天子は五門（皋門—庫門—雉門—応門—路門），諸侯は三門（皋門—応門—路門）という説を示しているが，清代の江水，焦循らは，天子も諸侯も三門（皋門（庫門）—応門（雉門）—路門）で名のみが異なるとする（田中淡(1989)）．賀業鉅も，皋門—応門—路門を採る．

　三朝：外朝（大廷）（臣下が政務を行う空間），治朝（天子の執務空間），燕朝（天子の私的日常空間）から宮廷が構成されるという「三朝」制度については，「匠人営国」条に記述はない．ただ，賀業鉅は，『周礼』の「大司冠」「小司冠」「朝士」などを引いて，基本モデルの前提としている．

　寝宮：「内有九室，九嬪居之，外有九室，九卿朝焉」をどう解釈するかについても明らかではないが，内朝に九室あって九嬪（宮中女官）が居住し，外庁に九室あって，九卿が執務するということであろう．

　官府：官衙等施設についても「匠人営国」条は何も記述しないが，賀業鉅は『周礼』等の記述から必要施設を想定する．

　以上をもとに，賀業鉅が宮廷区の基本モデルとするのは図I-3-4cdである．

　廟社：宗廟，社稷についても，「匠人営国」条には「左祖右社」とあるだけである．賀業鉅は，ここでも『礼記』王制など古文献をもとに加え，宗廟については，七廟制でおのおのが独立した建築であったとして図I-3-4eのように復元する．

　市：市についても，「匠人営国」条には「面朝後（后）市」と「市朝一夫」とある．賀業鉅は，後ではなく后の字を使うが，「宮后之市」という意味だとして，位置については「宮前之外朝」に対して北にあるという，通常の解釈を採る．問題は，「市朝一夫」であるが，賀業鉅は，「市朝」は市の広場のことで，市を除く一夫がさらに営業，駐場官員，事務所，「廛」などのスペースとして必要と考える．

(4) 閭里—街区の構成

　さて，賀業鉅に従って続いて問題にしたいのは，その他一般の街区の構成，すなわち，閭里あるいは国宅の構成である．

　里は，前節（第II章2　里・隣・家）でみたように，社会構成の単位となる隣保組織として古代より用いられてきた．里は壁で囲われ，門を閭，里中の道を巷と呼んだ．それ故，里のことを閭里ともいった．

　前述のように（第I章2-5），1里＝25家説，50家説，70家説，100家説など，古文献には諸説ある．賀業鉅は，『周礼』「地官大司徒」の「令五家為比，使之相保，五比為閭，使之相受，四閭為族，使之相葬，……」，そして『周礼』「地官小司徒」の「五人為伍，五伍為両，四両為卒，五卒為旅，五旅為師，五師為軍，以起軍旅，以作田役，……」，さらに『周礼』「地官遂人」の「遂人掌邦之野……・五家為隣，五隣為里，四里

為鄙」から、里は5家を単位（比、伍、隣）として、五単位25家からなり、4里＝100家で上位単位（族、卒、鄙）が構成されるとする．

問題は里の規模であるが、賀業鋸は、1閭＝25戸、戸当たり二畝半、社、里垣、里門、道路など公共用地を合わせて、1つの里の規模を100畝＝一夫とする．以上の根拠は不明であるが、一夫＝100畝については、井田制の基本単位である．

賀業鉅の想定する街路体系に基づくと、街区は1里×1里と1里×1.5里の2種類に分かれる．前者を甲類、後者を乙類とするが、後者は、市を含む街区とそれ以外が異なるから、乙類Ⅰ式、乙類Ⅱ式に分かれる．それぞれを賀業鉅に従って示せば、図Ⅰ-3-4fghのようになる．各図は、閭の大きさがその位置によって異なっており、厳密には考えられてはいない．甲類は8閭、乙類Ⅰ式、乙類Ⅱ式はそれぞれ12閭、16閭からなる．それぞれの位置は図Ⅰ-3-4iに示される．

賀業鉅は、自らのモデルに即して、閭里の居住人口を推計している．それによると王城全体は6万人、480閭、約57井からなる．甲類36里には、人口密度1000人/井で、7200戸、3万6000人が居住する．戸当たり5人の計算である．乙類にはそれぞれ2400戸、1万2000人が住むとする．

(5) 経塗・環塗・野塗―街路

『周礼』「考工記」の短い記述の中で、目立って多く触れられるのが街路幅である．「国中九経九緯、経塗九軌」「経塗九軌、環塗七軌、野塗五軌．」「環塗以為諸侯経塗．野塗以為都経塗．」と3ヵ所触れられる．街路幅は、経塗（緯塗）、環塗、野塗の3つのレヴェルに分けられる．既に説明したが、南北道路の幅（経塗）は車9台分の幅（9軌）で、『鄭玄注』では軌は8尺、経塗は8×9軌＝7丈2（72）尺と考えられる．王城内側を周回する環塗は7軌すなわち56尺、王城外の野塗は5軌すなわち40尺である．都城の規模によって異なり、「環塗以為諸侯経塗．野塗以為都経塗．」、すなわち、諸侯城の経塗は王城の環塗、「都」の経塗は王城の野塗とするということである．平安京の朱雀大路は280尺、大路120尺（100尺）、小路40尺であるから、そう大きいわけではない．もっとも、隋唐長安城となると、その朱雀大街は東西100歩＝600尺である．

街路は、「匠人営国」条では触れられないが、『王制』に「道有三塗」とあり、考古学的遺構からも「一道三塗」制が採られていたことが知られる．中央の一塗を車道、左右を人道とする．また、男子が右、女子が左（「道路男子由右、女子由左、車従）中央」『王制』）あるいは「左出右入」、と区分されていた．

賀業鉅は、経緯塗および環塗の断面形状を図Ⅰ-3-4jのように想定する．また、「都」の野塗、すなわち一般の街路幅を3軌＝24尺と想定している．

3-4 『周礼』都城モデル

　『周礼』「考工記」「匠人営国」条に記載される事項は以上につきる．これを基にした都城モデルについても代表的なものをみてきた．それらについて触れてきたように，『周礼』「考工記」「匠人営国」条が理念化する都城モデルは1つの平面図式に限定することはできない．様々な解釈が可能であるということであるが，そもそも「方九里，旁三門，国中九経九緯」をすっきりと体系的に図式化できないのである．基準となるグリッドを確認すると以下のようである（図 I-3-7）．

(1) 基準グリッド

基準グリッドA：「方九里」ということで，全体形状は9里四方の正方形と考えることができる．また，1里＝300歩をナインスクエアに分割する井田モデルが想起され，全体を9×9の「方一里」の正方形に分割するグリッドが基準グリッドとして考えられる．

基準グリッドB：「旁三門」ということで，一般的には各辺に等間隔に門を配すると考えることができる．この場合，東西，南北の相対する門を結ぶ街路を想定できるから，全体は4×4＝16に大きく分割される．各区画の1辺は，2.25 (9/4) 里＝675歩となる（土地分割の単位としては中途半端で，細かくなりすぎるが，隋唐以降の1里＝360歩とすると，各区画の1辺は，810歩×810歩である）．

基準グリッドC：A，Bの分割をともに可能にする基準グリッドは，全体を12×12＝144の街区に分割するものとなる．この場合，1区画は，225歩四方となる（1里＝360歩制では270歩四方）．

基準グリッドD：「九経九緯」ということで，全体は10×10＝100もしくは8×8＝64に分割される．両端の環塗を「九経九緯」に含めるかどうかで2案となる．経塗，環塗，野塗の幅員をわざわざ区別して記載しているのであるから，10×10＝100と考えるのが自然である．この場合，1区画は270歩四方となる（1里＝360歩制では324歩四方）．

基準グリッドE（B'）：8×8＝64分割であれば，Bのグリッドをさらに分割すればいいが，この場合，基準となる区画は337.5歩四方となる（これはいかにもありそうにないが，1里＝360歩制では405歩四方となる．）．

基準グリッドF：A，B，Dの基準グリッドを整合させるためには，単純には全体を60×60＝360に分割すればいい．この場合，グリッドの単位は45歩四方となる（1里＝360歩制では54歩四方）．

　A，B，Dをわかりやすい数の体系として整合させることが難しいことから，「九経九緯」を「一道三塗」制と結びつけて解釈することが行われてきた．この場合，3つの主要街路を想定すればいいことになるが，門の間を等間隔と考えるのであれば基準グ

第Ⅰ章
中国都城の理念

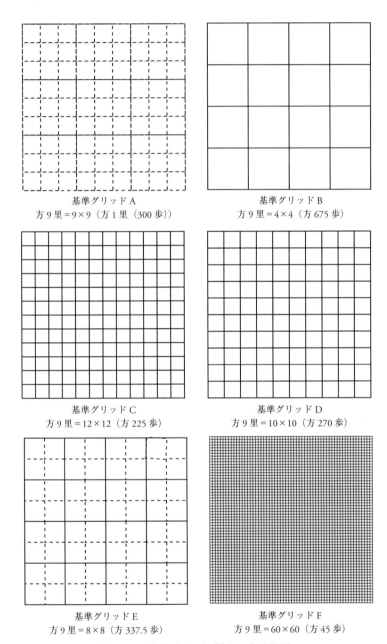

基準グリッド A
方9里=9×9（方1里（300歩））

基準グリッド B
方9里=4×4（方675歩）

基準グリッド C
方9里=12×12（方225歩）

基準グリッド D
方9里=10×10（方270歩）

基準グリッド E
方9里=8×8（方337.5歩）

基準グリッド F
方9里=60×60（方45歩）

図Ⅰ-3-7　基準グリッド（作図：布野修司）

中国都城の基本モデル—『周礼』「考工記」

リッドBを採ればいい．

(2) 都城モデル

問題は，区画の単位をどう設定するかということになるが，Aの「方一里」以外は，いずれもすっきりした数字にはならない．そこで，「方一里」を前提として都城モデル図を考えたのが賀業鉅であり，王世仁である．

都城モデルA：賀業鉅は，環塗を「九経九緯」に含めるが，それだと「十経十緯」となるので中央の区画を2分割として，経塗，緯塗を1本減らしている．

都城モデルB：王世仁は，環塗を「九経九緯」に含めないが，それだと「八経八緯」にしかならないので，賀業鉅のモデルを下敷きにして，中央軸線街路のみ「一道三塗」とする．

都城モデルC：張蓉もまた，「方九里」を前提とするが，「旁三門」を，各辺9里を3里ずつ3等分した上で，それぞれの区画の中央に設定する．この場合，方三里を3×3＝9の方一里に分割するシステムは崩され，4×4＝16に分割する，すなわち，全体を12×12＝144の街区に分割するシステムを採用することになる．ただ，張蓉は「九経九緯」を考慮していない．

都城モデルD：「九経九緯」を考慮しないのであれば，また「一道三塗」とすればいい．さらに，「方九里」も問わないとすれば，最も体系的なモデルとなるのは，上述のようにアマラプラでありマンダレーである．

ただ，前節で確認したように，井田制は田地のモデルであり，また，空間モデルとして確定したものがあるわけではない．それよりも，都市の街区としてのモデルについては，史書に言及があるわけではない．午汲古城を下敷きにした宮崎市定の想定図（図I-2-5）や坊墻制の遺構などが参照されるところである．賀業鉅が唯一，里坊の空間構造を示すのであるが,隋唐長安の「十字街」も1つの解答である．これについては，第III章で1つの解答を示したい．

都城モデルE：A，B，Cの折衷案となるが，都城モデルの1案を試みれば図I-3-8のようになる（口絵3）．すなわち，

①「方九里」ということで，まず「方一里」(300歩×300歩)単位のグリッドを想定する．

②「旁三門」ということで，全体を「方三里」にナインスクエア(3×3＝9)分割した上で，それぞれの分割単位（「方三里」）の中央に門を設ける．これによって，全体を12×12＝144に分割するグリッドを想定する．すなわち，「方三里」を4×4＝16に分割する（都城モデルC）．

③「九経九緯」に環塗は含めない．ナインスクエアのそれぞれに3本の経塗・緯塗を通すことによって3×3＝9経(9緯)とする．但し，中央の「方三里」の周囲に経塗・緯塗を通すことを優先させる．すなわち，まず，全体をナインスクエア(3×3＝9)

第 I 章
中国都城の理念

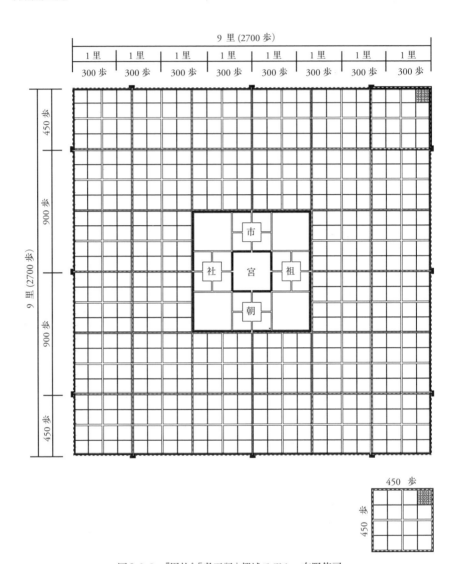

図 I-3-8 『周礼』「考工記」都城モデル 布野修司

分割する経塗・緯塗を通す．また，全体の中央に経塗・緯塗を通す．中央の区画は，中央と境界の経緯で3本となる．

④各「方三里」は4×4＝16に分割されるが，十字街をもつ450歩×450歩の坊4つからなる．

⑤450歩×450歩の坊を，10×10のグリッド，すなわち，方45歩のグリッドに分

中国都城の基本モデル―『周礼』「考工記」

ける．坊は，方45歩の10×10＝100区画からなる．

これはまさに上で議論した基準グリッドFである．この基準グリッドFを下敷きにして，様々な街路体系を考えることができるが，方45歩を一戸に割り当てれば，坊は100戸，二戸に割り当てれば坊は200戸になる．賀業鋸のモデルでは，300歩×300歩＝8間×25家＝200戸，300歩×450歩＝12間×25家あるいは16間×25家＝400戸という想定だから，450歩×450歩＝18間×25家〜24間×25家＝500戸〜600戸を割り当てていることになる．仮に方45歩に5戸割り当てれば，坊＝500戸となり，10戸割り当てれば，坊＝1000戸となる．450歩×450歩の坊，36からなるが，中央の宮城区（方三里＝4坊）を除くと＝32坊×1000戸＝3万2000戸，1戸＝5人とすると16万人の都城モデルとなる．

⑤「左祖右社」「面朝後市」は，中央の「方三里」に配置されるとする（都市モデルB）．
⑥宮城の構成は，都城モデルAに従う．

第Ⅴ章でみるように，大都の街区は44歩×44歩＝8畝の正方形の敷地が10戸で，胡同hutongと胡同の間の一街区を形成している．このおよそ450歩×450歩＝1坊のモデルは，大都の設計のモデルとなったとも考えられる．街区組織に関するこの指摘は，本書の大きな提起である．

坊の内部構成をさらに検討しておこう．

(3) 坊モデル

井田制のナインスクエア・モデル（100畝×3×3＝900畝）を前提とすれば，坊も，方一里，300歩四方をモデルとするのが素直である．しかし，以上の議論をもとにすれば，450歩×450歩の単一の坊モデルとなる．450歩×450歩（芯々）の1坊を，単純にモデル化すれば以下のようになる（坊モデルA，図Ⅰ-3-9a）．

①100歩×100歩＝100畝（10平方歩）が土地配分の単位となっているとする．
②経塗9軌は，72尺＝12歩とする鄭玄に従う．環塗7軌は56尺＝9.33歩であるが，城壁と合わせて12歩とする．
③坊は十字街によって1/4, 1/16に分割されるパターンとする．まず，幅12歩の経塗，緯塗，および環塗＋城壁によって坊を1/4分割すると，213歩×213歩の正方形区画が区分される．さらにそれを3歩幅の街路で1/4分割すると，105歩×105歩の区画に区分される．
④105歩×105歩の正方形区画は，いくつかのパターンでさらに分割できる．第1のパターンとして，幅5歩の十字街でさらに1/4分割すれば，各区画は50歩×50歩＝25畝，全体はちょうど100畝である．第2のパターンとして，幅1歩の細街路で5×5＝25に分割すれば，各区画は4畝に分けられることになる．すなわち，坊全体は，100畝を単位とし，400畝×4＝1600畝を単位としているモデルとなる．

以上，極めて明快である．

117

第 I 章
中国都城の理念

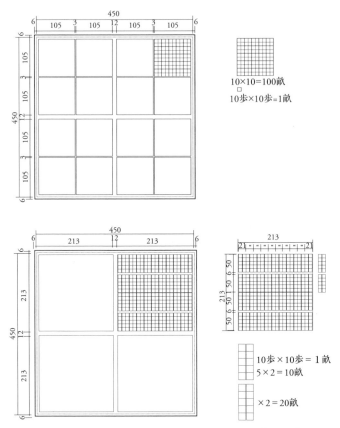

図 I-3-9　a『周礼』「考工記」都城街区モデル A　布野修司，b『周礼』「考工記」都城街区モデル B　布野修司

　ただ，分割パターンについては，さらに様々に考えることができる（坊モデル B，図 I-3-9b）．隋唐長安については，1 畝＝240 平方歩制に基づいて第 III 章で示すが，米田賢次郎の城内阡陌モデル（図 I-2-5c）をほぼそのまま採用すれば，坊の内部構成をモデル化できる．米田健次郎は，方 1000 歩，4 坊からなる城郭モデル，すなわち，500 歩×500 歩が一坊で，1 闠（里）＝100 戸，1 坊＝250 戸，全体方 1000 歩は 10 闠（里）＝1000 戸とするが，ここではそれを 450 歩×450 歩とすればいい．
　①②は，坊モデル A，B とも同じである．さらに，
　③坊が，十字街によって，すなわち，幅 12 歩の経塗，緯塗，および環塗＋城壁によって 1/4 分割され，213 歩×213 歩の正方形区画によって構成される．
　これも同様である．

④ 213歩×213歩の正方形区画は，経塗（あるいは緯塗）から東西（あるいは南北）街路（胡同）によって，各宅地にアプローチする形式をとる．大きく2分割され，それぞれは，200畝，1/4坊が400畝からなるのは坊モデルAと同じである．200畝の土地は，10畝（5畝×2）＋10畝（5畝×2）（什伍の制）10列からなる．

以上，いささか土地の分割システムのディテールに拘ったが，『周礼』都城モデルは，体系的に明らかにしえたと考える．

第Ⅱ章

中国都城の起源

II-1　中国都市の興亡

1-1　都市の発生 —— X 地域

　中国における国家の成立過程は一般的には次のように考えられる．まず，
①都市の発生がある．
　中国では都市を城市というが，もともとは「邑」といった．「城邑」という言葉も古くから用いられている．「邑」は「囗」と「巴」からなり，「囗」＝城（囲われた場所）に「巴」（人が住む）という意味である[143]．日本語の「邑」は，村＝集落というニュアンスで用いられるが，「囗」（囲壁）があるかどうかが問題である．中国では農村集落も城壁で囲われるのが一般的であった．司馬遷（『史記』）や班固（『漢書』）は，「行国随畜の民」と「城郭の民」を区別としている．すなわち，遊牧民とは異なり，定住農耕民が居住するのが「邑」である．続いて，
②「都市国家」＝「國」が成立する．
　「邑」は，「鄙」に囲まれており，中ぐらいの大きさの「邑」を「都」という．序章であらかじめ述べたように，中国では「都」にもともと王都（宮処）の意味はない．「都」が集まって，より大きな「国」となる．というより，諸侯の住む「邑」が「国」，その分邑が「都」，そしてその「都」に直属するのが「邑」である．大邑—族邑—小邑，王邑—族邑—属邑という呼称によっても区別される．中国における都市の原型となるのは，囲壁で囲われた「邑」であり，「邑」を単位とする原初的国家体制は「邑制国家」とも呼ばれる（宇都宮清吉（1955））．「國」は，上述のように，市壁で囲まれた城壁都市である．「或」に土篇がつくと「域」となる．「土」すなわち「領土」である．そして，
③「都市国家」（「國」）の中からいくつかの小国を従える「領域国家」（大国）が出現する．この段階において「中国」という概念が成立する．その起源において「中国」（中或）が指し示したのは周王朝の王都を含む一帯である．「領域国家」が各地に成立した戦国時代には，「中国」が指し示す地域は各国毎にそれぞれ異なっていた．さらに，
④「領域国家」が覇を競い，特定の「領域国家」（大国）が他の「領域国家」や都市国

---

[143] 斯波利貞は，「邑」や「或」には，城郭の痕跡は認められず，「都」と「國」には城壁があったとする（「支那都邑の城郭と其の起源」『史林』，第 32 巻第 2 号，1950 年）．しかし，実際には，新石器時代の集落として城壁をもったものが多数出土し，城塞集落，城郭集落，囲壁集落などと呼ばれる．斯波義信（2002）では，邑は囗＝城と巴＝人の居住を示す象形文字で，もともと城郭をもつ集落をさしたという．

家(「國」)を平定することになる.

　中国古代の集落・都市,そして国家の発展過程について大きな枠組みを与えた宮崎市定に従えば,殷(商)末から春秋時代が「都市国家」の時代[144],戦国時代が「領土国家」の時代,秦漢時代が「大帝国」の時代となる[145].

　中国考古学の知見に拠れば,中国大陸における新石器時代の遺構が出土する地域は,北の長城地帯(西から甘青地区,内蒙古中南部(雁北区),遼西(燕遼区),渭河地域・黄河中流域(中原区),黄河下流域(山東,海岱区),四川盆地(巴蜀区),長江中流域(両湖区),長江下流域(江浙区),南部の珠江三角州などに大きく区分されるが[146],仰韶文化期 BC. 4500〜2500(河南省仰韶遺跡(1920年発見),半坡遺跡(陝西省西安市) BC. 4800,大口鎮 BC. 4300,河姆渡遺跡(1973年発見) BC. 5000,龍山文化期 BC. 2500〜2000(反山遺跡(1986年発見),大観山遺跡)における,壕,土壁で囲われ一定の配置構造をもつ氏族制の集落址はその原初的形態と考えられている.

　二里頭遺跡の発掘に当たる許宏によれば[147],仰韶時代後期から龍山時代の後期にかけて,すなわち旧石器時代から新石器時代晩期から青銅器時代にかけて(BC. 3500〜1800)現れた城壁で囲われた集落は,30余り発見されており,建築構造に関して,石築,版築,堆築の3つに分けられる.石築の構法は,黄河が南流を始める辺り一帯のオルドス遺跡群に見られ,石首走馬嶺遺跡(BC. 2500〜2000, 7.8ha)などがある.最大のものは近年陝西省神木県で発見された425haにも及ぶ石峁遺跡である.版築のものは,いわゆる中原で見られ,代表的なものは山西陶寺遺跡(BC. 2300〜1800, 280ha)がある.堆築というのは,石材と土による構法であるが,長江流域に見られ,最大のものは浙江良渚莫角山城遺跡(BC. 2500〜2300, 290ha)である[148].

　こうした集落遺址が分布する範囲(図II-1-1)を中国都市文明の発祥地と考えていいだろう.いわゆる「中原」である.すなわち,ここに最初の都城が築かれることになる.

---

144) 周が殷を滅ぼした後,東方地域を支配するために行った制度が一般的に「封建制」と呼ばれる.「封」とは支配すべき領域の境界を定めること,「建」はその領域に「國」を建てることを意味する.周王は一族や功臣に領地とその住民を支配させて諸侯とし,諸侯を統制することによって全土を支配しようとした.この諸侯が建てたのが「邑」である.「邑制」あるいは「郷遂制」と呼ばれるが,國と周辺地域の関係の中に「邑」が島のように点在するのが周の時代であり,それが宮崎市定のいう都市国家の時代である.

145) 宮崎市定「中国上代は封建制か都市国家か」(1950年)(『宮崎市定全集3—古代』岩波書店,1991年).

146) 宮本一夫(2005)『神話から歴史へ　神話時代・夏王朝』中国の歴史01,講談社,厳文明(2000)他.中原区(渭河地域,黄河中流域)を中心に北に雁北区,南に両湖区,西に甘青区,南西に巴蜀区,東沿岸部に北から燕遼区,海岱区,江浙区といった命名もなされる.

147) 許宏「従城祉林立至大都城 —— 中国初期城市発展段階論」(東アジア比較都城史研究会,国際公開研究会「東アジア都城比較の試み」2013年1月5日)

148) 近年の考古学的発掘遺構について一般向けにまとめられたものとしては宮本一夫(2005)がある.

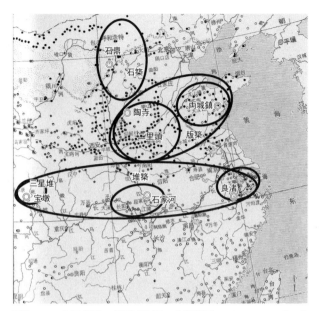

図II-1-1 中国都城の起源（作図：布野修司，ベースマップ：中国の集落遺祉，譚其驤編 1982））

古代中国において，夏，殷，周の諸王朝の都城が立地したのは，具体的には，黄河の中流から下流にかけての洛陽盆地とその周辺部，黄河が大きく北へ湾曲してオルドスを抱え込む黄土高原の南，秦嶺山脈の北，渭水など黄河の支流が流れる関中平野がその核心域である．

「夏」は，本来「万物をのびのび成長させる」[149]ことを意味した．そして，中国最古の辞書とされる『爾雅』[150]によれば，「華」は，草木が繁り，実る，ことを意味する．すなわち，「夏」は「華」に通じ，「夏華」という言葉も戦国時代に用いられていた．「中夏」が「中華」となる．夏のみならず，殷，周という王朝名も，殷は「栄える」，周は「田圃と稲」を象徴し，いずれも農業に関わる（王柯（2005））．豊かな土地，農耕文明の先進地と考えられてきたのが「中国」であり，「中原」であり，「中華」である．

すなわち，農耕の発生地と都市の発生地は密接に関わる．

中国大陸では，BC. 6000 年頃までに，黄河流域でアワ・キビの栽培が始まり，長江流域ではイネの栽培が始まったとされる．そして，黄河流域には，BC. 3000 年頃

---

149)「夏, 仮也, 寛仮万物使成長也」『釈明・釈天』
150) 春秋戦国時代の古典の語義解釈を漢代の学者が整理した訓詁学の書．漢唐代の古文学や清朝考証学において重視され，後には十三経の一つに挙げられる．

に長江流域からイネ，西アジアからムギが伝来し，BC. 2000年頃豆の栽培が開始されたとされる．

そして，農耕が発生したのは，今のところ，黄河と長江およびこの2つの大河の間を流れる小河川（特に淮河）の中・下流域（X地域）と考えられている．初期の集落遺構の分布と重なり合う．

P. ベルウッド（2008）はX地域について次のように言う．

（1）X地域は，中央アフリカやインドと同様モンスーン地域に属し，モンスーンの降雨により夏作の栽培作物，とりわけイネの栽培に適した環境にある．西南アジアの「肥沃な三日月地帯」とほぼ同じ緯度にあり，気温の年較差は似ているが，降雨量はかなり多く，土地も肥沃で，環境は豊かである．このX地域の核心域は，今日に至るまで，生産力は高く，人口密度は高い．そして，

（2）X地域に隣接する長江の東南部には，乾季があり水不足となる地域が存在する．福建・広東の海岸部，台湾も同じような地域であり，そこから東南アジアに海外移住が行われる拠点となってきた．これまでイネの栽培化の起源は，華南あるいは雲南・アッサムという説が有力とされてきたが，今のところこの長江東南の沿岸部あるいは華南には農耕発生の手掛かりは残されていない．それに対して，

（3）長江北側の乾燥地域は，いわゆる中原，中国文明の中心地である．その黄河中流域にある新石器時代前期までの遺構の大半は，風に運ばれて堆積した肥沃な黄土でできた洪積台地上に位置する．この黄土は，アジア内陸部で起こった更新世の氷河活動に由来し，天水雑穀栽培に最適な環境にある．黄河流域の冬は寒く乾燥していてイネの栽培には適しない．黄土高原においては，アワとキビが栽培化されていくことになる．興味深いのは，

（4）最古の新石器時代の集落遺構とされるのは，黄河流域でも長江流域でもBC. 7000年～5000年とされるが，野生イネとアワの地理的分布が重なるX地域に農耕発生の遺跡が集中しており，イネと雑穀の栽培化は別々ではなく，同じX地域を起源とする可能性が高い，ことである．

アワもキビも，その栽培化は，ヨーロッパと西ユーラシアのステップ地域にひろがる新石器文化に共通にみられるが，黄河流域との関係は今のところ不明である．ベルウッド（2008）は，華北および東北部においては，西南アジアと同様に，ストレス説[151]に基づいて，穀物の供給量を維持し増加させるために，その栽培化が開始され

---

151) ベルウッド（2008）は，①氷河期終了後の完新世に気候が温暖化し，かつ湿潤のままに安定化したこと，②意図的な植えつけ作業と栽培の季節性を農耕発生の要因とする．農耕発生の理論には，A. 自然条件などが恵まれていたとする「ゆたかさ」説，B. 乾燥化など環境条件の変化や人口増加などが農耕を必要としたという「ストレス説」，C. 植物と人間の共進化，無意識的ダーウィン的「淘汰説」などがある．

たと考える．そしてさらに，稲作地帯において，それに先立つ細石刃の手鎌や穂摘具が出土しないことから，単に引抜くかたちで収穫するイネの栽培化が先行し，後に雑穀へ広がったとする．

　農耕の発生をめぐる以上の議論の前提を確認することによって，中国は大きく3つの地域（生態圏）に分けて考えることができる．

　一般的に行われる華北，華中，華南という区分がそうであり，実際，考古学的遺構によると，華北，華中，華南でそれぞれ定住社会が形成されていたことがわかっている．それぞれの地域で，1万年前に遡る土器が発見されているのである．メソポタミア文明を生んだ西アジアでも土器の発見は8000年前だから，中国大陸は最古の文明の発祥地というに相応しい．ただ，それを「黄河文明」と呼ぶことは必ずしも相応しくない．これまでの中国文明「中原」発生一元論に対して，稲作の発生という意味で「長江文明」という概念も提出され，華中も文明の発祥地として強調される．中国といっても広く様々であり，多元的な各地域の基層文化が重視される．

　近年，中国南部から旧石器遺跡の発見が相次ぎ，石器の種類と組合せがアフリカのオルドワン文化に似ていることから，アフリカに発生した人類とその石器技術はいち早く東アジア南部に到達していたのではないかという見方が提出されるが，旧石器時代の石器技術の伝統が中国の南北で異なっていたことは興味深い．旧石器時代の石器の分布は，華南から長江中・下流域，さらに華北に達する礫石器文化圏と華北から北部，さらに北方ユーラシアに至る小型剥片石器文化圏の2つに大きく分かれているのである．この2つの技術が対峙し重なり合う地域が，農耕が発生したX地域である．2つの生態環境，2つの技術体系のそれぞれの周縁が重なり合う地域で栽培化が開始されたことは注目すべきである．宮本一夫（2005）によれば，このX地域は，「人類が新しい環境において試行錯誤しながら新しい技術を獲得していく，人類の新環境への適応地帯」である．

1-2 | 城郭の民―「中国」化・植民地化・都市化

　司馬遷（『史記』）や班固（『漢書』）は，「行国随畜の民」と「城郭の民」を区別としていると上で記した．中国大陸で都市建設に当たったのは「城郭の民」である．その「城郭の民」の都市形成の歴史を振り返る上で大きな手掛かりを与えてくれたのが，アメリカで人類学を学び殷墟の発掘を手掛けた，中国考古学の祖といっていい李済（1943）（『支那民族の形成』）である．書名通り漢民族がどのように形成されてきたかを主題とするが，諸民族の体質や姓などと並んで都市建設がその指標とされている．すなわち，城郭建設は漢族の特性とされるのである．

　李済が採ったのは，史料として康熙年間に編纂された『欽定古今図書集成』を用い，

その中に記された4487の「城邑」の存在を空間的時間的に整理し，城郭建設活動の推移を分析するという方法である．一見，各省毎の城壁数，各時代の城壁数，放棄された都市数などの数値が無味乾燥に羅列されるのであるが，その数字を地図に落として見ると，漢族の城郭建設活動の歴史が見事に浮かび上ってくる（図II-1-2，表II-1-1）．

大室幹雄は，李済のこの分析をもとに，次のような歴史的図式を抽出する（大室幹雄（1981））．

現在「中国」と呼ばれる空間は，当初から「中国」であったわけではなく（①），歴史的に徐々に中国化 sinicize されてきた（②）．中国化を担ったのは漢民族であり（③），黄河流域のいわゆる中原地方から，南および南西，南東の方へ向かって中国化は展開された（④）．中国化とは漢民族による南方地域の植民地化の過程に他ならず（⑤），具象的には城壁都市の建設によって表現され（⑥），故に，中国化とは端的に都市化であった（⑦）．

この中国化，植民地化，都市化の三位一体の過程は，それぞれの地域の歴史を振り返ることによって跡づけられるが，直接的に漢民族の移動を明らかにすることも試みられる．李済は，張，陳，朱，胡，郭，李といった姓の分布とその変化をもとに，また，中国の正史「二十四史」の全てに書かれた国勢調査に関わるデータによって漢族の移動を論じている．

秦始皇帝は，天下統一とともに郡県制を敷き，征服した土地の住民を西南地方へ「徙民（しみん）」（移住，植民）させている．例えば，四川省を中心に「陂塘稲田模型」と呼ばれる水田模型が明器として出土するが，これらは「徙民」によって農耕技術が中原から西南地方に伝えられたことを示している（渡辺武（1994））．漢民族の南方への大規模な移動は，西晋末期の3世紀末から5世紀にかけて，また10世紀から12世紀にかけて，そして12世紀中葉から13世紀にかけて起こっている[152]．

李済は，黄河中流域のいわゆる中原で発達した農耕文化が，漢民族とともに，黄河→淮河→漢水→長江→西江のそれぞれの流域に伝播していったと考えたが，もともと，南方には漢族に属さない諸民族が居住していたことが前提とされている．華南には新石器時代後期以降も採集狩猟社会が存続していた．重要なのは，彼らが城郭建設の伝統を持たなかったことである．李済の城郭についての分析結果はそれを示している．

以上において単純に確認できるのは，いわゆる中原の諸都城と南方の諸都市が異なった類型に属するということである．実際，南中国を代表する都城となる南京，あるいは杭州を見ると，その起源の形態は北方中原の諸都市と異なっているのである．

確認すべきは，漢族の南下を促した大きな要因となったのが，北方の遊牧民族，漢

---

[152] さらに，1937〜45年の日中戦争，中華人民共和国樹立に伴う国民党の台湾移住も大移動に加えられる．

中国都市の興亡

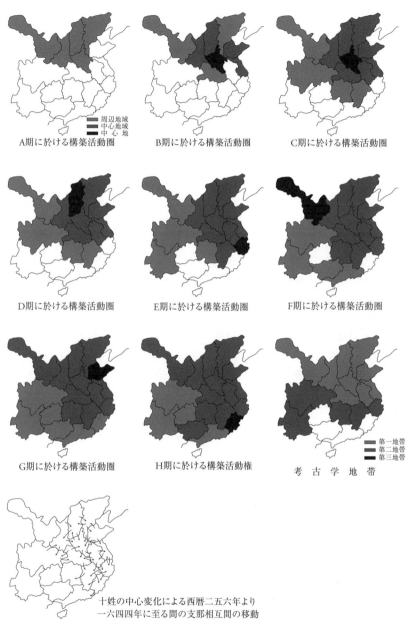

図II-1-2　中国民族の形成（出典：李済(1943)）

表 II-1-1　中国城邑建設の記録

	時代	最初に構築されたもの	最初に論及されたもの
A	～B.C. 772年	163	
B	B.C. 722～207年	585	233
C	B.C. 206～A.D. 264年	540	137
D	A.D. 265～617年	419	77
E	A.D. 618～959年	353	65
F	A.D. 960～1279年	315	61
G	A.D. 1280～1367年	96	33
H	A.D. 1368～1644年	564	132
	計	3035	738
	疑い有るもの	705	

出典：李済（1943）

族のいう北方蛮族いわゆる北狄であることである．中国でいう北狄の三大侵攻とは，上述のように，匈奴・鮮卑の侵攻（304～580年），キタイ・女真の侵攻（907～1235年），蒙古の侵攻（1280～1368年）をいう．福建省，広東省一帯への客家の移動は，この北狄の三大侵攻に関わっている．秦始皇帝の「徙民」(しみん)（強制移住），そして，洪秀全の「太平天国の乱」以降の客家のさらなる移動，華南の漢族が東南アジアなど海外に移住して，「華僑」が誕生するフェイズを加えれば大きく5期の移動を区別できる．

　李済は，南方非漢族群いわゆる南蛮について，漢族との闘争の記録を史料に当たることによって，また，言語学上の分類を基礎にして，モン・クメール族，シャン族，チベット・ビルマ族のさらに下位諸族を明らかにしている．すなわち，モン・クメール族，シャン族，チベット・ビルマ族など「南蛮」諸族が建設していくことになる都城の形態にも眼を向ける必要があることになる．

1-3 遊牧世界と農耕世界

　中国歴代王朝は漢族のみが建てきたわけでない．秦漢帝国にとって，中原での覇権争いとともに，既に，北方遊牧民族との関係がその存続に関わる最大の問題であった．それ以前に，秦漢帝国成立に至る過程で，結果的に「中国」の「天下」を制してきたのは，西方の勢力である．夏を制した殷（商），殷を制した周，そして周を追いやった秦も西方から華北平原に至り，軍事力によって「中原」を制したことははっきりしている．

　また，漢帝国崩壊後，4世紀初めから5世紀半ばまでの中華分裂時代は五胡十六国時代と呼ばれるが，五胡とは，匈奴，羯，氐(てい)，羌，鮮卑という遊牧民族である．そして，

鮮卑の拓抜部は，代国から北魏，東魏，北斉，隋，唐を立てる．さらに時代を下って，キタイの遼，女真の金，モンゴルの元，満州族の清，と異民族の建てた王朝は少なくない．また，王朝の中枢が様々な民族によって構成されるのはむしろ一般的であった．そうした北方諸民族と中国歴代王朝の攻防，その歴史的関係を考えると，李済が分析の対象とした史料の範囲を越えて，中国を大きく取り巻く空間を視野に収める必要がある．

大興安嶺山脈とアルタイ山脈によって仕切られたモンゴル高原は，世界最大の草原であり，匈奴，東胡，鮮卑，柔然，高車，突厥，ウイグル，キタイ（契丹），モンゴルなど遊牧国家の多くはここより興った．モンゴル高原は南に向かってなだらかに傾斜し，そのまま黄土高原に連続するが，その東南部では大同盆地を経て急に高度を下げ，華北平原へ至る．華北平原は，乾燥ステップに連結する乾燥農耕の世界である．遊牧世界と農耕世界が交錯したのはこの華北平原である．

農耕革命（栽培化）→定住→都市の発生という剰余説[153]による単純な発展過程が想定されてきたが，西アジアにおけるオアシス都市の発生をみても農耕と遊牧は並行して行われることが少なくない．そして，遊牧世界と農耕世界の接点に都市が発生するのはむしろ一般的である．遊牧民と農耕民が相互に交易関係において結びつく生態学的根拠があるのである．遊牧民は農耕社会に食用，役用の家畜として牛や羊を供給する．また，高原の塩湖から塩をもたらす．さらに戦闘用の馬を持ち込む．一方，遊牧民は農耕社会から穀物を得る．双方の境界に万里の長城が築かれてきたのは，遊牧民の収奪に対応するためである．国家の拠点都市としての都城が境界域に置かれるのは，経済交易の要所を固めるという意味で，軍事的な理由が大きい．

具体的に確認すれば，モンゴル高原から華北・華中の平野部に下っていく交通路の接点に都城は置かれている．殷墟の安陽は，内モンゴルに接する大同盆地から雁門関を抜けて太原に至り，さらに南下して渓谷沿いに太行山脈を抜けた地点にある．近接して戦国時代の趙の都，邯鄲があり，曹魏の鄴も隣接している．洛陽は，同じ太原から太行山脈の西側を抜けて南下するルートで黄河を超えた地点に位置する．咸陽，長安は，内モンゴルのオルドス地方，寧夏の銀川から固原を抜けて渭水渓谷に至る地点に位置する．さらに，大元ウルス，そして明王朝が拠点とした大同，北京も，古来，遊牧世界と農耕世界の境界域に位置する．春秋戦国時代には燕の首都が置かれ，歴史的に「燕雲の地」と呼ばれたその地は，内モンゴルから張家口，居庸関を経て華北平原に至る地点に位置する．

遊牧民族との関係において，中国歴代王朝の版図，統治領域は伸縮するが，その境界は各時代に築かれた長城の位置が示している．そして，常に攻防の境となってきた

---

[153] 農耕技術によって生産力が増大し，その余剰によってより多くの人口が支えられるようになり，集落規模の拡大が都市の発生につながったとする説をいう．

のがモンゴル高原と華北平原とが接する半農半牧地帯である．その境界域を前提として，中国歴代都城の時間的空間的関係を大掴みにするには以下の妹尾達彦 (2001) の図式がわかりやすい．

中国歴代王朝の統治空間は，大きく「大中国」と「小中国」に分けられる．「小中国」は「内中国 Inner China」であり，その周囲の「外中国 Outer China」を含んで「大中国」となる．具体的に，清朝 (1616～1912) の最大版図が「大中国」，明朝 (1368～1644) の支配域が「小中国」である．「内中国」と「外中国」の境界となるのが半農半牧の農耕遊牧複合帯である．「内中国」は，北から南へ，華北，華中，華南に3区分され，沿岸部から大陸にむかって，さらに細区分される．また，「外中国」も，東北部から南西部へ，マンチュリア，モンゴル，新疆，チベットが区別される．

こうした空間区分の上に中国歴代都城をプロットしてみると，興味深いのは，歴代王朝が，大中国→小中国→大中国という変遷を繰り返していることである．「大中国」を統治したのは，唐（鮮卑拓抜部），元（モンゴル族），清（満州族）であり，いずれも，非漢族王朝である．中国歴代王朝の変遷は，周辺異民族，すなわち非漢族（胡族）の遊牧民族の消長と密接に関係している．

長安・洛陽から開封への首都の移動は，江南の豊かな物資を得るためだとされる．その遷都の動脈となったのが，隋朝第2代皇帝煬帝が開鑿した大運河である．遊牧社会との境界から，江南へ，中国を支える経済基盤は中国東南部に移動して行くのである．黄河と大運河の結節点に位置した開封は未曾有の繁栄を誇ることになった．ただ，北宋も北狄の南下に悩まされ続ける．

「靖康の変」によって，臨安（杭州）に拠点が移され，南宋が建てられる．長江以南に都城が置かれるのは初めてであり，また，臨安（杭州）は南に宮闕が置かれる極めて特異な都城である．臨安（杭州）は開封に勝るとも劣らない繁栄を誇ったが，華中，華北を抑えていたのは遊牧国家の金である．

大モンゴル・ウルスが興り，世界史は全く新たな位相に移行する．大モンゴル・ウルスによって，ユーラシアの大陸部は1つの世界として結びつけられるのである．世界史におけるモンゴル・インパクトである．

人類史上最大の世界帝国となった大モンゴル・ウルスが「分裂」して，「中華」に重点を置くことになったのが大元ウルスであり，その拠点として建設されたのが大都である．大元ウルスは，一方で海上交易に乗り出す．そして，陸の世界と海の世界を繋ぐ一大帝国となる．

大元ウルスを北方に追いやった朱元璋が首都としたのは南京である．統一帝国としては，唯一長江流域に置かれた首都である．しかし，「靖難の役」によって，朱棣（永楽帝）が北京遷都を行って以降，北京は中国の中心であり続けることになる．

明朝が統治したのは，大元ウルスの版図はもとより，隋唐帝国の版図と比べても小

さい，縮小した漢民族の王朝である．鄭和の大遠征で知られるように海上交易をベースとしたが，海禁政策を採った．大元ウルスは，北方に北元として存続するし，中国東北部にはジュシェン（女真，女直）が勢力を保っていた．そして結局，明はジュシェンが建てた「マンジュ（満州）国」（後金）によって倒されることになる．

ジュシェンが建てた「大清」は，康熙帝，雍正帝によって基礎を固め，乾隆帝の時代に最盛期を迎える．そして，大元ウルスに匹敵する領土を固めることになる．その中心であり続けたのが北京である．

II-2　中国都城の初期形態

『史記』など中国の古籍は，始源に黄帝以下5人の聖王の時代があり，続いて，夏，殷，周の三王朝が継起したとする．司馬遷の『史記』にはないが，唐代の司馬貞が補筆した『史記』には，「五帝本紀」に先立って「三皇本紀」が書かれている．三皇とは，伏羲，女媧，神農である．天地を開闢した人として，漢民族の祖先とされる「盤古」神話（三五歴記）もある．

しかし，王都としてその実在が確認されたのは[154]，殷（商）王朝の都城（殷墟　河南省安陽県小屯村）が最も古く，夏王朝以前の王や王朝の実在については疑われてきた．ところが，1959年に二里頭遺跡（河南省偃師市 BC. 2080〜1300）が発見され，夏王朝の遺構ではないかと考えられるようになる．

土器様式による考古学的編年に拠れば，渭河流域，黄河中流域では，新石器時代後期の王湾三期文化は，二里頭文化→二里岡下層文化→二里岡上層文化→殷墟文化と変化していく．鄭州市二里岡遺跡の文化層である二里岡下層文化と二里岡上層文化は，殷（商）の最初の都「亳」に比定される鄭州商城の存続した時期に対応している．それ故，二里岡下層文化以前の二里頭文化が夏王朝に相当することになる．そして，1983年に二里頭遺跡の東6kmのところで発見された偃師城の遺構が夏王朝を倒した殷湯王のものと考えられるに至って，夏王朝の実在，すなわち二里頭遺跡が夏王朝の都城であることがほぼ明らかになったとされる（許宏（2000），岡村秀典（2003））．

---

154) 1899年，マラリアに効くという「龍骨」に刻まれていた文字が発見され，周の金文より古いものであることが羅振玉（1866〜1940）らの研究によって明らかにされた．それらは殷の王室が用いた占いをした文字であり，甲骨の出土地が殷墟であることが明らかとなった．そして，甲骨文から復元された殷王の系図が『史記』殷本紀と一致することが確認されたのは1920年代後半から30年代にかけての発掘調査によってである．

第Ⅱ章
中国都城の起源

　中国では「夏商周断代工程」プロジェクト（1996～2000）（第9次5ヵ年計画国家重点科学研究項目）がこの間展開され，二里頭遺跡では徹底した発掘が行われ，全体が環濠で囲われた都城の形状がかなり明らかとなった．そして，夏王朝の諸都城，さらには堯・舜時代以前の都城の「発見」が大きな関心事となりつつある．さらに，引続いて国家プロジェクト「中国古代文明探源工程」によってBC.2000年期の都市遺構の探索が行われつつある．

　未だ全貌は明らかになっていない夏王朝に対して，殷以降の中国王朝の都城の所在については明らかになっている．とは言え，夏，殷，周の三王朝の「史実」については，必ずしも多くが分かっているわけではない．王朝の変遷として語られるのは，『史記』およびそれに先立つ戦国時代の史書によって「書かれた歴史」あるいは「神話としての歴史」である．

2-1 王都の原像

(1) 夏都 ── 二里頭

　夏王朝の始祖とされる禹については既に触れた（第Ⅰ章1-2）．『尚書』「禹貢」，『容成氏』『墨子』などの史書に見える禹の伝説は，単に治水のみならず，道路，水路など交通網の整備にも関わり，行神として国家領域を巡視する王を象徴している（平勢隆郎 (2005)）．譚其驤編 (1982) は，夏王朝期の歴史地図を示しているが，『尚書』「禹貢」が[155]述べる「九州」「五服」，『容成氏』のいう「九州」，『周礼』「職方氏」など，禹の伝説に関わる地名を地図上にプロットしてみると，それぞれ異なるけれど，およそ夏の支配域を想定することができる．

　『竹書紀年』は，夏の王都として，陽城，斟鄩，商丘，斟灌，原，老丘，西河の7つをあげるが，その中で，夏王朝の最後の王桀がいた斟鄩と見做されるのが二里頭遺跡である[156]．考古学的な遺構が，二里頭文化期→二里岡下層文化期→二里岡上層文化期→殷墟文化期への変化していること，すなわち殷時代を遡るのが二里頭遺跡であること，宮廷儀礼に関わる玉器，青銅器が二里頭遺跡から周辺地域に広まったと考えられるのが大きな根拠とされる．近年の発掘調査によると，二里頭に先行する遺構として，登封王城崗（BC.2100～1900，約30ha），瓦店，新密古城寨（約17ha）という3つの遺構が知られる．しかし，『竹書紀年』の記す他の王都，そして『史記』「夏本紀」や『竹

[155) 『尚書』禹貢は，「中邦（中国）」は魏とする．戦国時代に書かれた歴史がそれぞれ自らを正統化するために作為をなしていることは平勢隆郎が一連の著作で明らかにするところである

156) 村田治郎 (1981) の「中国帝都の平面図型」は，殷時代から説き起こされる．鄭州商城（発掘1956～1973年），盤龍城（発見1954年，発掘1974年～）が取り上げられ，二里頭遺跡（発見1957年，発掘1960～64）は殷代初期の遺構として触れている．楊寛 (1987) も，鄭州商城と盤龍城を取り上げるが，偃師商城，二里頭遺跡については追記で触れるにとどまっている．

中国都城の初期形態

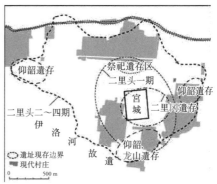

図II-2-1　二里頭遺跡（Google Earth，作図：許宏）

書紀年』「夏本紀」が記す禹以降の夏王朝の王名については確認されているわけではない．全容が明らかになるのはさらに時間を要すると考えられる．夏王朝を開いた禹の都をはじめ他の都城[157]の所在地は依然として確定されてはいない[158]．最大の関心事であるが，夏王朝の遺構と目される場所から，今のところ文字（漢字）は出土していない．

　二里頭遺跡はおよそ 2km 四方（東西最長約 2400m，南北最長約 1900m）に広がっており，その中核と目される王宮部分（宮殿区）は，全体が土壁と外周道路で囲われた長方形の宮域に壁と回廊で囲われた宮殿が配置される構成をとる．宮殿区の北には，円形にマウンドが並ぶ祭壇がある（図II-2-1）．

　宮殿区の長方形の規模は東西約 290m，南北約 370m，全体は西へ約 5 度傾いている．全容が報告されているのは第 1 号宮殿と第 2 号宮殿で，ほぼ同時期（二里頭 3 期）に建設されたとされる．第 1 号宮殿は，基壇の大きさは東西 107m，南北 99m の規模で回廊に囲われた中に正殿（36m×11m）がある．2 号宮殿の下に 3 号宮殿が発見された（2001）．二里頭文化 2 期に属すとされ，南北 150m，東西 50m，回廊で囲われ，北院，中院，南院の 3 つの中庭からなり，中院には主殿が配置され，中院と南院には 5 基の墓があった．この 3 号宮殿の西には同時期の 5 号宮殿があった．2 号宮殿の南に東西に細長い 4 号宮殿，北には 6 号宮殿（二里頭 4 期）がある[159]．2 号宮殿の北には後代の 6 号宮殿が確認されている．7 号，8 号，9 号基址は 1 号宮殿南，王宮西南端に

---

157) 西晋代の 280 年頃河南省汲県で発見された竹簡文書『竹書紀年』は，陽城，斟鄩，商丘，斟灌，原，老丘，西河の 7 つを挙げる．夏王朝最後の桀が都としたのは斟鄩である．

158) 古来，古文献を基に夏王朝の王都の所在地を実在の場所に比定する試みはある．20 世紀初頭にも丁山（1901〜52）が比定を試みている（「由三代都邑論其民族文化」国立中央研究院歴史語研究所，1935 年）．

159) 『中国文物報』2003 年 1 月 17 日（岡村秀典（2003））

位置する．

全体は，矩形に囲われた宮城の中に，回廊で囲われた宮殿＋中庭が配置される空間構成である．規模は異にするが，前漢長安城の城壁内を長楽宮，未央宮，桂宮，北宮が配置される空間構造と同相である．

最近発見された河南省滎陽市大師姑遺跡は，南北620m，東西950mほどの城址で二里頭文化後半期とされ，夏王朝の東端に位置する前線基地と考えられているが，夏王朝についてはわかっていないことが多い．

極めて限られた以上の情報をもとに言えることは少ないけれど，指摘すべきは，

①1号宮殿，2号宮殿など，同様に，回廊で囲われた中に中庭および宮殿を設ける構成をしていることである．そして，それが中国都城の

②宮室構成の原型

ではないかということである．

二里頭遺跡からは宮廷儀礼に関わる玉器などが多数出土している．すなわち，宮廷儀礼が既に成立していたと考えられる．西周時代の初期，康王が即位した時の儀礼を詳細に記した『尚書』「顧命」をもとに吉川幸次郎が復元した宮室の構成は，1号宮殿，2号宮殿の構成は基本的に一致しているのである（岡村秀典（2003））．もっとも，回廊で囲われた正殿と中庭という空間構成は極めて単純であり原型的である．朝会儀礼の空間の原型であり，三朝構成に至る起源の形態と言っていいが，少なくとも言えるのは，宮廷儀礼が成立しており，中国王権の初期形態を示していることである．

(2) 殷（商）都

夏を滅ぼしたのは殷（商）の湯王とされる．殷王朝についてもわかることは少ないが，甲骨文や青銅器銘文の出土もあり，また殷墟の発掘があるから，その実在は確認されており，夏王朝に比すれば具体的な検討が可能である．殷墟に先立って，鄭州商城以外に偃師商城もある．さらに，盤龍城や垣曲商城などいくつかの少城が知られる．

殷代には，国都周辺の広大な地域を「郊」と呼んだ．「郊」には多くの「城邑」が含まれており，1つの「邑」をとりまく地域を「野」と称した．郊外が「野」で，「城邑」とその四郊が「郊内」である．郊・野制度という（楊寛（1987））．そして，殷は，陪（副）都制を採っていた．商代の国都が「商」であり，王畿すなわち国土は「大邑商」と呼ばれた．そして「大邑商」の中で陪都であったのが，牧(沫)である．商代前期の陪都だったと考えられるのが鄭州商城（河南省鄭州市）である．商代後期に長期にわたって国都であったのが殷墟（河南省安陽市）である．ただ，殷墟の場合，鄭州商城と偃師商城と違って城壁をもっていないことから，王都，都城は別にあったという説が有力である．

殷王朝の城郭遺跡として，偃師商城，鄭州商城，殷墟のほかに盤龍城（湖北省黄陂県）が知られる．中国都城の遺構の立地を見ると，多くは川沿いの台地に築かれ，山

城と言えるものはほとんどない．城郭内部に岡をもつ霊寿城（河北省），紀南城（湖北省），曲阜（山東省）があるが，山城式の典型ということであれば盤龍城ということになるだろう（愛宕元（1991））．

楊寛（1987）は，殷代の城郭遺構に共通する特性として，a. 防御施設としての城壁，壕の存在，b. 東北部を重心とする宮殿の配置，城壁外四周へのc. 墓地，d. 手工業，農業のための作業場，e. 住居の配置を挙げる．この配置は統一的であり，規格が存在し，礼制として定められていたと楊寛は考えるが，鄭州商城，殷墟，盤龍城（湖北省）のわずか3つの遺構の共通特性にすぎないし，上述のように殷墟を城壁都市とするには疑問がある．また，東北部を重心とする宮殿の配置については，楊寛も認めているけれど，偃師商城の場合は当てはまらない．偃師商城の場合，宮殿は東南部に置かれているのである．殷代でも前期と後期で変化があったことになるが，一般化するには余りにも事例が少ないと言わざるを得ない[160]．

殷（商）の最初の都亳はこれまで鄭州商城に比定されることが一般的であったが，近年の考古学的知見によると，偃師商城が亳であり，偃師商城の少城が西亳とされる（宮本一夫（2005））．そして，同時期に殷の王都として築かれたのが鄭州商城とされる．すなわち，二里頭にあった夏の都斟鄩を滅ぼす前線基地としてまず偃師商城の少城が築かれ，隣接するかたちで亳が建設されるとともに，殷の王都として鄭州商城が建設された．楊寛が主張するように，殷代に既に陪都制が敷かれていた証左となる．二里岡下層期には，偃師商城，鄭州商城，盤龍城の他，垣曲商城（山西省），東下馮（山西省夏県），府城（河南省焦作村）が発見されており，全体としてネットワークを形成していたと考えられる．

偃師商城は，小城大郭の連結方式の形態をしており，東南部に小城があり，その南に宮殿区がある．鄭州商城（東西約1700m×約1870m）は偃師商城より一回り大きく，北東部に宮殿と園地がある．そして，南城壁から南1kmほどのところに5kmにわたって外城壁が残されており，外城にとり囲まれていたと考えられている．東南部に重点を置くか，北東部を中心核とするかについては議論が残るが，内城，外城の2重の城壁で囲われた形態は中国都城の最も古いものと考えられている．

殷墟は，考古学的には時代を下り，鄭州商城とは断絶があるとされてきたが，近年，鄭州商城の西北約20kmの地から小双橋遺跡（鄭州市石仏郷），殷墟の北約1.5kmの地から洹北商城（河南省安陽市）が発見され，その断絶が埋められつつある．すなわち，小双橋遺跡は，鄭州商城より新しく，洹北商城はさらに新しい．そして，東西約2150m，南北約2200mの城壁址が確認され，さらに内部に宮殿址が発見されたことで，洹北商城が殷都であることが認められつつある[161]．

---

160)「商」「中商」「大邑商」という地名については，譚其驤編（1982）がその分布を示している．
161) 殷王朝第19代王の盤庚が遷都したと考えられている．そして，盤庚以下の歴代12人の王うち，

洹北商城はほぼ正方形をしており，中央に宮殿区をもつ．宮殿区では1号宮殿と2号宮殿のふたつの宮殿祉が発掘されているが，1号宮殿は東西173m，南北90mの巨大な宮殿で，この主殿と前面の中庭を囲んで回廊が巡る．二里頭遺跡の宮殿区の1号宮殿と同じ形式である．中庭や門の周辺には，南側に立地する殷墟と同様，祭祀坑が発見されている．王宮，宗廟，墓地からなる殷墟と合わせて，祭祀都市の様相を呈している（宮本一夫（2005））．洹北商城は鄭州商城よりさらに大きく，より形式されているように思われるが，詳細は不明である．

(3) 周都 —— 酆京・鎬京・成周

　周は西方から出現し，陝西の大国となることによって，河南の殷を滅ぼすことになる．その経緯を史書が記すが，史実ははっきりしているわけではない．周時代の史実をめぐっては，西周時代の王の在位年を特定したと自負する平勢隆郎（2005）に委ねるが，周の王都についてはわからないことが多い．

　文王（BC.1058〜1034年）は，「姫」を姓[162]とする諸侯からなる周を統一すると，本拠地を西方の岐山から移して，関中平野に王都・酆京を建設する．周の都城で城壁そして濠をめぐらすのはこの酆京以降とされる[163]．そして，武王（BC.1034〜1022年）が殷を滅ぼして（BC.1023年），新王都・鎬京（宗周）を建設したとされる．その位置については諸説があるが，渭水（河）の支流となる灃水（河）の東西岸に向き合うように位置していたという説が有力である．

　車馬坑，宮殿祉など遺構が確認されているが，京域や宮域は特定されておらず，域内の空間構成も明らかになっていない．楊寛（1987）によれば，鎬京には，「辟廱」（大学）があり[164]，宗廟が建てられていたという．また，大軍が駐屯しており，兵営とそれを守る施設があったと考えられている．

　武王の死後，その遺志を継いで，夏殷の故地，中原を抑えるために雒邑に成周を建設したのは，若い成王（BC.1009〜1002年）の摂政に就いた周公旦である．西周時代の諸王は基本的に鎬京に常住していたが，以降，東都成周でも政務をとることになる．楊寛（1987）は，殷（商）代陪都制の発展とする．そして，「小城大郭」連結構造をとる都城の嚆矢とする．偃師商城と鄭州商城の関係と偃師商城が既に同様の構造を示していたことは上述の通りである．この東都成周は，周王朝の分裂によって，すなわち東周が西周を滅ぼすことで東周の王都となる（図II-2-2）．

　末帝の辛王を除く11人の王が西北岡の王陵区に葬られている可能性があるという．
162)　姓が用いられるようになるのは戦国時代以降とされる．
163)　『詩経』大雅「文王有声」に「築城伊淢, 作酆伊匹. 匪棘其欲, 遹追來孝. 王后烝哉. 王公伊濯, 為酆之垣. 四方攸同, 王后維翰. 王后烝哉.」とある. 酆之垣という. また淢は濠のこと（楊寛(1987)).
164)　『詩経』大雅，「文王有声」に「鎬京辟廱. 自西自東, 自南自北, 無思不服. 皇王烝哉.」とある（楊寛(1987)).

中国都城の初期形態

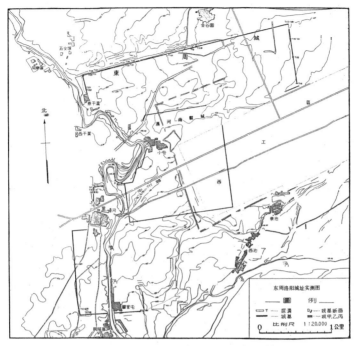

図II-2-2　東都成周（出典：叶暁軍（1986））

　西周の東都成周の王城址は発見されていないが，唐代にはその遺址が存在しており，「洛州河南県の北九里の苑内の東北に在り」(『括地志』)といった記事があることから，澗河が洛河に合流する地点にあった東周（春秋）時代の王城址（洛陽市王城公園）より北にあったと考えられている．

　東都成周の形態については不明と言わざるを得ないが，『逸周書』作雒篇に具体的な記述がある（楊寛（1987））．

　「乃作大邑成周于土中．城方千七百二十丈．郛方七十里」とあり，郊甸は「方六百里」，「西土に因りて方千里」を分けて「百県」となし，県は「四郡」，郡は「四鄙」からなる，「大県」の城の「方」は王城の3分の1，小県の城の「方」は9分の1とする，とある．

　すなわち，「土中」に作る「大邑成周」は，城方1720丈と郛方70里からなるとする．郛はすなわち郭であるが，「土中」とはすなわち天下の中心であり，「大邑成周」とは，郊甸方600里を含む成周の王畿全体を意味する．そして，城方1720丈という王城を意味する．この方1720丈については，後代の文献は1620丈とする．1丈10尺，300歩を1里とすると1620丈はちょうど9里となる．「方九里」は，秦漢代の平均尺

139

23cm（殷代の骨尺17cm）で換算すれば，3726m（2750m）四方となる．『周礼』「考工記」「匠人営国条」のいう「方九里」に合致していることになる．後世の解説ということであろう．「郭（郭）方七十里」については，後世方72里，方17里，方27里と様々な解釈，記載が残されている．郭（郭）が大きすぎるという解釈もあるが，城と郭（郭）の関係が不明であったことによる．『漢書』「地理志」は，王城と成周を異なる2つの邑とし，王城は当時の河南県城，成周を雒陽県城（漢魏古城）としている．これについては，楊寛（1987）は，童書業の考証[165]を引きながら誤りとし，王城と郭は連結しており，王城の東に連結して，瀍水を跨ぐ形で大郭があったとする．周公が成周の東に大郭を築いた目的は，大軍を駐屯させ，都城全体を防御施設とし，さらに殷の旧貴族を遷住されるためだったという．

楊寛は，「成周八自」と呼ばれる大軍を駐屯させ防御を固めるため，また，商の貴族を遷徒させるために周公は大郭を建設したとし，発掘遺構の配置を吟味することによって，王城の東に大郭があったと推定している．

西周および春秋時代は，「国」と「野」を対置する郷遂制度を行っていた．「郷」あるいは「郊」とは，国都および周辺地域に住む人々の組織で，「遂」あるいは「野」，「鄙」は，郷をとりまく農業地域に住む人々の組織をいう．「国人」と呼ばれる「郷」の住民は，官僚，兵士など都市住民であり，「庶人」「野人」と呼ばれる「遂」の住民は井田で働く農民である．

2-2 春秋戦国時代の国都

夏，殷，周（西周）の都城について，これまでに知られていることは以上のようである．春秋戦国時代の都城の初期形態についてさらに具体的にみておこう．

周王朝の分裂によって，東周が西周を滅ぼし，東周王城に拠点を移して以降も，混乱は続いた．周王朝の権威が衰え，各地の諸侯が勝手気儘に振舞うようになる．西周の故地には既に秦が侵入してきていた．西周を倒すにあたっては晋が旗頭になる．秦，晋をはじめとして，春秋時代には各地に列国が群雄割拠した．『孟子』「告子編」は，斉の桓公，晋の文公，秦の穆公，宋の襄公，楚の荘王を五覇[166]とする．『史記』は，周と魯を別格に位置づけた上で，「十二諸侯」を選んで年表をまとめている．漢代に「六国の世」と呼ばれた戦国時代は，秦と六国（楚，斉，燕，韓，魏，趙），いわゆる「戦国七雄」が並び立つことになる．『史記』は，秦を別格として，「六国年表」をまとめている．

東周，春秋時代（BC. 770〜475年），戦国時代（BC.. 475〜221年）には，多くの都城

---

165) 童書業（1962）『中国古代地理考証論文集』上海中華書局
166) 春秋五覇については，見解によって異なり，呉王闔閭，夫差，越王句践なども挙げられる．

表II-2-1 春秋戦国時代の都城

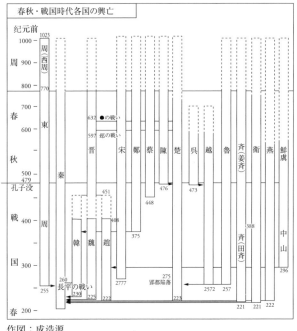

作図：成浩源

が築かれた．春秋戦国時代の主な都城は以下のようである（表II-2-1 数字は滅亡年）．ただ，春秋末以前に遡る都城遺構は少なく，ほとんどが戦国時代のものである．

　周—成周　255年
　秦—西犬丘（西垂）・平陽・雍・櫟陽・咸陽　206年
　晋—絳（翼）・新田　451年
　韓—宣陽・鄭　新鄭城　230年
　魏—安邑・大梁　225年
　趙—晋陽・中牟・邯鄲　222年
　宋—商丘　睢陽　277年？
　鄭—新鄭　375年
　蔡　446年
　陳　478年
　楚—丹陽・郢・鄢・郢（上郢）陳・寿春　223年
　呉—呉　473年
　越—会稽　257年？

魯—曲阜　257 年

斉—（営丘・薄姑）臨淄　221 年

衛—沫（朝歌）・曹・楚丘・帝丘　221 年

燕—薊　陪都：下都城　222 年

鮮虞・中山—顧・灵（霊）寿　296 年

　佐原康夫（2002）は，春秋戦国時代の城郭について，52 の城郭遺構（図II-2-3）の発掘報告書をもとに，その立地，形状，規模，城壁の高さ・厚さなどについて概観している[167]．そして，春秋戦国・秦漢時代の城郭都市の形態を，A 内城外郭式，B 外郭式，C 連結式，D 自然形式，の4つにわける．続いてみる宮崎市定の類型と発展図式（図II-2-4）が意識されているとみていい．まず規模について大きく分類した上で，その形態類型を主要な都市について確認しよう（数字は図II-2-3 の番号）．

　最長辺が 4500m 以上の城郭都市として，安邑（魏：山西省夏県，禹王城7），邯鄲（趙：河北省邯鄲市16），下都（燕：河北省易県18），灵（霊）寿（中山：河北省平山県19），臨淄（斉：山東省臨淄20），新鄭（鄭・韓：河南省新鄭県32），郢（紀南城）（楚：湖北省江陵県38），長安城（漢：陝西省西安市4）がある．灵寿と長安を除けば，「六国の雄」（楚，斉，燕，韓，魏，趙）の都城（王都）である．郢を除けばいずれも中原の地にある．

　続いて，最長辺が 2500m～3600m の城郭都市として，雍（秦：陝西省鳳翔県1），襄汾（晋：山西省襄汾県10），曲沃（韓：山西省曲沃県12），晋陽（趙：山西省太原市14），薛城（斉：山東省滕県21），紀王城（鄒：山東省鄒県23），曲阜（魯：山東省曲阜県24），洛陽（東周：河南省洛陽市25），上蔡（楚：河南省上蔡35）がある．このクラスには春秋時代の国都が多く含まれている．薛は戦国時代の孟嘗君父子の居城として知られる城郭都市で，臨淄を主都とする斉の副都と目される[168]．

　成周が「方九里」（3726m～2750m），鄭州商城，洹北商城が 2000m 四方程度であるから，春秋そして戦国時代に至るにつれて，都城の規模は拡大していることがわかる．最長辺が 2000m 級の城郭都市として，榮陽（鄭州古榮鎮27），滑城（偃師県30），陽城（登封県告成鎮33）がある．

2-3　初期都城の類型

　独自の都市国家論で中国古代の集落・都市の発展過程について大きな枠組みを与えた宮崎市定については既に度々触れてきたが，ここでも「紙上考古学」と称する古文献のみをもとにした，宮崎市定による中国都城の起源とその発展段階についての図式

---

167) 佐原康夫「第1章　春秋戦国時代の城郭について」佐原康夫（2002）．全部で 52 の城郭遺構の配置図が発掘報告文献とともにリストアップされている．
168) 他に副都と考えられる都市として即墨や莒がある．

化がわかりやすい手掛かりを与えてくれる (図II-2-4)[169].

　まず，小高い岡に城が建てられ，周囲に人民が散居する山城式 (第三式) が成立する→そして，その周囲に郭を廻らす城主郭従式 (第二変式 (イ)) が現れ→城郭が2重に囲われる内城外郭式[170] (第二式) が成立する．並行して→内城の城壁がはっきりしなくなる城従郭主式 (第二変式 (ロ)) となり→城壁 (城＝郭一体) 式 (第一式) がうまれる，という発展図式である．文献の上では，城壁 (城＝郭一体) 式は，戦国時代以後あるいは秦漢以後に多く，内城外郭式は春秋時代に多いことから，原型として山城式を想定して，都市の発展過程を推定するのである．

　問題は実際の形態である．規模の大きい以上の城郭都市を主として念頭に置きながら，形態について見ると，まず言えるのは，A内城外郭式は極めて少ないということである．外郭と壁を共有するものも合わせると襄汾 (山西省襄汾県10) など7例数えられるが，回字型の二重構造をしたものは曲沃，呼和浩徳 (内蒙古42)，漢・三封県 (内蒙古陶升井古城／図II-2-3の中では省略している) の3例にすぎない．内蒙古のものは秦漢時代の小規模な「辺塞」である．

　圧倒的に多いのはB外郭式 (宮崎の城壁式) で約半数を占める．城郭の形が方形かどうかという分類軸を別次元とすれば，DはBに含まれるが，その場合，城主郭従か城従郭主かということを図面から判定するのは難しい．

　C連結式には，燕下都，懐来 (河北省17)，寧城県黒城 (遼寧省50) などがある．Cは城塞の規模を拡大する形で造られるのが一般的である．すなわち，B→Cという順に形成される．上例はいずれもそうである．燕の陪都，下都は，東西2つの城から成り，南北に流れる1本の川で隔てられている．邯鄲の場合，趙王城は西城・東城・北城が連結する形をとり，北東に少し離れて大郭となる大北城がある[171]．

　いくつか具体的に見よう．曲阜は以下のようである (図II-2-5)．

①ほぼ長方形の城壁で囲われ，およそ東西3.5km，南北2.5kmの規模をしている (東2531m，南3250m，西2430m，北2560m)．南東，北東，西北の隅部の発掘調査によって，古城の城壁は西周初期に築城され，後期に改築補修され，以降，春秋戦国時代を通してその位置には変化がなかったことがわかっている．

②城門は東西北面に3門ずつ，南面に2門ある．主要道路は東西に走り，東に行く程広くなっていた．南北道路は西側に偏してあり，東西道路よりも狭い．

③宮殿区は，古城中央やや東北 (周公廟付近の高台) に位置していた．

---

169) 宮崎市定「中国都城の起源異説」(1933年)(『宮崎市定全集33—古代』，岩波書店，1991年)
170) 宮崎は触れないが，『管子』度地篇に「内為之城，城外為之郭」，「天子中而処，謂因天之固，帰地之利などとあり，内城に天子の居所があり，外郭に庶民が住んでいたことが推定できるのが内城外郭式である．
171) この城郭連結の形態は，インダス文明の諸都市における，いわゆる西高東低の構成，すなわち城塞が西の高台に位置し，東の低地に郭・市街地が設けられる形態を想起させる．

第Ⅱ章
中国都城の起源

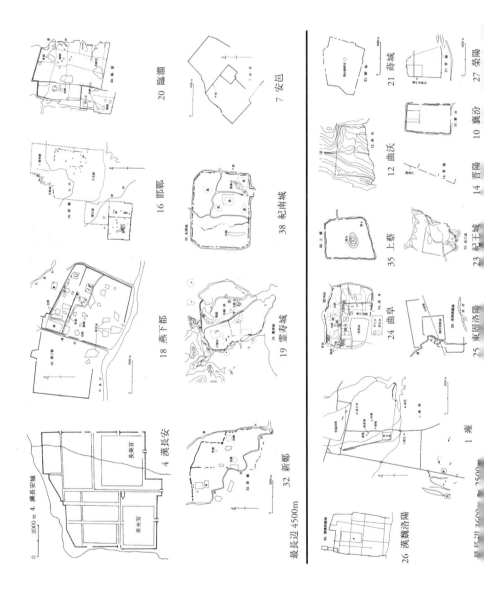

144

中国都城の初期形態

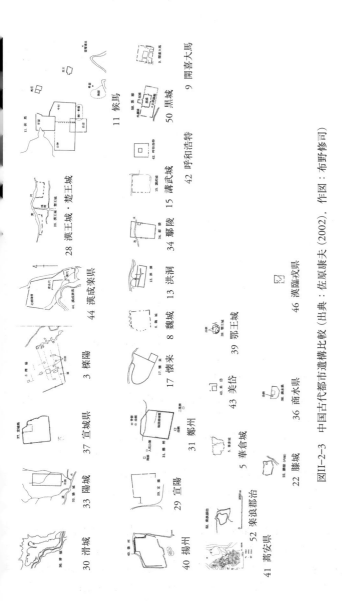

図II-2-3 中国古代都市遺構比較（出典：佐原康夫 (2002), 作図：布野修司）

第II章
中国都城の起源

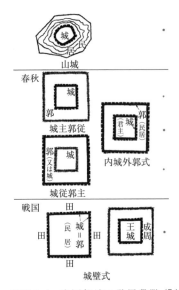

図II-2-4　中国都城の発展段階（「紙上考古学」）（出典：宮崎市定(1933)「中国都城の起源異説」(『宮崎市定全集3 古代』岩波書店，1991年))

④古城内の諸遺跡は，西部，北部のものが，東部，南部のものより古い．宮殿区の北側の盛果寺一帯に最大規模の住居祉があり，また西部に主要な居住部があった．手工業の作業場も中央北部と西部にあった．

⑤古城内の墓は，西側3分の1の範囲に集中し，2つに類型化できる．魯では周の郷遂制度（「三郊三遂」）が実施されており，周の貴族と殷の後裔という，異なる礼俗をもつ集団が居住していたことから，周貴族は中央北部に，殷の後裔は西部に居住していたと考えられる．

楊寬は，主として②を根拠に，また西部に重心があることを根拠に，曲阜は「坐西朝東」構造をしていたとする．ただ，楊寬も認めているけれど，曲阜は小城と大郭が連結する空間構造をしていない．佐原康夫(2002)は曲阜をC連結式とするが，そう見えるのは現在の県城の城壁，あるいは漢代の城壁祉があるからである．「小城大郭」（「西城東郭」）構造というわけにはいかないであろう．そして，回字型の二重構造はしていないし，「中央宮闕」ということがはっきり言えるわけでもない．

斉の都城，臨淄は，西南の小城と東北の大郭が連結する典型的な「小城大郭」，「西城東郭」，「坐西朝東」の配置構造をしているように思われる．しかし，東南部の「小城」は「大郭」の後に建設されたことが考古学的に明らかになっている．「大郭」の築城は西周に遡るが，「小城」は漢代の築城である．となると，「小城」→「小城大郭」という建設過程をたどった東周成周あるいは偃師商城とは異なることになる．また，「大郭」の東北部に宮殿祉が認められることから，楊寬は，鄭州商城にみられるような，殷(商)代の礼制に従ったのだとする．

鄭そして韓の都城，新鄭は，北西から東南に流れる洧水と南北に流れる黄水で囲われた土地に沿う形で不定形の城壁が設けられているが，南北方向の城壁で2分され，西が小城，東が大郭の配置構造をしている．先に小城が築城され，春秋前期に郭が築かれているが，東周成周など，南西部に小城がある例が多い中で，北東部に「小城」が位置するのが異なっている．楊寬は，城郭とも東を正門としており，「坐西朝東」の形式であるとする．

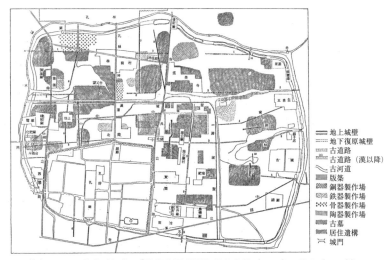

図II-2-5 曲阜(出典:『曲阜魯国故城』斉魯書社 (1982), 楊寛 (1987))

　晋の都城,新田には5つの古城が発見されている.中心となるのが平望,牛村,台神の3古城で品字形に連結している.この多くの宮城が連結する形は他に見られない.上で簡単に触れたが,趙の都城,邯鄲の古城が品字形である.楊寛は晋の特徴が趙に引き継がれたとみる.新田の場合,現在のところ郭は見つかっていないが,邯鄲の場合,東北部に大郭が連結する.古城と郭は接していないが,楊寛は邯鄲の空間構造は臨淄と同じであるとする.

　秦の都城の変遷については以下に続いてみるが,徳公 (BC. 677〜676年) が平陽から遷都して,献公 (BC. 384〜362年) が櫟陽に遷都するまで280年間都城であったのが雍である.鳳翔県城の南に接し,古城の南には雍水が東西に流れている.西壁以外は一部の城壁が残るのみであり,矩形ではない.強調されるのは,主要な宮殿,宗廟は城内中央やや西南よりに建てられていることである.「西城東郭」は確認されないが,楊寛は「坐西朝東」の配置構造をしていたとする.

　魏の都城,安邑は,大城,中城,小城と禹王廟の4つの部分からなっている.中城は大城内の西南部にあり,小城は大城の中央,中城の東に位置している.小城が中城の遺構であるとすると,中城は西城,大城が東郭となる.

　楚の都城,郢(紀南城)は,ほぼ長方形であり,堀で囲まれているが,南城壁の中央やや東の突出部分は出入りのために濠は設けられていない.東西北に2門ずつ,東に1門壁,城門は7つあり,南壁西門,北壁東門は水門である.居住区は主として城内東側にあり,特に東南部に版築基壇が集中している.水路が城内に引き込まれて

147

いること，重心が東南部にあること，城郭連結式でないことなど，以上に見てきた中原の都城とは趣を異にしている．

　以上，春秋戦国時代の城郭都市の形態についてみてきたが，それぞれは必ずしも同じかたちをしているわけではなく，立地する場所の特性に応じてむしろ多様といっていい．楊寛は，多くが「小城大郭」「西城東郭」「坐西朝東」の配置構造をとり，成周をモデルとして中原の諸国はそれぞれの国都を造営したというが，限られた事例に基づいており，例外も少なくないように思われる．少なくとも確認できるのは，『周礼』「考工記」の都城理念モデル，あるいはその起源になるような都城モデルは用いられてはいないということである．

II-3　最初の帝都 ── 宇宙の中心としての咸陽

　始皇帝の天下統一によって成立した秦帝国＝「中国」の都城が咸陽である．始皇帝が最初の皇帝であるとすれば，咸陽は最初の「帝都」となる．咸陽は，秦の孝公（BC. 361〜338年）が商鞅の変法に従って櫟陽から遷都（BC. 350年）して以降，秦の都城であったが，天下統一と並行して，帝都に相応しい造作が加えられていくことになる．

　秦の都城（王都）としての咸陽と始皇帝の帝都（都城）としての咸陽すなわち天下統一後の咸陽との連続・不連続が問題となるが，咸陽遷都以降秦王朝滅亡（BC. 206年）までの145年のうち，秦王朝の存続はわずか15年にすぎない．天下統一後に新たな理念に基づいて帝都を建設したとすると，その時間は短かったと言わざるをえない．もし仮に一定の構想，理念のもとに咸陽が建設されてきたとするのであれば，天下統一以前にそれは用意されていたと考えるのが自然である．秦王政すなわち秦始皇帝が13歳で即位して（BC. 247年）天下統一まで26年の月日がある．

　しかし，咸陽は焼失し，また，渭水の河道の変遷によってその遺祉の多くが失われてしまっていて，始皇帝以前に遡ってその構想の理念を窺う手掛かりは少ない．従って，秦の都城については，専ら『史記』（司馬遷）『漢書』（班固，班昭）『三輔黄圖』『水経注』（酈道元）『西京雜記』『西都賦』（班固）『西京賦』（張衡）『長安志』（宋敏求[172]）『雍録』（程大昌[173]）『長安志圖』（李好文）などの文献を基にして議論されてきたが，兵馬俑の発見（1974年）から極廟の場所の特定（2012年）など，考古学による発掘の進展もあり，徐々に手掛かりが増えつつある．

---

172) 宋敏求（1019〜1079），北宋文学者，史地学家，藏書家．
173) 程大昌（1123-1195），字は泰之，徽州休寧（安徽省）出身．南宋政治家，学者．

最初の帝都—宇宙の中心としての咸陽

　始皇帝の咸陽について注目すべきは，即位と同時に寿陵として酈山陵（始皇帝陵）の建設が開始されていることである．『史記』は始皇帝陵を，その南に位置する「驪山」と区別して「酈山」としている．また，始皇帝陵＝「酈山」を含む陵墓全体を「麗山園」としている．いささか混乱するので，以下では，以上の区別を確認した上で，始皇帝の南に位置する自然の山を「驪山」，「酈山」を始皇帝陵，「麗山園」を始皇帝陵園とする．
　始皇帝陵を中心として造営された陵園は広大であり，優に都城の規模に匹敵する．そして，正南北を軸線とし，長方形の内城，外城で2重に囲われた陵園の形態はそれ以前にはなく，春秋戦国諸国の都城の形態と比べるとその幾何学的形態は際立っている．以下に見るように，この形態は，秦王朝の，そしてそれを結晶化させることになる始皇帝の「天下」＝「宇宙」観に基づくものと考えることができる．本節では，秦の帝都・咸陽の空間構造，そして始皇帝の国土計画，帝都造営計画をめぐって，その理念と具体的形態，その特性を明らかにしたい．秦咸陽については，鶴間和幸の一連の論考がある（鶴間和幸(2013)）．また，応地利明(2011)の考察がある．それらに依拠しながら，まずは，秦の王都の変遷を辿り，咸陽のモデルとなったとされる櫟陽，そして咸陽をモデルにしたという成都の空間構成を確認した上で，始皇帝の咸陽に迫りたい．

3-1 ｜ 雍

　秦の都城，咸陽の形態，空間構造については，項羽による破壊，焼失，そして渭水が北へ向かって河床を移動させ，遺構を流出したことが大きく，不明な点が多い．第1に手掛かりとされるのは，咸陽に至る以前の秦の国都，とりわけ直前の櫟陽，そしてその前に長期にわたって都城であった雍である．
　秦は，もともと，周よりさらに西方の「嬴」と呼ばれる一族を出自とする．『史記』「秦本紀」は，秦の始祖は玄鳥の産み落とした卵を女性が飲み込んで誕生したとするが，玄鳥とは燕で，「嬴Ying」と「燕Yan」は極めて近い音だという（吉川忠雄(2002)）．「殷本紀」も全く同様の感性（処女懐胎）説話を語っており，殷と秦には何らかの繋がりがあったとも考えられている．
　「秦本紀」は，殷の時代のこととして，西戎の地にあって「西垂」を保ったとする．「西垂」とは固有名詞というより，西の辺境を意味し，秦の先祖は殷王朝の西方辺境地帯の防衛に携わっていたと思われる．
　周王朝が殷王朝を滅ぼすと，嬴一族は，汧水と渭水が合流する犬丘の地（甘粛省天

第 II 章
中国都城の起源

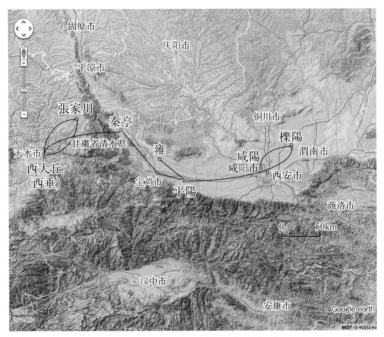

図II-3-1　秦の東漸（作図：布野修司）

水市付近に比定）で牧畜，馬の飼育に当たっており，附庸[174]として，秦の地（甘粛省清水県秦亭）に城邑の建設を許されたという．これが秦の国名のもととなる．

　周王朝が鎬京から洛邑へ東遷を強いられた際，秦の襄公が周の平王を助け洛邑に送り届けた功績によって，諸侯として封建され，渭水中流の岐山以西の地を与えられたことを建国の起源としている．

　建国の祖，襄公が拠点としたのは汧である．そして，2代文公が汧水と渭水の合流点（「汧渭之会」）に新邑を築いて移り，3代寧公がさらに西の平陽に拠点を移している（BC. 714）．建国当初は，1代ごとに国都を移動させたようである．遊牧生活を基本とし，牧畜，馬の飼育そして西戎に対する防衛が主要な任務であった．春秋中期になって六代徳公（BC. 677～676年）が雍（陝西省鳳翔県）に遷都する．一定の国力が確保され，支配領域も拡大されたことを示している．徳公から献公（BC. 384～362年）まで19代，295年間（BC. 677～383年），雍には都城が置かれた．その後，櫟陽に遷都（BC. 383年）

---

174) 周代には，公・候・伯・子・男の五等の爵制による封建制が行われ，公，侯の田は方百里，伯は方七十里，子，男は方五十里が分与された．五十里四方に満たない土地を分与されたものを附庸という．

し，短期間（33年間）拠点とした後，さらに遷都したのが咸陽である（図II-3-1）．

雍城の宮殿や宗廟は，櫟陽遷都以降も継続して用いられ，重要な儀礼は雍の祖廟で行われ続けた．その規模，存続期間からみて，雍は秦の最初の都城といっていい．始皇帝も成人した際に雍の祖廟に赴き「冠礼」[175]という儀礼を秦の礼制に則って行っている．この「冠礼」を終えて初めて親政を開始するのである．雍は秦にとって極めて重要な場所であり，天下統一以後の咸陽とも特別の関係であり続けた．そして，さらに注目すべきは，前漢第7代の武帝も始皇帝に倣って泰山における封禅の儀とともに，雍の宗廟での儀礼を続けたという事実である．前漢においても「雍五畤」と呼ばれる上帝を祀る郊祀は続けられている．雍の重要性についてはもう少し着目されていい．以下にみるように，雍，咸陽，始皇帝陵，そして東門闕は東西軸線上にある．「雍五畤」が廃止され，前漢長安に南北郊が設けられたのは建始2（BC. 31）年のことである（金子修一（2006））．

楊寛（1987）は，雍を春秋戦国時代の他の国都と同様，「座西朝東」の構造をしていたとする．そしてさらに，都城の内部構造について注目すべき点を指摘する．

①雍には，もともと徳公が居した大鄭宮と呼ばれる宮城が1つあっただけであるが，その後王が変わるごとに「宮」や「寝」が建てられた[176]．すなわち，雍はいくつかの「宮」「寝」が順次建てられて形成された複合体であった．

②宮殿遺構の1つ馬家荘3号建築遺構は，正南北方向ではないが（軸線は東に傾く），5つの院落（垣で囲われた中庭）が連結する形式をしている（図II-3-2a）．全体は南北326.5m，東西59.5m（南端），86m（北端）であり，院落の規模はそれぞれ異なるが，第1院落と第2院落の南北長は50m前後で正方形に近く，第3院落の南北長は82.5mで長方形である．第4院落は東西幅70m，南北長51mで，第5院落は東西幅86m，南北朝65mと最大となる．南から外朝，内朝，寝宮の構成をとっていると考えられ，第1院落は庭のみの外朝であり，第2院落は東廟，西廟が向き合う形式をとる．第3院落は真中に朝堂と思われる建物がある内朝で，第4院落は大庭のみである．第5院落は，寝宮と考えられ，3つの建物が品字形に配置され，また，大門の両側に東西方向に長い建物がある．すなわち，この宮殿遺構は，雍において既に，四合院形式をとる，外朝，内朝，寝宮の三朝構成からなる宮殿の形式が成立していたことを示している．

③宮殿遺構の500m東に位置する宗廟遺構である馬家荘1号建築遺構は，3つの同

175）22歳になると挙行されたという．中国古代における冠礼については楊寛「冠礼新探」（『古史新探』）がある（楊寛（1987））．

176）宣公（BC. 675〜664）は陽宮に，康公（BC. 620〜609）と共公（BC. 608〜604）は高寝に，桓公（BC. 603〜577）は大寝に，景公（BC. 6576〜537）は高寝に，それぞれ居した（『秦記』『史記』秦始皇帝本紀末尾付載）．

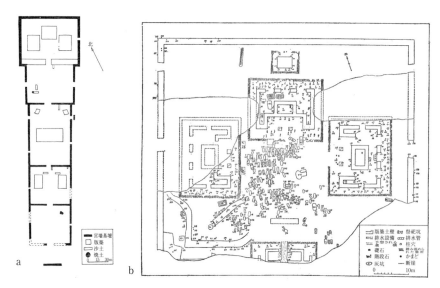

図II-3-2　a 秦都雍城の宮殿遺跡構造図（出典：『考古与文物』1985 年 2 期），b 馬家荘 1 号建築遺構（出典：『文博』1986 年 1 期）

形・同規模（幅 20.8m，奥行 13.9m）の凹字形の廟が品字形（北部中央に祖廟，東に昭廟，西に穆廟）に中庭を囲んで配置される形式をしている（図II-3-2b）．中庭からは数多くの祭祀坑が発掘されている．祖廟が「座北朝南」の形式をとり，宮殿の東に宗廟が配置されている（左祖）ことが注目される．いずれにせよ，雍において宗廟の一定の形式が成立していたことをこの遺構は示している．

④雍城址の西南には，1976 年以降発掘が行われている歴代王の陵墓群，秦公陵園がある．南北約 3km，東西 7km，陵園の周囲には護陵のための堀が廻らされている．秦公大墓中最大のものは景公（BC. 576～537）のものとされるが，多くは殷墟に見られるような中字形をしている．ただ，その規模は遥かに大規模で，始皇帝陵に匹敵するほどであり，東西を軸（墓道）としてその断面形状も似ている．墳丘は確認されていないが，始皇帝陵園は秦公陵園のなんらかの形の発展型とみなせるであろう．同緯度東西上に位置する 2 つの陵は，現在，始皇帝陵園を東陵，秦公陵園を西陵とするが，始皇帝の頭脳の中でも，雍と咸陽，秦公陵園と始皇帝陵園とが大きな計画意図のもとにデザインされていたことは以下に見るように疑いがない．

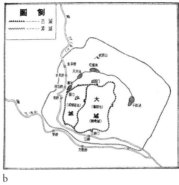

　　　　　図II-3-3　a 成都（Google Earth）　b 成都（四川省文史館（1987））

3-2 咸陽

　櫟陽については，そもそも宮殿の位置など不明のことが多く，櫟陽の天下統一のための戦略拠点としての妥当性を指摘する応地利明（2011）が2つの復元案について検討を加えているが，その特性について言えることは少ない．ただ，興味深いのは，咸陽は，櫟陽をモデルとしたと考えられていることである．といっても手掛かりはないが，もう1つ注目されるのが，秦の恵王（BC. 337〜311）が蜀を滅ぼした後，張儀（？〜BC. 310）らに命じて，国都咸陽にならって成都を築城したとされていることである．

　現在の成都の都市形態を俯瞰すると整然とした街区割りを確認できるが（図II-3-3a），実にユニークなのは，正南北軸をもとにしたグリッドと35度ほど東に傾いた軸をもとにしたグリッドが交差していることである．正南北軸が採られるのは三国蜀（蜀漢）以降で，それ以前は東に傾いた軸線を基にしていたと考えられている．

　成都では，新石器時代末から殷初にかけての都城址とみられる三星堆遺跡（1986年）に続いて金沙遺祉（2001年）が発掘され，中原と異なる古蜀文明の存在が着目されてきている．現在までの考古学の成果によると，その拠点は都江堰付近から南東へ移動し，成都市内の十二橋遺祉は殷代，金沙遺祉古城は殷末から周初に比定され，開明都城が建設されたのは春秋戦国時代だとされる．この開明都城の拠点としていた古蜀を滅ぼして建設されたのが秦の成都である．張蓉（2010）がこの開明都城を『周礼』「考工記」をもとにして復元しているが，具体的な手掛かりは少ない．張蓉（2010）が『周礼』「考工記」の解釈として興味深い案を提出していることは第I章3で触れたが，ここでは図式の当てはめに終始しているように思われる．結局，直接，秦成都を問題にすることになるが，四川省文史館（1987）の復元によれば，西に小城，東に大城を連結する形態である．他に劉琳（1999）の復元があるが，これは『周礼』「考工記」を意

識して「旁三門」を想定した略図にすぎない．張蓉 (2010) も軸線を意識したグリッドをもとに復元を試みているが，「小城大郭」連結構造をしていたとするのは3つの復元案に共通である（図II-3-3b）．

楊寛は，古文献（『華陽国志』『蜀王本紀』『郡国志』など）を渉猟してその形態を論じ，成都もまた春秋戦国時代の中原諸大国の都城と同様，「小城大郭」，「座西朝東」の配置構造をしていたとする．咸陽は櫟陽をモデルにし，成都は咸陽をもとにして建設されたというが，櫟陽や成都についての数少ない手掛かりによって確認できるのは，春秋戦国時代の諸国の都城と同様，いずれも「小城大郭」連結構造，「座西朝東」の構造をしていたのではないかということである．

咸陽とは「咸な陽」であり，2つの陽の地を合わせるという意味である．その命名に大きな意志が込められている．咸陽遷都は，商鞅の第2次変法が布告された年（BC. 352）に行われる．「商鞅変法」と咸陽遷都は関係があると考えるのは自然である．孝公（BC. 381〜338年）の下での，「什伍の制」，阡陌制，度量衡の統一などの「商鞅変法」が秦始皇帝に至る天下統一への起点になったと一般には考えられている．従って，新たな都市計画の理念や手法が咸陽遷都に伴って実施されたと想定することもごく自然である．しかしいかんせん，文献的にも考古学的にも手掛かりがない．

鶴間は，前漢長安城と比較しながら[177]，戦国秦の咸陽城と統一秦の咸陽城は異なるとする．すなわち，前者は櫟陽など秦の伝統的都城制度を継承するものであり，統一秦の都城は —— 多分に虚構や誇張の面が含まれているが —— 前者を渭南に拡張して新たな都市を構想するものであった（しかし，その構想が完成するにはいたらなかった）とする．応地利明 (2011) もまた，始皇帝以前の〈都市国家・秦〉の王都・咸陽と始皇帝以後の〈領域国家・秦〉の都城・咸陽を区別し，咸陽の建設にあたって，始皇帝以前には，必ずしも統一的な理念や都市計画は存在しなかった，とする．

問題は，第1に

①秦咸陽に城壁も郭壁も確認されていないことである．

『史記』など古文献も城壁の存在について何も語っておらず，考古学的発掘調査によってもその存在は確認されていない．鶴間は，戦国秦の咸陽城は伝統的都城制度を継承するというけれど，

②「小城大郭」といった複郭構成が遺構として確認されているわけではない

ことである．

そして，興味深いのは，

③始皇帝が「冠礼」の儀を雍で行ったように，雍の宗廟は使用され続けており，咸

---

[177]「秦漢比較都城論 —— 前漢長安城との比較からのアプローチ」（『茨城大学教養部紀要』第23号，1991年），「秦咸陽城のプラン —— 前漢長安城との比較からのアプローチ」（鶴間和幸 (2013) 所収）．

陽と雍は，首都と陪都のような関係にあったと考えられることである．
　確かめようはないかもしれないが，おそらくは咸陽遷都の段階で，天下統一の構想が孕まれていたのではないか．遅くとも，秦王政の王位継承の段階で，全く新たな都城の形態が構想されたていたのではないか．始皇帝の咸陽以前に既に渭水南への拡張計画など新たな都市構想があったことは鶴間も指摘するところである．
　遺構が示すのは，
④咸陽の中心が1つではない，
ということである．
　咸陽は，政事中枢である咸陽宮の他，工房・工人地区，市，渭南の宮殿地区，その西方の林苑などいくつかの郭からなっていた．問題は，複数の郭域が一定の都市構想の下に形成されたかどうか，さらには，コスモロジカルな秩序のもとに配列されていたかどうかである．応地は，〈都市国家・秦〉の王都・咸陽の都市形態，空間構造について，楊寛の「複郭都市」説すなわち「小城大郭」連結構造説と李令福[178]らの多核都市説を整合的に説明しようとしている．すなわち，統一的な都市計画はなく，様々に形成された都市核が重層することによって咸陽は成り立っており，複郭都市から多核都市へ展開してきたと考える．この多核都市の構成が意味するものが焦点となる．

3-3 | 始皇帝の宇宙

　天下統一を成し遂げた(BC. 221年)秦王政は，新たに皇帝という称号を定め，自ら始皇帝を名のる．皇帝という称号の決定をめぐる議論については，『史記』秦始皇本紀に詳しく，よく知られている．秦の博士たちが天皇，地皇，泰皇(人皇)という称号を古典から探し出し，泰皇を最も尊いとして提案(古有天皇，有地皇，有泰皇，泰皇最貴)したところ，秦王政は，「三皇五帝」の「帝」の字にこだわり，天の中心に位置する天帝に対して，地上世界の中心に位置する権威を求め，「皇帝」という称号を自ら選んで，始皇帝を名乗ることになるのである(王曰：「去『泰』，著『皇』，采上古『帝』位號，號日『皇帝』．」)[179]．中国古来，「帝」は，天の中心，北極星を意味した．皇帝とは

---

178) 李令福「秦都咸陽形制若干問題的探索」(史念海主編(1999))
179) 秦王初并天下，令丞相，御史曰：「異日韓王納地效璽，請為藩臣，已而倍約，與趙，魏合從畔秦，故興兵誅之，虜其王．寡人以為善，庶幾息兵革．趙王使其相李牧來約盟，故歸其質子．已而倍盟，反我太原，故興兵誅之，得其王．趙公子嘉乃自立為代王，故舉兵擊滅之．魏王始約服入秦，已而與韓，趙謀襲秦，秦兵吏誅，遂破之．荊王獻青陽以西，已而畔約，擊我南郡，故發兵誅，得其王，遂定其荊地．燕王昏亂，其太子丹乃陰令荊軻為賊，兵吏誅，滅其國．齊王用后勝計，絕秦使，欲為亂，兵吏誅，虜其王，平齊地．寡人以眇眇之身，興兵誅暴亂，賴宗廟之靈，六王咸伏其辜，天下大定．今名號不更，無以稱成功，傳後世．其議帝號．」丞相綰，御史大夫劫，廷尉斯等皆曰：「昔者五帝地方千里，其外侯服夷服諸侯或朝或否，天子不能制．今陛下興義兵，誅殘賊，平定天下，海內為郡縣，法令由一統，自上古以來未嘗有，五帝所不及．臣等謹與博士議曰：

「煌々と輝く北極星」という意味である．

　そして，『史記』「秦始皇本紀」26 年条は，始皇帝の天下統一事業について列挙している．第 1 に始皇帝の呼称を選択することで願ったのは，2 世 3 世，そして万世無窮であることである[180]．そして続いて，陰陽五行の説に従い，秦は，火徳の周に勝ったということで相勝（相剋）説に基づいて，五行の「水徳」を採用するとする[181]．五行には方角・季節・色・数字が割り当てられるが，水は，北・冬・黒・六であり，秦のキーワードとなる．冬を年初とし，衣服や旗の色は黒とされ，数字は 6 を基数として，6 寸，6 尺などが基準寸法として用いられた[182]．

　始皇帝の天下統一の事業として，続いて，郡県制の施行，度量衡・車軌・文字の統一[183]について触れている．さらに，律，暦法の統一も，中央集権の制度化の大きな柱である．

　応地利明（2011）は，始皇帝以後の咸陽は，1．咸陽宮，2．「仿六国宮」と呼ばれる，戦国の六国の宮殿を複製して並べたという地区，3．咸陽宮の東西に位置する工人居住地区，4．市，5．渭南の甘泉宮・章台・興楽宮などの宮殿群，6．宮殿群の西および西南にあった上林苑・宣春苑・長楊苑などの王室林苑，7．阿房宮という 7 つの都市核によって構成されていたとする．そして，始皇帝の咸陽を構成する以上のような都市核は一定の構想によって配列されたとする．その第 1 の理由は，始皇帝のいう，「天帝」と「皇帝」によって天地が治められるという理念の成立である．それを具体的に天下に宣言したのが第 2 回の巡行（BC. 219）の時の泰山で行った封禅の儀であり，具体的に顕示するのが都城・咸陽の阿房宮の建設に象徴される配置である．そして，この配列に関わって，『史記』が周の鄷京，鎬京に言及していること，すなわち周の王都を理想化したものであるとしていることが，第 2 の理由である．そして，阿房宮の位置が咸陽の西南，尊長の座とされる「隩」の位置にあることは，家産制国家の権威の表現である，というのが第 3 の理由である．

　第 2，第 3 の理由は，第 1 の理由と次元を異にしている．河川を挟んで両岸に双子都市が形成される（鄷京と鎬京は時代を異にしている）ことと南西に尊長の場所が設定

『古有天皇，有地皇，有泰皇，泰皇最貴．』臣等昧死上尊號，王為『泰皇』．命為『制』，令為『詔』，天子自稱曰『朕』．」王曰：「去『泰』，著『皇』，采上古『帝』位號，號曰『皇帝』．他如議．」制曰：「可．」追尊莊襄王為太上皇．制曰：「朕聞太古有號母諡，中古有號，死而以行為諡．如此，則子議父，臣議君也．甚無謂，朕弗取焉．自今已來，除諡法．朕為始皇帝．後世以計數，二世三世至于萬世，傳之無窮．」

180）朕為始皇帝．後世以計數，二世三世至于萬世，傳之無窮．
181）始皇推終始五德之傳，以為周得火德，秦代周德，從所不勝．
182）方今水德之始，改年始，朝賀皆自十月朔．衣服旄旌節旗皆上黑．數以六為紀，符，法冠皆六寸，而輿六尺，六尺為步，乘六馬．
183）分天下以為三十六郡，郡置守，尉，監．更名民曰「黔首」．大酺．收天下兵，聚之咸陽，銷以為鐘鐻，金人十二，重各千石，置廷宮中．一法度衡石丈尺．車同軌．書同文字．

されることは基本的に関係ない．第1, 第2, 第3の理由が同時に成立するかどうか，特に第3の理由「座西朝東」と天地照応の配置構造が両立するかどうかがすぐさま問題となるだろう．

問題は，始皇帝あるいは始皇帝を生み出した秦王朝の宇宙観，死生観と咸陽の形態である．以下には，以上の都市核の編成に加えて，始皇帝陵園，さらには雍，東門闕（朐県）も含めて，国土計画全体とコスモロジーとの関係を明らかにすることになる．

(1) 東門 —— 聖なる方位

始皇帝が目指したのは，未来永劫，永遠に存続する「中国」という世界，地上不滅の帝国であった．

秦始皇帝は天下統一の翌年（BC. 220年）から死亡するまでの10年間に5回にわたって全国を巡幸（巡狩，巡行）している．特に重要とされるのが第2回の巡行で行われた泰山における封禅の儀（封は天の祭り，禅は地の祭り）である．天命を受けた王が即位とその正統性を天下に宣言するのが封禅の儀で，三皇五帝によって執り行われたのが最初であり，始皇帝以前に72人の皇帝が行ったという伝承を『史記』は伝える．しかし実際は，始皇帝によって始められたと考えられ，後の即位儀礼の元になったのはこの始皇帝の封禅の儀である．泰山で始皇帝が宣言したのは帝国の不滅であり，願ったのは自らの肉体の不滅（不死）であった．始皇帝が，三神山という東海に浮かぶ蓬莱・方丈・瀛州に仙人が住んでいたという伝説を信じ，徐市，盧生，韓終，侯公，石生といった方士たちに仙人の父子の薬を求めさせたことは『史記』「秦始皇本紀」が伝え，よく知られるところである．

始皇帝が不滅の世界を東海に求めたことは，帝都咸陽の真東に位置する東海への入り口として朐（月句）県（江蘇省連雲港）に石柱を建て秦の東門としたこと[184]が象徴的に示している．

この咸陽と東門闕はほぼ同じ緯度線上にある．咸陽の位置をどこにとるか東門をどこに比定するかが問題になるが，ほぼ北緯34度20分〜35分の間にある．そしてさらに注目すべきは，この東西緯度線が秦の起源の地，西犬丘（西垂）も貫いていることである（図II-3-4）．始皇帝が第1回巡行においてこの故地を訪れていることも，西から東へ世界を拡大してきた秦の世界（方向）感覚を示している．海の世界は秦にとって未知の世界であった．そして，始皇帝の宇宙観において，太陽の動きに従う故地から真東に向かう軸線は大きなウエイトをもっていた．始皇帝陵がこの東西軸線上に位置している（始皇帝陵の頂上の緯度は34度22分53秒）ことは偶然ではない．兵馬俑抗も全て東向きの陣立てをとっている．

始皇帝の5回の巡行における訪問地をめぐっては，中野美代子（1991）が「泰山を

---

184) 於是立石東海上朐界中，以為秦東門（『史記』「秦始皇本紀」35年）．

第Ⅱ章
中国都城の起源

図Ⅱ-3-4　始皇帝の国土軸（作図：布野修司）

めぐる聖なる幾何学」あるいは「始皇帝の地理デザイン」と称する実に興味深い指摘を行っている．注目するのは，始皇帝が，山東半島の最東端に位置する成山 (B)，そして，之罘山（島）(A)，琅邪山（台）(C) を 3 度にわたって訪れていることである．そして，中野は，泰山 (O) を中心に，始皇帝が訪れたこの 3 地点 (A, B, C) および碣石 (D)，嶧山 (H)，恒山 (J) と，東門・朐県 (E)，咸陽 (F)，洛陽 (G) に，嵩山 (K) を加えて，O，A～H の位置関係にいくつかきれいな幾何学的関係（等辺（等距離），直角，軸線など）があることを指摘する（図Ⅱ-3-5）．

　自然に形成された山の山頂を線で繋いで，一定の幾何学的関係があるといっても，たまたま偶然というしかない．もちろん，中野もそれを認めたうえで，咸陽 (F) と泰山 (O)，そして成山 (B) が一直線上に並んでいるという地理的事実がまず認識され，その事実をもとに聖なる幾何学がデザインされたのではないか，という．そして，泰山 (O) からみて，之罘山 (A) の方向 (OA) と琅邪山 (C) の方向 (OC) は，それぞれ，夏至と冬至の日の出の方向に当たるのではないかとする[185]．こうした地球幾何学については，渡辺豊和 (1986, 1992, 2012) が展開するところであるが，古代における聖山

---

185) 鶴間和幸 (2013) は，泰山ではなく，天主・天斉淵（臨淄）から見た方向ではないかという．

158

最初の帝都—宇宙の中心としての咸陽

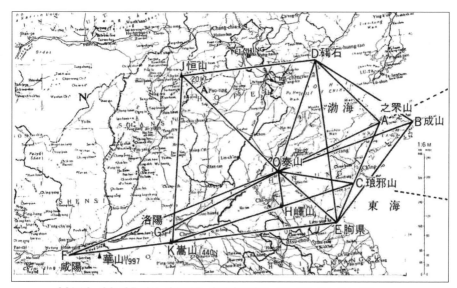

OC≒AC OC=OE=CH OA=AE OA=OD≒BD BD=BE=DJ=OJ=OG
∠OBE=30° ∠BOE=60° ∠OEB=90°
AG上にO BF上にO JE上にO AE上にC CK上にH EF上にK

図II-3-5　始皇帝の宇宙幾何学（出典：中野美代子（1991））

が天体の運行に基づいて位置づけられることは普遍的なことと言っていい．ただ，中野の言うように，封禅の儀のための泰山登山に先立つ階段建設や，封禅後の成山・之罘山・琅邪山への巡幸を泰山登山の代行とすることがあらかじめ始皇帝によって幾何学的にデザインされていたということはないだろう．始皇帝が巡幸した土地はそれぞれ上古に由来のある場所である．

鶴間は，始皇帝の山東地方への巡幸の足跡を実際に踏査し，それぞれの場所の意味を問うている[186]．そもそも，5回の巡幸の目的については，上述のように，泰山における封禅の儀の挙行，三神山のある東海そして仙人への希求がまず挙げられるが，一方で，皇帝の権威を地方に示すことを目的としており，秦の天下統一事業を地方に定着させるための政治的行動であった．征服を正当化し，始皇帝の威信を示す旅であったことは，巡幸において7か所[187]に刻石を建てたことが物語っている．七刻石は，その後破壊され，泰山と琅邪山のみに残片が残されているだけであるが，司馬遷が『史

---

[186] 「第3章　秦帝國の形成と東方世界 ── 始皇帝の東方巡狩経路の調査を踏まえて」（鶴間和幸（2013））．
[187] 嶧山刻石，泰山刻石，琅邪台刻石（第2回，BC. 219年），之罘山刻石，東観刻石（第3回，BC. 218年），碣石刻石（第4回，BC. 215年），そして，會稽刻席（第5回，BC. 210年）．

記』に収録する刻石文や宋代の復元刻石によってある程度その内容が知られる．刻石文の内容については後世の手が加わっているが[188]，端的に言えば，秦による統一戦争が六国の民を救済する正義のものであった，というのが趣旨である．

　また，巡行は，各地の民情を視察する旅であり，上古の帝王にならって自らの国土（中国）をめぐり，土地の神々のための祭祀を行うことで自らの支配権を確立する旅であった．始皇帝が3度も訪れた山東地域の巡幸地のうち，嶧山（H）は夏の禹が天下の山川を治めた時に立ち寄ったとされる古来の名山である．またその多くは，以下のように，斉の祭祀が行われていた場所である．

　斉の祭祀は，斉の8神，すなわち天主・地主・日主・月主・陰主・陽主・四時（季）主・兵主（軍神）の8神それぞれについて8か所に分かれて行われていた．

　天主を祀るのが天齊淵，斉の都臨淄である．中野はとりあげないが，始皇帝は3度も通過している．斉（齊）とは，臍という意味であり，中心である．地主は，泰山南の梁父山という小山の円丘で祀ったという．

　陽主を祀るのは之罘山（A）である．陽主は水害，干害を司るとされる．北の山を背にして南に太陽を望む地に陽主廟が建てられた．陰主については，『史記』封禅書はただ「三山に祀る」とするが，東萊郡曲成県の参山に比定されている．

　日主を祀るのが成山（B）である．山東半島の東端に位置し，正に水平線から登る朝日を祀るに最も相応しい場所である．それに対して，月主を祀るのが萊山である．萊山は之罘山（島）の西に位置する．西周初期から萊国が置かれた地であり，帰城と呼ばれた古城の遺構がわずかに残っている．渤海湾を望み，始皇帝が建てたという月主祠は，北向きに月を祀る点で，東に位置する陽主とは対照的である．

　四時主すなわち四季を祀るのが琅邪山（C）である．「歳の始まる所なり」というから，冬至の日の出の場所と考えられるが，何処を基準（中心）とするかについては，以上から，天齊淵（臨淄）を中心として考えるほうが自然である（鶴間和幸（2013））．始皇帝は，3度も訪れ，第2回目の巡幸では3か月滞在したとされるが，行宮を置くに相応しい絶景の地であり，『史記』「秦始皇本紀」は，3万戸の邑を造ったという．

　兵主を祀ったのは，西方に対する防御の場所に位置する「斉の西境」（東平郡寿張県）である．兵主とされるのは黄帝と戦った炎帝の子孫という蚩尤である．

　始皇帝が第4回の巡幸で訪れる碣石（D）は，不老長寿を願う始皇帝の東海三山，仙人願望に関わる地と考えられるが，琅邪山と同様，海を臨む絶景の地であり，ここにも行宮が営まれていたことが明らかになっている．

　兵主を除けば，斉の8神はいずれも天体の運行，宇宙の循環に関わっている．始皇帝は，宇宙と照応する場所を経巡りながら，さらに，東海の不滅の世界をもとめた．

---

[188]「第4章　秦始皇帝の東方巡狩国石に見る虚構性」（鶴間和幸（2013））

始皇帝自らが設置した東門については，その意図ははっきりしている．上述のように，始皇帝にとって東西軸線は絶対的な意味を持つものであった．この軸線上に，嵩山（K）もある．中野美代子（1991）が言うように，始皇帝の時代に「五岳」の概念はまだ存在しないが，やがて，嵩山は中岳として重要な位置を占める．そして，嵩山は，東周において「地中（土中）」（地の中心）と考えられた場所（登封・陽城）[189]に位置するのである．

(2) 馳道 —— 国土のインフラストラクチャー

　始皇帝の国土計画を考える上では，以上のように，その世界観（五徳之傳），宇宙観が前提となっていたことを出発点とすべきである．天下を36郡に分けたというが，意識されているのは6の2乗という数である．実際に36郡が置かれたかどうか，全て特定されているわけではない（鶴間和幸（2004））．

　天下統一のインフラストラクチャーとなるのは交通網である．そのために必要とされたのが車軌の統一である．車軌の統一によって道路幅員の基準を定め，全国に幹線道路網整備を行うことが国土計画の第一歩になる．

　『史記』「秦始皇本紀」は「治馳道」とのみ記すだけであるが，『三輔黃圖』など後代の解説によれば，天子道は，中央が皇帝専用，両側を一般道とするもので，幅五十歩，中央三丈で，鉄鎚で硬く突き固め，三丈毎に青松の街路樹を植えたものであった．これは，後述する林光宮から北へオルドスを経て九原郡へ至る「直道」の遺構が発見されて（1975年）裏づけられている．

　この天子道の建設は一気に行われたわけではない．また，全く新たに造られたということではない．戦国六雄のそれぞれの領域において造られていた道路網を繋げ，咸陽中心に再編成することによって整備される．

　実は，始皇帝の5回にわたる巡幸は，天子道としての馳道整備事業の一環でもあった．第2回巡幸には刑徒三千人を同行させているが，これは馳道建設要員であったと考えられる．また，馳道の建設と合わせて，大規模な「徙民」（移住，植民）が行われるが，これは馳道の維持管理と関わっている[190]．

　馳道は咸陽から各地に向かう（図II-3-6）．咸陽から真東へ，旧齊國へ向かうのが，始皇帝が第2，第3の巡幸で用いた東馳道であり，その終点に建てられたのが東門である．東馳道から分かれて北へ向かい，旧趙國の都邯鄲を通って燕に至るのが，第4回の北馳道，咸陽から南東へ，旧楚国の都郢（江陵）へむかうのが第2，第5回で使

---

189) 古来天文観測の地として知られ，「測影台」ともいわれる周公測景台は，一種の日時計であるが，現存するものは周公の業績を偲ぶ形で723年に天文学者によって設置されたもので，中国の天文観測施設としては現存最古である．すぐ北に残る天観測施設，観星台は，元代の1279年に，郭守敬によって建てられたものである．
190)「第2章　秦帝國による道路網の統一と交通法」（鶴間和幸（2013））．

第II章
中国都城の起源

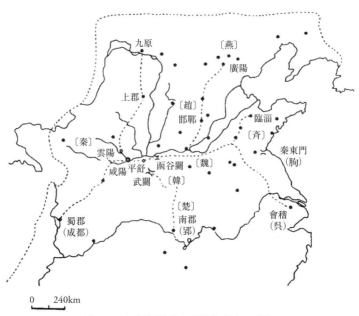

図II-3-6　馳道（出典：鶴間和幸（2013））

用した南馳道，そして，第4，第5の帰路で用いたのが咸陽と北辺を直結する「直道」である．その他に，蜀へ至る石牛道と呼ばれる道もあった（鶴間和幸（2013））．

　国土のインフラストラクチャー整備としては，戦国秦の三大水利事業，漳水渠，都江堰，鄭国渠の開鑿が知られる．漳水渠（BC. 421頃）によって中原・魏の水利技術を自らのものとし，都江堰（BC. 256〜251）によって巴蜀の植民地経営を推進，さらに鄭国渠（BC. 246）によって関中平野の農耕基盤を整備したことが，天下統一の大きな要因であるとされる[191]．

　また，長城建設も始皇帝の天下統一事業としてよく知られる．始皇帝は天下統一をなしとげると蒙恬を河南（オルドス）に派遣して，西は臨洮から東は遼東まで一万余里の長城を築かせたという（『史記』巻28 蒙恬列伝）．いわゆる「万里の長城」である．この「万里の長城」の実態については，実はよくわかっていない．戦国諸国は，秦も含めてそれぞれ長城を建設していたし，続く王朝も長城を建設してきた．鶴間の検討によれば，統一秦の長城は，戦国秦の西北長城を越えてオルドス草原を取り込む対匈奴戦のための，軍用道路である「直道」建設とも連携する限定されたものであった．蒙

---

[191]「漳水渠・都江堰・鄭国渠を訪ねて―秦帝国の形成と戦国期の三大水利事業」（『中国水利史研究』第17号，1987年）（鶴間和幸（2013））．

恬は馳道の建設にも当たっている．

(3) 始皇帝陵園

　始皇帝は，上述のように，秦王政として即位したときから自らの陵墓の造営を開始している．即位と同時に寿陵築造を開始するのは伝統的な制度であったが，13歳で即位した政が自らの死を前提として陵墓そのものの建設を開始したとは思えない．秦王朝を支える，肉体の死後にも永続する魂の世界を信じる死生観があっての造営である．

　始皇帝陵とそれを中心とする驪山陵は不滅の地下帝国の地下宮殿であり，地下都市である．始皇帝の丞相呂不韋がまとめさせた『呂氏春秋』「安死篇」の冒頭に「都邑の若くす」[192]と書いてあるのである．地下帝国は，わずか4年後に項羽によって暴かれ，兵馬俑坑の地下軍団も破壊されて焼け落ちたことが明らかにされているが，始皇帝陵そのものは今日に至るまで発掘されていない．

　始皇帝陵は，東西345m，南北350m，高さ76mであり，それを内城（東西580m，南北1355m），そして外城（東西940m，南北2165m）が取り囲んでいる．これは，まさに夏殷周，春秋戦国の都城の規模である．陵墓の北には寝殿，さらに内城西北部には，便殿，食官などの建築群が建っていた（図Ⅱ-3-7）．寝殿とは，始皇帝の魄が地上に出て飲食し，衣服を受け取る建物であり，便殿とは魄が休息する場所である．食官とは，配膳を準備する官署である（鶴間和幸（2001，2004））．地下世界は不滅の魄が生きていく世界である．

　これまでの発掘調査によって，地下宮殿の外壁は地下2.7m～4mにあり，東西392m，南北460mの規模をしていること，地下空間に至る幅12mの斜路が東に5本，北西南に各1本にあることが確認されている．東に斜路が5本設けられていることも東向きの方位が優位であることを示すであろう．

　2002年から2003年にかけて，電磁波，電波，放射線，熱赤外線などを用いた地球物理学的調査が行われ，地下宮殿の中央部の空間は東西170m，南北145mの長方形で，版築壁で囲われていること，また，墓室は，中央30mの深さにあり，石灰岩の16m～22mの石垣で囲われた東西約80m，南北約50m，高さ15mの空間であることが明らかになっている．

　始皇帝は即位すると始皇帝陵（驪山）の建設を開始した（「驪山を穿ち治む」）．そして，天下統一すると（「天下を併すに及んで」），70余万人を送り込んで，地下宮殿の建設に取り掛かっている．まず，「三泉」を穿って，「銅を下して槨を致した」，すなわち，三泉とは3重の泉（三層の地下水）のことで，水が浸透しないように槨室を銅で覆った，

---

192) 世之為丘壟也，其高大若山，其樹之若林，其設闕庭，為宮室，造賓阼也若都邑，以此觀世示富則可矣．以此為死則不可也．夫死，其視萬歲猶一瞬矣．人之壽，久之不過百，中壽不過六十．以百與六十為無窮者之慮，其情必不相當矣．以無窮為死者之慮則得之矣．

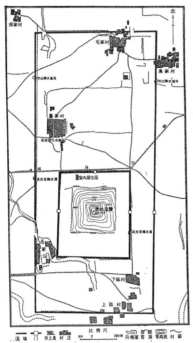

図II-3-7　始皇帝稜（出典：『考古』1962年8期（叶驍軍1986））

という[193]．始皇帝陵の周囲を囲んで，排水渠がめぐらされており，地下水，防水，排水対策がなされていることが明らかになっている．宮觀，百官，奇器，珍怪を臧に徙して之を満たしたというから，地上の宮殿をそのまま移すかのようであった．また，「水銀を以って百川，江河，大海を為り，機もて相い灌輸す」という．江河は黄河，揚子江のことであり，地上の河川を再現するように水銀の川が機械仕掛けで循環していた．「上には天文を具え，下には地理を具う」という，ことである．匠に機の弩矢を作らせて，近づくものは射る仕掛けになっていた．人魚の油を燭とし，「不滅なること久からんことを度った」のであった．

　始皇帝陵は，以上のように，明らかに始皇帝の死生観と宇宙観に基づいて設計計画されたことははっきりしている．しかし，兵馬俑抗以降も続く遺構の発掘によってもその全体像は不明と言わざるを得ない．楊寛（1987）は，始皇帝陵と兵馬俑抗の位置関係から驪山陵も「座西朝東」の構造であるとするが，地上の都城のように「小城大郭」連結の形をしているわけではない．まず，兵馬俑抗の建設は二世皇帝，胡亥によるものである．また，始皇帝陵の北西部に麗邑という都市を建設していることを考えると，単に「座西朝東」構造ということはできないだろう．即位とともに建設が開始された始皇帝陵の少なくとも内城外城の2重に囲われた区域についてはあらかじめ一定の理念において計画されたと考えるのが自然である．

(4) 仿六国宮

　天下統一以前に始皇帝陵の建設が開始されていたことは以上のようであるが，これもよく知られるように，始皇帝は，天下統一の過程で，咸陽宮を中心とする「北阪上」に，諸侯を破る度にそれぞれの諸侯の国の宮室を模した宮室を並べたとされる．西は雍門から東は涇水・渭水まで，南は渭水に臨んで殿屋複道周閣が建ち並ぶ，いわゆる

---

193) 始皇初即位，穿治酈山，及并天下，天下徒送詣七十餘萬人，穿三泉，下銅而致槨，宮觀百官奇器珍怪徙臧滿之．令匠作機弩矢，有所穿近者輒射之．以水銀為百川江河大海，機相灌輸，上具天文，下具地理．以人魚膏為燭，度不滅者久之．（『史記』「秦始皇本紀」三十七年十月癸丑）

「仿六国宮」の建設である[194]．応地利明はこれを第2の都市核とするが，咸陽宮（第1都市核）さらには東西周辺の工人居住地区（第3都市核）も含めて，始皇帝による新たな咸陽が形成されたと考えられる．

「仿六国宮」は，今日の眼から見るとテーマパークのように思えるけれど，秦が統一した国土のミニチュアであり，メソコスモスである．5回に亘る巡行は，皇帝の支配する国土全体（マクロコスモス）を確認するものであった．

この始皇帝の新咸陽の形態，空間構造については残念ながら不明であるが，全く新たな土地に計画されたとすれば，始皇帝陵の計画に示されるような東西軸線を意識した幾何学的秩序が図面化された可能性は高い．しかし，秦がその国土を拡大するにつれて咸陽は膨れ上がりつつあり，その余裕はなかったと思われる．市（第4都市核）が「北阪上」からはるか西南に位置しているのも，都市の拡張の方向がなかったことを示すであろう．始皇帝は，天下統一とともに，天下の富豪12万戸を咸陽に集めるが，その諸廟，章台を建てさせたのは渭水南である[195]（第5都市核）．

(5) 阿房宮

始皇帝のコスモロジカルな秩序を地上に投影させる新たな都市計画は，渭水を跨って構想されることになる．その構想を伺えるのが『史記』「秦始皇本紀」35年条[196]である．その象徴が阿房宮（前殿安房）の建設であるが，まず，咸陽北の雲陽から九原に至る「直道」の建設が記されている．そして，咸陽は人口が過大になり手狭になったがゆえに渭南に拡張するという．

「直道」とは，山を開き，谷を埋めて造った軍用道路である．始皇帝の晩年6年は蕃夷，すなわち，北の匈奴，南の百越との戦闘に明け暮れることになるが，その戦時体制確立強化の一環として建設されたのが「直道」であり，また「霊渠」である．「霊渠」とは，長江中流の洞庭湖に注ぐ湘水と漓水を繋ぐ運河である．この「霊渠」によって南海へ軍を送ることが可能となる．

あくまで司馬遷の叙述であるが，周の文王の都，豊，武王の都，鎬に倣って，渭水南の上林苑中に朝宮を造るといい，それに先立って阿房宮を建設するという[197]．

---

194) 秦毎破諸侯，寫放其宮室，作之咸陽北阪上，南臨渭，自雍門以東至涇，渭，殿屋複道周閣相屬．所得諸侯美人鐘鼓，以充入之．（『史記』「秦始皇本紀」二十六年）
195) 徒天下豪富於咸陽十二萬戶．諸廟及章臺，上林皆在渭南（『史記』「秦始皇本紀」二十六年）
196) 三十五年，除道，道九原抵雲陽，塹山堙谷，直通之．於是始皇以爲咸陽人多，先王之宮廷小，吾聞周文王都豐，武王都鎬，豐鎬之間，帝王之都也．乃營作朝宮渭南上林苑中．先作前殿阿房，東西五百步，南北五十丈，上可以坐萬人，下可以建五丈旗．周馳爲閣道，自殿下直抵南山．表南山之巔以爲闕．爲復道，自阿房渡渭，屬之咸陽，以象天極閣道絕漢抵營室也．阿房宮未成；成，欲更擇令名名之．作宮阿房，故天下謂之阿房宮．隱宮徒刑者七十餘萬人，乃分作阿房宮，或作麗山．發北山石槨，乃寫蜀，荊地材皆至．關中計宮三百，關外四百餘．於是立石東海上朐界中，以爲秦東門．因徒三萬家麗邑，五萬家雲陽，皆復不事十歲．
197) 吾聞周文王都豐，武王都鎬，豐鎬之間，帝王之都也．乃營作朝宮渭南上林苑中．先作前殿阿房．

「東西五百步，南北五十丈」で1万人が座れた（上可以坐萬人）といい，下に「五丈」の旗が建った（下可以建五丈旗）という．1尺＝23cmで換算すると，東西690m×南北115m，高さ11.5mである．規模は別として，西周の鄧京，鎬京に倣って，渭水を挟んで朝宮を建てるというのは，1つの見立てでありモデルの踏襲である．

そして「為復道，自阿房渡渭，屬之咸陽，以象天極閣道絕漢抵營室也」というのは，阿房宮—渭水—咸陽宮を天極—閣道—營室と象るということ，すなわち復道によって阿房より渭水を渡って咸陽に至るのを，漢（天の川）を隔てた天極と營室（ペガサス座）が閣道（王良，カシオペア座）によってつながっているとみなす，ということである．秦始皇帝の天地照応の都城理念がここに示されている，というのが応地利明（2011）であり，一般的にもそう考えられている．

ここでも問題は，具体的な形態，空間配置が不明であることであるが，注目すべきは，『史記』「秦始皇本紀」35年条に，阿房宮の造営とともに，始皇帝陵園（麗山）の造営，関中300の宮殿，関外四百の宮殿の存在，胸への秦の東門の建立，3万戸の麗邑，5万戸の雲陽の建設[198]が触れられていることである．

(6) 極廟

始皇帝は，天下統一を成し遂げた翌年，秦の故地への巡行を行った年であるが，渭水南に信宮を建て，極廟と名付けて天極を象ったという．そして，極廟と驪山（始皇帝陵）を繋ぐ道を造ったという[199]．阿房宮建設以前に極廟建設があり，その極廟を始皇帝陵と結ぶ構想があったということである．

この極廟の位置についてはこれまで特定されてこなかったが，1997年に，前漢長安城の桂宮の北380m，雍門の西，西市・東市の南の地点から大量の「封泥」[200]が発見されて，その場所こそが咸陽の中心であり，極廟の位置であったと考えられるようになった．この極廟と咸陽宮はほぼ南北の軸線上にある．鶴間和幸は，「帝都咸陽のプラネタリウム」として次のようにいい，星辰に見立てた配置図を示している（図II-3-8）．

「上帝は天の北極星であり，北極星を中心に星座が左回転する天文世界を地上に投影しようとした．中心たる北極星はどこに置いてもよいが，渭水を天の川に見立てる

---

198) 隱宮徒刑者七十餘萬人，乃分作阿房宮，或作麗山．發北山石椁，乃寫蜀，荊地材皆至．關中計宮三百，關外四百餘．於是立石東海上朐界中，以為秦東門．因徙三萬家麗邑，五萬家雲陽

199) 二十七年，始皇巡隴西，北地，出雞頭山，過回中．焉作信宮渭南，已更命信宮為極廟，象天極．自極廟道通驪山，作甘泉前殿．筑甬道，自咸陽屬之．是歲，賜爵一級．治馳道．（『史記』「秦始皇本紀」二十七年条）

200) 貴重な荷物を輸送する際に，その荷を結んだ縄の継ぎ目を封印するときに使われた粘土である．書留，秘密管理の仕組みである．集まったものを分析すると，極めて重要な施設があったとして，極廟の位置だと鶴間はいう（「秦始皇帝の中華帝国への夢」（NHK中国文明の誕生取材班 (2012)『中華文明の誕生』講談社）．

最初の帝都―宇宙の中心としての咸陽

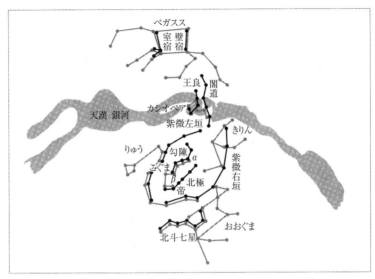

図II-3-8　帝都咸陽のプラネタリウム（出典：鶴間和幸）

ことから始めた．天の川銀河は古代中国では天漢といった．天漢とは天にある漢水という意味である．長江の支流が漢水であり，戦国の国でいえば楚の領域であった．秦はみずからの渭水を天漢とした．そして，渭水の北に位置する咸陽宮を二十八宿の北方七宿のなかの営室（室宿）とした．西洋ではペガスス座，天馬の胴体の部分はペガススの大四辺形というが，中国では北方の星宿の壁宿と室宿に当たる．室宿は離宮の宮殿の形に見られていた．秋の夜空では天頂付近に現れる．天漢をまたぐように閣道（カシオペアの一部とそれに続く六星）の星座があり，これが渭水に架けた橋に当たる．」[201]

　鶴間に拠れば，2012年4月，渭水の砂地の中から始皇帝と漢の時代の渭水橋が並行して2つ発見されたという．幅20m，全長300mの木製の橋である．そして，上述のように，北極星に当たる極廟は，漢の未応宮の北の封泥が大量に出土した地点がそうではないかと想定されつつある．始皇帝の死後は，始皇帝廟となり，全国から特産品が送られたと考えられるのである．

　地上に投影された星辰の世界は，当然，秦の国土全体に広がっていく．始皇帝の帝都は未完のまま次世代に引き継がれた．極廟の南に朝宮を置こうとしたが完成せず，阿房宮前殿が建設された．

---

201) NHK中国文明の誕生取材班「秦始皇帝の中華帝国への夢」212『中華文明の誕生』講談社，2012年．

第 II 章
中国都城の起源

　秦漢時代の咸陽，長安とその周辺の歴史地理を記述する『三輔黄図』に次のようにある.

　「阿房宮, 亦曰阿城. 恵文王造, 宮未成而亡. 始皇廣其宮, 規恢三百餘里. 離宮別館, 彌山跨谷, 輦道相屬, 閣道驪山八十餘里. 表南山之顚以為闕, 絡樊書川以為池.」

　阿房宮は阿房とも呼ばれるが，「阿」は「隅」，「房」は「建物（宮殿）」を意味する．恵文王（BC. 324～311）が造営に着手したが宮殿の完成を見ずして死去する．始皇帝は宮城を拡大し，300里余りの範囲に広げようとした．離宮や別館が山々に，谷を跨いで建てられ，車道で相互に繋がれて，2階建ての閣道が驪山まで80里あまりにわたって通じている．終南山の頂が城闕となり，周囲には樊川が堀としてめぐっている．

　始皇帝の帝都の全体は，以上のように，春秋戦国時代の諸国の王都のレヴェルを超えている．仿六国宮をそのうちに建設したのは，まさにそれを示している．そして，その帝都は，城壁で囲われる通常の都城のスケールを超えている．実際，咸陽は城壁をもっていない．関中，渭水盆地全体が1つの世界として考えられていた．その範囲は，東は始皇帝陵，北は咸陽宮を中心とする北阪の宮殿群，南は終南山，西は秦の故地，宗廟が置かれた雍を含んでいる．阿房宮はその全体を見渡す中心として構想されたのであった．始皇帝以前から咸陽の帝都計画は構想されており，それを完成しようとしたのが始皇帝であり，その死によってその構想は中断したのである.

　帝都は1つの世界として，星辰の世界に擬えた都市として構想され，宮殿，廟，陵園などの諸施設，さらには雲邑や麗邑などがコスモロジカルな秩序を意識する中で配置され，輦道，馳道のネットワークで繋げられていたのである.

Column 2　陵寝・壇廟—皇帝祭祀

　「天下」の「正統」を皇帝自ら示す最も重要な行為が皇帝祭祀である．そして，その祭祀の場は，都城の選地とともに都市計画に深く関わっている．皇帝祭祀といっても様々な種類の祭祀があり，時代によって異なるが，その中心となるのは郊祀と呼ばれる天地の祭祀と皇帝の宗廟の祭祀である．以下，金子修一 (2001ab, 2006)，渡邊義浩 (2009)，間嶋潤一 (2010)，王貴祥 (2007) などに拠りながら，皇帝祭祀の空間について基本的事項を確認しよう．皇帝陵そのものと陵寝制度については主として楊寛 (1981) をもとにしている．

陵寝

　「陵寝」とは，陵墓に付設された「寝」という建造物のことであり，皇帝陵に関わる祭祀のための建造物として使用される．中国において墳丘墓が出現するのは春秋末期であり，殷，西周期には確認されていない．戦国中期以降，王墓が「陵」と呼ばれるようになり，その陵園に「寝」が建設されるようになったとされる．

　そもそも「寝」とは寝る場所，住居，居住のための建物をいう．王とその家族が住む宮殿群を「宮」というが，「宮」は前後２つの部分からなり，前部を「朝」，後部を「寝」という．「朝」は王が群臣を朝見し政務を執る場所であり，「寝」は王とその家族が住む場所である．そして，王が祖先を祭る宗廟も前後２つの部分からなり，前部を「廟」，後部を「寝」という．すなわち，王のための空間構成は，死後の世界でも生前と全く同じであると考えられてきた．宗廟の「寝」には，祖先の衣冠と生活用具が並べられ，生前と同様食物が捧げられた．死者には霊魂があって，生者と同様に政務を処理し，飲食し，起居すると信じられていたのである．宮殿と宗廟が基本的に同じ構造をしているのは，死者も生き続けるという古代中国の死生観に基づいている．

　「宮」は，もともと墻で囲われている建物群をいう．宗廟も「宮」として，それに倣って建設された．死者にとって「朝」にあたるのが「廟」である．「宮」も「廟」も形式は同じである．そして，「宮」に倣って，宗廟において「廟」と「寝」が分離されるようになる．そしてさらに，「陵」に「寝」が付属して建設されるようになる．そして，さらに宗廟そのものも陵墓近くに設けられるようになる．

史書[202]は，この「陵寝制度」は秦代に始まり，前漢代に確立されるという．

秦始皇帝陵には「寝」が付属しており，一方，雍に宗廟が維持されていた．前漢になると宗廟は皇帝ごとに別々に設けられるようになる．高祖の高廟（高帝廟）と高祖の父の太上皇廟は長安城内に設けられた．しかし，文帝以降，皇帝陵の近傍に宗廟が建てられるようになる．「陵旁の廟」と呼ばれる．高祖の長陵にも後に「陵旁の廟」が建てられている．

後漢の高祖（光武帝）は高廟を洛陽に建てたが，明帝（位57〜75）は，皇帝一人一人に廟を建てる制度を廃止する．以降，歴代祖先の位牌を1つの祖廟に集める「同堂異室」の宗廟が設けられるようになり，陵寝制度も宗廟制度も大きく変わっていくことになる．

明帝は，毎年元旦に行っていた朝賀の儀式（元会議）を光武帝が葬られている原陵で行うようになる．これを「上陵の礼」という．「上陵の礼」が盛大に行われるようになることで，陵寝の地位は上がり，宗廟の地位は下がることになった．

しかし，陵寝制度は，魏晋・南北朝にかけて衰退していく．北方民族の中原進出によって政権は安定せず，陵墓は盗掘されるのが常となる．曹魏の文帝（曹丕）は，陵墓のありかを秘するために，山のように見せかけ，「寝」や神道，園邑をつくることをやめることを王朝の国是とする．すなわち，「上陵の礼」，そして陵寝制度を廃止してしまう．21世紀に入って曹操の墓が発見されたが，その墓所が長く不明であったのは文帝の方針が徹底されたからであろう．発掘最中に見学する機会があったが，地中深く掘った「潜埋」の形式である（図Column 2-1）．

晋代は魏の制度を踏襲したが，陵寝制度と「上陵の礼」は復活されなかった．南朝の陵墓はほとんどが山腹に造営されている．

北魏は，鮮卑の古俗に従って墳丘墓を造営した．そして，漢化政策をとる過程で，新たな陵寝制度を創設して大規模な陵園が造られるようになった．文明皇后馮氏が創始者とされるがその永固陵は大同市の北方に造営されている．洛陽に遷都して以降の歴代皇帝の陵は北邙の丘陵地に造られている．

唐代には，陵寝制度は拡大発展を遂げ，宋代には唐の制度が踏襲された．しかし，元代になると，墓を隠して墳丘を築かない蒙古族の古俗に従って，陵寝制度は採用されない．

---

202) 楊寛（1981）によれば，「陵寝制度」に触れる最古の文献は後漢の蔡邕の『独断』という．

図 Column 2-1　殷墟　潜埋（撮影：布野修司）

　明代になって陵寝制度は復活する．明十三陵がその象徴である．祭壇の規模は拡大され，大きな改革がなされた．改革を行ったのは太祖光武帝であるが，その要は以下の3点である．
　① 陵墓を円形から方形とした．
　② 寝宮の造営を廃止し，祭殿の規模を拡大した．
　③ 陵園の囲牆を方形から長方形とし，中庭を3つ設けた．
　①については，円形墳墓を伝統としてきた南方の伝統の影響があるとされる．②は，宮人を置いて神霊の日常生活に奉仕させる制度が廃止されたということである．③は陵園の拡大に伴うものである．全体として，前方後円墳という形式となる．
　清は明代の陵寝制度を踏襲している．

郊祀

　皇帝祭祀は秦始皇帝に始まるとされるが，郊祀・宗廟の祭祀を中心とする皇帝祭祀が整備されていくのは前漢後期のことである．
　長安の南北郊祀が初めて実施されたのは成帝の建始2（BC. 31）年という．正月には天の主宰神への祭祀である南郊の祭祀，3月には地の自然神への祭祀である北郊の祭祀が行われている．同時に，多くの旧祠（雍五時，甘泉泰時，汾陰后土）が廃止され，以降，呪術的な祭祀から儒教的な祭祀へ，私的な祭祀から公的な祭祀へ，皇帝祭祀は変化していくことになる．そして，その方向を確立

図 Column 2-2　前漢長安円丘（出典：賀従容編（2012））

したのは，王莽の郊祀改革である（図 Column 2-2）．

　皇帝祭祀ということでは，その起源は以上の通りであるが，その起源となる天地，祖先を祭る場所としての壇建築ということになると，遡って史書に記録が残されている．王紀祥（2007）は，それを先秦から清朝北京の天壇，地壇，日壇，月壇，社稷檀に至るまで列挙している．

　それによると，まず，『尚書正義』所引の『韓詩外伝』に「天子社広五丈，東方青，南方赤，西方白，北方黒，上冒以黄土．」[203]とある．また，蔡邕『独断』に「天子大社，以五色土為壇」という（李学勤（1999））．これは，規模は 5 丈（50 尺）だから 12m 弱である（周尺 = 0.231）．これはまさに北京紫禁城の社稷壇である．

　続いて，『春秋文義』に「天子之社稷広五丈，諸侯半之」[204]という．天子の壇は方 50 尺，諸侯の壇は 25 尺という区別があったということであろう．

　王紀祥（2007）は，続いて『儀礼注疏』の「諸侯観于天子，為宮方三百歩，四門，壇十有二尋，深四尺」，加方明于其上．……」を引く．すなわち，4 門をもつ方 300 歩の垣で囲われた中に，方 12 尋（72 尺，1 尋 = 6 尺），高さ 4 尺の壇がある形態である（図 Column 2-3a）．続いて，春秋の「祈雨壇」（董仲書『春秋繁露』）が挙げられるが，春夏秋冬それぞれ方 6 尺〜9 尺の小規模な壇である．

　そして始皇帝の祭天（封禅）の壇は司馬遷『史記』が「為壇于太山以祭祀天，……壇皆広長十二丈，壇高三尺，階三等，……」と記す．周尺換算すれば，

---

203) 李学勤（1999）『十三経注疏』
204) 班固「白虎通」

Column 2

陵寝・壇廟—皇帝祭祀

27.72m 四方，高さ 0.693m の壇にすぎない．

前漢末以来の郊祀制度では，南郊で円丘に天を祀り，地は国都の北郊で方丘に祀るが，これには鄭玄説と王粛説との 2 説ある．鄭玄は，南郊と円丘，北郊と方丘をそれぞれ別の祭場とし，冬至には円丘に昊天上帝を祀り，正月には南郊に感生帝[205]を祀る，夏至には方丘に崑崙地祇を祀り，北郊には神州地祇を祀る[206]，とする．王粛は，南郊と円丘，北郊と方丘をそれぞれ同一の場所であるとする．金子修一（2001ab，2006）は，各王朝における郊祀の実際を明らかにするが，その要点は以下のようである．

後漢の郊祀制度は，王莽の改革を継承し，初代世祖光武帝（劉秀）（位 25～57 年）の時に成立する．光武帝は即位翌年，「洛陽城南七里」郊外に，重層（内，中，外）の 8 つの「陛」（階段）をもつ円壇（「為円壇八陛，中又為重壇」）を立て，天地の位を南向きに置き，西を上（天）とし（「天地位其上，皆南郷西上」），外壇上に五帝を配した（「其外壇上為五帝位」）たという（『後漢書』祭祀志）．北郊壇については，「洛陽城北四里」に，4 つの「陛」をもつ方壇を築き（「為方壇四陛」），壇上の北側西に地祇が南向きに置かれ，北側東に高皇后が西向きに置かれた（「別祀地祇位，何面西上，高皇后，西面北上」）．

三国魏独自の郊祀制度を定めたのは第 2 代明帝（叡）（226～239 年）で，洛陽の南，委粟山(いぞくさん)に円丘をつくり，始祖帝舜を配し，皇皇帝天と号し（「以始祖帝舜配，号円丘曰皇皇帝天」），方丘を祭るところを皇皇后地といい，舜妃伊氏を配している（「方丘所祭曰皇皇后地，以舜妃伊氏配」）．また，天郊の祭るところを皇天之神といい，太祖武皇帝を配し（「天郊所祭曰皇天之神，以太祖武皇帝配」），地郊の祭るところを皇地之祇といい，武宣皇后を配している（「地郊所祭曰皇地之祇，以武宣皇后配」）[207]．鄭玄説に従って，南郊と円丘，北郊と方丘をそれぞれ別の祭場としている．蜀については成都に南北郊壇を築いた（223 年）ことが知られるが，以後の史料は全く存在しない．また，呉は，孫権が武昌で即位して南郊に告天したことが知られるが，以後，郊祀は行っていない．

西晋（265～316 年）の場合，武帝（司馬炎）（265～290）が，曹魏の制度を全面的に改め，円丘は南郊に，方丘（方沢）は北郊に合せ，南郊壇，北郊壇のみ立てるようになる．すなわち王粛説がとられることになる．後漢時代に戻ったことになるが，以降，南北郊のみが立てられるようになる．

---

205) 青帝霊威仰，赤帝赤熛怒，黄帝含枢紐，白帝白招拒，黒帝汁光紀
206) 鄭玄は，北郊の祭祀を行う時期については見解を示していない．
207) 『宋書』巻 16 礼 3

西晋が瓦解した後，東晋（317〜420年）へ移行することになるが，国都建康には，当初南郊壇が築かれたのみであった．第3代成帝（司馬衍）（325〜342年）の時に，北郊壇がつくられ，隔年の正月に郊祀を行う「二年一郊」の制度が確立する．そして，冬至，夏至の郊祀はほとんど行われなくなる．東晋について，王紀祥（2007）は，先蚕壇（『宋書』巻17・志第7・礼4）と雩壇（『南斉書』巻9・志第1・礼上）を挙げるが，壇の規模は10mにはみたない．

　南朝は，その後，宋（420〜479年），斉（479〜502年），梁（502〜557年），陳（557〜589年）と推移するが，南郊・北郊2壇を築き，「二年一郊」の制度を踏襲している．王紀祥（2007）は，南朝宋については，先農壇（『宋書』巻17・志第7・礼4）と蚕壇（『隋書』巻7・志第2・礼儀2）に触れる．蚕壇は，方1000歩の蚕坊に方90歩の蚕宮があり，その中に方2丈の蚕壇を設ける構成である．宋尺（＝0.245m）換算で，方90歩は132m四方である．南朝では，梁の南郊壇・天壇，北郊壇・地壇（『隋書』巻6・志第1），陳の天壇，地壇（『隋書』巻6・志第1）が知られるが，垣を持つのが南斉の円丘，方壇である．

　北朝の北魏では，488年に国都平城に円丘が築かれ，翌年初めて円丘と方丘の祭祀が行われた．孝文帝の漢化政策の一環である．493年から翌年にかけて国都を平城から洛陽に移すと，鮮卑拓跋氏の伝統儀礼であった西郊の祭天を廃止し，495年には委粟山に円丘を定めて昊天上帝を祀り，496年には方丘を河陰に立て祭祀を行う．次の宣武帝は，円丘を伊水の北に移し，さらに次の孝明帝は，円丘に道武帝，方丘に皇后劉氏を配した上で，明元帝を上帝に皇后杜氏を地祇に配している．こうして，北魏においては孝文帝以降，徐々に郊祀制度が整えられていくが，結果的に，南郊と円丘，北郊と方丘をそれぞれ別の祭場としていくことになる．すなわち，鄭玄説に従うのであるが，続く北斉，北周，隋，さらに唐初まで鄭玄説が継承される．

　以上，三国時代以降の都城の儀礼空間の建築には，鄭玄説に基づく魏洛陽→晋洛陽→北魏洛陽→東魏・北斉鄴→隋唐長安という流れと王粛説に基づく西晋洛陽→東晋洛陽→南朝建康という2つの流れがあることになる．

　北朝および隋における郊祀制度，円丘，方丘などについては，『隋書』巻6礼儀1にまとめられている．金子修一（2006），王紀祥（2007）に従って，その形状，規模を抜き出せば以下のようである（北朝尺＝0.30m）．

北斉
　　円丘　3成（壇），下壇（広輪）270尺，上壇（広輪）46尺，高さ45尺，各壇15尺，上中壇，4面1陛，下壇，8陛：国の南郊：配神，高祖神武皇帝（『隋

書』巻6・志第1)
　　方丘　広輪40尺，高さ4尺，4面1陛：国の北郊：配神，武明皇后
　　南郊　広輪36尺，高9尺，4面1陛：国の南：配神，高祖神武皇帝
　　北郊　南郊と同じ：配神，武明皇后
北周
　　円丘　3成，各壇(成崇)高さ1丈2尺，深2丈[208]，上径6丈，12陛，陛毎
　　に12段(毎十有二節)：国陽7里の郊：配神，炎帝神農氏
　　方丘　1成[209]，8方，下祟1丈，方6丈8尺，上祟5尺，方4丈，方毎に一
　　階段の蹴上1尺(「方一階，尺一級」：国陰7里の郊：配神　神農
　　南郊　方壇，高1丈2尺，広4丈：国南五里：配神，始祖献侯莫那
　　神州之壇　高1丈，方4丈：北郊方丘の右(西)：配神，始祖献侯莫那
　　北郊　方丘
隋
　　円丘　4成，各高8尺1寸，下成広20丈　再成広さ15丈，3成広さ10丈，
　　4成広さ5丈：国の南　太陽門外道東2里：配神　太祖武元皇帝
　　方丘　再成　各高さ5丈　下成方10丈　上成方5丈：宮城の北14里：
　　配神　太祖武元皇帝
　　南郊　壇高7尺，広4丈：国の南，太陽門外道西1里，宮城から10里：
　　配神　太祖武元皇帝
　唐代の郊祀制度は，高祖の武徳令で定められ，貞観礼，顕慶礼，開元礼で祭
神など修整が加えられている．
　『旧唐書』巻21・礼儀志1によればそれぞれの形状は以下のようである．
唐
　　円丘　4成，高8尺1寸，下成広20丈，再成15丈，3成10丈，4成5丈：
　　京城明徳門外道東2里：配神，昊天上帝
　　方丘　再成，下成方10丈，上成5丈：宮城北14里：配神，皇地祇，景帝
　　南郊　配神，感生帝
　　北郊　配神，神州地祇
　唐初においては鄭玄説に従って郊祀が行われたことがわかるが，壇の形状に

---

208)「深」の意味は不明とされるが，中壇，後壇の幅のことと考えられる．上壇の直径が6丈，中壇が10丈，後壇が14丈となる．階段は，方丘の記述から長さ1丈2尺(12段)，8尺の踊場が設けられる．
209) 二成の誤りである．

第 II 章
中国都城の起源

ついての記述は少ない．高宗の封祀壇については「為円壇，三成，高二丈四尺，毎等高六尺．壇上経一十六歩，三等各闊四歩．設十二陛，陛皆上闊八尺，下闊一丈四尺．為三重土垣，距外土垣三丈，内垣距五十歩．……」とある（『旧唐書』巻21・礼儀志1）．

皇帝祭祀の全体については，以下の宗廟の祭祀を含めてみる必要があるが，金子修一（2001ab，2006）の緻密な考証によれば，漢代では「謁廟の礼」という即位後に宗廟に謁する儀礼が重要であったのに対して，唐代では即位後の「謁廟の礼」は見られなくなり，天との直接的つながりを示す即位翌年の南郊祀が重要な儀礼となっていく．郊祀の形式は，唐代『大唐開元礼』（732）に集大成される．

皇帝祭祀は，しかし，北宋以降，大きく変質していく．皇帝祭祀は皇帝自ら天地の神々を祀るものであり，あくまで宮廷内の祭りであったが，皇帝が都城内を巡幸し，都市住民に見せる都市祭礼へと変化していくのである．宋においては，ほぼ規則正しく3年に1度，南郊郊祀が行われるようになる．

北宋以降の主だった壇建築について，王紀祥（2007）をもとに挙げておこう．

北宋開封南郊円丘

「四成，十二陛，三垣，一成二十丈，再成十五丈，三成十丈，四成五丈，成高八尺一寸．内垣方広為九十歩，中垣方広尺寸為百四十歩，外垣方広尺寸為百九十歩．」（『宋史』巻99・志第52・礼2・吉礼2・南郊，図 Column 2-3a）

北宋政和開封南郊円丘

「三成，一成用九十九之数，広八十一丈，再成用六十九之数，広五十四丈，三成用三十九之数，広二十七丈．毎成広二十七尺．壇台直径八十一丈．壇外有三垣，垣間距為三十六歩，則内垣辺長為二百三十四歩，中垣辺長為三百六歩，外垣辺長為三百七十八歩．」（『宋史』巻99・志第52・礼2・吉礼2・南郊，図 Column 2-3b）

北宋開封元豊地壇

「方壇旧制三成，第一成高三尺，第二成，第三成皆高二尺五寸，上広八丈，下広十有六丈．……為再垣，垣二十有四歩，取坤之策二十有四也．」（『宋史』巻100・志第53・礼3・吉礼3・北郊，図 Column 2-3c）

北宋開封雩壇

「雩壇当立于円丘之左巳地，其高一丈，広幹四丈，周十二丈，四出陛，為三垣，各二十五歩，周垣四門，一如郊壇之制．」（『宋史』巻100・志第

Column 2
陵寝・壇廟—皇帝祭祀

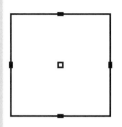
a 周代諸侯観見天子壇
宮 方300歩 壇 12尋 1歩=5尺
尋=6尺　　周尺=0.231m

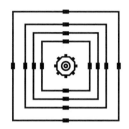
b 南朝斉円丘南郊壇
垣 方320歩 245歩 195歩 145歩
壇 上方46尺 中方125尺 下 270尺
南朝尺=0.245m

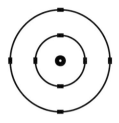
c 北周円丘南郊壇
垣 方300歩 150歩
壇 上円60尺 中円100尺 下円140尺
北周尺=0.295m

d 北周方丘北郊壇
垣 方120歩 60歩
壇 上方40尺 下68尺
北周尺=0.295m

e 唐代円丘壇
壇 方50尺 100尺 150尺 200尺
高8.1尺　1歩=6尺
唐尺=0.295m

f 唐代封祀壇
垣 外 方100歩 中 方70歩 中 方50歩
壇 方16歩 20歩 24歩 (32歩 36歩 40歩)
高8尺　12陛　1歩=6尺

g 北宋開封南郊円丘壇
垣 外 方190歩 中 方140歩 内 方90歩
壇 四成 方5丈 10丈 15丈 20丈
高8.1尺　12陛　1歩=5尺　宋尺=0.31m

h 北宋開封元豊地壇
垣 外 方168歩 内 方120歩
壇 二成 上 方24丈 36丈
高18尺　1陛　1歩=5尺　宋尺=0.31m

i 北宋開封雩壇
垣 外 方158歩 108歩 内 方58歩
壇 二成 上 方4丈 25丈
高10尺　4陛　1歩=5尺

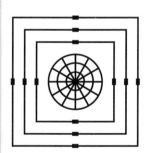
j 南宋臨安南郊円丘壇
垣 外 方144歩 中 方119歩 内 方94歩
壇 四成 上方7丈 12丈 17丈 22丈
高?尺　12陛　1歩=5尺　宋尺=0.31m

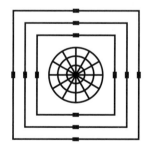
k 北宋政和開封南郊円丘壇
垣 外 方378歩 中 方306歩 内 方234歩
壇 三成 上 方27丈 54丈 81丈
高27尺　12陛　1歩=5尺　宋尺=0.31m

図 Column 2-3　円丘・壇（作図：布野修司）

53・礼3・吉礼3・北郊）

南宋

臨安南郊円丘

「四成，第一成縦広七丈，第二成縦広一十二丈，第三成縦広一十七丈，第四成縦広二十二丈．一十二陛，毎陛七十二級，毎成一十二縫．三垣，第一垣去壇二十五歩，中垣去内垣，外垣去中垣各半之．」（『宋史』巻99・志第52・礼2・吉礼2・南郊，図Column 2-3f）

元大都南郊壇については，『元史』巻76・志第27・祭祀5・太社・太稷に記述がある．「地在麗生門外丙位，凡三百八畝有奇．壇三成，毎成高八尺一寸，……」すなわち外垣墻の面積が三百八畝などと面積標記がなされていたりして不明の点があるが，内垣五十四歩などを手掛かりとして推測すると図Column 2-4aのようになる．

明の洪武南京円丘壇，方丘壇については，『明史』巻47・志第23・礼1・壇垣之制に記述がある．円丘壇は，2成で，上成広7丈，高8尺1寸，4陛，2重垣（内64歩，外124歩）である（図Column 2-4b）．方丘壇は，同じく2成で，上成広6丈，高6尺，4陛，2重垣（内108尺＋150尺，外640尺）である（図Column 2-4c）．

以上のように，円丘，方丘，南郊，北郊の形状，規模についての概要は知られる．円丘は，隋唐では四成であったが，その後南宋までは4成，元以後は3成となり，清朝の天壇（図Column 2-4d）に至る．最終的には，壇成を天数（奇数）に合わせ，明清時代に，天壇3成，地壇2成となったと考えられている．

宗廟

南北郊祀は，以上のように前漢末に成立するのであるが，祖先を祀る宗廟の祭祀は先秦時代に遡る．

前漢では，宗廟は皇帝ごとに別々に設けられ，皇帝陵の近傍に「陵旁の廟」としてつくられている．ただ，高祖（劉邦）の父の太上皇廟と高祖の高廟は長安城の中にあり，長安城外に「陵旁の廟」が設けられるのは文帝以降である．「天子七廟制」と呼ばれるが，天子は7代前までの祖先を祭ることができ，諸侯五廟，大夫三廟，士二廟とすることが『春秋穀梁伝』僖公15年條，『礼記』王制に見られるが，その運用は前漢末までには定まっていない．

前漢に特有の宗廟として，他に「郡国廟」があり，諸侯王の国に太上高廟をつくらせている．漢初には中央集権体制の確立のために必要とされたと考えられるが，皇帝の宗廟は京師（長安）の居所の近くに設けるべきだとする儒教思

Column 2
陵寝・壇廟―皇帝祭祀

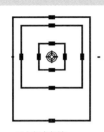

b 明洪武南京方丘壇
垣　外　方128歩　内　方51.6歩
壇　二成　上　方6丈　10.8丈
高6尺　4陛　1歩＝5尺

c 明洪武南京円丘壇
垣　外　方124歩　内　方64歩
壇　二成　上　円7丈　17丈
高8.1尺　4陛　1歩＝5尺
　　　　　　　　明尺＝0.32m

a 元大都南郊壇
垣　外　方238歩（×311歩）　188歩　内　方80歩
壇　三成　上　円5丈　10丈　15丈
高8.1尺　4陛　1歩＝5尺　元尺＝0.31m

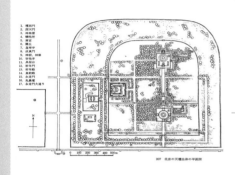

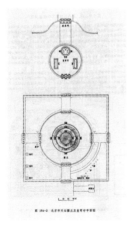

皇穹宇

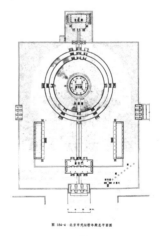

祈念殿

d 北京天壇

図 Column 2-4　円丘・壇（作図：布野修司）

想の浸透から，BC. 40年に廃止され，以降復活することはなかった．

　宗廟の祭祀は，後漢初頭に形成されて，ほぼ歴代王朝に踏襲されて唐代に至る．小祭の四時祭（時祭）と大祭の禘祭・祫祭（殷祭，禘祫）からなり，四時祭は，四孟月（1，4，7，10月）と臘日の，年に5回行われ，禘祭は5年に一度四月に，祫祭は3年に1度10月に行われる．

　宗廟に祭ることのできる先祖の人数には，上述のように，身分によって制限があり，儀礼内容には諸説あるが，四時祭は各皇帝の位牌（神主，木主）をそれぞれ別に祭るのに対して，禘祫は，太祖の位牌を奥に据え，その前に次代以降の皇帝の位牌を向かい合わせに並べて一堂に祭る．1つの宗廟の中に歴代の皇帝の位牌を安置する太廟の制度も後漢に出現している．

　皇帝の即位儀礼は，前漢においては宗廟即位が一般的であるが，後漢になると柩前即位が一般的となる．すなわち，前漢では，崩御—即位・謁廟—大葬という順であるが，後漢では，崩御—柩前即位—大葬—謁廟の順となる．

　金子修一（2001ab，2006）に拠れば，皇帝の権威確立にとって，宗廟を介しての祖霊との結びつきを示すことの重要性が減じ，謁廟に代わって，冊書（策書）が新帝の正統性を担保するようになったためだとする．

　皇帝祭祀は，南北朝時代の北朝や遼，金，元，清などの異民族王朝でも行われ，多少変容しつつも皇帝制度とともに継続されることになる．

第Ⅲ章

西安・洛陽―中国都城の原郷

中国古代の都城が立地してきたのはいわゆる「中原」である．渭水盆地と洛陽盆地がその中核であり，秦の故地から鄭州商城，殷墟まで含めても，東西650kmほどの領域が中国古代都城の立地した領域である．この核心域の2つの中心が今日の西安と洛陽である．

　西安には，周酆京・鎬京，秦咸陽，前漢長安，隋唐長安などが，洛陽には，東周成周，後漢洛陽，三国魏洛陽，北魏洛陽，隋唐洛陽城などが置かれた[210]．中国都城の起源から隋唐長安城まで，さらに開封もその範囲に含めるとすると，大元ウルスが北京を拠点とする以前，13世紀まではこの核心域が中国の中心まさに「中原」であり続けたことになる．

　周王朝を建てた文王が中国で初めて城壁そして濠をめぐらす王都酆京を建設し，武王が殷を滅ぼして(BC. 1023年)新王都鎬京(宗周)を建設したこと，酆京，鎬京が渭水(河)の支流，澧水(河)の東西岸に向き合うように位置していたこと，武王の死後，成王の摂政に就いた周公旦が夏殷の故地，中原を抑えるために雒邑に成周を建設したこと，この東都成周が周王朝の分裂によって東周の王都となったこと，さらにこの成周が「小城大郭」連結構造をとる都城の嚆矢であったことは第II章でみてきた．そして，秦始皇帝の帝都・咸陽が市壁をもたない，宮，陵，寝，廟などがコスモロジカルに配列された星辰型都市，宇宙のミニチュアとして構想されていたことを確認したところである．

　その咸陽を引き継いだ前漢長安から隋唐長安に至る中国都城の変遷が本章の扱う範囲となる．楊寛(1987)によれば，この過程において，「座西朝東」から「座北朝南」への空間構造の転換が起こる．前漢から後漢からにかけての儒教の国教化が郊祀や宗廟のあり方を大きく規定し，都城の空間構造のこの転換に大きなインパクトを与えたことははっきりしている(Column 2)．また，魏晋南北朝から隋唐にかけて，「座北朝南」構造から，東西対称・南北中軸線構造が成立する．大きな画期となるのは，太極殿の成立，そして三朝制の成立である(Column 3)．さらに，坊墻制の成立が，中国都城の大きな転換となり，その歴史の画期となる．

---

210) 洛陽に都城を置いたのは以下の13朝と言われる．夏(BC. 21C〜BC. 16C, 国都), 殷(商)夏(BC. 16C〜BC. 11C, 国都), 東周夏(BC. 770〜BC. 221年, 国都), 後漢(25〜220年, 国都), 三国魏(220〜265年, 国都), 晋(265〜316年, 国都), 北魏(386〜534年, 国都：494〜534年), 隋(581〜618年, 国都・陪都), 唐(618〜907年, 国都・陪都), 後梁(907〜923年, 国都・陪都), 後唐(923〜926年, 国都), 宋(960〜1127年, 陪都), 金(1115〜1234年, 陪都). 金時代を除き，成周(BC. 11C〜BC. 771年)を加える場合もある．

第 III 章
西安・洛陽—中国都城の原郷

III-1　前漢長安 —— 城壁・宮城・復道

　始皇帝の咸陽は，星辰の中心に擬えて構想された極めてユニークな帝都であった．中国都城の原初的星雲である．中国都城は，以降，城壁を備えた現実的形態をとっていくことになる．

　星雲として中国世界に拡がる中心に位置する咸陽を焼いて始皇帝陵を暴いたのは項羽であるが，廃墟と化した咸陽を受け継いだのは，項羽を垓下（安徽省霊璧県東南）に破り（BC. 203），氾水の北岸定陶（山東省定陶県）で帝位についた（BC. 202）劉邦である．始皇帝の咸陽と劉邦以降の漢の長安との連続不連続が第 1 の問題となる．

　漢長安は，以下に見ていくように，始皇帝の帝国を具体的な 1 つの都市の形に縮小していく過程で成立した都城である．前漢長安城以降，中国都城の建設に当たって，宇宙（マクロコスモス）を都城（メソコスモス）に投影するという理念が大きな軸になっていく．

　村田治郎（1981）が考察の前提としたのは『新中国的考古収穫』掲載の図（図 III-1-1）と単線で外形を描いて宮殿などのおよその位置を書き込んだだけの楊守敬『水経注図』である．その後の考古学による発掘も踏まえた復元図は鶴間和幸（2004）によって示される（図 III-1-2）．この図を念頭に，長安城の建設過程，形態，街路体系，諸施設など構成要素，住区構成についてその特性を確認した上で，その中国都城の歴史的展開における位置づけを明らかにしたい．

　あらかじめ確認すべきことは，

　A．始皇帝の咸陽の渭河以南の諸施設，特に興楽宮を拠点として建設されたこと．すなわち，あらかじめ全体計画図が描かれ建設された新都ではないこと．従って，始皇帝の咸陽との連続性が前提とされること．

　B．まず，興楽宮の東に中心宮殿として未央宮が建設され，この 2 宮を結ぶ東西軸に沿って諸施設が配置されたこと．そして，

　C．市壁の建設は，それ以降であること．そして，特に南北の市壁が不整形であること．

　結果として，

　D．未央宮は，長安城の西南部に位置すること．

　E．長安城内の大部分を宮殿区が占め，居住区（閭里）は計画的に設定されていないこと．

である．

前漢長安 ── 城壁・宮城・復道

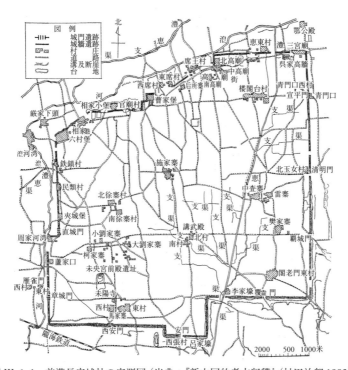

図 III-1-1　前漢長安城祉の実測図（出典：『新中国的考古収穫』（村田治郎 1982））

1-1　長安造営

史書によって知られる長安の建設過程は以下のようである．

①高祖（劉邦）（位 BC. 206～195 年）は，即位してしばらく雒陽（洛陽）に都を置いたが，斉の婁敬の建言そして張良の主張をいれて関中を拠点とすることとする．選地に当たってその理由されたのは，防御と農業生産性である[211]．都城建設の場所として具体的に選定されたのは，秦の離宮そして極廟のあった渭河以南の地である．北岸の宮殿群は焼失するが，南岸には秦・咸陽の様々な施設，興楽宮やそれに附属する鴻台，魚池，酒地，甘泉宮（雲陽宮），宣春宮，横橋，渭橋，上林苑などが破壊を免れて残さ

---

211) 雒陽は周の徳による政治の象徴であり，「天下」の中心であるが戦火によって荒廃しており，怨嗟の声もある．雒陽を建設した周の成王・康王の時代とは違う，東方，山東に反乱があると守備に不安がある．秦の故都咸陽であれば，四方山と川に囲まれた「四塞の地」であり，土地は肥沃で，いざとなれば 100 万の兵を集めることができる「天府」である，というのがその理由である（『漢書』巻 43「婁敬伝」）．

185

第 III 章
西安・洛陽―中国都城の原郷

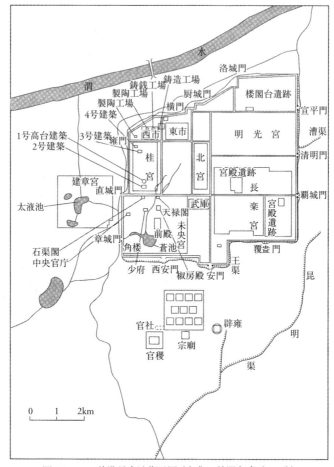

図 III-1-2　前漢長安城復元図（出典：鶴間和幸（2004））

れていた（『三輔黄圖』）．漢の長安の建設は，興楽宮の修復から開始され，その西に中心宮殿となる未央宮が建設されることになるが，その場所は，秦の咸陽において渭水以南における最も重要な宮殿であった章台のあった場所である．

②高祖は咸陽定都を決定すると（高祖 5（BC. 202）年），興楽宮の修復に着手し，長楽宮と改名する．落成したのは高祖 7（BC. 200 年）年 2 月で，滞在していた櫟陽から遷都する．『史記』「高祖本紀」は，翌年，長楽宮の西に未央宮が完成したとするが，興楽宮の修復と並行して未央宮，東闕，北闕，前殿，武庫，太倉の建設が開始されていたと考えられる（『漢書』「高帝紀」）．すなわち，興楽宮の修復決定と同時に一定の全

186

体構想は立てられていたと考えられる．東から西へ，太倉，長楽宮，武庫，未央宮が配置され，未央宮の位置は，咸陽宮と極廟を結ぶ正南北軸線上に位置する．また，北宮も未央宮に続いて建設されている．首都建設の任に当たったのは，丞相の蕭何（BC. 257?～193年）[212]である．また，実際施工に当たったのは軍匠陽城延である（『漢書』巻16「高惠后文功臣表」）．

③高祖が長楽宮で死去し，恵帝（位BC. 195～188年）が即位すると，長安城の建設すなわち市壁の建設が開始される（BC. 194年）．史料によって完成年次が異なるが，恵帝5（BC. 190）年もしくは6年，6年近くの年月をかけて建設されている．この市壁建設は，事実上呂太后政権といっていい恵帝時代の政治不安の反映であり，当時存在した主要施設を取り囲むためのものであったと考えられる（佐原康夫（2002））．『史記』（巻2「漢興以来将相名臣年表」，巻9「呂后本紀索隠」）によれば，西北壁，東壁，北壁という順で工事が行われた（佐藤武敏（1971））．南壁建設の記録が史書にはないが，応地利明（2011）は，それ以前に完成していたのではないかとする．また，西北壁が先行建設されたのは，その地区に既に市と庶民の住区が存在しており，渭水の氾濫を防ぐ洪水対策のためであったと考えられる．市壁の完成後には北西方に西市が建設されている．

④呂太后没後に帝位についた第5代文帝（位BC. 180～157年）以後の歴代皇帝の下では基本的に長安城の改造・拡張はなされなかった．第6代武帝（劉徹）（位BC. 140～87年）は，多くの宮殿を造営した普請道楽として知られる．長安城内の桂宮，明光宮（BC. 101年）は武帝によって建設された．そして，建章宮など多くの離宮を城外に建設した．ただ，長安城そのものの骨格は変えてはいない．

⑤前漢の皇帝祭祀が郊祀・宗廟の祭祀を中心に整えられていくのは前漢後半期のことである（Column 3）．後述するように，長安に南北郊が設けられたのは建始2（BC. 31）年，成帝（位BC. 33～7年）が初めて南北郊祀を実施している．復元図にあるように，長安城南郊に，巨大な廟群，辟雍，宗廟，官社，官稷などいくつかの建物遺構が発見されているが，これらは成帝以降，主として王莽の時代ものである．

⑥長安城の周辺地域はその建設とともに大きく変貌していく．その中心となったのは歴代皇帝の帝陵と陵県の建設である．渭水北岸の丘陵地には，高祖以来の帝陵が一定の間隔で直線状に並んでいる．長安城の東に位置する文帝の覇陵，南の宣帝の杜陵は例外である．帝陵に付属して建設された陵県には，富人や高級官僚が強制的に移住

---

212) 劉邦と同じ沛県の出身で，秦末の動乱期，劉邦陣営の内部事務の一切を取り仕切った．また，咸陽占領の際，秦の史書や法律，各国の人口記録などを項羽による破壊の前に確保し，これが漢王朝の基礎作りに役立ったとされる．高祖は，周囲20里余に及ぶ壮大な未央宮の造営に，天下が未だ治まるかどうかという時期に度を過ぎた壮麗な宮室を建てるとは何事だ，と怒ったという記事が『史記』「高祖本紀」，（『漢書』「高帝記」）にみえるが，長安造営のイニシアチブをとったのが蕭何であることをこのエピソードを示している．

させられ，新たな都邑が形成されるのである．

1-2 長安城の形態

　前漢長安城については，『漢舊儀』『三輔決録』『三輔舊事』『三輔黃圖』などの史書に，形態，規模などについての記述がある．また，『水経注疎』『水経注図』のような歴史地理学的な研究書がある．李好文『長安志圖』のような簡単な図も書かれてきた．そして，考古学的な発掘調査が1956年以降現在に至るまで行われてきている．諸文献には矛盾があり統一的に理解できない問題があるし，近年の発掘調査によっても，その空間構造について不明な点は少なくない．古来諸説があるが，確認されるのは以下の諸点である．

(1) 斗城 ―― 全体形状

　長安城の全体形状については，古来整形説と不整形説がある．

　『漢舊儀』巻下に「長安城，方六十里，経緯各々十五里」といい，『漢舊儀』所引の『三輔黃圖』「長安故城」の条には「長安城中，経緯各々長三十二里十八歩」という．『漢舊儀』には，前漢長安城を正方形とする観念がある．第1の問題は，「経緯各々十五里」と「経緯各々長三十二里十八歩」という2倍にも及ぶ規模の違いであるが，これについては後に触れたい．『漢舊儀』に対して，『三輔黃圖』は「周回六十五里，城南為南斗形，北為北斗形，至今人呼漢京城為斗城是也」という．北は北斗形，南は南斗形をしており，それ故，漢京城を「斗城」と呼ぶというのである．

　現存遺構は，およそ東西6250（南壁）〜5950（北壁）m，南北5940（東壁）〜4550（西壁）mの範囲にあるが，不整形をしていることは明らかである．

　問題は，当初の計画理念として，あらかじめ「方○○里」という全体構想があったかどうか，また，あらかじめ星辰の形に擬える構想があったかどうかである．

　あらかじめ計画的な理念があったことを窺わせるのが，東壁が南北一直線となっており，3門が一定の間隔に配置されていることである．整形説に立つとすると，南西北の市壁が不整形となった理由が求められるが，西北部については渭水の流路と自然地形の制約，また，南壁，西壁については，既存の施設の存在がその理由とする．星座を象ったというのは，後代の解釈だと主張する．

　古賀登（1980）は「漢長安城はもともと正方形として設計された」と整形説に立ち，『三輔黃圖』の北斗，南斗説は否定する．明代に既に，范守己が「初め意ありて斗形と為すに非ざるなり．唐人，謂いて北斗城と為すは，偶，形の似たるを以ってこれを言うのみ」（『雍譚』）と後の説が竄入したという説がある．

　渭水の影響という通説に対して，渭水ではなく，沈水の影響によるという説（馬先醒（1977））もある．南壁については長楽・未央の両宮を避けたためだという説（元・

李好文『長安志圖』巻中「圖志雑説」条）がある．さらに，市街が発達した後，市壁が建設されたという説がある（那波利貞[213]，佐藤武敏（2004））．

長安造営の過程について上に要点をまとめたが，長安城の市壁の建設は恵帝時代の政治的混乱に対処するもので防御という目的を第1とするものであった．始皇帝の咸陽には市壁はなかった．始皇帝の咸陽が関中＝渭水盆地全体を星辰に見立てて諸施設を配置する理念に基づいていたことを確認したが，市壁を持たないから当然であるが，市壁の形を星座に見立てる発想は咸陽にはない．長安の市壁建設当初にもそうした理念はなかったと思われる．ただ，指摘すべきは，後漢末から南北朝にかけて成立したとされる『三輔黄圖』がそうした見方を示し，主張しているということである．すなわち，後漢末には，都城の形状を星座に見立てる思想が成立していた[214]．すなわち，宇宙のかたちを1つの都城のかたちに表現する発想は前漢期に生まれているのである

「天円地方」という宇宙観に基づき「地」を方形とし，第Ⅰ章でみたように，「天下」を「方〇〇里」，王城を「方〇〇里」……とする観念はあったと考えられるから，正方形に囲おうとしたことは考えられる．「旁三門」は意識されていた可能性があるが，「九経九緯」が意識されていないことははっきりしている．

(2) 方十五里 ── 規模

長安城の規模について諸史書は様々に記述している．古賀登（1980）が列挙するところによると，『漢舊儀』は「長安城，方六十里，経緯各々十五里，十二城門，積九七三頃」，『史記』巻9「呂后本紀索隠」（所引『漢舊儀』）は「城，方六十三里，経緯各々十二里」，『続漢書』巻19「郡國志一長安条注補」（所引『漢舊儀』）は「長安城，方六十三里，経緯各々十五里，十二城門，九七三頃」など，同じ『漢舊儀』を引きながら，規模は様々である．また，『三輔黄圖』は周回65里とし，上述のように『三輔黄圖』「長安故城」の条（所引『漢舊儀』）は長安城中，経緯各々長さ32里18歩，地973頃とする．

考古学的遺構をもとにした実測によると周囲は2万5100mになる[215]．漢の1尺を商鞅尺（＝0.231m）[216]とし，6尺＝1歩，300歩＝1里（＝415.8m）とすると，60.3656里である．この計算に拠れば，『漢舊儀』の「長安城，方六十里，経緯各々十五里」が

---

213)「支那都邑の城郭とその起源」（『史林』10巻2号，1925年）
214) Wheatly（1971）そして中野美代子（1989）は，それぞれ長安城を星座に見立てる説を提示している（応地利明（2011））．村田治郎（1981）は，北斗，南斗は最初からの計画ではなかったにしても，「工事中の進行中から庶民が言い出した俗信だったかも知れず，頭から否定する態度は採らない方がよかろう」と書いている．
215) 王仲殊，「漢長安城考古工作的初歩収穫」（『考古通訊』，1957年第5期），「漢長安城考古工作的収穫続記」（『考古通訊』，1958年第4期）．
216) 足立喜六は，漢1尺を0.760曲尺＝0.230mとするが，古賀登は，1商鞅尺＝0.231として計算している．

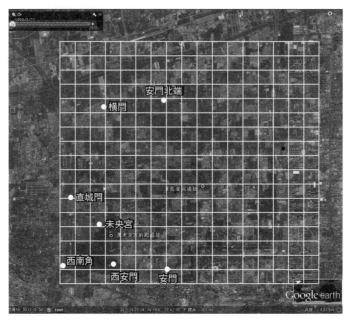

図 III-1-3 前漢長安城の測定点（出典：宇野隆夫編（2010））

ほぼ正確ということになる．こうした切のいい丸めた数字は，1つの理念の裏づけとなる．ただ，屈曲を含めて足し合わせた周回の実測とその等分が必ずしも意味をもつわけではない．

一方，973頃という面積の記載を重視すると，方60里の面積，15里×15里＝4500歩×4500歩＝2025万平方歩というのに合わない．1頃＝100畝であるが，1畝＝100歩×100歩では，2025頃となり，973頃の倍以上となるし，1畝＝240歩制とすると，843.75頃になる．そこで古賀登（1980）は，973頃という面積を重視して，前漢長安城は，方65里，縦横16里強の正方形に設計されたとするが，16里強というのは，設計寸法という観点からはすっきりしない．ただ，長安城中，経緯各々長さ32里18歩という記述には，その半分ということできりがいい．

叶驍軍（1986）は，東辺5940m（14.28里），南辺6250m（15.03里），西辺4550m（10.94里），北辺5950m（14.30里）とするが，里に換算（括弧内）すると方15里以内に収まっている．宇野隆夫編（2010）は，前漢長安城の主要街路の両端を精密測定した結果を示している（図III-1-3）．それによると，東西約2万8000尺（15.56里），南北約3万尺（16.67里）（尺＝0.232m換算）である．Google Earth上で，城址実測図に外接する四辺形の東西南北を計測すると，東西6320.14m（15.20里），南北6579.89m（15.82里）

190

となる.「方十五里」は，城壁建設の際に意識されていたと考えていい.
問題は，『三輔黄圖』「長安故城」条(所引『漢舊儀』)の経緯各々長さ32里18歩である．以上の結論とは一致せず，ほぼ倍の規模である．これについては，古賀登の解釈に説得力がある．1辺32里18歩は，東方の泬水流域を含んだ区域と考えるのである.
前漢長安城は，秦の離宮であった興楽宮をもとに造営された．興楽宮は秦の杜陵県の下杜城の西北に位置した．この興楽宮の西に未央宮が建てられるが，そのさらに西の泬水流域には，既に多くの居住する集落があったと考えられる．始皇帝が咸陽城を渭水の南に拡張して阿房宮を築いたのは，始皇33〜35(BC. 214〜216)年頃である．この阿房宮を天の川に見立てた渭水をまたいで咸陽に繋ぐという秦始皇帝のとてつもない都城計画は，『史記』「秦始皇本紀」に書かれている．この阿房宮の北側が泬水流域である．これを含んだ区域が長安県で，その大きさを示したのが経緯各々長さ32里18歩なのである．32里18歩という数字については，理念的な数字というより，実測に基づくものと解すべきであろう．

(3) 八街九陌 —— 街路体系

市壁には市門が設けられている．東西南北にそれぞれ3門，『周礼』「考工記」「匠人営国条」にいう「旁三門」に従っている．ただ，各門はいずれの門とも直線道路によって繋がれていない．

『三輔黄圖』「都城十二門」条の列挙する12門は以下のようである．

  i 東出南頭第一門 覇城門(青城門，青門，『廟記』：青綺門，王莽：仁寿門無疆門)
  ii 東出第二門 清明門(藉田門，凱門，『漢宮殿疏』：城東門，王莽：宣徳門布恩門)
  iii 東出東頭第一門 宣平門(東都門，王莽：春王門正月亭)
  iv 南出東頭第一門 覆盎門(北門，下門，端門，王莽：永清門長茂亭)
  v 南出第二門 安門(鼎路門，王莽：光礼門顕楽亭)
  vi 南出第三門 西安門(便門，平門，王莽：信平門誠正亭)
  vii 西出南頭第一門 章城門(『三圃旧事』：光華門，便門，王莽：万秋門億年亭)
  viii 西出第二門 直城門(竜楼門，直門，王莽：直道門端路亭)
  ix 西出北頭第一門 雍門(西城門，函里門，王莽：章義門著誼亭)
  x 北出東頭第一門 洛城門(高門，鶴雀台門，王莽：進和門臨水亭)
  xi 北出第二門 厨城門(王莽：建子門広世亭)
  xii 北出西頭第一門 横門(光門，王莽：朔都門左幽亭)

全ての門について発掘調査が行われているわけではないが，確認されているのは，「一門三道」形式をとること，そして市門の規模に違いがあることである．「一門三道」とは，「一道三塗」として上に触れた(第I章3)が，1つの門が3つに分けられ，3本の門道を通す形式をいう．真中の道は「馳道」と呼ばれ，天子専用の道とされるも

のである．門道の幅はほぼ8mと同じであるが[217]，門道の間隔が異なり，門の規模の違いとなる．門道の間隔は，西安門，覇城門の場合約14m，直城門，宣平門の場合約4mである．覇城門は，東から長楽宮に直結する門であり，西安門は，南から未央宮に直結する門である．宮殿へのアプローチが重要視されていたことを示している．

復元図によると，東西南北の各門は，東西に相対する覇城門と直城門を除くと，お互いに連結されない．『三輔決録』には「長安城，面ごとに三門，四面十二門，皆，九逵を通達し，以て相経緯す」とあるが，3門で3道ずつ「相経緯」することはない．各辺の門間の間隔を見ても，市門と市門を結ぶ主要街路によって城内を分割する計画意図はなかったと考えられる．

『三輔黄図』巻2「長安八街九陌」条は，『三輔舊事』を引いて「長安城中八街九陌」とする．そして香室街，夕陰街，尚冠前街，華陽街，章台街，藁街を挙げている．また，宋敏求は『長安志』巻5「街陌里第章」で，さらに太常街，熾盛街を挙げている．この「八街」について，楊寛(1982)は，直接，長楽宮，未央宮に通ずる覇城門，覆盎門，西安門，章城門を除いた門から城内に入る大街(幹道)を「八街」とする．「八街」全ては特定できないが，直城門—藁街(長楽宮—覇城門)，雍門—夕陰街，横門—華陽街，清明門—香室街，安門—章台街とされる．章台街から長楽宮の南に至る東西街を太常街とする比定もあるから，楊寛説は必ずしも認められているわけではない．

問題は「九陌」とは何かである．

この問題に唯一解答を与えているように思われるのが古賀登(1980)である．古賀は阡陌制を検討する中で，街は長安城内の大道，陌は長安城外，長安県の大道とする．大きな根拠とされるのは，上述の「長安城中，経緯各々長さ三十二里十八歩」である．これをもとに長安県を分割した上で，長安城に取り込まれた5陌と南北3条の阡を合わせたものが8街であるというのが古賀登である．測量し，計画する視点からは極めてわかりやすく説得力がある．ただ，問題は，史書が言及する「八街」の具体的な名前が特定できないことである．また，実測図と古賀の復元図が必ずしも一致していないことである．

長安城内の街路体系として無視しえないのが，各宮殿を繋いだ「復道(複道)」である．高祖は，死去するまで長楽宮に居住するが，その没後恵帝が未央宮に移ると，呂太后が居住する長楽宮との連絡するために復道が設けられた．復道は「飛閣」とも言われるが，2階建ての渡り廊下のことである．秦始皇帝が阿房宮と極廟，さらには始皇帝陵を結ぶ復道を設けていたことは上述の通りであるが，漢王朝もそれを踏襲した．建章宮の建設にあたっては，未央宮との間に復道が建設された．未央宮は，桂宮とも復道で繋がれていた(楊寛(1982))．

---

217) 門道は4軌(32尺)を基準としていたと考えられる．

前漢長安は2層の立体都市であった．「馳道」も「復道」も天子と庶民を分ける交通システムである．

(4) 渠 —— 水系

都城の選地，建設に当たっては水系が大きな鍵となる．渭水を水運の動脈として立地した咸陽を受け継いだ長安であるが，渭水南岸を重心とすることで新たな水運が必要となる．

西安西，阿房宮遺祉の西南に位置する昆明池から長安城方面へ向けて渠が穿たれるが，長安城の東南を北東に抜けて渭水および灞水に合流するのが昆明故渠（漕渠）である．また，覆盎門外から市壁に沿って覇城門外へ回り込み北上して渭水に合流するのが王渠である．この王渠は，東南部および北部の濠の役割を兼ねている．城外東南部には当初から太倉が置かれている．舟運にも利用されたと考えられる．昆明池を水源として，長安城の西南で分流北上するのが洨水枝津で，さらに枝分かれして城内に流れ込むのが明渠（洨水枝渠）である．明渠は，章城門付近から入城し，滄池を経て未央宮を北上，東におれて覇城門付近で城外に出て2つに分かれ，1つは王渠に合流北上，1つは漕渠に合流する．明渠は，城内における飲料水の確保，排水，漕渠への増水を目的としていたと考えられる[218]．

1-3 諸施設の配置

前漢長安城の建設は，興楽宮の修復，未央宮，東闕，北闕，前殿，武庫，太倉，そして北宮の建設によって開始されるが，この施設群は，長楽宮（興楽宮）を貫く東西軸（当初市壁は建設されないが覇城門と直城門を結ぶ軸線）に沿って配置されている．さらに武帝の時に城外西に建設された建章宮もこの軸線上にある．東西軸線についての明確な意識があったことは明らかである．また，中心宮殿，未央宮前殿が，極廟，咸陽宮を正南北に結ぶ軸線上にあった秦の章台の跡地に建てられたことは以上に触れた通りである．

長安城の諸施設について，その位置，構成を中心にみよう．

(1) 宮殿区

『三輔黄圖』巻之2「漢宮」は，長楽宮，未央宮，建章宮，桂宮，北宮，甘泉宮に触れ，巻之3には，桂宮を除いた宮殿について，各宮を構成する建物が列挙されている．宮はいくつかの宮殿を壁で囲うかたちをしており（宮殿区），その規模は，戦国時代の王都の規模をしている．長安城の空間構造を見る上で必要な点を確認すれば以下のようである．

---

218) 宋の程大昌『雍録』には水系を示した図がある．

長楽宮

「周廻二十里」(『三輔黄圖』以下「」同様)，すなわち「方五里」規模だから，優に春秋戦国時代の都城の規模である．中心宮殿である前殿は「東西四十九丈七尺，両序中三十五丈，深十二丈」という．他に，鴻台，臨華殿(前殿後)，温室殿，長信宮が長楽宮内にあった．長信宮は太后が居住した宮殿である．全体配置は不明であるが，発掘調査(1985年)で長楽宮内に3本の街路が確認されている．1本は覇城門と直城門を結ぶ東西街路であり，2本はこの東西街路に直交して南，城外へ向かい，東側のものは覆盎門へ繋がっている．佐原康夫(2002)は，覇城門と直城門を結ぶ東西街路は宮殿内の街路としては不自然に大きく，「皇帝専用の馳道を備えた街路だったとすると，長楽宮は南北に両断されることになり，この道路を挟んで建築群が展開するという平面プランを考慮する必要があろう」という．また，前殿など中心宮殿が東に偏っていることを指摘する．この事実は，既存の興楽宮(長楽宮)を基準としながら，東西軸線を設定して全体が構想されたこと，市壁が後で建設されることによって，宮殿の位置が限定されたことを示している．

未央宮

「周廻二八里」「前殿東西五十丈，深十五丈，高三十五丈」という．『西京雑記』巻1は「未央宮周廻二十二里九十五歩五尺」と細かくやや小さい．宮域も前殿も規模は長楽宮よりやや大きい．北闕と東闕のみで南と西に闕は設けられなかった．この点も，長安の都市計画を考える上で重要である．古来議論があり，顔師古は，北闕が正門であるとし，蕭何が「厭勝の術」(呪術)に基づいたからだという．『史記』「索隠」は，加えて秦の主要な建物が北岸にあったため北闕が便利であったとする．楊寛(1982)は，そうした諸説を引きながら，北闕も東闕も正門であったが，重要度の点では東闕が正門であったとする．その持論である「座西朝東」の空間構造をとるとするのである．未央宮の正門，長安城の軸線をめぐっては最後に検討しよう．

『三輔黄圖』巻之3「未央宮」は，前殿の北に宣室，温室殿，清涼殿，東に宣明殿，広明殿，西に昆徳殿，玉壺殿があったという．また，位置は不明であるが，麒麟殿，金華殿など数多くの宮殿が列挙されている．未央宮の全体構成は明らかではないが，1980年代の発掘によって14の建築遺構が確認されている．

北宮

「周廻十里，……中有前殿，廣五十歩……」などとあるが，史書に記述は少なく不明な点が多い．考古学調査(1994年)によれば，南北に2つの門が相対して設けられている．南門には門道が確認され，直城大街に繋がる道も確認されている．

桂宮

「桂宮，漢武帝造，周廻十餘里．漢書曰「桂宮有紫房複道，通未央宮……」とある．『三輔黄圖』からは，「周廻十餘里」の規模で，未央宮の北にあって複道で繋がっていたこ

と，中に明光殿があったこと以外ほとんどわからない．中国社会科学院考古学研究所と奈良文化財研究所の合同調査が行われ，報告書[219]が出されている．

建章宮

建章宮は，上述のように，武帝によって長安城の西城外に建てられ（BC. 104），未央宮と復道によって繋がれていた．『三輔黄図』は，「周廻三十里」という．未央宮に勝るが，『水経注』渭水条は「周廻三十里」と言っていて定かではない．建章宮には，駘蕩宮，奇華殿，簀鼓宮，神明台などが建てられた．神明台には仙人を祀り，承露盤を置いたといい，朝露を長寿の薬として愛飲し，仙道を求めたという．武帝もまた秦始皇帝と同様，神仙の世界を求めたことが知られる．太液池には蓬萊，方丈など，神仙の島を浮かべたという．

甘泉宮

甘泉宮は，雲陽宮ともいい，秦始皇帝が建設して「甬道」で咸陽と繋いだという離宮である．始皇帝はこの黄帝ゆかりの明廷の地を起点として直道を築いた．武帝はこれを拡大して，避暑地を兼ねた離宮として使った．『三輔黄図』は「宮周匝十餘里」であったのを武帝が「周十九里」にしたという．そして数多くの宮を列挙している．

明光宮

『三輔黄圖』は，北宮の項の一部として記述するが，武帝によって太初4（BC. 101）年に建設された宮殿である．長楽宮とは復道で連結され，数千人の宮女が居住したという．王莽の時代には定安館と改称され定安太后が居住している．

(2) 官衙

漢王朝の統治機構として，まず三公があり，九卿あるいは十二卿と言われる役所があった．三公とは，皇帝を補佐し行政を統括する丞相（→相国BC. 196→丞相BC. 194→大司徒BC. 4），副丞相である御史大夫→大司空BC. 1），軍事を統括する太尉→大司馬BC. 119）である．しかし，丞相府，御史大夫府，太尉府をはじめ他の官衙がどこに位置していたのかについてはわかっていないことが多い．近年の発掘によれば，未央宮前殿の西側に主要官庁が散在していたことが知られる．第3号建築遺祉は，中央官署とされるが，佐原康夫（2002）によれば，一種の倉庫建築である可能性が高い．

確認できるのは，宮城と皇城とが隣接する形で官僚組織が整備される段階にはなかったということである．

(3) 市

長安城とその周辺の市については，『三輔黄圖』卷之2「長安九市」に「長安市有九，各方二百六十六歩．六市在道西，三市在道東．凡四里為一市．致九州之人在突門．夾横橋大道，市樓皆重屋．……」とある．佐藤武敏（1971）は，「凡四里為一市」を市が

---

[219] 中国社会科学院考古研究所・日本奈良国立文化財研究所編著（2007）『漢長安城桂宮　1996〜2001年考古発掘報告』文物出版社．

4つの里からなると解釈してその分割パターンを示すが,方266歩の市が凡そ4里毎に1つあると解釈すべきだろう.方266歩というのは,極めて具体的であるが,市の四辺の街路幅を34歩と考えれば,「方一里」が基準であったと理解できる.

市の規模が規定され,市楼は全て2階建てであったというのは,公的に管理された常設市についての記述と考えられる.春秋時代には各国の「城市」の郭内に「市」が存在し,ある程度組織的に運営されていたことが推測されるが,「市」が発達し始めるのは戦国時代で,「市」の管理を行う「市吏」が現れ,各国で「市制」の整備が行われ始めたことが確認されている.地方における「市」は,街道筋に設けられた「亭」と関わっていたことが指摘され,戦国時代後期の「城市」になると,郭内に「府」「庫」「倉」といった財政機構が設けられるようになり,「市制」もその中に組み込まれていくことになる.そして,その「市制」は秦漢の「市制」に受け継がれた.おそらくは秦による天下統一前後に確立し,それが漢に引き継がれたと考えられる.

長安城についての「六市在道西,三市在道東」という「九市」の位置と性格をめぐっては議論があり諸説一致しない.宇都宮清吉(1955)は,長安城内に東市,西市があり,西の郊外に直市,西郊の細柳倉のほとりに柳市(細柳倉市),渭橋のほとりに門市,便橋の東に交道亭市,雍の東道に季児市,西北7里に大学市,東7里の常満倉北の槐市があったとする.それに対して佐藤武敏(1971)は,「六市在道西,三市在道東」というのは,道を挟んで9市が同じ場所にあったのではないかと言いながら諸史料を検討した上で,東西市は覆盎門外にあり,横門(突門)外の九市とは別であるとする.そして,長安城の城門近くにあった市は,1つは横門地区のもの,もう1つは覆盎門近くのもの,他のものは長安城から離れたところに位置していたという.

佐原康夫(2002)は,考古学的な知見を加えながら,東西市は長安城の造営とともに城内に設置された公的性格の市であり,東南城外に太学市と杜門大道の市,北郊,渭水北岸に交門市,そのさらに北に直市,西郊に交道亭市,西に細柳倉市があったとする.そして,9市以外にも市が存在したとする.このうち太学の市は,長安に遊学していた太学の学生に限定されるかたちの月2回開かれる青空市であった.すなわち,9市の中にも自然発生的な市が含まれており,長安周辺でも条件によっては定期市が立った.交道亭市もその起源は茂陵と長安の間の街道沿いの亭に立つ定期市であったというのが佐原康夫(2002)である.

(4) 祭祀施設

前漢の皇帝祭祀が郊祀・宗廟の祭祀を中心に整えられていくのは前漢後半期のことである(Column 2).成帝(位 BC. 33～7)は建始2(BC. 31)年に初めて長安の南北郊祀を実施している.それとともに多くの旧祠が廃止された.すなわち,それ以前には様々な祠堂があり,様々な神々が祭られていた.方士,すなわち呪術師,不老長寿,不死を願って神仙を求めたり,錬金術や予言を行ったりするものが秦から前漢にかけて多

数存在し，始皇帝や武帝が彼らを重用したことはよく知られる．皇帝祭祀の多くは個人的な不老長寿を希求する類のものが多かったと考えられている．

前漢の皇帝祭祀は，方士主導の呪術的な祭祀から儒教的な祭祀へ変化していくことになるが，前漢末の郊祀改革に関連するのが，武帝の立てた「甘泉泰時」「汾陰后土」「泰山明堂」である．武帝以前に行われていた郊祀に関連する祭祀が「雍五時」である．『史記』封禅書等に拠れば，秦が祭っていたのは白・青・黄・赤の四帝で，高祖がこれに黒帝を加えて五帝にしたという[220]．武帝は，雍に五時を祭ったあと，上帝を祭っても地神である后土の祭祀がなければ礼に欠けると考えたという．そこで造られたのが汾陰の后土壇（山西省栄河県）である．甘泉は，上述のように，秦始皇帝由来の地であるが，太一壇が建てられた（BC. 112）．そして，泰山明堂は元封二（BC. 109）年に建てられ，翌年最初の祭祀が行われている．

以上も含め詳細は金子修一（2006）に委ねるが，「雍五時」「甘泉泰時」「汾陰后土」の三祀が廃止されて長安に南北郊が設けられたのは建始 2（BC. 31）年のことである．復元図にあるように長安城南郊にいくつかの建物遺構が発見されている．中央に巨大な廟群があり，その東に辟雍，南に宗廟，西に官社，官稷があったとされるが，これらはこの時以降，主として王莽の時代以降ものと考えられる．辟雍とは，古代中国の天子が建てた最高学府すなわち大学であり，円形の建物の周囲に水をめぐらせたとされる[221]．この遺構については武帝による明堂であるという説があり，また，漢代においては辟雍と明堂の区別はなかったという意見もある．

宗廟については，郊祀よりもはるかに長く古い伝統がある．前漢では，宗廟は皇帝ごとに別々に設けられた．『三輔黄図』は，太上皇廟以下，歴代皇帝廟を列挙している．文帝以降，皇帝陵の近傍に「陵旁の廟」として設けられるようになる（Column 3）．すなわち，それ以前において宗廟は，京師の居所の近くに設けて皇帝自ら祭るものであり，高祖の高廟（高帝廟），そして高祖の父の太上皇廟は長安城内にあった．高廟は武庫の南，長楽宮と未央宮の間にあったと考えられている．漢代特有の宗廟として，他に郡国廟があり，諸侯国の全てに命じて太上皇廟を各地に造らせている[222]．

(5) 陵墓と陵邑

前漢皇帝の陵墓については，上述の宗廟制度に関連して，特に「陵旁の廟」について触れた．また，陵寝制度については Column 2 にまとめる通りである．文帝の陵と宣帝の杜陵を除いて他の皇帝陵は，渭水北岸の丘陵に並んでいる．

---

220) この説明は五行説に基づく後代の説明とされる．
221) 『礼記』「王制」「大学在郊，天子曰辟雍，諸侯曰泮宮」，汉班固『白虎．通辟雍』「辟者，璧也．象璧圆又以法天，于雍水侧，象教化流行也」，『五经通义』「天子立辟雍者何所以行礼乐，宣教化，教导天下之人，使为士君子，养三老，事五更，与诸侯行礼之处也」，东汉李尤『辟雍赋』「辟雍岩岩，規矩圆方．阶序牖闼，双观四张．流水汤汤，造舟为梁．神圣班德，由斯以匡．」
222) 郡国廟は，永光四（BC. 40）年に廃止され，二度と復活することはなかった．

興味深いのは，陵とともに陵園に奉仕する村，陵邑がともに建設されていることである．漢の11陵のうち，7陵には陵邑がおかれた．7陵とは，長陵，安陵，灞陵，陽陵，茂陵，平陵，そして杜陵である．陵邑に移住させられたのは郡国の豪族，富人，高級官吏などで，財産上の規定があった．陵邑の建設は，陵園への奉仕のみならず，「強幹弱支」(『漢書』地理志)，すなわち，中央を強化し地方の有力勢力を封じ込める意図があったとされる．

1-4 閭里 —— 住区の構成

さて，前漢長安城をめぐって従来から議論されてきたのは，一般庶民の住居，民居が何処に存在していたのかという問題である．前漢長安城の広大な域内の大半は，戦国時代で言えば都市の規模に匹敵するいくつかの宮殿によって占められているのである．にもかかわらず，『漢書』「地理志」によれば，前漢末(元始二(AD. 2)年)には「長安，戸八万八百，口二十四万六千二百」が居住していたという．

『三輔黄図』巻之2には以下のようにある．

「長安閭里一百六十，室居櫛比，門巷脩直．有宜明，建陽，……」

すなわち，160の閭里があったといい，宜明，建陽以下は閭里名が10列挙してある．『漢書』「平帝紀」には「また長安城中に五里を起す．宅は二百区，以て貧民を居らしむ」とあり，平帝時代に長安城内に5里200戸が新たに造られている．

この人口問題について，楊寛が，その自説となる戦国時代の都城の「座西朝東」の「小城大郭」連結構造を長安城も引き継いで，長安城の北部と東部に郭があったとするのに対して，楊寛説を否定し，前漢長安城についても郭部は存在せず，全ての閭里は城内に存在したとする劉慶柱の間で論争が展開されたことはよく知られている(佐原康夫(2002))．

この内城と外郭をめぐる問題については，村田治郎(1972)も前漢長安城が内城外郭の二重構造をしていたという見解を示していたが，内城のみに一般庶民が居住したという見方は少ない．応地利明(2011)は外郭の存在は否定するが，城外に庶民住居がスプロール的に広がっていたとする．佐原康夫(2002)も，戸8万8百，口24万6200を長安県全体の人口であるとし，その一部が城内に住んでいたとする．

問題はその居住形態であるが，長安閭里160，室居櫛比という160里は，5里200戸を起こしたという記事の1里40戸を考えると，長安県全体ではなく，長安城内と考えるのが妥当である．先の数字に従えば戸当たり3人ということになるが，1里120人，城内には160×120＝1万9200人が居住していたことになる．第Ⅰ章2で検討したように，仮に1里＝100戸とすると，1万6000戸＝4万8000人が長安県の2割程度が居住していたことになる．

ここでの関心は，城内の居住形態はどのようなものであったかである．長安城内には皇帝の宮殿とともに多くの官衙があり，多くの役人とともにその家事使用人が居住していたと考えられる．佐原康夫 (2002) によれば，高祖によって下賜された高位高官の屋敷（「第室」）は未央宮の北闕付近に固まってあったという．上で引用した『三輔黄図』に挙げられた「尚冠里」「戚里」という名が知られ，前者には列侯や高官の屋敷が多く，後者には宗室ゆかりの貴人が住んだとされる．注目すべきは，これらの里の内部には「巷」と呼ばれる街路があり，この街路を挟んで「第室」が並んでいたことである．そして「甲第」と呼ばれる最上級の屋敷は，里内の街路によらず，直接大街に面して門を設けていたことも注目される．里の形態，空間構成については第Ⅰ章2でみたが，「尚冠里」「戚里」については一定の形式をとって設けられたと思われる．

ただ一方，長安城内にあった官衙は必ずしも一定の場所にまとめられていたわけではない．要するに，宮城，皇城という空間区分が前漢長安城では成立してはいなかった．そして，漢代の官吏は，原則として官衙の周囲に設けられた官舎に多くは妻子とともに住んでいたということがある．この2点は前漢長安城の居住空間を考えるポイントとなる．城内に通勤風景はないのである．

高位高官の居住する特定の里，そして官衙に隣接する官舎という2つの居住形態に加えて「盧」と呼ばれる詰所的な宿所があったことが知られる．未央宮内の殿舎などの一画には，士人や宦官のみならず奴婢などが住む「盧舎」が密集していたと佐原康夫 (2002) はいう．壮大な宮殿や官衙の建築が建ち並ぶ間に小さな「盧舎」が密集する光景が，おそらく最も想定しうる具体的な形態である．

史資料によって以上に確認したことをもとに前漢長安の設計理念をまとめると次のようになる．

①前漢長安は，秦咸陽の諸施設の配置を基礎にして構築された．確認したように，興楽宮の修復から開始され，その西に中心宮殿となる未央宮が建設されることになるが，その場所は，秦咸陽において渭水以南における最も重要な宮殿であった章台のあった場所である．未央宮前殿―極廟―咸陽宮は南北軸上に並んでいる．興楽宮の修復と並行して未央宮，東闕，北闕，前殿，武庫，太倉の建設が開始されるが，上述のように，はっきりと東西軸が意識されている．これも，咸陽と東門闕，西犬丘（西垂），始皇帝陵が東西軸線上に位置している方向感覚を引き継いでいる．すなわち，星辰の配置を擬えて地上に投影するというのが配置原理の起源にある．

②秦咸陽と前漢長安を分けるのは城壁の存在である．咸陽はその核心域を囲む城壁をもたなかった．咸陽宮には城壁はなかったとされるが，前漢長安は，周回20里の長楽宮（秦咸陽の興楽宮），周回22里95歩5尺の未央宮，周回10余里の桂宮，周回10里の北宮など城壁で囲われた宮殿区を城壁で囲むことによって成り立っている．

既に確認したように，鄭京が城壁をもつ最初の都城であった．中国都城の原型と考えることができるが，その規模は，長楽宮，未央宮と同規模である．前漢長安は，城壁によっていくつかの宮域（宮殿区）を取り囲む形式をとる．これは，後漢洛陽の北宮，南宮を城壁で取り囲む形式と同じである．

③市壁の形態については，上述のように，整形か不整形か，星辰の配置を象ったものかどうか，という議論があるが，星辰のかたちを城壁の平面形として表現するという説は後代の解釈であり，星辰のかたちを市壁のかたちとして表現するという理念は，前漢長安にはない．後に，建章宮が市壁外に建設されるのも，市壁のかたちを何かに擬えるという発想はあらかじめなかった証左となる．しかし，東辺が正南北軸に沿って直線であること，全体が「方十五里」に設定されていることから，市壁建設については，一定の計画理念があったと思われる．西北部の欠損は，渭河の流路の変化に伴うものと考える．

④各辺に等しく 3 門が設けられていることは，「考工記」「匠人営国条」のいう「旁三門」に一致している．しかし，各辺の門は相対する門と直線で結ばれず，都城内の土地を体系的に分割する理念はない．すなわち，グリッド・パターンの街路体系を設定する理念はない．

城内には，軸線となる 2 つの幹線街路がある．1 つは，建設過程が示す，覇城門から長楽宮を貫いて直城門に繋がる東西大街（藁街）である．未央宮，桂宮，北宮はこの東西大街に沿って配置されている．また，もう 1 つは未央宮から横門へ向かう南北大街（華陽街）である．この南北軸線は，咸陽宮—極廟—章台を繋ぐ軸線であり，渭河の港市と城内を繋ぐ大街として西市，東市はこの大街の左右に位置する．

また，長安城内の街路体系として，無視しえないのが，各宮殿を繋いだ「復道（複道）」である．これは始皇帝の咸陽，前漢長安を特徴づける．

⑤各宮（宮域，宮殿区）の内部構成については，明快な設計原理を史資料から確認することはできない．各宮は多くの宮殿によって構成され，官衙はその間に散在していた．未央宮の前殿，宣室，後閣という構成は，三朝構成の起源となるという説がある．三朝五門制については Column 3 でまとめているが，上述の秦雍城の宮殿遺構が外朝，中朝，内朝の間に中庭をとる三朝五門制の空間モデルになっているから，その可能性はあるが，定説となっているわけではない．

⑥宮殿は，長安城外の各地に設けられ，市は，城内の西市，東市の他に城外にも存在していた（「長安九市」）．経緯各々長さ 32 里 18 歩と言われるように，行政単位としての長安は長安城の範囲を超えて広がっていた．長安が城郭の二重構造をしていたという説は退けられるが，城外に居住区域がスプロール的に広がっていたと考えられる．また，陵邑の存在は，長安が長安城の内部のみに完結するかたちで考えられていなかったことを示している．さらに，上述のように，様々な祭祀は長安城外の各地において

行われていた．始皇帝の宇宙の中心であった咸陽を前漢長安が引き継いでいることはそうした祭祀が示している．

⑦長安城内には多くの閭里が存在した．高位高官の居住する特定の里，そして官衙に隣接する官舎という2つの居住形態に加えて「盧」と呼ばれる詰所的な宿所があったことが知られる．未央宮の北闕付近に固まってあったという高位高官の屋敷（「第室」）地を除くと，必ずしも一定の居住形式をもっていたわけではない．漢代の官吏は，原則として官衙の周囲に設けられた官舎に多くは妻子とともに住んだが，官衙は必ずしも一定の場所にまとめられていたわけではない．壮大な宮殿や官衙の建築が建ち並ぶ間に小さな「盧舎」が密集するのが一般的な居住形態であった．

前漢長安は，始皇帝の帝都を引き継ぐ形で建設された．繰り返し述べるように，始皇帝の帝都は，その中心にあって境界をもたず，1つの世界として，星辰の世界に擬えてとして構想され，宮殿，廟，陵園などの諸施設，さらには雲邑や麗邑などがコスモロジカルな秩序を意識して配置され，輦道，馳道のネットワークでつなげられるものであった．前漢長安が，覇城門から長楽宮を貫いて直城門に繋がる東西大街（藁街）によって，未央宮，桂宮，北宮を建設していったことは，東西軸が強く意識されていたことを示している．また，未央宮の位置については，咸陽宮，極廟を結ぶ南北軸線が意識されていたことを示している．

しかし，前漢長安は，秦の咸陽の施設や遺構をそのまま利用することにおいて，また，様々な現実的諸条件において，白紙（処女地）に理念型をそのまま形にするように建設されたわけではなかった．それ故，⑤～⑦のように，その空間構成に明快な秩序を見出すことができない．楊寛は「座西朝東」の空間構造と言い，応地利明（2011）はそれを受けながら，未央宮の正門を東辺南門として，未央宮前殿の南にアプローチするのは南北軸線（天子南面）への転換である（「バロック化」への胎動）とする．

その転換をわかりやすく示すのが祭祀施設の建設である．前漢の皇帝祭祀は，方士主導の呪術的な祭祀から儒教的な祭祀へ変化していくことになるが，武帝の改革によって設けられた「雍五畤」「甘泉泰畤」「汾陰后土」の三祀が廃止されて長安に南北郊が設けられたのは建始2 (BC. 31) 年のことである．それとともに多くの旧祠が廃止されている．そして，王莽によって，長安城南郊に，巨大な廟群，辟雍，宗廟，官社，官稷が建てられる．すなわち，南北郊祀のあり方は，楊寛のいう「座西朝東」から「座北朝南」への転換が行われていったことをまさに示すのである．

結論は以下である．
前漢長安の建設は，宇宙を地上に投影する全世界を具体的な1つの都市の形に縮小していく過程を示している．その象徴が市壁の建設である．その形を北斗や南斗の

形に見立てる後代の解釈は荒唐無稽ではない．中国都城の建設に当たって，宇宙（マクロコスモス）を都城（メソコスモス）に投影するという理念が大きな軸になっていく．おそらく，この過程で，『周礼』都城モデルが成立するのである．

III-2　漢魏洛陽──太極殿・北闕・坊墻制

「讖緯」を巧みに利用して漢王朝を「簒奪」したとされる王莽の「革命」が1代で挫折し，「赤眉の乱」の奔流に乗って政権を獲得した後漢世祖・光武帝（劉秀）（位25〜57年）は即位と同時に，焼き払われた長安を捨てて洛陽に都を置いた．洛陽には，その後も，魏，西晋，北魏の都が置かれ続け，城壁や城門など基本的な部分は後漢洛陽のものが踏襲されていく．漢魏洛陽はこの四王朝の都城の総称である．

この漢魏洛陽において，隋唐長安に結晶する中国都城の原型が成立することになる．

渭水を挟んで宮城，廟，陵など主要施設をコスモロジカルな星座のコンステレーションに見立てて配置する秦咸陽，そして，いくつかの巨大な宮を城壁で囲む前漢長安のような都城から，皇帝とその統治を支える官僚機構や住民組織を地上に具体的に配置する都城へ転換していく過程で問題となるのは，後漢において国教化された儒教が理想化する秩序，天下観，礼制，そして統治行政機構など組織原理と都城の空間編成原理である．

三国時代の分裂を統一した西晋が短期間で崩壊して以降に出現した中国史上空前の大分裂（五胡十六国）時代を制することになったのは，北魏を建てて華北を統一し，さらに隋唐王朝によって中国を再統一した北方遊牧集団であった鮮卑拓跋部である．すなわちその過程で問われたのは，五胡と呼ばれた北方遊牧民族の組織原理と漢族的コスモロジー，儒教秩序との関係であった．そして，鮮卑拓跋部はこの過程で農耕を基盤とする国家社会形成へ向かい，結果的には漢化政策をとっていくことになる．そして，それに相応しい都城を建設することになる．

2-1 | 北宮・南宮 ── 後漢洛陽

後漢洛陽の古城は，現在の河南省洛陽市の東約15kmに位置する．戦国時代の東周の小城が置かれた場所で，秦代には，秦王政を立てて相国となった呂不韋の封邑となり，相当の人口規模を誇った．

漢の高祖劉邦が氾水の陽（北岸）定陶で帝位に就き，洛陽の南宮に置酒した（『史記』「高祖本紀」）というが，そうだとするとその時既に，秦代の南・北宮が存在していたことになる（清・王先謙『漢書注』「前漢書巻1上」）．200年の時を経て，光武帝が洛陽に都を定めて至ったのは南宮の却非殿であるという．ということは，南北宮から構成される洛陽は，漢代を通じて維持され続けていたことになる．

　後漢洛陽の北宮と南宮からなる構成については，『元河南志』「後漢京城図」が極めて概念的にその空間構造を示しており，考古学的発掘図があるが，この南北2宮の配置は，楊寛（1987）によれば，「座西朝東」から「座北朝南」への転換を示すことになる．応地利明（2011）は，南宮＝朝廷，北宮＝宮城という機能分担を示す二宮制が採用されたとみる．

　史資料によって，全体の形状，規模，そして主要な施設の配置を確認すると以下のようになる．

①全体は，南北に長い矩形状のかたちをしている．「東西六里十一歩，南北九里一百歩」（『続漢書』郡国志1引『帝王世紀』）「南北九里七十歩，東西六里十歩，田地三百一十二頃三十六歩余」（同引『元康地道記』）とあり，遺構もそれを裏づけ[223]，俗に「九六城」（『元河南志』巻2）と言われてきた．

②城門は東西に3門ずつ，南壁に4門，北壁に2門，計12門ある．廣陽門と耗門を繋ぐ東西街路以外は東西南北を直線で繋ぐ街路はない．すなわち，城内をグリッド・パターンの街路体系によって組織する発想はない．

③12門のうち，南壁の中央東よりの平城門のみが宮門として扱われ，他は城門校尉の管轄であった．この平城門は当初から設けられていたのではなく，南宮前殿の建設とともに城門を破って造られたものであり，平城門は，明堂，辟雍，霊台（天文台）に通じ，朝会や謁見のために群臣が用いた．それとともに，北壁の夏門は葬列を送る門，穀門は犯罪者を刑場に送る門とされた．

④後漢洛陽の大半を南宮，北宮が占める．両宮は複道で連結されていた[224]．光武帝は建武14（38）年に南宮前殿を建立するが，南宮前殿とは崇徳殿のことであるとされる．却非殿は端門の北にあり，その南に，すなわち端門との間に章台があり，崇徳殿は，却非殿の北にあった．北宮が建て替えられたのは，2代皇帝明帝の時である，永平8（65）年に完成している．「後漢京城図」に拠れば，北南宮それぞれ東西南北に1門ずつ4門設けられている．北宮の中心に建てられた徳陽殿では，元旦の大朝会（元会）が行われたが，「東西三七丈四尺，南北七丈」あり，秦阿房宮，前漢長安の未央宮

---

[223] 西壁4290m，北壁3700m，東壁3895mが現存遺跡として残っており，文献の記録と一致している．

[224] 蔡室『漢典職儀』曰．南宮至北宮．中央作大屋．複道三道．通行天子従中道．従官夾左右．十歩一衛．両宮相去七里（『後漢書』巻1「上建武元年冬十月癸丑注」）．

第 III 章
西安・洛陽―中国都城の原郷

には及ばないものの前庭には1万人が収容できたという．北宮の徳陽殿でも南宮の崇徳殿でも政務が採られたが，北宮内北端の東西に位置する永楽宮と永安宮には太后が居住し，王室の武庫，太倉は城内北東部，北西部には濯龍園が位置する．また，司徒府，司空府，大尉府など官衙は南宮外東南に集中する．

⑤光武帝は即位翌年，「洛陽城南七里」郊外に，重層（内，中，外）の8つの「陛」（階段）をもつ円壇を立て[225]，「洛陽城北四里」に4つの「陛」をもつ方壇を築いた．

⑥洛陽北郊邙山の丘陵一帯には，後漢最後の献帝（189〜220）以外の後漢皇帝の11の陵が造営されている．光武帝が葬られている原陵は，黄河を望む位置にあるが，全ての陵について確認されているわけではない．陵邑の建設は，光武帝以降取り止められた．

⑦市は，城内中央西，雍門と上西門の間に金市があり，城外東に馬市，南に南市があった．東壁の中東門から西へ真直ぐ金市へ街路が至っている．

⑧「後漢京城図」には，中央東，上東門と中東門の間に歩廣里と永和里の名がある．一般居住区については史資料からはうかがえないが，城内に官僚たちとそれをサポートする階層が住み，城外にも居住区が広がっていたのは，前漢長安と同様であったと推定するのが妥当であろう．

後漢洛陽の北宮，南宮からなる構成は，最初に確認したように，秦代に遡ると思われる．すなわち，秦代の洛陽には，咸陽宮と阿房宮あるいは興楽宮の関係のように，囲壁で囲われた北宮，南宮が距離を置いて存在していた．おそらく市壁はなかった．両宮の間が7里というのをどう解釈するかだが，各宮が複道で連結されるのは，秦の咸陽も同様で，前漢長安の未央宮と長楽宮あるいは北宮の関係を思わせる．すなわち，秦漢陽から前漢長安に引き継がれた都城の伝統が後漢洛陽にも引き継がれている．後漢洛陽の城壁がいつ築かれたかが問題となるが，それについての史料はない．

一方，前漢長安の未央宮と長楽宮が東西軸線上に配置されたのに対して，後漢洛陽の北宮と南宮はまさに南北に配置される．この南北軸の強調は③④⑤においてはっきりしている．郊祀，宗廟の制度は王莽の改革を引き継いで，高祖（光武帝）によって確立される．また，明帝（57〜75年）は，皇帝1人1人に廟を建てる制度を廃止する（金子修一（2001, 2006）））．以降，歴代祖先の位牌を1つの祖廟に集める「同堂異室」の宗廟が設けられるようになり，陵寝制度も宗廟制度も大きく変わっていった（Column 2）．はっきり認められるのは，楊寛（1987）のいう「座北朝南」の構造の成立である．

北宮南宮の役割分担については，朝議，朝政の場所が問題となるが，前漢長安では，朝議は一般に未央宮で行われていたと考えられる．張衡『西京賦』が未央宮前殿の東にあったと伝える朝堂が成立するのは，前漢後期の宣帝（位 BC. 73〜49年）以降のこ

---

225) 為円壇八陛，中又為重壇

とと考えられている．後漢に繋がる尚書制度，宗廟制度は宣帝以後に行われるからである．後漢洛陽の場合，以上のように（④），光武帝がまず正殿として南宮前殿すなわち崇徳殿を造り，明帝が北宮および諸官衙を建てている．

渡辺信一郎 (1996) によれば，南宮前殿に接して朝堂が建てられ一体的に使われており，一方，北宮の正殿である徳陽殿で元会が行われ（④），通常の朝会も北宮の建始殿で行われた．そして，北宮の建設によって南宮の朝堂がどのようになったかは不明であるが，どちらかというと北宮に重心があったとする．また，後漢洛陽では，正殿と朝堂以外に，南宮の東に位置した司徒府の百官朝会殿でも朝議が行われ，大議がある場合には皇帝が出かけて行ったという．吉田歓 (2002) によれば，前漢長安においては1つの宮（未央宮，長楽宮）に前殿はそれぞれ1つずつしかなかったのに対して，後漢洛陽では，北宮，南宮にそれぞれ複数の前殿があった．そして，宮殿の形態としては，前殿—掖庭（後宮）・前殿—後殿という形式をとっていた．必ずしも，南宮＝朝廷，北宮＝宮城という機能分担が明確になされていた（応地利明 (2011)）とは言えないようである．

2-2 太極殿 ── 魏晋洛陽

さて，この後漢洛陽は，魏晋南北朝時代にも，三国魏 (220〜265年)，晋 (265〜316年)，そして北魏 (494〜534年) の国都となる．

魏晋洛陽の形態についてはよくわからず，楊寛 (1987) は全く触れないが，史料によれば，曹魏洛陽は，大破した後漢洛陽を修復してそのまま使用している．村田治郎 (1981) に従ってまとめると以下のようである．

①曹魏洛陽は，初期には，後漢洛陽を引き継いで，市壁は後漢洛陽をそのまま用い，北宮と南宮からなる構成をとっていた．文帝は，黄初元 (220) 年，北宮に洛陽宮を営み，建始殿で群臣に朝見したとされる（『三国志』巻2「文帝紀」）．

後漢洛陽と異なるのは，2代明帝（位 227〜239 年）によって，

②南宮の崇徳殿の場所に太極殿が新築されたこと，また，

③西北隅に突出するかたちで金墉城が建設されたこと（『水経注』「穀水」），である．さらに，

④城門の名称の多くが変えられている（『洛陽伽藍記』序）．

最大の焦点は太極殿の新築である．中国都城史上初めて太極殿という名称の宮殿が建設されたのが曹魏洛陽である（Column 3）．太極殿は日本の宮城の中心施設となる大極殿の由来とも考えられる施設である．後漢洛陽においては，上述のように，皇帝が直接臨御して政治的決裁を行う前殿と官僚が合議をして皇帝に対する上奏案文を作成する朝堂は近接しており未分化であった．また，南宮と北宮の間で朝政の場所は，必

ずしも固定的ではなかった．しかし，魏晋洛陽においては，太極殿がはっきり朝議，朝政の中心として登場する．そして，皇帝は朝堂の公卿議には参加しなくなる（渡邊信一郎 (1996)）．

第1に，太極殿という名称を問う必要がある．太極の名称は『周易』「繋辞上伝」の「是故，易有太極，是生兩儀，兩儀生四象，四象生八卦，八卦定吉凶，吉凶生大業．」に由来する．兩儀とは陰陽である．太極とは，そこから兩儀（陰陽）が生じ，兩儀から四象（春夏秋冬）が生じ，四象から八卦が生じ……という，すなわち万物の根元，元始である．また，太極は太一と同じで，世界最高唯一のものであり，宇宙の中心としての紫微宮・中宮・天極星になぞらえられる．太極殿とは，宇宙の中心，万物の根元を地上に現出させようとする，そうした意味を込めた名称である．すぐさま想起されるのは，秦咸陽の天極を象ったという極廟であろう．魏洛陽においても，コスモロジカルな秩序の中心である天極が意識されていることを太極殿という名称は示している．

第2に，太極殿の空間形式を問う必要がある．後漢洛陽においては，上で見たように，宮殿は，前殿―後殿（後宮）という形式をとるが，太極殿は，太極前殿に東堂と西堂が左右に付属する形式をとる．太極前殿は，皇帝の即位，葬儀，大朝会など大規模な儀礼，祭祀の執行空間であり，太極東堂は，皇帝の日常の執務空間，太極西堂は，皇帝の私的空間である．この太極前殿・東西2堂形式は，以降の宮殿の雛型になっていくことになる．

太極殿が朝政の中心として成立することによって，後漢洛陽ではなく，むしろ曹魏洛陽において，南宮＝朝廷，北宮＝宮城という二宮制が成立したとみることができる．しかし，応地利明 (2011) は，『水経注』「穀水篇」等の史書の記述にも関わらず，太極殿が建設されたのは北宮の洛陽宮南半部，後漢・旧徳陽殿祉であるとし，後漢洛陽の二宮制は北宮を中心とする一宮制に転換したとする．いささか混乱するが，この指摘は興味深い．我々が手にする考古学的遺構に関する調査報告資料は，基本的に北魏洛陽のものであり，後漢洛陽については，特に南宮の遺構，崇徳殿の位置などについてははっきりしないのである[226]．後にみるが，渡辺信一郎 (2003) も，前著（渡辺信一郎 (1996)）の判断を撤回して，太極殿は北宮に建設されたとする．二宮制という段階を想定するかどうか，太極殿の成立過程として2宮の分離が必要であったかどうか，たまたま秦漢の南北2宮が利用されただけなのかどうかについては議論が残されている．興味深いのは，曹操が拠点とした鄴である．続いて見よう．

曹魏を禅譲という形式で簒奪した司馬氏は三国時代の分裂を治め中国を再統一する．新たに建てられた晋の都は引き続いて洛陽に置かれる．西晋洛陽[227]は，曹魏洛

---

226) 塩沢裕仁 (2010) に，中国科学院考古研究所洛陽工作隊による「漢魏洛陽城初期探索」の全訳が付されている．
227) 晋代に雒陽の名前が洛陽に変えられる．

陽をそのまま継承し，門の名称は全て同じで，諸宮殿もそのまま用いるものであった．叶驍軍 (1986) は，曹魏洛陽，西晋洛陽，金墉城の図を挙げるが，いずれも概念図にすぎない．

晋はわずか3代半世紀余りで瓦解する．司馬炎 (武帝，位 265～290 年) に続く恵帝 (司馬衷，位 290～306 年) の時代になると，五胡の侵入によって大混乱の時代となり，3代懐帝 (司馬熾，位 306～311 年) に至って，洛陽は，「永嘉の乱」(304～316 年) の掠奪の舞台となって廃墟と化す．そして，洛陽が再び中国都城史の中心に復帰することになるのは北魏の洛陽遷都以降である．

2-3 | 鄴

「永嘉の乱」の主役を演じた匈奴は，304 年に自立して，漢 (304～前趙 319～329 年) を建てている．この 304 年から，同じく匈奴が建国した北涼 (397～439 年) が鮮卑の北魏 (386～535 年) によって滅ぼされ，華北が再統一される 439 年までの 136 年間は五胡十六国[228]時代と呼ばれる．この五胡がいかなる都城理念をもち，いかなる都城を築いたかが問題となるが，焦点となるのは北朝として 150 年間存続することになる北魏の都城として盛楽，平城，洛陽を築き，さらに隋唐長安城を建設することになる鮮卑拓跋部である．

五胡十六国時代の諸族諸国間の抗争は，地域的に見ると，長安を中心とする関中に拠る勢力と襄国や鄴，中山などを中心とする関東に拠る勢力との対立とみることができる．関中の前趙 (漢) と関東の後趙 (304～352 年) の対立，そして後趙と関中に進出してくる前燕 (337～370 年) の対立，その前燕と関中の前秦 (351～394 年) の対立，さらに関中の後秦 (384～417 年) と関東の後燕 (384～409 年) の対立，後秦と関東に進出した北魏の対立が継起するのである (表 III-2-1)．

この関中—関東の抗争において，関東の中心であり続けたのが後趙，前燕の国都，鄴である．この鄴は中国都城史の上でいくつかの鍵を握る都城である．村田治郎 (1981) が「平城は漢魏の洛陽城の模倣ではなく，鄴都北城に学んだのではないかと思うに至った」(『鄴都考略』) と書くように，「北闕」型都城の嚆矢と考えられからである．『魏書』にも，北魏を建国し，平城に都を置いた道武帝は，鄴への定都も考慮しながら，鄴を視察した上で，鄴を範として平城を建設したと記されている．一方，太極殿の原初的形態も見ることができる．

続いてみるように，鄴北城の規模は東西 7 里，南北 5 里とされる．前漢長安の未央宮が周廻 28 里 (7 里×7 里)，長楽宮が周廻 20 里 (5 里×5 里) という規模である．鄴

---

[228] 五胡とは，匈奴，羯，鮮卑，氐，羌の諸族をいう．実際には 19 か国の興亡があるが，漢族が建国した冉魏，北魏に改名する代，短命の西燕は一般に除かれる．

表 III-2-1　五胡十六国の都城

民族	王朝	創始者	首都
匈奴	漢→前趙	劉淵	左国城・平陽・長安
	夏	赫連勃勃	統万城
	北涼	沮渠蒙遜	張掖・武威
羯	後趙	石勒	襄国・鄴
鮮卑	前燕	慕容皝	棘城・龍城・薊・鄴
	後燕	慕容垂	中山・襄国
	*西燕	慕容冲	長安
	南燕	慕容徳	広固
	*代→北魏	拓跋猗盧	盛楽・平陽・洛陽
氐	西秦	乞伏国仁	苑川・武威
	南涼	禿髪烏孤	楽都・武威
	前秦	苻健	長安
	成（漢）	李特	成都
	後涼	呂光	武威
羌	後秦	姚萇	長安
漢人	前涼	張軌	武威
	*冉魏	冉閔	鄴
	西涼	李暠	敦煌・酒泉
	北燕	馮跋	龍城

注　十六国は * を除く（出典：川本芳昭 (2005)，作表：呉宝音）

が参照されたのは宮城規模における構成であったことをあらかじめ確認しておこう．

　鄴は，戦略上の要地として春秋戦国時代から知られる．近接して戦国時代の趙の都，邯鄲があり，漳河を南に超えると殷墟である．前漢・高祖によって魏郡が置かれ，その郡治となり，王莽時代には冀州に属した．重要性を増すのは後漢末であり，その基礎を築いたのが曹操である．曹操以降，後趙（304～352年），前燕（337～370年），東魏（534～549年），北斉（549～577年）が国都とした．

　村田の史料に基づく論考は，もともと1938年に書かれ[229]，その後調査報告[230]を得て若干の補足を行ったものであるが，鄴には不明な点が少なくない．また，鄴北城の南部大半が漳河によって削りとられており，考古学的な手掛かりも少ない[231]．

　村田に従って，鄴の歴史をまとめると3つの時期を区別できる．

---

229)『建築学研究』第89号，1938年9月
230) 兪偉超「鄴城調査記」（『考古』1963年1月）．この報告に，参考文献として村田治郎「鄴都論考」が挙げられている．
231) 2011年8月，鄴城址を訪れたが，古鄴銅雀台（河北，臨漳県）が残されているだけであった．21世紀に入って，曹操高陵と目される墳墓が漳河の南で発見され発掘中であり，鄴城博物館も鄴城北部に建設中であった．

第1期　曹操が鄴を攻略して自らの拠点とした草創期（204〜220年）：曹丕すなわち初代魏皇帝（世祖文帝）は，都を洛陽に移すが，鄴は五都の1つに数えられて存続する．晋代（265〜316年）も維持されるが，前趙を建てた匈奴の劉曜によって焼かれる（311年）．

第2期　後趙（304〜352年）を建国した羯族の石勒が国都に定め，石虎が大規模に都城を建設した時期（前燕，337〜370年）に引き継がれるが，前秦（351〜386年）から後燕（384〜409年）にかけて衰退する．北魏の支配下に入って焼失している．

第3期　東魏によって南北2城となった時期：北斉（549〜577年）に引き継がれるが，北周（556〜581年）によって破壊される．

村田は，石虎[232]時代の鄴（図III-2-1a）と東魏の南城（図III-2-1b）の2葉の復元図を作成している．羯族が建てた後趙の鄴については，北魏・麗道元『水経注』巻10，『魏都賦』の「城有七門」「東西七里．南北五里」などを手掛かりとし，後漢に遡って各時代の鄴を検討し，曹魏の鄴をほぼ引き継いだものであるとする．ただ，この想定図そのものは，北闕を前提として，左右シンメトリカルに各門を直線でつないでいるにすぎない．村田は，左思『魏都賦』と唐の李善注をもとに曹魏，後趙，東魏北斉の3代それぞれの宮殿官署，楼観，三台などを列挙するが，それらを書き込んだ復元図はつくっていない．手掛かりが少ないのである．

東魏の南城建設については，『資治通鑑』巻150，『魏書』巻2，『北斉書』『北史』『鄴中記』などに拠っている．村田による2つの復元図は，極めて整然として描かれており，以降の復元に大きな影響を与えた．特に南城の復元は，現在も，叶驍軍（1986）にそのまま引用されているほどである．この鄴の北城と南城の2城連結形態は，隋唐長安との連続性を推測させるが，手掛かりが少なく，指摘もない．

現在遺構として残っているのは三台の1つ金鳳台（北斉名，曹魏は金虎台，遺跡全体は銅雀台と俗称される）のみである．中国古来，台建築は神仙思想と結びつくが，物見台としての役割もあった．また，銅雀園の中にあり，宴楽の場所でもあった．『三国志』第34回[233]に曹操が三台を建築する場面があるが，「この台が出来上がったら，老後の楽しみにしよう」と言わせている．

村田以外に劉敦楨（1980）による復元がある．建春門（東）と金明門（西）を結ぶ東西街路によって南北二分され，北域は，中央部に宮域，西に，東北端に三台が築かれた銅雀園，東に貴族層の居住区である戚里が配置されている．そして，宮城部分は，中央東西に文昌殿（西）聴政殿（東）があり，文昌殿の前には鼓楼と鐘楼が，聴政殿の前部には官署が，後部に後宮がある．そして，聴政殿の前部の官署に至る司馬門から南

---

[232] 石虎は羯族が建てた後趙の第3代である．初代石勒は，仏図澄に帰依し，漢族に対して融和策をとったことで知られる．

[233] 小川環樹・金田純一郎訳『完訳　三国志』岩波文庫，1988年．

第III章

西安・洛陽——中国都城の原郷

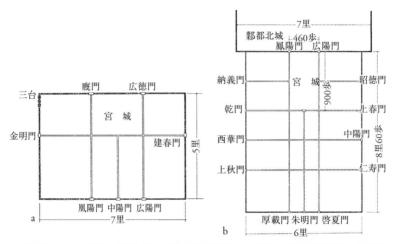

図 III-2-1　a 曹魏の鄴城（鄴北城）想定平面図，b 東魏の鄴城（鄴南城）想定平面図（出典：村田治郎 (1982)）

走する街路を挟んで官署があった（『魏都賦』李善注）．南域の構成は分からないが，劉敦楨（1980）は，8×3のグリッド街区に分けている．この街区分割については，同済大学城市規劃教研室編（1982）など南域を10×4に区分する別の復元案もある．そして，最も新しいのが段智鈞・趙娜冬（2011）[234]による曹魏鄴（図 III-2-2a）と後趙（図 III-2-2b）に関する復元案である．劉敦楨（1980）と段智鈞・趙娜冬（2011）の復元案を比べると，大きく南壁東の応陽門の位置が異なっている．南域は8×4に分割される．

応地利明（2011）は，北魏平城を復元する作業の過程として，その都城構造解明の参照系として，また，後漢洛陽と比較して，曹魏鄴北城の空間構造の特性をまとめている．前提とするのは，劉敦楨（1980）および同済大学城市規劃教研室編（1982）の復元案であり，段智鈞・趙娜冬（2011）の復元案の方が応陽門の位置について正しいとすると修正が必要となるが，その要点は，以下である．

①宮域・外郭・外城の3郭域からなる．そして，

②市壁内を東西に貫走する大路によって南北に宮城・外郭と外城が二分されている．北＝支配者の空間，南＝従属者の空間という，明快な南北二分化は中国最初の事例となる．

③南の外城は，グリッド・パターン街路による整然たる区画割が施行されていた．これは中国世界の都市史を通じて最初の事例となる．

---

[234] 河北省文物研究所鄴城考古工作隊による「臨漳鄴北城遺祉勘探発掘簡報」（『考古』1990 (7)：595）をもとにしている．

④北の宮域・外郭は，すなわち，宮域と戚里からなり，中央を宮闕が占める「北闕」型をしている．

⑤宮域は，御苑と宮殿区からなり，宮殿区は東西2宮（文昌殿と聴政殿）からなっている．西宮と東宮は，〈権威と権力〉〈儀式的政事と実務的政事〉を役割分担していた．そして，両宮に繋がる南北大路は，後漢洛陽の北宮，南宮に繋がる南北街路を踏襲するものである．

⑥南壁中央の中陽門から文昌殿に至る大路は，南面して立つ皇帝のヴィスタを顕現する軸線街路であり，都城の「バロック化」を表象するものである．

復元案を宮域・外郭・外城の3郭域からなる（①）とすることについては，それぞれを画する囲壁を欠いているから疑問であるが，②〜④については，中国都城史上，鄴が極めて特別な位置を占めていることを示している．ただ，②については，そもそも東西市壁に1門のみということから，それを東西に繋ぐ直線道路があったであろうという推測に基づいており，北南が截然と分かれていたかどうかは必ずしもはっきりしない．官署は南域にも建てられている．そして，③についても，南域は漳河に削られて失われており，グリッド街区が全体的に導入されたかどうかはわからない．応地もそう指摘しているが，グリッド街区の成立は，北魏平城における坊墻制の成立と関連付けて考えるのが一般的である．曹魏鄴北城の最大の特徴は「北闕」型の嚆矢ということである（④）が，三台・銅雀園―東西2宮―戚里という東西軸がむしろ意識されている．二宮制（⑤）については，曹魏洛陽が一宮化に向かっていると指摘するのであれば，両宮に繋がる南北大路は，後漢洛陽の北宮，南宮に繋がる南北街路を踏襲するとするより ── 段智鈞・趙娜冬（2011）の復元案では文昌殿に繋がる南北路は南門に接続しない ── ，むしろ曹魏鄴において既に一体化した領域に編成されており，曹魏洛陽の一宮化に繋がっていったと見た方がわかりやすい．ただ，2宮が前漢長安や後漢洛陽のように宮域が壁で囲まれ，復（複）道で連結される構造をとっていないこと，そして，東西に2宮が隣接していることは，後漢洛陽と曹魏鄴北城との大きな違いである．⑥については，段智鈞・趙娜冬（2011）の復元案が正しいとすれば，聴政殿に中陽門から中央南北大路が向かうことになる．東西殿を付属させる太極殿の形式，そして太極殿へ南北大路を一直線に向かう発想はまだ明確ではなかったといえる．

極めて興味深いのは，吉田歓（2002）が指摘するように，文昌殿という名称である．文昌とは，上将，次将，貴相，司命，司禄，司災からなる星座であり（『漢書』巻26，天文志第六），貴臣の星座であるという（『後漢書志』巻11「天文中」）．「紫宮天子宮，文昌・少微為貴臣」すなわち，紫微宮である天子宮に使える貴臣が文昌宮という．吉田歓（2002）は，曹操は洛陽の献帝のいる紫微宮に対して文昌宮にいるという設定をしていたとし，このコスモロジカルな空間感覚（星座コンステレーション（天の星象配置））が太極殿という命名，位置づけに繋がっているとする．そして，曹魏鄴の文昌宮―聴

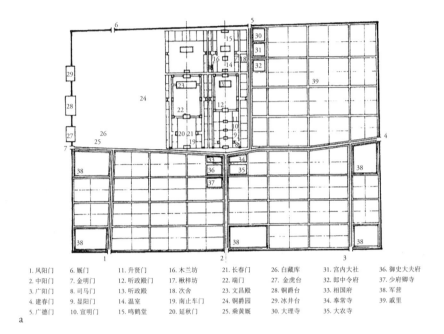

1. 凤阳门	6. 厩门	11. 升贤门	16. 木兰坊	21. 长春门	26. 白藏库	31. 宫内大社	36. 御史大夫府
2. 中阳门	7. 金明门	12. 听政殿门	17. 楸梓坊	22. 端门	27. 金虎台	32. 郎中令府	37. 少府卿寺
3. 广阳门	8. 司马门	13. 听政殿	18. 次舍	23. 文昌殿	28. 铜爵台	33. 相国府	38. 军营
4. 建春门	9. 显阳门	14. 温室	19. 南止车门	24. 铜爵园	29. 冰井台	34. 奉常寺	39. 戚里
5. 广德门	10. 宣明门	15. 鸣鹤堂	20. 延秋门	25. 乘黄厩	30. 大理寺	35. 大农寺	

a

1. 凤阳门	4. 建春门	7. 金明门	10. 晖华殿	13. 琨华殿	16. 金凤台	19. 太社
2. 东宫	5. 广德门	8. 东宫	11. 太武殿	14. 显阳殿	17. 铜爵台	20. 太庙
3. 广阳门	6. 厩门	9. 朝堂	12. 金华殿	15. 九华宫	18. 冰井台	21. 衙署

b

図 III-2-2　a 曹魏鄴　復元図 (出典：段智钧・赵娜冬 (2011))，b 十六国後趙石虎鄴城復元図 (出典：段智钧・赵娜冬 (2011))

政殿という正殿(前殿)—朝堂,外朝—中朝の東西配置 ── 応地のいう〈権威と権力〉〈儀式的政事と実務的政事〉という役割分担 ── が,太極殿の前殿・東堂・西堂二堂形式に繋がったとする.上で見たように,後漢洛陽においては,前殿—後殿という形式が一般的であった.後漢洛陽—曹魏鄴—曹魏洛陽という流れの中で太極殿の形式が成立したというのは説得力がある.そして,太極殿の前殿・東堂・西堂二堂形式の成立は南北中軸線の成立に繋がることになる.

翻って,曹魏洛陽における太極宮の位置が問題になる.これについて,渡辺信一郎(2003)は,前著(渡辺信一郎(1996))の判断を撤回して,『文館詞林』巻695「魏曹植毀鄴城故殿令」に「平徳陽而建泰極」とあるのを根拠に太極宮は北宮に建てられたとする.先に見た『永楽大典』巻9561に引用される「元河南志古代洛陽図十四幅」をよくよく見ると,北宮に崇徳殿という記載がある.応地利明もいうように,『三国志』や『水経注』の記載が南宮の崇徳殿と間違えた可能性が高い.以上,曹魏洛陽における太極殿の成立という画期は確認できる.

続いて,鄴を雛型としたとされる北魏平城をみよう.北魏平城の場合,当初,太極殿の存在はない.

2-4 坊墻制 ── 北魏平城

北魏を建てた鮮卑拓跋部[235]は大興安嶺山脈南部のシラ・ムレン河流域を本貫地とするモンゴル系遊牧集団であり,続いて隋唐帝国を打ち立て長安を建設することになる.大都もまたシラ・ムレン河流域に興ったモンゴルによって建設されるのであり,中国都城の歴史にはモンゴル系遊牧集団が深く関わっている.

鮮卑拓跋部が史上に姿は現すのは,3世紀になって拓跋力微がその拠点を盛楽(内モンゴル和林格爾)に置いてからである.この盛楽については東京大学文学部考古学研究室による図面が残されている[236].村田治郎(1981)もそれを掲載しているが,漢代成楽や遼金代の遺構とも重なっており,その空間構成は定かではない.

拓跋部は次第に勢力を広げ,さらに山西省大同を拠点(副都)とし,拓跋珪に至って鄴を陥落させ,帝位,道武帝を号し,国号を魏(北魏)と定めるに至る(386年).道武帝は,盛楽を根拠地としながら,諸部族を破ってその牧畜を略奪し,強制移住させることを繰り返した.そして,傘下となった諸部族を平城に移住させて一定の区域に定住させる(平城遷都,398年).道武帝は,上述のように,鄴を範として平城を建設

---

[235] 北魏拓跋王国の年代記に拠れば,拓跋部の祖先は黄帝だという.黄帝は土徳の王とされるが,北方では土を拓(托)といい,土地の神を跋といったことから拓跋部(氏)を名乗ったという.
[236] 『考古学研究』第2冊『曲阜魯城の遺蹟』附録「中国西北ホリンゴールの漢成楽県社」1951年(駒井和愛(1977)).

したとされるが，この工人の強制移住による都城建設は明らかに後趙の石勒の鄴の建設にならったものである．

　鮮卑拓跋部による平城建設の過程は，大きくは「行国随畜の民」が「城郭の民」となっていく過程である．すなわち，北方遊牧社会が都市化し，中国化していく過程である．徙民(しみん)（強制移住）は遊牧社会の伝統であり，拓跋部は後述する「宗主督護制」と呼ばれる集団編成の仕組みをもっていたが，一方，計口受田を行う．平城の周辺に耕作用の家畜と土地を与えて，農耕に従事させるのである．やがて農耕のための土地制度となるのが均田制である．

　道武帝は，宗廟そして社稷を建て，中華風の都城建設を目指した．ただ，宮城のかたちについては，以下にみるように，必ずしも鄴がそのままモデルとされたわけではない．道武帝以降，数代にわたって一定の形式すなわち太極殿の前殿・東堂・西堂二堂形式が成立することになる．また，北魏平城は，坊墻制を採った最初の都城とされるが，その具体的な形態は明確にわかっているわけではない．

　北魏における牧畜原理から農耕社会への適応（大室幹雄 (1992)）は，孝文帝の漢化政策によって1つの帰結を迎える．天下＝世界の中心である「土中」すなわち洛陽に遷都し，理想的都城を建設することが選択されるのである．

(1) 全体形状・規模

　平城は，宮城，外郭，外城の3つの部分からなる．『魏書』の記述によれば，それぞれの規模は，周回20里，周回32里，方20里（周回80里）である．全て正方形であるとすると，1辺はそれぞれ5里，8里，20里ということになるが，前二者については，周回で規模を示すところを考えると，また，考古学的遺構からも正方形ではなかったと考えられる．遷都とともに，宮室，宗廟，社稷が着工され，以降，殿舎や宮園が建設されていくが，囲壁が築かれるのは，外城（406年6月）が最も早く[237]，外郭（422年9月）[238]，宮城（423年10月）[239]の順である．

　この3重の入れ子の空間構造は，中国都城で最初の例となる．

　応地利明 (2011) は，近年の考古学的手掛かりをもとにしながら，また，『魏書』『水経注』など史書を用いながら，さらに既往の復元案も検討しながら，独自の復元案を示している．復元案は，宮城については，姚賦案（図III-2-3）とし，外城については，A案＝「中央宮闕」型，B案＝「北闕」型の2案となる．結論的には，『水経注図』所載の平城図が「中央宮闕」型を示唆するけれど，道武帝が鄴への遷都を考え，鄴を視察したこと，すなわち鄴を範としたこと（『魏書』）そして，「郭城繞宮城南」（『南斉書』

---

[237] 六月，髪八部五百里内男丁筑漯南宮，門闕高十余丈；引溝穿池，広苑有；規立外城，方二十里，分置市里，経塗洞運．（『魏書』帝紀第2「太祖紀天賜三年六月」条）
[238] 辛亥，筑平城外郭，周回三十二里（『魏書』帝紀第2，太祖紀泰常七年四月条）
[239] 冬十月癸卯，広西宮，起外垣墻，周回二十里（『魏書』帝紀第2「太祖紀泰常八年四月」条）

漢魏洛陽―太極殿・北闕・坊墻制

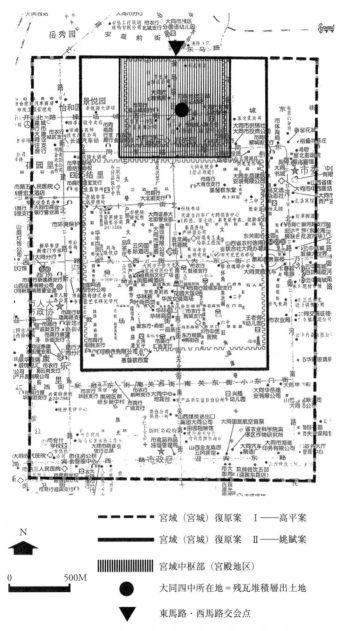

図 III-2-3　北魏平城復元案（出典：応地利明 (2011)）

巻57，魏虜）とあることを重視して，応地はB案＝「北闕」型を採る．

囲壁について外城が先行し，外郭が次に築かれ，宮城が最後という建設過程については計画性が窺える．「分置市里，経塗洞遵」，すなわち，街路体系，市里の配置があらかじめ考えられているのである．宮城については，『大同府志』巻2に，明代大同府の修築は「旧土城」をモデルにしたとあり，段智鈞・趙娜冬（2011）も姚賦案と同じ案を示している（図III-2-4ab）．段智鈞・趙娜冬（2011）は，丘光明・丘隆・楊平（2001）に従って，北魏尺を1尺＝255.7mm（1里＝460.26m）としている．応地利明（2011）は，1里＝約434mとするから，1尺＝0.241mという想定となる．復元案は，応地によれば18里で，周回20里に足りないが，段智鈞・趙娜冬（2011）によれば，南北6里（2.8km），東西（4里）1.81kmで，ちょうど20里となる．単なる数値合わせではなく，段智鈞・趙娜冬（2011）は，明堂の位置との関係を根拠ともしている．漢代・戴徳『大戴礼記』に「明堂在国之陽，三里之外，七里之内，丙巳之地，韓詩説，明堂在南方七里之郊」（『欽定四庫全書』経部，礼類，礼記之属，大戴礼記，巻8）など，「三里之外，七里之内，丙巳之地」という記載がいくつかの史書に引かれている．北魏平城の南門から明堂までの距離は4.8里（北魏），方位角159.4度，羅盤の巳山（142.5～157.5度）と丙山（157.5～172.5度）の間に当てはまっているというのである．

外郭について，応地案と段智鈞・趙娜冬案は北辺を宮城北辺とすることは一致しているが，東西郭壁の位置については異なっている．応地は，北壁の東への延伸部の末端は古城村付近とする姚賦に従って，また，水野清一の調査で確認された南北走する版築壁の位置をもとに東壁の位置を設定し，方8里，周回32里の正方形とする．一方，段智鈞・趙娜冬は，東は河が流れており限界づけられており，郭域は西方に広かったとする．さらに『冀州図』に「古平城在白登台南三里有水焉，城東西八里，南北九里」（『欽定四庫全書』史部，地理類，総志之属，太平寰宇記巻49）とあるのを重視して，「南三里有水焉」は，南30里の誤りとし，東西8里，南北9里として復元する．郭城南門から明堂までの距離は2.8里（北魏），方位角142.5度で，同じく，丙巳の間に収まっているという．東端については，段智鈞・趙娜冬案を採りたい．

外城については，段智鈞・趙娜冬は触れない．応地も方20里という南北の範囲を示すのみである．

(2) 宮城

道武帝は，遷都とともに宮城を整備するが，後漢の平城県の県城の修復より先に主要な宮殿の改築，宗廟・社稷の建設を行っている（『南斎書』）．宮城域は，鄴の宮城とほぼ同規模で，鄴城をモデルにしたことは『魏書』帝紀第2「太祖記」がつたえるところである．宮城の構成については，段智鈞・趙娜冬（2011）が，道武帝・明元帝代，太武帝・文成帝・献文帝代，孝文帝代の3つの時期に分けて復元図（図III-2-5abc）を示してくれている．また，吉田歓（2002）が，太極殿の前殿・東堂・西堂二堂形式の導

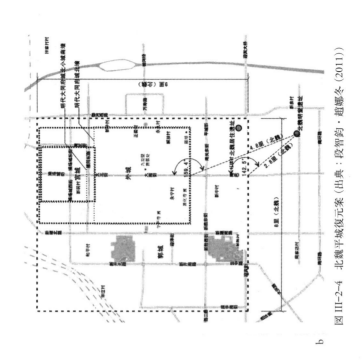

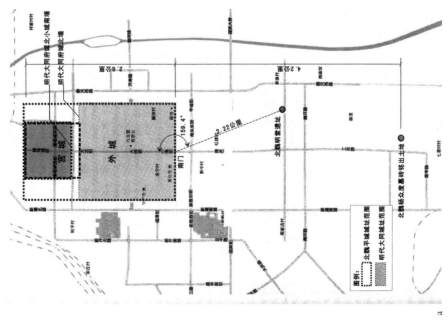

図 III-2-4 北魏平城復元案（出典：段智鈞・趙娜冬（2011））

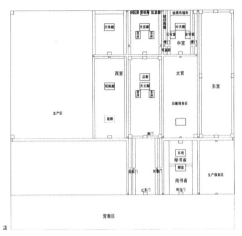

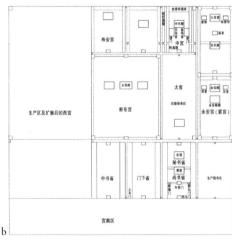

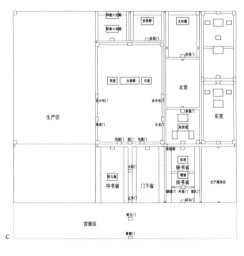

図III-2-5 北魏平城 大内の変遷（出典：段智鈞・趙娜冬（2011））

入過程を明らかにする一環として，平城の宮域構成の変遷を明らかにしている．

道武帝がまず建設したのが天文殿と天華殿である (398年)．天文殿は曹魏鄴城の文昌殿，後趙の太武殿に相当する．すなわち，正殿—朝堂である．朝儀正殿天文殿は正門の端門に正対する．

天興4 (401) 年には，平城宮城中軸線上に主要建築は既に完備され，宮禁後部に多くの園林建築が建設されていた．天文殿の後寝に建てられたのは天安殿である．天文殿も天安殿も「一正両廂」の形式をとっており，前漢以来の東・西廂の形式を引き継いでいると考えられる．

そして，天賜元 (404) 年に西宮が建設される (『魏書』帝紀第2「太祖紀」)．それに先立って前年，道武帝は昭陽殿を建てている．昭陽殿は天文殿の真西に置かれる．前朝の位置にある．続いて確認するように，道武帝の段階で皇帝親祀として行われたのは西郊祀天である．すなわち，北族の西郊祀天の伝統は維持されていた．また，祖先祭祀も，各皇帝の神主を1つの宗廟に納める太廟の制度をとっておらず，後漢以降の漢族の王朝とも漢化政策を全面的に採用した孝文帝の段階とは異なっていた．

道武帝は息子拓跋嗣のために東宮を建設している．東西宮は同時に建設された可能性もある．鮮卑拓跋部がまだ盛楽にあったとき，東宮は既にあった可能性がある．皇太子が立てられると，東宮には小規模ではあるが行政官署が置かれた．つまり，東宮は行政機構としての役割を果たしていくことになる．道武帝が監国期間の間，東宮は国家政務の中心となった．そして，明元帝の後期以降，多くの大臣は東宮に居て政治をおこなった (『魏書』列伝第22) 道武帝・明元帝の段階では，はっきりと東西軸が意識されていたといっていい．

一方，天文殿，天安殿という南北軸も，曹魏鄴をモデルとして，意識されている．天文殿の正門である端門の南，止車門と間の，囲われた院落空間の東西の門は長春門と延秋門であり，名称は，曹魏鄴宮城と同じである (『魏書・列伝第4』)．そして，止車門は正殿である天文殿の外門であり，まさに百官たちはそこで馬から降り，歩いて上朝，進皇することが定められていた．また，道武帝，明元帝時期の平城宮城には，少なくとも，東宮軸線，天文殿軸線，西宮昭陽殿軸線の3本の南北軸線を確認できる．ただ，西宮の後宮として建設された天華殿については，その名は『法華経』に由来するとされるが，よくわかっていない．そしてさらに，道武帝時期に，東，西の2宮の間に既に「中宮」の存在があったとされる．もしそうだとすれば，道武帝，明元帝時期の平城宮城にさらに1本の南北軸線が構想されていたことになる．中天，雲母，金華の三殿 (中天殿組群) は後宮として使用されたと考えられるが，天文殿，天安殿同様「一正両廂」の配置であり，中天殿を中央において，左右にそれぞれ堂と室が置かれる．そして中天殿組群の西部には，専用の厨房の部屋が置かれる．道武帝は天安殿に居住していたと考えられるが，この中宮は，やがて後宮の中で大きな宮殿組群となり，太

武帝の時代にはその居所となる．中宮は，文成帝の時代まで存続していたとされる．
　明元帝は皇太子として東宮に住んでいたが，即位(409年)後，西宮に居住し，正殿の天文殿で朝政をとった(『魏書』帝紀第3「太宗紀」)．ただ，即位当初は幼く，中宮の中天殿および後宮の天安殿に居住することが多く，西宮は頻繁に使われていない．また，東宮に居ることも多く，一定していなかったことが『魏書』に書かれている．朝堂として機能したのは，天文殿の東，中宮の前の区域である．
　泰常8(423)年に，明元帝は西宮を拡大するが，その段階で，東宮は既に皇太子の儲宮となっている．前述のように，その段階で宮城の城牆の建設を開始するが(「起外垣牆，周回二十里」『魏書』帝紀第3「太宗紀」)，工事開始後1か月で，明元帝は西宮で死去している．
　以上，道武帝，文成帝の時代は，ほぼ，魏晋・後趙鄴の宮城を踏襲していたと言えるだろう．西宮の西側は生産区とされるが，これも銅爵園を配した鄴と同じである．
　「三武一宗」の廃仏毀釈で知られる太武帝(位423〜452年)が即位すると，東宮を万寿宮と名づけ，永安殿，安楽殿，臨望観，九華宮を建設する(425年)．この万寿宮の正殿は永安殿で，前殿と西殿，東殿からなり，安楽殿は後宮の中心で，さらにその後方に九華宮が配置された．万寿宮全体は，やがて永安宮と改名されることになる．太武帝は，上述のように中宮あるいは永安殿後寝を居所とするようになる(『魏書』列伝第83)が，この時，中宮から直接に永安宮に至る門がつくられている．西宮は，敵国国主の軟禁場として使われるようになったという．
　華北統一を成し遂げる(439年)太武帝は，胡漢の対立を乗り越えて「中華」の皇帝を志向し始めていたが，西宮から中宮への居所の移動は，南北軸重視への転換とも見える．第4代高宗(文成帝)(452〜465年)は永安前殿で即位している．そして，永安殿は朝儀正殿となる(『魏書』列伝第36「高允」)．
　それに先立って，432年，拓跋晃が皇太子に立てられ，新東宮が西宮と天文殿を合わせた区域に造営されている．ここには後に孝文帝によって太極殿が建てられることになるが，新東宮と永安宮は馬車が必要な距離にあり，新東宮には屯衛が設置され，西の生産区を開墾するとともに警備に当たった．拓跋晃は，新東宮の後寝に住んで，太武帝を後見とする「監国」として政務を総攬する．南には，中書省，門下省が位置した．拓跋晃は，仏教に厚く，「周礼」に基づく政治を試みるが，太武帝の側近であった崔浩や新道教を創始した寇謙之と不仲であったとされる．皇帝位に就くことなく突然死去している(451年)．
　永安宮で朝政をとった文成帝の時代，新東宮は永安宮の西堂と位置づけられる付属建築となり，「西堂温室」と呼ばれている．しかし，456年に，文成帝は永安殿を皇子宮(東宮)として，新東宮に太華殿を建て正殿としている．正史は，朝儀正殿が朝堂の西に位置するのは，魏晋以来の制度にならったものとする(『魏書』帝紀第5「高宗

紀」).寿安宮は,文成帝の居所として建設された(『魏書』帝紀第5「高宗紀」).

以上,太武帝から文成帝の時代,さらにそれを踏襲した顕祖(献文帝)(465～471年)にかけて,宮城内部は変遷している.一定の形式は確固として成立してはいない.

大きく宮城の空間構造が変わるのは高祖(孝文帝)(471～499年)の時代である.孝文帝は,内朝の廃止など官僚制度の改革,皇帝祭祀,宗廟制度の改革,姓族の分定,胡服・胡語の禁止,均田制の創始,三長制[240]の導入,封爵制度の改革など一連の漢化政策で知られる.都城制度についても一大画期をなすことになる.大きいのは礼制の改革であるが,これについては続いて触れよう.宮城の構成として重要なのは,太華殿を改名修復して太極殿が建設された(492年)ことである.すなわち,太極殿の前殿・東堂・西堂二堂形式が中心宮殿として導入されるのである.しかし,孝文帝は翌年,洛陽遷都を強行することになる.

(3) 里坊

外郭の構成として注目されるのは,里・坊の構成である.第Ⅰ章2で,あらかじめ見たように,中国では漢代まで里が行政組織の最小単位であった.里は,墻壁で囲われ,住人は里内に門を開き,門前の巷を通じて閭門のみから出入りができた.政府の官衙や王府,軍事,警察のための用地は,例外として直接街路に面して門を設けていた.これらは坊と呼ばれた.坊は後漢以降に一般的にみられるようになり,三国魏以降になると,坊名が史書に一般的にみられるようになる.そして,北魏の道武帝(拓跋珪)は,平城を都とすると,城内に里制を施行し,坊墻で囲われた里によって外城を構成する.公式には里が用いられたが,一般には坊と呼ばれる.表I-2-2(妹尾達彦 第Ⅰ章2-2(3)頁参照)に挙げたように,「悉築為坊」(『南斉書』巻57「魏虜」)とあり,「坊」が外郭城全域に造られたのは北魏平城が最初と考えられる.

この北魏平城における街区制度(里制)は,正式に坊制が敷かれるのは唐代以降であるが,「坊制」あるいは「里坊制」と呼ばれる.また,唐代半ば以降牆壁で囲われた坊が崩れ,墻壁のない近隣区画となっていくことから,牆壁のある坊を強調して坊墻制と呼ばれる.

坊墻制は,第1に治安維持が目的である.里の門は,太鼓の合図とともに開閉された(『水経注』巻13「漯水」).鮮卑拓跋部は,諸部族の連合からなる部族連合国家であった.各部族は,塢主(wu zhu)あるいは壁帥(bi shuai)とも呼ばれる宗主の下に統率され,塢壁(防衛ための小さな城堡)を建設し,兵士を従えていた.その傘下に戸籍をもたない多くの農民が従属した.これを「宗主督護制」という.

諸部族の再結集に成功した道武帝が行ったのは部族解散である.部族を解散させ

---

[240] 三長制は,五家を一隣とし隣長一名を設ける,五隣を一里とし里長一名を設ける,五里を一党とし党長一名を設ける,という仕組みであり,隣長,里長,党長の「三長」が朝廷の命令で人口調査,徴兵,税収などを行った.

て，一箇所に集め，さらに坊墻で囲われた区画に定住させる．住民管理の空間的装置が坊墻制である．部族民は，遊牧移動の生活から定住生活を強制されることになり，部族長の統帥権も皇帝直属となる．第 2 の目的は，強力な国軍の編成である．地方については「宗主督護制」が維持されたが，鮮卑諸部族は，東西南北，方位に従って 8 部あるいは 8 国に分けられ，その 8 部は北魏国軍の中核として再編成されるのである．これは，満州族の八旗制に繋がる組織原理である．定住化は，遊牧生活から農耕生活への転換も方向づけることになる．それを制度的に裏付けることになるのが，均田制とそれを施行するために組織した三長制の監視制度である．

一方，里・坊の具体的形態についてははっきりしない．里正，坊正などの存在も不明である．大は 4〜500 戸，小は 6〜70 戸（「坊大者容四五百家，小者六七十家」（『南斉書』前掲）というから，均等ではなかったと思われるが，街路体系と街区構成については以上のようにわからない．北魏元来の組織原理としての「宗主督護制」は，文明太皇太后による三長制に転換され，第 6 代高祖・孝文帝に引き継がれる．

(4) 郊祀

もう 1 つ注目すべきは，皇帝祭祀である．Column 2 でまとめたように，北魏では，孝文帝以降，礼制に基づく郊祀制度が整備されていくことになる．

金子修一 (2006) は，初代道武帝，2 代明元帝から 5 代献文帝までの，孝文帝に先立つ皇帝の祭祀について明らかにするが，道武帝が王位について魏王と改称した際の祭祀は「西向設祭，告天成禮」（『魏書』巻 108 之一礼志）であった．すなわち，西郊において天を祀っている．北魏の伝統的な儀礼であるこの祀天は，匈奴の龍会，モンゴルのクリルタイなどと同様，北方遊牧民族においては極めて重要な意味を持つ祭祀である．

『魏書』「太祖紀」は，天興元 (398) 年に，西郊で親祀し，国号を魏とし，平城に遷都し宮室を建て宗廟・社稷を設け，翌年南郊に親祀したと，平城定都—即皇帝位—告祭天地が同時になされたと記述するが，金子に拠れば，長期にわたる一連の過程であり，天興 2 年の南郊祭祀は，東晋を意識したものであったとする．道武帝は，天興 2 年のうちに北郊の制度も整えている．すなわち，道武帝の段階でも漢族の郊祀儀礼は王朝の正統性の根拠として意識されていた．しかし，あくまで皇帝親祀として行われたのは西郊祀天であった．また，祖先祭祀も，各皇帝の神主を 1 つの宗廟に納める太廟の制度をとっておらず，後漢以降の漢族の王朝とは異なっていた．そして漢族の礼制に基づく郊祀が導入される一方で，北族の西郊祀天の伝統は維持されていたと考えられる．

礼制改革を一気に推し進めたのが孝文帝である．孝文帝は，太和 12 (488) 年に円丘を南郊に築き，翌年円丘と方丘の祭祀を行う．また同じ年孔子廟を建て，太和 15 (491) 年に明堂を郊外に建設している．そして，平城の改造に着手，太華殿を改名修

復して太極殿を建設する (492年). そして, その直後, 洛陽に遷都 (493年) してしまう. 洛陽遷都によって西郊の祀天を廃止し (494年), その後は, 鄭玄説に従って, 南郊と円丘, 北郊と方丘をそれぞれ別の祭場としていくのである.

2-5 中国都城の原像 ── 北魏洛陽

　北魏第7代高祖孝文帝拓跋宏は, 太和17 (493) 年, 百余万の大軍を率いて平城を出発, 洛陽に遷都する. 江南斉の斉王国の征服が目的とされていたが, 孝文帝の計略であるとされる. 孝文帝は5歳で即位 (471年), 親政を開始するのは太和15 (491) 年である. その間, 均田制, 三長制による農耕社会への転換を基礎づけたのは文明太皇太后である. 孝文帝は実権を握ると, 南郊に上帝を祀る円丘を築き, 明堂と大廟を修築するなど一連の儒教的な儀礼の場を整備するが, わずか2年にして遷都を強行するのである.

　孝文帝の一連の漢化政策の第1は, 上古周代以来の「土中」すなわち天下＝「中国」の中心に都城を移すことであった. 孝文帝の漢文化への傾倒について大室幹雄 (1992) は憑依といい, 文化革命 (「革変」「風俗を移し易えること」) という. 衣服を漢人風にすることが義務づけられ (「革衣服の制」), 鮮卑語など北族語は禁じられる. また, 漢人風の姓へ姓氏改姓が行われた.

　孝文帝は, 尚署の李沖, 将作大匠の董爵に建設を命じる. 既に平城時代に太廟, 明堂, 孔子廟, 太極殿などに当たった蒋少游や王遇などが建築家として参加している. まず, 後漢, 魏晋時代の洛陽城の西北隅に金墉城を建設した上でとりあえず遷都し, 工事を本格化させる. 都城のかたちが一応整うのは孝文帝の死後2年余を経た宣武帝の景明2 (501) 年である. この年に, 内城を大きく取り囲む外城, 323坊の居住区が建設される. すなわち, 坊墻街区が建設されたのは, 孝文帝の死後である.

　漢魏洛陽の形態については, 中国科学院 (現社会科学院) 考古研究班洛陽工作隊「漢魏洛陽城初期探査」[241] が基礎になる. 1. 城垣, 2. 城内の街路, 3. 宮城と宮殿, 4. 永寧寺, 5. 大城の東北隅にある2組の建築群, 6. 金墉城について遺構の状況がまとめられている. 史料として『洛陽伽藍記』『水経注』などが手掛かりとされる.

(1) 全体形状・規模

　①全体は, 宮城, 内城 (大城), 外郭城の3つの郭域によって構成される. 北魏平城が宮城, 外郭, 外城によって構成されていたのと同じであるが, 平城の宮城と外郭が北辺を共有していたのに対して, 後の開封同様, 3重の回字状の入れ子の空間構造をとる. これまで宿白, 賀業鉅などによって復元図が描かれている (図III-2-6).

---

[241] 『考古』1973年第4期 (邦訳：塩沢裕仁 (2010)).

第 III 章
西安・洛陽―中国都城の原郷

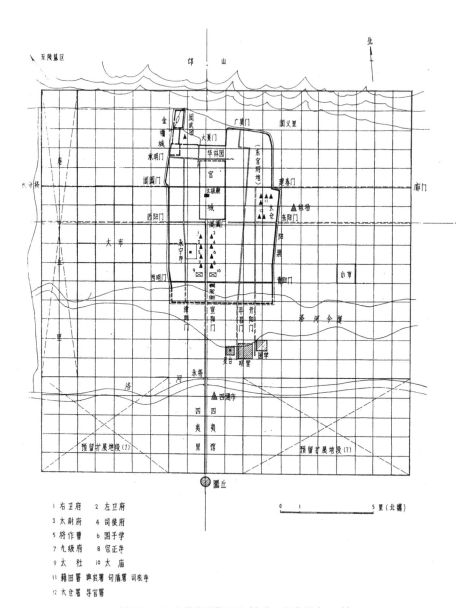

図 III-2-6　北魏洛陽復元図（出典：賀業鉅（1985））

②宮城の規模は，南北約1398m，東西660m，北魏尺には幅（0.255〜0.295m）[242]があるが，南北2.63〜3.05里，東西1.24〜1.44里となり，平城より小さい．内城の規模は，南城垣は洛河によって削られているが，北城垣約3,700m，西城垣残長約4,290m，東城垣残長約3,895m，南端部東西約2460mである．内城は，上述のように（第III章2-1），古来「九六城」（『元河南志』巻2）と呼ばれている．これも周回32里とする平城と同規模である．外郭城の規模は，北郭，東郭，西郭の遺構が一部残っており，およそ推定されるが，『洛陽伽藍記』巻5に「東西二十里，南北十五里」とあり，方20里という平城よりやや小規模である．

(2) 宮城

③宮城は，内城の中央やや西北に位置し，閶闔門（IV号城門）と建春門（VIII号城門）を繋ぐ横道がほぼ中央を貫通している．殿祉である夯土の台基は西南部に集中して20〜30ヵ所で発見され，漢魏北宮そして北魏宮城の主要宮殿地区とされる．考古学的遺構からはその構成の詳細は不明であるが，史書に，孝文帝が遷都に当たって，また平城の太廟，太極殿の建設に先立って，双方の建設を担当させた蒋少游を洛陽に送って「魏晋の基祉を量準らせた」（『魏書』「蒋少游殿」），また李彪の副使として江南に送って「密かに京師の宮殿の楷式を観せしめた」（『南斉書』「魏虜殿」）とあることから，魏晋洛陽，北魏平城，南斉建康が参照されたと考えられている．

問題は，魏晋洛陽に建設された太極殿と北魏洛陽の太極殿の関係である．応地利明（2011）は，宮城中央部西，内城の閶闔門と建春門を繋ぐ横道のやや南に位置していたとする．発掘図では，金鑾殿とされる位置である．遺構の基壇は周囲より4mほど高く，東西約100m，南北約60mの広さである．一方，渡辺信一郎（2003）は，金鑾殿の南，閶闔門との間にあったとして，復元図を自ら起こしている．この復元図については，他の事例と比較してもいささか閶闔門との距離が近すぎると思われる．

(3) 内城

④北魏洛陽城（内城）は，後漢洛陽，魏晋洛陽の城壁と城門をそのまま踏襲し，用いているが，西城壁北部に承明門が追加され，全部で13門あった．この承明門以外の名称は魏晋洛陽と全く同じである．内城の街路体系を見ると，この段階で，東西南北の各門を連結する形に改造が行われたことが確認できる．すなわち，西壁の西陽門は，後漢時代の雍門を500m北に移動させている．また，南壁の平昌門と北壁の応莫門が斜めに連結された．その結果，内城内は，この東西4，南北4の大街によって大きく街区に分けられる構成をとる．そして，そのうち，閶闔門と建春門，西陽門と東陽門，さらに西明門と青陽門を結ぶ東西大街は，外郭域を区分する街路と連結し，東西の都市軸になっている．

---

242) 後漢 0.235〜0.239m，魏 0.241〜0.242m，晋 0.245m

⑤南北大街のうち，後漢代は南宮に直結する平門がわざわざ造られ，城外の霊台，明堂に至る軸線となっていたが，宮城に南壁の宣陽門から直結する銅駝街が南北の中心軸となり，「座北朝南」の構造が明確となっている．銅駝街の左右には，右衛府，左衛府，太尉府，司徒府，将作曹，国士学，九級府，宗正寺など主要な諸官署が配置され，右（西）に太社，左（東）に宗廟が配置された．宣陽門外に四夷館を建てた四夷里街区をつくり，その軸線上に円丘を置いている．

⑥内城は，政事と軍事の中心として，宮城とともに東北部に金墉城をもつが，後者は上述のように，曹魏の明帝が築いたもので，孝文帝が洛陽遷都の当初仮住まいをしている．また，東北隅にある2組の建築群は，漢魏時代の太倉，武庫，西晋代の太子宮の址とされるが，北魏代にも太倉が置かれていた．また，周代の墓地が発見されている．内城の施設としては，大きく東西で機能分担がなされ，建春門付近に籍田署，典農署，勾盾署，司農署など農政関係の官署，その南，東陽門付近には太倉署，導管書等，食糧関係の官署があった．また，西陽門付近に，武庫署，太僕寺，乗黄署などがあり，車馬，武器などを扱い，養馬にも当たっていた．

⑦内城には，多くの住居が建ち並ぶ里坊があった．全て大小の官吏の居住する里坊で，史書によって，将軍，宦官，太師などがどこの里坊に居住していたかが知られている．城内には，後漢以来，市が1つあり，金（西）の方角，雍門近くにあったことから金市と呼ばれていたが，北魏洛陽では，北方，宮城西に移されている．

(4) 外郭城

『洛陽伽藍記』巻5の巻末には以下のようにある．

「京師東西二十里．南北十五里．廟社宮室府曹以外方三百歩．為一里．里開四門．置里正二人吏四人門士八人．総二百二十里．按城之大小．見上文而陽街之増廣而言者．蓋兼城之外也．又按宣武景明二年．発畿内夫五萬五千人．築京師三百二十三坊．四旬而罷．蓋廣陽王嘉所謂云．京四面築坊三百二十．各周一千二百歩」

この記述は，坊墻制を極めて具体的に記述したものとして知られる．

⑧基本単位となる里は方300歩（各周1200歩）で，4門が開かれ，里正2人，吏4人，門士8人が置かれる．

「東西二十里．南北十五里.」という，面積的には $30 \times 15 = 300$ の里から構成されるから，全部で220里というのは誤りとされるが，「廟社宮室府曹以外」という記述もあるから，300里の内，廟社等を除けば220里となるという素直な解釈も残される．「京四面築坊三百二十」「京師三百二十三坊」と数字が微妙に異なるが，320とみて，南に東西4里南北5里の突出部分，四夷館を建てた四夷里街区を想定して復元するのが宿白である．中央に9里×6里の内城を置き，左右7里を対称形に外郭城とする．楊寛（1887）は，地形，水路などを具体的に検討した上でこれを妥当としている．

いずれにせよ，図式的なモデルというべきであるが，塩沢裕仁は，具体的な地形条

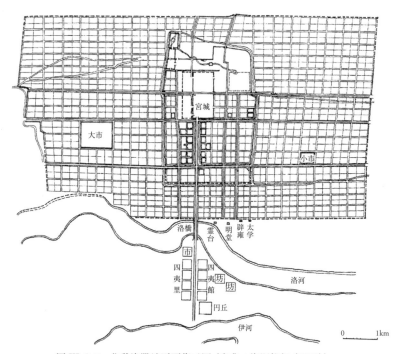

図 III-2-7 北魏洛陽城平面復元図（出典：塩沢裕仁（2010））

件，水利条件を考慮して復元案を提示している（図 III-2-7）.

　以上のように，北魏洛陽は，後漢洛陽，曹魏洛陽の外郭の城壁をそのまま内城の城壁とし，宮城，内城を大きく外郭城で取り囲む3重の入れ子の形態をしている．北魏平城が先行し，北宋開封にひき継がれていく形態である．

　さて，以上，後漢洛陽から北魏洛陽への変遷をまとめよう．この過程において，中国都城の現実形態としてのモデルが成立する．そのモデルは，『周礼』都城モデルを理念としながらも，その要素の具体的な形態が成立し，さらに重要ないくつかの要素が加わるかたちをとることによって成立する．

A　太極殿の成立

　天子の居所そして朝政の場は，古来，天下の中心と考えられてきた．中国古代の朝議の場すなわち様々な政治的意思決定の場の変遷については Column 3 にまとめているが，天子の居所とは別に官僚たちが衆議する朝堂が成立するのは前漢末期のことである．未央宮の東に朝堂が設けられるが，前殿と朝堂のはっきりした機能分化は後漢洛陽においてもみられない．その機能分化が明確になるのが太極殿の成立である．曹

魏鄴の文昌宮—聴政殿という正殿（前殿）—朝堂，外朝—中朝の東西配置を萌芽的形態とし，曹魏洛陽において太極殿の前殿・東西2堂形式が成立する．

この太極殿は，西晋滅亡後，東晋さらに南朝の諸王朝に引き継がれ，唐王朝まで780年もの間，宮城の中心宮殿の名称とされる．しかし，北魏平城には当初太極殿はない．宮城のモデルとしたのは鄴である．平城における宮城の変遷を孝文帝が，太極殿，太廟を建設するのは北魏洛陽への遷都直前である．『周礼』都城モデルは，北魏平城においては理念とされてはいなかったのである．遊牧民族としての西郊祀天の伝統が維持され続けていたことは上で見た通りである．

この太極殿の前殿・東西2堂形式を中心とする宮城形式の確立によって，『周礼』都城モデルの中核が形成されたことになる．

朝政の中枢に位置した太極殿・東西2堂の空間形式は，北周から隋唐にかけて大きく変わっていく．『周礼』「考工記」にその記述はなく，モデルとされたのは，『周礼』『礼記』が説く三朝制であり五門制である．この三朝制に基づく宮城の基本構造が確立するのは隋唐長安である．

B 坊墻制の成立

坊墻制の成立は北魏平城においてみることができる．中国では古来，都邑は坊墻で囲われるのが一般的であったから，防牆で居住地を囲う起源は都市の発生にまで遡るが，中国都城の歴史的展開をみると，宮城（宮殿区）内に閭里が存在する段階から里坊が宮城と切り離されて独立する段階を区別できる．その画期が坊墻制の成立で北魏平城を嚆矢とする．鄴において，既に宮城区域と里坊区域の南北分離がある程度みられるが，坊墻制として成立するまでには至っていない．

北魏の「宗主督護制」は，明快に坊墻制を基礎づけている．部族を解散させて一箇所に集め，さらに坊墻で囲われた区画に定住させる．住民管理の空間的装置が坊墻制である．定住生活の強制，強力な軍団の編成のために強力な道具立てとなった．これは，北魏洛陽，隋唐長安にそのまま引き継がれた．

C 「北闕」型の成立

都城の北辺に宮城を設けるいわゆる「北闕」型は鄴に始まるとされるが，その具体的配置は，坊墻制の成立と同様必ずしも定かではない．「北闕」型を，宮城区と里坊区の南北分離をその本質と考えるとすれば，官衙が南域に配置されているなど区分は明快ではない．やはり，「北闕」型は北魏平城を嚆矢とするのではないか．ただ，北魏平城についても，宮闕を北辺に想定しない復元案があることは上で見た通りである．「北闕」型の成立を，「座西朝東」から「座北朝南」への礼制の変化に伴う方位観の変化によって説明すると，曹魏鄴においては，三台の向きが東向きであること，宮城と外郭そして東西2宮（文昌殿と聴政殿）が東西に配置されていることなどから「座北朝南」への転換ははっきりとは確認できない．三国魏独自の郊祀制度を定めたのは第2代明

帝で,すなわち,曹魏洛陽に移動してからである.

　北魏平城においても,郊祀制度が本格的に整備されていくのは孝文帝以降である.初代道武帝は,平城遷都とともに宮室を建て宗廟・社稷を設け,南郊に親祀したとされるが,王位について魏王と改称した際の祭祀は「西向設祭,告天成禮」である.また,道武帝,明元帝時期の平城宮城に,少なくとも3本の南北軸線を確認できるように,南北中軸線は成立していなかった.南北中軸線が確認できるのは北魏洛陽においてである.

D　グリッド街区（条坊モデル）の成立

　北魏平城の街路体系と街区構成についてははっきりとはわからない.ただ,里坊の規模は大小あり,必ずしも体系化されてはいなかったと推測される.しかし,北魏洛陽になると,里は方300歩で,4門が開かれ,里正2人,吏4人,門士8人が置かれたというから,十字街によって構成される隋唐長安の条坊モデルの原型が成立していた.

E　南北中軸線の成立

　北魏洛陽において南北中軸線が成立する.宮城正門と南壁の宣陽門を直結する銅駝街が南北の中心軸となり,その軸線上に円丘を置いている.そして,銅駝街の左右に右衛府,左衛府,太尉府,司徒府など主要な諸官署とともに,右（西）に太社,左（東）に宗廟が配置された.「左祖右社」という『周礼』「考工記」の理念は,南北中軸線の成立とともに具体的配置形式を得たことになる.

　こうして,『周礼』都城モデルが曲がりなりにも実現するのは北魏洛陽においてである.しかし,以上に確認するように,『周礼』都城モデルそのままの実現ではなく,いくつかの要素が加わっており,とりわけ,既に南北中軸線の成立がある.この南北中軸線の成立は,あらかじめ示唆したように（序章5）,「座北朝南」という礼制の成立と「左祖右社」という配置規定,また,都城の中心宮殿が太極前殿・東西2堂形式を採用することにおいて必然的であったと考える.すなわち,『周礼』都城モデルを現実化する際に,以上のような規定,制度によって南北中軸線という形式が要請されたのである.

Column 3　太極殿と大極殿 —— 宮闕の空間構造

　中国古代の各王朝の政事・祭事・軍事・外事の意思決定がどのような場所でなされるかは，都城全体の空間構造を決定する決定的な要素であり要因である．「天下」の「正統」を，皇帝自ら示す最も重要な行為としての皇帝祭祀の場所については Column 2 で見た通りである．とりわけ皇帝祭祀の中心となる郊祀および宗廟の祭祀は，都城の形態を大きく規定してきた．祭事の空間に比べれば，政事の空間は日常的であり，通常，皇帝の居住する宮城において意思決定がなされる．古代中国においては，皇帝に仕える官僚たちによって様々な会議が行われ，その集団的意思形成を基礎に政治が行われてきた．以下に，中国古代の朝議の場，すなわち様々な政治的意思決定の場について，整理しておきたい．

朝議の種類

　議による決定というと，始皇帝の皇帝号制定が思い起こされる．駁議・議文による公卿議，すなわち，文書をもとに弁論を行う会議は後漢には確立されており，その開始は前漢とされるが（『大唐大典』他），秦代，遅くとも始皇帝の天下統一までには行われるようになっていたと考えられている．

　両漢代の会議は，①大議（大会），②公卿議，③有司議，④三府議（両府・四府）の会議とその組み合わせによって構成されていた[243]．

　①大議（大会）は，主要官庁の長官・次官など三公九卿すなわち公卿を中心に百官・群臣を招集して行われる．皇帝の廃立，祭祀，外交，軍事，三公人事，高級裁判など重要案件を扱う．

　②公卿議は，三公九卿を中心として行われる．大議と同様な議題の他，災害対策・貨幣制度・経済政策・人事・礼制問題などを扱う．

　③有司議は，事案に関係する官僚を集めて行われる．議案は具体的である

　④三府議（両府・四府）は，前漢では，丞相府・御史府の両府，後漢では，司徒・司空・太尉の三府，あるいは三府に大将軍府を加えた四府で行う．宰相府の会議として議案を扱う．

---

243) 永田英正「漢代の集議について」（『東方学報』京都第 45 冊，1972 年）

Column 3
太極殿と大極殿 ── 宮闕の空間構造

　この①〜④の会議は，魏晋南北朝を経て隋唐王朝に引き継がれていくが，その間，いくつかの変遷がある．まず，六朝期の朝議については，②公卿議が中心となり，晋代以降，定例化されていったことが指摘される．また，晋以降，礼法に関する礼官議と，司法に関する法官議が専門会議として開かれるようになったことが指摘される．
　④礼官議は，祭祀や儀礼に関わる問題が生じたときに，太学・国子学の学官，太常卿・丞，尚書祀部・儀曹，太祝礼などの礼官を中心に官僚が参加して行われる．
　⑤法官議は，司法に関する問題に疑義が生じたときに，廷尉・御史中丞を中心とする有司議（③）や三府議（④）に廷尉が加わって行われる．礼官議および法官議を統括したのは尚書である．そしてもう１つ，漢代の大議（①）にあたる大規模な会議として，重要案件に関する内外博議あるいは通議（⑥）と呼ばれる会議が開催されることがあった．すなわち，六朝期の朝議・朝政には，毎月朔望に朝堂で開かれる公卿議，毎日朝堂で開かれる尚書八座丞郎の政務会議，案件ごとに開かれる礼官議，法官議の専門会議，そして，重要案件に関する内外博議があった．
　隋唐期の朝議は，以上を引き継いでいる．『大唐六典』は唐の朝議の起源を遡って礼官議（④），法官議（⑤）に言及している．公卿議（②）を朝議の中心として政治は行われた．漢代の大議（①），六朝の内外博議あるいは通議（⑥）に当たる重要案件に関する大会議としては，⑦群臣百官による会議（百官（僚）詳議）が行われた．
　朝堂
　さて，古代中国における議の種類とその重層的なあり方については以上のようであるが，特に最高意思決定機関としての朝議が行われる場所が宮城の空間構成に大きく関わる．大きな画期となるのは，皇帝自らが直接臨御する場と官僚が衆議して皇帝に上奏案文を作成する場の分離，すなわち朝堂の成立である．朝堂では，日常的には，午前中に宰相たちの会議が行われた．また，朝会などには官僚待機の場となり，戦勝宣言や任命伝達，外国君主への返礼が行われるなど，官僚任命，外交，戦争などに関わる儀礼の場として機能した．さらに，一般官僚・民衆の上表（訴訟）を受理する役割も有した．
　朝堂の存在を直接的に示す前漢期の史料はなく，最も早いのは後漢の班固の『両都賦』の記述（「左右庭中，朝堂百寮之位，蕭曹魏邴，謀謨乎其上」『文選』巻1）という．また，張衡の『西京賦』が前漢未央宮の東に朝堂が存在していたこと

231

に触れている（「朝堂承東，温調延北，西有玉台，聯以昆徳」『文選』巻1）という．前漢期の朝堂に触れるのはこの2例のみということで，渡辺信一郎（1996）は，朝堂の成立は，前漢末期，尚書制度・宗廟制度が整備される宣帝以後とする．

　後漢時代の朝堂は，南北2宮がある中で，まず，光武帝によって崇徳殿が南宮前殿として建設されるが，隣接して朝堂も隣接していた．おそらく，前漢長安の未央宮に隣接して朝堂が存在した形態を継承していたと考えられる．ただ，後漢期の朝堂は，官僚衆議の場であるが，日常的な事務も行われ，また，皇帝が臨席して政令を伝達する場でもあって，さらに儀礼も行われた．一方，明帝によって北宮に徳陽殿が建設され，元旦の大朝賀の儀礼は徳陽殿で行われた．そして，通常の朝会も北宮の建始殿でも行われているから，北宮に政治の重心があったとも考えられるが，朝議の場は必ずしも一定していなかったと思われる．すなわち，朝堂という空間は成立したけれど，前殿と朝堂の明確な機能分化は後漢洛陽においては成立していなかった．前述の朝議は，重層的にいくつかの場において行われていたとされる．

　朝議の場の歴史において画期となるのは太極殿の成立である．

太極殿

　太極は，もともと『易経』にある言葉で，両義すなわち陰陽の二元が生じ，さらに四象，八卦が生じて吉凶を定めて大業を生ずるものであり，万物の根源である（『易経』「繋辞上伝」）[244]．道教の太一に類似するとされる．そして，太極は天極星の中心，北極ないし北極星，北極星を囲む紫微宮に比定され，天帝の常居とみなされるようになる．

　『史記』天官書は，天帝を中心として天上にも官職があるとして，諸官をこと細かに記述している．秦始皇帝は，天地のコスモロジカルな照応を諸宮配置の原理とした．しかし，始皇帝の咸陽の中心に見立てられていたのは極廟である．

　天子の居所そして朝政の場は，古来，天下の中心と考えられてきたが，それが太極殿という名称で建設されたのは，曹叡（明帝）（226〜239年）によってである．史書（『魏書』「黄初元年12月戊午条付注」）によると，青龍3（235）年，明帝によって後漢洛陽南宮の崇徳殿の跡地に太極殿が建設されたという．天子の居所，朝政の中心を太極とする発想は曹魏鄴に見られる．すなわち，曹操が政務をとった文昌殿がそうである．文昌とは，北斗の魁星を戴いて，これを助け

---

244) 易有太極 是生兩儀 兩儀生四象 四象生八卦 八卦定吉凶 吉凶生大業.

る6つの星をいう．後漢洛陽に太極があり，それを助ける自らを文昌宮に喩えたのである．

　太極殿の成立というのは，その名称が宮城中心の宮殿の名称として初めて用いられたことともに，太極殿を中心とする東西2堂からなる形式の成立したことをいう．太極殿・東西2堂形式とは，太極殿前殿を皇帝の即位・葬儀，大朝会をはじめとする大規模な儀礼，祭礼の執行空間，東堂を朔望の朝会など皇帝の日常の政務空間，西堂を皇帝の私的な居住空間とする形式である．

　前漢未央宮前殿は，前殿，宣室，後閣という3つの部分からなるが，吉田歓（2002）の文献考証によれば，外朝—中朝—内朝という隋唐の宮城中枢の構成に繋がる三朝制をとっていたわけではない．宣室は皇帝が斎居する空間であり，皇帝が日常的に朝見，聴政する場所は前殿の中堂であった．また，前殿中堂は，大朝会など大きな儀礼にも用いられていた．すなわち，前殿の機能は未分化であり，後の外朝，中朝の機能を合わせもつものであった．

　日常的な朝政空間としての朝堂が成立するのは，上述のように前漢末期と考えられるが，太極殿・東西2堂形式の成立をめぐっては，いくつかの過程が想定される．漢代の前殿には中堂に接して東廂（東序），西廂（西序）があり，それが東堂，西堂に分立していったとするのが従来の説（劉敦楨1980）であるが，吉田歓（2002）は，漢代に東廂を日常的な聴政の場とする事例はないとして，機能分化の萌芽を否定している．ただ，純粋に建築形式の問題としては，規模の拡大に従って，また，機能分化の要求に従って，東西廂部分が分離独立するということはごく自然である．

　正殿と朝堂の分離独立をはっきり示す先行事例として，曹魏鄴の文昌殿と聴政殿の東西隣接配置があり，これが太極殿・東西2堂形式の成立に繋がったと雷従雲・陳紹棣・林秀貞（1995）は主張する．吉田歓はこれに従うというが，文昌殿と聴政殿の関係は，太極殿と朝堂の関係であり，建築形式の問題とは次元が異なるとみた方がいいのではないか．吉田歓（2002）の指摘で興味深いのは，後漢洛陽において，前殿—後殿，前殿—椒庭という形式が一般化していることである．

　大きな問題は，曹魏洛陽における太極殿の空間形式がはっきりしないことである．それどころか，南宮の崇徳殿の跡地に建設されたという史書の記述にもかかわらず，太極殿が建設されたのは北宮であるという説が有力であることである．

　しかし，魏晋洛陽の太極殿に東西2堂が存在したことは文献から明らかであ

る．この太極殿・東西2堂の形式は，西晋滅亡後，東晋さらに南朝の諸王朝に引き継がれていく．一方，北朝においても，北魏平城において孝文帝によって採用され，北魏洛陽，さらに東魏北斉に引き継がれる．東朝堂と西朝堂の2つが設けられることにおいて，当然，南北軸線が意識されることになる．太極殿・東西2堂の形式は，南北中軸線も用意することになる．

そして，唐長安においても宮城の中心となったのは太極殿である．太極殿はこうして曹魏洛陽（220〜265年）から唐長安（618〜904年）まで，西魏，北周，隋を除く南北朝の13の都城において宮城の中心宮殿とされ，延べ780年にも及ぶこの時代を妹尾達彦は太極殿時代と呼ぶ[245]．

北宋開封の宮城の中枢宮殿は大慶殿と呼ばれる．宋代の儒者たちは鄭玄らによる緯書をもとにした解釈を批判して天としての太極を理として捉えなおすことになる．すなわち，天の上位概念としてより抽象的な根源的秩序を理とすることで天は相対化されるようになる．天地万物の根源に理として太極があり，特定の星座と都城の中枢宮殿とを結びつける必要は薄れていくのである．

日本の都城の宮城の中心宮殿である大極殿は太極殿に由来する．大極殿の原型は小墾田宮（603）の大殿であるとされるが，大極殿の起源については飛鳥浄御原宮（エビノコ大殿）説と藤原宮説の2説ある．いずれにせよ，大極殿は，7世紀以降安元3（1177）年に焼失するまで5世紀余りにわたって存続した．

唐朝との軋轢を避けるために「太」の字を「大」に欠筆したという説があるが，太極殿と大極殿の差異をめぐって日本の独自性も主張される．日本の場合，天上世界との唯一の結節点とされたのは高御座であり，高御座が置かれた大極殿が都城中枢の施設となる．そして，大極殿は天皇が出御する排他的儀礼空間とされた．高天原にも天つ高御座があり，天皇家の先祖がそれを連綿と受け継いできたとされ，高天原との神話的時間の連続性が主張される．すなわち，天皇＝神である．それに対して，中国は「天子─皇帝」制をとる．天子は，天帝の命を受けて無限の天下を治める存在であるが，現実には，その統治の及ぶ範囲と及ばない地域が存在する．この矛盾を整合させるために位置づけられたのが皇帝である．天子と皇帝の役割の相違は，国家儀礼においても規定されているのである．

三朝五門

北魏が東西に分裂し（535），孝文帝が長安の宇文泰の元に出奔して建てた西

245）妹尾達彦「太極宮から大明宮へ──唐長安における宮城空間と都市社会の変貌」（新宮学編（2014））

Column 3
太極殿と大極殿 —— 宮闕の空間構造

魏，そしてその禅譲を受けて成立した北周（556〜581）は，周の名を国名としたように，専ら『周礼』に依拠した体制を整備し，復古主義的な政策をとる．六官の制，六条詔書の策定，十二衛制といった制度がそうであるが，官僚制度の改変は，当然，宮城中枢の空間構成に影響をおよぼすことになる．

すなわち，朝政の中枢に位置した太極殿・東西2堂の空間形式は，北周から隋唐にかけて大きく変わっていく．モデルとされたのは，『周礼』『礼記』が説く三朝制であり，五門制である．『周礼』「考工記」にその記述はなく，『周礼』都城モデルの検討（第I章3）においては，宮闕内部の空間構成について賀業鉅のモデルを紹介するだけで検討を省いたが，ここでの文脈に従って整理しておこう．

賀業鉅も『周礼』「大司冠」「小司冠」「朝士」など様々な史資料を引いて，空間モデルを組み立てているが，北周，隋唐の建築家にとっても確固としてモデルが前提とされているのではなく，『周礼』『礼記』の該当箇所の解釈が問題であった．われわれも同じで，手にしているのは『周礼正義』『礼記正義』の様々な注疏にすぎない．

吉田歓（2002）は，周の三朝五門制について統一的で明快な解釈を導くことはとても困難だという．燕朝・治朝（内朝）・外朝という『周礼』『礼記』の本文に即した三朝制とそれとは別の内朝・中朝・外朝制（南朝梁，崔霊恩『三礼義宗』他）がある．すなわち，前者は，路門内の路寝の庭である燕朝は天子の聴政の場で，路寝の後方に小寝が位置し，路門の外の治朝（内朝）は天子が臣下を朝見する場で，応門の外が外朝とする．この場合，清戴震に従って，5門はなく，外側から皐門，応門，路門の3門しかなかったことになる．後者は，内朝（内寝）を皇帝の居住空間，中朝は朝政の場，路門の外を外朝とする．しかし，一般的に三朝五門を空間モデルとして考えると，秦雍城の宮殿遺構のように外朝，中朝，内朝の間に中庭をとれば5門となり，極めて素直である（図II-3-2）．

北周は，長安に路寝，路門，応門を建造している（『周書』巻5「帝紀第5」「建徳2年12月」条）．前漢長安城のどこに建設されたかは不明であるが，前漢未央宮の前殿，宣室，後閣という構成との関係も興味深い．路寝，路門，応門の使われ方について史資料は乏しいが，新たに採用された三朝モデルによって，宮城中枢の空間構造は，西堂—太極宮—東堂という東西軸構造から内朝—中朝—外朝という南北軸構造へ大きく転換し，隋唐長安城に引き継がれることになる．

皇城

隋唐長安において，いわゆる三朝制に基づく宮城の基本構造が確立する．す

第Ⅲ章
西安・洛陽—中国都城の原郷

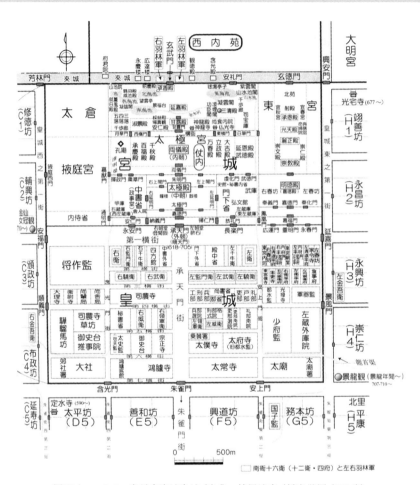

図 Column 3-1　唐長安宮城皇城（出典：妹尾達彦（新宮学編（2014）））

なわち，皇帝の日常的朝政の場である内朝としての両儀殿，臣下を朝見する場である中朝としての太極殿，そして，外朝としての承天門・朝堂という構成である．

両儀殿には皇帝は5日ごとに出御し，5品以上の官僚と供奉官などが朝参して日常的朝政を行った．太極殿では朔望日の9品以上の文武職事官が参加する朝会が行われた．また，皇帝の即位式，葬儀，改元詔の発布など，そして冬

Column 3
太極殿と大極殿 —— 宮闕の空間構造

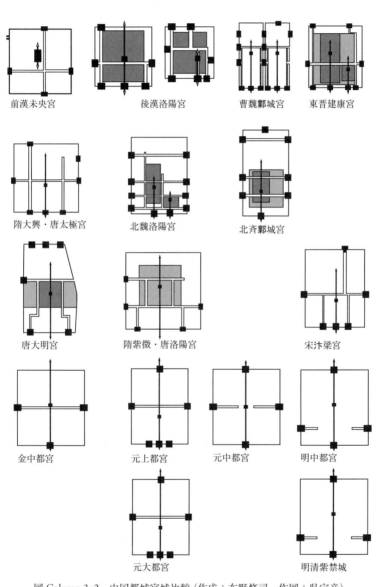

図 Column 3-2　中国都城宮城比較（作成：布野修司，作図：呉宝音）

至と元日の大朝会など皇帝が行う儀礼が行われた(『大唐六典』). 高宗期(690～705)に則天武后によって造営された大明宮の, 内朝としての紫宸殿, 中朝としての宣政殿, 外朝としての含元殿・朝堂・丹鳳門という構成も基本的に同様である. 吉田歓(2002)は, 本来, 太極殿・宣政殿が毎日の視朝・聴政の場で, 両儀殿・紫宸殿が居住・議政の場であり, それが唐代前期から後期にかけて変化していったことを跡づけている.

太極殿・東西2堂から三朝制へという転換とともに, 大きな転換となるのは, 皇城と宮城の分離である. 朝堂と尚書省など諸官庁は宮城正門外に置かれ, 皇帝の空間と官僚の空間がはっきり分けられるのである. 朝議は, 外朝の朝堂と中朝の政事堂で行われるようになり, 朝堂の相対的位置づけは低下していくことになる (渡辺信一郎 (1996)).

唐長安の宮城, 皇城の空間構成については, 妹尾達彦の一連の論考がある. その最新稿[246]によれば, 3省, 9寺, 1台, 5監, 16衛とされる中央官庁の配列について, ①重要な機能をもつ建築物ほど皇帝の御す宮殿 (御在所) に近くなる, ②東(陽)が西(陰)よりも優位となる, ことを大きく指摘した上で, 門下省(左省), 中書省(右省)などの配置を確認し, 全体として, 機能よりも象徴性が重視されているとする. そして, 大明宮の空間編成においては, ①軍財政諸機関の集中化, ②禁軍の再編, ③宮殿の劇場化と王朝儀礼の変貌, ④宮城区の仙境化など, より機能を重視した集権的な再編がなされているとする (図 Column 3-1).

宮城の空間構造

さて最後に, 主だった中国都城の中心宮殿と門, 主要街路と中軸線について, 概念図によって比較総覧しておこう (図 Column 3-2).

中心宮殿として太極殿が成立するのは, 上述のように曹魏洛陽であるが, それがほぼ宮城の中心に置かれるのは, 隋大興宮・唐太極宮以降である. ただ, 門の配置なども含めて, 中心宮殿を宮城の中心に配置しようとする理念が窺がえる都城はそう多くはない. 金中都にそれが窺がえるが, 唯一極めて理念的なモデルとして建設されたと思われるのは, 武帝(カイシャン(海山))によって建設された元中都である.

---

246) 妹尾達彦「太極宮から大明宮へ ── 唐長安における宮城空間と都市社会の変貌」(新宮学編 (2014))

III-3 　天可汗[247]の都 ―― 隋唐長安都城モデル

　隋の文帝（楊堅）（位 581〜604 年）が北周の後を承けて帝位につくと，開皇 2 (582) 年，高熲，宇文愷等に命じて新都を築き大興城と号した．建設はまず全体計画が立てられ，宮城，皇城，郭城の順に行われた．中国都城の建設がこれほど計画的に，白紙に図面を引くかたちでそのまま実施に移された例は大興城以前にはない．鄴にしても，北魏平城にしても，北魏洛陽の外郭城にしても，それぞれ作成されてきた復元図は，むしろ実際に建設された長安（あるいは平城京，平安京）をモデルとして，それを当てはめた理念図である．
　『隋書』巻 68「宇文愷伝」は「及遷都．上以愷有巧思 (555〜612 年)．詔領営新都副官．高熲雖総大綱．凡所規画．皆出於愷」という．すなわち，宇文愷は，新都造営の副官として，巧みな構想（「巧思」）を持っており，あらゆる所を計画し（「凡所規画」），全ては宇文愷から出たものである（「皆出於愷」）．大袈裟ではないであろう．
　文帝は転輪聖王（チャクラ・ヴァルティン）[248]を任じたという．クビライ，洪武帝，乾隆帝……本書には転輪聖王を自ら任じる皇帝たちが都城建設に絡んで登場する．都城建設について文帝には明確な理念があったと考えられる．北方遊牧集団である鮮卑拓跋部のそれまでの都城建設経験を踏まえ，その理念型を具体化することを文帝は考えたのである．すなわち，漢化政策をとった北魏孝文帝の平城の改造，北魏洛陽再建の経験を踏まえて，理想の国土「中国」の核となる都城を建設しようとしたであろう．その永遠の仏国土の設計をゆだねられたのが宇文愷である．大興城は，宇文愷という一人の建築家の頭脳の中で設計された．そして，ほぼその設計図通りに建設された中国都城史上類例のない事例となった．
　隋大興城，東京城の設計とそれを建設した宇文愷をはじめとする建築家たちについては，田中淡 (1995)（「第三篇　隋朝建築家の設計と考証」）がある．この詳細な論考に

---

247) 大室幹雄 (1994) が，長安を「天可汗の監獄都市／ネクロポリス複合」とネーミングしている．唐 2 代太宗（李世民）が，東突厥を滅ぼし (630 年)，「天可汗」の尊号を奉られたことが念頭に置かれている．
248) 古代インドの理想的帝王を「転輪聖王」（チャクラ・ヴァルティン Cakravartin あるいはチャクラ・ヴァルティラージャ Cakravartirāja）という．この王が世に現れるときには天のチャクラ（車輪）が出現し，王はそれを転がすことによって武力を用いずに，すなわち法という武器によって，全世界を平定するという．「転輪聖王」は，七宝を有し，32 相を備えているとされる．32 相と言えば釈尊がそうであるが，その誕生に際し，出家すれば仏となり，俗世にあれば「転輪聖王」になるという予言を受けたという話はよく知られる．

ほとんど何もつけ加えることはないが，田中淡（1995）は明堂復興計画を中心とする建築設計に重点を置いている．ここでは，大興（長安）城，東京（洛陽）城の設計計画を明らかにする．

3-1 宇文愷

　宇文愷（字安楽）は，西魏恭帝の元廓2（555）年に代々武将の名門の家に生まれている[249]．宇文氏は，もともとは，北朝胡族，鮮卑系に属するが，西魏＝北周を起こした宇文氏とは別系統に属しており，文帝が即位して宇文氏を誅した際には，愷自身も危うく死罪を免れている．宇文愷は，文帝のもとで官僚建築家としての道を歩むことになるが，まず，宗廟造営の際には営宗廟副監，太子庶子，大興建設に関して営新都副監を拝せられている．続いて，広通渠開鑿を総督した後，萊州刺史を拝せられ，仁寿宮建設に当たって検校将作大匠に任ぜられる．煬帝による東都建設に当たっては，営東都副監をつとめ，ついには工部尚書を拝せられるに至る．

　隋朝は2代わずか37年にすぎないが，この間の土木建築工事は，煬帝の大運河の開鑿が象徴するように，大規模で広範に及ぶ．隋唐王朝のインフラストラクチャーの造営（①〜⑨），そして，宇文愷の設計活動（A〜K）を列挙すると以下のようになる．

①長城の修築

　開皇元（581）年4月，文帝は，即位すると直ちに長城の修築をおこなっている．以降，断続的に長城の修築が行われる．開皇4（584）年には，東は黄河，西は綏州（陝西省綏徳県）まで約700里の長城が完成している．煬帝も大業3（607）年から翌年にかけて長城の大規模な修築をおこなっている．開皇元（581）年2月乙丑，すなわち，大興城営造に先立って，宇文愷は，北周旧長安城に宗廟の設計を命じられている（A 北周旧長安城・宗廟）．ただ，その形式についてはわかっていない．また，煬帝の長城修築に際して，その基本計画に宇文愷は関わっている．

②仏寺道観の造営

　開皇元（581）年7月，文帝は，襄陽，隋郡，江陵，晋陽に国立仏寺を建設し，大興城遷都後，城内に大興善寺，玄都観など国立の仏寺，道観をはじめ，多くの仏寺道観が建設された．仁寿元（603）年には，海内30州に舎利塔を一斉に建設させている．文帝が建てた宝塔は40州に及び巡行した45州にそれぞれ大興国寺を建てたとされる．

③大興城の造営

　開皇2（582）年6月丙申に営造の詔を下し，左僕射高熲，将作大匠劉龍，鉅鹿郡公

---

249) 以下『隋書』宇文愷伝をもとにした田中淡（1989）による．

賀婁子幹，太府少卿高龍叉等に命じて新都を創造し，10月辛卯，営新都副監の賀婁子幹を工部尚書とし，12月丙子に新都を大興城と命名する（『隋書』巻1「高祖帝紀」）．宇文愷の名はここにはないが，宗敏求『長安志』巻6「宮室・唐上」には，左僕射高頴が総領し，太子左庶子宇文愷が制度や規模を創造したとある．村田治郎(1981)は，煬帝の時に傑出した地位に立った結果であるとするが，実際，中心的役割を果たしたのが宇文愷であったことは，上述のように『隋書』「宇文愷伝」に記されている．文帝が新都に入居するのは翌年正月である．太子左庶子宇文愷が，宮城，皇城の主要な建築の設計に関与したことは間違いないが，その詳細はわかっていない．玄都観の配置，苑池の設定，禅定寺の木塔の設計，官署の門などが知られる（B 大興城宮殿）．宮域の構成については続いて触れよう．

④壇廟・陵墓・明堂

文帝は，大興城建設に際して，皇城前方，左（東）に宗廟，右（西）に社稷壇を造営する．宗廟は，同規模の4つの親廟（皇高祖・太原府君廟，皇曽祖・康王廟，皇祖・献王廟，皇考・太祖武元皇帝廟）によって構成されていた[250]．

文帝は，即位後祭祀制度の整備を行い，南郊に円丘，北郊に方丘（Column 2），五郊に壇を築いている．隋朝の皇帝祭祀については，金子修一(2006)が順を追って明らかにするところであるが，文帝の南郊，太廟の親祭は開皇4(584)年春が初出（『隋書』「高祖紀」）である．そして，「高祖平陳，収羅杞梓，郊丘宗社，典禮粗備．唯明堂未立．開皇一三年，詔命議之」（『隋書』巻6「礼儀1」）という記事があるところによると，開皇13(593)年には，ほぼ整備が終わっていた（典禮粗備）が，明堂は未だ建設されていなかった．

明堂の復元計画に当たったのが宇文愷である（C 明堂復元案）．宇文愷は，『東都図紀』20巻，『明堂図議』2巻，『釈疑』1巻を撰著し（『隋書』「宇文愷伝」），『東宮典記』70巻を著した（『隋書』「経籍志2」）とされるがいずれも残されていない．文帝の勅命に対して，宇文愷は明堂の木様（木造模型）を提出したが議論に決着がつかず建設に至らなかった．そして，大業年間に至って，宇文愷は再び『明堂議』と様を造って上奏している．煬帝はその評議を命じたが結局は沙汰やみになる（『隋書』「礼儀志」）．ただ，大業年間の上奏文『明堂議表』は今日に伝えられ，田中淡(1989)は，その全文を掲げ，宇文愷の復元案についてその復元を試みている．仁寿2(602)年，独孤皇后が死去すると，文帝は宇文愷・楊素らに命じてその陵墓の設計を命じている（D 太陵）．

⑤広通渠・山陽瀆の開鑿

開皇4(584)年6月壬子，大興と黄河を結ぶ広通渠が，開皇7(587)年4月庚戌，淮河と長江を結ぶ山陽瀆（山陽─揚子）が開鑿された．渭水を黄河に連絡する広通渠開

---

[250] 煬帝は，大業元(605)年，周制に従って七廟としようとするが実現していない．

鑿工事の現場監督者として郭衍が知られるが（『隋書』「郭衍伝」），宇文愷もこれを担当したことは，文帝が宇文愷に広通渠の建設を命じたことも記録されている（『隋書』「宇文愷伝」「食貨志」）（E 広通渠）．

⑥仁寿園の造営

開皇 13 (593) 年 2 月丙子，文帝は，大興城の西北に仁寿宮を造営している (595 年竣工)．この建築物の設計にも，総督楊素のもと，宇文愷が検校将作大匠として関わっている (F 仁寿宮)（『隋書』「宇文愷伝」，『資治通鑑』）．仁寿宮は，隋末に廃されるが，貞観五 (631) 年に新築されて九成宮と改められている．

⑦東都の造営

仁寿四 (604) 年 7 月，文帝が崩御し，即位した煬帝は洛陽へ行幸，11 月癸丑，新都建設を表明，直ちに長塹を掘らせている．翌大業元 (605) 年 3 月丁未，予 (洛) 州旧城下の住民を移し，同月戊申，新都東京営造の詔を発して天下の富商・大賈数万戸を東京に移させた．大業 2 (606) 年正月辛酉に完成，5 月丙子，東都と改称された．宇文愷は，東都の造営に営都副官として関わり，乾陽殿，顕仁殿など主要な宮殿の設計 (G 東京城宮殿) をおこなっている．

⑧通済渠の開鑿

大業元 (605) 年 3 月辛亥，東京西苑から黄河に達し，板渚から黄河の水を引いて淮河に繋げる通済渠が開鑿された．

⑨離宮苑囿

煬帝は，新都東京造営に先立って，大業元 (605) 年 3 月，顕仁宮を建設し，5 月，東京城外西辺に西苑 (上林苑，会通苑)，さらに江都に江都宮，揚子に臨江宮，臨淮県に都梁宮を造営する．煬帝は，さらに数多くの離宮苑囿を造営しており，「普請道楽」として知られる．

⑩大張

煬帝は，宇文愷に命じて，「大張」を設計させている（「令愷為大帳」）．「大張」は，巨大な天幕建築で数千人が座る（「其下坐数千人」）ことができた．北方巡行の際に，戎狄に誇示するために（「時帝北巡．欲誇戎狄．」『隋書』「宇文愷伝」）というから，移動式，組立式の大規模なゲルとみていい．大業 3 (607) 年，城東に「大帳」を建て，突の啓民可汗と部落 3500 人を招いて宴会をしたという記事がある（『隋書』「煬帝紀城」）．

⑪観風行殿

宇文愷はまた「観風行殿」なる建築を設計している．「又造観風行殿．上容侍衛者数百人．離合為之．下施輪軸．推移倐忽．有若神功．戎狄見之．莫不驚駭．帝弥悦焉．前後賞賚不可勝紀．」（『隋書』「宇文愷伝」）という．「上容侍衛者数百人．離合為之．下施輪軸．」とはどういう建築か．上に数百人が居て，下の輪軸で回るのである．他に，間口 3 間で，両方に厦 (庇) があり，1 日で建て挙げられたという記事 (『大業雑記』3

年) がある．田中淡 (1989) は回転式スカイラウンジというが，回り舞台のような人力あるいは畜力を利用した仕掛けは想像できるにしても，数百人を乗せたまま回転するというのは，しかも 1 日で組み立てられるというのは，相当の仕掛けである．大業 5 (609) 年に，高昌国の王を「観風行殿」に招き，30 国以上の蛮夷の出席を得て宴を行った記事がある (『隋書』「煬帝紀上」)．

⑫観文殿

「大張」「観風行殿」は，『太平広記』に，それぞれ「七宝張」「大行殿」として引かれており，煬帝の奢侈と不祥の兆しとして触れられるが，この組立，機械装置による建築として，もう 1 つ宇文愷設計になるとされるのが観文殿である．「観文殿」は，宮廷の書室すなわち図書館であるが，自動扉，自動開閉式の書架を装備していたという (『太平広記』引『大業拾遺記』)．この観文殿について，田中淡 (1989) はその一部について想像復元案を示している．

⑬御道 (馳道) の建設

煬帝は，大業 3 (606) 年五月戊午以降，馳道建設を開始し，太行山を開鑿して薊 (北京) に達する御道 (全長 3000 里，幅 100 歩) を開通させる．

⑭浮橋

宇文愷は，煬帝の高麗遠征の第 1 次出兵 (大業 8 (611) 年) に従軍，遼水を渡る際に三本の浮橋を造っている．ただ，ここでは浮橋が届かず高麗軍に大敗している．宇文愷はこの 7 か月後に死去している．

以上のように，宇文愷は，あたかもルネサンスのダ・ヴィンチやミケランジェロのような万能人にも比すべき存在のように思える．輿服制度や車輦制度にも関わり，漏刻 (水時計) の製作にも参画している (大業 2 (606) 年，『隋書』「煬帝伝上」)．

3-2 | 西京 ── 隋唐長安

大興城の規模，門，里，市の数について，『隋書』巻 29「地理志京兆郡」条には「東西一八里一百一十五歩．南北十五里一百七十五歩．東面通北春明延興三門．南面啓夏明徳安化三門．西面延平金光開遠三門．北面光化一門．里百六．市二」とあるのみである．大興城を踏襲した長安城については，韋述 (生年不詳〜至徳 2 (757) 年)『両京新記』(722)，宋敏求『長安志』(1079)，呂大防 (1027〜1097 年)『長安図碑題記』(1080)，程大昌撰『雍録』(1165〜89)，李好文撰『長安志図』(1344〜46) などの史料があり，それらを元にした徐松 (1781 年〜1848 年))『唐両京城坊攷』の考証がある．徐松は，『全唐文』の編纂 (1809〜14) に携わる中で『永楽大典』(1408) の中に「河南志図」を発見，散逸してしまった宋敏求の『河南志』の図であることを突き止め，関係資料を拾い出して『元河南志』を編纂するとともに，『唐両京城坊攷』を著すのである．

長安の形態については，以上のような史資料をもとにした多くの論考が積み重ねられている．隋唐長安をめぐる研究史については妹尾達彦に委ねたい[251]．ここでは設計計画（フィジカル・プランニング）に焦点を当てるが，まず，以下に，『唐両京城坊攷』の記述の順に従ってその形態を確認したい．宮城，皇城，大明宮の復元図は妹尾達彦による（図 Column 3-1）．

(1) 宮城

①宮城の規模は，東西4里，南北2里270歩，城周13里180歩，城高3丈5尺とされる．尺度については，第Ⅰ章（Ⅰ-2-3）で，足立喜六に従って，唐1歩＝5尺（大尺）＝1.515m，1尺（大尺）＝0.3030mとしたが，そこで確認しているように唐代でも変化がある．『唐両京城坊攷』の邦訳者である愛宕元は1歩＝1.47m，一尺＝0.294mとする．メートル換算による実測値との比較は最後にまとめよう．

②北は御苑，南は皇城，東に東宮，西に掖庭宮が配置される．南に5門，北に2門，東に1門，西に2門開かれている．南正門は承天門で，正月元旦，冬至の朝会慶典，赦令の発布，朝貢使節の謁見などが行われた．

③宮城の正殿は太極殿で，正門である嘉徳門，殿門である太極門を経て太極殿に至る．太極殿の両廊に左右延明門があり，左に門下省，右に中書省が配置される．全体構成は徐松の復元図他に委ねるが，中央軸線上の宮殿を確認すれば，太極殿の北には，朱明門，両儀門を経て両儀殿が置かれ，さらにその北には甘露門を経て甘露殿が配される．甘露門の前には東西に横街が走る．甘露殿の北には，延嘉殿，さらに承香殿があり，玄武門に至る．

太極殿では，朔望日に朝会が行われた．両儀殿では毎日（元旦・冬至等を除く）皇帝が政務を執る．甘露門以北は皇帝の私的空間ということになる．承天門以南が外朝，太極殿が中朝，両儀殿が内朝という三朝構成である（Column 3）．

東宮は皇太子宮，掖締宮は後宮であるが，徐松は，それぞれについて，門名，宮殿名を挙げている．ここでは省略したい．

(2) 皇城

④皇城（子城）の規模は「東西五里百十五歩，南北三里百四十歩，周十七里百五十歩」とされる．南面に3門，東西は，それぞれ2門ある．宮城との間に横街が走り，宮城へ五門が開かれている．

⑤皇城内は，「城中南北五街，東西七街」という．南北5街というのは，皇城南面の含光門（西），朱雀門（中央），安上門（東）と宮城南面の広運門（西），承天門（中央），長楽門（東）をそれぞれ結ぶ3街と東西城壁沿いの環塗2街であろう．全体は東西4×南北6＝24街区に分割される．徐松の復元図は，左右対称になっていない．横街

---

251) 妹尾達彦「唐長安史研究と韋述『両京新期』」（田村晃一編（2005））他．

は幅300歩，その他は全て幅100歩とされる．

　まず，「左宗廟，右社稷」，東南隅に宗廟，西南隅に社稷が割り当てられ，皇城には，百官の官署，6省，9寺，1台，4監，18衛が配置される．東宮の官署は，1府，3坊，3寺，10率府である．徐松は，民居と官署を雑居させず，公私を明確に区別し，風俗秩序を整えたこと（「不使雑居，公私有弁，風俗斉整」）を文帝の新しい発想（「写隋文之新意也」）によるとする．

　⑥徐松は，以下，街区毎に，官署など諸施設を，南北の中心街である承天門街を基準に，東から第2横街，第3横街，……第7横街，西に移って，同様に第2横街から第7横街まで，列挙している．

(3) 大明宮・興慶宮・御苑

　徐松は，続いて，大明宮・興慶宮・御苑の構成について述べる．

　大明宮は，太極宮後苑の射殿のあった龍首山丘陵に貞観18（644）年に永安宮として建設され，その名に改称された．帝位を譲った高祖，太上皇の避暑用の宮殿であったが，高宗が龍朔2（662）年に改修して蓬莱宮と改称して居所とした．徐松は，高宗が風痺（中風）を病み，太極宮が高温多湿で厳しいということを理由とするが，実権を握った武則天が高宗を政治から隔離する意図があったと考えられる．

　⑦規模は「南北五里，東西三里」という．南面には5門が開かれており，正南門は丹鳳門である．東面には2門，西面には3門，北面には3門が開かれた．丹鳳門内の正殿を含元殿といい，その東西に翔鸞閣とその棲鳳閣があり，閣下に東西朝堂が置かれる．数多くの殿舎，宮門などの配置は徐松に譲るが，南北軸線上には含元殿，宣政殿，紫宸殿が並ぶ．含元殿は大朝会が行われる外朝であり，宣政殿は皇帝が日常の政務を執る中朝，紫宸殿は皇帝の日常生活の行われる内朝である．紫宸殿の北は蓬莱殿で，その太掖池が配された．

　⑧興慶宮は，外郭城の東壁に接し，皇城南の横大路東門，春明門の北に位置する．もともと，睿宗が武則天から賜ったもので，幼時にここで過ごした玄宗の開元2（714）年に離宮とされたものである．規模は1坊分あり，南に2門，西に2門，北に3門が開かれている．徐松は，正門・興慶門は西側に開かれ，その内側に興慶殿，その後部（東）に龍池があり，池を挟んで交泰殿がある，……と全体配置の記述を進めていくが，その復元案と呂大防石刻図はかなり異なっている．

　⑨御苑は，3苑あり，いずれも都城の北に置かれている．宮城の北に接する北苑は，南北1里，東西は宮城と同じ4里である．東内苑は，東内（大明宮）の東北隅にあり，南北2里，東西は1坊分の幅がある．禁苑（隋・大興苑）は，東西27里，南北22里，周囲120里，南は都城と接し，北は渭水，東は滻水に境界づけられ，西は前漢長安城を含み込んでいる．

第 III 章
西安・洛陽—中国都城の原郷

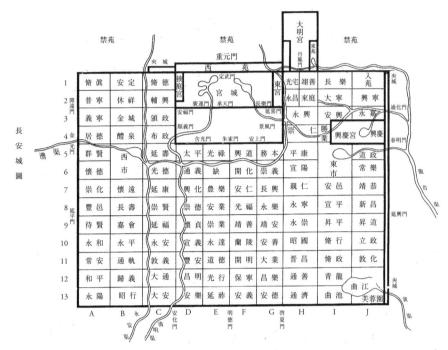

図 III-3-1 長安条坊図（出典：愛宕元（徐松撰・愛宕元訳注 1994））

(4) 外郭城

外郭城は隋代には大興城といい，唐代には長安城という．また，京師城ともいう．

⑩徐松（「巻2西京」）は，外郭城の立地について，前（南）は子午谷に当り，後（北）は龍首山を枕とし，左（東）は灞水に臨み，右（西）は澧水に至る，と述べた上で，規模について，「東西一八里一一五歩，南北一五里一七五歩，城周六七里，城高一丈八尺」という．『隋書』の記載と同様である．徐松は，続いて，南面に3門，東面に3門，西面に3門，北面に3門，門名を列挙する．「旁三門」に従っているように思えるが，北面の3門は，宮城・皇城の西に偏っている．『隋書』は，上述のように，「北面光化一門」としているから異なっている．

⑪外郭城内には，東西大街が14本，南北大街が11本あり，皇城の正南面の朱雀門から延びる南北大街，朱雀大街の幅は100歩で，朱雀大街によって，東西は，万年県と長安県に分かれ，それぞれ54坊と市を管轄する．計108坊と2市からなることになるが，『隋書』は「里百六．市二．」としていた．市は2坊分占めるから必ずしも計算が合っているわけではない．

徐松は各坊について詳細に記述していく．通常用いられる街区図（図 III-3-1）を用

いると，まず，東，万年県の朱雀大街東の坊を北から南へ (F5 → F13)，続いて隣接する坊列 (G5 → G13) を記述する（「巻2西京」）．さらに，残りの万年県の坊について記述した上で（「巻3西京」），長安県の諸坊を北東から南西へ，同様に記述している．そして最後に，水路・運河について，龍首渠，黄渠，永安渠，清明渠，漕渠の順に記載する（「巻4西京」）．

坊数は，万年県，長安県，それぞれ 9×2+13×3=57坊（区画）となる．東市，西市それぞれ2坊分を占めるから，それを引けば各県55坊（区画）である．計110坊であるが，東南の2坊 (J12, J13) が曲江・芙蓉園となって欠けているから，坊は108坊（万年県53坊，長安県55坊）である．また，大明宮の重修 (662) に伴い，丹鳳門から南に丹鳳門街が造られ，大明宮前の善坊 (H1) と永昌坊 (H2) の2坊は東西に分割される．すなわち，東街は結果的に55坊になっている．

愛宕元（徐松撰・愛宕元訳注 (1994)）は，城内を108坊に区画したのは，中国全土を意味する「九州」と，秩序正しい時間の繰り返しである1年12月の 9×12 から得られる数である．つまり統一帝国としての全空間と時間を支配する皇帝の居所としての都城を象徴する数字である．また，宮城・皇城の東西では南北に13坊が配されるのは，1年12月と閏月を加えた13月を，皇城の南では東西4列に坊が配されているのは，春夏秋冬の四季を象徴したものとされる，という．出典は不明であるが，上述のように，分割される坊数は110であり，108という数字があらかじめ意識されているのであれば，東南角が2坊欠けることが前提されていたことになる．1年12月としながら，閏月を加えた13という数字を問題にするのはちぐはぐでもある．

3-3 大興城の設計図

前漢長安城とは異なり，隋大興城はあらかじめ全体計画に基づいて建設された．計画に当たっては，全体の規模をどう決め，土地の区画，空間の配分をどのように決定するかが第1に問題となる．長安城については，平岡武夫 (1956) の開元・天宝年間の盛唐期を中心とする復元があって定説とされてきた[252]．田中淡 (1989) も，隋唐長安に関する研究成果は，解放後の調査結果も含めて平岡武夫 (1956) に集約されているとしたが，ここではその後の復元案も含めて検討を加え，独自の案を示したい．

平岡武夫は，東西6600歩 (9702m)，南北5575歩 (8195.25m) を前提として復元図を示した．1歩 =146.9cm=5尺（1尺 =29.4cm）という尺度換算をもとにしている．叶驍軍 (1986) が平岡武夫の復元図をもとに寸法関係を明らかにしているように，中国でもその復元図は影響力を持ってきた．復元案は，街区（坊）の形状・規模に5種あ

---

252) 平岡武夫編 (1956)『長安と洛陽・地図』唐代研究のしおり第七，京都大学人文研究所．これには北宋・呂大防「長安城図」（残図）も含まれている．

るとする．東西方向の街区（坊）幅は，650歩，450歩，350歩の3種，南北方向の街区（坊）幅は，400歩，550歩，325歩の3種である．そして，街路幅員については，南北大街は環塗も含めて全て100歩幅，東西街路（街道）については，皇城南は全て47歩幅，宮城・皇城の東西は，横街に繋がる開遠門—安福門・延喜門—通化門の東西大街は100歩幅，他は環塗を含めて60歩幅とする．そして，市については600歩四方，東西の坊との距離すなわち市に接する東西の大街の幅は125歩，南に接する大街の幅は100歩とする．

この復元については，東西街路幅が47歩というのがすっきりしない．また，南北街路が全て幅100歩というのも疑問である．さらに，南北325歩というのは，以下にみる『三礼図』の記述にはない．そして実際，その後の発掘調査によると，南北の全長が実際は315歩ほど長く，坊間幅は平岡の想定（47歩）より短い，また，南北街路の幅員の大半は50歩前後である．全長を考えると，皇城南の坊は，南北350歩とした方が寸法的にも合う．徐松撰・愛宕元訳注（1994）は，400歩×650歩，550歩×650歩，350歩（一部325歩）×650歩，350歩（一部325歩）×450歩，350歩（一部325歩）×350歩の5種としている．

陝西省文物管理委員会[253]・中国科学院考古研究所西安唐城発掘隊[254]は，東西9721m（6617.43歩＝3万3087.1尺），南北8651.7m（5885.51歩＝2万9447.6尺）とする．そして宿白[255]らによって復元図がつくられている（図III-3-2）．復元案の中で，各部分の寸法を示しているのが傳熹年（2001）である（図III-3-3）．本書では，この復元図に示される実測値を出発点としたい．

(1) 基準グリッド—設計寸法

傳熹年（2001）の復元図からは，直ちには明快な街区寸法，街路幅員の体系は窺えないが，注目すべきは，宮城・皇城の左右（東西）の東西幅（B）が等しく（左右対称），また，皇城・宮城の南北幅（B）に等しいこと，さらに，皇城南の街区の南北はこの皇城宮城・宮城の南北幅（B）の1.5倍（3×1/2B）という指摘である．

第1に手掛かりとなるのが，宮城の東西幅（A）である．上述のように，『唐両京城坊攷』は，宮城は東西4里（1440歩），南北は2里270歩（990歩）そして，皇城（子城）は東西5里115歩（1915歩），南北3里140歩（1120歩）という．宮城・皇城合わせた区域の東西は1915歩，南北は2210歩となる．

実測値は，宮城皇城の東西長さ（A）は内法で2820.3m＝1918.6歩である．そして，宮城・皇城合わせた南北長さ（B）は，3335.7m＝2269.2歩である．また宮城部分の南北幅は1492.1m＝1015.0歩である．因みに，平岡武夫（叶驍軍（1986））は，東西幅を

253) 陝西省文物管理委員会「唐長安城地基初歩探則」（『考古研究』3期，1958年）
254) 中国科学院考古研究所西安唐城発掘隊「唐代長安城考古記略」（『考古』第11期，1963年）
255) 宿白「隋唐長安城和洛陽城」（『考古』1978年6月）

天可汗の都 —— 隋唐長安都城モデル

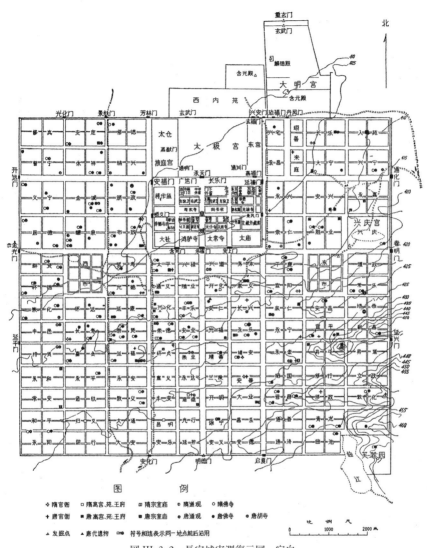

図III-3-2　長安城実測復元図　宿白

1900歩, 南北幅を宮城960歩＋皇城幅1220歩（横街300歩含む）＝2180歩とする.

　こうした寸法は, どこからどこまでを測るかが問題である. 条里制, 条坊制についてみたように (Column 1), 芯々制（シングル・グリッド）をとるか, 内法制（ダブル・グリッド）をとるかで大きく異なる. また, 歩を単位とすることは前提であるとしても, 実測値（メートル）の歩への換算単位次第で異なる. 歩の値も時代や地域によって異

第 III 章
西安・洛陽—中国都城の原郷

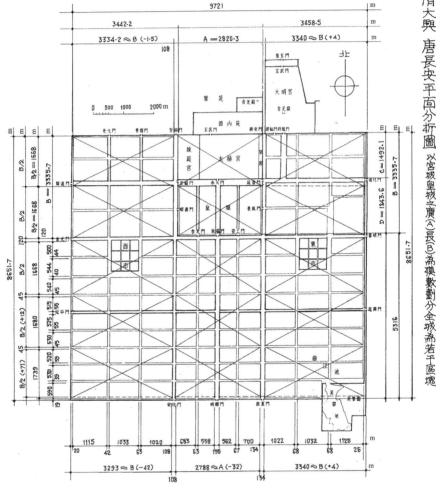

図 III-3-3　隋大興・唐長安平面分析図（出典：傅熹年（2001））

なることはあらかじめ確認した通りである（第 I 章 2-3）.

　傅熹年（2001）の実測図をもとにした復元図には，街路の幅員と街区（坊）の規模が分けて記されている．すなわち，内法制が前提とされているようにみえる．しかし，その数値にはかなりのバラつきがあり，一定の体系は直ちには見いだせない．傅熹年が見出したのは，上述のように，A, B という単位である．ということは，設計計画

天可汗の都――隋唐長安都城モデル

にあたって，まず，大きな区画が単位として設定されていたことを推測させる．
　そこで宮城の寸法を見ると，南北幅は960歩～1015.0歩，東西幅は1900歩～1950歩である．1000歩×2000歩があらかじめ設定されたのではないかと推定される．両端に接する南北大街の幅を100歩とすれば，芯々で2000歩という寸法となるからである．
　そして，宮城・皇城の左右の街区の東西幅を見ると，傅熹年(2001)の実測図に基づけば，3334.2～3458.5m (2268.2～2352.7歩) (2268.8歩 (3335.7m＝B) である．3分割されることから，750歩×3＝2250歩という設計寸法が考えられる．環塗と城壁部分を50歩として加えると2300歩となる．東西全長は6600歩で実測値に合致する．
　そもそも傅熹年のB＝2268.8歩は，宮城・皇城の南北長である．『唐両京城坊攷』は2210歩 (宮城：南北2里270歩 (990歩) ＋皇城：3里140歩 (1220歩)) というから，これも2250歩が設定寸法であることが想定される．すなわち，傅熹年(2001)が示唆するように，宮城・皇城区域の左右街区の全体については2250歩×2250歩という寸法が設定されていたと思われる．宮城と皇城の間に横街があり，その幅を250歩とすれば (叶驍軍(1986)は300歩としている)，宮城，皇城とも南北長さは1000歩となるからである．
　皇城南の街区について見ると，傅熹年(2001)の想定によれば，南北の長さは3375歩 (1.5B) である．南北は9分割されるから，均等に分けるとすると，芯々375歩 (750/2) の坊に区分される．
　すなわち，宇文愷は，基準グリッドとして1000歩，2000歩，500歩，750歩といった1000歩を2分割，4分割する極めて単純な寸法体系を設定したことが明らかになる (図Ⅲ-3-4)．
　ただ問題がある．南北の全長が実測値と合わないのである．以上の単純グリッドだと，南北長さは2250歩＋3375歩＝5625歩となるが，南北の環塗・城壁分50歩×2＝100歩加えても，実測値5889.52歩より164.52歩短いのである．この差は無視しえない．
　そこで第2の手掛かりとなるのが，建設プロセスである．
　妹尾達彦(2001)によれば，最初に
　① 南北の中軸線 (朱雀門街) と宮城の位置を決め，
　② 宮城を囲む禁苑と皇城をつくる，合わせて
　③ 宮城を基点に，外郭城に6つの主要道路，六街をつくる，そして，
　④ 六街を基準に，六街を含む東西12，南北9の街路をつくる，そして最後に，
　⑤ 外郭城の城壁をつくる
というのが建設プロセスである．もちろん，建設プロセスであって，あらかじめ全体計画はなされていたことは前提であるが，注目すべきは③である．六街とは，中軸線

第III章
西安・洛陽―中国都城の原郷

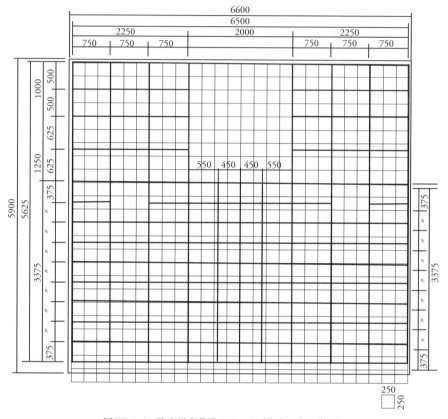

図III-3-4　隋唐長安基準グリッド（作成：布野修司）

となる朱雀門街と宮城東西に接する南北大街，そして東西の主要門を繋ぐ3つの東西大街である．城外へ通ずる街路と門の位置がまず設定されたと考えられるのである．
　すなわち，皇城南に接する金光門―春明門を結ぶ東西大街（横街），そして，延平門―延興門を結ぶ東西大街があらかじめ設定されることで，皇城南の街区は北の四街と南の五街が分けて設計されたことが考えられる．すなわち，そこでも基準線が南にずらされた可能性がある．以下に検討するが，六街の幅員を100歩とすると，75歩ほどずらして設定された可能性がある．さらに，実測図を見て気がつくのは，最南端の街区（坊）の南北長さのみが長いことである．南城壁の建設に関わって拡張された可能性が考えられる．
　以上，確認したのは，
　Ⅰ　基準グリットとして1000歩，2000歩，500歩，750歩といった1000歩を2分割，

252

4分割する極めて単純な寸法体系が設定されている，すなわち，
II　街区（坊）には，芯々で500歩×750歩（A），625歩×750歩（B），375歩×750歩（C），375歩×550歩（D），375歩×450歩（E）の5種がある．すなわち，長安城は宮城，皇城とA〜Eの街区（坊群）および東西市からなる，そして，
III　南北は大きく2ないし3の区域に分けて計画されている，
ことである．

(2) 街路体系と街路幅員

さて，以上の基準グリッドと領域区分を確認した上で，街路体系と街路幅員について考察したい．街路体系によって，街区（坊）の形状と規模が規定される．

これまでの定説によれば，街区（坊）の形状と規模には5種類ある．これは隋『三礼図』に「朱雀街第一坊東西三百五十歩．第二坊，東西四百五十歩．次来三坊，東西各六百五十歩．朱雀街西准此．皇城之南九坊，南北各三百五十歩．皇城左右四坊，従南第一，第二坊，南北各五百五十歩．第三坊，第四坊，南北各四百歩．両市各方六百歩，四面街各広百歩．」とあることを根拠にしており，復元の前提となっている．

この5種類の街区（坊）を前提とし，さらに傳熹年（2001）の復元図の実測値を基にする復元案として王暉（「日本古代都城城坊制度的演変及与隋唐長安里坊制的初歩比較」王貴祥（2008））の復元案（図III-3-5 a）がある．王暉案は，平岡同様，南北街路幅は全て100歩とするが，皇城南街区の南北幅は350歩とし，坊間街路幅を40歩とする．すなわち，東西街路幅の47歩を不自然とみて，街路幅員として40歩，60歩，100歩という完数（ラウンドナンバー）を想定する．しかし，この復元案では南北の全長は5790歩となり，実測値に100歩ほど足りない．そこで，王暉は，南北を実測値5885歩に合わせ，実測図に合わせた修正を試みている（図III-3-5b）．

王暉論文は，参考文献の第1に，『アジア都市建築史』（布野修司編＋アジア都市建築研究会（2003），布野修司編（2009）『亜州城市建築史』胡恵琴・沈謡訳）を挙げ，「乾隆京城全図にみる北京内城の街区構成と宅地分割に関する考察」[256]の図を引用している．寸法体系への関心は共有するが，設計計画案を実測図に合わせるために修整する意味は必ずしもない．王暉の修整は，今後の様々な遺構の発見に備えようとするものと理解したい．ここで問題にしているのは設計寸法であり，その体系である．実際には，施工精度，測量精度の問題でずれが生じるのは当然である．

王暉の復元案を前提として，東西坊間街路幅を40歩でなく50歩とすれば，全長は90歩増えて5880歩となり，かなりすっきりとした体系になる．皇城・宮城の東西についても坊間街路幅は50歩として復元案を示すことができるから，坊間街路の幅員は，南北街路については全て100歩，東西街路は（東西のそれぞれ三門を繋ぐ三街（幅

---

[256] 鄧奕，布野修司，重村力：乾隆京城全図にみる北京内城の街区構成と宅地分割に関する考察，日本建築学会計画系論文集，第536号，p163-170，2000年10月．

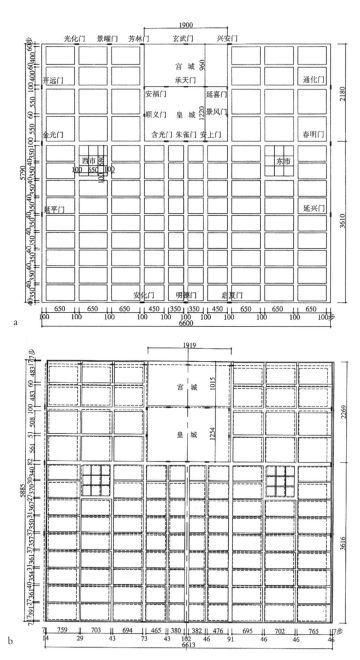

図 III-3-5　長安城復元案　王暉（王貴祥（2008））

100歩)を除いて)全て50歩という案になる（王暉案は，六街の1つである延平門—延興門を結ぶ東西大街の幅は100歩としていない).

　隋唐長安城の通説とされている復元案は極めて単純な概念的寸法体系によって示すことができる（図III-3-6).

　Ⅳ　通説とされている復元案は，南北街路幅は100歩，東西街路幅は六街（100歩）を除いて50歩であり，街区（坊）は，400歩×650歩，550歩×650歩，350歩×650歩，350歩×450歩，350歩×350歩という5種（『三礼図』）からなる．

　しかし，問題は，この通説の寸法と実測値が大きくずれていることである．街路幅員には大きなばらつきがある．傅熹年（2001）の実測図によれば，南北街路幅が全て100歩ということは想定できない．六街と他の街路との間に区別を設定したと考えられるし，実際，大街，小街のヒエラルキーがある．傅熹年（2001）の実測図によれば，宮城・皇城に接する東西横街，朱雀門街を除けば，坊間の南北街路幅は42〜68m（28.6〜46.3歩），東西街路幅は39〜55m（26.5〜37.4歩）である．小街は大街の半分程度である．

　また，坊の大きさもまちまちで，以上の前提（Ⅳ）より総じて大きい．宮城の東西は，400歩×650歩とされるが，483歩×694歩〜765歩，皇城の東西は，550歩×650歩とされるが，508歩〜561歩×694歩〜765歩である．さらに，皇城南，東西の街区は350歩×650歩とされるが，340歩〜391歩×694歩〜765歩，皇城直南の街区は，350歩×450歩，350歩×350歩とされるが，340歩〜391歩×465歩〜476歩，340歩〜391歩×380歩〜382歩である．

　Ⅴ　通説（Ⅳ）は，否定される．

　基準グリッドとして1000歩，2000歩，500歩，750歩といった1000歩を2分割，4分割する極めて単純な寸法体系が設定されている（Ⅰ）と考えるのは，実測値にばらつきがあるからである．

そこで，実測値に近い街路体系，街路幅員について試案を示すと以下のようになる．

　Ⅵ　長安城の街路体系　試案（図III-3-7）

　①六街の幅員を100歩とする．

そして，

　②環塗と城壁を合わせて50歩とする

と，宮城・皇城の左右の街区の東西幅は2200歩（2250歩-50歩）となる．各坊の東西幅を700歩とすれば，南北小街の幅員は50歩となる（700歩＋50歩＋700歩＋50歩＋700歩）．また，宮城皇城の南北幅は，450歩＋50歩＋450歩＋100歩＋550歩＋50歩＋550歩＋50歩＝2250歩に，すっきり分割できる．すなわち，

　③宮城の東西の坊は450歩×700歩，皇城の東西の坊は550歩×700歩とする．坊間街路幅は東西，南北とも50歩とする．

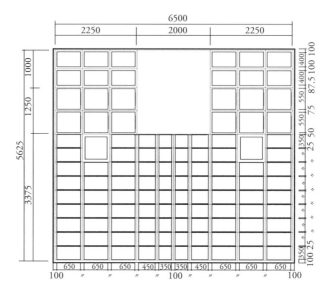

図 III-3-6　隋唐長安の寸法体系（通説）（作図：布野修司）

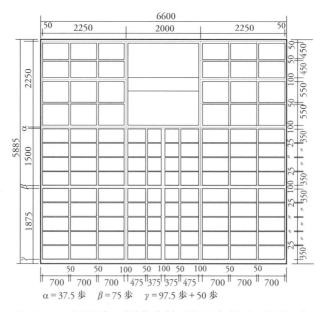

$\alpha = 37.5$ 歩　$\beta = 75$ 歩　$\gamma = 97.5$ 歩 + 50 歩

図 III-3-7　隋唐長安の寸法体系（布野修司案）（作成：布野修司）

南北街路（小街）幅は，単純に朱雀門街など六街の半分という設定が行われたのではないかと考えられる．そこで，
④南北街路（小街）幅は全て50歩とする．
　皇城直南の東西幅は，100歩＋475歩＋50歩＋375歩＋100歩＋375歩＋50歩＋475歩＋100歩に分割される．皇城直南の坊の南北幅については，以下の坊の分割に関わる議論が必要であるが，通説に従って350歩としよう．すなわち，
⑤皇城南の東西街路幅を25歩とする．
すなわち，
⑥皇城直南の坊は，350歩×475歩，350歩×375歩とする．
⑦皇城南東西の坊は，350歩×700歩とする．
　問題は，基準グリッドと六街との接続をどう考えるかである．すなわち，皇城南に接する金光門—春明門を結ぶ東西大街（横街），そして延平門—延興門を結ぶ東西大街と基準グリッドをどう重ねるか，という問題が残る．100歩の幅を厳密に設定すると，基準線からのずれを，それぞれ，$\alpha=37.5$歩，$\beta=75$歩とすればいい．なお，南北全長の実測値とのずれは，南端に残る（$\gamma=97.5$歩＋50歩）．

(3) 街区（坊）の構成

　各街区（坊）の構成を考えよう．出発点とするのは基準グリッド(I)である．
　皇城南左右の街区の各坊は，最南端の一列を除いて，基準グリッドとして設定した芯々375歩×750歩のグリッドに収まっている．坊間の南北街路を30歩，坊間の東西街路幅を15歩とすれば，ちょうど，各街区は内法で南北1里（360歩）×東西2里（720歩）となる．街区規模は単純に1里（360歩）×東西2里（720歩）と設定したと考えればいい．後述のように，同じ宇文愷の設計になる洛陽の場合，1里（360歩）×1里（360歩）（300歩×300歩）のグリッドが採用されている．
　基準グリッド(I)を前提として，通説の400歩×650歩(A)，550歩×650歩(B)，350歩×650歩(C)，350歩×450歩(D)，350歩×350歩(E)という5種の坊は，坊間街路幅の設定（100歩，75歩，25歩）によって導き出される．南北街路は全て100歩幅，東西幅は，Aについては100歩幅，Bについては75歩幅，C，D，Eについては25歩幅とすればいい（図III-3-8）．こうした指摘はこれまでないが，数字の体系として一貫性のある提案となる[257]．
　しかし，基本は面積の単位である．街区（坊）の分割を考える場合，1里＝360歩を

---

[257] ただこの場合，A，Bの間，BとC，D，Eの間で調整が必要になる．街路幅員はA，Bの間については，100/2＋75/2＝87.5歩，B，Cの間については，75/2＋25/2＝50歩といった寸法になる．特に，金光門と春明門をつなぐ横街の幅が50歩というと，南北大街の100歩に比べて狭い（平岡武夫・叶驍軍(1986)は47歩としている．実測図傅熹年(2001)は82歩とする．）からここで南へグリッド全体がずらされたと考えると南北の全長は実測値に近くなる．

第 III 章
西安・洛陽—中国都城の原郷

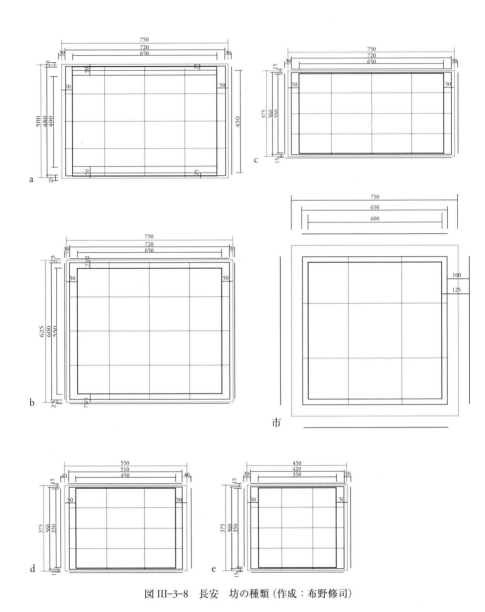

図 III-3-8　長安　坊の種類（作成：布野修司）

長さの単位とするのは極めて自然である．250歩×250歩というグリッドの単位も，1畝＝240歩×1歩が意識されていると考えていい．周回に坊墻と環塗合わせて5歩の幅をとれば240歩四方となる．

VII 面積配分の単位となるのは，方1里（360歩×360歩），1畝＝240平方歩である．そして，坊の分割単位，構成単位がまず問題である．

史資料から各坊は十字街によって，あるいは東西横街によって分割されることが明らかにされている．韋述『両京新記』の建物の記述をもとにその区画を詳細に検討した妹尾達彦によれば，A，B，Cは4×4＝16分割，D，Eは4×3＝12分割される．王貴祥[258]も同様に，朱雀大街以東が中心であるが，『両京新記』『長安志』『唐両京城坊考』の載をもとに街区分割のパターンを調べあげている．

VIII 宮城皇城の東西の坊は，大小の十字街によって，1/4，1/16に分割される，また，皇城直南の坊は，横街によって，1/2，さらに1/6に分割される．

王暉[259]は，350歩×650歩，そして350歩×450歩という坊を，それぞれ4×4＝16分割（A，B，C），4×3＝12分割（D，E）のモデル街区（坊）として，宅地分割のパターンを示している．基本的には24歩×10歩＝1畝を単位として，大十字街の幅を10歩，小十字街の幅を4歩，宅地列間の路幅を3歩とする（図III-3-9）．

王貴祥等（2008）は，一般的に大十字街の幅員を全て30歩とするが，上での大街（六街），小街の幅員の検討からみても広すぎる．実際，宮城西，北城壁に接する安定坊の遺址の図面を測ると，小十字街の東西街の幅は4.95歩～7.05歩，南北街幅は3.28歩である．王暉の復元は妥当と思われる．そして，均田制に関連して第I章（2-1）で触れたが，宅地の班給は身分に応じて，九品以下は1畝，九品2畝，八品2.5畝，七品3.5畝，六品4畝，従五品5畝，五品8畝……というように畝を単位として行われたと考えられるから，畝を単位とした分割パターンを想定するのは当然である．ただ，王暉の場合，24歩×10歩＝1畝の宅地が3列に並んで坊内の単位区画を構成していたとするにとどまる．

それに対して，欧陽恬之[260]は，専ら尺度，寸法関係を手掛かりとして，全ての坊の類型について，分割パターンを検討している（図III-3-10）．坊墻壁幅を2歩，環塗を10歩，十字街の幅員は10歩（もしくは16歩[261]），小十字街の幅員を5歩とする一貫性のあるモデルの提示である．第1に，50歩×50歩を基本単位とするわかりやすい根拠がある．24歩×10歩＝1畝の土地を東西に5歩ずつ南北に並べ，間に2歩の路

---

258) 上編「第4章　隋唐長安城内的宅舎規模」（王貴祥等（2008））
259) 下編「第3章　日本古代都城条坊制度的演変及興隋唐長安里坊制的初歩比較」（王貴祥等（2008））
260) 下編「第3章　日本古代都城条坊制度的演変及興隋唐長安里坊制的初歩比較」（王貴祥等（2008））
261) 欧陽恬之は，共通に坊墻壁幅を2歩，環塗を10歩とする．また，C，D，E街区（坊）については，十字街の東西街路幅を10歩とする．そして，十字街のその他（A，B，C）の街路幅を14歩とするが，16歩の誤りである．

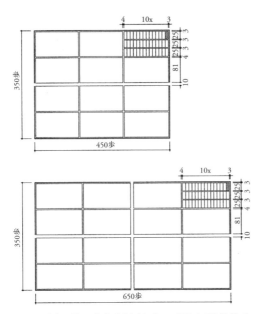

図 III-3-9　長安　坊の基本分割（出典：王暉（王貴祥等（2008）））

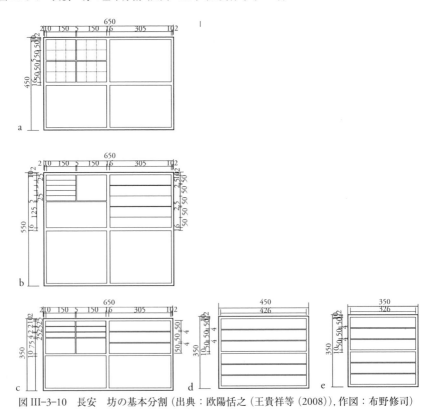

図 III-3-10　長安　坊の基本分割（出典：欧陽恬之（王貴祥等（2008）），作図：布野修司）

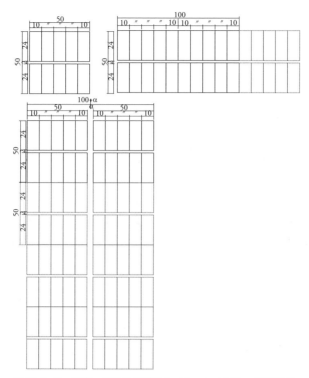

図III-3-11 長安 坊内宅地配列のパターン（作図：布野修司）

地をとれば，10戸の土地の単位となるのである（図III-3-11）．16歩という街路幅の数字はややすっきりしないが，欧陽恬之の復元は，王暉の想定とともに実測値に即しているといっていい．そして，注目すべきは，以下に見る平康坊について340歩×695歩という復元案を示していることである（図III-3-12a）．すなわち，350歩×650歩という単位は必ずしも実施されていないことを認めているのである．

　唐代の坊肆，住宅などの遺址として確認されているのは，永嵩坊道路遺址，平康坊渗井遺址，長楽坊窯址（碑林区），普寧坊窯址（蓬湖区），崇化坊建築遺址（雁塔区）である．もちろん，その他に，多くの寺観，園林の遺址があり，坊の復元の根拠とされる．朱雀門街以東の全ての坊を調べ上げた先述の王貴祥は，唐長安里坊内部分住宅基址の規模を列挙している．どう計測したのかが不明で，1畝以下の宅地も多く，必ずしも明快な面積単位は見出せないが，上記のように，坊が大小の十字街によって，1/4，1/16に分割されること（また，横街によって，1/2，さらに1/6に分割されること）は前提となる．

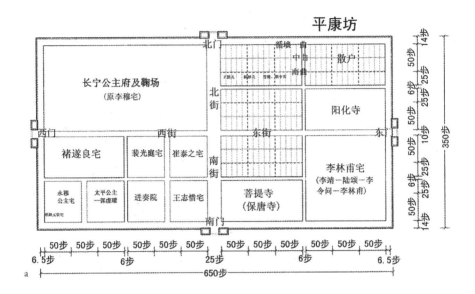

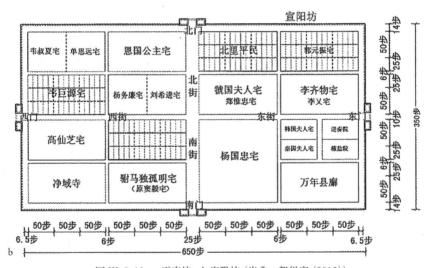

図III-3-12　a 平康坊　b 宣陽坊（出典：賀従容（2012））

3
天可汗の都 —— 隋唐長安都城モデル

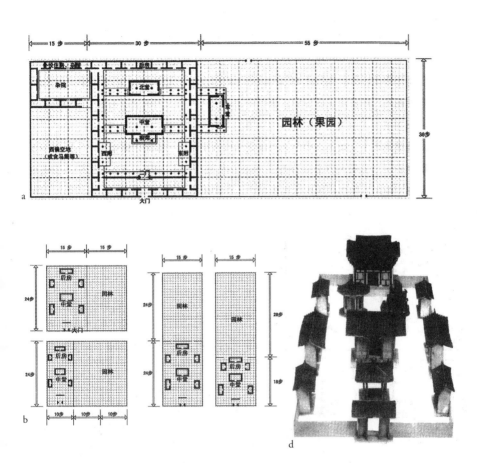

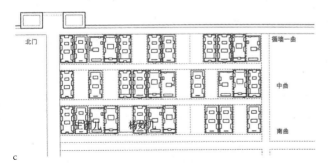

図 III-3-13　坊の宅地分割パターン（出典：賀従容（2012））

第 III 章
西安・洛陽─中国都城の原郷

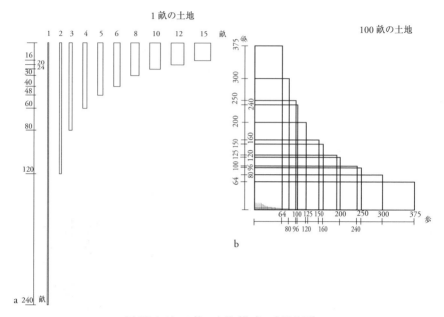

図 III-3-14　1 畝の土地（作成：布野修司）

　賀従容は，平康坊を対象として，その構成を検討している[262]（王貴祥等（2008））．『両京新記』『長安志』『唐両京城坊考』『隋唐両京坊里譜』をもとに 710 年以前，710～740 年間，750 年～860 年に分けて，平康坊に存在した寺，宅院をまず確認し，各宅院の面積を推定する．そして，平康坊の分割パターンを 2 つ示した上で推測図を示している．賀従容が念頭に置くのは平安京の四行八門[263]制である．すなわち，2 つの分割パターンは，ともに 4×8＝32 区画を基本にしている．賀従容が続いて取り上げる興道坊の復元は，まさに四行八門の分割パターンそのものである．ただ，以下に続いてみるが，賀従容は，結論として，王暉，欧陽恬之の提起する 24 歩×10 歩＝1 畝が 3 列に並ぶ街区（24 歩×10 歩＝1 畝の宅地を 15×3＝45 配置する）案に従うようである．賀従容（2012）では，平康坊とともに宣陽坊をとりあげて，その街区構成を示している（図 III-3-12b）．賀従容（2012）は，また，各宅地の空間構成についても復元案を示している（図 III-3-13abc）．出土した宅地模型がその大きな根拠となる（図 III-3-13d）．

---

[262]「第 1 章　中国古代城市 "制里割宅" 研究三籤」
[263] 4×8＝32 の宅地（戸主）によって「町」が形成される．「町」は方 40 丈の正方形である．すなわち，1 戸主は 5 丈×10 丈の大きさである．さらに 4 つの「町」によって「保」が，さらに 4 つの「保」によって「坊」が形成される

天可汗の都 —— 隋唐長安都城モデル

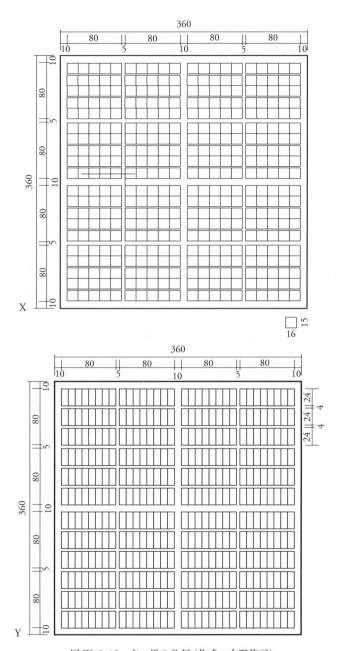

図 III-3-15　方一里の分割（作成：布野修司）

第 III 章
西安・洛陽―中国都城の原郷

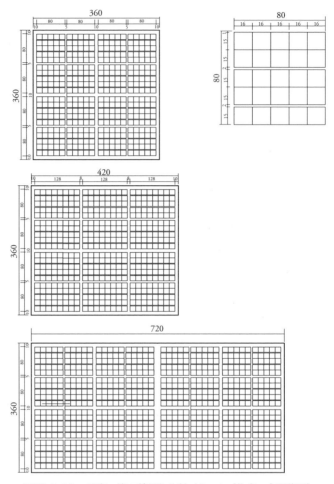

図 III-3-16a　長安　坊の種類と分割パターン（作成：布野修司）

　さて，以上をもとに，坊の分割パターンのモデルを提示したい．

IX　方一里坊モデル

　① 240 歩 = 1 畝制は実にフレキシブルな分割を可能にする（図 III-3-14ab）．1 畝の土地の形状の全てを検討する必要はないだろう．住居（四合院）の空間構成（間口）を考えれば，40 歩 × 6 歩，30 歩 × 8 歩，24 歩 × 10 歩，20 歩 × 12 歩，16 歩 × 15 歩といった単位を考えればいい．

　② 方一里，360 歩 × 360 歩の正方形の坊を，坊墻壁を含めた環塗（幅 10 歩）で取り囲むとすると，340 歩 × 340 歩が区分される．それを幅 10 歩の十字街で 4 分割し，

266

天可汗の都 —— 隋唐長安都城モデル

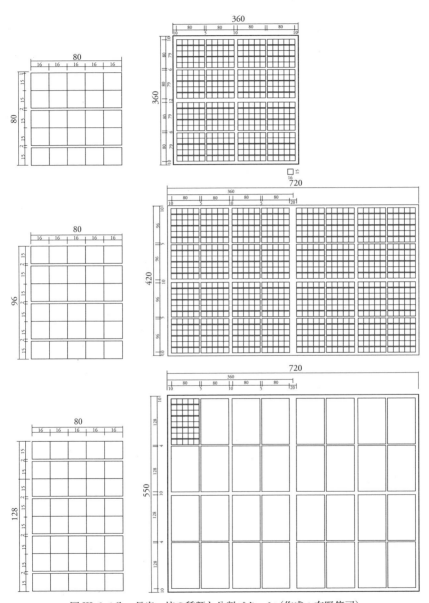

図 III-3-16b　長安　坊の種類と分割パターン（作成：布野修司）

さらに幅5歩の小十字街で4分割すると，80歩×80歩が街区の基本単位となる（坊の1/16）．
　すなわち，80歩×80歩を基本単位としたというのが，本書が提起する新たな説である．
　そして考えられるのは，X，Y，2案である（図Ⅲ-3-15XY）．
　③Xは，1/16坊＝25畝（5×5），1/4坊＝100畝，坊＝400畝という構成になり，Yは，1/16坊＝24畝（3×8），1/4坊＝96畝，坊＝384畝という構成になる．
中国の研究者たちは，Y説とするが，宇文愷の設計図はXであったと考える．1/4坊＝100畝という設定は極めて単純である．
　X　坊の類型モデル
　Xを基本として，坊の類型毎に分割パターンを示しておこう（図Ⅲ-3-16ab）．皇城南，東西の坊は360歩×720歩でいいであろう．皇城直南は，360歩×360歩と360歩×420歩とすればいい．

以上で，大興城の設計図を完成し終えた．同じ，宇文愷の設計になる東京城（洛陽）の空間構成をみた上で，隋唐長安の都城理念についてまとめたい．

3-4 東京 ── 隋唐洛陽

　徐松『唐両京城坊攷』は，続いて「東京」について記述する（「巻5東京」）．東京は，東都ともいう．煬帝は即位（604）後すぐさま洛陽へ行幸，新都建設を表明，直ちに建設に着手するとともに，翌大業元（605）年，天下の富商・大賈数万戸を東京に移させている．宇文愷は，東都の造営に営都副官として関わり，乾陽殿，顕仁殿など主要な宮殿の設計を行う．
　この隋唐洛陽については，長安に比べると知られることが少ない．基本的に，宇文愷は，大興城と同じ理念に基づいて設計したとされるが，坊の規模は小さい．「東京」の場合，地形，河川の制約を大きく受けており，軸線もやや傾いている．東街（左京）のみしか区画されていないし，宮城や皇城の構成はほぼ同じといっていいが，東城の存在などかなり異なっている．西京についても徐松『唐両京城坊攷』に拠って，まずその空間構成を確認しよう．
　宮城・皇城については，発掘作業が進展し，詳細な復元が試みられている（図Ⅲ-3-17）．また，道観，仏寺，宅園などの分布も明らかにされてきている．
　(1) 宮城
　宮城は隋代には紫微城といい，貞観6（605）年に洛陽宮と称し，武則天の光宅元（684）年に，東都を神都と改称した際に，太初宮と改称している．紫微とは，天帝の

天可汗の都 —— 隋唐長安都城モデル

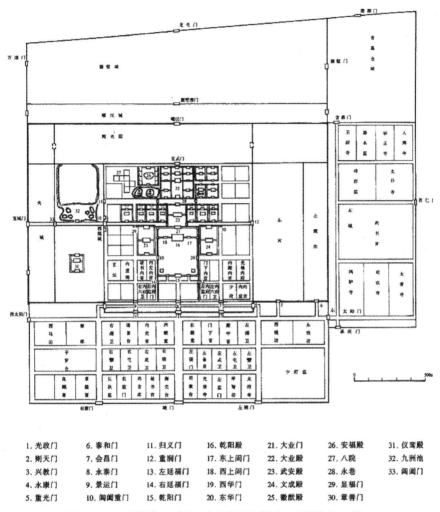

1. 光政門	6. 泰和門	11. 帰義門	16. 乾陽殿	21. 大業門	26. 安福殿	31. 儀鸞殿
2. 則天門	7. 会昌門	12. 重潤門	17. 東上閤門	22. 大業殿	27. 八院	32. 九洲池
3. 興教門	8. 永泰門	13. 左延福門	18. 西上閤門	23. 武安殿	28. 永巷	33. 閶闔門
4. 永康門	9. 景運門	14. 右延福門	19. 西華門	24. 文成殿	29. 顕福門	
5. 重光門	10. 閶闔重門	15. 乾陽門	20. 東華門	25. 徽猷殿	30. 章善門	

図 III-3-17　唐洛陽　a宮城・皇城復元図（出典：王貴祥（2012））

居所である天空の中心とされた北斗七星の北に位置する星座（小熊座を主とする星座群）をいう．徐松によれば，洛陽の皇城宮城は以下のような構成であった．

①「東西四里一百八十八歩，南北二里八十五歩，城周一三里二百四十一歩，城高四城八尺」で，「以象北辰藩衛」と徐松はいう．すなわち，北極星をとり囲む藩垣として衛護するかたちを象ったものという．規模は，長安と比べると東西はやや長く，南北はやや短いがほぼ同じ規模である．

269

②宮城内に東南隅の東宮と西北隅の皇子，公主の居所の二隔城あり，北側に円壁城，曜儀城の二隔城が接している．東宮の配置は長安と同じであるが，他の隔城の存在，特に北面に隔城が配されるのは長安とは異なる．神都苑（禁苑）は宮城，皇城の西に位置し，北辺に禁苑が存在しないのは長安とのかなり大きな違いである．

③宮城の南面に4門，東面に1門，西面に2門，北面に2門開かれている．正南門は応天門であり，北門の玄武門，皇城南門の瑞門，さらに外郭城南門の定鼎門が南北中軸線上に並ぶ．

④宮城の正殿は，応天門の北に配置される含元殿で，北へ貞観殿，徽猷殿が順次南北に配置される．徽猷殿の北に陶光園があり，園の北に玄武門が位置する．含元殿が大明宮と同様外朝としての役割を果たしたのは言うまでもないが，皇帝が日常の朝見を行ったのは貞観殿ではなく，含元殿の西に位置した宣政殿であり，その北に観文殿，さらに同心閣が配置される．他の宮殿の配置は省略するが，外朝，中朝，内朝の三朝構成も長安とは異なっていることが徐松の記述から知られる．

(2) 皇城

⑤隋代には大微城，また，南城，宝城といった．大微垣は，紫微の南にある十星からなる．「東西五里十七歩，南北三里二百九十八，城高三丈七尺」で，「其城曲折，以象南宮垣」と徐松はいう．すなわち，皇城が曲がっているのは，南宮垣を象ったという．南宮垣は，大微垣のさらに南の星座をいう．規模は，長安とほぼ同規模である．

⑥南に3門，東に1門，西に2門，宮城との間には横街が東西に走って，日華門と月下門を結んでいる．皇城内は，南北四街（五街），東西四街が走り，全体は3×4＝12街区からなる．

⑦官衙は，東朝堂，西朝堂を中心として左右に配置される．太廟，中宗廟は東南隅の街区，大社は北東隅の街区に配されている．

(3) 東城・上陽宮・神都苑

⑧東城は，「東面四里一百九十七歩，南北面各一里二百三十歩，西属宮城，其南屈一百九十八歩，属宮城之東南偶．高三丈五尺」という．東西幅は1里230歩で，南北は宮城の北辺から皇城の半ばまで，皇城部分は東に飛び出す形になっている．

⑨上陽宮は，上元年間（674～76）に晩年の高宗のために造営された離宮である．禁苑の東，皇城の西南隅に接して建てられており，南側は洛水を臨み，西側を穀水が流れる．正殿は観風殿で，北に化城殿，さらに仙居殿が並んでいた．

⑩神都苑は，隋の会通苑を継承し，上林苑ともいう．北は邙山を背にし，南は非山に及ぶ「周一百二十六里，東面十七里，南面三十九里」の広大な苑で，苑内で洛水と穀水が合流している．

(4) 外郭城

東京城は，大業元年に築かれ羅郭城といった．唐の長寿2（693）年に李昭徳が増築

し，金城と改称した．

⑪「前直伊闕，后倚邙山，東出瀍水之東，西出澗水之西，洛水貫都，有河漢之象焉」という．すなわち，南は伊水が門闕になる地，北は邙山を背にし，洛水が都城内を貫通していて，銀河を象ったという．

⑫城周52里，南面に3門，東面に3門，北面に2門が開かれている．「城内縦横各十街，凡坊一百十三，市三」，すなわち，城内には縦横各10街が走っており，坊数は約113，市は3つ（北市，南市，西市）ある．「当皇城端門之南，渡天津橋，至定鼎門，南北大街曰定鼎門街」，すなわち，南北中心軸線となるのは定鼎門街である．

徐松は，続いて各坊について順次記述していく．そして，最後に，洛渠，通済渠，通津渠，運渠，漕渠，穀渠，瀍渠，洩城渠，写口渠について，それぞれどの坊区を流れるかについて記述する．

(5) 条坊

史資料から概略以上のように知られる隋唐東都，洛陽については，実測図，中国科学院考古所洛陽隊「隋唐東都城址的勘査和発掘」（『考古』1961年3期）に基づいて復元図が示されている．この復元図には附図があり，各坊の東西南北の長さも表の形で示されている．

ここでも，傅熹年（2001）の推定が最初の手掛かりになる．すなわち，一定の基準寸法，基準グリッドが用いられたと考えるのは自然である．傅熹年は，長安については，宮城・皇城の東西南北を基準と考えたのであるが，洛陽については，宮城の大内部分の東西幅1030m (A)，南北幅1052m (B) が基準寸法で，皇城・宮城の東西南北（2080m×2065m）の，それぞれ約2分の1となっているとする（図III-3-18）．長安と同様，1歩=1.47mで換算すれば，東西 (A) 700.7歩，南北 (B) 715.6歩となるが，実測値2080m×2065mは，1415.0歩×1404.8歩で，その2分の1は，それぞれ，707.5歩，702.4歩である．測定点が不明ではあるが[264]，以上から，700歩が基準単位として用いられたのではないかと推定される．

これを念頭に，各坊の規模を見ると，まず，洛河以南の坊の東西は，定鼎門から東へ470m（319.7歩），500m（340.1歩），515m（350.3歩），525m（357.1歩），505m（343.5歩），515m，525m，520m（353.7歩），500m，平均508.3m（345.8歩）である．南北は，南から第6坊まで，520m，500～530m，505～530m，500m，470～525m，480m（1005m南市），480m（217m）である．すなわち，条坊は，芯々700歩の基準グリッドを2×2＝4分割するかたち，すなわち，東西，南北が350歩程度の正方形が基本単位になっていることがわかる．東西南北の長さの違いは，大路，小路の幅の違いによる．

王貴祥は，隋唐洛陽の坊は方300歩として，白居易宅など城内の住宅遺址などの

---

[264] 徐松は，宮城は東西4里188歩，南北2里85歩，皇城は東西5里17歩，南北3里298歩としている．宮城・皇城の範囲は，5里17歩×6里23歩（1817歩×2123歩）となる．

第III章
西安・洛陽―中国都城の原郷

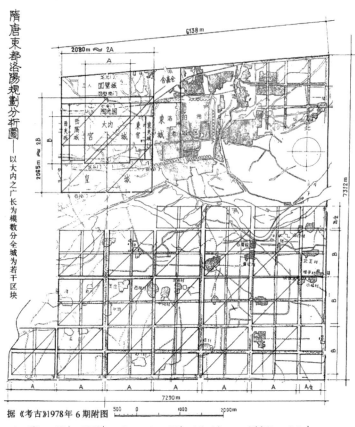

図III-3-18　隋唐東都洛陽規劃分析図（出典：傳熹年（2001））

規模を基に宅舎の配置を2種復元している（図III-3-19abc）[265]．隋文帝の度量衡統一の前後の問題となるが，1里=300歩制から1里=360歩制に切換ったとすれば，洛河以南については，芯々1里（360歩）の単純グリッドが基準とされていたと考えていいのではないか．この分割モデルは，長安の「方一里」（360歩×360歩）で示される（図III-3-18）．長安と比べれば坊は小さい．一部には，さらに「方一里」を東西あるいは南北に2分する坊がある．西市は1坊分，南市は2坊分が当てられている．

洛水以北については，以南とは異なる．北辺が斜めとなっており，安喜門の西と東も異なっている．安喜門の西は，3×4の単純グリッドをしているが，北辺を除くと

---
[265] 王貴祥「第5章　隋唐洛陽城内的宅舎規模」（（王貴祥等（2008））

272

天可汗の都 —— 隋唐長安都城モデル

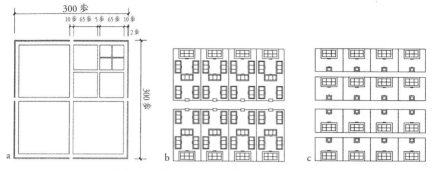

図 III-3-19　洛陽　a 里坊モデル図　b 分割図（八院相対）　c 16 分割図

坊の規模は，東西 580m（394.6 歩）×南北 440〜455m（299.3〜309.5 歩）である．300 歩×400 歩のグリッドが想定されていたと考えられる．安喜門の東は，大きく分けると 3 種のグリッドからなる．洛河北岸沿いの 2 坊は，650m（442.1 歩）×455m（309.5 歩）であり，中央の坊は 470〜500m×440〜515m，左右の坊は，360〜400m×440〜545m と一定しない．すなわち，坊の形状から見ると，宮城皇城と洛河の南，洛河の北・安喜門西と東は，別の規格によって計画されたことが明らかになる．

さて，以上のように，隋唐長安洛陽の設計図，その寸法関係は明らかにできた．問題は，配置の原理であり，『周礼』「考工記」「匠人営国」条との関係である．

既に確認したように，全体を 108 坊に区画したのは，中国全土を意味する 9 州と 1 年 12 月，9×12 から得られる数であるとか，南北 13 坊が配されるのは，1 年 12 月と閏月を加えた 13 であるといった説には必ずしも説得力はない．

確認するまでもないかもしれないが，『周礼』「考工記」「匠人営国」条の都城モデルにそのまま当てはまるわけではない．

①「方九里」については，「方」（正方形）ではなく，東西が長く，規模もほぼ倍（東西 18.3 里，南北 15.5 里）である．

②「旁三門」については，ほぼ従っていると見ることができる．が，北辺の門は七門ある．そして，東西南辺の門の配置は等間隔ではない．

③「国中九経九緯」については，徐松『唐両京城坊攷』の記述に従えば，10×13 グリッドからなるから，環塗を含めなければ，9 経×12 緯，含めれば，10 経×14 緯となるから，従っているとは言えない．

④「経塗九軌」については，上の検討に基づく南北街路（小街）幅 50 歩，東西街路（小街）幅 25 歩（15 歩，35 歩，50 歩）に合っているわけではない．

⑤「左祖右社」については，従っているといっていい．

⑥「面朝後（后）市」については，宮城の後方（北）と解釈すれば，「後市」となっていない．

⑦「市朝一夫」には従っている．

総じて，『周礼』「考工記」モデルと関係なさそうに思われる．応地利明は，ア）〈3南北縞帯編成〉，イ）〈都城正面ファサード＝南辺市壁〉に開口された3市門の中央縞帯のみへの限定〉という特徴については『周礼』都城モデルに類似しているとするが，そのモデルはあくまで応地モデルである．イ）というが，応地モデルは，門の間隔は均等であるから，必ずしも〈中央縞帯のみへの限定〉ということにはならないだろう．最大の問題は，「北闕」型であることである．既に北魏平城，あるいは曹魏鄴で「北闕」型の形式が見られるが，隋唐長安ほど形式的に整然とした例はない．応地の隋唐長安の形態解釈において最も興味深いのは，「北闕」型の空間構成についての指摘である．すなわち，北闕左右の構成は，鮮卑軍団の軍営組織に由来するという．依拠するのは，杉山正明（2008）のいうテュルク系遊牧集団に共通する「オグス・カガンの軍団編成」である．

中国都城の理念というけれど，北魏平城以降，「北闕」型都城を造営してきたのは遊牧民族である鮮卑拓跋部である．まず，遊牧民の集団編成の原理と都城の空間構成を関係付けるのは極めて自然である．「北闕」型が本来の中国都城であるという村田治郎の主張は否定される．

杉山正明のいう「オグス・カガンの軍事集団」は，ユーラシアにおけるスキタイ・匈奴に始まる遊牧国家の歴史的展開の基礎に関わる重要な空間編成原理である．その基本モデルは，ラシードゥッディーンの『集史』（1310～11）第1部第1章「テュルク・モンゴル諸部族志」の始祖説話（オグズ・カガン伝説）に示される．オグズには，右翼に「日」（キュン）「月」（アイ）「星」（ユルドゥズ），左翼に「天」（キョク，蒼天）「山」（タク）「湖」（デンギズ）という6人の子がいて，6人には，さらに4人ずつの息子がいる．左右にそれぞれ $3 \times 4 = 12$，計24の集団を配するのである．

匈奴帝国がまさにそうで，君主たる単于が中央部にあって南面し，右に右賢王率いる12長，左に左賢王率いる12長が配される体制「二十四長」である（『史記』）．この左右両翼体制は，匈奴のみならず鮮卑，柔然，突厥，吐蕃にも共通の組織原理であった．そして，北周の宇文泰が設けた「西魏二十四軍」も，6人の柱国大将軍がそれぞれ4軍を率いるものであった．北魏に先行する代国，そして北魏分裂した西魏・東魏，さらに北斉，北周，隋・唐，いずれも鮮卑拓跋部の国家である．

さらに，モンゴル帝国においてもこの左右両翼24軍の体制がとられる．チンギス・カーンを中央に，右翼の3人の息子ジョチ，オゴデイ，チャガタイにはそれぞれ4つの千人隊，左翼の3人の弟カサル，オッチギン，カチウンには，順に1，8，3の千人隊が割り当てられた．左翼の配分は均等ではないが，左右両翼はそれぞれ12の千

人隊からなる.

そして,女真族が建てた後金,そして大清国の都盛京が実に興味深い.ヌルハチが建てた宮城は大政殿(八角殿)を北に置いて東西に十王殿が並ぶ(図 V-4-2a 532 頁参照).十王殿は八旗と右翼王,左翼王である.これは軍団編成そのものである.ヌルハチが採用した八旗制は清北京の空間構成原理となる(第 V 章 4).

このように,南面する中央と左右両翼の三極体制,十・百・千・万の 10 進法による軍事・社会組織は,ユーラシア東半に共通の国家システムである.応地利明は,宮城・皇城とその東西の空間構成は,この左右両翼 24 軍体制を空間化したものだという指摘は,これまでに全くない新説であるが,上にあげた事例に照らせば極めて説得力がある.上に解析したように,左右は,それぞれ 3(東西)×4(南北)= 12 の坊,合わせて 24 坊からなるのである.杉山正明の図について,宮城,皇城,そして,東西の街坊がまず建設されたことを考え合わせると,「宮闕」と左右両翼の街坊を 1 つのセットと考えるのは自然である.建設過程が明らかにするように,まず,宮城・皇城と左右両翼部分が設定され,北区域と南区域が分離される.宮城に接して設けられる禁苑を含めて考えると,宮城・皇城は中央に位置するという見方もあるが,「北闕」型,すなわち宮闕区域を北に置くことがまず選び取られている.これは『周礼』都城モデルと決定的に異なる点である.

しかし,次に「六街」の配置が設定されていることは,『周礼』『考工記』「匠人営国条」の「旁三門」が意識されていることを示すであろう.そして,金光門と春明門を繋ぐ横大街より南の街区が東西 18.3 里,南北 9.375 里であること,すなわち「方九里」2 個分であることも,『周礼』と無縁ではないと思われる.南の条坊区域のみについてみれば,環塗を除くと「九経」であり,金光門—春明門の横大街を加えれば「九緯」でもある.「九経九緯」が意識されていることも応地利明が指摘するところである(応地の『周礼』都城モデルでは,すなわち,環塗を含めれば「九経」とはならないが).長安の設計計画において,応地のいう『周礼』都城モデルの摂取,同化が行われたこと,少なくとも全体の空間分割に当たって,『周礼』都城モデルが念頭に置かれていたことは指摘できるであろう.

都城のかたちとコスモロジーとの関係についての議論は残るが,宮城区域の形式(三朝五門制),南面する中央と左右両翼の三極体制の空間化,体系的な土地班給システムに基づく坊墻制,南北中軸線と左右対称の空間構造の確立など,隋唐長安はいくつかの空間構成のシステムを総合化した都城モデルとなるのである.

Column 4　渤海

　渤海は，遣隋使，遣唐使と並んで遣渤海使が知られるように，日本にとって親しい．奈良時代に渤海使は 12 回，遣渤海使は 9 回，往来した記録がある．日本海を隔てた双方の港址も明らかにされつつある（藤井一二（2010））．また，本書のテーマ，中国都城の空間構成の影響力を見る上で，上京龍泉府の都城プランは，隋唐長安と日本の都城（藤原京・平城京・平安京）を繋ぐものとして注目されてきた．

　渤海については，数多くの文献[266]があるが，上京龍泉府を中心として都城の空間構成をみよう．平城京と上京龍泉府の間にははっきりとした類似性が指摘される．

渤海国

　渤海国を立てることになる民族の出自には諸説ある．『新唐書』は，本来，粟末靺鞨であり高句麗に従属して姓は大氏といい[267]，『旧唐書』は渤海靺鞨の大祚栄（初代王）の出自は高句麗の別種という[268]．また，『大金国史』は，女直（女真）は粛慎の遺種であり，渤海の別種と記す[269]．すなわち，高句麗の流れを汲む朝鮮族の国なのか，以前からの先住民である靺鞨族の国かをめぐっては議論がある．靺鞨族の国であるが，その王や支配層は高句麗の流れを汲む朝鮮族であったというのが妥当だと思うが，建国の経緯は以下のようである．

　唐は，新羅（356〜935 年）と連合して百済（346〜660 年）を滅亡させ，百済再興を目論む百済・倭連合軍を白村江の戦い（663 年）で破ると，さらに高句麗（c. BC. 37〜AD. 668 年）を滅亡させる．唐は，平壌に安東都護府を設置し，高句麗

---

[266] 駒井和愛（1977），上田雄・孫栄健（1990），濱田耕策（2000），石井正敏（2001），上田雄（2002），佐藤誠編（2003），上田雄（2004），藤井一二（2010）など．中国社会科学院考古研究所（1997）『六頂山与渤海鎮』中国大百科全書出版社，吉林省文物考古研究所（2007）『西古城』，東亜考古学会（1939）『東京城』渤海上京龍泉府址の発掘調査報告書，黒龍江省文物考古研究所（2009）『渤海上京城』上・下巻，文物出版社，王禹浪・魏国忠（2009）『渤海史新考』哈爾濱出版社など．

[267] 渤海本粟末靺鞨附高麗者 姓大氏．

[268] 渤海靺鞨大祚榮者 本高麗別種也．

[269] 又曰女直，粛慎氏遺種，渤海之別種也．

Column 4
渤海

　遺民を満洲の営州（遼寧省朝陽）に強制連行する．新羅は，まもなく唐に反抗（671年），唐は安東都護府を遼東半島に移すことになる（朝鮮半島の支配権放棄）（675年）．半島は新羅によって統一される（676年）．

　高句麗の王族やそれに協力した靺鞨人の族長たちが強制移住させられた営州は，一種の流謫地であり，唐に滅ぼされた他の民族の族長たちも移住させられていた．690年に即位した武則天が営州都督府の管轄下にあった松漠都督府の支配を強めると，暴動が起る．697年に，キタイ人・李尽忠が営州都督を殺して反乱を起こすと，靺鞨人の乞乞仲象，乞四比羽らが呼応して遼河の東に逃走，山岳地帯を拠点として唐に反旗を翻した．唐は，安東都護府の廃止を余儀なくされ，一党は大祚栄を初代王（698〜718年）として震国を建国する（698年）．この震国が後の渤海国（698〜926年）となる．

　①建国の地，最初の拠点は，東牟山（『旧唐書』『新唐書』）（698〜742年）とされる．吉林省敦化市，城山子山城が有力視されるが，他にも説がある．この東牟山時代は「旧国」と呼ばれる．この「旧国」の時代に，渤海は2回，日本に使節を送っている（第1回（727年），第2回（739年））．また，日本も2回の遣渤海使を送っている（第1回（728年），第2回（740年））．この交流は渤海滅亡まで続き，計34回使者が行き来している（渤海使・遣渤海使）．

　大祚栄は，支配領域を拡大し，かつての高句麗の北半分を治めるに至る．唐は弾圧を断念，融和策に転じ，安東都護府を復活する（705年）．玄宗皇帝が即位（712年）すると，唐に入朝することを条件として大祚栄を渤海郡王に冊封する（713）．

　大祚栄が死去すると（718年），大武芸（719〜738年），大欽茂（738〜793年）が王位を継ぐ．2代大武芸は仁安という独自の元号を用いて独立色を明確にし，唐と対立して一時山東半島の登州（山東省蓬莱）を占領する．日本に高句麗の後裔として第1回の渤海使を送ったのは，唐，新羅との国際関係を背景としたものである．

　治世56年に及ぶ大欽茂の時代に，54回も遣唐使を送り（渤海時代を通じて132回），唐制を積極的に採り入れ，また唐文化を吸収，渤海は国力を充実させることになる．唐は渤海を正式に独立国として認知し，「渤海国王」の称号を与えている（762年）．大欽茂在位の間，王城は以下のように移される．

　②中京顕徳府（西古城，吉林省和龍市）（742頃〜755年頃）
　③上京龍泉府（第1次，黒竜江省寧安市渤海鎮）（755頃〜785年頃）
　④東京龍原府（八連城，吉林省琿春市）（785頃〜794年頃）

大欽茂の治世56年間に日本には10回の遣使（渤海使）が行われている．大欽茂が死去すると再び上京龍泉府に遷都することになり，渤海はその後130年余存続することになる．

⑤上京龍泉府（第2次，黒竜江省寧安市渤海鎮）(794頃～926年)

4代以降，渤海の記録は『旧唐書』『新唐書』に見られなくなり，日本に来た渤海使の記録によってわずかに知られる．

大欽茂治世末期から国勢は不振で，その死後問題は深刻化し，王位継承をめぐって混乱したとされる．第6代大嵩璘（794～808年）が混乱した渤海国内を安定させるが，大嵩璘没後，大元瑜（808～812年），大言義（812～817年），大明忠（817～818年）と短命な王が続き，国勢はそれほど回復しない．大嵩璘は，大変な知日家だったという．第10代大仁秀（818～830年）が即位すると，渤海は中興したとされるが，各部族が独立する傾向が高まり，渤海の弱体化を招来していくことになる．

10世紀になると宗主国唐は藩鎮同士の抗争，宦官の専横，朋党の抗争，更に農民反乱により衰退の一途を辿り，渤海の記録も消える．第13代大玄錫（871～893年）に続いて即位した大瑋瑎（894～905年），それに続く大諲譔（906～926年）の時代になると，権力抗争で渤海も不安定化する．唐が滅びた（907年）後，西のシラ・ムレン河流域において耶律阿保機によって建国されたキタイの侵攻を受け渤海は926年に滅亡する．キタイは故地に東丹国を設置して支配した．東丹国の設置と縮小に伴い，数度にわたって遺民が渤海再興を試みるが，全て失敗に終わり，その都度多くは遼の保有する遼西や遼東の各地域へ移住させられ，または残留し，一部は高麗へ亡命し，一部は故地の北方へ戻った．黒水靺鞨（女真）が統合を果たし建てた金王朝（1115～1234年）において，旧領に残った渤海遺民は厚遇され，官職につく者や，王家に嫁ぐ者もいた．金を滅ぼした元の代では，華北の渤海人は「漢人」としてモンゴルの支配を受けた．

五京

渤海は，以上のように，「五京の制」を採った[270]．上述の上京龍泉府（黒竜江省牡丹江市寧安市渤海鎮），東京龍原府（吉林省琿春市八連城），中京顕徳府（吉林省和竜市）の他に，南京南海府（北朝鮮清津市付近），西京鴨緑府（吉林省臨江市）を加えて五京である．東京は日本への（日本道），西京は唐への（朝貢道），南京は新羅への（新羅道），外交拠点であった．以下，五京の形態について順にみよう．

---

[270] 渤海は5京の下位に行政組織として15府62州を設置し，各府，各州の拠点に城郭を築造している．

旧国・東牟山

　大祚栄が震国を建てたその拠点となる場所について，史書は，上述のように東牟山と記す．牡丹江の流源域が根拠地とされ，東牟山は吉林省敦化市南部の盆地にある城山子山城に比定，盆地の中心部に発見された永勝遺跡が王城祉として有力視されるが，半世紀近く存続したにも関わらず，その王城の位置そして形態はわかっていない．敦化市と永勝遺跡との間にある六頂山の南斜面には王族の古墳群がある．

中京顕徳府

　大欽茂が遷都した中京顕徳府は，吉林省延辺朝鮮族自治州和龍市の「西古城」と呼ばれる遺構に比定されている（図 Column 4-1）．図們江の支流である海蘭江の沖積平野北側に位置する．南岸には河南屯古城がある．「西古城」については，戦前期の鳥山喜一，藤田亮策の調査（1937）があり，斉藤優（1978）『半拉城と他の史蹟』がある[271]．外城と内城からなるが，中国国家文物局・吉林省文化庁の報告によると，外城は南北約 730m（720m），東西約 630m（640m）で，内城は，東西 187m，南北約 310m である（吉林省文物考古研究所・延辺朝鮮族自治州文化局等編（2007））．この外城は，上京龍泉府の宮城（内内城（宮城）＋内城（皇城））部分と同規模で，宮城部分のみで外郭城の建設は行われなかったとされる．注目すべきは，内城は外城の北辺に接してはいないことである．

上京龍泉府

　上京龍泉府は，旧国・東牟山から北流する牡丹江に沿ってさらに北に位置する．白鳥庫吉が南満州鉄道の委嘱により実地調査を行った（1899）が，詳細な報告書はない．その後，1926 年の鳥山喜一の調査[272]，鳥居龍蔵の調査などが行われ，東亜考古学会の調査が行われたのは 1993 年の 6 月と 1934 年の 5～6 月である．その成果は『東京城・渤海国上京龍泉府祉の発掘調査』（原田叔人・駒井和愛（1939））にまとめられている．外城は南北約 3.3km，東西約 4.5km，北部中央に宮城が位置する．大欽茂が王都とし（第 1 次），その没後に，五代大華璵が還都して以降，渤海の王都であり続ける．詳細は，以下で検討したい．

東京龍原府

　大欽茂は，30 年拠点とした王都上京龍泉府を東京龍原府に移す．図們江

---

271) 小嶋芳孝「図們江流域の渤海都城と瓦当—斉藤優氏の調査資料による」（田村晃一編（2005））．
272) 鳥山喜一（1935）『北満の二代古都祉・東京城と白城』京城帝国大学満蒙文化研究会報告第 2 冊

第 III 章
西安・洛陽—中国都城の原郷

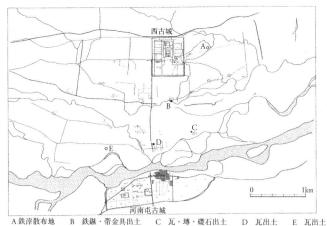

A 鉄滓散布地　　B 鉄鏃・帯金具出土　　C 瓦・塼・礎石出土　　D 瓦出土　　E 瓦出土

図 Column 4-1　中京顕徳府（出典：斉藤優（1978））

の下流に位置し，日本への渤海使の発信基地である．ただ，東京龍原府の時代，渤海使の派遣は 1 回 (786) のみである．8 つの建物跡が残されていることから「八連城」と呼ばれるが，戦時中に東京龍原府址と確定したのは日本の考古学者斉藤優である．外城は，ほぼ正方形で，東辺 746m，西辺 735m，南辺 701m，北辺 712m，内城すなわち宮城は，東西 218m，南北 318m という実測値がある（魏存成 (2008)）．内城，外城とも，中京顕徳府より規模はやや大きい．

興味深いのは，中京顕徳府同様，内城は北辺に接しておらず（「北闕」型でない），回字型（「中央宮闕」型）をとることである．

西京鴨緑府
鴨緑江の上流に位置し，下って黄海に出て，唐へ向かう出発基地であった．吉林省臨江市に位置したとされるが，市街地化され，発掘調査は行われていない．

南京南海府
新羅との連絡窓口で，後期には厳冬期の日本道への発遣基地ともなった拠点である．その位置については諸説あったが，北朝鮮咸鏡南道北青市郊外の青海土城であることが確認されている．具体的な形態については分かっていない．

上京龍泉府
さて，以上を背景として，上京龍泉府の形態，空間構造について以下に検討したい．

上京龍泉府について，上述の東亜考古学会による調査に参加した村田治郎は『中国の帝都』(1981) で1章割いている[273]．手掛かりとするのは，『東京城』(原田叔人・駒井和愛 (1939)) である．「東京城」という呼称については，上京龍泉府の東西が東京，西京と呼ばれており，東京の区域に東京城鎮という集落が残されていたからである．

村田が確認する上京龍泉府の形状を要約すると以下のようになる（図 Column 4-2ab）．

①全体は，外城（外郭城，京城），内城（皇城），内内城（宮城）からなる．

②外城は，東壁3211m弱（29町26間），西壁3333m弱（30町33間），南壁4455m弱（40町50間），北壁4502m弱（41町16間），という歪な矩形をしている．南北2城壁の中央当たりにそれぞれ1つの門跡があり，東西2壁に2つずつ門跡が認められるが，他は確かでない．『東京城』は計7門とするが，村田は南北壁にそれぞれ3門あり，計10門であったと想像する．南壁の中央から北へ内城の南正門に走る大街路の幅は幅75m（48間）あり，両側に石の壁があった痕跡がある．

③内城の規模は，東西1060m余（9町43間），南北1180m余（10町50間）（中央突出部（苑）は含まず），内内城の規模は，東西約620m（5町40間余），南北約720m（6町30間余）である．

---

[273]「五章 渤海国上京龍泉府城の遺蹟」,（『満州の史蹟』, 1944年, 所収）

第 III 章
西安・洛陽―中国都城の原郷

a

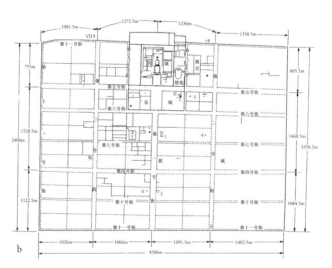
b

図 Column 4-2　a 東京城・上京龍泉府周辺地形図（出典：井上和人（田村晃一編 2005）），b 上京龍泉府遺構計測値　六頂山与渤海鎮』（出典：中国社会科学院考古研究所（1997）））

Column 4
渤海

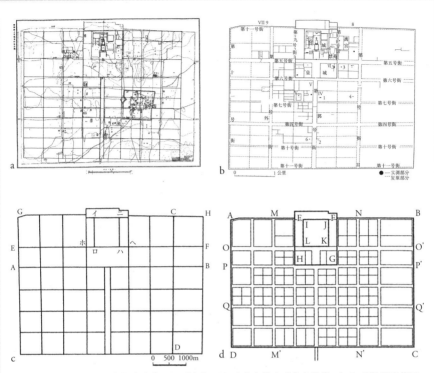

図 Column 4-3　a 上京龍泉府復元図（出典：東亜考古学会『東京城』），b 上京龍泉府復元図（出典：黒龍江文物考古研究所（2009）『渤海上京城』上下巻），c 上京龍泉府復元図（出典：千田稔（1992），d 上京龍泉府復元図（出典：小方登（2002））

④「街割」については，坊制が敷かれていたかどうかを含めて，解らない．村田治郎は，街路の跡が少しでも残っていたものを示している．（イ）南北大街は少し西に寄っている．（ロ）東西とも4つずつの南北大街が走っている．（ハ）南北大街の間を二分する南北街路が走っていたと思われるが，街路幅に違いがあったかどうかわからない．（ニ）東端に，もう1本，南北街路があったかもしれない．（ホ）東西街路は，内城の南から南壁の内側まで九条あったと考えられる．内城の東西に2本の道があるが，北側の道は左右で一致していない．

村田は，以上から，長安と比較して，都市全体の形，プロポーション，外城，内城，内内城という三城の配置，街路配置の傾向，東南部の低湿地に池を配置していることなど，よく似ている，とする．

283

⑤渤海時代の宮殿の名前は史書に残されていない．宮殿址は，南の俗称五鳳楼を第一宮殿跡とし，北へ第六殿跡まで残っている．最大のものは第三宮殿跡であるが，最も重要と考えられるのは第2宮殿跡である．内裏に当たる後部では第四，第五殿が重要だったと思われる．

⑥内城の第一郭の東に禁苑があり，池，中島，亭があった．

⑦外城の南大門近くの南北大街東に興隆寺（南大廟）跡がある．また，東京，「東京城鎮」に仏寺跡が発見された．それ以外にも仏事跡があることが確認された．

さて，この東亜考古学会の調査研究（1933〜34年）の後，中国社会科学院考古研究所等の日鮮合同調査（1963〜64年）が行われ，『六頂山与渤海鎮』（中国社会科学院考古研究所（1997））がまとめられている．さらに，黒龍江文物考古研究所による継続調査（宮城南門址他（1981〜85年），皇城（内城）内官衙遺址他（1989〜91年），宮城皇城城壁他（1997年），郭城北壁正門（1998〜99年），第2殿址（1999年），第三殿址（2000年），第四殿址（2000〜01年）が行われ，その成果が随時発表されてきたが，それを集大成するのが『渤海上京城』上下巻（黒龍江文物考古研究所（2009））である．日本において，以上の知見も踏まえながら，東亜考古学会の調査研究（『東京城』）の再整理を行ったのが『東アジアの都城と渤海』（田村晃一編（2005））である．さらに近年の論考としては，魏存成（2008）がある．

以上をもとに，上京龍泉府の設計方法を明らかにしよう．専ら依拠するのは，井上和人「渤海上京竜泉府形制新考」（田村晃一編（2005））である．

井上和人がまず検討するのは，『東京城』の復元案（図 Column 4-3a）と日朝合同調査の復元図（図 Column 4-3b），そして，この2つの復元案を元にした千田稔の復元案[274]（図 Column 4-3c）と衛星写真を利用した小方登の復元案[275]（図 Column 4-3d）である．

都市計画を行う場合，第1に問題となるのは基準寸法，造営尺である．井上和人は，まさにそこから出発するが，唐との関係を考えれば，唐尺が使われたと考えるのが自然である．唐大尺については，物差しの出土品が多くあり，1尺の長さには幅（29.3〜31.8cm）があるものの平均して概ね29.4cmとされる（第Ⅰ章2-3）．井上は，それを念頭に，『六頂山与渤海鎮』の都城図，さらに建築遺

---

274) 千田稔「渤海上京竜泉府―その歴史地理学的覚書き」（『奈良女子大学歴史地理学研究報告 IV』1994年）

275) 小方登「衛星写真を利用した渤海都城プランの研究」（『人文地理』52-2，2002年）

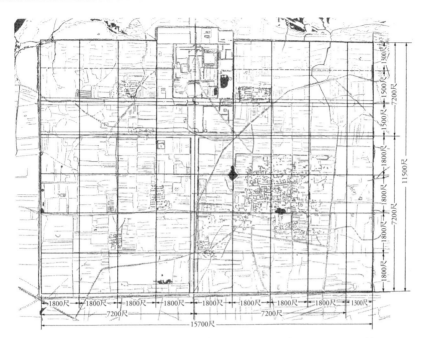

図 Column 4-4　上京龍泉府復元図（出典：井上和人（田村晃一編 2005））

構の寸法を検討し，1 尺＝ 29.34cm を造営尺とする．

　そうした基礎作業をもとにした井上和人の上京龍泉府の復元は次のようになる（図 Column 4-4）．内城の東西幅（村田：東西 1060m 余（9 町 43 間））を 3600 尺＝ 2 里（＝1056.2m）とみて，方一里（唐 1 里（大程）＝ 360 歩（1800 大尺）＝ 528.12m）が基準グリッドになっているとする．これは，隋唐洛陽の洛河以南が方一里を基準グリッドとしていたことと照応する．

　ただ，全体が方一里のグリッドで覆われるわけではなく，中心の南北大街は西に偏り，東辺には東西 1300 尺×南北 1800 尺の街区が生じる．また，宮城の東西には，1500 尺×1800 尺，1300 尺×1800 尺，1300 尺×1800 尺，1300 尺×1500 尺の街区が生じる．これをどうみるかが問題となるが，従来唱えられてきたのは，段階的造営説（劉暁東，魏存成）である．しかし，まず，宮城区画が設定され，年月を経て皇城区画を設定し，さらに遅れて外郭城の街路や街区が設定されたというのは，現実的ではないと井上和人はいう．極めて体系的な寸法設定を確認すれば，そう判断できるが，左右相称の崩れは気になるとこ

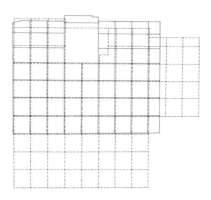

図 Column 4-5　平城京と上京龍泉府（出典：井上和人（田村晃一編 2005）

ろである．

　井上和人の指摘で最も興味深いのは，上京龍泉府と平城京が全く同じ，街路体系，街区分割方式を採用していることである（図 Column 4-5）．問題は，全体形状の違いをどう解釈するかということになる．

III-4　回族居住地区

　文帝（楊堅）が構想し，宇文愷が設計した隋唐長安がどう生きられたかについては妹尾達彦の一連の論考[276]をはじめとする中国都市史の成果に委ねたい．朱全忠によって，長安城内の住民は強制移住させられ，宮殿や住居のほとんどが移築あるいは破壊された．以後，長安は政治，経済，文化の中心としての地位を失い一地方都市の地位に甘んじていくことになる．ここでは一気に現代の西安に視点を移したい．
　焦点を当てるのは旧城「回族居住地区」である．隋唐長安の皇城南西部に建設された五代「新城」は，北宋「京兆府城」，元「奉元路城」にそのまま引き継がれ，明代に拡張されて「西安府城」となる．清代にその城内に「満城（満州八旗城）」が建設されるが，城壁は今日まで維持されてきた[277]．「回族居住地区」は，その旧城の南西部に位置する．唐代天寶元（742）年に創建とされる化覚巷清真寺が立地する．碑文の創建年は疑問視されるが，長安のその後の歴史を1400年以上にわたって見続けてきた地区である．

4-1 ｜ 長安から西安へ

　「安史の乱」（755～763年）以降，唐王朝はさらに140年続くが，「大唐帝国」はその体をなさない．藩鎮体制，両税法など体制改革が試みられるが，宦官の専横や「牛李の党争」と呼ばれる官僚間の党争によって再建の実効は上がらなかった．そして「黄巣の乱」（874～884年）が起こる．黄巣（835～884年）は，長安入城後，国号を大斉，年号を金統とする新王朝・斉（878～884年）を建てるが，掠奪殺戮に走り，民意を失い，占拠は短期間（880～883年）に終わる．しかし，唐王朝の余力は残っていなかった．
　唐王朝を最終的に終息させたのは，「黄巣の乱」を収めた朱全忠である．昭宗に登用され，汴州を拠点とする宣武軍節度使に任じられていた朱全忠は，数百人の宦官を誅殺，洛陽への遷都を主導する（904年）．そして，後梁を建て（907年），汴州（汴梁，

---

[276] 妹尾達彦「隋唐長安城と郊外の誕生」「隋唐長安城の皇室庭園」（橋本義則編（2011））など．
[277] 1911年10月に清軍が駐留する「満城」は国民軍によって徹底的に破壊された．1928年に西安市政府が成立すると，満城跡地は新たな都市計画のもとに新市区として開発された．1932年までに新市区は完成する．北壁，東壁に中正門，中山門が新たに建造され，城外の街路との連絡がつけられた．

開封）を国都とする．開封については第Ⅳ章で取り上げる．

唐代以後の長安の変遷について，史念回主編 (1996)『西安歴史地図集』，朱士光主編 (2003)『古都西安』，武伯綸編著 (1979)『西安歴史述略』などをもとに，長安から西安への都市のかたちの歴史的変遷をまとめると以下のようになる[278]．

五代「新城」

朱全忠が哀帝を廃し自ら皇帝と称して以降，五代十国の分裂時代 (907〜960年) となるが，それに先立つ天祐元 (904) 年3月，節度使韓建によって長安には「新城」が建設されている（図Ⅲ-4-1a）．隋唐長安城の皇城がその区域で，東西 2820.3m (1918.6歩)，南北 1843.6m (1254.1歩)，周囲 9327.8m (6345.4歩)，明代の城壁が残る現在の西安旧城の縦横3分の2の規模で，唐代長安城の 1/16 である．規模は，漢長安の宮城（宮殿）区程度すなわち戦国時代の城郭都市程度である．

一方，城外東西に新たに大年県，大安県を管轄するための小城が建設されているのが特徴的である．長安のグリッド区画が踏襲されている点，東西に小城を配する点において全く新たな形式の都市モデルとなる．

隋唐長安城時代の皇城の南正門であった朱雀門，横街の東西門であった延喜門，安福門は閉じられ，東中央に景風門，西中央に順義門，北中央に玄武門，南壁の東西に安上門と含光門の2門，計5門が設けられている．東西の門を繋ぐ景風街が幹線街路となり，東西の軸線を主とする空間構造になっている．

南北の安上門街，承天門街，含光門街，東西の景風門街によって，大きく8街区に分割され，さらに北部，南部の区域は東西街路によって2分され，全体は16街区からなる．いくつかの街区はさらに小街路によって街区は分割されている．北辺には隋唐長安城の横街がそのまま残っている．府衙が置かれたのは景風街と承天門街の交差点，すなわち「新城」の中心北東の街区に位置する．

北宋「京兆府城」

北宋の行政組織は，路，府，州，県，郷里または鎮によって構成されるが，西安には陝西永興軍路の京兆府が置かれ，「新城」は，北宋期には「京兆府城」と呼ばれる（図Ⅲ-4-1b）．安上門街，承天門街，含光門街，景風門街に大きな変化はないが，城内北部の横街の幅が縮小されて環塗となり，北城巷という名称となっている．街路体系は整備され，東西4×南北5＝20街区の構成をとる．東西街路は，北から，九曜街，衛后街，景風街（新城と同一），水池街（西）・草場（東）である．東西の小城は同じで，万年県（東）と長安県（西）を管轄した．京兆府の位置は変わらず，中央北東街区である．西夏の侵攻に備えて，仁宗期 (1023〜1063年) には城壁の全面的な修築が行われている．陝西の軍事拠点そして政治・経済拠点として発展し，神宗期 (1068〜1077年)

---

[278] 妹尾達彦に「清代西安府の都市構造」（『イスラームの都市性研究報告』，1989年）がある．

には城内に数万戸が建っていたとされる.

「奉元路城」

元代には安西路に属し「安西府城」と呼ばれたが，仁宗皇慶元 (1312) 年に「奉元路城」に改名される (図III-4-1c). 城門は，南西の含光門が閉鎖され，東西南北各1門の4門となる. 城外東西には五代以来2つの小城があるが，東は咸寧県を，西は長安県を管轄した. 街区は北部が区画整理され，4×4＝16の街区分割に戻っている. 南北街路は祐徳坊・含光街 (西), 広済街・銀巷街 (中央), 烏巷口・安上街 (東) のままであるが，北部区域に新たに名前が付けられていることが区画整理されたことを示している. また，中央北東街区と東に隣接する街区が南北に走る立政坊，碧波坊，光化坊などによって分割される新たなパターンが見られる. 中央北東に鐘楼が建設され，「奉元路城」は中央北東街区の東から第3番目の街区に位置した. 北西部には馬市，羊市があり，元代にも「回民」が集住していたと考えられる.

明「西安府城」

明代に入って洪武2 (1369) 年に「西安府城」と改名される. そして，洪武7 (1374) 年に秦王府 (第V章3) が建設されるとともに，北および東に向かって城域が拡大される[279]. 北に安遠門，南に永寧門，東に長楽門，西に安定門が設置された. 東の長楽門は府城と東部地方を繋ぐ重要な門とされ，新たに東郭関城が建造され，東西南北に4つの郭門が設置された. 史念回主編 (1996) は，嘉靖21 (1542) 年と万暦39 (1611) 年の復元図を示すが両者に変わりはない (図III-4-1d).

内城壁に囲まれた秦王府は，総面積1.4km^{2}で，「西安府城」の1/8の規模である. 洪武13 (1380) 年には，西大街の北に位置する北門街の南端に鼓楼，洪武17 (1384) 年には広済街に鐘楼が建設された. 鐘楼は万暦10 (1582) 年に東西南北の中心街路交点の現在地に移築されている. 万歴38 (1609) 年に，南東部の永寧門付近に関中書院が設置され，西北地区の中心的な教育施設となる. 中央西側，鼓楼の東部と北部は，西安府，都察院，巡按察院等があり，政府機関の集中地区である. 西端部には，科挙試験が行わる貢院がある. 鼓楼西北側に位置する化覚巷，大学習巷の街区周辺には複数の清真寺があり，その周辺に「回民」居住地区が形成されていた. その北側には，秦王ならびに貴族の別荘地として蓮花池がある. 城外西南部には通済渠，東南部には竜首渠が流れており，官民の生活用水として使用された.

清「満城（満州八旗城）」

清代に入って，順治2 (1645) 年，城内東北部に「満城（満州八旗城）」が建設された (図III-4-1e). 満州八旗が駐屯する「満城」は各地に設置されたが，「西安満城」は，満州族の出自の拠点である盛京（瀋陽）(1631年)，そして北京（京師）(1644年) に続く第3

---

[279] 周長13912m, 東2886m, 西2798m, 南4256m, 北4262m, 総面積は11.5 km^{2}に及ぶ. 城壁は高さ上部10〜12m, 下部15〜18mとされる.

第 III 章

西安・洛陽―中国都城の原郷

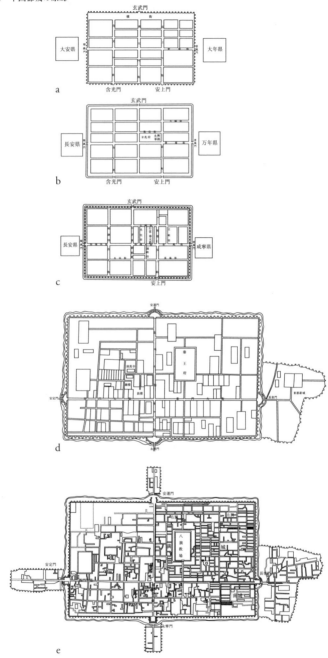

図 III-4-1　a 新城　五代十国期，b 京兆府第　北宋期，c 奉元路城　元代，d 西安府城　明代万暦 39（1611）年，e 西安府城　清　雍正 13（1735）年（出典：史念海主編（1996））

の「満城」であった．「西安府城」がそれだけ戦略的に重要な場所，すなわち，清朝西北部の直轄地と藩部の境界を管轄する重要軍事拠点に位置していたからである．続いて，杭州・南京 (1649年)，福州 (1680年)，広州 (1682年)，荊州 (1683年)，成都 (1719年) などの主要都市や辺境の要地，内モンゴルの綏遠城，外モンゴルのウリヤスタイ城，チベットのラサ，台湾の艋舺 (台北)，新疆のイリなどの都市に建設された．

八旗については，盛京，そして清北京について後述するが，太祖ヌルハチによって満州の伝統的な部落組織を基盤にして黄・白・紅・藍 (黒) の四旗軍が編成された1601年がその起源とされる．1614年には廂黄旗，廂白旗，廂紅旗，廂藍旗が増設され八旗となる．1635年には，モンゴル人による蒙古八旗が，1642年には漢人による漢八旗が編成された．八旗は左翼，右翼に分けられ，左翼には廂黄旗，正白旗，廂白旗，正藍旗が，右翼には廂黄旗，正紅旗，廂紅旗，廂藍旗が属した．軍隊のみならず，全ての満州人がいずれかの旗に編入され，全ての住民組織の管理も八旗によって行われた．八旗の中では，廂黄旗，正黄旗，正白旗の地位が高く，上三旗と呼ばれ，それに対して，廂白旗，正紅旗，廂紅旗，正藍旗，廂藍旗は下五旗と呼ばれた．空間上のヒエラルキーとして，北東部が上位とされ，上三旗を城内の北と東に配置した．

「西安府城」は，城内に満城と南城を囲い込み，城外の東西南北に4基の関城を配する防御主体のわかりやすいかたちをしている．満城は西安城全体の1/3を占有し，満城内部にある秦王府跡地は兵士の訓練場として用いられた．康熙22 (1683) 年，満城の南の南城が漢軍の駐屯地とされている[280]．

清末の状況は，政府機関，軍事施設，教育施設，宗教施設，会館，商店，市などの施設，街坊，房などの名称が詳細に描かれている光諸19 (1893) 年の「西安府城」の測絵図 (図III-4-2) によって知ることができる．

明代と同様に，城内中央西部には，鼓楼を中心に西安府署，巡撫部院，布政使司署，総督署といった政府機関が集中する．満城には軍事関連施設が集中するが，明代の秦王府跡地に城内最大の八旗教城がある．南城には火薬庫がある．城内にも西北端に北教場と呼ばれる軍事訓練施設があり，その南東に軍事関連施設が集中している．

教育施設は全て南東部に集中している．それに対して，各地の商人の駐在地であった会館は南西部に集中している．城内全域に宗教施設が散在するが，中央西北部の「回民」が集住する地区には6つの清真寺がある．満城には，城内の半数の宗教施設があるが，そのうち関帝廟は10を数える．

市は城内に9 (うち満城に1)，東関城に3の計12ある．城外の関城は市場としても機能し，中でも東郭関城に最大の市場となっていたことがわかる．商店は，西大街の中央付近に3つみられるが，その他小規模な商店は多数存在したと考えられる．

---

280) 清軍の護衛や地方官史の管轄の役割を果たしたが，乾隆48 (1783) 年の漢軍の反乱以降は，通化坊という一般的な名称に改められた．

第 III 章
西安・洛陽—中国都城の原郷

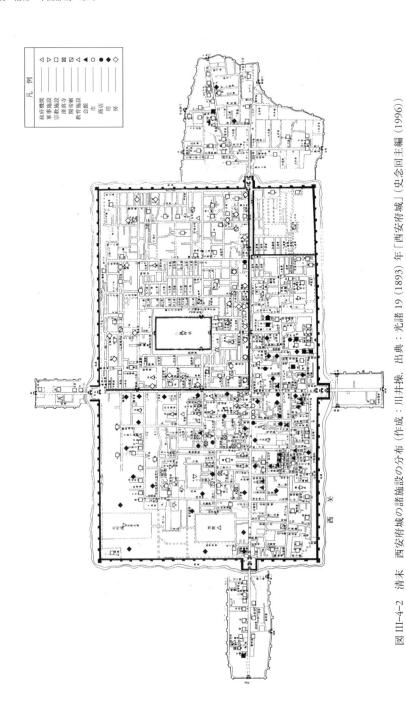

図 III-4-2 清末 西安府城の諸施設の分布（作成：川井操、出典：光緒19 (1893) 年「西安府城」（史念回主編 (1996)）

住民組織の単位とされたのは街坊である．街坊は城内に 35,東関城に 2,計 37 坊の名称が確認できる．満城には各旗の名称が付けられている房が 26 確認できる．「回族居住地区」の前身となるのは鼓楼西の傘巷坊，新興坊，前所坊，保寧坊などである．

4-2 西安と回族

中国には約 2000 万人のムスリムが居住しているとされるが[281]，そのうち約 860 万を占めるのが「回回民族」すなわち「回族」である．回族が定義されるのは中華人民共和国成立後であり，ソ連の民族理論をもとにしている[282]．それまでは「蕃客」「胡商」「回回人」[283]，「回民」[284] といった様々な名称で呼ばれていた[285]．「回族」は，中国各地に広く分布するが，地域的には集住する．いわゆる「大分散，小集中」が特徴とされる．「回族」は，主に大都市の中心街にある清真寺を拠点に集住するのが特徴とされる．

西安における回族の歴史を振返ると以下のようになる．

① 西安にムスリムが居住し始めるのは唐代で，イスラームが成立するとまもなく長安に伝えられたことがわかっている．それ以前から西域の蕃客，胡商がいわゆるシルクロードを通じて交易活動を行っており，長安では主に西市を拠点としていた．蕃客は，「番坊」「番巷」「番市」に約 4000 戸を構えていたとされる．

「創建清真寺碑」は，天寶元 (742) 年に清真寺が創建されたとするが，前述のように疑問視される[286]．ただ，「安史の乱」の際には唐王朝の傭兵として西域人が出兵しており，乱平定後，その功績により一部の西域兵は長安城内に「住唐（永住）」権が与えられ，さらに中国人女性との婚姻が許され，清真寺[287] の建設が認められたとされる

---

281) 回族，ウィグル族，カザフ族，ウズベク族，クルグズ族，タタール族，タジク族，サラール族，東郷族，保安族の 10 民族がムスリムとされる．
282) 中国政府の民族識別の基準は，各民族の「共同の居住地域」「共同の経済生活」「共同の言語」「共同のアイディンティティ」である．
283) ムスリムを何故「回回」と呼んだのかは明らかではない．一説によると，唐代に来華した蕃客はしばしば「帰（回）る」という言葉を使ったことが始まりだという．
284) ムスリムのことを一般的に回民と表す．民国時代によく使われ，中国政府は，回民を独立した民族と規定せず，「回民は特殊な信仰および生活習慣を持つ国民である」とする．
285) 回族は「中国に居住して中国語を日常語としているムスリム」をいう．トルコ，イラン，アラブなどの外来民族の子孫を中核としているが，漢民族その他の諸民族の血が混入し，文化的にも漢化されてきた，歴史的に形成された民族である（中田吉信 (1997)）．
286) 桑原隲蔵 (1968，1912) は，唐代ではなく明代の碑文であるとし，記載される①マホメッドの漢文名「謨罕默徳」，②アラビアの漢文名「天方」が明代の記述法であり，③「隋開皇中 (581〜600)」に伝来したとあるが，イスラームの誕生が 610 年頃であるため，時期として不可能である，さらに④「天寶陛下」は唐代の史書では通常「天寶聖文神武皇帝」と記述される，と指摘する．
287) いつごろから，中国イスラームを「清真」と呼び始めたのか定かではない．一説ではあるが，南京浄覚寺内にある明太祖の碑文「至聖百字贊」に「教名清真」という一語が記されており，明太祖がイスラームを「清真」と命名し，それ以降「清真」が人々の間に広まった，と言われている．

から，唐代半ばに長安城内に一定のムスリムが居住していたことは確かである．

②宋代に入ると，蕃客は経済力を増し，漢族との通婚によって「土生蕃客」[288]の人口も増加していく．ムスリムの社会的地位も次第に上昇し，官僚になる蕃客も現れ，蕃坊外に居住するものも増えていった．

③元代に，ムスリムは「回回人」あるいは「回民」と呼ばれるようになる．元朝では，「漢人」「南人」は冷遇され，国際交易や言語能力に優れる「色目人」すなわち回民が重用され，多くの政治家や知識人が輩出した．

④明朝は，回民を陝西・甘粛を中心とする中原各地に移住させる．それを契機として，回民は漢人社会に定着していくことになる．回民は，宝石，香料などの奢侈品から家畜，毛皮，茶，塩，食料など日用品を扱う国内交易に重点を置くようになり，周辺都市に定住するものが増えていく．陝西の回民人口は明代に飛躍的に増加し，城内にも複数の清真寺が建立され，多くの回民が居住した．また，陝西はイスラームの教育拠点として重要な役割を果たし，様々な学派[289]を生み出し，各地に優秀な人材を送り出した．

④清朝は回民に対して厳しい差別政策をとった．陝西・甘粛そして雲南・貴州の回民は大きな打撃を受ける．しかしそうした中でも，西安城内の回民は「七寺十三坊」あるいは「八寺在東倉（南城）」[290]と呼ばれる一定の居住地区を維持した．また，農村部にも多くの回民村や回民・漢民が混住する村が成立している．「漢七回三」という表現があり，およその比率を示すと考えられている．西安北郊外で発見された「光大門馬祖栄墓碑」には，郊外の63の清真寺の名前が挙げられている．

⑤清末の同治年間に起こった西北「回民」反乱は，漢族と回民の歴史的事件として記憶される．同治元（1862）年4月，陝西省華州における漢民と回民の団錬（武装組織）との間での竹林をめぐる行き違いに端を発する反乱[291]は，瞬く間に関中平野一帯に広がり，6月には西安府城が反乱軍に囲まれる事態を招いた[292]．反乱は鎮圧され，一

---

288) 蕃客は中国の住民と通婚が進み，「土生蕃客」または「五世蕃客」と呼ばれる混血の世代が増えていく．現代の回族の全てが，唐宋代のムスリムの後裔というわけではないが，回族の起源は唐代に遡ることは一般的に認識されている．

289) 現在，回族のイスラームの教派は，最も大きな区分では，三大教派四大門宦という言葉で表される．三大教派とはカディーン派・イフワーン派・西道堂，四大門宦とはジャフリーヤ・フフィー教団・カディリー教団・クブラヴィー教団である．四大門宦は，外面的行為だけではなく，信徒の内面の働きを重視するイスラームの重要な思想活動であるスーフィズムの影響が大きいので，四大スーフィズム学派とも言われている．

290) 七寺とは，化覚巷清真大寺，大学習巷清真寺，大皮院清真寺，小皮院清真寺，小学習巷清真寺，酒金橋清真古寺，北広済街清真寺をいう．八寺とする場合，西安旧城内南東部にある南城清真寺を加える

291) 韓敏（2006）は，西北ムスリムの反乱の発端となるこの事件を，その発生した村名から「聖山吹竹事件」と呼んでいる．

292) 西安府城は落城しなかったが，清軍は反乱軍を完全には鎮圧することはできず，戦火は拡大し

部の陝西回民は白彦虎に率いられて新疆に逃れ，さらに5000人余りは，光緒3（1887）年にロシア領に脱出している．これらロシア領へ逃亡した陝西回民の末裔は，東干（Dungan）と呼ばれ，ウズベキスタンやカザフスタンといった旧ソ連領中央アジアに暮らしている．

　反乱を平定した左宗棠は，回民と漢民の分離政策を行う（中田吉信（1997））．前任総督であった多隆阿が「洗回」と呼ばれる回民殲滅政策を採用して各地で回民を虐殺した結果，陝西回民のほとんどが甘粛省へ逃れ流民化した．左宗棠は彼らを故地には戻さずに，甘粛省の平涼などの無人地帯に定住させ，漢民と分割して統治したのである．その結果，陝西回民は西安に4万人に満たない人々がいるだけとなったとされる[293]．

　⑥民国期に入って，1934年に江蘇省の連海港と甘粛省の蘭州を結ぶ鉄道，隴海線が西安まで開通すると，河南省や湖北省から多くの人々が西安に移住し西安駅南側に居住する．中には回民も含まれており，いくつかの小規模な居住区を形成していった．1937年には，初めて「外来」の清真寺（東新街清真寺）が建立され，建国巷清真寺も建立された．日中戦争の戦況悪化に伴い，戦場となった河南省から大量の難民が流入し，その中にも多くの回民が含まれ，当時，これらの外来の「回民」が西安市「回民」の4分の1強を占めたとされる．その多くは城外に居住し，新たに城外の東郊外に東城清真寺，北郊外に北関清真寺が建立された．民国22（1933）年に西安を訪れた王曽善[294]は，西安府城の西北隅は俗に「回城」と呼ばれ，回民の集住地域になっていると報告している（李興華，馮今源（編）（1985））．さらに具体的に，城内の回民は約3000戸，人口は2万人で城内人口（11万人）の8分の1を占めていると記し，10の清真寺の名前[295]を挙げている．

　⑦中華人民共和国になると，西安市は工業化を進め都市経済の復興を目指すが，沿海部から移転した綿紡績工業が発達し，それに従事する回族も増加した．その回族のために建立（1955年）されたのが，東郊外の紡績城清真寺である．また，建立時期は明らかではないが，鉄道工事に従事していた回族のために建てられた西北清真寺がある．「回族居住地区」西北部にも，1990年代に河南省の「回族」によって建立された旅陝清真寺があり，その周辺部には河南省出身者が多く居住する．

　以上，長安以降，連綿と西安の城内に居住し続けてきたのがムスリムである．以下

　　た．同治2年になると反乱軍は甘粛省へ一時避難し，陣容を整えて再度漢中平野に侵攻したが，新たに任命された左宗棠が率いる清軍に各個撃破され，同治11（1872）年にはそのほとんどが平定された．
293）劉大成「陝西回民風俗概括」（李興華，馮今源（編）（1985））．
294）王曽善「長安回城巡礼記」（『中国伊斯蘭教史参考資料　下冊』李興華，馮今源（編），寧夏人民出版社）
295）化覚巷清真大寺，大皮院清真寺，小皮院清真寺，大学習巷清真寺，小学習巷清真営里寺，小学習巷清真中寺，広済街清真寺，酒金橋清真古寺，酒金橋清真西寺，南城清真寺．

にその居住地の現在をみよう．

4-3 社区の構成

　西安旧城内の「回族居住地区」は，鐘楼[296]の北西に位置し，東は北大街，南は西大街，北は蓮湖路に囲われている（図III-4-3, 4）．ここで専ら依拠するのは川井操の学位請求論文（2010）である[297]．川井に先行する研究として『メッカと北京の間』と題するM. B Gillette（2000）があるが，中国政府が主導する「現代化」というイデオロギーが，西安における最大の伝統的な回族コミュニティにどのような影響を与えるかを主テーマとしている[298]．1994年から95年にかけての調査をもとにしており，川井が考察の基礎とするのは10年後の臨地調査である．この10年間の中国都市の変容は西安に限らず激しい．

　「回族居住地区」は，東西約1.6km，南北約1.2kmで，総面積は192haに及ぶが，地区内には鼓楼[299]，城隍廟[300]，化覚巷清真寺といった明代以降の西安府城を代表する歴史的建造物がある．旧城内の総人口約40万人のうち，陝西省全体の回族の約4割となる約3万人がこの地区に居住している．

　中国の都市における住民組織の基礎単位は，かつては「居民委員会」であったが，現在は「社区 shequ」である．居民委員会をいくつか統合し，新たに「社区居民委員会」

---

296) 鐘楼は明洪武17（1384）年に創建された．基の位置は西大街の迎祥観にあったが，1582年に現在の位置に再建された．敷地面積は1377.4m²，高さ36m，幅35.5mである．

297) 著者（布野修司）は，指導教官（主査）としてこの学位請求論文（川井操（2010））について関わった．具体的には共同研究者としていくつかの調査に参加するとともに，基礎になる論文を共同執筆した．本節のもとになっているのはこの共同研究である．主たる調査は，以下である．第1次調査：2006年6月1日～9月20日：西安旧城内：社区調査（名称とその範囲），施設分布調査（清真寺，商店，その他の主要施設），街路幅員の実測調査，建築形態調査（建築階数，構造形式），宅地割の境界，住居の実測調査，文献調査ならびに資料収集：川井操：調査協力：西安工程大学段研究室．第2次調査：2007年6月5日～13日：北京外城・牛街：社区調査（名称とその範囲），施設分布調査，建築形態調査（建築階数，構造形式），住居の実測調査，文献調査ならびに資料収集：川井操，岡崎まり，小川哲史，髙橋渓，中貴志，中濱春洋：第3次調査：2007年8月16日～23日：西安旧城内，洛陽，開封：居民委員会に関するヒアリング調査，文献調査ならびに資料収集：川井操，布野修司：調査協力　西安工程大学段研究室，第4次調査：2007年9月17日～27日：西安旧城内：ヒアリング調査（棲み分け，所有形態，世帯構成）・川井操：調査協力：山根周，趙聖民，嶋田菜緒子，西安工程大学段研究室

298) 各章の構成は，1. 現代化と消費，2. 住居，教育および民族，3. モスク，コーラン教育およびアラビア化，4. 伝統的飲食および民族，5. 工場で加工する食品，現代化および民族，6. 飲酒と1つの文明社会の構築，7. ウェディング・ドレスと現代化，8. 消費と現代化である．

299) 鼓楼は西大街と北院門の間に位置し，明洪武13（1380）年に創建された．鐘楼の姉妹楼と考えられ，その名称は晨鐘暮鼓から名付けられている．敷地面積1999m²，高さは33mである．

300) 明代太祖洪武20（1387）年創建，明宣宋宣徳8（1432）年移転，雍正元（1732）年火災のため焼失，再建．

図 III-4-3　西安旧城地区と回族居住地区（作成：川井操）

を組織するかたちで社区が設置されたのは2000年前後である．社区はコミュニティ（地域社会）の訳語でもある．

(1) 社区と諸施設

「回族居住地区」は9社区からなる（図III-4-4）．そのうち，回族人口が多数を占めるのはA．化覚巷社区，B．紅埠街社区，C．学習巷社区，D．酒金橋社区の4社区であり，主に漢族が居住する社区はE．廟東社区，F．廟西社区，G．社会路社区，H．二府街社区，I．挙院巷社区の5社区である．地区には，かつて38の居民委員会があったが9社区に統合されたかたちになる．

各社区は組織委員によって統括されている．学習巷社区を例に挙げると，組織委員は約70名おり，直管委員11名，各駐地委員59名，発展委員4名，書記委員2名で構成される．社区機関には党支部，居民委員会，議論監督委員会，計画生育の協会，治安調停委員会，管理事務所，社区団支部，婦人連合会，身体障害者連合会など20余りの機関で運営されている．その他の社区の基本的な組織委員の構成は学習巷社区とほぼ同様である．

「回族居住地区」には，行政施設，教育施設，医療施設，公衆トイレや浴場といった地区施設，工業・企業施設，商業施設など様々な施設が分布する（図III-4-5）．

①西安市政府，蓮湖区政府，北院門街道弁事処など大規模な政府機関はH，Gの漢族社区に集中する．また，蘭州軍区[301]の倉庫がF社区にある．地区全体を管轄す

---

301) 中国人民解放軍の七大軍区の1つであり，西域一帯を管轄する．かつてのウルムチ軍区を編入し，新疆に大部隊を置く．管轄区域は，甘粛省，青海省，陝西省，寧夏回族自治区，新疆ウイグル自治区，チベット自治区阿里地区であり，ウイグル族や回族といったイスラーム系少数民族が多い地区を担当する．

第 III 章
西安・洛陽—中国都城の原郷

凡例:
- 回族社区 ──── A 化覚巷社区 B 紅埠街社区 C 学習巷社区 D 酒金橋社区
- 漢族社区 ──── E 廟東社区 F 廟西社区 G 社会路社区 H 二府街社区 I 挙院巷社区

図III-4-4　社区の構成（作成：川井操）

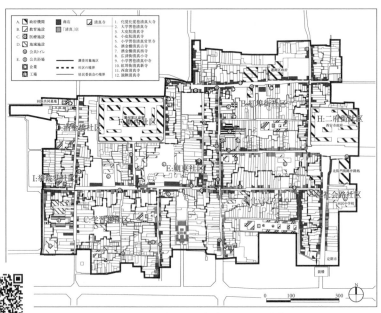

図III-4-5　諸施設の分布（作成：川井操）

る北院門，蓮湖区派出所は，Ｇの漢族社区とＡの回族社区それぞれに１つ設置されている．９つの各社区に社区事務所が置かれている．

②教育施設は中央東西に走る街路に集中している．公立の小中学校，幼稚園はＥ，Ｆ，Ｇ，Ｉの漢族社区，私立の学校はＢの回族社区にある．Ｇ社区にある中学校は回民中学とされているが，約30％は漢族の生徒であり，特に回族を対象にした学校ではない．

③地区施設として，公共トイレ，公共浴場，職業案内所などがある．公共トイレは11あって地区全体に疎に分布するが，各社区に１つはある．公衆浴場は中央にあるＢとＥの回漢族社区の境界付近にそれぞれある．

④医療施設は14軒あるが，中規模のものが４軒，その他は商店規模の個人営業（開業医）である．個人営業のものは各社区に立地する．

⑤工場・企業施設は８あり，回族の食品を加工する工場がＢとＤの回族社区にあり，加工された商品は主に居住区内の商店に出荷されている．

大都市西安の中心部にも，以上のように，都市組織としての社区組織がしっかり機能していることが理解される．

(2) 清真寺・清真店
清真寺

「回族居住地区」を特徴づけるのは，その核となる清真寺である．寺内には，礼拝前に手足を洗い，体を清めるための沐浴場や教育施設，図書館，休憩室などがあり，冠婚葬祭にも用いられる．宗教施設であるが社区内の複合施設でもある．

地区には12座の清真寺が分布する．Ａ社区２，Ｂ社区３，Ｃ社区３，Ｄ社区３，の11座である．漢族社区にもＦ社区に１座の清真寺がある（図Ⅲ-4-6）．清真寺の名称は，主入口が設けられる街路の名称から採られ，女性専用の清真女寺が併設されるのが一般的である．

イスラーム建築は決まった様式をもたず，世界中で様々な形態をとるが，キブラ（メッカの方向）だけは重視される．南北軸（座北朝南）を強く意識する中国都市にあって，清真寺が全て東西軸を基軸とするのは極めて特異である．「回族居住地区」の清真寺の建築様式は，中国様式，ドーム型，住居転用型の３つに分類される．中国様式のものは1. 化覚巷清真大寺，2. 大学習巷清真寺，3. 大皮院清真寺，4. 小皮院清真寺，5. 小学習巷清真里寺，9. 小学習巷清真中寺の６座で，そのうち1, 2, 3, 4, 5の清真寺は『西安歴史地図集』（史念回主編（1996））の明清代西安城図で確認できる．ドーム型である6. 酒金橋清真古寺，7. 酒金橋清真西寺，10. 紅埠街清真新寺，または住居転用型である11. 西倉清真寺，12. 旅陝清真寺は，1970年代以降に建て替えもしくは新築されたものである．創建がはっきりしているのは3, 6が明代，8が清代，9は民国期，10, 11, 12は1980年以降である．

第 III 章
西安・洛陽—中国都城の原郷

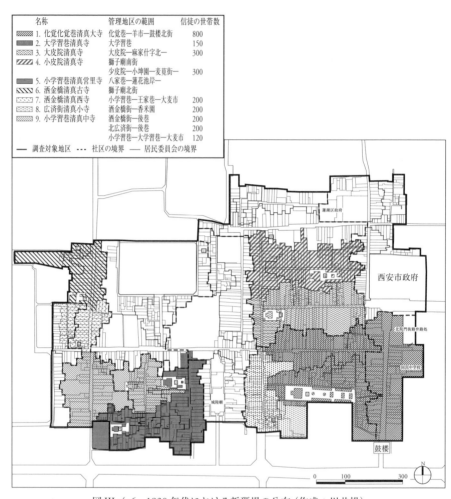

図 III-4-6　1930 年代における哲瑪堤の分布（作成：川井操）

宗派には、カディーム派[302]、イフワーン派[303]、サラフィーヤ派[304]の3派がある。カディーム派の清真寺は1, 4, 6, 8, 9, 12の6座、イフワーン派は2, 3, 5, 7の4座、サラフィーヤ派は10, 11の2座である。馬斌(1998)[305]によると、民国2(1912)年、西安北郊外にある高廟村出身の劉遇真アホン(阿訇)が清真古寺に招聘され、着任してすぐに宗教実践の改革を提唱した(イフワーン派)。次第にその教義が浸透すると、他の一部の清真寺が既存の宗派からイフワーン派へ転じ、その結果、化覚巷清真大寺などカディーム派が、彼らとの交流を断つという「断坊」が行われた。大学習巷清真寺のイフワーン派に反発する信徒たちによって、民国8(1919)年に小学習巷清真中寺が創建される。一方、民国15(1926)年には、劉遇真アホンを支持する150名余りの信徒達がラマ教寺院を買い取って酒金橋清真西寺が創建された。化覚巷清真大寺を中心とした伝統的なカディーム派を「老教 laojiao」、新たに伝来したイフワーン派を「新教 xinjiao」と呼んで区別する。そして1951年、小学習巷清真営里寺に烏明振アホンによってサラフィーヤ派が伝えられた。小学習巷清真営里寺は、現在はイフワーン派となるが、サラフィーヤ派の清真寺はいずれも1990年代以降に創建されたものである。

注目すべきは、社区や居民委員会とは別に清真寺を中心として伝統的な回族独自の自治組織があることである。これは「哲瑪堤 (Zhemati, ジャマーティ)」[306]、あるいは「教坊 jiaofang」「寺坊」と呼ばれる。澤井充生[307]によれば、哲瑪堤の成員権は、基本的に

---

302) カディームとは、アラビア語で「古いものを尊重する」という意味で、唐宋時代にアラビア、イランから伝来して受け継がれてきた信徒としての行為・信仰における義務を厳守することを重んじる。18世紀以降、新たな教派の進行により、教徒数を減らしているが、現在でも数百を誇る。そのうち、回族が大半を占める。

303) 一般にイフワーンの創始者は甘粛省果園村の東郷人でフフィー派のアホンである馬万福とされる。イフワーンは、アラビア語で「兄弟」の意で、元来の中国のイスラームの漢化に懸念を示し、既存の教派を批判し、同志達と「兄弟」の関係を結んで宣教を行った。教義内容が明解であったため、教徒数を急速に増やしたが、従来の教派から反発を受け、1890年代に反乱に参加して弾圧を受けたために一時教勢が弱体化した。しかし、その後、西北地区のイスラーム軍閥と結び、大いに勢力を拡大した。教徒数は100万を超え、カディーム派に次ぐ数である。

304) サラフィーヤ派はイフワーン派から分立した改革派で、女性のショールの着用をより厳格に求めるなどといった教義の違いの他、礼拝の際に両手を3度挙げる動作を伴うことから「三捨」と呼ばれている。

305) 馬斌「伊斯蘭教伊赫瓦尼教派在西安地区伝播経過」(『西北民族研究』1998 (1))

306) 澤井(2002)は、「哲瑪堤」はアラビア語の音訳で、元々は「集団」を意味する語彙である、という。イスラームでは、信徒の共同体をウンマ(民族)、あるいはジャマーア jamā'a という。ジャマーアをイスラーム国家とする説もあるが、ジャマーアはムスリムのみが含まれる。異教徒でイスラームを受け入れたものをズィンミー「敬典の民」という。回族の社会生活の中ではおもに「清真寺や聖者廟を中心とした伝統的なコミュニティ」を指す言葉となり、中国西部では現在でも使用される。

307) 澤井充生「中国の宗教政策と回族の清真寺管理運営制度」(『イスラーム世界』59, 日本イスラーム教会, 2010年.)

は清真寺の周囲に集住する回族が世帯単位で保有する．

清真寺毎に「清真寺民主管理委員会」が設けられ，その哲瑪堤は，一般信徒カオム（高目）によって運営されている．イスラームの伝達・継承を目的として，宗教指導者アホンを招聴し，その後継者として多くの寄宿学生マンラー（満拉）を養成する．また，寄進制度をもっており，カオムらの自主的な施しによってアホンとマンラーの経済的生活ならびに清真寺の管理・運営を保障している．

1930年代の「哲瑪堤」について，馬延章[308]が，各清真寺が管轄する街路名称と信徒数を記載している（図III-4-6）．当時の管轄が各街路の両側町で構成されるとすると，各清真寺の信徒数と管轄区域の規模はある程度比例する．哲瑪堤を基にして，社区あるいは居民委員会が形成されたと推測することができる[309]．現在，各世帯が帰属する「哲瑪堤」は定かではないが，ヒヤリング調査によると，信徒は地縁的な清真寺に関係なく，帰属先の決定権を持ち，「哲瑪堤」の分散化が進んでいる．外部に居住する回族が「回族居住地区」の清真寺に帰属する場合もある．

回族の共同墓地は，地区の西北端にある．Gillette（2000）によると，中華民国期には，その他に2つの共同墓地があった．1つは大皮院清真寺の道路を挟んだ北側にあり，現在では教育施設として利用されている．もう1つは，小学習巷営里清真寺の裏側にあり，現在では集合住宅となっている．文化大革命期に破壊され，「単位」制度の一環として労働者・職員とその家族を全面的に組織するためにつくられたものである．回族の埋葬はイスラームに従って土葬であり，墓石には，死者の名称，"愛する母へ"といった文言などとともに末裔の名前が記載されている．一般的に清真寺の絵が描かれる．

清真店

「回族居住地区」をさらに特徴づけるのは清真店である．店舗のほとんどは，主要街路に面しており，清真店は469軒，全体（1048軒）の約半数を占める．清真店は主に食料品を取り扱っており，①羊料理や麺類を中心とした民族固有の「飯店（食堂）」，②茶や香辛料，回族食品を扱う「物品店（食材店）」，③羊肉や牛肉をさばき，量り売りする「牛羊肉店（肉屋）」，の3つに類型化できる（図III-4-7）．「飯店」は「清真」店の約半数を占める233軒ある．「飯店」は，主要街路に面して地区全体に分布する．「物品店」は152軒で，主に地区中心の南北を走る北広済街に集中する．「羊・肉店」は84軒あり，廟後街の西側，北広済街と西羊市の交差点一帯に密集する．段煉孺（1993）によれば，城隍廟の創建当初，廟の祭祀に用いる豚肉類がこの周辺を通るため，漢族と回族の争いが頻繁に起こったため，双方の協定により，廟後街の東部分の街路を回

---

308) 馬延章「長安回教一瞥（続）」（『月華』7 (11)，1935年．）
309) 馬強（2006）は，沿海部の広州，深圳，上海などの「哲瑪堤」は，明確な区域を持たないのに対して，西安など西北部では「哲瑪堤」は地区毎に形成され，社区の原型となったとする．

族専用の"西羊市"としたという．その後，学習巷清真寺周辺の回民族の勢力が増大し，廟後街に次第に回民族の商店が定着していくのである．西羊市の西側入口に羊肉店が集中するのは，城隍廟周辺と回族の境界を示している．

清真店を各社区ごとに見ると，回族社区は A 社区 104（① 39，② 45，③ 20），B 社区 113（① 64，② 30，③ 19），C 社区 53（① 35，② 11，③ 6），D 社区 46（① 15，② 23，③ 8）の計 316 軒である．特に 2 つの社区に多い理由として，国の重要文化財である化覚巷清真寺，明清代に建設された大皮院清真寺，小皮院清真寺が社区内部にあり，古くから多くの回族が定住していると考えられる．漢族社区は E 社区 34（① 11，② 15，③ 8），F 社区 27（① 7，② 7，③ 13），G 社区 46（① 29，② 15，③ 2），H 社区 36（① 23，② 5，③ 8），I 社区 11（① 10，② 1），計 154 軒である．これらは回族社区との境界線周辺に密集している．社会路社区は西安城内を代表する歴史的文化地区であり，観光地であるため比較的大規模な清真店が多い．漢族社区内に多くの清真店があるのは，回族の富裕層が増え，世帯数が増加したためである．

(3) 街路体系とその変遷

「回族居住地区」とその周辺の街路体系は一見複雑であるが，街路は基本的に 3 つのレヴェルに分けられる．第 1 は，地区を囲む各城門から延びる主要街路である「大街 dajie」，第 2 は，そこから分岐し主要街路同士を結ぶ街路の「街 jie」，そして第 3 は，街区の内部に分岐する街路である「巷 xiang」の 3 つのレヴェルである．街路のヒエラルキーは，大街，街，巷となり，この順に街路幅は小さくなる（図 III-4-8）．さらに，街区内部へのアプローチとなる袋小路「死巷子 sixiangzi」[310] がある．

地区の街路は，「○○街」あるいは「○○巷」と呼ばれる．地区を囲むのは，西大街，北大街，西華門大街のように「大街」である．その他に「街」「巷」を語尾に持たない「固有名称」のみの街あるいは巷がある．

『西安歴史地図集』（史念回主編（1996））の明代西安城図（1542，1611）と現況を比較すると，大街 (1) (2) (3-2) (3-3) (4)，街 (5) (6) (7) (8) (9-2) (10) (11) (12) (13) (15) (16) は地図上に示されている（括弧内番号は図 III-4-8）．清西安城図（1893）では，街 (9-1) (14) (17) と現在とほぼ同様の巷が詳細に描かれている．清朝に入って諸施設や世帯数が増え，街区分割が進行したことがわかる．民国期以降の図（1933，1949）では，城隍廟へのアプローチである (10) (11) の巷や，(27) と (37) (18) と (25) を連結する街路が描かれている．その他，街区内部へのアプローチとなる袋小路が増えている．

川井操（2010）は，『明清西安詞典』によって明代から現在までの街路名称の変遷を確認している．明清代において，現在の街路名称と違うものは 28 ある．現在と異なるのは (3-1) (3-2) (3-3) (5) (9-1) (20) の 6 つである．(3-3) は「街」，(3-1) (3-2) は

---

310) 北京では袋小路を「死胡同 sifudong」と呼ぶ．

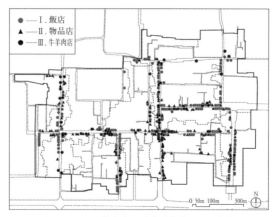

図 III-4-7　清真店の分布（作成：川井操）

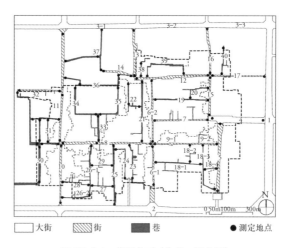

図 III-4-8　街路体系（作成：川井操）

「巷」であったが，1959年に西安城門の玉祥門が建設されると，各街路は統合され，蓮湖路となっている．(5)は1966年の段階まで「大街」とされている．その他(9-1)(20)は「巷」である．(10)(11)は清代まで，(26-2)(27)(28)は1966年まで同じ名称であった．文化大革命期に一時的に(1)(2)(6)(7)(8)(9)(10)(16)の7つが改称されるが，1980年代にそれ以前の名称に戻されている．

　イスラーム都市に特有な屈曲した街路が(18)(20)(26)である．それぞれ清真寺に隣接する．(26-1)は1966年まで「王家巷」と呼ばれていた．張永禄『明清西安詞典』

には,「家」のつく巷名が25挙げられている.(18-3)もかつては「馬家巷」と呼ばれていた.現在でも化覚巷,西羊市周辺には馬姓が多い[311].(18-2)は,明清代において「子午巷」と呼ばれ,南下すると化覚巷清真大寺の大門付近に突きあたる.大門の西側隣には,街路に面して開閉できる倉庫があり,大量の机,椅子,食器等が保管される.これらは化覚巷清真大寺の年中行事[312]や儀礼[313]に際して用いられ,(18-2)に接道する死巷子などの外部空間を利用して会食が行われる.西安旧城の東南に位置する南城清真寺[314]の周辺において,西側に隣接する「南小巷」は,1949年まで「回回巷」と呼ばれ,「哲瑪堤」の管理化にあった.馬延章(1935)によると,南城清真寺は1930年代には数十の信徒を抱え,小規模な回族の居住区を形成していたとされる.一部現在と異なるものもあるが,基本的には清代の街路体系が維持されている.清真寺がムスリムのコミュニティの核として存続し続けることで大幅な変更は行われなかったと考えられる.

「回族居住地区」の社区構成と街路体系の持続性には注目すべきものがあると考えるが,その要点となるプロフィールは以下のようである.
①都市組織の基礎単位となるのは社区である.かつては,街路を共有する住戸群によって構成される居民委員会が最末端の近隣単位であったが,2000年前後にいくつかの居民委員会を統合することによって形成された.社区は2〜5の居民委員会によって構成される.各社区は組織委員によって統括されている.「回族居住地区」は9つの社区からなる.そのうち,回族人口が多数を占める社区が5,主に漢族が居住する社区が5である.地区にはかつて38の居民委員会があった.
②西安市政府,蓮湖区政府,北院門街道弁事処,蘭州軍区倉庫といった市,区,社区を統括する政府機関,公立の学校4軒は漢族社区にあり,漢族社区を重視した施設配置となっている.逆に行政施設の周辺に漢族社区が形成されてきたという経緯がある.もちろん,社区を統括する社区管理施設,開業医による小規模な医療施設や公共トイレといった地域施設は各社区ごとにあり,行政システムは地区全体に整備されている.
③回族社区には,12座の清真寺があり,宗教施設としてのみならず都市組織のための複合的な機能を担っている.漢族社区である廟西社区にも1座の清真寺があるが,

---

311) 2007年度8月31日に行われた蓮湖区選挙において,化覚巷と西羊市に属する投票対象者である18歳以上の人名,性別,年齢,民族,住所が記載された掲示によると,化覚巷では932人中312人,西羊市では825人中276人が馬姓であることが確認できる(川井操(2010)).
312) 化覚巷清真大寺の年中行事として,阿舒拉,聖紀,五月十七乜貼,胡登州大師巴巴上墳,法図麦節,登霄夜,拝拉堤夜,蓋徳爾節,開斎節,古爾班節がある.
313) 西安回族の主な通過儀礼として,起経名,迎学,坐娃がある.
314) 清康熙22(1683)年創建.漢城の建設と同年である.八旗漢軍が西安府城に入城した際彼らの中にムスリムがいたとされ,新たに清真寺共にとその周辺に居住区が形成された.

回族人口の増加や新たな宗派の創設に伴うものである．回族の共同墓地は地区の西北端で確認できるが，かつて存在した2つの共同墓地は，文化大革命期に撤去された．現在では西安市東郊外にある「回民公墓」に土葬される．

　④回族社区には，各清真寺にある「清真寺民主管理委員会」によって運営される自治組織「哲瑪堤」がある．1930代における各清真寺の「哲瑪堤」の管轄範囲を基にして，現在の社区あるいは居民委員会が形成されている．

　⑤清真店は，回族，漢族の社区に関係なく，居住区内に点在するが，明清代の清真寺のある化覚巷社区，紅埠街社区，歴史的文化地区である社会路社区に高密度に分布する．西羊市の西側入口に「羊肉店」が集中するのは，頻繁に争いのあった城隍廟周辺の漢族と回族の境界を示している．

　⑥街路には，大街，街，巷（そして死巷子）というヒエラルキーがあり，基本的には街路名称によって区別できる．街路名称毎にすなわち街路のレヴェル毎に，回族社区と漢族社区の街路幅を比較すると，漢族社区がそれぞれ広い．イスラームが細街路を好む一般的傾向を示していると考えていい．

　⑦史資料によって街路の変遷を辿ると，清代以降に街区分割が進行したことがわかる．街路名称の変遷を見ると，街路のレヴェルが異なるものが，蓮湖路，北院門，西羊市の東側で確認できる．大きくは当時の街路体系を維持しているといえるが，その要因としては，清真寺や廟などの宗教施設が，地域コミュニティの核として維持されてきたことが考えられる．

　⑧明清代における清真寺周辺の「巷」の名称には，「小学習巷」「小皮院後巷」「王家巷」「馬巷」といった，清真寺名あるいは周辺に多数居住する性名が付けられたものが多い．「巷」は地縁関係または宗教施設と関連して形成されたと考えられる．現在でも「巷」や「死巷子」の外部空間は，ハレの場の空間として積極的に利用されている．清真寺内に共有の道具保管庫が設けられている．

4-4　住居類型とその変容

　さて，社区を構成する単位となる住居についてみよう．

(1) 住居の概要

　「回族居住地区」の建物は，一般的にRC造＋レンガ壁の平屋である．在来工法である木造＋レンガ壁も約1割あり，その多くは瓦葺の勾配屋根である．平屋が15％弱，2，3階建の建物が約70％を占める．5階建て以上は政府機関や教育施設などの公共施設，あるいは集合住宅である．

　中国の伝統的住居である四合院は，1980年代以降RC造＋煉瓦壁の住居に建て替

4
回族居住地区

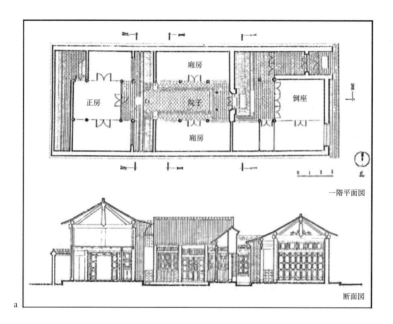

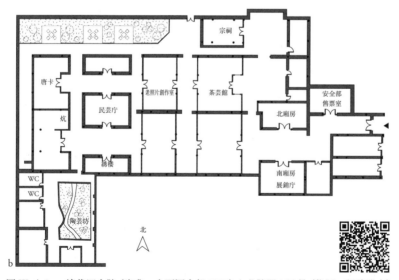

図 III-4-9　a 清代四合院（出典：大西國太郎 1995），b 北院門 144 号（作図：諏訪雅史）

307

第 III 章
西安・洛陽―中国都城の原郷

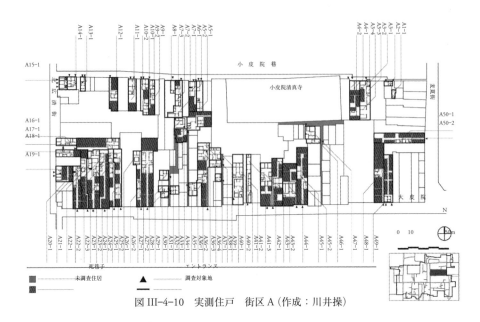

図 III-4-10　実測住戸　街区 A（作成：川井操）

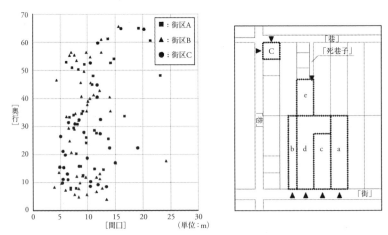

図 III-4-11　宅地の類型（作成：川井操）

えられ,「回族居住地区」にはほとんど残されていないが[315]. 悉皆調査（2006〜2007 年）によると，明清，民国期に建設された比較的保存状態のよい四合院住居が 9 軒残っており，また現在（2014 年）もそれらは確認される.

---
315)「回族居住地区」の住居については，大西（1995，2001）が調査地区にある化覚巷清真寺の東に位置する四合院住居 1 軒, 白林（1996）が地区全体から四合院住居 7 軒を実測調査している.

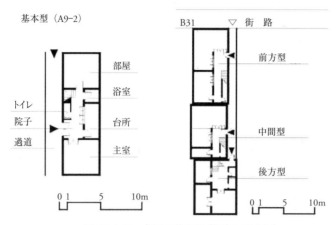

図 III-4-12　住居の基本型（作成：川井操）

　化覚巷清真寺の東部にある清代の四合院が西安の基本型である（図 III-4-9a）．「三間一進」の四合院であるが，入口と並んで倒座が設けられ，店舗に利用可能である．「廂房」は寝室，「正房」は 2 階建であり，1 階は小部屋，2 階は倉庫として扱われている．また，北院門街に面し，博物館となっている四合院（北門院街 144 号）は「三間二進」の四合院を南北に並べる形の大型住居である（図 III-4-9b）．大西國太郎・朱自煊（2001）は，北院門街の反対側に面した清真店（店屋）の事例を別に示している．
　かつてはこうした四合院形式の住居で街区は構成されていたのであるが，現況は大きく変容している．四合院住居がどう変容して新たな住居類型が生み出されてきたかを以下に明らかにするが，それによって街区全体がどう変容してきたかも明らかとなる．

(2) 宅地の規模
　街区内部では，宅地の細分割が一貫して進行してきた．川井操（2010）は，清真古寺のある A，B，C の 3 街区を選定し，街区を構成する宅地の規模について，実測調査を行った住居の 116（A 50，B 34，C 32）の宅地を分析している．
　各街区は以下の通りである．
①街区 A：街区を囲む街路には，北に小皮院巷，南に大皮院通り，東に麦莧街，西に北済街があり，内部には小皮院清真寺[316]がある．街区内には 5 つの袋小路がある（図 III-4-10）．
②街区 B：東と南に化覚巷，西に北済街，北に西羊市街があり，南部には「回族居

---

316) 1611 年創建

第 III 章
西安・洛陽—中国都城の原郷

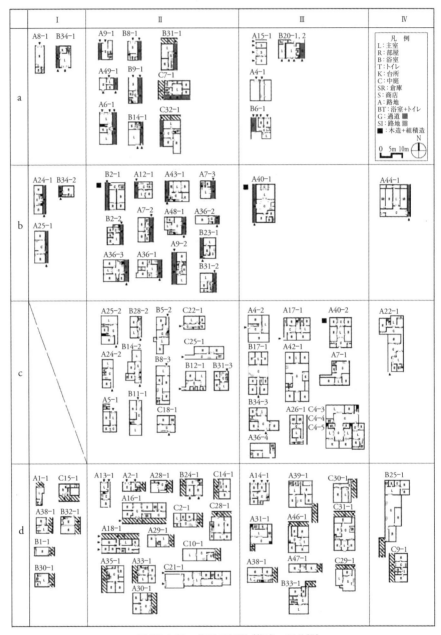

図 III-4-13　住居の類型（作成：川井操）

住地区」を代表する化覚巷清真寺[317]がある．街区内部には2つの袋小路がある．
　③街区C：東に大学習巷，西と南，中央に小学習巷，北に廟後街，があり，中央部には大学習巷清真寺[318]がある．A，Bと異なり，南北に長い街区である．街区内部には4つの袋小路がある．
　宅地の形状については大きく以下の5つに分類できる（図III-4-11）．
　　(a) 標準型：伝統的街区を構成してきた基本宅地
　　(b) 縦分割型：(a) を縦分割する宅地
　　(c) 横分割型：(a) を横分割する宅地
　　(d) 混合型：(a) に隣接する宅地を合筆したもの
　　(e) 街区内部型：「死巷子」によって街路と繋がる街区内部の宅地
　　(a) 51筆（43.5%），(e) 40筆（34.4%），(c) 18筆，(b) 6筆，(d) 6筆である．
　宅地形状の現況から明らかになるのは，四合院の宅地がいかに分割されていったかについて5パターンあるということである．

(3) 住居類型
　以上のように分類される宅地には，現在，一般的に複数の住居（世帯）が存在する．各住居は共同通路「過道 guodao」[319]あるいは院子によって繋がれる．1つの建物をいくつかに分けて共用する場合，すなわち，四合院の平面形態を基にして分割された（あるいは建て替えられた）ものと考えられる場合と複数の建物からなる場合があるが，個々の住居の平面構成に着目して実測した98戸を類型化すると以下のようである（川井操 (2010)）．
　まず，基本型と考えられる住居がある（図III-4-12）．
　①入口に門が設けられる（1つの建物を分ける場合は門がない）．
　②主室，個室，トイレ，風呂，台所などの各部屋が院子を囲む形式をとる．
　③複数階を持つ場合，院子に外階段が設けられる場合が多い．極小住居の場合，階段下にトイレや浴室を設ける場合が多い．
　分類軸となるのは，構造壁で仕切られる間口数と宅地内での位置である．
　　I　　1列型：間口数が1のもの
　　II　 2列型：間口数が2のもの
　　III　3列型：間口数が3のもの
　　IV　4列型：間口数が4のもの
　　a.　前方型：街路に面するもの

---
317) 742年または1342年創建．
318) 西安城内において，最古の清真寺とされている．705年創建．
319) 中国では18世紀以降，一般的に奥部へ展開するための共同通路を「避弄 bilong」と呼ぶが，西安では地域固有の名称を用いる．

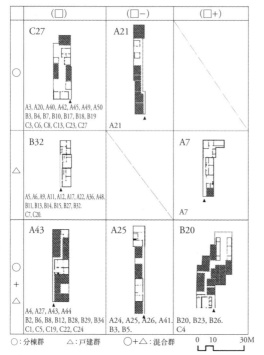
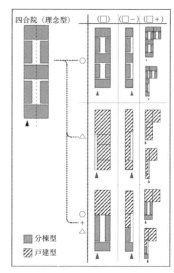

図 III-4-14 住居の変容パターン（作成：川井操）

　　b.　中間型：宅地の中間にあるもの
　　c.　後方型：宅地の奥にあるもの
　　d.　独立型：宅地内に単独であるもの

　以上の2つの分類軸を組み合わせると，16タイプの住居に区別できるが，2つのタイプは存在しないため，住居は14タイプに分けられる（図 III-4-13）．さらに構造形式に着目すると，木造＋煉瓦壁，RC造＋煉瓦壁，の2つに分類できる．

　基本型となるのは，大きくは II-a, b, c, d, III-b, c, d, IV-b, c, d の10タイプである．IV に関しては，該当する住居が4軒のみであり，そのほとんどが2～3間口の住居である．

　II-a は，街路と過道の両面に入り口がある．街路に面する部屋は商店あるいは主室として使用されている．一方，路地に面する B31-1，C7-1，C32-1 には正面に入り口がない．これらは2重に入組んだ路地に面しており，周辺よりも閉鎖的である．また，C7-1 は入口が主室に面しており，院子はない．

312

II-b は，院子をコの字型，L字型の個室群で囲む．A36-2 は院子と個室のみの極小住居である．A36-1 は入口が主室に面しており，坪庭のような小さな院子が3箇所に配されている．

II-c は，入口と院子を繋ぐ廊下が設けられ，中央に院子がある (B5-1，A24-2，A25-2)．C18-1，B8-3 は前方に院子がある．

III-c は，院子をコの字型の個室で囲む．A40-2 の中央部は清代末の四合院であるが，門を新設している．A17-1，B34-3 は，四合院の平面構成を踏襲している．A42-1 は，院子を4つの個室が囲む四合院の典型である．

d は，基本的に街区端部あるいは死巷子によって宅地が分割されたものである．II-d，III-d は基本型である．宅地面積の大きい A16-1，C21-1 は2つの院子をもつ．IV-c の A22-1 も同様である．B25-1 は，院子は1つであるが大型である．

基本型に該当しないのは，I-a，I-b，I-d，III-a の4タイプである．I-a，I-b，I-d は，主室とトイレ，階段室という最小限住居である．A24-1，A25-1 のように個室の面積を抑えて院子を設けている場合もある．III-a は A15-1 が商店，A4-1 が小皮院清真寺の沐浴室として使用されている．メッカの方角である西向きの礼拝室を設けているのが唯一 A40-1 である．

さて，以上のような住居類型がどのように生成されたのかを考えてみたい．かつては四合院を基本型として社区は構成されていた．推測されるのは，人口増加による土地の細分化とともに四合院の分割が進行してきたことである．また，大雑院化が進行してきたことである．

複数の住居が混在する66の宅地を対象とし，宅地形態とその内部を構成する住居群に着目して，住居の変容パターンを分類すると以下のようになる．

まず，宅地の形状に着目すると，以下の3つのパターンに分類できる．

F．基本型：宅地の分割・統合が行われていない，基本単位となるパターン
D．分割型：街路に対して直交する軸で縦分割されるパターン
C．統合型：宅地の縦横分割が複合的に用いられ，一部が統合されるパターン

また，宅地を構成する住棟（建物）について以下のように分類できる．

S．一棟型：一棟を分割共用するもの
P．分棟型：複数の住棟で構成されるもの
M．混合型：一棟型と分棟型で構成されるもの

2つの分類軸によると9パターンを区別できるが，2パターンは存在しないから，7タイプを区別できる（図III-4-14）．

宅地は基本型 F がほとんどである（54 内訳は S21，P17，M16）．すなわち，宅地単位では建て替えが進められておらず，四合院の宅地が維持されてきていることがわかる．過道を宅地中央に設ける場合は，分割型 D あるいは統合型 C となるが，この場合も，

基本的には四合院の平面構成をもとにしている．分割型 D (S1, M5) は，基本的に 2 間間口で，過道＋個室という構成である．これらは四合院の平面構成を縦分割したものと考えられる．統合型 C (P1, M4) の P の A7 は，後方型住居の 1 個室が横方向に飛び出すかたちで隣接する宅地を統合しており，分棟型 P の C4 は，後方部に 3 件の分棟型が混在しており，うち 2 件が隣接する宅地を統合して立地する．B20，B26 では中間部，後方部にそれぞれ四合院の一部が確認できる．B26-1 の保存状態は良くなく，倉庫として使用され，隣接する統合された宅地部分が居住空間として使用されている．分棟型 P では，最大限の空間を確保するために過道を片側に走らせている．混合型 M については，分棟は A43 を除いて全て宅地の最後部に位置し，過道の影響を受けず，比較的自由に建て替えが行われている．

「回族居住地区」の住居類型についてまとめると以下のようになる．
　①「回族居住地区」の住居は基本的に RC 造＋レンガ壁である．在来工法である木造＋レンガ壁はわずか 1 割ほどで，中国の伝統的住居である四合院は，比較的保存状態のよいもので，9 件のみ確認できる (2007 年)．西安四合院の特徴は，西北部の強い日差しを避けるために，間口が奥行きに対して狭く，天井が少ないことである．
　②実測を行った住居の宅地のほとんどは，間口が 5〜15m で，奥行きが 5〜20m，20〜40m，40〜60m の 3 つの集団に分かれる．奥行き 5〜20m のものは街区端部あるいは路地に面し，20m 以上のものは一般的に街路に面する．
　③宅地形状は，街区を構成する基本型となる宅地 (標準型) をもとにして，街路に直交して縦分割するもの (縦分割型)，街路に直交して横分割する宅地 (横分割型)，隣接する宅地を混合したもの (混合型)，「死巷子」によって分割される宅地 (奥行き型) の 5 パターンに分類できる．すなわち，街区を構成してきた基本宅地を確認できる．
　④宅地は，一般的に複数の住居 (世帯) によって構成される．各住居は共同通路「過道」あるいは院子によって繋がれる．そして，1 つの建物をいくつかに分けて共用する場合 (一棟型) と複数の建物からなる場合 (分棟型) がある．
　⑤個々の住居は，主室，個室，トイレ，風呂，台所などの各部屋が院子を囲む形式をとる基本型としている．そして，間口と宅地内における建物の位置 (前方型，中間型，後方型) によっていくつかに類型化できる．
　⑥宅地形状と住居群の構成から，宅地構成の変容パターンをいくつかに分類できる．街区を構成してきた基本宅地，すなわち四合院が存在してきた基本宅地は現在も確認でき (③)，住居群は基本的にその宅地分割パターンの上で四合院の平面形式を踏襲しながら更新 (建替，増築，改築) されてきている．

以上の住居類型とその相互関連，変容パターンの分析から，西安旧城の回民居住地区の変容過程をモデル化できる．

4-5 棲み分けの構造

川井操 (2010) は，さらに「回族居住地区」全域で宅地と棲み分けに関する悉皆調査を行って[320]，「漢族」「回族」の住居類型，所有形態，世帯構成の違いを明らかにしている．

(1) 宅地

「回族居住地区」は，上述のように9つの社区に区分されており，4つの回族社区 (A, B, C, D) ならびに5つの漢族社区 (E, F, G, H, I) からなる．この棲み分けを宅地毎にもう少し詳細に見ると以下のようになる (図III-4-15)．

「回族居住地区」全体面積のうち，回族の住む宅地（以下「回族宅地」とする）は46.0%，漢族の住む宅地（以下「漢族宅地」とする）は3.5%，回族と漢族が混住する宅地（以下「回族・漢族」宅地とする）は7.9%である．全体の約半数を回族が占める．

「漢族宅地」が93筆で宅地面積の平均が351.5m^2，「回族・漢族」宅地が132筆で宅地面積の平均は575.3m^2，「回族宅地」が1373筆で宅地面積の平均は313.9m^2であり，「回族・漢族」宅地の宅地面積はその他に比べて200m^2以上大きい．その他の用地は，宗教施設，政府・教育機関，医療施設，地域施設，企業・工場，商店，街路として利用されている．

「漢族宅地」が顕著に多いのはEである (31筆)．城隍廟[321] が社区中央南にあり，特にその一帯に漢族は集中して居住している．城隍廟の創建当初から漢族が居住してきたとされる[322]．Eには「回族・漢族」宅地が21筆あり，特に中央北部に多い．中央北部には蘭州軍区[323] の倉庫があり，明代から政府の重要な軍用庫として使われてきた．

地区東部のGには，「漢族宅地」はなく「回族・漢族」宅地が多い．北院門街と呼ば

---

[320] 玄関先にある回族の居住を示すアラビア文字のプレートを指標とし，各宅地の居住者および周辺住民に宗教，民族，所有形態，世帯数，親族に関するヒヤリングを行って明らかにしている．第1次調査 (2006年6〜9月　調査メンバー　川井操，西安工程大学段煉孺研究室　張小月)．Google earth を用いたベースマップの作成，社区の名称とその範囲，施設分布 (清真寺，商店，その他の施設)，街路幅，屋根伏せ図，建築階高，構造形式，宅地割り，住居170件の実測，住民のヒヤリングに関する調査．第2次調査 (2007年9月　調査メンバー　川井操，于航，西安工程大学段煉孺研究室　黄震雲)．棲み分け，土地所有に関するヒヤリング調査．

[321] 明代太祖洪武20年 (1387年) 創建，明宣宗宣徳8年 (1432年) 移転，雍正元 (1732) 年，火災のため焼失，再建．

[322] 段煉孺 (1993) は，「西安城隍廟の創建当初，廟の祭祀に用いる豚肉類がこの周辺を通るため，漢族と回族の争いが頻繁に起こっていた．そのため，双方の協定により，廟後街の東部分の街路を回族専用の"西羊市"とした．」という．

[323] 中国人民解放軍の七大軍区の1つであり，西域一帯を管轄する．かつてのウルムチ軍区を編入し，新疆に大部隊を置く．管轄区域は，甘粛省，青海省，陝西省，寧夏回族自治区，新疆ウィグル自治区，チベット自治区阿里地区であり，ウィグル族や回族といったイスラーム系少数民族が多い地区を担当する．

第 III 章
西安・洛陽─中国都城の原郷

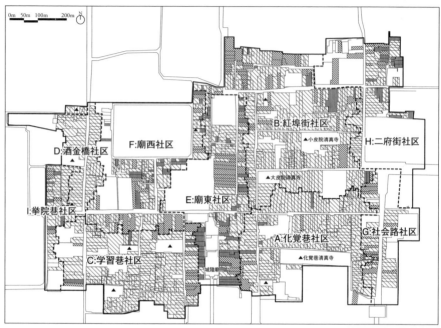

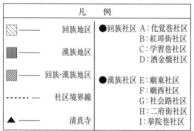

図 III-4-15　棲み分けの構造（作成：川井操）

れ，回族が多くの店舗を営む西安旧城を代表する繁華街となっている．

　一方，「回族社区」でありながら，「漢族宅地」が比較的多いのがBであり，「回族宅地」が10筆，「回族・漢族」宅地が42筆ある．社区北部には，政府機関があり，その一帯を囲むようにして「回族・漢族」宅地がある．隣接するHにも，「漢族宅地」を確認できる．

　創建年代の古い清真寺すなわち化覚巷清真寺，大皮院清真寺，小皮院清真寺，清真古寺周辺においては，「回族宅地」の分布が圧倒的に多い．

　「漢族宅地」については，主要街路に面しているものが14筆，街路端部あるいは巷

と呼ばれる路地空間に面しているものが79筆ある．「回族・漢族」宅地は，主要街路に面するものが54筆，巷あるいは路地に面するものが78筆である．主要街路において商店を営む回族に対して，漢族は主に専用住居の多い街区内を宅地とする空間構造を指摘できる．

(2) 住居類型

住居類型とその変化については上で見たように，大きくは一棟型と分棟型に分けられる．一棟型と分棟型によって構成される宅地の型に着目すると，以下のように分類できる．

- S. 一棟型：一棟を分割共用するもの
- P. 分棟型：複数の住棟で構成されるもの
- M. 混合型：一棟型と分棟型で構成されるもの

概観するとSが398筆，Pが913筆，Mが288筆であり，全体の57.1％を分棟型Pが占める．宅地規模に着目し，各平均面積を確認すると，Sが$442.7m^2$，Pが$202.7m^2$，Mが$500.2m^2$であり，Pがその他2つと比較して小規模であることがわかる．これは戸建群が1軒の戸建型として立地する場合が多いためである．

SとMが主に街区の中央に立地するのに対し，Pは街区の端部あるいは袋小路に面して立地する．これは街区分割と共に宅地が細分化された宅地を利用していると考えられる．

「回族宅地」あるいは「漢族宅地」さらに「漢族・回族」宅地において，その住居類型を見ると，「漢族宅地」はS40, P50, M6，「回族・漢族」宅地はS56, P45, M29，「回族宅地」はS302, P818, M253である．全体として，四合院から分棟型への変化が進行していることがわかる．「漢族宅地」の場合，四合院を踏襲した一棟型が比較的多いことが指摘できる．

(3) 所有形態

中国の土地所有は「都市部国有地使用権設定・譲渡暫定条例（1990年）」によって規定されている（小田美佐子(2002)）．「都市の土地は国家的所有に属する．」(10条)のであって，基本的には居住者の土地は国からの賃貸となる．しかし，上物（建造物）に関しては，持家と借家の2つに分けられる．

個々の宅地は以下のように分類できる．

- O. 持家型：持家で構成される宅地
- R. 借家型：借家で構成される宅地
- OR. 持家＋借家型：持家と借家で構成される宅地

ヒヤリングを行った834筆の宅地のうち，O714筆，R111筆，OR9筆であり，全体の85.6％をOが占める．宅地規模の平均はO. $331.96m^2$, R. $445.08m^2$, OR. $621.77m^2$である．

持家型 O は,「回族宅地」が 608 筆,「漢族宅地」が 47 筆,「回族・漢族」宅地が 59 筆で,回族宅地が全体の 85％を占める．借家型 R は,「回族宅地」が 64 筆,「漢族宅地」が 21 筆,「回族・漢族」宅地が 26 筆であり,借家型 R の半数以上は「漢族宅地」である．

住居類型について見ると,持家型 O は,S155 筆,P308 筆,M234 筆,借家型 R は,S28 筆,P35 筆,M27 筆,持家＋借家型 OR は,S3 筆,P2 筆,M4 筆である．そのうち R＋P に居住する漢族地区は 22 筆確認できる．川井操（2010）は,ヒヤリング調査も加えて,貧困層の漢族が借家型の四合院形式の住居で居住するのに対し,回族は比較的裕福で,既存の四合院を壊し,新たな持家の戸建型に居住する傾向がある,という．

川井操（2010）は,さらに,回族が密集する社区 A（化覚巷社区）と漢族が密集する社区 E（廟東社区）において,世帯数,居住者数,親族に関するヒヤリング調査を宅地単位で行って比較している．200 筆を超える宅地についての詳細調査で,「回族宅地」の平均世帯人数が最も大きく,1979 年に開始された一人っ子政策によって,都市部において一子までが基本とされる漢族とチワン族に対し,それぞれの人口規模や住宅地に応じて,2 人以上の子供を持つことが認められたことが背景にあることを指摘するなど興味深い分析を含むが,本書では省略したい．

「回族居住地区」の空間的棲み分けについてまとめると以下のようになる．

①「回族居住地区」には,「回族宅地」が 1373 筆,「漢族宅地」が 95 筆,「回族・漢族」宅地が 132 筆で,地区全体の 46％が「回族宅地」である．特に清真寺周辺では「回族宅地」が顕著に多いが,城隍廟周辺や北東部一帯において「漢族宅地」を多く確認できる．

②「回族宅地」と比較して,「漢族宅地」あるいは「回族・漢族」宅地では,一棟型すなわち 1 つの建物をいくつかに分けて共用する場合が多い．漢族は大幅な建て替えを行わず四合院を生かすかたちで居住しているのに対し,回族は分棟型に多く居住する傾向を示している．

③借家型の住居の約半数以上に漢族が居住する．また,借家型の住居は一棟型の宅地構成をとる割合が高い．借家型は既存の住居を活用し,それを分割する形をとることが多く,漢族貧困層が居住する傾向が見られる．他方,回族は地区内で商業に従事して比較的裕福な世帯が多く,持家型の分棟型に居住する傾向にある．

④化覚巷社区において,1 世帯平均人数を見ると回族が 4.5 人と漢族の世帯規模より若干大きい．これは一人っ子政策の影響が一因であり,回族の親族による集団居住が形成されていることが要因である．

第Ⅳ章

開封・杭州・南京 ── 中国都城の変容

唐朝崩壊以降，中国の都城は開封（汴州）→杭州（臨安）→大都→南京→北京と推移する．北方集団，キタイ，女真，モンゴルの都城については次章でみることとし，本章では，開封，杭州，南京についてみたい．長安都城モデルの解体以後の中国都城の変容を確認することになる．

　「安史の乱」以降，帝国としての体制維持に汲々としてきた唐王朝は，上述のように，「黄巣の乱」を平定した朱全忠によって最終的に息の根を止められる．朱全忠が後梁を建てて（907年）都城としたのが自らの出身地である汴州（汴梁，開封）である．そして，開封は，五代の後周の世宗芝栄のもとで宋の太祖となる趙匡胤がその基礎を築いて宋（北宋）の国都となる．

　開封の形態は，隋唐長安とは異なり，宮城を内城が取り囲み，さらに外城が取り囲む3重の「回」字の入れ子構造をしている．全体は整然とした幾何学的形態をとらないが，トポロジカルには「中央宮闕」型である．その建設に当たっては，北魏洛陽をベースとする唐洛陽が念頭に置かれている．この開封の「中央宮闕」型の都城のかたちは，以後の都城の計画に大きな影響を与えることになる．金中都，すなわち大都の前身は，開封をモデルにしたと史書に記される．

　「靖康の変」によって宋は南に追われ（1127年），「行在」として拠点にしたのが南宋の国都杭州である．杭州の形態は長安とも開封とも全く異なる．宮城が城郭の南に位置するのである．言わば「南闕」型である．中原と江南では，都城のかたちは異なっている．この南北，左右の逆転をどう解釈するのかは中国都城史のトピックスの1つである．

　金，南宋を滅ぼし，ユーラシアを制覇した大モンゴル・ウルスを継承した大元ウルスが首都として建設したのが大都である．そして，この大都を引き継いで，今日の北京に国都を造営するのが明であるが，この明が当初拠点としたのが南京である．この南京の歴史は古く，戦国時代に呉を征服した楚の「金陵」に遡る．三国時代に，孫権が呉（222〜280年）の都とし「建業」と称した．孫呉の建業以前，南京の地には，中原における都城理念すなわち『周礼』都城モデルは存在しなかったと考えられる．そこへ，漢族が下ってきて東晋（317-420年）を樹立し，「建康」を建設して以降，南朝の首都も建康に置かれる．建業そして建康の空間構造は中国都城の原型を窺う上で興味深い．そして時代をはるかに下って，明南京は明北京の前身となる．並行して建設された明中都にその原型を窺うことができる．ただ，土地の制約を受けて，その理念型は大きく歪められているように思われる．

　以下に，開封，杭州，南京について，まず，その起源と形成を跡づけ，都城のかたち，その空間構造を確認した上で，その現況を，それぞれ臨地調査をもとに考察したい．

IV-1　開封

　開封の歴史は古く，その名の由来は春秋時代に遡る．しかし，その存在が歴史の表舞台に登場するのは，太祖朱全忠が後梁を建て，出身地である開封を一旦首都とし[324]，後晋が正式に首都として以降である．宋王朝を建てた太祖趙匡胤は，節度使体制を解体して官僚体制を整備すると，東京開封府を中心に西京河南府，南京応天府，北京大名府の四京を置いた．

　本節では，まず，近年の考古学的な成果[325]を踏まえて，開封の都市形成の歴史，その変遷について考察したい．そして，臨地調査[326]の対象とした文珠寺・学院門社区を中心に内城内の現況（土地利用形態，建築類型の分布）を明らかにしたい．およそ明らかにできるのは清末以降の開封である．文珠寺・学院門社区については于航（2013）をもとにしている．

1-1　開封の都市形成

　開封の歴史については，張擇端『清明上河図』呉自牧『東京夢華録』が残されていることもあって，周宝珠（1992, 1997），程子良他編（1993），程遂営（2002），伊原弘編（2003）など比較的数多くの論考がある．日本の研究者の論考としては，中国語訳もある久保田和男（2007）が最も包括的である．また，一般書として伊原弘（1991, 2009）がある．さらに，開封のユダヤ人に焦点を当てた小岸昭（2007）がある．主要な論考については，遠藤隆俊・平田茂樹・浅見洋二編（2010）があり，その中で久保田和男が都市史研究について研究史をまとめている．程子了他編（1993），久保田和男（2007），李路珂（2012）などをもとに，開封の都市形成の歴史をそのフィジカルなかたちに着目し

---

[324] 朱全忠は即位した 907 年に開封を首都とするが，2 年後に洛陽に遷都している．後唐もまた洛陽を首都とし，洛陽を東都，長安を西都，太原を北都，魏州を鄴都とした．後晋，後漢は，開封を首都としたが，郊壇，太廟などの祭礼施設は洛陽に置かれていた．開封で郊祀が行われるのは，後周以降である．

[325] 開封に関する考古学研究として最新成果をまとめたものに劉春迎（2004, 2009）がある．また，それに先立って開封市文物考古隊編（1998）がある．

[326] 臨地調査は，2007 年 8 月 16 日～8 月 23 日に東大門地区を中心に予備調査を行った．そして，于航が単独で，2009 年 12 月，学院門社区について，詳細調査を行った．さらに，2010 年 8 月 22 日～8 月 27 日に文珠寺地区の詳細調査を行った．臨地調査は，2000 年の都市地図（1/2,000）をベースマップとし，施設分布調査，建築形態調査（建築階数，構造形式）を中心に行い，住宅については，学院門社区の 103 世帯について実測調査を行った．

図 IV-1-1　開封城祉の変遷（出典：李路珂（2012）他，作図：于航）

てまとめると以下のようになる（図 IV-1-1）．

①春秋時代の開封は，衛に属する儀邑という邑であった．現在の開封の南 20km ほどに位置する．春秋時代の衛国の城壁遺跡は，その北東，現在の開封城の南向の朱仙鎮の古城村にある．その後，魏が国都大梁を建設し，運河網を整備する．北宋の皇城を南東に含んで，北東部に位置していた．戦国時代の名城として知られたが，秦の水攻めで廃墟と化した．

②前漢時代は，県治（陳留郡浚儀県）が置かれ，改称されて開封県となる．開封県は河南郡に属した．南北朝時代になって，都市としての地位は上がり，北魏時代には陳留郡治，東魏の時に開封郡治となり，梁州に属し，その治所が置かれた．北周時代に梁州は，汴州と改名している．

③隋では，郡制が廃止されるが，引き続いて汴州の治所であり，大運河が通過することになって飛躍的に繁栄する．唐代になって，開封県の県治が汴州城に移され，汴

州城内外は，浚儀県と開封県によって分治されるようになる．

④五代の首都になって，2県を附郭とする開封府が置かれた．唐を滅ぼし，後梁を建国した朱全忠は即位した907年に開封を首都とするが，2年後に洛陽に遷都している．後唐もまた洛陽を首都とし，洛陽を東都，長安を西都，太源を北都，魏州を鄴とした．後晋，後漢は，開封を首都としたが，郊壇，太廟などの祭礼施設は洛陽に置かれていた．開封で郊祀が行われるのは，後周以降である．

⑤後周(951〜960年)の世宗柴栄が宗を建国することになる趙匡胤に築城を命じるのは955年である．この築城をもとに建設されたのが北宋東京城である．上述のように，この北宋の東京城は，現在の開封の地下数メートルに埋まっている．

⑥「靖康の変」によって宋が滅亡すると開封は衰退を始め，その規模は宋代の内城の規模に縮退する．モンゴルの侵攻に押されて，金朝が末期に開封に首都(汴京城)を移し，内城を南北に拡大している．基本的にこの時に拡大改修された内城の範囲が現在まで残る城壁の範囲である．

⑦明代は，当初副都北京とされるが，その後は周王府が置かれる．地方都市としては繁栄するが，都市の規模は金代の城郭の範囲であった．しかし，黄河は金代明昌年間(1190-1195年)に河道を変え，度々水害に見舞われるようになる．明代には，58度にわたって水害に見舞われ，8度は城内まで冠水したという．特に，明末(1642年)の水害は未曾有のもので，多くの溺死者を出した．

⑧清代に入って，明代の開封城をもとにして再建される(1662年)．そして1718年に周王府の跡地に「満州城」(俗称「里城」)が建設される．清代にも洪水は度々起こり，道光21(1841)年の大洪水は再び壊滅的な被害を受けた．現在の開封に連続するのは翌年再建された開封である．

1-2 | 北宋開封

中国都城の歴史において開封はさまざまな点で時代を画する都城である．

第1に，坊墻制の崩壊がある．北魏平城で成立した防牆制は開封においては見られない．隋唐長安城の街区構成の基礎であった坊墻制は，唐代半ば以降崩壊し始め，唐末の混乱のなかで，坊墻を破壊し，入口を街路に開いたり，街路を占拠したりして舎屋を建てる「侵街」が盛んになるが，開封には北宋初期から防牆はなかったとされる(久保田和男(2007))．治安維持のための夜禁の制はあり，巡鋪兵が夜間巡警して氾夜を取り締まった．夜禁，巡鋪は宋末まで行われたという．李路珂(2012)は，その変化を街路断面図の違いによって示している(図IV-1-2)．

第2に，坊墻制の崩壊とともに市制の変化がある．城市内の「坊」に場所を限定されていた「市」は，城内あるいは城外に設けられるようになる．全国的市場が成立す

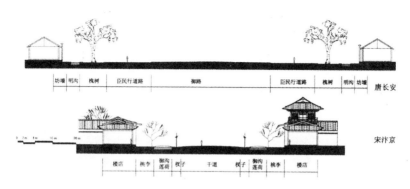

図 IV-1-2　坊牆制の崩壊　街路断面の変化（出典：李路珂 (2012)）

るとともに，県のなかに「鎮」「草市」「虚市」「歩」「店」などと呼ばれ，「鎮市（市鎮）」と総称される小都市，集落が発達してくる[327]．

　第3に，朱雀門街から御街への変化がある．皇帝祭祀，とりわけ南郊郊祀は宋代に入って，都市祭礼へと変化していく．すなわち，王家，宮廷の祭祀から住民に見せる祭礼へと変化する．その舞台となったのが都市の中軸線を形成するのが御街である．応地利明 (2010) は，「中央宮闕」型から「北闕」型への変化，南北中軸線，シンメトリー（左右相称）構造への転換を中国都城のバロック化と呼んだが，序章で示唆したように，王権の世俗化をバロック化というのであれば，開封の御街こそバロック化と呼ぶのが相応しいように思われる．

　第4に，開封のかたちすなわち3重の入れ子の空間構造，そして宮城，皇城の構成が，キタイ燕京，金中都，そして元大都・明清北京など後の都城のモデルとされ，影響を与えたとされていることである．これについては第 V 章で確認しよう．

　開封の空間構成の特性は以下のようである．

(1) 全体形状

　北宋代開封については，『清明上河図』[328]『東京夢華録』[329]など史資料をもとに，いくつかの復元図が作られている．ただ，上述のように黄河の氾濫で，当時の地表面が地下に埋もれていて詳細はわからないことが多い．張馭寰 (2011) が列挙しているが，復元図は様々である（図 IV-1-3abcd）．

---

327) この鎮市については，加藤繁 (1952, 53)，周藤吉之 (1962)，斯波義信 (1968, 1988)，柳田節子 (1995) など経済史学の分厚い蓄積がある．
328) 北宋末の張擇端が開封をテーマに描いたとされる風景画．「清明上河図」と題された画巻は数多く描かれ40巻を超える．
329) 孟元老・入矢義高・梅原郁訳注 (1996)．孟元老・姜漢椿訳注 (2008)

第IV章
開封・杭州・南京 ── 中国都城の変容

　呉自牧『東京夢華録』は, 外城, 旧京城, 河道, 大内, 内諸司, 外諸司の順に筆を進める. 外城の形状は上に見たようにはっきりしないが, 城門は, 南に3門 (＋水門2), 東に4門 (内水門2), 西に5門 (内水門2), 北に4門 (＋水門1) が列挙される.
　旧京城すなわち唐汴州城が内城であるが, その城門については南3門, 東3門, 西3門, 北3門が列挙される.「旁三門」であるが復元図が全てこれに従っているわけではない. 河道については, 南から蔡河, 汴河, 金水河, 五丈河の4筋の河筋が順次説明される.
　宮城, 内城, 外城が整然とした長方形の3重の入れ子の形態をとる復元案 (図IV-1-3a) があるが図式的にすぎる. ただ, 南宋末年福建崇安人陳元靚作とされる『事林広記』の図 (図IV-1-3b) やそれを元にしたと思われる「宋東京汴梁図」が元代に描かれているから, 3重の入れ子構造という空間理念は一般に共有されていたと考えられる.
　外城の城壁の出土地点を直線で結んで外城を平行四辺形に復元する例 (図IV-1-3c) は不自然である. 特に外城については不明の点が多い. 北宋代も初期と末期では異なる. 北宋末の形状を示すと一般的に考えられているのは図IV-1-3d である.
　内城にしても, 外城にしても不整形である. 東西南北が意識されているのは大内であり, 御街である. 隋唐長安城の左右対称の空間構造は崩れ, 中軸線のみ明確に維持されているのが際立った特徴である.

(2) 大内 (宮城・皇城)

　大内についてもいくつか整然と計画的に区画割された復元図がつくられているが (図IV-1-4abcd), 全てが一致しているわけではない. 復元案の中には, 皇太子宮 (東宮) が南に位置する案と北に位置する案がある. また,『東京夢華録』は, 大慶殿に鐘楼, 鼓楼2楼があるとするが, 西に接する文徳殿にあったとする復元案がある. 言うまでも無く, 鐘楼, 鼓楼は, 楼上に太史局 (天文台, 気象庁) が置かれ, 時間を管理する場所である.
　全体は, 西華門と東華門を繋ぐ横街によって南北に二分され, すなわち, 宮城と皇城にわけられ, 南の皇城に内諸司が置かれ, 北の宮城に紫宸殿他諸殿が配列される.
　大内の南壁には, 中央の宣徳門および左右の掖門合わせて三門あり, 東西は5つの部分にわけられ, 中央に大慶殿, 東端部に明堂が配置される. 大慶殿は, 正月朔日に朝会が行われるほか, 大礼など皇帝祭祀の中心となる. 古来皇帝が太微五帝を祀る場所とされる明堂が建設されるのは徽宗の政和5 (1115) 年であり, 当初は大慶殿で明堂の祭祀が行われた. 宮城の中心は紫宸殿であり, ここで正月朔日には朝賀が行われた. およそ三朝制に従うかたちである.
　『東京夢華録』の大内の記述で面白いのは, 東華門の内外の様子である. 東華門の外は開封内城で最も繁華な街で宮中御用達の品々はここで買い上げられ, 東華門を

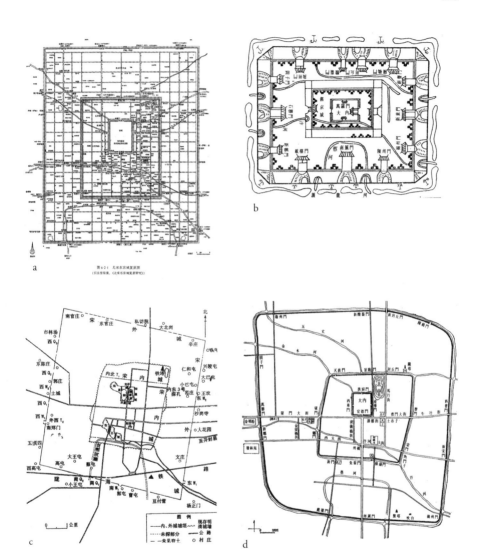

図 IV-1-3　開封復元諸図　a 張馭寰（2011）　b『事林広記』　c 張馭寰（2011）　d 張馭寰（2011）

入った一帯に殿中省，六尚局，御厨があり，市中では手に入らない品々が売られていた，という．

(3) 御街

『東京夢華録』巻2，巻3は，宮城外の「坊巷」について記述する．まず，言及されるのが，内城，外城の南北軸線となる御街である．

第 IV 章
開封・杭州・南京 —— 中国都城の変容

a

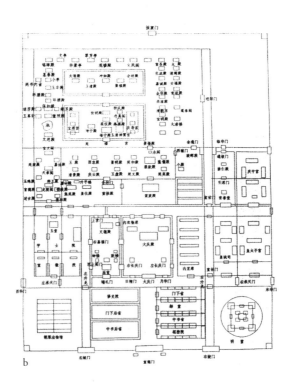

b

図 IV-1-4　a『事林広記』，bcd 宋代開封大内の構成（出典：張馭寰 (2011)）

開封

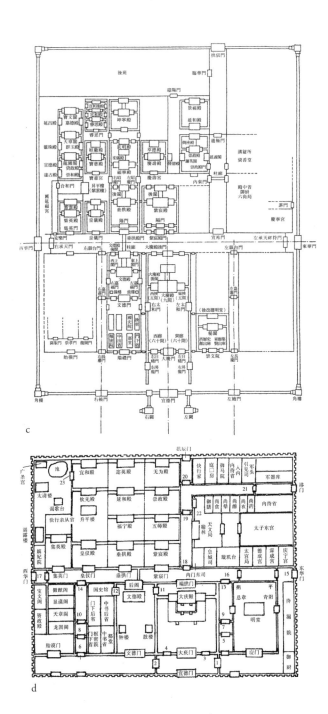

御街は，金，元，明清代を通じて，同じ位置に再建されてきたことが考古学的に明らかにされている．幅が200歩あったというが，長安の朱雀門街が100歩だから，明らかに広すぎる．間違いか，宣徳門前の広場についていうと考えられる（孟元老・入矢義高・梅原郁訳注 (1996)）．両側は「御廊」になっていて，商人が商いをおこなっていたが，政和年間以降，禁止されたという．御廊は，まさに，図IV-1-2 が示すような断面をしている．

この御街は，皇帝祭祀，とりわけ南郊郊祀における主要な舞台となる．まさに，開封の南北を貫く御街は開封の空間構造を決定づけている．

郊祀の形式は，唐代『大唐開元礼』(732) に集大成されているが (Column 2)，「安史の乱」以降になると，大きく変質していく．すなわち，それ以前は，皇帝祭祀はまさに皇帝自ら天地の神々を祀るものであり，あくまで宮廷内の祭りであったが，皇帝が都城内を巡幸し，都市住民に見せる都市祭礼へと変化していくのである．この大礼，南郊の礼は『東京夢華録』巻10「冬至」に詳述されるが，先頭を歩むのは飾り立てた7頭の象である．

宋においては，ほぼ規則正しく3年に1度，南郊郊祀が行われるようになる．祭祀は，大内南の宣徳門と外城南薫門を象と車を往復させる2か月前のリハーサルから始まる．そして，郊祀は，冬至3日前，大慶殿での斎宿（ものいみ），2日前，太廟→景霊宮→太廟（斎宿，親祭），前日，太廟→南郊青城（斎宿），冬至日，三更，郊壇（郊祀）→還御・青城→南薫門→宣徳楼，日暮れ終了という3日の行程で行われる．終了後，日を選んで，東西景霊宮に御礼参りが3日行われ，その後，その他の宮観や私邸が巡幸される．

景麗宮は，宋代歴代皇帝と后妃の塑像を奉祀した神宮で，東西2宮からなり，御街の宣徳門南の一等地の左右に大中祥符5 (1012) 年に建設されている．郊祀の際の他，毎年4回皇帝の親祭が行われ，道教・仏教両式の法事が行われた．太廟は，内城東部中央，麗景門（旧宋門）と望春門（旧曹門）の間に位置する．太廟は後周が設置するが，『周礼』考工記が参照されている（『旧五代史』142, 礼志上, 広順三年9月上）．青城とは，青い幔幕を城壁や御殿の形に張り巡らした仮の宿所であるが，北宋では政和・宣和年間に常設のものとして建設されている．郊壇は，3重の土垣によって囲われた中央に設けられ，3段72階，東西南北の4面に階段が設けられていた．

郊祀が都市パレードとしてスペクタクル化する一方簡略化も行われる．その半数は明堂の祭祀によって代替されるようになるのである[330]．南郊郊祀については，杭州（南宋臨安）についても確認したい．

(4) 夜市・邸店

『東京夢華録』巻2は，続けて，御街を南に下りながら両側の街々の様子を記す．

---

330) 梅原郁「皇帝・祭祀・国都」(中村賢二郎編 (1986))

すぐに汴河と交わる州橋付近の夜市について描写がある．夜市とは，夜間営業の店で三更（午前零時）まで商う店のことで（加藤繁 (1952，53)），坊牆制，市制の崩壊の象徴である．実は，既に唐代の汴州城において夜市は存在し，江南の諸都市では早くから一般的であったとされる（孟元老・入矢義高・梅原郁訳注 (1996)）．

孟元老は，さらに内城の「坊巷」の様子を記述していく．内城について，近年の考古学的成果（劉春迎 (2004，2009)）を踏まえ，梅原郁による『東京夢華録』に現れる地名，街路名の復元図（孟元老・入矢義高・梅原郁訳注 (1996)）を，現在の地図上にプロットすると図 IV-1-5 のようになる．また，もう少し，面的に様々な建物，店など諸施設を分類して示すと図 IV-1-6 のようになる（李路珂 (2012)）．また，北宋開封の都市景観を窺う上で有力な資料とされるのが『清明上河図』である．開封を描写したものかどうかは議論があるが，開封に特定した復元案もある（図 IV-1-7ab）．「坊巷」というけれど，『東京夢華録』は，坊の名前を用いず，街路名（○○街，○○大街）のみ用いて記述している．坊牆制の崩壊を，そのこと自体が示しているといえるが，『清明上河図』も『東京夢華録』も北宋末の状況を示す資料である．

宋代において，商業活動の核となったのが「邸店」である．邸店とは，大規模な宿泊施設（旅館）に倉庫機能が付属したものをいう．南北朝時代から公的な邸店は存在し，唐代には，市制の下に管理され，市の坊牆の内側に邸店が並ぶ形式であった．ウィグル商人，ソグド商人が邸店を経営し，西域交易によって栄えたことが知られる．市制が崩壊するとともに，在地の商人（坐商，坐賈）が民間経営する邸店が多く出現する．

邸店は，客商，行商の商品の保管を行ったが，宿屋としては，個室もあったが相部屋が一般的で，テーブルに集まって食事ができるような場所も設けられていた．『清明上河図』にテーブルが描かれた食堂様の店が邸店である．宋代には官僚の商業行為は禁止されていたにも関わらず，士大夫層がこの邸店を広く営んだことが明らかにされている[331]．酒，茶，塩などの専売品に絡んで，酒坊を経営する富民と深く関わる有官の豪家が少なくなかったとされる．科挙の受験のための京師への往復，官僚の地方任地への往復の際も邸店が使われ，彼らも交易に関わった[332]．

---

331) 柳田節子 (1995)「VII　宋代官僚と商業行為」．
332) 唐末から北宋にかけての商業の拡大，都市化の進展についての研究はこれまで数多く積み重ねられてきている．例えば，斯波義信は，宋代における都市，市場の発展を明らかにする一連の研究において，都市的土地家屋，「邸店」「房廊」「停場」（旅館倉庫業）といった建物の地代，賃借料を収入とする富裕層の出現や，「客商」（遍歴商人）とその組織である「商幇」（同郷商人集団）の成長などを明らかにしている（斯波義信 (1968，2002)）．唐以前においては，商業用倉庫は「邸」「店」ないし「邸閣」「邸店」と称され，城市の市の壁に沿って設けられていたとされるが，市制の崩壊に伴って「邸」「店」は，市壁外に設けられるようになり，また他に「場坊」「垛場」と呼ばれる倉庫業が発生したという（加藤繁 (1952，53)）．一方，唐代から既に街道上に「店肆」（旅館）が存在してきたが，仲買を行う客商のために，倉庫業と旅館業を兼業する形で出現してきたのが邸店，房廊，停場である．地方では店肆を核として鎮市となる事例が出現する（周藤吉之

第 IV 章
開封・杭州・南京 —— 中国都城の変容

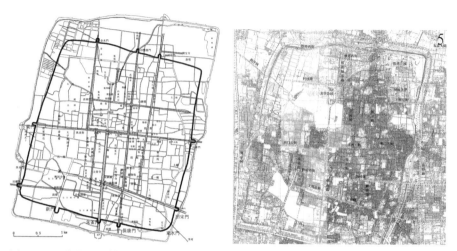

図 IV-1-5　宋代開封（作図：于航, 出典：孟元老『東京夢華録』劉春迎（2004, 2009）＋入矢義高・梅原郁訳注（1996））

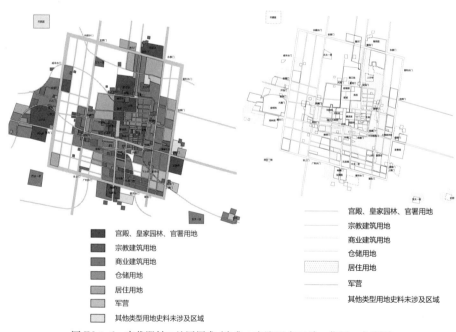

図 IV-1-6　宋代開封の地区編成（出典：李路珂（2012），作図：成浩源）

1
開封

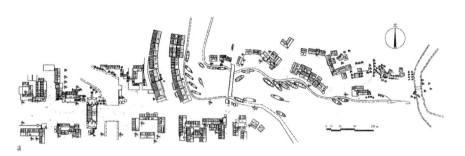

a

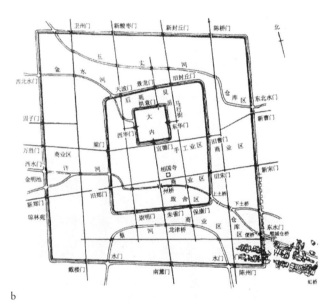

b

図 IV-1-7　『清明上河図』と開封（出典：李路珂（2012））

　邸店などの新たな建築類型の具体的な形態については必ずしも明らかにされているわけではないが，開封における市や店のあらたな形態などについて，大きな手掛かりとされるのが『清明上河図』であり，『東京夢華録』である．『東京夢華録』には各街で数多くの物品が売り買いされていることが細かく描かれている．『清明上河図』にも数多くの店や物売りの姿が描かれている[333]．『清明上河図』を読み解く作業の中で注目

　　（1962））．
333)　『清明上河図』は開封を描いたものではなく，近郊の小都市を描いたとする説もあるが，いずれ
　　にせよ，北宋末における都市の光景を描いたものである．

第 IV 章
開封・杭州・南京 ―― 中国都城の変容

図 IV-1-8 「邸店」(出典:張擇端『清明上河図』)

すべきは,店のテーブルと腰掛に着目した小泉和子の指摘[334]で,テーブル,腰掛のみ描かれて飲食店らしくない 20 軒は,回船問屋あるいは問屋,卸・仲買の店であるという.これが邸店の具体的な形態とみていいであろう(図 IV-1-8).

『清明上河図』に描かれた建物を一覧する限り,長屋形式の建物は確認できない.高村雅彦は,「房廊」を「前面に吹き放しの,いわばアーケードを持った割長屋の店舗あるいは倉庫・邸店群」とし,『東京夢華録』巻 2「宣徳楼前省府官寺」に「十三間楼」[335]とあるのを河沿いの柱間十三間の房廊だとする[336].そして,この宋代の房廊は,元大都の「半坡屋」,明清の「廊房」に引き継がれるとする.この「房廊」(→「半坡屋」→「廊房」)がアーケードをともなった長屋であるかどうかについては疑問なしとしない.「十三間楼」というのは,「宣徳楼」と同様,「楼閣」であって「房廊」ではないのではないか.少なくともアーケードの存在は不明である.清北京について『乾隆京城全図』(1750)をもとに店舗の形式を問題にするが,北京においては,四合院形式の店舗とは別に「勾連塔」という店舗の形式がある.その成立について議論するが,その形式は棟を横に連続させる長屋形式として成立したものではない.

問題は四合院形式とは別の都市型住宅としての連棟形式の店屋(町屋)がどのように成立したのか,いつ成立したかである.『清明上河図』を見る限り,一間間(いっけんま)の門を

---

334)「テーブルと腰掛から見た『清明上河図』」(伊原弘(2003)).
335)『東京夢華録 宋代の都市と生活』の訳注は,五代後周の将軍周景威が建てた楼閣であるとする.王辟之『澠水燕淡録』巻九「玉壷清話」に詳しく周景威が経営して莫大な富を得たとしている.
336) 高村雅彦「中国における「町屋」の成立過程とその変容―アジアの比較建築史・都市史の視点」(日本建築学会大会協議会資料『東アジアから日本の都市住宅(町屋)を捉える』,2007 年 8 月).

もつ屋敷地が二つほど見られるが，必ずしも，新たな型を認めることはできない．ただ，長屋形式には見えないまでも壁を接して，邸店などが並ぶ街並みは新たな都市景観である．ただ，「界墻」とよばれる煉瓦壁，日本でいう「卯建」を介して連続する町屋の形式は描かれていない．

房廊あるいは「界墻」によって連担する町屋の形式が描かれるのは後代[337]の『清明上河図』である．蘇州をはじめとする江南諸都市で『清明上河図』の贋作（「蘇州片」）が数多くつくられ，そこに「界墻」が描かれていることは興味深い．江南の諸都市は，まさに唐代から宋代にかけて，鎮市として発展してきた都市である．多くは水郷都市，水運を基礎にした都市であり，中原の諸都市とは異なる都市組織を発達させてきたと考えられる．

(5) 廂―坊―戸

「坊」に替わって，新たな行政区画単位として五代から宋代にかけて創設されたのが，治安維持そして火災防止のための区画「廂」である．「坊」という地区単位は維持され，「廂」の下位単位とされた．坊制に対して「廂制」と呼ばれる．

国都開封の治安維持には直接禁軍があたった．廂は，唐代より禁軍の編成単位の名称であり，駐屯地とした城市内の区画の名称としても用いられるようになるのである（曽我部静雄（1940））．開封内城には，左右廂が設置されたが用いられ，これは左右両廂に分けて禁軍を分宿させたことに由来する．

北宋の初期から，内城・外城内各4廂，計8廂が知られ，真宗代には外城外にさらに9廂設けられたとされる．外城については左右3廂，計6廂という資料もあり，天禧五（1021）年の記録によると（『宋会要』兵3・3~4），内城は，左右それぞれ2廂からなり，左軍第1廂（20坊，8950戸），左軍第2廂（16坊，1万5900戸），右軍第1廂（8坊，7000戸），右軍第2廂（2坊，700戸），外城は，城東左軍廂（9坊，2万6800戸），城南左軍廂（7坊，8200戸），城南右軍廂（13坊，9800戸），城西右軍廂（26坊，8000戸），城北左軍廂（9坊，4000戸），城北右軍廂（11坊，7900戸）であった（梅原郁（2006），久保田和男（2007））．

坊の総計は121となるが，廂毎に規模の差は大きい．廂―坊の具体的な形態も様々であったと考えられる．禁軍兵士は，主要な四辻に設置された軍鋪に駐屯したと考えられる．梅原郁（2006）によれば，第Ⅴ章4で触れるが，清朝の『康熙六旬萬寿盛典図』（1713）に描かれた木造の小屋が軍鋪の具体的なイメージである（図V-4-10 549頁参照）．廂制は南宋臨安でも行われる．さらに，元，明清を通じて，都城の治安維持のために，軍鋪のような施設が設置されていたのである．

廂―坊―戸という編成が外城外にも及んでいくのであるが，これは人口増加に対応

---

[337] 張擇端の『清明上河図』は，明の仇英によるもの，清の沈源のもの，「清院本」といわれるもの，など多くの模作，贋作がある．

し，城街にも「草市」などが発達していった結果であると従来考えられてきた．防牆制の解体から商業都市への発展拡大への変化である．

　均田制が有名無実となり，両税法（780年）の施行によって実質上廃止されるとともに導入された戸籍の捕捉法は，主戸客戸（主客戸）制と呼ばれる．全国の戸を土地所有の有無によって主戸と客戸に区分して有産の客戸を主戸に編入した．客戸とは土地を所有しない小作に従事する佃戸である．そして主戸を財産額によって等級分けし，その額によって負担額を決定する制度が行われた．これを戸等制という．唐代には，九等戸制が行われていたが，宋代においては五等戸制[338]が行われる．

　この戸等制は，城郭戸すなわち都市部については実施されてこなかったが，募役法が実施されると坊郭の住民から免役銭を徴収するために，主戸の把握が必要となって導入された．坊郭戸の場合，主戸9等，および客戸1等の防郭10等戸制が採用されたとされる[339]．郷村の主戸が田地を主な区分基準とするのに対し，坊郭の主戸は主に家屋を基準として区分され，その額に応じて免役銭の供出を負担した．店舗を持たない商人も客戸であり，浮戸・浮客とも呼ばれた．

(6) 軍営

　それに対して，開封の当初の空間編成を規定する大きな要素として禁軍整備，軍営の配置に着目するのが久保田和男（2007）である．

　図IV-1-5（孟元老・入矢義高・梅原郁訳注（1996））の大内の西側に兵営と書かれた区域があるが，これが軍営であり，開封を首都とした当初は，城内に数多く建てられていた．軍営は障壁と営門によって囲われた閉鎖的区画であり，禁軍一人当たり「一間」が給せられたというから，区画の中に建ち並んでいたのはまさに長屋建ての兵舎（バラック）である．すなわち，開封内城には，防牆壁をもたない坊があり，人口増加とともに街路の一部を不法占拠し舎屋を建てる「侵街」が進行する一方で，閉じた軍営が存在したのである．

　この軍営は，禁軍の変遷の推移に従って，すなわち在京禁軍が減少するにつれて，併営されたり再編されたり，廃営されたりする．その結果，跡地は売却され，再開発されていく．その経緯を久保田和男（2007）は丹念に跡づけている．内城から軍営がほとんど消えた姿が『清明上河図』『東京夢華録』などに描かれた開封の世界というこ

---

338) 一等戸（上等戸）は大地主，二・三等戸（中等戸）は小地主・富裕農民，四・五等戸（下等戸）は零細な土地しか所有しない自作農・半自作農である．上等戸は地主層で，官戸・形勢戸がこれに含まれる．上等には概ね400畝以上の土地を所有する戸が該当した．彼らは租税の運搬等の職役を負担させられたが，その負担は重かった．中等戸（中戸）は50〜150畝程度を所有していた小地主と富裕農民である．下等戸（下戸）は5〜50畝程度を所有する自作農ないし半自作農で，それなりの割合が貧困な生活を送っていた．五等戸のうち，5割強は下等戸で占められ，上等戸の数は約1割に過ぎなかったとされる．

339) 柳田節子（1995）「IX　宋代都市の戸等制」．

とになる.

　北宋開封の空間構成を，隋唐長安・洛陽を念頭にまとめると，以下のようになる．
①全体は，外城，内城，宮城・皇城の3重の入れ子の空間構成をとる．宮崎市定の「紙上考古学」による都市モデル（図 II-2-4）の内城外郭式，すなわち回字状の形態がそう一般的ではなかったことを上でみたが（第 II 章 2-3），唐代汴州城がそうした回字構成をしており，それを大きく外城で囲むことで成立したと考えられる．
②宮城・皇城と御街は正南北軸をはっきり意識して計画されている．3重の入れ子の構成，また南北中軸線は北魏洛陽においても見られるが，隋唐長安，洛陽を引き継ぐものと考えられる．
③内城の街路体系はグリッド・パターンをしていない．また，坊墻によって囲んだ街区（坊）によって，住民の夜間行動を制御することは行われない．また，市制も緩められる．内城，外城には商店街が至るところに形成され，夜市も許可されていた．治安維持，火災防止を目的とする住民の管理組織として創設されたのは廂であり，いくつかの坊によって編成された．
④内城は，当初，禁軍の家族が居住する坊墻で囲われ，長屋形式の兵舎で構成される軍営によって占められていた．すなわち，一般の街区，外諸司などの官用地，軍営の3つが混在する形をとっていた．街路を不法占拠して建物を建てる「侵街」は当初から行われ，軍営についても，禁軍の配置転換に伴い，接収されたり，転用されたり，売買されることで再開発されていく．北宋末には，『清明上河図』に描かれるような商業都市へと転換を遂げたと考えられる．

　都城としての開封の骨格となるのは，以上のように，宮城・皇城と御街であり，そして御街を舞台として行われた南郊郊祀が都市のスペクタクルとなったことが，隋唐長安との位相の違いを象徴している．宋代以降を近世とするのが内藤湖南，宮崎市定ら京都学派であるが，隋唐長安から開封への都城形態の変化ははっきりしている．中国都城史の第 IV の転換である．

1-3 ｜ 開封—文殊寺・学院門社区

　北宋時代の開封は，上述のように，地下数メートルに埋もれている．北宋以前には洪水はなく，北宋滅亡後，黄河は流れを南に変える．明代には何度も洪水に見舞われ，清代も洪水の被害は続いた．現在の城壁は，1841 年の大水害後に再建されたものである．ただ，城壁の位置は金代のものである．金が北宋の内城を南北に拡大したこと，明清代から現代に至るまでその城壁が維持されたことも上述の通りである．2005 年に城壁に上る馬道が発掘され，城壁が同じ位置に再建されていることが確認されてい

る[340]).

　歴史地図として比較的詳細なものとして残されているのは，光緒 33 (1907) 年の地図が最も古く，民国 3 (1914) 年，民国 8 (1919) 年，民国 28 (1939) 年の地図がある（図 IV-1-9）.

　もともと，汴河，金水河，五丈河が城内を貫流する水運の要所に築かれた都市であるが，明代に黄河が流れを変えて以来，度々洪水に見舞われた歴史をそのまま示すように，20 世紀初頭の開封は，まるで湖に浮いているかのようである．北宋の皇城北部は，楊家湖，蕃家湖という湖になっており，内城北西部はそれに連続する養魚場になっている．これは金水河の流路に当たっている．また，南部も民国 28 (1939) 年までは水で覆われ，現在も西南部に包公湖というかたちで残っている．これは汴河の流路に当たっている．

　そうした中で，八旗兵が駐屯する正方形の満州城が目立つが，開封の八旗城は 1718 年に建設されたものである．光緒 33 (1907) 年の地図には，ほぼ中央北端に，矩形の満州城があり，民国 8 (1919) 年にも見える．解体されたのはそれ以降である．民国 17 (1928) 年に，満州城址に放射状の街路からなる「模範市場」と南西部に「新工村区」という円形の住区を廃した計画図がつくられているが，実現してはいない．民国 20 年には城門の望楼が壊されており，この頃には満州城は撤去されたと考えられる．

　文殊寺・学院門社区は，御街の東，皇城南に隣接する地区である．すなわち，現在の中山路が御街に当たり，西門と曹門を結ぶ西大街が皇城南壁に接する．南北の書店街が，ほぼ皇城東壁のラインに沿っている．文殊寺社区の東端を走る北土街・南土街は，旧封丘門 (北門) に繋がる南北通りである．清朝末の開封の街路体系は 1930 年代まではほぼそのまま存続しており，その中心に位置していた文殊寺・学院門社区は，1841 年以降の歴史をとどめてきたことがわかる．

(1) 空間構成

　開封城内は，鼓楼区，龍亭区，順河回族区，南開区，金明区の 5 つの市轄区からなる．市轄区は，複数の弁事処によって構成され，さらに弁事処はいくつかの社区からなる．鼓楼区は 6 つの弁事処，24 の社区からなる．

　開封市政府は，1981 年に開封の古遺産や文物などを保護する『開封歴史文化名城保護計画』を中国国家計画局に提出し，1985 年 12 月の開封市第 8 届人民代表大会で，16 ヶ所の歴史保存地区が決められている (図 IV-1-10)．調査対象としたのは，書店街歴史保存地区の中の文殊寺社区と順河回族歴史保存地区の中の学院門社区である．

　文殊寺社区は，開封旧城内の中央東部，鼓楼区に位置し，東は北土街と南土街，西

---

340) 西門北側の古馬遺跡から 1841 年，1739 年の修築跡が発見された．

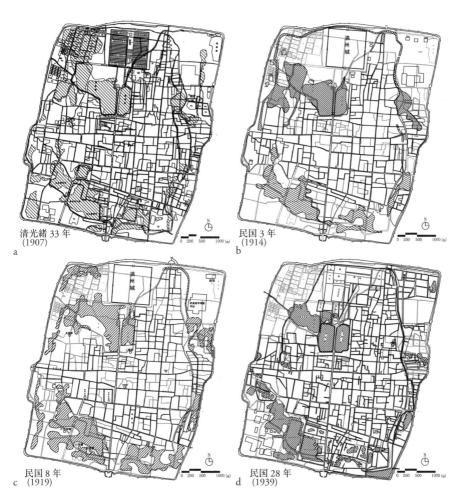

図 IV-1-9　開封城の変遷　a 光緒 33（1907）年，b 民国 3（1914）年，c 民国 8（1919）年，d 民国 28（1939）年（作図：于航）

は中山北路と中山南路，南は寺後街と鼓楼街，北は西大街と東大街に囲われた東西約 814m，南北約 570m の街区である．学院門社区は，文殊寺社区の東に隣接し，東の草市街と北羊市街，西の北土街と南土街，南の学院門街，北の財政庁街に囲われた東西約 220m，南北約 470m の街区である（図 IV-1-11）．

　文殊寺社区の書店街は，北宋代は高頭街と呼ばれ，皇宮に隣接した地区として東京城内で最も繁栄した地区であった．明代には大店街と呼ばれた．その後も繁華街であり続けるが，清代には店舗のほとんどが本屋となり書店街と改名されている．現在も

a 書店街保存地区, b 馬道街保存地区, c 双龍巷保存地区,
d 保定巷保存地区, e 龍亭湖保存地区, f 包公湖保存地区,
g 鉄塔保存地区, h 西北湖保存地区, i 陽光湖保存地区,
j 城壁保存地区, k 御街・中山路保存地区, l 鼓楼商業保存地区,
m 旧河南大学保存地区, n 順河回族保存地区, o 花井街保存地区,
p 繁塔保存地区

図 IV-1-10　開封歴史保存地区（作図：于航）

　南北書店街の両側には清代から民国時代にかけての歴史的建築物が残っており，店舗として使用されている．また，文殊寺社区の中央の徐府街には，明代に山西，陝西，甘粛の商人によって建てられた山陝甘会館がある．

　政府機関として，文殊寺社区には，開封市教育局，開封市地方志委員会，中級人民法院，開封警察署竜亭支署があり，地区の東北部あるいは西南部に立地している．学院門社区には，順河回族区委員会，商務局，工商管理局，警察局，衛生局，体育局，住宅管理局が立地する．官庁が集中する地区と言っていいが，商業施設も少なくない．文殊寺社区には，商業ビルが5棟あり，いずれも幹線道路に面している．学院門社区には，主に地区の南西辺，北辺に中規模な商業施設が建ち並んでいる．

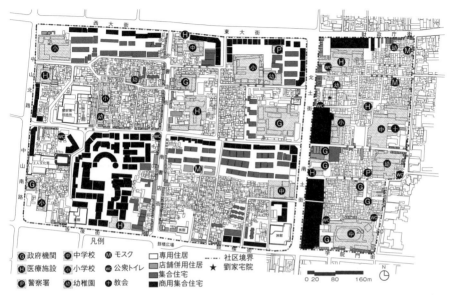

図 IV-1-11　文殊寺社区・学院門社区　施設分布（作図：于航）

　中心地区として宿泊施設も少なくない．文殊寺社区に，ホテル，旅館が5棟，学院門社区にホテルが3棟立地する．基本的に大通りに面するが，街区の内部に取り囲まれるかたちのものも1棟ある．

　日常生活関連施設として，教育施設は，文殊寺社区に幼稚園3，小学校4，中学校1，専門学校1，学院門社区に幼稚園3，小学校1，中学校2の計6がそれぞれ分散している．全体として教育施設の占有面積は大きい．文殊寺社区に病院が3棟あり地区の北部あるいは西南部に位置する．学院門社区には病院が1棟ある．その他地区の西南部に中山南路に面して，工人文化館が立地する．

　調査対象地区には，古くから様々な民族が混住してきた．宗教施設として，学院門社区の中央にキリスト教会，中央北部に南教経清真男寺，北東部に草市街清真女寺がある．また調査地区外ではあるが，東南部に隣接して東清真寺がある．これは開封で最も古い清真寺（明初創建）とされ，1963年に開封市重点文物保護単位に指定されている．学院門社区は，行政組織としては開封市順河回族区に属し，開封で最も回族が集中する地区である．宋代から19世紀末までユダヤ教徒のコミュニティがあったと

され，彼らの子孫は今日でも社区内に居住している．第四人民病院内のボイラー室には，かつてユダヤ教会で使われた井戸が残されており，病院南部に隣接する住居には，開封のユダヤ教にまつわる資料が一部展示されている（小岸昭（2007））．

御街・中山路保存地区，書店街保存地区，鼓楼商業保存地区，順河回族歴史保存地区を含むにも関わらず，文殊寺・学院門社区のこの間の変容は激しい．

地区の変化を地図（Google Earth）の比較（図 IV-1-12）によって追いかけると，2000 年においては，地区の大半は低層の建物で埋め尽くされていたことがわかる．しかし，2000 年から 2002 年にかけて，文殊寺社区にあった 2 つの空地に「商用集合住宅」[341]が建設され，西大街，東大街に面した地区がクリアランスされている．北側の西大街，東大街，財政庁街，西側の中山北路・南路，南側の寺後街，鼓楼街，そして 2 つの社区の間の北土街，南土街が拡幅整備されたのが大きい．そして，2002 年から 2005 年にかけて，文殊寺社区を南北に 2 分する徐府街，河道街の南側が大規模に再開発されている．回族地区である学院門社区は，2000 年以前の街区形態を比較的よく留めているが，地区全体のかたちは大きく異なる．

21 世紀に入って，わずか数年の間に地区は大変貌を遂げた．保存地区指定を行いながらの大改造であり，都市計画決定のちぐはぐさが露呈している．

(2) 住居類型とその変容

住居は，大きく専用住宅，店屋（店舗併用住宅），集合住宅，「商用集合住宅」に分類できる．専用住宅の原型となるのは，四合院形式の住居である．残念ながら，開封城内に四合院はほとんど残っていない．調査地区に唯一残っているのが劉家住宅である．劉家住宅は，1880 年建設で，三進の同型の四合院 2 座（連棟）からなる（図 IV-1-13）．西側の 1 号院は，1 進部分は住宅として使われているが，2～3 進は社区事務所になっている．東の 2 号院は，1 進部分は空家，2～3 進部分は幼稚園になっている．大多数の専用住宅は平屋であり，街区の内部に数多く分布する．四合院は崩れ，数世帯が居住するいわゆる「大雑院」と化している．

文殊寺社区には，店屋が 126 軒ある．主に地区を囲む主要街路街の両側に多く，書店街の西側に 52 軒あり，東側に 44 軒ある．ヒヤリングによると，そのうちの一部は清末，民国時代に遡る．書店とスポーツ用品店が多い．また，西大街と東大街の南側に 4 軒，北土街と南土街の西側に 5 軒，鼓楼街と寺後街の北側に 16 軒，中山路北段と中山路南段の東側に 5 軒立地する．学院門社区には店屋は 218 軒あり，同様に主要街路に接して配置されているが，社区の中心を走る理事庁街にも確認できる．そのうち，回族が営む清真店が 30 軒ある．清真店は，特に，理事庁街と草市街の交差点に 13 軒が集中している．以上のように，四合院と店屋が 2 つの伝統的な住居類

---

341)「商用集合住宅」とは，一階を店舗とする集合住宅，日本のいわゆる「下駄履きアパート」をいう．

図 IV-1-12　文殊寺社区・学院門社区の変化（作図：于航）

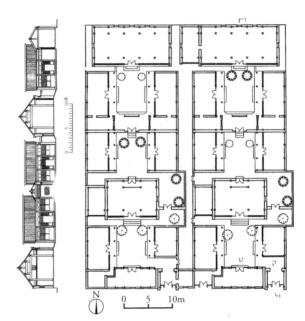

図 IV-1-13　劉家住宅　1880 年（作図：于航）

型となる．

　それに対して，集合住宅および「商用集合住宅」は，近年新たに建設された住居形式である．「商用集合住宅」は，基本的に大街に接するかたちで建設される．また，集合住宅は街区内部に立地するのが一般的である．いずれも再開発事業によって導入され，多くが 5 階建てである．文殊寺社区の西南街区は，その 2/3 が大きく再開発され，夕刻には屋台が建ち並ぶ，「商用集合住宅」による一大商住空間に変わっている．

　「商用集合住宅」を除く，専用住宅，店屋（店舗併用住宅）について，建築構造と階数を示すと図 IV-1-14ab のようになる．学院門社区の住居の構造形式は木造＋煉瓦壁が 4.0%（36 軒），RC 造＋煉瓦壁が 5.8%（51 軒），RC 造が 5.8%（51 軒），煉瓦造が 84.6%（759 軒）であり，大多数を煉瓦造が占める．住居の階数については，1 階建が 75.4%（676 軒），2 階建が 24.6%（221 軒）であり，1/4 が平屋の住居である．

　学院門社区には，専用住宅，店屋（店舗併用住宅）について 146 の宅地が確認できる（図 IV-1-15）．敷地形状によって異なるが，間口方向最大幅，奥行方向最大長さをそれぞれ間口，奥行として見ると，間口は平均 17.6m（最大 53.5m，最小 4.74m），奥行は平均 27.6m（最大 88.0m，最小 3.72m）である．劉家住宅の場合，1 号院と 2 号院を合わせると，間口 42.0m，奥行 56.3m である．宅地については，ほぼ全ての宅地の面

図 IV-1-14　学院門社区　建築構造と階数（作図：于航）

積は劉家住宅より小さいことがわかる．2進の四号院は間口約20m×奥行約50数m と考えられ，この宅地を標準型とすると，奥行がおよそ半分になっているから，敷地面積はほぼ2分割されてきたと想定される．

宅地の形状は4つに分類できる．
 a. 基本型：矩形の敷地．
 b. L字型：矩形の敷地の後部の一部が分割されるもの．
 c. ¬字型：矩形の敷地の前部の一部が分割されるもの．
 d. L¬字型：矩形の敷地の前部の一部および後部の一部が分割されるもの．

基本型は49筆，全体の33％，L字型は51筆，全体の34％を占める．¬字型は25筆，全体の17％，L¬字型は21筆，全体の14％である．一般的には街路に面することが優先されている．

敷地へのアプローチ（入口）は，街区を分ける街路によるが，北が54筆，南が24筆，西が24筆，東が33筆，北入りの敷地が多い．西大街（財政庁街）が表通りとして意

345

第IV章
開封・杭州・南京 —— 中国都城の変容

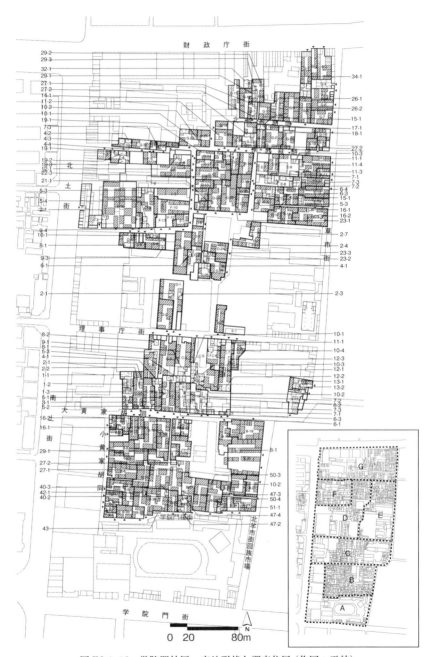

図 IV-1-15　学院門社区　宅地形状と調査住居（作図：于航）

識されているといえる.

　学院門社区は, 居民委員会ごとにA, B, C, D, E, F, Gの7街区に分けられるが, 実測調査を行った住居103世帯の内訳は, 街区A. 0世帯, B. 17世帯, C. 29世帯, 街区D. 15世帯, 街区E. 15世帯, 街区F. 7世帯, G. 20世帯である.

　敷地全体を1宅地とする例は, 劉家住宅を含めてなく, 全て大雑院化している状態にある. 各宅地はいくつかの建物（棟）で構成されるが, 1棟に1世帯が居住する例はわずかに10例（/103例）であり, ほとんどの住居はさらに棟を分割するかたちで構成されている. C区を見ると（図IV-1-15）6-2, 3, 7-2, 3, 10-1, 2はもともと1棟である. 6-1, 9-1, 12-1は1棟1世帯である.

　103の住居（世帯）を, A 1階部屋数別, B 階数別, C 戸建か集合住宅かの別に, その1階平面を示すと図IV-1-16のように分類できる. 平屋は55, 2階建てが48である. 1階の部屋数については, 一室のみのもの9, 2室15（内2階建て7, 以下同様), 3室35（15), 4室26（12), 5室18（14）となる. 2階について調査ができていないが, 基本的に居室として使用されていることがわかっている.

　平面形式は多様であるが, およそ以下のような類型と系列を見出すことができる.
　1室住居（I①）には, 様々な機能が持ち込まれるが, 基本的に寝室として用いられる. 中国では外食は一般的である. 2室住居（I②）は, 1室住居に厨房が付加されるタイプ（II②k）（C8-2, D21-1, D22-3, G11-2）と, 居間ないし寝室を付加するものに分かれる.

　2室住居は, 上層（2階）に部屋を拡大するもの（II②）と3室住居（I③）へ向かうものとに分かれる. そして, 3室住居は2室住居に厨房が付加されるかたち（I③k）がほとんどである. この戸建型（B27-2, G27-1）が成立しているのを見ると, 1つの住居型と考えることができる. 日本流にいうと2Kである.

　3室住居も, 内階段（あるいは外階段で）で2階に部屋を増築していくタイプ（II③）と平面的に部屋などを付加するもの（I④⑤）に分かれる. 後者の場合, 付加されるのは, 寝室だけでなく, エントランス（玄関）, トイレ, 倉庫などがある. 必要に応じて必要とされる部屋が付加されており, 必ずしも一定の型が成立してはいない. 2階建て（II③④）となると, 戸建の例（C6-1, G34-1）のように明快な形式をもつものがある. ただ, これは極めて少数の例であり, 学院門社区に一般的な形式として成立しているわけではない.

　ただ, 比較的大規模な住居（II③④）に整形（矩形）の住居形式があり, 一定の型が成立しているとみなすこともできる. その特徴は, かつての四合院の院子（中庭）から部屋（居間）に直接入るかたち（リビング・アクセス）をとることである（C12-2, D19-1, E11-3, E6-4, B8-1, C1-3, D9-3).

第 IV 章
開封・杭州・南京 —— 中国都城の変容

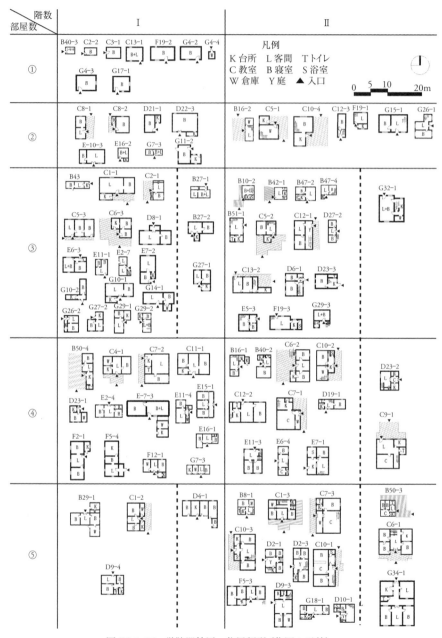

図 IV-1-16　学院門社区　住居類型（作図：于航）

開封旧城内，かつての宮城南に位置する学院門社区について，その近年の変化を明らかにした上で，宅地の形状，住居類型とその変容を明らかにした．その主要な点は以下である．

①学院門社区は，古来，回族はじめユダヤ人など様々な民族が居住してきたことで知られるが，現在もキリスト教会，清真寺などが立地し，回族が数多く居住するユニークなコミュニティが維持されている．

②しかし，21世紀に入ってからの10年間，特に世紀の変わり目に行われた街路拡幅に伴う再開発による社区の変貌は急激である．特に，高層の「商用集合住宅」の建設によって街区は大きく変化しつつある．しかし，全体として低層の住宅街区が維持されている．

③学院門社区には唯一四合院住宅である劉家住宅が残されている．かつては，こうした四合院住宅が建ち並ぶ街区が形成されていたと考えられるが，街区内部の宅地について，その形状，規模を見ると，細分化の進行は明らかである．平均的には，2進の四合院が1/4となる変化が起こっている．ただ，宅地の中央部分に中庭あるいは通路を設ける形式はほとんどの宅地において維持されている．

④住居は劉家住宅も含めて，かつての四合院形式をとるものは皆無である．また，1棟で1住居となるかたちも極めて少ない．多くの住居は，棟を分割する形となっている．いわゆる大雑院と呼ばれるかたちである．

⑤居住空間の構成は多様であるが，その規模が限定されていることから，一定の類型と系列を明らかにした．

以上のように，開封における大雑院化の進行は極限的である．西安の事例と比べると型の崩壊は著しい．この型の崩壊は，中国古都が維持してきた街区組織のありかたが根底的に転換したことを示している．

Column 5　中国都城と建築師

　中国最古の建築書は『周礼』「考工記」である．周公丹（姫旦）の作とされるが，そうだとすれば，周公は中国建築師の始祖ということになる．しかし，『周礼』「考工記」は，はるかに広範な分野をカヴァーしているし（第Ⅰ章3），『周礼』はそもそも国家社会の編成全てに関わっている．とすれば，周公旦が雒邑を建設した際に任用した公孫彌牟を中国最初の都市計画者（規画師）・建築師（工程師）とすべきかもしれない．しかし，その詳細はわかっていない（呉國楨 (2000))．

　伝説上中国最初の建築師とされるのは有巣氏（ゆうそうし）である．有巣氏とは，鳥が巣を営むのを見て初めて人類に家を造ることを教え，禽獣の害を避けさせたという古代中国の伝説上の聖人である．『韓非子』「五蠹」に「上古之世，人民少而禽獣眾，人民不勝禽獣蟲蛇，有聖人作，搆木為巣以避群害，而民悦之，使王天下，號曰有巣氏」（上古の世，人民は少なく禽獣は多く，故に人々は禽獣虫蛇に悩まされた．そこに聖人が現れ，木の上に住居を造り，禽獣虫蛇の害を避けることを教え，故に人々はこれを悦びて称え，王とし，有巣氏と呼んだ）という．すなわち，中国最初の建築は樹上住居ということになる．

　『史記』の注釈である司馬貞の『史記索隠』「三皇本紀」では，人皇氏の後に五竜氏，燧人氏，大庭氏，栢皇氏，中央氏，卷須氏，栗陸氏，驪連氏，赫胥氏，尊盧氏，渾沌氏，昊英氏，有巣氏，朱襄氏，葛天氏，陰康氏，無懐氏が続く，としている．また，『十八史略』は，人皇氏の後は有巣氏．人々は木の上に棲み，木の実を食べていた．燧人氏に至って，初めて燧が人に火食を教えた．年代も国都も不明としている．

　ここでは中国都城の建設に関わる建築師そして建築書についてまとめておう．手引きとするのは，張欽楠 (2010)『中国古代建築師』[342] である．張欽楠は，

---

342) 張欽楠は，1931年上海生まれで，マサチューセッツ工科大学で土木工学を学んだ後，北京などで設計活動に従事してきた実務家である．中国建築学会の秘書長を務め，副理事長も務めた．『中国古代建築師』には，各章にコラム（知識鏈接）として，西欧の建築家にも触れられている．著書に『現代建築——一部批判的歴史』『人文主義建築学』『二十世紀世界建築精品集錦』などがある．

巻末に都城, 宮殿, 園林, 寺塔, 民居, 工程, 理論と分けて, 規画 (計画) 師, 建築師, 景観師, 工程 (技術) 師を列挙してくれている (表 Column 5-1).

1│建築書

『周礼』「考工記」以降の中国建築書ということになると, 時代は下って『営造方式』が知られる. 北宋末の哲宗, 徽宗に仕えた李誡 (李明仲) (? 〜 1110 年) の作である. 北宋代には, そして, 李誡に先立って喩皓(じゅこう)がおり, 彼が著したとされる『木経』がある.

『木経』

喩皓 (喩浩, 預浩, 預皓) は, 生没年は不明だが, 五代末から北宋初の人で, 呉越 (浙江省杭州) の出身とされる. 杭州の「都料匠」(設計, 木工施工) をつとめた後, 開封で, 8 角 11 層, 36 丈に及ぶ開宝寺塔[343] の設計を担当したことでその名を知られる[344].

あらかじめ「小様」(模型) を製作して寸法を検討したというが, 北宋代の画家, 郭忠恕がその模型を測って, 誤差が 1 尺 5 寸あるとし, 喩皓が確認して謝ったというから, 240 分の 1 の精度の模型であったことになる. 喩皓は杭州の梵天寺の設計でも知られる.

その名を魯班と並ぶ伝説の名匠とするのは『木経(ぼくけい)』の著者とされるからである. 『木経』は, 当時の工匠の便覧とされたもので李誡の『営造方式』に影響を与えたとされるが, 散逸して逸文のみが残る. 喩皓『木経』唯一の逸文は, 沈括[345]『夢渓筆談』(沈括・梅郁 (1978〜81)) 巻 18「技芸篇」に引用される.

『営造方式』

鄭州管城県の人で代々官に仕えた名門の出であった李誡が, 紹聖 4 (1097) 年に勅命を受けて編纂したのが『営造方式』である. 同名の書物の編修が建設

---

343) 太平興国六 (981) 年起工, 8 年間を要して端拱二 (989) 年に竣工した. 文献によって, 十一層とするものと十三層とするものがある. 鉄塔 (瑠璃塔) とも言われ, 興塔寺の繁塔 (977 年竣工) とともに現存する.

344) 宋・江少虞『宋朝事実類苑』に引く『楊文公談苑』, 宋・歐陽修『帰歸田録』, 宋・陳師道『後山談叢』などにみえる.

345) 沈括 (1030〜1094) は, 湖州 (浙江省) の出身, 神宗の時に太子中允・検正中書刑房・提挙司天監などを歴任した. 王安石の新法には賛成の立場を採った官僚, 政治家であるが, 博学で, 天文・方志・律暦・音楽・医薬・卜算など著作は多く, 随筆集『夢渓筆談』の他に, 方薬に関する『蘇沈良方』8 巻, 文集『長興集』19 巻がある.

表 Column 5-1　中国建築師年表　作表：呉宝音（出典：張欽楠（2010））

朝代	首都		宮殿		園林		寺塔		民居		工程		理論
	都城名	規画師	宮殿名	建築師	園林名	景観師	寺塔名	建築師	建物名	建築師	項目名	工程師	
西周	周雛邑	姫旦, 弥牟											
秦			阿房宮	嬴政							万里長城	蒙恬	考工記
漢	漢長安	蕭何, 楊城延	未央宮	蕭何, 楊城延			徐州木塔	笮融					
			建章宮	劉徹									
			昭陽宮	丁緩, 李菊									
			王莽九廟	仇延, 杜林等									
魏晋南北朝時代	魏鄴城	曹操	晋太極殿	謝万, 毛安之	北斉の仙都苑	崔士順							
	北魏洛陽	穆亮, 李沖等					洛陽永寧寺	菩母懐文					
							永寧寺塔	郭之興					
	東晋建康	桓温					荊州長沙塔	県翼	潯陽南里草堂	陶淵明			
隋	大興	高頴, 宇文愷, 劉龍等	仁寿宮	楊素, 宇文愷			揚州白塔寺, 廬山西林寺	慧達			運河	宇文愷	
	洛陽	楊素, 楊達, 宇文愷	顕仁宮	宇文愷			江都長楽寺, 塔	住力			行殿	何稠	
			臨朔宮	閻毗									
			迷楼	項昇							真定安済橋	李春	
唐	長安	隋長安踏襲	紫微殿, 玉華宮	閻立徳			慈恩寺大雁塔	玄奘					
			大明宮	梁孝仁			廬山東林寺	正言					
							蘇州の長沙寺	遊僧					
	洛陽	隋洛陽踏襲	乾元殿	前：田仁旺 後：康箪素			大理千尋塔	恭韜, 微義	廬山草堂	白居易			
			明堂	薛懐義			望仙楼	裴延齢	輞川別荘	王維			
後周	汴梁（開封）	韓通, 王樸											

Column 5
中国都城と建築師

朝代	首都		宮殿			園林			寺塔		民居		工程		理論
	都城名	規画師	宮殿名	建築師		園林名	景観師		寺塔名	建築師	建物名	建築師	項目名	工程師	
北宋	汴梁(開封)	後周汴梁踏襲	大内宮殿	李懐義,燕用		杭州西湖	蘇軾		玉清宮,昭應宮	丁謂等	黄岡竹楼	王禹偁			喩皓「木経」
			皇城東北隅	韓重贇		汴京艮岳	梁師成等		景霊宮	台亭, 鄧守恩, 林特等					李誡「営造法式」
									開宝寺塔	喩皓					
	洛陽	唐の洛陽を踏襲する	洛陽宮	焦継勛等		洛陽の独楽園	司馬光								
						蘇州の滄浪亭	蘇舜欽								
遼	中京		清風, 天蕭皇后,祥, 八方 菩薩哥三殿						大同華厳寺	通悟, 大慈恵法師(金)修復					
									薊県独楽寺	談(譚)真大師					
金	中都	張浩	宮殿	張浩, 蘇保衡, 孔彦周					大同善化寺	円満法師					
			太寧宮	張僅言											
	汴京	張浩,敬嗣暉													
西夏	興慶府	賀承珍													
南宋	臨安										白鹿洞書院	朱熹			
											白鷺洲書院	江万里			
											麗澤書院	呂祖謙			
元	上都	劉秉忠														
	大都	劉秉忠, 郭守敬	大内宮殿	也黒迭児, 張柔等					妙応寺白塔	阿尼哥			登封観星台	郭守敬, 王恂	
									北京東岳廟	張留孫,呉全節					
						蘇州獅子林	天如禅師,倪瓚		杭州真教寺	阿老丁					
									泉州清淨寺	阿哈瑪特					
明	南京	朱元璋, 張寧等	皇城, 宮城	単安仁,陸賢, 陸祥等		蘇州の拙政園	王献臣		曲阜孔林	盧学礼,王俠吉					叶成「園治」

第 IV 章
開封・杭州・南京—中国都城の変容

朝代	首都	宮殿			園林		寺塔		民居		工程		理論
	都城名	規画師	宮殿名	建築師	園林名	景観師	寺塔名	建築師	建物名	建築師	項目名	工程師	
	北京	朱棣,呉中,蒯祥,阮安等	紫禁城,宮殿	呉中,蒯祥,阮安等	蘇州留園	徐岡卿,周秉忠,劉怒(清)	太廟	王順,胡良					王圻,王思義「三才円絵」
			奉天殿,華蓋殿,謹身殿	雷礼,徐杲	無錫の寄暢園	秦耀	天壇	朱厚熜,蒋瑶,雷礼,徐杲			盧溝橋	雷礼,徐杲	
					上海豫園	張南陽	青海罌隺寺	三羅マ,班丹蔵布	浙江東陽盧宅	盧溶			
							武当山の紫霄殿等	郭瑾等					車栄「魯班経」
清	北京	明北京踏襲	大内太和殿,中和殿,保和殿修築	梁九,雷発達	暢春園	葉洸			武昌黄鶴楼修理	黄攀龍			李漁「一家言」
			正陽門再建	陳璧	玉泉山,静明園	張然			武昌黄鶴楼修理	陽玉山等			姚承祖「営造法原」
					円明園	雷金玉,雷家璽,雷景修,雷思起等			広州の陳家書院	黎巨川			
					円明園大水法	郎世寧等							
					万寿山	雷家璽,雷廷昌等							
					熱河避暑山荘	雷家璽等							
					北京半畝園	李漁							
					蘇州環秀山荘	戈裕良							
					無錫寄園	張拭与,秦徳藻,秦松齢(秦父子)							

　担当の将作監に命じられ，哲宗の元祐 6 (1091) 年に出来上がったが不十分とされ，将作監丞の職にあった李誡が再度編纂を命じられるのである．完成したのは崇寧 2 (1103) 年である．この崇寧本は今日に伝わらず，南宋高宗の紹興 15 (1145) 年に再版された紹興本の系統が復刻されて伝わる．

　この『営造方式』については，梁思成 (1983)，陳明達 (1981) など数多くの注

釈書が公刊されているが，日本では，竹島卓三[346]（1970）『営造方式の研究』が一級の仕事として残されている．

『営造方式』は，李誠の墓誌銘は24巻というが，伝わる刊本では，「総釈」と「総例」で2巻，「制度」13巻，「功限」10巻，「料例」と「工作等第」で3巻，「図様」6巻の34巻からなり，別に「目録」1巻と「看詳」1巻が加わって，計36巻である．

総釈は，古書に表れた建築関係述語を集めて項目別に分類し，その変遷を明らかにする．総例は凡例である．続く制度の13巻が中心で，工事の種別に，壕寨，石作，大木作，小木作，彫作，施作，鋸作，竹作，瓦作，泥作，彩画作，塼作，窯作の13の工事の仕方が述べられる．壕寨は，方位や水平の決定方法なども含まれ，壕や城寨の工法（土法）のみではないが，内容はその名称から理解されるだろう．「功限」の10巻は，計算上の基礎資料を列挙する．「料例」は，材料の積算に必要な資料を提示し，「工作等第」は仕上げの程度を上等・中等・下等の等級に分けて示す．「図様」は，制度の記載を補助するために添えられている．

竹島卓三（1970）『営造方式の研究』は，第1巻において，序説に続いて，総制，土作，石作，鋪作，第2巻において，大木作と小木作，第3巻において，彫木作，施作，鋸作，竹作，瓦作，泥作，彩画作，塼作，窯作を扱う．鋪作というのは，日本でいう斗栱のことである．大木作は，架構方式である．小木作は，建具師ないし指物師の仕事である（図Column 5-1）．

『営造方式』と『木経』との関連をめぐっては，田中淡の「比例寸法単位「分」の成立」をめぐる論考がある（京都大学人文科学研究所（1998））．すなわち，『営造方式』は，『木経』を含む先行の要覧書をより精緻に体系化するものであり，その編纂の目的は，官営建築工程の経済統制のための設計の標準化であった．

『魯班経』『魯班営造正式』

明清時代に普及した民間工匠技術の手引書に牟榮の作とされる『魯班経』3巻がある．その名称は，魯班という伝説上の人物に由来するが，魯班は春秋時代に魯の国で活躍した名工で，中国木匠（民間匠師）の祖とされる．日本にもその名は伝わり，飛鳥寺の造営時に百済からやってきたという「露盤博士」の

---

[346] 1901～1992年．三重県生まれ．1927年東京帝国大学工学部建築学科卒業．東方文化学院東京研究所研究員をへて名古屋高等工業学校，法隆寺国宝保存工事事務所所長兼任．1951年名古屋工業大学教授．1973年『営造法式の研究』により第36回日本学士院恩賜賞授与．

第IV章
開封・杭州・南京―中国都城の変容

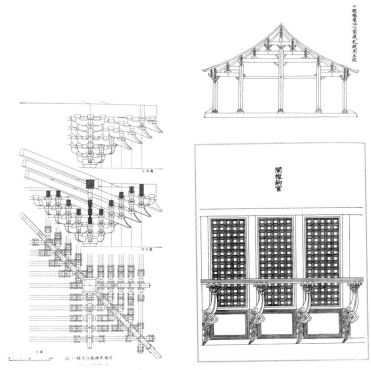

図 Column 5-1 『営造方式』(出典：竹島卓三 (1970))

「露盤」は魯班だという．

『魯班経』のもとになっているのは，明代弘治年間 (1465〜1505) に刊行された『魯班営造正式』6巻で，寧波天一閣所蔵の残欠本が唯一の版本として伝わる．巻1と巻2前半で，工具 (水縄，水鴨子，魯班真尺，曲尺など) を説明し，巻2後半と巻3で建築工程 (入山伐木，起工架構など) と建築架構 (三架屋，五架房子格，正七架三間格など)，巻4で部分詳細 (門楼，庁堂，垂魚など) を説く (図 Column 5-2)．巻5，巻6はほとんど散逸している．全編に「詩」が引用されるが，口承として伝承されてきた技術を文字化したものとされる．田中淡によれば，成立年代は元代に遡る (日本建築学会編 (1995))[347].

347) 『魯般営造正式』『魯班営造正式』『営造正式』『明魯般営造正式』など様々な名前が用いられてきたが，朱寧寧によれば，寧波にある中国最古の書庫の天一閣で収蔵される版本で

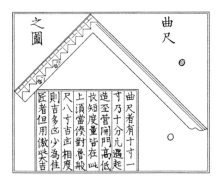

図 Column 5-2　曲尺の図　『魯班営造正式』(出典:陳耀東 (2009))

『工程做法』

　清朝の工部が雍正 9 (1731) 年に編纂し，34 年に刊行したとされる．全 74 巻からなり『営造方式』に倣うが，細部の技法はより簡略化され，規格化を進めている．大木 (木構造)，装修 (造作)，石・瓦・発券做法 (アーチ工法)，土工事の各工事について，それぞれ，做法 (技法)，用料 (用材積算)，用工 (工数積算) を詳述する．大木では斗口 (肘木) の幅を基準寸法とする 1〜11 等の比例寸法が説明される．

　建築書としては，清代に他に『欽定工部則例』141 巻 (嘉慶 20 (1815) 年) があり，20 世紀に入って，姚承祖による『営造法原』(1929 年) がある．建築書に関連する各種手引書としては，世界の様々な事物を，天文，地理，人物，時令，宮室，器用，身体，衣服，人事，儀制，珍宝，文史，鳥獣，草木の 14 部門に分けて説明する王圻編『三才図絵』(万暦 37 (1609) 年)，造園書として名高い計成の『園冶』(崇禎 7 (1634) 年)，技術の百科全書である宋応星の『天工開物』(崇禎 10 (1637) 年) (宋応星・藪内清訳注 (1969)) がある．

　そして，数多くの「風水書」がある．「風水」をめぐっては，優に一書が必要となる．

は，本の表紙と本文中に『新編魯般営造正式』という名前があり，天一閣の図書目録も同じ名前が記入されているため，正式な名前は『新編魯般営造正式』だという (朱寧寧『中国中世建築技術書における設計技術に関する研究』早稲田大学学位請求論文，私家本)．

2 │ 中国建築師群像

　都城の建設は一大事業であり，皇帝を頂点とする諸集団の組織的な仕事である．決して一人の天才が全てをなしうるわけではない．しかし，全体の企画そして設計計画に関わるキーパースンがいる．その代表が隋大興城を設計した宇文愷であり，大元ウルスの上都と大都の設計に関わった劉秉忠である．都城の設計計画に関わった人物群像を総覧しよう．

秦・漢

　張欽楠（2010）は，中国都城の建設者として，第1に嬴政と蒙恬(えいせい)を取り上げる．嬴は姓，政は諱，秦始皇帝のことである．蒙恬については「万里の長城」そして馳道の建設者として触れたが（第II章3），『史記』巻28に「蒙恬列伝」がある．斉の人で，祖父が秦の将軍として活躍，父は副将になった家柄ということで将軍となった．司馬遷は「北に戎狄を逐うて河南を手に収め，長城を築き，地形を利用して険阻な城塞をつくった．……当時，蒙恬の威力は匈奴を震駭させた．」（司馬遷・小竹文夫・小竹武夫訳（1995））と書いている．すなわち，ミリタリー・エンジニアであり，始皇帝の信任厚く，外征時はもとより，宮中でも午前に侍らした．始皇帝の死後,趙高の姦計にあって自死させられる．「臨洮から遼東につらねて長城を築くこと万余里，その中間で地脈（土地の脈略）を絶ったことがないとはいえないだろう．これこそわたくしの罪である」といったというのは有名な話である．

　前漢長安の設計計画者で未央宮を設計したのが蕭何であり，実際施工に当たったのが軍匠の陽城延であることは本論で触れた．また，註としたが，高祖劉邦が，周囲20里余に及ぶ壮大な未央宮の造営に，天下が未だ治まるかどうかという時期に度を過ぎた壮麗な宮室を建てるとは何事だ，と怒ったことはよく知られている（『史記』「高祖本紀」，『漢書』「高帝記」）．そして，建章宮の建設に当たった劉徹は，すなわち武帝である．さらに，昭陽殿の建築師として丁緩，李菊，王莽九廟の建築師として仇延，杜林らが知られる．

　蕭何は『史記』「蕭相国世家第23」にみえる．丞相として高祖劉邦を補佐し，張良，韓信とともに「漢初三傑」と言われる．漢初は関中の経営を任され，高祖の命で礫陽を治め，宗廟，社稷，宮殿を建てている．長楽宮が修復されて長安に移り，未央宮，東闕，北闕，前殿，武庫，太倉を建てる．陽城延は『漢書』高恵高后文功臣表にみえるが，蕭何の下，長楽宮の造営以下の建設に携わった．

魏晋南北朝

　初めてグリッド街区を採用したと考えられている曹魏鄴城については曹操，北魏洛陽については，北魏平城の形式を完成させた上で洛陽に遷都した孝文帝（467～499 年）・拓跋宏が建築家として挙げられる．

　曹操は，政治家，兵法家，軍人そして文人として知られるが，建築上の功績も大きい．何よりも鄴城の建設は，南北大街，グリッド街区の採用など中国都城の歴史を画するものである．銅雀台他三台も曹操の構想による．

　孝文帝の造営については本文で触れた．穆亮（？～502 年），李沖（450～498 年）は，孝文帝の下で築城に当たった「北神四虎将」の 2 人である（他は，鄭義と于烈）．穆亮は『魏書』巻 27「列伝第 15」，『北史』巻 20「列伝第 8」にある．山西出身の鮮卑族で，孝文帝が洛陽に遷都すると，穆亮は武衛大将軍の号を受け，司空のまま董摂中軍事をつとめた．そして，宮室また府第，仏寺，園林などの造営に当たった．李沖は，『魏書』巻 53「列伝第 41」，『北史』巻 100「列伝第 88」にある．陝西狄道出身で，孝文帝の初年，秘書中散に転じ，禁中の文事をつかさどった．太和 9（485）年に三長制の制定を求めて上奏したことで知られる．洛陽遷都後は，明堂，円丘，太廟の建設に当たった．他の主要人物として『魏書』が挙げるのは，蒋少游，薫爾，王遇などである．

　北魏洛陽には，永寧寺（図 Column 5-3）をはじめ数多くの仏寺が建立され，林立する仏塔が都城の景観を彩っていたことが『洛陽伽藍記』に記されるが，張欽楠（2010）は，「中国仏塔建造技術的先駆者」として，『哲匠録』（田中淡・福田美穂・外村中編（2003））から永寧寺の造作に関わった綦母懐文と郭安興を挙げている．

　張欽楠は，以上のように，いわゆる建築家のみならず，規画計画（発注）者である皇帝なども扱い，建築に影響を与えた文人も扱う．「魏晋文人」として取り上げられているのが，劉伶，陶淵明である．劉伶は，魏および西晋の文人で「竹林七賢」の一人である．「以天地為屋宇，以屋室為褌」といった（『酒徳頌』）ことを評価する．陶淵明は「隠逸詩人」「田園詩人」と呼ばれた東晋末から南朝宋の文学者であるが，「方宅十余畝，草屋八九間」と詠ったその自然回帰的暮らしが，建築のあり方に評価を与えたとする．

　文人が建築師でもある例として『哲匠録』は，北魏の宣武帝期から孝明帝期の王椿（字元寿），北魏南陽の馮亮を挙げている．

　陶淵明が住んだのは東晋建康である．東晋建康の規画師とされるのは桓温（312～373 年）である．桓温は，東晋に使えた軍人，政治家であるが，建康の

図 Column 5-3　永寧寺遺址（撮影：布野修司）

造営にどの程度関わったか定かではない．

隋唐

　隋唐長安城については，まず，宇文愷，そして，唐代の建築家として，閻立徳，梁孝仁が挙げられる．宇文愷については本論で詳しくみた．隋大興城・唐長安城は，高熲（左僕射），宇文愷（太子左庶子），劉龍（将作大匠），賀婁子幹（工部尚書），高龍叉（太府少卿）ら，隋唐洛陽は，楊素（尚書），楊達（納言），宇文愷（将作大匠）によって計画されたが，中心的役割を果たしたのは宇文愷である．

　隋朝の建築家について田中淡がさらに列挙するのは[348]，閻立徳の父，閻毗，弟の閻立本，何稠，李春である．閻一族は，匠学の名家として代々宮廷の装飾を担ったが，父の閻毗は隋の煬帝に仕え，閻立徳・立本の兄弟は太宗に仕えた．兄は橋梁などの設計に活躍，弟の立本は宮廷画家として才能を発揮し，政務にも通じて工部尚書（656年），博陵県公（668年）を経て，咸亨元（670）年には中書令にまで昇っている．閻毗は『隋書』列伝第33に見えるが，車騎将軍として煬帝の遼東遠征に従軍した他，運河建設などで信任が厚く，隋代で宇文愷，何稠と並ぶ技術者として評価される．

　梁孝仁は，大明宮，含元殿の設計で知られる．第2代皇帝・太宗（位626～649年）が貞観8（634）年に高祖李淵（位618～626年）の避暑地として城の東北

---

348)「第3篇　隋朝建築家の設計と考証」（田中淡（1989））

の禁苑内にある龍首原に建てた永安宮に始まる宮殿である．

　張欽楠（2010）は，唐代文人の建築への影響についても，王維，白居易（白楽天）をとりあげる．王維（699〜759（761）年）は，盛唐の高級官僚で，同時代の「詩聖」杜甫，「詩仙」李白と並んで「詩仏」と呼ばれる時代を代表する詩人であるが，画家でもあり，書家でも音楽家でもあることは知られていないかもしれない（『旧唐書』巻190「列伝第140下」文苑下「王維伝」，『新唐書』巻202「列伝第127」文芸中「王維伝」）．張欽楠は入谷仙介（1976）『王維研究』を引きながら，「南画」の祖とも言われる画家であること，すなわち山水画の開拓者であること，また園林家でもあることを確認した上で，その「自然詩」に表現される「自然建築」を評価しているようである．白居易（772〜846年）は，唐代最多作の詩人として知られるが，張欽楠は，その「廬山草堂」を評価するようである．

北宋・遼・金・西夏・南宋

　北宋開封の設計計画は，後周代に韓通（908〜960年），王樸（？〜959年）によってなされたとされる．世宗柴栄が，後に宋を建国する趙匡胤に馬を駆けさせ，外城の範囲を決めたという話が伝わる．韓通は，軍人政治家として知られるが，王樸は『欽天暦』15巻などで知られるから暦法に通じていた科学者であり，技術者である．

　北宋代の喩皓，李誡については上で触れたが[349]，建築師として，大内宮殿を建てた李懐義，燕用などが知られる．

　キタイ（契丹，遼）の建築師については多くは知られない．『哲匠録』に書かれるのは一人で，聖宗（耶律文殊奴，位982〜1031年）の皇后（仁徳蕭皇后）のみである．聖宗が中京大定府を建設した際に，それなりの役割を果たしたのは皇后だった．製作を好んで，殿舎や塔を建立した．清風，天祥，八方の三殿は皇后の手になる．

349）張欽楠（2010）は，「張擇端」（12章），「王禹偁・蘇軾・蘇舜欽」（13章），「喩皓，李誡」（14章）の3章を割く．張擇端（1085〜1145）は，本文でも触れたが，『清明上河図』の作者（画家）である．翰林待詔であり，主に詔書の起草に当たった役所の役人でもあったが，張擇端は，建築家としてとりあげているわけではない．王禹偁（954〜1001年）・蘇軾（1037〜1101年）・蘇舜欽（1008〜1048）は，北宋の文人建築師として扱う．王禹偁は済州鉅野（現在の山東省巨野県）の農家出身，著作に『小畜集』『小畜集外集』『集議』『五代史闕文』がある．蘇軾は，東坡居士と号し蘇東坡として知られる．眉州眉山（四川省眉山市）出身で，北宋代最高の詩人とされ，その詩は『蘇東坡全集』に纏められている．書家としても著名で，米芾・黄庭堅・蔡襄とともに宋の四大家と称される．代表作に，『赤壁賦』・『黄州寒食詩巻』などがある．蘇舜欽は，梓州銅山（現四川省中江市）出身で開封に移住した詩人で『蘇学士文集』で知られる．

第 IV 章

開封・杭州・南京―中国都城の変容

　一方，建築として，独楽寺観音閣（984年，天津市薊県）（図 Column 5-4），下華厳寺（1038年，山西大同），奉国寺大雄殿（遼寧義県），仏宮寺釈迦塔（山西応県）別名応県の木塔（1062）（図 Column 5-5），内モンゴル林西白塔子の磚塔，河北省涿県の雲居寺塔，内モンゴル赤峰靈峰院千佛洞，遼寧省朝陽市千佛洞，後昭廟石窟，雲岡の遼代経鐘など，遼代に名だたる傑作が造られている．張欽楠(2010)は，「遼代無名匠人」(15章)として，それらに触れている．

　南宋，金，西夏の三国期については，張欽楠(2010)は朱熹，張浩，賀承珍の三人をあげる．朱熹（1130～1200年）は儒学者，朱子学の創始者であり，書画に通じていたことも知られ，建築家でもあった．作品に白鹿洞書院がある．すなわち，書院建築は彼の教育方式から産み出された空間形式と位置づけるのである．「昇堂講説」（講堂を中心に），「分斎教学」（経義と実学を分け），「生徒自我研鑽」，「優遊山水間」（自然の中で遊ぶ）という4つを基本とした．

　張浩（？-1163年）は金中都を設計した建築師として知られる．遼陽の渤海人とされるが生年は知られない．海陵王が燕京への遷都を決定すると，総責任者に命じられ，蘇保衡，張忠彦らと任に当たった．本論で触れているが，設計計画に当たっては，画工を開封に送って宮城について綿密に調査をさせている．都城全体については必ずしもはっきりしないが，南北中軸線は明解に意識され，宮城城門の楼と左右の闕楼，城前の広場などは，開封が参照されているといっていい．金中都は，明清北京の西南に位置し，遼燕京の上に建設された．外城の一部分は唐の里坊制，新しく拡張した部分には北宋開封（汴京）の街巷制を採用し，「一城二制」とも言われる形態を示している．宮城内では，各大殿を中心にして多進の四合院で構成され，主殿の左右に配殿を設けて，これを廊下で繋ぐ「工字殿」350)を設計している．これは，大都に引継がれたと考えられる．

　金中都の宮室建築師として，李路珂・王南・胡介中・李青(2009)は，他に蘇保衡，孔彦舟，燕用，盧彦倫の名を挙げるが詳細は定かではない．

　金代の建築は遼代ほど残っていないが，代表的なのは大同の善化寺である．その大雄宝殿は，唐代に建てられその後破壊されていたものを，円満法師が金太宗の時期に15年かけて修復したものである．

　賀承珍（生没年不明）は，1019年に西夏王の時に興慶府（興州，今寧夏銀川）の設計を委ねられた建築師として知られる．興州もまた，北宋開封を参考したとされる．

---

350) 土字型と呼ぶ研究者もいる．

Column 5
中国都城と建築師

図 Column 5-4　独楽寺観音閣（撮影：布野修司）

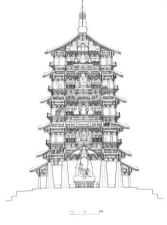

図 Column 5-5　仏宮寺釈迦塔（撮影：布野修司）

元

　元上都,大都の設計計画については,劉秉忠,郭守敬趙秉温,張柔・弘略父子,段楨（段天祐），野速不花（エスブカ），高觿（エケデル），也黒迭児らについて本論で触れている（第V章2-3）.白浮堤建設,通恵河開削を担当した大科学者,郭守敬は,登封の観星台も建設している.大都の宮殿の石材彫刻のほとんど全てを手掛けた楊瓊のような石工の名前なども知られる.

中心は，仏，儒，道の三教に通じ，とりわけ風水に秀でた怪僧であり，最高のテクノクラートと言われる劉秉忠である．張欽楠（2010）は，也黒迭児と郭守敬を加えて，3 人を大都の設計計画の中心人物としている．そして，元代の建築師として，妙応寺白塔で知られる阿尼哥（1244～1306 年），東岳廟の張留孫（1248～1322 年），杭州真教寺の阿老丁（？～1313 年）などを挙げる．泉州の清浄寺は阿哈瑪特の設計である．

明

明太祖朱元璋は，中都と平行して南京を建設するのであるが，本論（第 IV 章 3）で見るように，「天子五門」「前朝（奉天・華厳・謹身）後寝（乾清・坤寧）」「左祖右社」「丁字型宮前広場」「千歩廊」という形式を完成させ，その形式は北京に引継がれる．南京の紫禁城の建設に関わった建築師としては，工部尚書の単安仁，陸賢，陸祥の兄弟，張寧が知られる．単安仁は中都が建設された濠（安徽省鳳陽）出身，陸兄弟は，江蘇無錫出身で主として宮殿建設に当たり，洞庭東山出身の土工で実際に工事を請負ったのは張寧という．

永楽帝の明北京の建設に関わった建築師として，本論では（第 V 章 3-2　北京遷都），新宮学（2004）に従って，陳珪，李慶，柳升，王通などの名前を挙げている．張欽楠（2010）は，蒯祥（1397～1481 年），呉中，阮安をあげる．これは，三殿焼失後の再建に関わった建築師たちであり，全体構想にあたって中心的役割を果たしたのは，太監阮安である．阮安は，越南紅河流域の人という．9つの城門，城池，宮殿，官府，河道の全てに関与している．呉中は工部大臣，すなわち行政官であり，工程を管理した．蒯祥は，蘇州香山出身の工匠で，祖父蒯思明，父蒯副都も有名な工匠と知られる．蘇州香山は，古来，名称を生む土地である．父蒯副都は明南京宮城の建設に関わったという．蒯祥は，宮殿官府以外に関わった．さらに，明代の建築師として，天壇に関わった蔣瑶，雷礼，徐杲などが知られる．天壇の円丘，大亨殿の設計には世宗朱厚徳自らが関わったとされる．雷礼，徐杲は三殿など宮殿の修造も行っている．また，太廟に関わった王順，胡良が知られる．

明代には，儒教，道教，仏教，イスラーム教のみならず，様々な民間宗教もそれぞれ栄えて，宗教建築が流行する．また，中国庭園の名作として今日に伝えられる園林が造園される．そうした中で著名なのが，青海瞿曇寺建立の三羅喇嘛と班丹蔵布，曲阜孔林の盧学礼，王人夷吉，武当山紫宵宮の郭瑾筋などが知られる．

清

清は明北京をそのまま引継いだから，北京における新たな都城建設はないが，「三山五園」，すなわち，承徳避暑山荘の建設や円明園や頤和園の建設など様々な建設活動が行われた．乾隆帝の普請道楽については本論で触れた（第Ⅴ章4）．

ただ，『工程做法』について上述したように，規格化が推し進められて，「千篇一律」と言われるような画一的様式が支配的となったことが指摘される．宮殿群については，その補修や大火後の再建が主となるのである．清朝の宮廷建築師として知られるのが，梁九（生没年不詳）と雷発達（1619〜1693年）である．梁九は，河北順天の人で康熙年間に三大殿の再建を行ったことで知られる．雷発達は，江西南康府建昌の人で，清初に「様式雷」を創始した工匠として知られる．その子雷金玉（1659〜1729年）以降，雷廷昌（1845〜1907年）まで7代に亘って宮廷建築家を世襲した．すなわち，円明園，承徳避暑山荘等々は全てこの雷一族の手になる．『哲匠録』は，他に宮廷建築家として，馬鳴蕭，張衡，陳璧をあげる．陳璧は正陽門城楼，箭楼の再建で知られる．

本書が焦点を当てる北京の建設に関わった規画師，建築師については，金中都の張浩以降，近現代まで，李路珂・王南・胡介中・李青（2009）が巻末にまとめている．

IV-2　杭州

「靖康の変」(1127年)によって宋は大きく変転する．金による拉致を逃れていたことから帝位に就いた康王(高宗)は，沿岸諸都市を転々とするが，最終的に落ち着いたのが杭州である(1138年)．以降，南宋と呼ぶが，宋王朝にとって首都は開封であって，杭州はあくまで臨時政府の所在地である．だから，州を府に昇格して臨安府と呼んだ．また，「行在（あんざい）」とも呼ばれた．マルコ・ポーロ(1254～1324)がキンサイ Quinsay というのは行在に由来する．行在とは，天子の御旅所，旅をしてしばし足をとどめている処，という意味である．

実際，南宋政府は既存の施設を重層的に使うことで出発する．そして，臨時とはいえ，杭州はほぼ150年の間南宋の都であり続けた．その間，新たな都城建設に向かうことはなかった．しかし，杭州の繁華さは空前のものであり，それこそ，マルコ・ポーロが「天上の都市」と称した壮麗無比な大都会となる．結果として，南宋臨安の空間構成は，中原に置かれた中国都城と比べると明らかに異質な都城となる．際立つのは宮城が城内の南に位置することである．臨時であれ，長江流域に中国都城が置かれるのは杭州が初めてである．そして，中原とは異なる都市文化の華が咲くのである．

本節では，杭州の現在を，主として榎本雅司(2012)によりながら臨地調査[351]を行った姚園寺巷・梅花碑社区(五柳巷歴史街区)に即してみたい．社区の歴史的位置付けをめぐって，まずは杭州の都市形成の歴史，その空間構成について振り返ろう[352]．

---

351) 臨地調査は，姚園寺巷社区については，2010年8月に行った(布野修司，趙冲，于航，榎本雅司)．調査は，施設分布，建物の構造，階数の分布に関する調査および住居の実測・居住者へのアンケートである．また，梅花碑社区については，2011年8月に調査を行った(布野修司，趙冲，芦井絵利子，河野奈津美，山田香波)．
352) 歴史都市杭州をめぐっては，宋代史を中心に数多くの論考がある．1980年代以降の都市史研究については，開封研究とともに久保田和男がレビュー(「都市史研究」(遠藤隆俊・平田茂樹・浅見洋二編(2010)))するところであるが，呉自牧『夢粱録 南宋臨安繁昌記』1, 2, 3 (呉自牧・梅原郁訳注(2006))を含めた梅原郁の仕事が大きな手掛かりとなる．また，宋代都市の比較という意味では，伊原弘の一連の論考，さらに広くは斯波義信の著作がある．中国語文献も枚挙にいとまがないが，闕維民(2000)が，都市，運河，西湖を中心として多くの図版から歴史的変遷過程について論じており，ここでは大いに参照した．近年，既に発見されていた南宋皇城遺址，南宋三省六部遺址，南宋徳寿宮遺址に加え，1995年に南宋太廟遺址，2000年に南宋臨安府治遺址，2001年に老虎洞南宋窯址，南宋恭聖仁烈皇后宅遺址が発見された．南宋杭州城の空間構成についてさらに明らかになることが期待される．

第 IV 章

開封・杭州・南京 —— 中国都城の変容

2-1 │ 杭州の都市形成

　杭州は東シナ海に面する浙江湾の最奥部に位置する．浙江湾北岸には上海，南岸には紹興市，寧波市が位置し，湾外には多島からなる船山群島がある．浙江湾に注ぐ銭塘江は三角江をなし，世界でも最大級の海嘯が起こる．長江デルタ地域であるが，山地丘陵がおよそ3分の2を占め，西南の浙西中山丘陵から東北の浙北平原へ向かってゆるやかに傾斜している．

　杭州市余杭区には良渚文化（BC. 3300年〜BC. 2200年頃）の遺跡がある．すなわち，その歴史は新石器時代に遡る．杭州湾南岸から舟山群島にかけての地域（浙江省東部，寧波市，舟山市）に広がっていた新石器文化を河姆渡文化（BC. 5000〜BC. 4500年頃）[353]というが，河姆渡遺跡（余姚市河姆渡村）から大量の水稲モミが発見され（1973〜74年，1977〜78年），これは現在のところ最古の栽培稲の事例とされている．遺跡から干欄式建築（高床式住居）が数多く発見され，高床式建物がBC. 5000年に遡ることが明らかになった．以下に，杭州の都市形成の歴史を巡って，その空間構成の変遷について概観したい．

　春秋時代，杭州の地は越に属し，後に呉に属したが，楚が越を滅ぼすと楚に属した（BC. 334年）．秦始皇帝の郡県制によって呉越両国の故地には会稽郡が設置され（郡治は呉県（蘇州）），余杭，富春，海塩とともに杭州に銭唐県が設置された[354]．この銭唐県が杭州の起源となる．当時，銭塘江の渡し場は少し上流の現在の富春県富陽桐廬付近にあった．銭唐県治が置かれたのは，現在の西湖西側に位置する山麓地帯の東部，金沙澗と龍弘澗が流れる比較的人口が集中していた地域である．その後，銭塘江の流路が変わり渡し場が杭州周辺に移ったことで，杭州が銭唐県の中心集落となる．

　杭州は常に海嘯の侵害に悩まされてきたが，後漢末には，銭塘江の流量低下で泥砂が堆積し，現在の呉山と宝石山の岬の外に砂州が生じて，西湖の前身となる潟（ラグーン）が形成される．また，郡議曹の華信が潮害を防ぐ堤防を築いた（図IV-2-1a）．華信海塘もしくは銭塘と称されたこの大塘の建設は，潮害を防ぐとともに，西湖（上湖）が淡水湖に変わるきっかけとなる．

　三国時代から南北朝時代にかけて北方からの移住者が農耕技術を伝え，自然条件に恵まれた江南地区は大きく発展していくことになる．杭州地域では，とりわけ紡績，製陶，精錬，造紙などの手工業が発達した．そうした歴史の流れの中で，孫権が呉を

---

353) 河姆渡文化は，太湖周辺から杭州湾北部に分布した馬家浜文化とほぼ同時期にあたり，異なった文化が互いに影響しあいながら共存していたと見られる．河姆渡遺跡には近くを流れる姚江が2回大きな洪水を起こして流路を変えた跡や，洪水で塩水が田を浸した跡などがあり，こうした災害から遺跡が放棄されたと考えられている．

354) 銭唐と同時に，さらに県級建制の余杭，富春，海塩の三県が設立された．それぞれ，現在の杭州市余杭区余杭鎮一帯，浙江富陽市・桐廬県一帯，浙江海寧市・海塩県一帯にあたる．

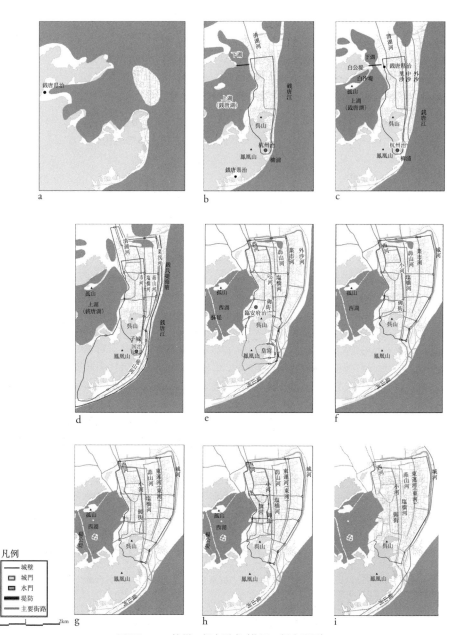

図 IV-2-1 杭州の都市形成（作図：榎本雅司）

第 IV 章
開封・杭州・南京 —— 中国都城の変容

建国する (229 年). 孫権の下で, 呉県 (蘇州) に加え, 建業, 建鄴[355] の 2 つの大新興都市が出現する. また, 雲陽 (江蘇丹陽市), 堂邑 (江蘇六合県), 銭唐, 富春, 永興 (杭州市蕭山区), 山陽など, 銭唐県を含む江浙地区の各県の人口も増加し急成長を遂げる. 東晋南朝期は仏教が興隆し, 銭唐県にも多くの仏教寺院が建てられ, 霊隠寺[356] などいくつか現存するものがある.

隋朝は, 銭唐郡を廃止して (開皇 9 (589) 年) 杭州を設置する[357]. これが杭州の名の起源である. その後余杭郡と改められ, 唐代には再び杭州となり, さらに余杭郡に戻されたりするが, 乾元元 (758) 年以降は杭州の名称が清末まで使用されることとなる.

隋代には後代の杭州を決定づける大きな基盤がつくられる. 煬帝が即位後すぐの大業元 (604) 年に開始し, 大業 6 (610) 年に完成させた大運河の開削である. 南北を結ぶ京杭大運河は, 東西に流れる海河, 黄河, 淮河, 長江, 銭塘江の五大水系を連結させ, 大動脈として活用されることとなる. 杭州には南北の商舟・旅舟が集まるのみならず, 海外の船舶も杭州湾から銭塘江さらに運河を北上し, 中原の都へ向かうことになった. 杭州は, 広州, 揚州と並ぶ経済の中心となっていく[358].

州治は, 当初, 現在の余杭区に置かれたが, 江南の反乱を鎮めた楊素[359] は, 開皇 11 (591) 年, 鳳凰山麓に州治を移し, 杭州城を建造させた (図 IV-2-1b). 城郭の周長は 36 里 90 歩という[360]. 城壁の範囲は, 鳳凰山東麓の柳浦から万松嶺路付近の山を越えて西湖に沿って北に向かい, 銭塘門昭慶寺付近までを北端とし, 東は中河の西側までと想定されている[361]. 武徳元 (618) 年に唐朝が成立すると, 杭州郡が置かれ, 国号の「唐」を避けて「銭唐県」は「銭塘県」と改められた[362]. 唐代を通じて杭州州治は隋代と同じ場所にあり, 杭州城は隋代城壁をそのまま利用したものである (愛宕元 (1997)) (図 IV-2-1c).

杭州の都市発展にとって治水そして上水の確保は大きな問題であり続ける. 沿海部では地下水に海水が混ざり飲用に適さないため, 西湖の淡水を利用することが試みら

---

355) 孫権時代, 呉の首都は揚州丹陽郡の建業 (南京市), 建鄴 (武漢市武昌) であった.
356) 東晋の咸和元 (326) 年, インドから来た高僧慧理によって, 現在の西湖の西側飛来峰の麓に建立される. この他, 法境寺, 玉泉寺, 広化寺などがこの時期に建立され, 現存する.
357) 州とは一級地方の行政組織の名称であり,「杭」が「州」の名であった. このとき, 銭唐, 余杭, 富春, 塩官の 4 県を管轄していた.
358) 貞観年間 (627 年〜649 年) には人口が 15 万人であったが, 開元 (713〜741 年) には 58 万人を数えたとされる.
359) 楊素 (?〜606) は現在の陝西省渭南市出身の将軍であり, 北周の時代に汴州刺史などを務めた.
360)「乾道臨安志」巻二 (愛宕元 (1997)).
361) 史料が不詳でその具体的な範囲についてはさらなる考証が待たれる (杭州市档案局編 (2004)).
362) 貞観元 (627) 年, 唐朝は全国を 10 の「道」にわけ, 杭州は江南道に属し, 開元 21 (733) 年に 15 の「道」にわけられた時には江南東道に属した. また, 乾元元 (758) 年に江南東道は浙江東道・西道に二分され, 杭州は浙江西道に属した.

れる．杭州発展の基礎となる六口大井[363]の開削を行ったのは杭州刺史の李泌である（建中 2 (781) 年）．この六井は，また，杭州刺史に任命された白居易[364]が，長慶 2 (822) 年，西湖に 2 つの堤防[365]を築いて上湖と下湖にわけ，下湖を街の北東側に無数にある水田のための灌漑用水池としたことはよく知られている（陳橋駅編著 (1990)）．さらに，刺史崔彦曽は，3 つの河道（沙河）の開削を次々と行い (861 年)，潮水の侵害防止に加えて，城区の面積拡大を行う．3 つの河道（沙河）は西から，外沙，中沙，里沙と呼ばれたが[366]，中沙，里沙はのちに塩橋運河，市河と呼ばれ，清代まで交通運輸の機能を担うことになる．

　唐滅亡後，朱全忠によって呉越王に任じられたのは銭鏐 (852〜932 年)[367]である．

　銭鏐は，隋唐代の杭州城を大きく拡張する（図 IV-2-1d）．まず，大順元 (890) 年に杭州城の西南部を拡張して城周 50 里余りの「夾城」を築き，竜山門，西関門の 2 つの城門を設置する[368]．次に景福 2 (893) 年から，城外北東部にさらに城壁を設け，城周 70 里という巨大な羅城を築いた（愛宕元 (1997)）．羅城には，朝天門，南土門，北土門（土址門），保徳門（宝徳門），北関門の城門が建設された[369]．20 万の民夫と数万の 13 都軍士が動員されたとされる[370]．羅城壁上には百歩毎に敵楼が設けられていた（愛宕元 (1997)）．羅城の平面形が南北に長くまた中央部がくびれているため「腰鼓城」あるいは城垣の西北隅に外形の曲折が多いため「九曲城」とよばれた．また，鳳凰山東麓の唐代州治の場所に「鳳凰城」と呼ばれる「子城」が建てられ，国治とされた．

---

363) この六井は，相国井（現：浣紗路，井亭橋西側），西井もしくは華成井（現：郵電路と呉山路の交差点付近），金牛井（現：湧金門付近），方井，俗称は四眼井（現：平海路と延安路の交差点付近），白亀井（現：竜翔橋より少し西），小方井，俗称は六眼井（現：小車橋付近）である．入水口，地下溝管，水井（池）の三つの部分によって組成していた．
364) 白楽天 (772-846) は唐代後半を代表する詩人・政治家．杭州・蘇州刺史を歴任し，杭州では 3 年の任期 (822-824) を務めた．
365) 白堤と呼ばれ，北側のものが白公堤，南側が白沙堤．水位の調節が可能なように水門が設けられていた．
366) 隋時代の運河の杭城区間＝清湖河の東に位置し，それぞれのちに市河，塩橋運河（現 中河），茆山河と称される．茆山河は南宋時代に人口増加による用地の必要性によってなくなる．その位置は現在の新華路から馬市街の辺りである．
367) 銭鏐は，唐末の黄巣の乱の混乱の中で，当時杭州で董昌がまとめていた軍団に加わり，浙東観察使であった劉漢宏との戦いで功績を上げ，光啓 3 (887) 年杭州刺史に任命されていた．また，景福 2 (893) 年には鎮海軍節度使にも任命され，その後乾寧年間 (894〜898 年) に董昌を破り，さらに淮南の楊行密らと抗争して蘇州・常州を確保，乾寧 3 (896) 年には鎮海・鎮東両軍節度使となり，杭州，越州を含む両浙 13 州を支配していた．在位期間中は銭塘・江海塘の修理や太湖に堰や閘を建設し洪水防止と灌漑整備を行い，支配地域での農業生産力の向上に尽力した．
368) 『呉越備志』巻 1 武肅王条（杭州市档案局編 (2004)）
369) 朝天門（現在の鼓楼遺址），南土門（現在の淳祐橋の西），北土門または土址門（現在の菜市橋西の東青巷口），保徳門または宝徳門（現在の艮山門外の環城東路北端），北関門（不詳）．同上掲載．
370) 『呉越備志』巻 1 武肅王条．『通鑑』『咸淳臨安志』．

銭塘江の潮害は一貫して問題であり，天宝3 (910) 年，東南の銭塘江沿岸部に「海塘」が築かれる．併せて，この海塘沿いまで一部羅城の拡張が行われ，竹車門が建設された．この門は南宋以後，候潮門と呼ばれる．また，同時に水門が設けられた．羅城には，西に湧金水門[371]，城北には北関門のそばに天宗水門と余杭水門，城東は竹車門のそばに保安水門が設けられ，城外東南部の海塘に竜山閘，浙江閘が設置された．また，杭州城内の主要な水運河であった塩橋河に沿って乾道の道路がつくられた．

杭州は，呉越国の国都として，東府（東都）と呼ばれた越州に対して，西府（西都）と称される．呉越国のもとで杭州は大きく発展し，南京，蘇州，潤州（鎮江）を超える都市となる．手工業はさらに発達し，絹，磁器，茶，木版印刷，工芸品などが主であり，陶磁生産でも杭州の官窯は有名となる．そして，海運と水運の結節点として貿易事業はさらに発展し，日本は遣唐使廃止後も呉越国とは交易を続けている．また，銭氏は仏教に熱心であったため，仏舎利塔，仏教寺院，祈念碑が数多く建てられ，雷峰塔，保淑塔，六和塔などの創建はこの時代である．

北宋が成立すると杭州には両浙路の路治が設置され[372]，大観元 (1107) 年には杭州府に昇格する．元祐4 (1089) 年には，蘇軾（蘇東坡）(1036～1101年) が杭州知州に任じられ (1089～1091年)，西湖全体の浚渫を行い，浚渫で出た土を盛って蘇堤をつくったことが知られる．銭塘江の海嘯には悩まされ続けるが，北宋時代にも度々海塘は修築されている．

北宋は杭州に官営の絹織物工場を建設し (995年)，絹織物の生産を一括管理した．また，呉越時代からの木版印刷業が発展を続け，造紙業とともに栄える．さらに，端拱2 (989) 年に杭州に海上貿易関係の事務を所管する市舶司が設置されるなど，明州とともに長江デルタ地域を代表する外港となる．チャンパ，ルソン島，高麗，日本，アラビアなどと交易した．生糸，宝石，磁器，茶などが主要商品であった．杭州は北宋代には20万戸を数える江南地区最大の都市となる．

北宋が金によって開封を追われると (1127年)，副都であった南京応天府で高宗（趙構 (1107～1187年)，位1127～1162年）が即位し，南宋が建てられる．建炎3 (1129) 年，北宋杭州府の治所を行宮とし，杭州を昇格させて臨安府とした．また，紹興2 (1132) 年には両浙西路の治所が置かれた．この間，高宗は金軍から逃れるために揚州，建康，杭州，越州などへ遷都を繰り返すが，紹興8 (1138) 年に杭州を正式に都として定め，行在所と称する．

杭州城は，呉越国から引き継いだ城壁を基礎として修建された．南西部の城壁を縮

---

371) 閘は水位の違う部分を調節する開閉門．特に杭州では塩分などの混入した海水と，真水との混濁を避けるためにも閘が重要な役割を果たした．
372) 後梁の龍徳2 (922) 年に銭塘県から銭江県が分割され，両県の治所はともに杭州の城郭内にあった．銭塘，仁和，余杭，富陽，塩官，於潜，新城，臨安，昌化の9県．

小する一方，東南城壁は13丈拡大させ，新しく嘉会門を設けている．また，城壁強化のために版築壁の外側にレンガ壁を築いた（図IV-2-1e）．杭州は国都であり，大州の州都，銭塘・仁和両県の県庁所在地であり，これらの役所は全て城壁内に設けられた．銭塘・仁和両県の行政区画は，杭州城内と城外地区および周辺区域を含んでいる．臨安府となった当初は，1つの建物を名前だけ変えて多種の行事に使用され，その後，諸施設の建設が次々に行われていくことになる．

　南宋時代に，杭州の人口は急速に膨れ上がる．「靖康の変」（1126年）と臨安遷都（1138年）に伴って北部から難民が大量に流入し，居住地に事欠く事態が起こっている．南宋政府は住宅の割当を実施するが，それでも足りず，人々は仏教寺院，城外の低湿地帯や城門周辺，橋の下などへ住み着くようになり，貧民街が形成される．さらに，ムスリムの居住が増え，唯一の清真寺となる鳳凰寺が建設された[373]．保佑坊，文錦坊，羊堤頭一帯がムスリム居住地区であった．紹興26（1156）年には，外国籍の住民が土着民の数を超過したとされる．また，13世紀の杭州では城壁の外部にかなりの人口が溢れ出ていたという[374]．人口は，咸淳年間（1265年～1274年）には124万人にまで達し，南宋の杭州は世界で最大級の都市の1つであった．南宋臨安については，続いて詳しくみたい．

　至元13（1276）年，元軍は臨安を無血開城させる．抵抗する南宋軍は南下し各地を転々とするが，1279年の2月に広州崖山で元軍に滅ぼされる．元は両浙大都督府を設置するが，すぐに廃して臨安行省とし，さらに至元15（1278）年に揚州行省と統合，江淮行省[375]とする．省都として杭州路（8県1州）[376]が置かれた．

　マルコ・ポーロは1284年から江浙行省枢密副使として3年間在任し，当時繁栄を極めた杭州「キンザイ」の様子を今に伝えている．ただ，杭州の骨格は南宋において出来上がっており，元朝が加えたものはほとんどない．元朝は軍兵を駐屯させ，周辺勢力を抑止するために修城を禁じている．火災が度々発生し，むしろ失ったものが多い．南宋滅亡の翌年，南宋皇宮は延焼で焼け，特に，至正元（1341）年とその翌年の大火は重大な被害をもたらした[377]．西湖は管理されず，湖面を占領して小屋を建てる

---

373) 唐代に建立され，元代にペルシャ人阿老丁により再建された．中国東南沿海地帯の4大イスラーム寺院の1つ．建物外観が鳳凰の姿に似ていることから「鳳凰寺」と名付けられた．礼拝堂「無梁殿」はメッカの方向に建てられており，神殿中央の壁には，明景泰2（1451）年に刻まれた，アラビア文字のクルアーンの章句がはめ込まれている．

374) 銭塘江沿の城南郊廂（区）と運河両岸の城北郊外の廂は，15の市鎮を形成した人口密集地であった．

375) 至元28（1291）年，江淮行省の長江北岸地域が河南行省に移管され，両淮地区が管轄範囲から外されたため行省名称も江浙行省と改称された．

376) その後，省会が杭州と揚州の間を数度にわたって移転したが，至元26（1289）年以降は杭州に定まった．

377) 杭州城で火事が起き，東南から西北へ延焼．総計では官民房屋，役所，寺観，1万5755間，1

ために湖が埋められるなど荒廃する.

元代末から明代初めの戦乱によって杭州をとりまく状況はさらに悪化する.至正11 (1351) 年に反乱をおこした紅巾軍の徐寿輝の部隊は杭州を攻め,元朝の江浙参知政事を殺害する (1352年).各地の農民が次々に反乱に加わったが,張士誠の部隊は江蘇の平望から立ち上がり (1356年) 杭州を占拠した (1359年).

張士誠は,杭州を占拠後,防衛強化のため杭州城を再建する.城域は,東は現在の環城東路・江城路,西は現在の南山路・湖浜路,北は現在の環城北路,南は現在の万松嶺路の少し北である.南宋杭州城が東に向かって1.5km拡大され,これにより菜市河は城内に囲い込まれた.保安門は廃止され,東へ拡大した部分には慶春門,清泰門の2門が設置された.南は,宮城が廃止され鳳凰山が城外となり,候潮門の西部分が1kmほど北に縮小し,併せて嘉会門,東便門が廃止された.縮小した城壁に設置された門は以前と同じく和寧門と称される.西南部の城壁は,清平山と金地山の上を通り,銭湖門が設置された.清波門から湧金門の城壁はわずかに西に向かって拡張された.さらに,外城には鳳山水門,艮山水門,保安水門,武林水門,湧金水門の5つの水門が設置された.東へ拡張し,南を縮小したことにより,城内の大部分は平地となる.明清代に城壁はしばしば修築されるが,その城域は近代まで維持されることになる (図Ⅳ-2-1f).さらに,張士誠は20万の労働者を率いて,東城壁の外側に沿って幅約67mの水路をつくって防御に備えている.この南北に長い城河は,運河とともに現存する.また,南宋の新開運河と合わせて京杭大運河の杭州城北地区の河道が確定する.

この張士誠によって改変された杭州を占拠したのが朱元璋である[378].杭州路は杭州府に改められ,浙江行省[379]が置かれて杭州府は省都となる (至正26 (1366) 年).洪武9 (1376) 年,明朝は中書省を廃止し三司[380]を設け,浙江行省は浙江布政使司となり,杭州府は浙江布政使司の治所となる.

明代には,上述のように大きな改変はないが,倭寇対策を迫られている.14世紀中葉以降,倭寇が浙江の明州,台州,温州,そして福建など沿海部を襲うようになるが (上田信 (2005)).16世紀に入って倭寇の侵略は深刻化し,嘉靖34 (1555) 年には杭州も被害を受けたことから,浙江総督胡宗憲[381]が清波門の南の城壁に帯湖楼,東南の城壁に定南楼,鳳山門の西城壁に襟江楼,艮山門の東城壁に望海楼 (跨海楼) を設

万797戸が焼失し,3万8116人が火傷,74人が焼死した.1342年再び大火が起き,民舎は合計4万間余りが延焼したとされる (『元史』上説).
378) 朱元璋は,常遇春を杭州に派遣,3か月かけて張士誠を破った.
379) 浙江等処行中書省の略.
380) 承宣布政使司 (掌民政,財政),按察使司 (掌司法),都指揮使司 (掌軍事).布政使司は府・州を統治する.
381) 胡宗憲 (? -1565) は明の武将で,1538年に科挙に合格,1553年に御使となる.

けるのである．明代の城壁の改修は，これ以外には門の撤廃と門名の改称に留まる（図 IV-2-1g）．明代には，西湖の大規模な浚渫工事が行われ，併せて楊公堤が建設される．さらに，湖中に清喜閣や湖心亭などがつくられるなど，西湖は景勝地として蘇る．

清朝が成立すると，順治 2（1645）年に清軍は杭州を占領し，順治 5（1648）年より，杭州城の西部に満城（旗営）の建設を開始する．城域は，東は現在の青年路，恵興路，岳王路，南は開元路，西は湖浜路，北は慶春路によって囲われる範囲である．建設のために 1 万人近くの漢族が強制的に移住させられている．満城城壁には延齢門，迎紫門，平海門，拱宸門，承乾門の 5 つの門と将軍橋の東，束縛橋の西，塩橋の北に 3 つの水門が設けられた．満城と杭州城は全く分離され，杭州城内から西湖へ行くためには迂回して，湧金門から出入りしなければならなかった（図 IV-2-1h）．

清朝前期，康熙帝と乾隆帝[382]は杭州に合わせて 11 回南巡している．杭州城内の絹織物業は繁栄し，官営の絹織物工場は満城の南の湧金門一帯に建設されていた．民間の絹織もかなり発展しており，別に絹織専門区が形成され，杭州は「絹綢府」と呼ばれた．

しかし，清末に至ると杭州は大きく転換する．アヘン戦争に乗じて挙兵した洪秀全の太平天国軍は江南大営攻略として杭州を攻め落すが，この戦火で寺院楼閣が多く破壊された（曽我部静男（1940））．また，日清戦争後の下関条約によって北部郊外の拱宸橋付近に日本租界[383]がつくられた．1907 年には鉄道が敷かれ，清泰門内に駅が建設された．鉄道は城壁を貫き，かなりの長さの城壁が撤去された．1909 年に鉄道が杭州まで開通し，杭州城駅が完成している．

辛亥革命によって中華民国が成立すると，杭州府は廃止され，銭塘・仁和両県を合わせて杭県とし，県政府治は井亭橋（解放路と浣沙路）に置かれた[384]．また浙江省の省会の所在地とされ，省政府は梅花碑に設置された．

1913 年に杭州城壁と城門の取り壊しが始まる．満城の城壁がまず取り除かれ，跡地には新市場と称される商業区が開発される．西湖の周りには，新新，蝶来，金城，西湖の四大飯店や，湖濱，環湖など旅館，楼外楼，聚豊元，知味観などの菜館と功徳林など素菜館があり，また付近には，新新百貨店，張小泉剪刀店など大型商店があり，杭州で有名な繁華街となる（杭州市档案局編（2004））．銭塘門，湧金門，清波門の 3 門とその区間の城壁が取り壊され，湖浜路，南山路がつくられ，また湖浜公園がつくられ，西湖と市街地が一体となる．また，その後すぐに，鳳山門，候潮門，望江門，武

---

[382] 康熙帝（1654-1722）は清の第 4 代皇帝（在位 1661-1722），乾隆帝（1711-1799）は清の第 6 代皇帝（在位 1735-1796）．彼らの時代に清は最も繁栄した．
[383] 範囲は，西は運河，東は陸家条河，南は拱宸橋，北は瓦窯頭であったとされる．
[384] 1914 年，袁世凱のときに清代の嘉湖道管轄区域に銭塘道が設置され 20 県あった．1927 年に廃止されている．

林門, 艮山門の5門が排除された. 新中国建立時期, 慶春門と東北城壁と西城壁の北側, これらは1950年代後半になって排除され, 環城東路, 環城北路と環城西路の延伸部分となった. 現在は鳳山水門が残るのみである（図IV-2-1i）.

1927年, 南京国民政府は, 銭塘道を廃止, 浙江省は杭県の城区と西湖地域に杭州市を設置する. その市域は, 東南は銭塘江に沿って竜山閘口まで, 西南は雲栖, 西は天竺, 北は拱宸橋までである. 市区面積は910平方公里, 人口は38万31人であった. 上城, 下城, 中城, 西湖, 江干, 会堡, 塘, 湖墅など8区からなり, 市政府は聖塘路（西湖）に置かれた.

2-2 南宋臨安

中国都城としての杭州, 南宋臨安は, 中国の歴代都城と比べるといくつもの特異性をもっている. 第1に, そもそも臨時の都であり, 天下の中心といった位置づけはその選地にはない. また, 新たに都城を計画する意図はない. とりあえず, 既存の北宋の杭州城を皇城, 宮城として使用しながら, 都城としてのかたちが整えられる. 第2に, 結果として, 宮城, 皇城が都城の南に位置し, 北部に城域が位置することになった.「南闕」型である. 南郊祭祀など皇帝儀礼も, 明堂で代替されるように形式的なものとなってしまう. 第3に, 治水, 水運, 水路網に大きく規定されていることも大きな特徴である. ここでは, 南宋臨安の空間構造の特質を明らかにしたい.

(1) 宮城・外城・城門・水門

高宗は臨安府を行在所とすると（紹興8（1138）年）, すぐに, 鳳凰山麓にあった呉越・北宋時代の州治であった場所を大内（禁裏, 御所）とした. この大内つまり宮城には4つの城門が設けられ, 正門は北側の和寧門, 後門である南側は麗正門と呼び, その他に東華門[385]と東便門の2門および宮城内を通過する運河の水門が設けられた. 正門が北に設定されていることが, 杭州の特異な出発点を示している. また, 4門設けられているが, 東西南北に配されるのではなく, 東に2門で, 鳳凰山の地形に大きく規定されている.

宮城（皇城）内の空間構成については,『咸淳臨安志』[386]にある「皇城図」には「大内」と記されているだけである. 宮城内には皇帝が公式行事, 政務をとり行う朝廷と皇帝の私的な生活区域である内廷に分けられていたとされ, いくつかの復元図がつくられ

---

385)「宮城の東西の通用門は, 普通は日華・月華とか東華・西華と呼ばれるが, 南宋では東華門1つしかなく, それも東を向いているわけではない.」（梅原郁訳注, 呉自牧著『夢梁録2 南宋臨安繁昌記』平凡社, 2000）.

386) 咸淳9〜10（1273-74）年に, 当時の臨安府知事潜説友を責任者とし編纂された杭州府の地方誌. 全百巻.

ているが詳細はわかっていない．当初は，上述のように，政務の中心である大慶殿を行事によりその名前を改めて使用していた[387]．

南宋杭州城の外城には 13 の城門と 5 つの水門があった（図 IV-2-2）．主要な城門は 12 門で，北東から，艮山門（①），東青門（菜市門）（②），崇新門（薦橋門）（③），新開門（④），候潮門（⑤），便門（⑥），南に嘉会門（⑦）．西は銭湖門（⑧），清波門（暗門）（⑨），湧金門（豊豫門）（⑩），銭塘門（⑪），武林門（余杭門）（⑫），そして，これらとは別に，小堰門と呼ばれる保安門（⑬）が新開門と保安水門の間にあった（呉自牧・梅原郁訳注 (2006)）．地形に沿って城内を囲み，必要に応じて門が設けられているように見える．ただ，東青門（菜市門）（②）—銭塘門（⑪），崇新門（薦橋門）（③）—湧金門（豊豫門）（⑩），新開門（④）—清波門（暗門）（⑨）をほぼ東西につないでいるから，城内を大きく分割する計画意図は窺える．

水門は北から，余杭水門（a），天宗水門（b），保安水門（c），北水門（d），南水門（e）が設けられていた．13 の城門は円形か多角形のアーチの門で上に楼閣が設けられたが，そのうち，艮山門（①），東青門（②），便門（⑥）はともに甕城[388]であった．北端の東西 2 門，皇城の東門が重視されていたことを示している．

隋代の城内にあった三門は全て廃止されたが，朝天門（現在の鎮海楼の場所）だけは両側の城壁をとどめ，以前と変わらない名称が用いられた．杭州城の大きさは，南北は最長 7km 弱，東西の城壁間の距離は狭いところで約 1.5km，広いところで約 2km であった（J・ジェルネ (1990)）．杭州城外東側には，呉越国時代に銭塘江に沿って築かれた捍海堤があり，浙江亭と呼ばれる場所に城内運河の入り口となる渾水閘[389]が設けられていた．

(2) 御街と水路

杭州城内は，以上のように水系によって大きく規定され，街路体系もそれに連結していた．物資の輸送のために主として利用されたのは水路である．城内のほとんどの街路には石板が敷かれていたが，平面が滑らかでなく，車を引くには向かず，水運の方がはるかに早く簡単に物資を運ぶことができた．また，北の蘇州や長安へは京杭大運河でつながり，南西に向かって寧波と連絡する浙東運河で結ばれていたため，城内でも水運を主として諸施設が配置されるのは自然であった．

街路について，杭州城の主軸線とされたのは，宮城北門の和寧門（i）から北へ外城の余杭水門（a）を結ぶ南北に走る御街である．主軸線ではあるが，正南北の大街では

---

387) 六参の挨拶，百官の聴麻の場合文徳殿，天長節の祝賀の場合紫宸殿，進士の合格発表の場合集英殿，明堂の祀りの場合明堂殿と称した．
388) 甕城（瓮城）は本門の外側に半円形に城壁を張り出したもの．その門は本門と直線にならぬよう作られる．
389) 閘は水位の違う部分を調節する閘門のこと．

第 IV 章
開封・杭州・南京 —— 中国都城の変容

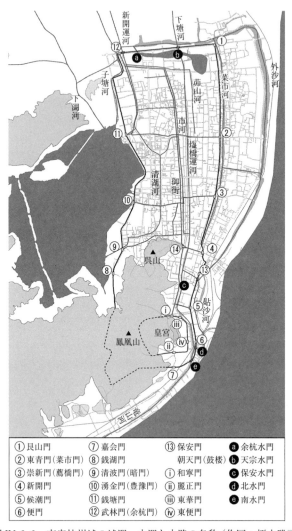

① 艮山門　　⑦ 嘉会門　　⑬ 保安門　　ⓐ 余杭水門
② 東青門(菜市門)　⑧ 銭湖門　　　朝天門(鼓楼)　ⓑ 天宗水門
③ 崇新門(薦橋門)　⑨ 清波門(暗門)　ⅰ 和寧門　　ⓒ 保安水門
④ 新開門　　⑩ 湧金門(豊豫門)　ⅱ 麗正門　　ⓓ 北水門
⑤ 候潮門　　⑪ 銭塘門　　ⅲ 東華門　　ⓔ 南水門
⑥ 便門　　　⑫ 武林門(余杭門)　ⅳ 東便門

図 IV-2-2　南宋杭州城の城門・水門と水路の名称（作図：榎本雅司）

なく，緩やかに左にカーブしていく．御街は杭州で最大の街路であったが，約 40 歩 (60m) ほどであり (J・ジェルネ (1990))，開封の御街は約 200 歩であるからその規模は遥かに小さい．御街は天街とも称され，御道・河道・走廊の 3 部分に分けられる．中央の御道は皇帝専用で，皇帝が景霊宮[390]に祭典のため参拝するのに利用された．景霊宮は，宋朝の皇帝と皇后の神御が奉安される道宮で，開封では，北宋真宗の大中祥符 6 (1013) 年，丁謂 (966-1037) の進言で御街東側の一等地に建造されたものである．臨安では，御街が曲折していって突き当たる西湖畔に建設されている．以下に見るように，社稷檀は御街の右 (東) に景霊宮に向かい合うようにあるが，「座南朝北」で左右 (東西) は逆転されているように思える．

東西方向の主要街路として，上述のように，東西の門をつなげる 3 つの街路がある．ただ，これらの東西街路も直線ではなく屈曲している．これら東西の横街と南北に走る御街によって杭州城の街路の主要部分が形成されていた．

水路には，御街の東側に並行して大河と呼ばれた塩橋運河 (のち中河) が走り，両岸には碼頭 (波止場，埠頭) や貨物小屋，榻房 (寝台)，店舗などが並んでいた．城内で最も主要な運河であり，この運河の両岸がもっとも繁華な場所であったとされる．この他，城内には塩橋運河の東に茅山河 (茆山河)，西に市河 (小河)，清湖河がある．城外には多くの水路があり，主なものとして，東は菜市河 (のち東河)，外沙河 (のち貼沙河)，南に竜山河，北に下塘河，新開運河などがあった．基本的にこれらの水路は南から北へと流れる．城内を流れる水路のうち，塩橋運河および茅山河は銭塘江に通じており塩水であるため，市河や清湖河といた西湖より引かれた淡水である水路と分けて使用された．

これら城内の 4 つの水路と城外の 10 余りの水路が相互につながり，北は京杭大運河に，南は城外で銭塘江に通じていた．城外からの舟は，この水路網によって城内の目的の付近まで舟で移動することが可能であった．

すなわち，杭州城は水路水網都市であった．中国都城の立地や計画については，秦咸陽，隋唐長安，洛陽，そして開封，どの都城でも水運は都市形態を規定する大きな要因であったが，城内の交通も含めて杭州ほど水路網を基礎にしている都城はない．杭州には，数多くの橋が設けられていた．『咸淳臨安志』巻 21 の記載によると，南宋杭州城内の橋梁は 118 座あった．数多い橋の大部分は石造であったが，木造のものもいくつかあったとされる．

(3) 祭祀施設

南郊祭祀の大礼は，上述のように，宋代に入って定着し，その治世 300 年の間にほぼ 3 年に 1 回，規則正しくそれが実施される．一方で，本来は城外の南の郊壇で祭

---

[390] 宋の皇帝と皇后の神御が奉安される道宮．開封で北宋真宗の大中祥符 6 (1013) 年，丁謂 (966-1037) の進言で御街東側の一等地に建造された．

祀をとり行う替わりに宮中でとり行うことが多くなる．これが明堂の祭りで，南宋では宮城内の聴政の正殿たる大慶殿を明堂にしつらえなおし，そこで南郊と同じような祭祀をとり行った．宋代，明堂の大祀は仁宗の1050年に始まり，以後46回実施され，全体で見ると南郊の円丘での郊祀とほぼ同数であるが，南宋(1127〜1279年)において南郊祭祀が行われたのは50回の大礼中18回ほどである[391]．

南郊郊祀は，宮城南門である嘉会門から城外3里南，浄明院傍にある郊壇(天壇)で行われ，祭祀の際は嘉会門から天壇までは御道となる．『夢粱録』巻5にその様子が記されるが，天子は，3日前に大慶殿で致斎し，次の日，景霊宮に御街を通じて報告，太廟で致斎，三宗(太祖，太宗，高宗)のお出ましを奏請，3日目に嘉会門を出て，郊壇の傍の青城・瑞誠行殿で致斎，祭礼当日に臨む．青城とはただ青い幔幕で城や門の形に囲ったものにすぎない．浄明院が行宮であった．

太廟(大廟)[392]は王朝の宗廟で，歴代皇帝の位牌を置く．建造は紹興4(1134)年に始まる．宮城北門と朝天門の間の左側，右一廂，瑞石山の麓に位置する．南郊・明堂の大礼の時は，前日にここで祭りが行われた．

景霊宮は，道教の宮観であり宋の皇帝と皇后の位牌が奉安される．上述のように，城内北西部の城壁沿いに位置する．御街は宮城からこの景霊宮を結んでいる．紹興13(1143)年に韓世忠の屋敷あとに建造された．社稷は，城内北部，塩橋運河の西側に設けられている．

これらの位置関係を整理すると図IV-2-3のようになる．

既に示唆してきたが，皇帝祭祀とその関連施設の配置は，他の都城とは著しく異なっている．南郊郊祀については，東西南北方位が遵守されるが，「左祖右社」については，御街の左側に太廟が，右側に社稷が配置されており，「座南朝北」において成立するかたちとなる．宮城が北にあり南面する都城では，南郊郊祀のパレードはまっすぐ南行すればよいが，南宋臨安ではまず宮城から北の太廟そして景霊宮を訪れ，そこから折り返して南下し郊壇をめざすという特殊なかたちとなっていた．

(4) 官衙・官宅・後戚府

南宋杭州の中央諸官庁と官宅・後戚府の配置をみよう．

全体を概観すると，官衙は宮城から北へ御街の西側に多い．中書省(民政)，枢密院(軍政)[393]，

---

391) 梅原郁「皇帝・祭祀・国都」(中村賢二郎編(1986))
392) 宋代では宣祖以上の四祖は別室として，太祖以下歴代皇帝の神主＝位牌を置く．紹興16(1146)年に増築が行われている．1995年に遺址が発見され，現在は太廟公園として整備されている．
393) 宋に入って，民政の中書とならぶ，軍政の最高官庁となった．南宋半ば，宰相(民政)と枢密(軍政)までが一人に統合された．南宋末に「三省枢密院」の名称が使われるようになる．

2 杭州

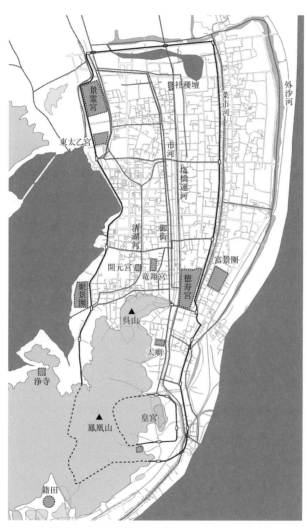

図 IV-2-3　主要な宗教施設の位置（作図：榎本雅司）

三司（財政）や六部[394]，御史台[395]，祕書省[396] など，宮城関係の官庁は，宮城近くに置かれている．北宋治所であった場所が宮城とされたので，紹興 2 (1132) 年から西湖沿いに臨安府治[397]が移される．また，仁和県庁，銭塘県庁やその他の官庁も西湖側に位置している．官宅・後戚府は，城内中心部に分布する．

斯波 (2002) によると，中央諸官衙が集まる鳳凰山や呉山は，天子や官人だけが住んだのではなく，江商・海賈つまり水運・海運を営む外来の資産家がここに邸宅を営み，彼らは貧民の福祉・救済にも極めて熱心だったという．

(5) 廂と坊巷

南宋臨安の行政区画単位は，開封について既に触れたが，唐末・五代の軍隊駐屯区分と関連して創設された廂であり，「廂」の下に「坊巷」が設置された．廂は，城区の管理区分であり，各廂ごとに廂官と呼ぶ下級武官が配置され，防火，防犯，治安維持に当たった．

廂と坊巷の数について，乾道 5 (1169) 年の『乾道臨安志』には 7 廂 68 坊，淳祐 11 (1251) 年の『淳祐臨安志』には 12 廂 89 坊巷，咸淳 4 (1268) 年の『咸淳臨安志』には 12 廂 96 坊巷であると記載されているが (馬時雍 (2006))，『夢梁録』第巻 7 は，城内は 9 廂とする．梅原郁は，杭州城は，大きく，まず南北に縦断する御街で左・右に分けられ，左廂（西側）は南から 3 つに，右廂（東側）は 4 つに区分されていたとする．最南端の宮城内を宮廂とし，さらに左一廂は南北に分割されていたとしている（表IV-2-1）．

梅原郁に従って，9 廂 85 坊巷を見ると（図 IV-2-4），左廂は全て御街の西側にあるが，右廂については，異なる廂に属する坊巷が入り混じっていたり，右四廂が南にあったりする．すなわち，各廂の境界は明確ではなく，各廂の範囲はあらかじめ設定されたものではなく，管轄する坊によってその範囲が変化していたのではと思われる．

市制と坊墻制が採られなかったのは南宋臨安でも開封と同じであった．ただ，「巷」が重要で，梅原郁は「南宋の杭州では，「坊」は主要道路「街」に面し，そこから小路・露路たる「巷」を通って中に入ってゆくところに立てられたアーケードについた，いわば町名の標識にすぎない」としている（呉自牧・梅原郁訳注 (2006))．御街や大街に

---

394) 尚書省に属する吏・戸・礼・兵・刑・工，各部 4 局ずつ，全体で 24 季節を象徴する 24 部局からなる．
395) 朝廷の観察を司る．
396) 宮廷図書館，史料編纂所，歴史編纂所を合わせた学術・図書施設．紹興 13 (1143) 年 12 月，前殿司の塞のあとに創建された．
397) 臨安府署は京城の最高地方行政機関で，銭塘など 9 県を管轄している．南宋が杭州を都に定め州治と改めた後，臨安府治は 3 度移り，最後は清波門北の浄因寺に至り，1 百数十年経過する．これに伴い，その間建設は継続され，庁堂建築は完備，範囲も次第に拡大していく．南宋末，臨安府署の周長は 34 里と，相当の規模であったとされる．

表 IV-2-1　廂と坊巷名（出典：呉自牧・梅原郁訳注（2006））

廂			
左三廂	76 欽善（聞扇子巷） 79 清和（楊和王府巷） 82 字民	77 甘泉（相国井巷） 80 興慶（前洋街） 83 平易	78 清風（活水巷） 81 徳化（木子巷）
左二廂	52 修義（菱椒巷） 55 教睦（狗児山巷，銀甕後巷） 58 寿安（官巷） 61 保信（剪刀股巷） 64 純礼（後洋街巷） 67 福徳	53 富楽（売馬巷） 56 積善（上百戯巷） 59 修文（将作監巷） 62 定民（中棚巷） 65 保和（磚街巷） 68 招賢	54 衆楽（虎跑泉巷，南棚巷） 57 秀義（下百戯巷） 60 里仁（陶家巷） 63 睦親（宗学巷） 66 報恩（観巷） 69 登省
左一北廂	15 呉山（呉山井巷） 18 太平（新街） 21 南新街 24 呉山北 27 中和（浄因坊，楼店務巷） 30 流福（府治前）	16 清河 19 市南（巾子巷） 22 康裕（八作司巷） 25 泰和（糯米倉巷） 28 仁美（石板巷） 31 豊豫（府学巷）	17 融和（灌肺嶺巷，肉子巷） 20 市西（壩頭巷，三橋街） 23 後市街 26 天井（透浙巷） 29 近民 32 美化
左一南廂	11 大隠（都酒務巷） 14 和豊	12 安栄	13 懐慶（宝月山巷）
右四廂	84 興礼	85 寧海（欽碇巷）	
右三廂	70 東巷（上中沙巷，東坊） 73 善履（豊楽橋巷）	71 西巷（下中沙巷，西坊） 74 興化（興慶，塩橋巷）	72 豊禾（豊禾倉巷） 75 昌楽（蒲橋巷）
右二廂	33 清平（沙皮巷） 36 宝佑 39 義和（炭橋巷） 42 新安（新橋楼巷） 45 懐遠（軍頭司営巷） 48 嘉新（七郎堂巷） 51 新開北巷	34 興檀（清冷橋巷） 37 賢福（壩頭巷　猫児橋巷） 40 武志（李博士橋巷） 43 延定（鵝鴨橋巷） 46 普寧（清遠橋巷） 49 教欽（竹竿巷）	35 通和（金波橋巷） 38 蘭陵（水巷　水巷橋巷） 41 戒民（棚橋巷） 44 安国（北橋巷，祈祥坊） 47 同徳（灯心巷） 50 新開南巷
右一廂	1 孝仁（清平山巷） 4 天慶（天慶観巷） 7 長慶 10 富楽（薦橋巷）	2 登平（貴恕坊，相府巷） 5 保民（呉山廟巷，廟巷） 8 新開	3 寿域（糧料院巷） 6 懐信（糙糯巷） 9 常慶（柴垜橋巷）

面したこの坊門を入ると，「巷」や「小路（露路）」の狭い小道になり，時には坊名を冠して「〇〇坊巷」ともいうが，多くは土地の人々が親しむ通称で「〇〇巷」と名付けられていた．

(6) 消防組織

南宋の杭州城では度々火災が起こった．火事のなかった年はなく，1132年には4回の大火にみまわれ，翌年も4回起こっている（J・ジェルネ（1990））．街路幅の広い歴代の都城では火事が起きても1区画だけの被害であったが，杭州では街路は狭く

第 IV 章
開封・杭州・南京 —— 中国都城の変容

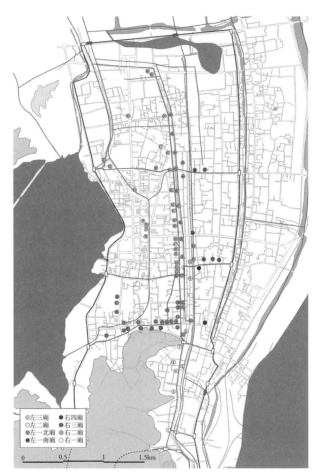

図 IV-2-4　廂と坊巷位置図（表 IV-2-1 と対応）（出典：呉自牧・梅原郁訳注（2006））

袋小路があるなど入り組んでおり，そこに密集した住宅は木造あるいは竹造であったため，火事が起こりやすく，被害も甚大であった．このため，官庁街や市街地にはおよそ 200 歩毎に，軍巡鋪を 1 つ設け，1 鋪に兵卒を 3 人から 5 人配備していたとされる[398]．

また，役所では火災を起こさないことを重要視し，諸坊の境界に坊隅官屋を立て，

---

398) 南宋初期には 120 であった鋪数が，孝宗時代（1162〜89）には 232 と増える．

軍兵を駐屯させた．また高い望楼を建てて見張りを行った．嘉定4 (1211) 年にまず建設された東隅・西隅・南隅・北隅の四隅は杭城市街の中心部分にあり，南北約2km，東西約1kmの範囲であった（呉自牧・梅原郁訳注 (2006)）．

都市の治安維持について，警察と消防の2つの機構を分けたのは，南宋臨安が初めてである．消防組織は「隅制」と称され，軍がその任に当たった．責任者は隅官と呼ばれる．当初は廂軍の官員が防犯と防火を任されていたが，「廂」から防火の部門である「隅」が次第に分離していった．さらに，時代が経つにつれて，「隅」は「廂」に代わって行政区画名となり，廂官にかわって警察行政をも彼らが受け持つようになる．

(7) 団行・瓦市

市制が崩壊し，商業が盛んになると，街のいたるところでギルド[399]・瓦市[400]・商店・夜市がみられるようになる．

ギルドを団行という．「団」も「行」も現代語でいう「行会」すなわち同業者の組合を指す．団，行，市の区分は厳密なものではなかったとされる．工役（工技）は大工左官，職人はその専門技術に従って「作」と呼ばれる組合が組織にされていた（呉自牧・梅原郁訳注 (2006)）．

城内での主要な動脈は，北西門と東南門を連絡する塩橋運河とその西を併走する市河であった．ちょうど城内の中央部に位置するこの2運河にはさまれた帯状の地区が経済中枢の区域を形成していた[401]．斯波 (2002) によると，この一帯には，各種のギルドの建物と市があったほか，政府の塩の専売局，商税の総局，財務倉も建ち並んでおり，また専売総局，茶の専売局，海外貿易の監督総局，紙幣局は東南門の辺にあった．城内の東北，広い空間には石造りの房廊（大倉庫）が数十棟並んでいた．

杭州城の外周部は，城内ではかさばる補給物資を集積し，卸売りにふりわける場所であった．杭州には「東門菜，西門水，南門柴，北門米」という言葉があり，杭州城外の東は野菜，青果や肉・魚が杭州湾を隔てた両浙東路から運ばれ，西は西湖の飲用できる水[402]，南（東南部）は海路から，または，浙江の奥地から銭塘江を下ってくる薪炭，木材，魚，肉，食用家畜，北は大運河で運ばれてくる江南デルタの米を卸売りしていたことを表している．特に，南と北は南関，北関と呼ばれ，それぞれに集められ

---

399) 隋唐長安の東西両市で，同業者を一列（行）にして営業させたことに直接に繋がる．（加藤繁「唐宋時代の商人組合行を論じて清代の会館に及ぶ」『支那経済史考証』上所収）．
400) 盛り場．来る場合は砕けた瓦を合わすようで，去る場合は瓦をばらすようだということから瓦合瓦解，砕けた瓦が集まったような烏合いの衆，それがまた散り散りになること．
401) 金銀舗（宝飾と金融の店），金銀交引舗（手形兌換所），書籍舗，絹織舗，帽子舗，靴舗，漆器舗，舶来の香薬舗，真珠舗，砂糖舗，そしてこれらを取り巻くように酒楼（レストラン兼妓館），分茶酒店（料理屋），妓館，百戯巷，勾欄（芝居小屋），瓦子が集まっていた（斯波義信 (2002)）．
402) 銭塘江は塩分の濃度が高く土砂が混ざっていた．西湖は飲用水の確保と城内の運河へ給水する目的があって造成された．

る物資と人で溢れていた．瓦市は，娯楽専用の歓楽街で大きな屋根付きの市場のようで，演技，歌唱，音楽や芝居を楽しむ場所であった．

南宋臨安については，以上のように，その都市組織については，かなり詳細に明らかにされている．ただ，街区の空間組織については，四合院を基礎単位としていたと考えられるが，必ずしも明らかではない．現況については次項でみたい．都城の骨格については，杭州は極めて特異である．皇帝の権威を示す皇帝祭祀は，北宋開封についてみたように，既に地上において演出されるものと化している．これこそ皇帝の権威の世俗化である．

それにしても，杭州においては，左右が半転しており，南北も分裂している．中国都城の変異とすべきであろう．ただ，都城の中心に皇帝が位置し，その身体が位置する宮城を基準とする方位感覚は維持されている．絶対方位から相対方位への転換をそこにみることができる．地形の制約，既存の都市の制約が大きな規定要因となるが，南方から中原を望む視点に立てば，この配置はそれなりに説明可能である．

思い浮かぶのはバリ島のコスモロジーと方位感覚，集落の空間構成との関係である．詳細な説明は他に委ねる（布野修司（1997））が，バリ島では，そのほぼ中央に位置する聖山アグン山を中心とする山―海の方位（相対方位）と日の出―日の入の方位（絶対方位）によって方位観は大きく規定され，集落配置は逆転する．バリ島の南では北向きが聖なる方向とされるのであるが，北では南向きが聖なる方向とされるから，最も重要な場所は屋敷地でも集落でも南では北東，北では南東となるのである．

その方位関係は中国大陸にそのまま当てはまり，南宋にとって中心はあくまで開封であり，その中心，すなわち北へ向かって（「座南朝北」）都城の空間が編成されているのである．

2-3 ｜ 杭州―姚園寺巷・梅花碑社区（五柳巷歴史街区）

浙江省の省都である杭州市は，市→区→街道弁事処→社区という行政組織構成をとり，現在，8区3市2県[403]からなる．上城区[404]の湖浜街道，小営街道，清波街道，紫陽街道と南星街道の一部，下城区[405]の長慶街道，武林街道，天水街道，潮鳴街道が南宋時代の杭州城であった地区（杭州旧城地区）とおおよそ一致する．杭州旧城地区の西には，北，西，南の三方を山々に囲まれた西湖が位置し，2011年6月に杭州市

---

403) 上城区，下城区，拱墅区，西湖区，江干区，浜江区，余杭区，蕭山区，富陽市，健徳市，臨安市，桐廬県，淳安県．
404) 湖浜街道，小営街道，清波街道，紫陽街道，望江街道，南星街道の6街道．
405) 長慶街道，武林街道，天水街道，潮鳴街道，朝暉街道，石橋街道，東新街道，文暉街道の8街道．

の西湖周辺の地域が「杭州西湖文化景観」として世界文化遺産に登録されている.

1864年の杭州城[406]と1982年の杭州城[407]を比較して見ると，その街路体系は大きくは変化していない．1982年の地図で街路名を確認すると，「路lu」「街jie」で大きな枠が構成され，その中は「巷xian」「里li」「弄nong」などの小路でつながっているのがわかる．また，旗営であった地区のほとんどの街路が「路」となっている．

水路については1925年の地図[408]で城内全体に確認できるが，1982年には中河と東河を残すのみである．街路よりも早い段階から変化が起こったことがわかる．

(1) 杭州旧城の変容

まず，街路の変遷について，1982年の地図と2000年代の街路の変化を比べて見ると，旧城全体の主幹道路が整備され，道路の拡幅，延伸が行われているのがわかる（図IV-2-5）．1982年には，城壁跡につくられた環状道路以外に旧城内を端から端を結ぶ道路はほとんどなかった．南北方向では，南宋の御街にあたる中山北路・中路・南路と，東河の東にある建国北路・中路・南路，東西方向では体育場路と解放路のみであったが，2000年までに，武林広場と呉山広場を結ぶ延安路，中河の上に高架を設けて中河北路・中路・南路，東西には鳳起路，西湖大道がつくられている．

大規模な街路構成の変化が見られるのは2000年までで，このあと2010年までに，東河沿い北部の道路の拡幅，清河坊および朝天門周辺の道路整備，中河南路の延伸などが行われるが，規模も小さく部分的である．

一方，1982年には大通りに囲まれた部分に数多くの小規模な街路「巷」「里」「弄」が見られたけれど，2000年にはかなりの数が消失してしまっている．1982年の街区構成が清代1864年の街路と基本的には同じであったことを考えると，1982～2000年の間に失われたものは大きい．20世紀後半まで引き継いでいた杭州旧城の空間構成とは異なる秩序が持ち込まれたことは明らかである．

21世紀に入ってからの変容，2000年，2005年，2010年のそれぞれの時点での建物の分布状況を比べてみると，2000年では，旧城全体に集合住宅とみられる同程度の大きさと類似したかたちの建物が規則正しく並んでいるのがわかる．この時点で既にかなり開発が進められているように見えるが，街区によっては戸建て住戸群とみられる場所がある．中山北路・中路・南路沿い，また東河沿いを中心に高密度に建物が密集している．しかし，これらのほとんどは，2005年までに消失してしまう．特に慶春路より北側の戸建て群は2005年にはほとんど見られなくなる．街区ごとなくなる例もあり，まとまって計画的に建て替えられたと考えられる．これらの戸建て群はほとんどが集合住宅や大規模な施設に建て替えられているか，道路の拡張のために取

---

406)『中国古代地図集』文物出版社，1997年
407) 馬時雍（2006）付図．
408) 馬時雍（2006）付図．

図 IV-2-5　2000 年代の街路の変化（作図：榎本雅司）

り壊されている．その中で，再び戸建てに建て変わっているのが清河坊地区で，これは歴史文化保存地区として修景工事が行われたためである．また，2000 年の杭州旧城区には，全体に多くの空地がみられる．

　2005 年から 2010 年の間にも，多くの建物が取り壊されている（図 IV-2-6a）．2005 年に多く取り壊された慶春路以北は，環城北路沿い，延安路の北部などに集中するが，慶春路より南側では全体的に群として建物が取り壊されている．道路の拡幅によるのは西湖沿いの一部分のみで，清河坊は修景工事のための建て替えである．一方，2005～10 年の間に新築された建物の大半は，単体もしくは数戸単位の規模である（図 IV-2-6b）．杭州旧城区内の建設ラッシュのピークは一旦過ぎたからと思われるが，2010 年には再び空地が目立つ．今後，再び大規模な建築，集合住宅が建てられていくことになる．

図 IV-2-6　a 建物の取り壊し　2005 年-2010 年　b 建物の建設　2005 年-2010 年（作図：榎本雅司）

(2) 空間構成

さて，具体的な地区をみよう．

　杭州旧城区の大部分を占める上城区は現在 6 つの街道からなり，その中の小営街道は呉山の東麓，鼓楼から北東に位置し，北は慶春路，東は貼沙河，西は中河中路，南は望江路側に囲われたエリアである．この小営街道は 12 の社区[409]からなり，姚園寺巷・梅花碑社区は南側に位置する．2 つの社区の東西端は小営街道と同じであり，北は西湖大道，南は河坊街までの範囲である（図 IV-2-7）．姚園寺巷・梅花碑社区は互いに隣接し，東河を境界に，西に梅花碑社区，東に姚園寺巷社区が位置する．また，上述したが，南宋杭州城の東壁は東河（菜市河）の西側までであり，両社区は当時の新開門付近に位置する．南宋では姚園寺巷社区は城外であった．当時，城外東側の一

---

[409] 北西から，紫金，馬市街，小営巷，葵巷，老浙大，大学路，茅廊巷，金銭巷，長明寺巷，梅花碑，姚園寺巷，西牌楼の 12 の社区．

第 IV 章

開封・杭州・南京 —— 中国都城の変容

図 IV-2-7　姚園寺巷・梅花碑社区の位置（作図：榎本雅司）

帯は，野菜の産地であり取引の場であったとされる．つまり，姚園寺巷社区はその一部であった．その後，元末の城壁の拡張により姚園寺巷社区は杭州城内に含まれた．

　姚園寺巷社区外のすぐ北東には杭州駅があり，西湖大道と江城路は駅にアクセスする主要街路である．杭州駅が1913年に駅が完成してからは周辺地域が整備され，利用する人向けの商店や宿泊施設が多くできた．梅花碑社区は当時，繁華街であったとされる（馬時雍（2006））．

　社区居民委員会の組織構成としては，姚園寺巷社区居民委員会の役員へのヒヤリングによると，姚園寺巷社区では，社区福利保障委員会，社区環境衛生委員会，社区総合治理委員会，社区婦女文教委員会，社区帮扶救助委員会，社区社会化管理委員会が

あり，運営されていることがわかった．

　また，現在，2つの社区の東河沿いは，杭州市五柳巷歴史文化街区として指定されており，その範囲は，北は西湖大道，南は河坊街，東は建国南路，西は城頭巷の西側までである．保存地区では，2010年調査当時，修景工事が行われていた．同時に，「中東河河道総合整治と保護開発[410]」として，浚渫工事や南端を中河と接続する工事が行われていた[411]．

　杭州市規画局の「社区詳図（2005年10月）」[412]によると，2つの社区内に，政府機関，教育施設，企業，工場を確認できる（図IV-2-8）．

　政府機関は，小営街道弁事処，杭州市国税局，上城公安分局，杭州市消防支隊，城南供電局など，市・区の重要な施設だけでなく，省衛生監督所，省交通庁，省水利庁など省関係の施設もみられる．自治組織の社区管理施設は各社区にある．

　教育施設は，小学校・中学校・専門学校がそれぞれ1つずつ確認できる．姚園寺巷社区にある専門学校は鉄道関係のものである．

　企業・工場施設では，宿泊施設が駅前の高層ビル群をはじめ，2つの社区全体に分布する．それ以外では，杭州駅の南に位置する鉄道沿線には，鉄道関係の施設が集中している．梅花碑社区の企業は，紡績業，石油関係と銀行である．工場は2軒で玩具と服飾の工場が確認できる．

　対象とした街区は，北は斗富三橋から，東は建国南路，西は斗富二橋東河下・斗富一橋東河下，南は河坊街の範囲である．東河が流れ，そこにかかる橋は南から斗富一橋，斗富二橋，斗富三橋という．大通りの建国南路に対して，道幅5mほどの三昧庵巷，道幅2mほどの河水弄，紫弄，建新弄が棱道している．

　調査街区について概観すると，街区を構成する大部分が住宅である（図IV-2-9）．住宅以外に，集合住宅が10，旅館が1，公衆トイレが1，他は店舗である．店舗の種類には，飲食店，雑貨屋（たばこ，食品，飲料），絹や陶器の小売店，理髪店・雀荘・バイク修理屋などがある．これら店舗25軒のうち，紫弄にある雀荘1軒をのぞいて，全て建国南路に面している．店舗併用住宅が25軒中14軒，店舗専用が11軒である．

　2010年8月の調査当時，街区全体として空家が目立ち，東河沿いでは修景工事が行われており，取り壊されている例も見られたが，保存的改修の実施のためであり，2011年の調査時には工事はほぼ完成していた．

　住宅の前面など外部に水道および流しが設けられている例が，特に斗富二橋と河水

---

410) 2010年8月の臨地調査の際に確認．
411) 東河は南宋時代に「菜沙河」の名で開削された当時から，斗富一橋のところで河は行き止まりであった．このことから，断頭河とよばれる街路名があった．現在は河坊街の一部となりその名はない．
412) 政府機関，教育施設，医療施設，企業，工場など諸施設の名称，街巷名，建築の形を確認できる．

第 IV 章
開封・杭州・南京 —— 中国都城の変容

図 IV-2-8　社区の概要（作図：榎本雅司）

弄に多くある．街区全体で 29 軒確認したが，狭小な住宅の存在を示している．街区全体としてレンガ造が大半を占める（図 IV-2-10a）．次に多いのが木造で 43 件，斗富二橋および建国南路沿いに見られる．RC 造は 14 棟確認できた．2 階建てが一番多く，平屋が散在する．他は 3 階建てが 3 軒，4 階建て 2 軒のみで，街区全体として低層に抑えられている（図 IV-2-10b）．

全体として，街路に面して間口の狭い店屋形式の建築が連続して並び，構造壁を隣と共有している．そのため，街区の奥にある住居へのアクセスとして，外周部の住居の共用部を利用するか，通廊を設けている．

店屋形式を主体とする街区組織が形成されていた地区の典型と考えていい．以下に，住居の集合形式を具体的にみたい．

(3) 住居類型

各住居の平面構成は，以上のように大きく 2 つにわけられる．1 つは四合院や三合院の中国伝統の中庭式住居のタイプと連棟の長屋のタイプである．2 つのタイプとも，

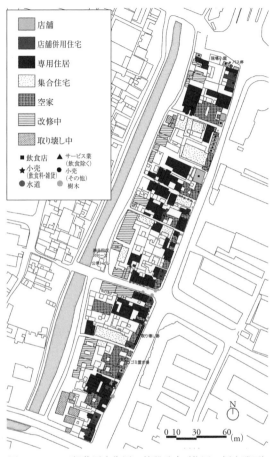

図 IV-2-9　五都巷歴史街区　施設分布（作図：榎本雅司）

すなわち長屋タイプも，敷地いっぱいに建物を建て，採光，換気のための中庭（院子あるいは天井）を設けている例が多い．敷地形状や奥行きに応じて前庭や後庭をもつものもある．住居を構成する部屋は主室（居間），個室，厨房であり，部屋数が増えると客庁，走廊，トイレ，風呂が加わる．また，1つの住居に複数の世帯が居住している場合が多い．

　類型の対象とする住居は，姚園寺巷社区では実測調査による15軒（図 IV-2-11a）と梅花碑社区の現地で入手できた図面資料による54軒（図 IV-2-11b），計69軒である．ただ，共有部を持っていて分割できない例がある（2戸が13組，3戸が1組）．2階建は計40軒あるが，類型化に当たっては生活空間となる1階部分の平面構成に着目す

393

第IV章
開封・杭州・南京 —— 中国都城の変容

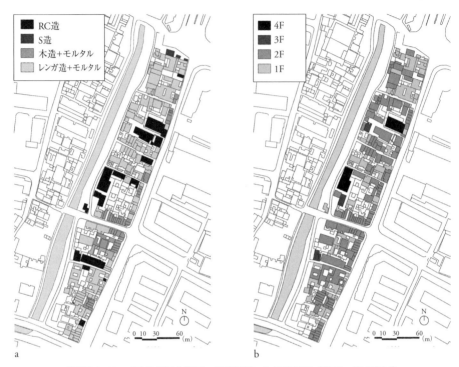

図 IV-2-10　a 五都巷歴史街区　建築構造　b 建築階数（作図：榎本雅司）

る．

　単純に，構造壁で区切られる間口数と奥行の間数を軸にして分類すると，I．1列型：間口数が1のもの，II．2列型：間口数が2のもの，III．3列型：間口数が3のもの，IV．多数列型：間口数が4以上のもの，そして，a．1列型：奥行の間数が1のもの，b．2列型：奥行の間数が2のもの，c．3列型：奥行の間数が3のもの，d．多数列型：奥行の間数が4以上のもの，合わせて16タイプが区別できるが，実際に存在する住居は12タイプに分けられる（図IV-2-12）．

　I-aは，1室のみの最小限住居である．No. 51, 48は間仕切壁で空間を仕切っている．中庭住居についても，縦横1スパンで採光をとるための空間を内包するものもここに含まれる．これらを類型AとA+とする．

　III-dは，No. 52を除いて，中庭を囲むように諸室が並び，四合院もしくは三合院に近い平面構成となっている．No. 56は門を入ると三方を部屋に囲まれた前庭があり，正面の部屋には奥に抜ける細い通路が設けられており，奥庭へと通じる．二進の三合院+四合院の形式である．これらを類型Bとする．また，No. 52は入り口の間口は1

図 IV-2-11　a 五都巷歴史街区実測住居の位置　b 梅花碑社区の住居位置（作図：榎本雅司）

スパンであるが奥部は3スパンである．No. 52の両隣の間口数1の住居（No. 51, 53）を合わせると類型Bであり，それが分割されたものと考えられる．

I-bは2室住居で，No. 2, 12は類型Aを2つ合わせたタイプである．No. 39は細い通路のような空間から奥の部屋へと抜ける構成であるが，これは前部に住居（No. 40）があるためで，元の住居が分割されたものである．

I-c, I-dも奥行方向に部屋数が増加したかたちである．キッチンやトイレ，客庁など，部屋の機能が増えている．No. 41, 43, 68は入口から3つ目の空間が中庭になっており，さらに奥にもう1つ部屋がある．No. 32, 33, 34, 35, 36は，中庭の有無の違いはあるが，ほとんど同じ間口幅，奥行で連続して並んでいる連棟住居である．里弄式住居とも言われる．民国時代に建てられたもので，元は税の徴収管理局であった．これを類型Cとする．この類型Cを除く，I-b, I-c, I-dのタイプを類型Dとする．

II-a, III-aは，類型Aの住居が間口数分並んだ形式である．中庭をもつNo. 19, 61は，2つの住戸で構成されているが奥部で中庭を共有しており，それ以上分割できない．これらを類型Eとする．

II-c, II-d, III-cは，一見複雑であるが，No. 24, 67を除いて類型Aの派生型で，

第 IV 章
開封・杭州・南京 —— 中国都城の変容

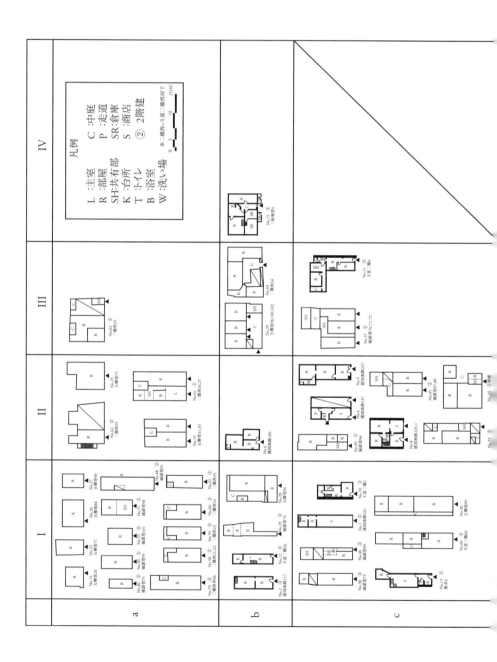

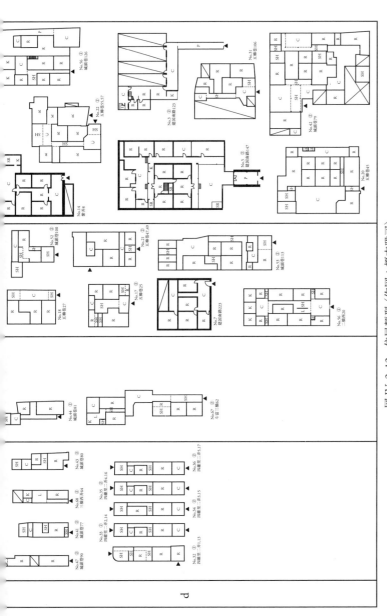

図 IV-2-12 住居類型（作図：榎本雅司）

間口数と奥行きの間数が増加したタイプであるといえる．類型Fとする．
　以上が類型Aとその派生のタイプである．
　III-b, IV-bは，奥行は類型Bに比べて短いが，No. 15, 64は中庭を囲むよう部屋がコの字に並び三合院に近い構成をしている．No. 29は，中庭を共有して3つの住戸が並び，中庭をL字に囲んでいる．類型Gとする．
　IV-dは，まず配列による平面構成に着目すると，No. 3は類型AやDのような間口数1の住居が5つ並んでおり，全体としては前面道路に面した住居の脇にある通路を通って中庭にでて，それぞれの部屋にアクセスする平面構成となっている．これを類型Hとする．次に，袋小路の奥に位置する住居がNo. 20, 22, 42の3つであるが，これらはその敷地関係から複雑でかなり大規模な住居となっている．No. 20については2つの中庭をコの字型の個室で囲んでおり，No. 22についても，2つの中庭を繋ぐ細い通路空間に注目すると，それを囲む個室群ともう1つ間口数が増えたかたちと捉えることができる．この3つを類型Iとする．No. 5は，大規模な住居で，中央に2階建の建物があり，その脇に前後の中庭を結ぶ通路をもつ．典型的な伝統的住居として保存建物として指定されている．前面道路からは，間口数1の住居が並んだ中央部から門を通って中庭に出る構成になっている．No. 5, 14, 31, 64を類型Jとする．
　類型G，H，I，Jは，類型Bの派生のタイプである．
　杭州全体が大きく空間構造を変化させる中で，姚園寺巷・梅花碑社区は，一定の住居類型（A，B，C）を保持することで，その変化を街区組織の内部に吸収しているのである．伝統的な街並みを様式保存する清河坊，歴史的建造物を現代化しながら再生させる御街はあるが，街区組織をそれなりに保持するかたちに修景し得たのは杭州では唯一姚園寺巷・梅花碑社区のみである．

IV-3　南京

　南京は，「中原」から遠く離れた「江南」の地に位置する．その歴史は春秋時代に呉がこの地に城を築いたことに始まるとされるが，古くから華南の経済の中心として重要な役割を果たしてきた．そして，明朝において，華南で初めて全国を統一する首都（1368～1421年）となったのが南京である．
　現在の南京に残っている城壁は，南唐の江寧府城を拡張するかたちで築かれた明の応天府城を引き継ぐ清代の「江寧府城（天京）」のものである．清代には，新たに開削された大運河により，長江対岸の揚州が物資の集積地となり，南京はこの地域の中心

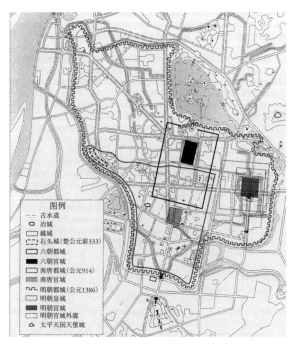

図 IV-3-1　南京　都城の変遷（出典：段智鈞（2012））

地としての地位を奪われている．しかし，時を経て，太平天国（1851～1864 年），中華民国（1912～1949 年）の首都が置かれることになる．本節では，南京の旧城内，中華門・門西地区に焦点を当てたい．

まずは，古都南京の歴史を振返ろう．南京の地には，古来様々な城邑，都城が建置されてきた（図 IV-3-1）．戦国時代に越が長干（越城）を建城した（BC. 472 年）のが南京の起源とされ，その後，呉を征服した楚はここを「金陵」と称した（BC. 333 年）．秦は天下を統一すると東海郡，会稽郡などをここに置くが，始皇帝は楚を滅ぼすと，「金陵」の名前を「秣陵」に改名している[413]．

漢代には，徐州と揚州が設置されるが，後漢には「建業」と称した（208 年）．三国時代に孫権が石頭城という要塞を築いて（229 年），呉（222～280 年）の都とする．後漢末から三国時代にかけての混乱を治め，中国を再統一した西晋において，その名は「秣陵」「建鄴」「江寧」とよばれるが，西晋の中国再統一があえなく瓦解すると，漢族

---

[413] この地に巡幸してきた際に「この地に王者の気がある」というので，それに怒って地形を無理やり変えてこの地の気を絶とうとしたという．そして，名前を，金を秣（まぐさ）に替えて「秣陵」としたという．

は南に下って東晋（317〜420年）を建てる．

その都城は「建康」と称した．そして，以降，南朝（宋（420〜479年）一斉（479〜502年）一梁（502〜557年）一陳（557〜589年）の首都も「建康」と呼ばれた．

隋代には江寧県，唐では金陵県，白下県，上元県などが置かれた．唐崩壊後の五代十国時代には，南唐（891〜979年）の都「江寧府」が置かれ，後に改名されて「西都」と称する．

三国時代を終結させ，中国を再統一した西晋があえなく崩壊し，五胡十六国が入り乱れる中で，北部中原を統一していった鮮卑拓抜部の建てた王朝の都城については第II章でみた．太極殿の成立，坊牆制の成立など，中国都城の歴史的展開についての見取り図は既に手に入れている．では，南朝での展開はどうであったのか．はるか時代を下って，明朝を建てた朱元璋・洪武帝が，『周礼』都城モデルに則って設計した宮城皇城の基本形式は，北京にコピーされる．その遺伝子は，それ以前に胚胎されていたはずである．

3-1 建康

孫呉の建業がどのような空間形態をとっていたかについてはよくわからない．それどころか，東晋から南朝にかけての建康の空間構成がどのように設計されたかについても，考古学的にも文献史学的にも不明な点が多い．

大室幹雄（1985）は，孫呉の建業を中原の都市の伝統とは無縁であったとする．第一に城壁をもたず，また，宇宙の中心としてのシンボリズムを欠いており，都市，郊外，農村が開放的に連なっている「園林都市」[414]という．そして「園林都市」の設計理論を望気術，風水説によって理解する．大室は，宇宙の中心としての中国都城（「劇場都市」）は前漢武帝の長安において完成し，後漢の衰退とともに壊滅していったと考えるのであるが，「正典的な方形のプランとそれが必然的に求める碁盤目状の市街区のパターン」を失っていった最初の例が孫権の建業であり，亡命王朝南宋臨安にもう1つの典型をみることができるとする．本書では，東晋の成立とともに中原の中国都城の理念（少なくとも宮城の構成理念）は江南にもたらされたとみるが，以下に具体的に見よう．

建康について歴史的な図として残されているのは，宋，馬光祖・周應合『景定建康志』（1261），元，張鉉『至正金陵新志』（1343），明，陳沂『金陵古蹟図考』（1516），清，莫祥芝他『同治上江両県志』（1874）であるが，いずれも概念的，模式的である．特徴的なのは，それぞれ，矩形の城壁で2重，3重，4重に囲むかたちに描いていること

---

[414]「自然を愛して開いた都市」ともいう．

である.

　孫呉,東晋,六朝期の建康について最も重要な史料は『建康実録』20巻であるが,張学鋒[415]は,この記述のみからその構造,規模,配置を明らかにすることは不可能だという.また,明清代の諸学者の論考は参考にする価値はあるが,一定の考証が必要であるという.すなわち,研究書であって説にすぎないということである.

　張学鋒は,復元に関わる既往の研究,文献を列挙するが[416],嚆矢とするのは岡崎文夫の「六代帝邑考略」(岡崎文夫(1935))と朱偰『金陵古蹟図考』(1936)である.朱偰の復元案は,その後の復元案に大きな影響を及ぼしているが,外城は共通とし,宮城が一重の城壁で囲われていた呉都建業が,東晋建康では2重に囲われ,梁都建康以降は3重の城壁で取り囲まれるという復原案になっている.日本人による復元案としては,秋山日出男[417],中村圭爾(2006),外村中[418]などがある.

　諸論考を踏まえた上で,武廷海(2011)が体系的に六朝建康の復元を試みている.まず,地形,水系を読んだ上で,都城軸を設定するが,その軸は正南北から時計回りに25度傾いていたとしている(図IV-3-2a).そして,六朝尺＝0.243mをもとに都城面積を推定,方一里(300歩＝437.4m)の基準グリッドが想定されていたとする(図IV-3-2b).北朝における鄴→北魏平城→北魏洛陽という都城の展開が意識されているといっていいが,北魏洛陽と同様,方一里という設定は妥当であろう.西晋洛陽,南朝建康,北魏洛陽の門名がかなり重なっているように,共通のモデルが想定されていたと考えられるのである.軸線のずれも,古河道等の検討からも理解できる.軸線については,建武元(317)年に,司馬睿が「備百官,立宗廟,社稷于建康」(『晋書』元帝紀)とあり,その位置が宣陽門南の東西にあったことからも推定できる.「左祖右社」という『周礼』理念も確認される.国都建康には,当初南郊壇が築かれたのみであったこと,第3代成帝(司馬衍)(325～342年)の時に,北郊壇がつくられ,隔年の正月に郊祀を行う「二年一郊」の制度が確立したこと,南朝が,南郊・北郊2壇を築き,「二年一郊」の制度を踏襲したことは,Column 2で触れた通りである.

　もう1つの問題は宮城の構成である.

　武廷海(2011)以前に,内城の復元を試みたものとして傅熹年(2001)(図IV-3-3a),郭湖生(1987)[419](図IV-3-3b)がある.また,郭湖生の復元図を大幅に改定した渡辺信

---

415)「六朝建康城の研究―発掘と復原」小尾孝夫訳(新宮学(2014)).
416)秋山日出男「南朝都城『復原』序説」(『橿原考古学研究所論集』7,1984年),「南朝の古都『建康』」(岸俊男編(1985)),中村圭爾(2006)『六朝江南地域史研究』汲古書院,外村中(1998)「六朝建康都城宮城考」(『中国古代科学史論続編』京都大学人文科学研究所)も挙げられている.
417)「南朝都城『復原』序説」(『橿原考古学研究所論集』7,1984年),「南朝の古都『建康』」(岸俊男編(1985)).
418)「六朝建康都城宮城考」(『中国古代科学史論続編』京都大学人文科学研究所).
419)「台城考」(『中華古都　中国古代城市史論文集』空間出版社,台北,1987年).

第 IV 章
開封・杭州・南京 ── 中国都城の変容

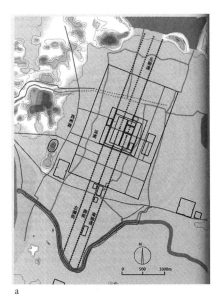
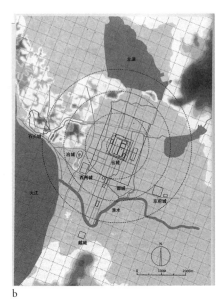

図 IV-3-2　六朝建康復元図　a 軸線　b 城坊グリッド方一里（出典：武廷海（2011））

一郎（2003）（図 IV-3-3cd）がある．Column 3 で触れたが，太極殿を中心とする宮闕制度は，三国魏の明帝（曹叡）によって創建された．この曹魏洛陽宮の太極殿の空間構造は，西晋洛陽宮へ，さらに北朝では北魏平城宮，洛陽宮，東魏鄴南城へ引き継がれていくが，南に下った東晋以降の南朝の建康台城にも引き継がれる．渡辺信一郎（2003）によれば，その基本的構造は以下のようである．

①宮城内部は，東西に2分される．
②宮城東部は，司馬門（建康台城は閶闔門，南掖門）・朝堂・尚書省・衛尉府など諸機関から構成される．
③宮城西部は，皇帝の朝政空間であり，南から北へ4つの空間からなる．第1は，正門の閶闔門（建康台城は大司馬門，梁陳は瑞門）から太極殿までの空間，第2は，正寝としての太極殿（前殿と東西堂）と内殿および中書省・門下省など内朝諸機関，第3は，皇后・皇太后の正殿，昭陽殿（建康台城は顕陽殿）と後宮の内寝空間，第4は華林園など園林空間である．

東西2分の空間構成は，渡辺信一郎の復元（図 IV-3-3cd）より，傅熹年の復元（図 IV-3-3a），そして郭湖生の復元（図 IV-3-3b）の方が明快である．武廷海（2011）は，この台城の内部構造については触れないが，その外形については寸法体系を含めて検討を加えて（図 IV-3-4abcd），復元案を示している（図 IV-3-5abcd）．

六朝建康は，極めて整然とした回字形をした都城であったことになる．しかし，坊里の存在などはっきりしない．武廷海（2011）によれば，開封以前に回字形をした都城の伝統が南朝に形成されていたことになる．開封がその伝統をモデルにしたことも考えられるが，逆に朱契以降の諸復元に開封の3重の入れ子構造が念頭に置かれていることにも留意する必要がある．ただ，はっきりしているのは明中都，そして南京は，武廷海（2011）の復元案の伝統にあることである．

隋唐を経て，五代十国の混乱時代には，南唐の都城が置かれるが，宮城は六朝台城のやや南西に移動している．外城の形状は河川に沿って湾曲するが，2重の囲郭構造は変わっていない．

南京は「龍盤虎踞」[420]の地であるという．すなわち，南京の都城の選地と配置については風水説による説明がよくなされる．『周礼』「考工記」が基本的には中原における都城理念であるとすれば，風水説は中国南部を起源とする．「風水」は，中国で「地理」「地学」ともいう．「地理」は「天文」に対応する．すなわち，「地」すなわち山や川など大地の「理」を見極めることをいう．また「堪輿（かんよ）」「青烏（せいう）」「陰陽」「山」などともいう．「堪輿」は，もともと吉日選びの占法のことで，堪は天道，輿は地道を意味する．「陰陽」は，風水の基礎となる「陰陽論」からきており，「青烏」は，『青烏経』という伝説上の風水師・青烏子に仮託された風水書に由来する[421]．

風水説の理論的諸問題については少なからぬ書物に譲るけれど，管輅（かんろ）（208～256）と郭璞（かくはく）（276～324）が風水説を体系化したとされ，とくに江西と福建に風水家が多く輩出し，流派をなした．地勢判断を重視したのが形（勢学）派（江西学派）で，羅経（羅盤）判断を重視したのが（原）理（学）派（福建学派）である．

南京を「龍盤虎踞」の地というのは，鐘山を龍，石頭山を虎に見立てた表現である．理想的な風水配置とされるのは，北に祖宗山，主山があり，水が南に流れ出るのを東西から抱くかたちであるが，南京の場合，鐘山，石頭山は東西に並んでいる．南京は西を長江によって大きく限界づけられており，龍脈すなわち気は長江へ向かって流れているから，むしろ東西軸が風水説に則っているとみるのが中野美代子（1991）である．すなわち，長江を龍脈として北と見立てると，あるいは鐘山を主山，石頭山を朝山とすると，風水に適うのである．後者の場合，座東朝西という中国都城では例のない形であるが，上で杭州の例をみた．また，実際，明北京の景山は鐘山に見立ててその代わりに築山されたとされるから，そういう見立ては存在したと考えられる．

---

420) 諸葛孔明が孫権に会った際に，都城に相応しい土地であることをこう表現したことに由来する．
421) 風水書と呼ばれる書物群は，一般的に「風水」という言葉を冠さず，「地理」の語を書名に含むものが多い．三浦國雄（2006）によれば，風水を冠するのは歐陽純の『風水一書』しかないという．

第 IV 章
開封・杭州・南京 —— 中国都城の変容

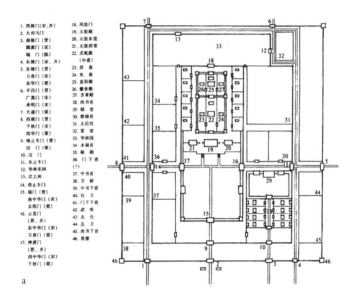

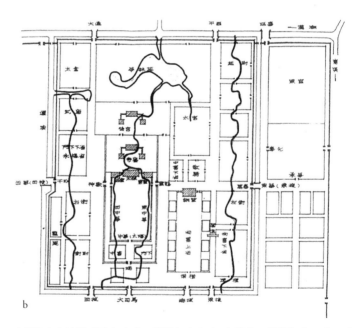

図 IV-3-3　南朝建康宮城復元図 (a 出典:傅熹年 (2001)、b 出典:郭湖生 (1987)、cd 出典:渡辺信一郎 (2003))

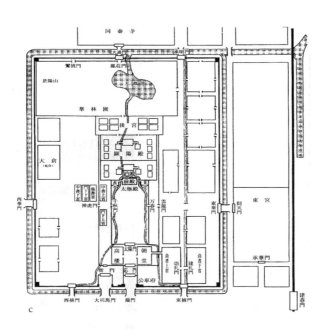

c

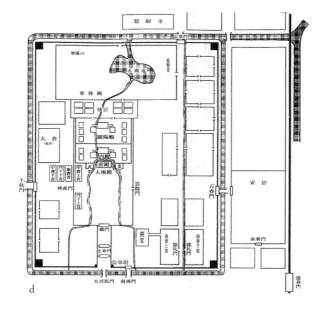

d

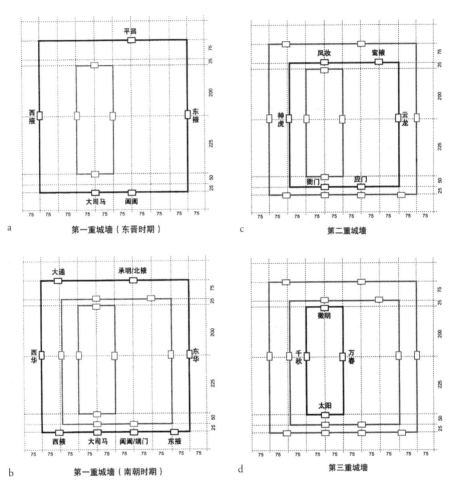

図 IV-3-4　南朝建康宮城の変遷　a 東晋台城，b 南朝台城，c 南朝建康，d 南朝建康（出典：武廷海（2011））

3-2　明南京

　明の太祖朱元璋（洪武帝）は，集慶路と呼ばれていた南京の地を征服し（1356年），以後ここを根拠地として全土を統一するに至る．そして，その名を応天府と改め（1368年），首都とする．南京と改称されるのは永楽元（1403）年である[422]．明は，江南の地

[422) 应天府元集应路，属江浙行省．太祖丙申年三月日应天府．洪武元年八月建都，日南京．十一年日京师．永乐元年仍日南京．（『明史』卷四十「应天府条」）

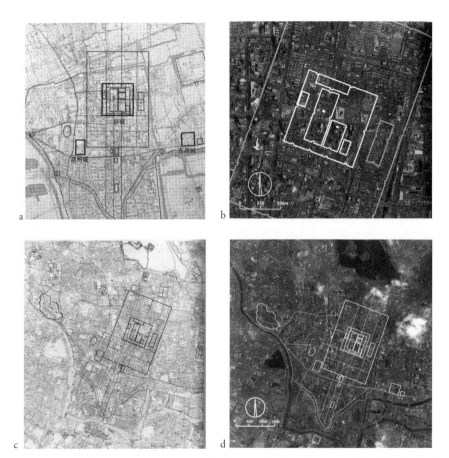

図 IV-3-5　南朝建康復元図，a 台城周辺，b 東晋台城，c 東晋台城復元図，d 南唐建康（出典：武廷海（2011））

に都を定めて全国を統一した最初の王朝ということになる．もともと経済力豊かな江南において政経一致の中心を創出しようとしたと評価されるが，その企図は長くは続かず，「靖難の役」で皇位を簒奪した永楽帝により首都は北京（順天府）へ遷都されることになる（1421 年）．

中国歴代皇帝の中で最も下層の出であるとされる朱元璋は，大元ウルスを立てたクビライ同様，転輪聖王(チャクラヴァルティン)たらんとした．そして，転輪聖王に相応しい都城の建設を目指した．それが，中都（鳳陽）そして南京の設計計画である．朱元璋の側近として，

その施策を支えた官僚の中に,「混一疆理歴代国都之図」の作者である清濬がいる（宮紀子 (2007))．世界を視野に収める清濬を含めたブレインたちによって,『周礼』「考工記』の都城理念は,南朝の都城の歴史も踏まえて,十分吟味されたと考えられる.「天子五門」「前朝 (奉天・華厳・謹身) 後寝 (乾清・坤寧)」「左祖右社」「丁字型宮前広場」「千歩廊」という形式は,朱元璋のもとで完成され北京に引継がれることになる．南京の紫禁城の建設に関わった建築師としては,工部尚書の単安仁,陸賢,陸祥の兄弟,張寧が知られる (Column 5).

この洪武帝と永楽帝,さらに元朝 (大元ウルス) に遡る統治理念と首都の選定をめぐる基本文献として新宮学 (2004) の論考がある．

(1) 首都建設過程

洪武帝の首都建設の経緯は,張泉「明初南京城的規格与建設」(張泉 (1986)『中国古都研究』2 輯) によると以下のような段階に分けられる (図IV-3-6).

I. 1356～65 年 (至正 16～25 年):作戦根拠地とした時期

II. 1366～69 年 (至正 26～明洪武 2 年):応天府を首都と定めた時期 第 1 次建設

III. 1369～75 年 (洪武 2～8 年):開封を「北京」とし,中都 (鳳陽) と南京の建設を並行して行った時期.『明史』巻 40「応天府条」によれば,洪武 2 年 9 月に新城建設を開始して,6 年 8 月に完成している (「洪武 2 年 9 月始建新城,6 年 8 月成」). 朱元璋が劉基らに命じて土地を朴して定めたとされる．ただ,「太祖本紀」によれば,至正 26 年秋 8 月に応天府を改築して,新宮を鐘山の陽_{みなみ}に作る,とあり,27 年 8 月に,円丘・方丘,社稷檀が完成したとある (川越泰博 (2004)).

IV. 1375～98 年 (洪武 8～31 年) 中都放棄,「北京」廃止,南京を「京師」とあらためて定めた時期:第 2 次建設.

この段階は,新宮学 (2003) によれば,さらに 3 期に分けられる．

IV-1. 1375～78 年 (洪武 8～11 年):中都建設中止の詔,南京大内宮殿改建の詔によって南京回帰現象が進んだ時期．太廟,社稷壇,円丘などの礼制建築が建設され,大内宮殿完成 (洪武 10 年 10 月) を待って南京は「京師」と改め,北京 (開封) を廃止した (洪武 11 年 1 月).

IV-2. 1378～83 年 (洪武 11～16 年):皇城東北に位置する鐘山 (紫金山) の南に陵墓建設がすすめられた時期．馬皇后は孝陵に埋葬された．皇城西北の鶏鳴山地区の整備,山稜建設に伴い霊谷寺が移転した東北地区の再開発も行われた．

IV-3. 1383～98 年 (洪武 16～31 年):宮殿,陵墓の建設が一段落し,文武の諸官庁の移転整備や街道,橋梁,城垣,城門,京官の官舎,国士監生の宿舎など首都のインフラ整備が行われた時期．列挙すれば以下のようになる．

3
南京

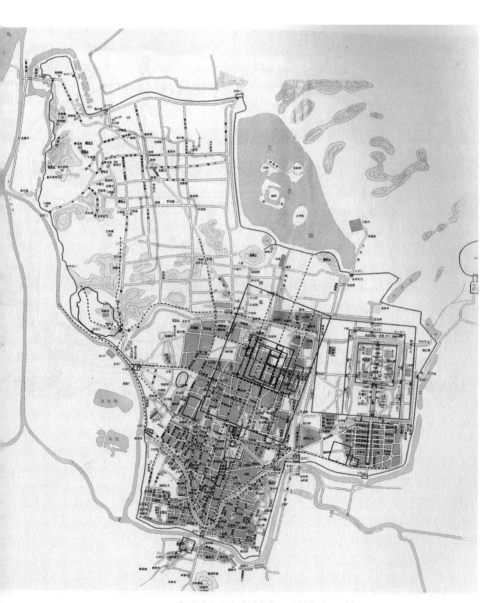

図 IV-3-6　六朝建康と明南京（出典：王剣英（2005））

①洪武 19 年 12 月　通済, 聚宝, 三山, 洪武など門の改修, 後湖城, 6 部囲牆の新築

②洪武 22 年　西宮建設開始

③洪武 23 年 4 月　外城 (外郭城) 建設：『明史』巻 40「応天府条」によれば, 周回 180 里, 16 門が設けられている[423]. この外城建設は首都の防衛強化とともに, この間必要に応じて拡大されてきた都城を再整備しようとするものであった. その一環として, 南北二兵馬指揮司は東西南北中の五城兵馬指揮司に改編 (10 月) されている.

④洪武 25 年　宗仁府, 五府, 6 部, 太常司, 欽天監の改建, 移転. 文武の諸官庁が皇城南の左右に整備される. 大内金水橋, 瑞門, 承天門楼, 長安東西 2 門の建設.

「洪武二十六年編戸一十六万三千九百一十五, 口一百十九万三千六百二十. 弘治四年, 戸一十四万四千三百六十八, 口七十一万一千三. 万历六年, 戸一十四万三千五百九十七, 口七十九万五百一十三. 斎」(『明史』巻 40 応天府条) という.

⑤洪武 27 年　京都酒楼増築, 翰林院, 事府, 通政使司, 錦衣・旗手二衛の改建

⑥洪武 30 年　国士監, 孔子廟改修

V. 1399-1420 年 (建文元～永楽 18 年) 北京遷都への準備期間.

名称は「南京」と改められる. なお, この遷都に批判的であった息子の洪熙帝は即位後直ちに都を南京に戻そうとしたが, 在位 1 年に満たずに急死したため計画は中止となる. このため, 北京が国都として確定したものの, 洪武帝の陵墓 (明孝陵) のある南京もまた明朝創業の地として重要視されて副都としての扱いを受けた. 明一代に於いて首都北京周辺の北直隷に対して副都南京周辺は南直隷とされた. 南京には首都北京に異常があった際に備えて北京に置かれた朝廷を縮小したものが置かれていた. 南京の紫禁城は現在の故宮公園の位置にあり, 皇城の中に宮城があり, 現在の故宮公園はかつての宮城の一部であり, 門や主要建築物の石壇が残っている. ちなみに北京の紫禁城 (故宮) も明の北京遷都の際, 南京の紫禁城を模して建てたものであった. 南京の紫禁城は「靖難の役」のときの攻城戦によって, 焼失, 瓦礫と化す.

(2) 明中都

まず, 南京建設と平行して建設が行われ, 中断放棄された中都の空間構成を先に見

[423) 其外郭, 洪武二十三年四月建, 周一百八十里, 門十有六：東曰姚坊, 仙鶴, 麒麟, 滄波, 高桥, 双桥, 南曰上方, 夹冈, 凤台, 大馴象, 大安德, 小安德, 西曰江东, 北曰佛宁, 上元, 观音. 領県八.（『明史』巻四十「応天府条」）

よう．中都（鳳陽，安徽省滁州市）の宮城と皇城の空間構成は，「明南京」そして「明北京」と非常に良く似ている．

建設が完了したのは禁垣，皇城と宮殿などであったとされるが，600年の戦火，風雨にさらされ，現在は皇城遺跡のみが残る．不明な点は多いが，近年，考古学調査が進み，街，坊の計画も復元されつつある（図IV-3-7a）．

全体は，奉天殿を中央に左右に文華殿と武英殿を配置する宮城を禁垣で取り囲む皇城をさらに，中都城（外城）で大きく取り囲む構成をしている（図IV-3-7b）．

宮城はほぼ正方形をしており，四隅に角楼が，そして東西南北に一門ずつが設けられる．左右相称形が意識され，中軸線上の南北に午門と玄武門，相対する東西の東華門と西華門は，奉天殿の前（南）に置かれる．

午門から皇城の南門である承天門に向かうと，皇城禁垣の中に，左（東）に中書省，右（西）に大都督府と御史台，さらにその左右に太廟と太社稷が配置される．『周礼』考工記の「左祖右社」理念が貫かれている．午門外の左右に配する形式はこれまでにない．この形式は，南京そして北京に引き継がれていく．

鼓楼と鐘楼もまた左右相対して建てられている．鼓楼は皇城禁垣外東南方向1里半に，同様に，鐘楼は皇城禁垣西南方向1里半にそれぞれ位置し，東西に5里離れている．鐘楼の台基は高く，鼓楼も同じ明代に計画された明南京と明北京の鼓楼より高い．隍廟と功臣廟，朝日壇と夕月壇もまた東西対称に配される．

外城には，復元図によれば東西南北にそれぞれ3門ある．「旁三門」に従っているように思われる．あるいは，円丘と方丘，皇陵と十王四妃墓，鳳陽府と鳳陽県は，南北対称の位置に置かれる．円丘は洪武門外東南2里，方丘は後右甲第門（今門台子）外東北2里にある．外城には，南北軸線となる洪武街が伸びるが，短い．全体として，『周礼』考工記の都城モデルに従っているように思える．街坊については，残念ながら，さらに検討する手掛かりがない．

(3) 外郭城─京城

南京城は，宮城，皇城，京城，そして外郭城から成る．すなわち，4重の城壁によって囲われている．外郭城は60kmを越えており，中国歴代王朝の中でも最大規模を誇る（図IV-3-8ab）．

洪武初年には，京城が外城であったが，さらに外郭城が築かれる．外郭城は，自然の地形を利用し，その上に盛土して土壁としており，城門周辺は煉瓦造としている．城門は16門あったとされる．ただ，外郭城の形状について，円形説や，菱形説など様々ある．新宮学（2011）は，外郭城の門16門の内，4門（観音門，麒麟門，挟岡門，江東門）は東西南北の方形を成し，宮城や孝陵を中心とした伝統的な方形プランに従っていたと推測する．そして，南京における外郭城の建設は，後の北京遷都の際，北京城の外城築城のモデルであったという．これについては，形状をみても，方位をみても，ま

第 IV 章
開封・杭州・南京 —— 中国都城の変容

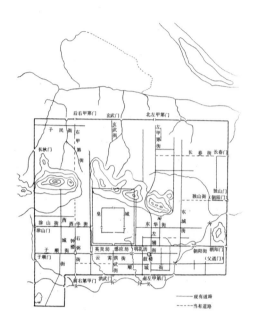

a

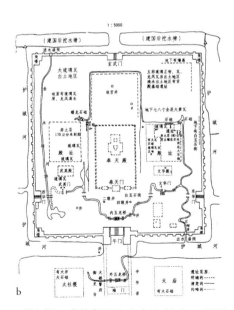

b

図 IV-3-7　明中都　a 街坊復元図　b 皇城（出典：王剣英（2005））

3
南京

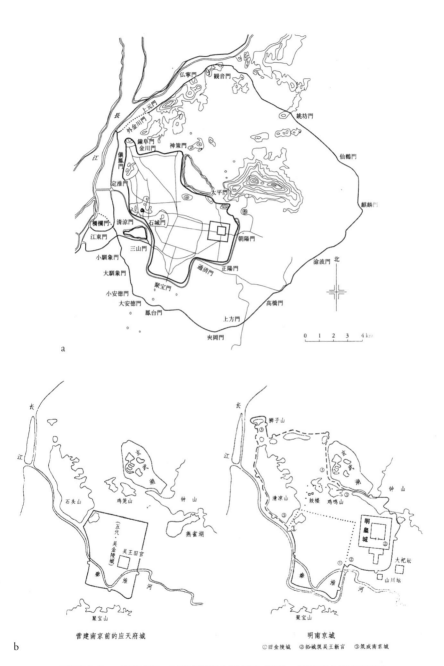

図 IV-3-8　a 明南京城　b 応天府城と明皇城（出典：潘谷西主編（2001））

413

た，北京が元大都をベースにしていることを考えても，確証はない．ただ，都城の防護のために，外郭城の規模が必要とされていたことはその通りであろう．

京城の城壁は，東は，鍾山山麓の龍広山を内に含み，北は，獅子山（旧　盧龍山）・北極閣・覆舟山（現　小九華山）の諸山に沿って，玄武湖の南岸を走り，西は，長江に沿って石頭山（現　清涼山）を囲い込んで，南は，秦淮河を取込んで，南に聚宝山（現　雨花台）を臨む．京城の周囲の長さは，全長約33.6km，面積は，約43平方kmに及ぶ．城壁は条石と磚を積み重ねて築造してあり，高さは14～21mあり，城門の数は13門ある．

京城の外周には，護城河として城濠がめぐらされていた．この護城河は，中原の都城には見られない．南京の場合，歴史的に造られてきた城濠や天然の河道や湖沼などを利用して造られている．南辺の城濠は，五代から南唐にかけて開墾した護城河（外秦淮河）を拡張したもので，川幅は100歩近くにもなる．東北部については，前湖，琵琶湖（中湖），玄武湖を天然の護城河として利用している．

(4) 皇城―宮城

宮城（図IV-3-9）は紫禁城ともいい，京城の南東隅に位置する．鍾山（紫金山）の南麓に広がる燕湖（前湖）を埋め立てて建設された．この地に建設することとなった要因としては，城中は既に六朝の「建康」や南唐の「江寧府」によって都城が築かれた経緯より，市街地が発展していたことがあり，宋元代は，城外に位置して住居も疎らであったこの地を選んだ．しかも，後ろにある「龍広山」の存在が，風水思想にもよく合致していたとされる．

宮城・皇城は，中都同様，「天子五門」「前朝（奉天・華厳・謹身）後寝（乾清・坤寧）」「左祖右社」「丁字型宮前広場」「千歩廊」という左右相称の形式をしており，この形式は明北京に引継がれる．

宮城は，東西に比べてやや南北に長い方形をしている．宮城の周りには，御城河が巡らされる[424]．宮城（大内）は，南北に外朝と内廷に分かれる．外朝には，朝賀を受ける正殿の他，華蓋殿，謹身殿の三殿が配置され，内廷の中央には，乾清宮と坤寧宮の2宮が配置される．この他，午門内の奉天門の東側には皇太子が政務を執る文華殿，西側には皇帝の斎戒時に滞在する武英殿が設けられた

門は全部で6門，南に3門，正南門が午門と左掖門および右掖門，東に東安門，西に西安門，北に北安門が設けられた．宮城の外門，すなわち皇城の門も6門あり，正南門を洪武門，東を長安左，西を長安右，東北を東華門，西北を西華門，北を玄武門という．皇城の外を京城といい，周九十六里で13門，南を正陽門，南西を通済門，西を聚宝門，西南を三山門，石城門，北を太平門，北西を神策門，金川門，欽（钟）阜門，

---

[424] 北京の宮城（紫禁城，承天門前の御河）と同様である．

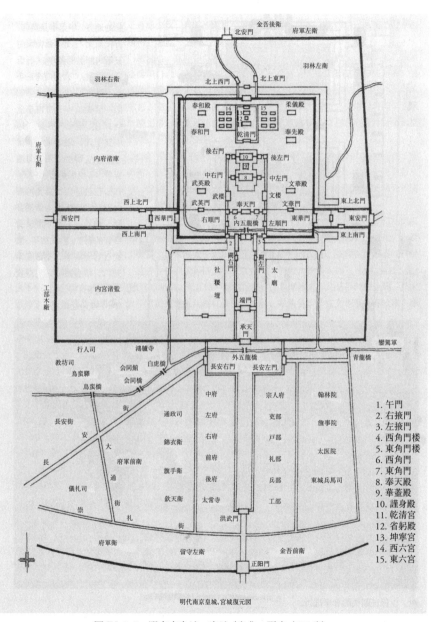

明代南京皇城、宮城復元図

図 IV-3-9　明南京皇城・宮城（出典：張泉（1984））

東を朝陽門，西を清涼門，西北を定淮門，儀風（凤）門という[425]．

皇城から南に凸型の洪武門と千歩廊が張り出している．承天門内の皇城東西には太廟と社稷壇が設けられる．宦官の内宮諸監は皇城の西南隅に配置されている．西北には，甲・乙・丙・丁・戊庫（内府五庫）を配置した（揚国慶，王志高（2008））．

(5) 街路体系

街路体系の特徴は，明以前に既に形成されていたとされる．城中から城南の商業区である旧市街，新たに建設する東の政治区，北の軍事区の3つのエリアを繋ぐように，グリッドではない街路体系がとられた点にある．

街道は官街，小街，巷道の3つのヒエラルキカルな体系を成していたとされる．第1のヒエラルキーの街路である官街については，特に「長安街」と「洪武街」の2つが交通の要所として重要だった．「長安街」は東の政治区と城中の商業区を繋ぎ，「洪武街」は北部の軍事区と商業区を繋ぐ．小街と巷道の多くは城中以南の商業区に分布したとされているが具体的には定かではない．ただ内秦淮両岸には東晋以来，歴代続いている街区が多く，それらを形成する街路は曲折していたとされる（南京市地方志編纂委員会 (2007))．

手工業区の主要分布は秦淮河両岸一帯で，城南では商業，経済と合わせて，この地で手工業の発展がみられた．手工業は家内手工業の形式が多く，規模が小さいため，作業場と住宅が併用して店舗併用住宅となった．綿織物工業の発展は，清代まで続く．

魚市，菜市，米市，油市，木料市，牛市，羊市，鋼鉄，器，皮市が存在し，街巷名称では，大市，大中街市，南市，新橋市，来賓街市，東口市などが主な市場であった．また，酒楼が見られるが特に城外に多い．

明代の居住区は，功臣（大臣）/官吏（官僚）/富民/手工業職人/海外諸国外交使団/外国商人と船員，のように職業などによって居住領域が明確に分離されていたという．『南京古代道路史』には，明代の主要な街道として48条が記載されている[426]．

さて以上のように，東晋とともに江南に伝えられた『周礼』都城モデルは南朝以降，

---

425) 洪武二年九月始建新城，六年八月成．内為宮城，亦曰紫禁城，門六：正南曰午門，左曰左掖，右曰右掖，東曰東安，西曰西安，北曰北安．宮城之外門六：正南曰洪武，東曰长安左，西曰长安右，东之北曰东华，西之北曰西华，北曰玄武．皇城之外曰京城，周九十六里，門十三：南曰正阳，南之西曰通济，又西曰聚宝，西南曰三山，曰石城，北曰太平，北之西曰神策，曰金川，曰钟阜，东曰朝阳，西曰清凉，西之北曰定淮，曰仪凤．后塞钟阜，仪凤二门，存十一门．（『明史』巻40応天府条）

426) 長安街／洪武街／高井大街／講堂大街／和会街／北門橋街／成賢街／西華門大街／土街／双石鼓街／堂子大街／花碑楼街／吉祥街／大通街／竹街／柳叶街／評事街／大彩霞街／沙河街／里仁街／存義街／時雍街／和寧街／保察街／磨盤街／広芸街／貢院前街／南城大街／草鞋／務公街／奇望街／致和街／钞译街／馴象街／風台門／安德街／七里街／大平街／西関中街，西関前街，西関北街／三山街／内橋大街

南京の地においてその実現が試みられてきたが，その後の隋唐長安，そして開封の都城モデルも踏まえて，明中都，南京において実現すべきモデルは明確に意識されていたことがわかる．少なくとも，宮城モデルは，隋唐長安において完成した三朝制を基本として理念化されていた．それはそのまま北京遷都とともに北京に移植されることになる．元大都の都城モデルとこの宮城モデルが統合化されるのが明北京である．

南京宮城の建設の位置については，既存の市街地との関係すなわち土地の制約があったことは明らかであろう．転輪聖王を任じた洪武帝の内城，外城の計画については不明であるが，南京をめぐって風水説に触れたように，一方で大室幹雄のいう江南の園林都市の伝統が前提とされていた．しかし，「靖難の役」の実情があるにせよ，天下＝中国を抑えるためには北京遷都は必然であり，『周礼』都城モデルを実現するためには北京の地が必要だったのである．

3-3 南京旧城の変容

明清に至る南京の変遷については冒頭で簡単に振返ったが，その古都の歴史的に形成されたかたちを大きく転換させることになったのは，辛亥革命によって樹立された中華民国の首都が南京に置かれて以降である．南京旧城のこの1世紀の変貌についてみたい．

(1) 首都計画

辛亥革命 (1911～1912年) により中華民国が成立すると，南京には一時的に臨時政府が置かれ，孫文 (1866～1925年) は中華民国臨時政府初代大統領に就く．孫文の死後，その実権を継承した蒋介石 (1887～1975年) は，孫文の遺言[427]に従って1927年4月に中華民国の首都を南京に定め，内秦淮河沿いの貢院旧祉に南京特別市政府が設置された．

民国期 (1912～1949年) に南京では計7回の都市計画が立案される (南京市地方志編纂委員会 (2002))．この南京における一連の都市計画案は，総称して「首都計画」，または「国都建設」といわれる．(1) 1919年『南京新建設計画』，(2) 1920年『南京北城区発展計画』，(3) 1926年『南京市政計画』，(4) 1928年『首都大計画』，(5) 1929年『首都計画』，(6) 1930年-1937年『首都計画の調整計画』，(7) 1947年『南京市計画大網』である[428]．

---

427) 孫文は，北京の死の床で臨時政府発祥の南京の地に遺体を埋葬するよう遺言を残すが，中華民国南京国民中央政府は，孫文の死後一周忌 (1926) に陵墓を南京紫金山 (鍾山) に定礎し，孫文の亡骸を紫金山に埋葬するために，長江の第1埠頭から紫金山に至る長さ11.95kmの「追柩大道」を計画している．

428) この一連の首都計画については，樹軼・石田壽一「中華民国時期の南京都市計画の策定過程と実施状況 (1919-1928) に関する研究」『日本建築学会計画系論文集』第627号，11311462008.5，「近

第 IV 章

開封・杭州・南京 ── 中国都城の変容

　田中重光 (2005) によると,『首都計画』では, 南京旧城は大きく 3 分割され, 中山大道 (中山北路, 中山路, 中山東路) を中軸線として三極構造をなす. まず, 第 1 極を, 北西に伸びる中山北路沿線を商業区とし, その東北部を第 2 住宅区, 第 2 住宅区の南西部に立地する未開発地を第 1 住宅区として, 新市街地建設区域とする. そして, 既に市街地として発展している城中から城南部は, 新街口を商業などの中心に据える以外は, 旧市街地改造区域とし, 第 2 極とする. 中央政府の行政区の用地が城東の明故宮旧跡に計画され, これを 3 極とする. そして, 公園区を配置し, それらを繋ぐ林蔭大道と環城大道によって旧城を 8 区に細分化する大街区が設定されている点が『首都計画』の大きな特徴であるとする.

　首都計画は, 中山大道 (中山北路, 中山路, 中山東路) を新たな都市軸として設定していることになる. 中山路が鼓楼付近と新街口を結び, 鼓楼付近からは北へ中山北路となって下関埠頭へ, 一方, 中山路をそのまま北へ延長して中央路となって中央門, 城外に達する. また, 新街口からは東西方向へ, 西に漢中路, 東に中山東路となる. 南の中正路は, 中華路を通って中華門に至る. 公園緑化計画は, 郊外に 7 ヶ所, 城内に 12 ヶ所, 計 19 ヶ所の公園区を設置し, 上述した大街区に分割する林蔭大道と城壁の内側に沿った緑化帯と環城大道によって連結している. これらの新たな街路網は, 主に幹線街路 (幅員 40m, 28m), 副線街路 (幅員 22m, 18m), 一般街路 (幅員 10m) に分けられる. 特に, 街路網整備において最初に着手される中山路[429]は, 幅員 40m の幹線道路であり, 中央を快速車 (自動車, バイク) 専用道路とし, その両側に低速車 (自転車, 人力荷車等) 用道路と歩道を配し, 歩車分離式の三線街路である.

　「日中戦争」「太平洋戦争」による経済的, 社会的混乱の中で, これら一連の『首都計画』が実施に至ったのはごく一部である.

　清末から民国期にかけての南京旧城の変容については『老地図』(南京出版社 (2012)) による首都城市地図資料によって明らかにすることができる. 入手した首都城市地図資料は, 全部で 9 枚あり, 各都市図の特性を, 列挙すると以下のようである.

① 1898 年「江寧府城図 / PLAN DE NANKIN」作製：Gaillard Louis (フランス, 1850～1900)

　　ここには主要な街路, 街路名, 施設名が記載されている. 特に, 軍営, 官署, 宗教建築を中心とした主要な施設に関しては, 詳細ではないが平面図が描きこまれているのが特徴的である. 街区は書き込まれておらず, 街路体系は不明である. 城内の軍事施設が, 15 確認できる.

② 1910 年「陸師学堂新測金陵省城全図」作製：上海裡虹東首宝化里采章五彩石

　　代南京市都市計画策定過程と内容に関する研究 (その 3) 田園都市計画理念の導入」『日本建築学会九州支部研究報告』第 46 号計画系,, 82007.3 などがある.
429) 劉紀文による設計で, 1928 年 8 月 12 日に起工, 9 ヶ月後の 1929 年 5 月に完成している.

印極

　これ以降の都市図は，街区が書き込まれており，城中から城南にかけて街路が確認できる．南京旧城の清末の都市構成を把握するための貴重な地図資料である．原図は，121.2 厘米×103.6 厘米，1/10000 であり，京都大学図書館に収蔵されている．

③ 1928 年「最新首都城市全図」作製：南京共和書局

　長江河岸の港「下関」から城中の「白下路」まで，鉄道が開通している．城中より北，現在の鼓楼区近辺に，政府機関，大使館領事館，教育施設，などが建設されている．

④ 1933 年「新測南京城市詳図」作製：張起文

　中山路，中山北路，中山東路，中正路が開通している．中山北路沿いに軍事施設，領事館が建設されている．

⑤ 1937 年「新南京地図」作製：蘇甲栄

　中山北路を中心として市域が，以前軍事区だった城北へ広がっている．五台山近郊に広範囲に渡る，新住区[430]が建設されている．1937 年に，中央路，漢中路，太平路，朱雀路，黄浦路，珠江路などが開通している．

　以下の 4 つの地図では，新設街路（幹線道路に限る）は確認できない．扱っている地図では街路幅員は判断できないため，街路拡幅による変化を列挙することはできない．諸施設の分布に関しても，詳細までは判断できない．

⑥ 1938 年の「最新南京地図」作製：至誠堂

⑦ 1940 年の「最新南京市街詳図」作製：森方雄

⑧ 1943 年の「南京市市街図」作製：南京特別市地政局

⑨ 1946 年の「南京全図」作製：鄭奇影

以上の地図を重ねて見ると，中華民国南京国民党政府による，新規幹線道路の建設，新政府の管轄による諸施設の建設，新住区の開発などは，1910 年～1937 年の間になされたことがわかる．しかし，上述のように，『首都計画』の実施という観点では，ほんの一部しか実行されていないことも明らかである．

　街路体系の変化（図 IV-3-10），施設分布（図 IV-3-11）の変化を見ると，①政府管轄施設の分布に着目すると，中山大道沿いの北西方向に，徐々に市域が拡大していくこと，② 1937 年以降の都市図では，新設街路，政府管轄施設の建設は見られないこと，さらに，③城中と城南の旧市街地の施設分布は，清末から変化が少ないことがわかる．

(2) 歴史文化名城保護計画

　南京における都市計画は，中華人民共和国建国以後も，現在に至るまで，この『首

---

[430] 高級住宅地の新住宅区と中流階級より 1 つ下層の者への平民住宅，貧民者を対象にした棚戸整理住宅などに分けられて大規模に建設された．

第 IV 章

開封・杭州・南京 —— 中国都城の変容

図 IV-3-10　南京街路体系の変化（作成：井上悠紀）

都計画』が引き継がれてきていると考えていい．南京市地方志編纂委員会（2002）によれば，中華人民共和国建国以後の都市計画には，『城市区分計画初歩規画（草案）』（1954年），『南京市城市初歩規画草図』（1956年），『南京地区区域規画』（1960年），『縮減調整規画』（1961年），『南京市輪郭規画』（1975年），『南京市城市総体規画方案』（1980年）がある．

この都市計画の方針が転換するのは1980年代に入ってからである．中華人民共和国国務院によって南京は「歴史文化名城」に指定される（1982年2月）．それを受けて南京市は「歴史文化名城保護計画」を制定し，13の「環境景観地区（環境風貌区）」と12の「歴史文物保護地区」が定められた．

「環境景観地区（環境風貌区）」のうち6地区が旧城内にあり，東には鍾山景観地区（鍾山風景区），南には秦淮景勝地帯（秦淮風光帯）雨花台烈士陵園，西には石頭城風景地区，北には大江景観地区（大江風貌区）そして，城内を取り囲む明代城壁景観地帯（明城墙風光帯）がある[431]．

「歴史文物保護地区」には，「明故宮地区」「朝天宮地区」「夫子廟地区」「民国時期公

---

[431] その他の7地区は城外にあり，栖霞山，牛首祖堂，湯山温泉や陰山碑林，老山，桂子山や金牛水庫，天生橋や無想寺および園城湖風景地区などが含まれる．

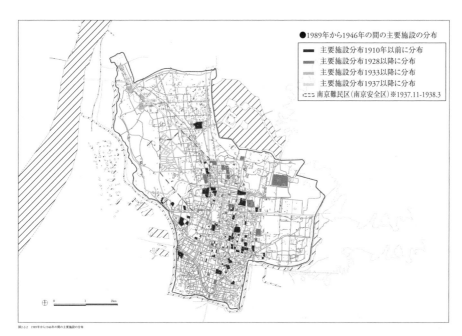

●1937年の主要施設名称と分布
1 古物保存所, 2 国民党資料館, 3 交通兵団, 4 病院, 5 地質調査所, 6 軍医学校（軍事施設）, 7 電球工場, 8 陶磁器工場, 9 監査院, 10 交番, 11 民衆教育館, 12 議会機関, 13 審査院, 14 監査院, 15 病院, 16 銀行, 17 商工会議所, 18 銀行, 19 中学校, 20 高校, 21 電話局, 22 財務所, 23 南京特別市市政府, 24 銀行, 25 銀行, 26 市役所, 27 地方裁判所, 28 司令部（軍事施設）, 29 内政部, 30 造幣局, 31 銀行, 32 中学校, 33 保健中, 34 中学校, 35 女子校, 36 図書館, 37 金陵中学, 38 大学, 39 学校, 40 参謀本部（軍事施設）, 41 士官学校（軍事施設）, 42 刑務所, 43 中学校, 44 ホール, 45 陸地調査局, 46 警察署, 47 社会科学研究所, 48 旧ソ連大使館, 49 フランス大使館, 50 ベルギー公使館, 51 中央党本部, 52 外務所, 53 華僑招待所, 54 最高裁判所, 55 日本領事館, 56 陸軍大学（軍事施設）, 57 養蜂場, 58 司法機関, 59 法務省, 60 文部省, 61 中央士官学校（軍事施設）, 62 軍事委員会（軍事施設）, 63 刑務所, 64 小学校, 65-1 アメリカ領事館, 65-2 外務省, 66 税関, 67 軍事省（軍事施設）, 68 鉄道省, 69 農学院, 70 交通省, 71 郵便局, 72 イギリス領事館, 73 海軍部（軍事施設）
※ベースマップを『老地図1937』として,「老地図1898」「老地図1910」「老地図1928」「老地図1933」「老地図1937」「老地図1938」「老地図1940」「老地図1943」「老地図1946」から作図したものである。但し、南京難民区（南京安全区）の位置は（田飛, 李果（2005））,（笠原（1997））より引用。

図IV-3-11　南京施設分布の変化 1889～1946（作成：井上悠紀）

使館地区」などがある．ただ，中国の「歴史文物保護地区」は，日本の「伝統的建造物保存地区」とはかなり異なる．これらの地区では，文物の保存と同時に，歴史文化の再生をうたい，観光目的にした建築様式や古い町並みを復元する再開発が行われるのが一般的である．例えば，明清代に歓楽街として栄えた内秦淮河畔の「夫子廟地区」は，明清の趣を基調とした街の一角を再現し，当時の廟市（縁日）も復活させて，現在の南京の主要な観光スポットとして生まれ変わっている．日本の場合は，街並みの

連続性が重視され，建築素材も合わせてある時代の街並みファサードへの復元が義務付けられるが，中国では，多くの場合，鉄筋コンクリート造で場合によるとペンキでファサードを描くといった例もある．

中華人民共和国建国後，幹線道路網の建設に伴って障害となった城壁の破壊が進み，文化大革命期には，11kmの城壁と16の城門が消失した．「歴史文化名城」に指定された後，残存する城壁は保護されることとなり，現在は，南京市政府の保全計画に則って一部再建され，保存されている．中華路，御道街，中山路は，都市の中軸線であり，様々な方法で景観保全が試みられている．例えば，中華路の緑地保存帯では，道路沿いの建物の高さには厳しい制限を設けている．あるいは，御道街の両側では周辺一帯の緑化が進められている．

中国の文化遺産保護制度は，国家級，省級，市級，県・区級の四段階を指定するが，特に国家級のものを「全国重点文物保護単位」と称し，国務院が1961年より五次にわたって公布している．国家級の文化遺産には，現在全国で2351件がリストされている．

3-4 | 南京—中華門・門西地区

古都の現在に焦点を当てよう．臨地調査[432]の対象としたのは南京旧城内の中華門・西門地区である．全国重点文物保護単位にも指定され，多くの観光客を集める中華門に近接する地区でありながら，地区は「城中村」(urban village) と化しつつある．伝統的住居である四合院は「大雑院」化しつつある．本項の多くは井上悠紀 (2014) に負っている[433]．

中華門は，南唐から元代にかけて江寧府城の中軸線を担った「南門」を大幅に改築して明初期に建設されたものである[434]．3000人の兵士を配置することが可能で，明清代，南京防衛の要であった．中国軍事史における現存する貴重な文化遺産である．民国時代に，交通状況の改善のために中華門の両側に新たに中華西門と中華東門が増設

---

[432] 臨地調査は，3次にわたって行った．第1次調査：2010年8月（布野修司，趙冲，于航，榎本雅司）・第2次調査：2012年8月（布野修司，趙冲，河野菜津美，山田香波，井上悠紀，小寺磨理子）・第3次調査：2013年7月26日～8月8日（井上悠紀，小寺磨理子，斉応涛，劉羽佳）．

[433] 中華門門西地区については以下のような論考がある．汪永平「中華門門西地区保護与発展研究」（『江蘇建築』，2003 (1) 総第89期），李嵐「南京明清歴園林保護利用初探」（『華中建築』25 (4)，200），袁亜琦「歴史文化街区保護利用的老年壱住区模式研究—以南京門西地区為例」（『現代城市研究』2010.4），李嵐「南京愚園保護与城南復興」（『建築与文化』2006.7），伊原弘「宋・元代の南京城？宋代建康府復元作業」（『比較都市史研究』28 (1)，2009）．

[434] 雨花台の位置する聚宝山に由来し「聚宝門」と称されたが，1931年に現在の中華門と改名された．周囲33.676kmの南京城壁の一部であり南京城最大の城門である．東西の長さは128m，南北の長さ129m，面積1万6512m^2 あり，3つの甕城，4つの城門と27の蔵兵洞がある．

されている.

　中華門とその周辺地域は,古来より清末まで,南京における商業,経済の中心地として繁栄してきた.地区内東部を南から北へ,南京城通済門外の九龍橋で分流した秦淮河(内秦淮河)[435]が流れるが,この秦淮河両岸地域は,古来,南京における物資流通の拠点である.六朝建康の時代から港市として賑わってきたが,五代十国時代に南唐の江寧府城が築かれると,さらに発展する.中国の重心が南に移り,物資の流通が拡大するのである.明清時代になると,孔子を祭る夫子廟や科挙の試験場である江南貢院[436],明太祖朱元璋が設立した官営の芸妓院である富楽院(旧院)など楼閣が建ち並ぶ繁華街となり,さらに繁栄する[437].

　日中戦争の南京攻防戦(1937年)において,地区は戦場となっている.中華門は,砲弾による集中攻撃を受け,破壊されるが,現在は修復されて,往時の姿に復元されている(笠原十九司(1997)).1957年に江蘇省人民委員会により江蘇省文物保護単位に指定され,1988年国務院により全国重点文物保護単位に指定された.

　中華門・門西地区は,南京市秦淮区双塘街道弁事所に属する.中華門・門西地区の内,臨地調査の対象とした街区(図IV-3-12)は,「高崗里社区」「磨盤街社区」「実輝巷社区」の3つの社区に所属しており,それぞれに社区居民委員会が組織されている.

　南京市規画局は『南京歴史文化名城保護規画』(2010)を定め,「歴史文化街区」9カ所,「歴史風貌区」22カ所を指定しているが,調査対象街区には,「釣魚台歴史風貌区」「荷花塘歴史文化街区」が含まれている.中華門を挟んで反対側に位置する,中華門・門東地区も同様の保護計画が規定されているが,既に極めて大掛かりな破壊を伴う再開発事業が行われており,歴史的な街区はほとんど残っていない.

(1) 街路体系とその変化

　街路は,直線,曲折線が入り交じり,方角もバラバラで街路幅員もまちまちである.とても体系的とはいえないが,これには内秦淮河の流路が関わっている.街路が3つ

---

435) 秦淮河は,長江下流の右支流で,南京市内では長江に次ぐ河川である.全長は100km余り,流域面積は2600平方km余りあり,近郊の句容市(鎮江市),溧水県(南京市),江寧区などを流れる.通済門外の九龍橋で,秦淮河は内秦淮河と外秦淮河に分流している.外秦淮河は,南唐の江寧府城壁の築城に伴って,護城河として掘られた河であり,城内へは入らない.

436) 乾道4(1168)年,宋朝により建築された科挙の試験場であり,最盛期には中国最大の科挙試験場となった.ここから輩出された官人としては唐伯虎,鄭板橋,呉敬梓,施耐庵,翁同龢,呉承恩,李鴻章などがいる.民国時代の南京定都の際(1927),貢院旧址には,南京特別市政府がおかれた.現在は科挙博物館になっている.

437) 明崇禎末年に張岱が『秦淮河房』に秦淮河の盛況ぶりを描写している.秦淮河房,便寓,便交際,便淫冶,房値甚貴,而寓之者無虚日.畫船簫鼓,去去來來,周折其間.河房之外,家有露台,朱欄綺疏,竹簾紗幔.夏月浴罷,露台雜坐.兩岸水樓中,茉莉風起動兒女香甚.女各團扇輕綺,緩鬢傾髻,軟媚著人.年年端午,京城士女填溢,競看燈船.清の康熙年間,余懷が書いた『板橋雑記・秦淮燈船』にも,秦淮河を行く燈船の盛況ぶりが描かれている.秦淮燈船之盛,天下所無.兩岸河房,雕欄畫檻,綺窗絲障,十里珠簾.

図 IV-3-12　中華門・門西地区（作成：井上悠紀）

のレヴェルに分けられるのは他の中国都市と同様である．第Ⅰのレヴェルの街路は，商店を中心とした諸施設が多く分布し，朝夕の市や屋台や物売りのリヤカーや露店が集中する人通りの多い街路である．第Ⅱのレヴェルの街路は，商店は少なくほとんど専用住居が建ち並ぶ．主として地区の居住者が通行する街路である．第Ⅲのレヴェルの街路は，第Ⅰのレヴェル，第Ⅱのレヴェルの街路から分岐して街区内の各住居へむかう街路である．屈折を重ねたり，さらに分岐したり，あるいは袋小路となっているものが多い．第Ⅰレヴェルの街路の一部（釣魚台，長楽街，糖坊楼）においては自動車が利用されるが，第Ⅰと第Ⅱ，第Ⅲのレヴェルにおける交通手段は，基本的には徒歩，自転車，バイク，リヤカー，三輪車である．

現在の街路体系において，全体を街区に分割する第Ⅰと第Ⅱのレヴェルの街路に関しては，調査対象街区の範囲内で「中山南路」と「六角井五十二巷」を除いた全ての街路が，これらいずれかの地図に名称と合わせて記載されている．清末（1910年）には，既に現在に近い街区が成立していたことがわかる．むしろ近年の変化が大きい．1990年代以降拡幅工事された道路は以下のようである．

①中山南路：中華門・門西地区は中山南路の開通（1992年）によって東西に大きく分断される．これにより，元来あった街区は大規模に破壊され，ひと続きの街路であっ

た飲馬巷，六角井～陳家碑房は切り離された（南京市地方志編纂委員会（2002））．
　②鳴羊街：2005年に大きく拡幅工事がなされ，歩車分離道路になった．街路の性質が変わったことで，隣接する街区の変容を引き起こしてきた．
　③旋子巷・過街楼：中華門と中華路から中山南路へと繋がる街路で，近年は周辺の観光地化のための整備が進む．
　④釣魚台・長楽街・糖房廊：古来，秦淮河岸に密集していたとされる「河房」は，秦淮伝統民居の住居形式の1つとして知られる．ほとんどこの形式の住居は残っていないが，清中期に建設された「糖房楼61」が1軒現存する．

(2) 諸施設の分布

　中華門・門西地区の建物のほとんどを占めるのは住居である．その中に官庁などの行政機関，教育施設，医療施設など公共施設が分布する．また，事務所などの業務施設や商業施設が分布する．さらに，露店や屋台など地区の生活を支えるテンポラリーな施設も見られる（図IV-3-13）．
　政府機関施設として，高崗里，磨盤街の社区居民委員会事務所，派出所2，社区管理施設2がある．その他観光開発や景観整備の目的で近年新たに建設された新しい建物が秦淮河沿いに集中して分布する．教育施設として，幼稚園1，小学校1，中学校1，それ以外に，学習塾が2つある．業務関連施設として，お茶に関する商業施設2，光化学に関する事務所1がある．これら業務関連施設は，比較的大規模な敷地を有している．中華門・門西地区を大きく2分して縦断する中山南路沿いに中型の建築群が分布している．これらすべてお茶に関連する商業施設である．医療施設は，歯医者が1あり，福祉施設として老人ホームがある．華門・門西地区は，55歳以上人口が全体の43パーセント，内65歳以上は16.8パーセントを占めている．
　地区を特徴づけるのは，日常生活関連施設である．飲馬巷，水斉庵，釣魚台に集中するが，地区全域に点在するものもある．具体的には以下のようである．
　①公衆便所（10，数字は軒数，以下同様）は点在する．地区全体で下水道整備は遅れている．家庭にトイレを持つ場合でも，バケツに用を足し，それを公共便所に捨てにいく場合がある．公衆便所の清掃委員は地区の居住者である．
　②公衆浴場（2），③洗濯施設（コインランドリー，クリーニング店）（2）は，住居内にスペースが確保されていないことを示している．
　④食堂，飲食店（23）は，水斉庵の一角に集中している．朝食は外食が一般的で，朝から営業しているところが多い．
　⑤理容・美容施設（11）も点在し，利用者は地区居住者である．
　⑥物品（食料品含む）販売施設（106）は，特定の街路に同種の店舗が集中する傾向がある．日用品，飲料，お菓子，酒，タバコなどを取り扱う雑貨屋（31）は地区内の至る所に点在する．公衆電話が併設される場合が多い．携帯電話は急激に普及しつつあ

第 IV 章

開封・杭州・南京 ── 中国都城の変容

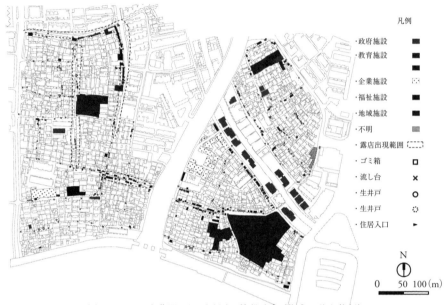

図 IV-3-13　中華門・門西地区　施設分布（作成：井上悠紀）

るが，公衆電話の利用者もまだある．中山南路より東側の飲馬巷（東）から釣魚台には衣料品店（45）が集中して分布している．主に服，靴，鞄を取り扱うこれらの商店は，この2本の街路沿いのみに集中する．特に飲馬巷（東）では，中山南路から入ったところの約100mの間に32軒が密集して分布する．これは，地区を大きく特徴づけている．それに対して，中山南路より西側の飲馬巷（西）には，野菜や肉，魚などを取り扱う食料品店が比較的集中している．

⑦修理・加工施設（33）として，衣料品，家具，家電製品などの店がかなりみられる．家内工業が収入を得る手段の1つになっている．また，リヤカーや三輪車，自転車などで，地区を回ってゴミを集める，廃品回収業が一般的に見られる．農村からの出稼ぎ労働者が従事している場合が多いとされる（黒田由彦・南裕子編（2009））．

⑧廃品回収拠点施設が水斉庵に1軒ある．店の前にゴミを回収したリヤカーや三輪車などが集まってくる．地区だけでなく他の地域からも廃品回収で集めた物を買っており，ここから大型2tトラックに積荷され，搬出されている．この拠点以外に，高価値回収品の収集があり，家電製品が中心である．家電製品の廃品回収と修理，売買を行っている施設も数軒ある．

⑨麻雀屋（1）と宝くじ屋（1）が水斉庵と釣魚台にある．これ以外に，街路や他の用途の店で麻雀やカードゲームを行うのは中国では一般的にみられる．

⑩簡易宿泊施設 (3) のうち甘露巷の1軒は清代から続く宿であるとされる．
⑪リキシャー（力車）の待合所 (1) が中山南路近くの旋子巷にある．利用者は，地区の居住者が主であるが，中華門を訪れる観光客が利用する場合がある．
⑫露店は，時間帯にもよるが，その場所は限定されており，水斉庵，殷高巷，孝順里，飲馬巷（西），旋子巷に見られる．その他，サンダル，服など雑貨のリヤカー販売がある．露店の利用者は，通学，通勤途中の誰でもが利用する朝食屋台を除いて大半が，地区周辺の居住者である．露店の営業者は，地区内居住者の場合もあり，他の地区から売りにきている場合もある．

(3) 住居類型とその変容

地区に一般的に見られる建物の構造形式は木造＋レンガ壁である．これは伝統住居四合院の住居形式を踏襲している場合で，その多くが瓦屋根である．レンガ造のもの，RC造のものもある（図IV-3-14a）．レンガ造の建物は，城壁周辺に集中して分布している．住居を増築，改築する際に用いられる場合が多い．街区の破壊を伴う拡幅工事がされた道路では，その周辺部に建て替えられたレンガ造またはRC造の建物が集中している．RC造は，4階以上の集合住宅に多い．建築階数は，平屋建てあるいは2階建ての建物がほとんどである（図IV-3-14b）．政府機関，企業関連施設，あるいは集合住宅などは，3階建て以上である．平屋建て，2階建ての住居の場合，中2階，中3階に部屋を増築している場合が多い．街路には，本来住宅内部や宅地内に置かれる流し台，ごみ箱，洗濯場（生井戸），物干し場などの設備が溢れ出している場合が少なくない．「大雑院」化している地区の居住空間の狭さを示している．

中国を代表する伝統的住居の形式は前後左右の棟で中庭（天井／院子）を囲む四合院であるが（Column 7），中華門・門西地区の伝統的住居の基本型も四合院である．正房は3スパンで，正房は中央の1スパンに「大庁（広間）」が設けられ，大庁を介して両脇の「房間（各個室）」へアプローチすること，そして，廂房へは，天井を介してアプローチすること，また，正房が2つ以上設けられる際には天井を挟むことを特徴とする（図IV-3-15）．

実測調査を行った48軒の住居の位置を図IV-3-16に示す．

各都市について同じように見てきたように，単純な指標として間口方向と奥行き方向の規模に着目する．まず，ここでも間口方向のスパン数に着目する（I：間口スパン数1，II：間口スパン数2，III：間口スパン数3，IV：間口スパン数4以上）．また，奥行き方向は，天井（中庭）の数に着目する（0：天井無し，1：天井1，2：天井2，3：天井3）．以上のマトリックスで16に分類できるが，6つのタイプは存在せず，11タイプに区別される．ここで，「III：間口スパン数3」で，「1：天井1」は，天井と建物の位置関係から，さらに2つに分類する（❶：天井を囲まない　❷：天井を囲む）．以上の分類を表の形にすると図IV-3-17になる．

第 IV 章
開封・杭州・南京 ── 中国都城の変容

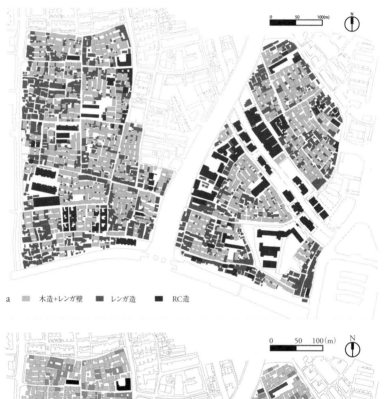

a ■木造+レンガ壁 ■レンガ造 ■RC造

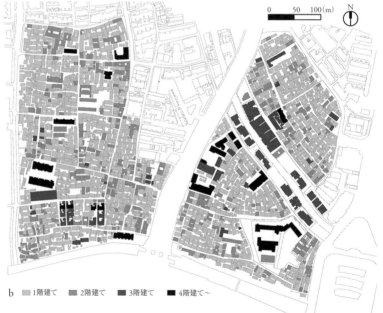

b ■1階建て ■2階建て ■3階建て ■4階建て～

図 IV-3-14　a 中華門・門西地区　建築構造　b 中華門・門西地区　建物階数（作成：井上悠紀）

図 IV-3-15　中華門・門西地区　四合院（作成：井上悠紀）

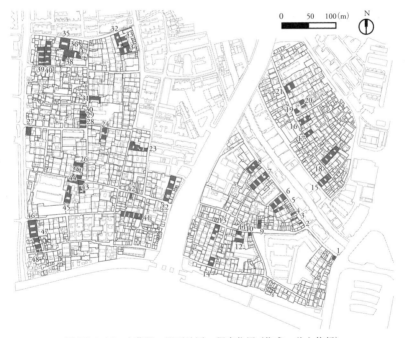

図 IV-3-16　中華門・門西地区　調査住居（作成：井上悠紀）

　実測した住居の多くはIIIに属する．大きく分類すれば，まず，基本型として「一進型（A）」，「二進型（B）」，「三合院型（C）」，「三進型（D）」が区別できる（図IV-3-18）．また，間口の狭い（I, II）店屋型（E）が区別される．そして，実測は行っていないが「集合住宅型（F）」がある．

　地区全体について見ると，平均間口は8m（計670軒）で，大半が10m未満で505

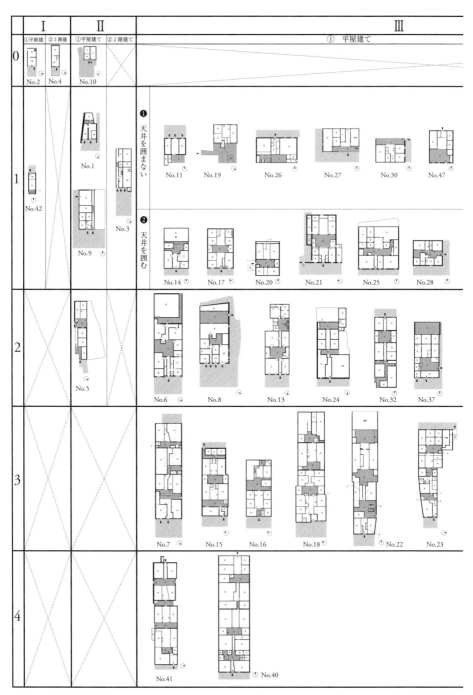

図 IV-3-17　中華門・門西地区　住居類型（作成：井上悠紀）

		IV	
② 二階建て	① 平屋建て	② 二階建て

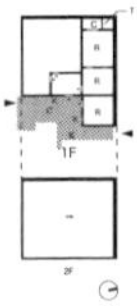

No.38

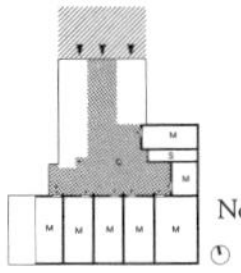

No.12

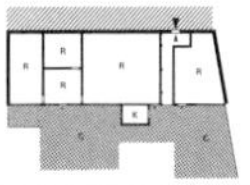

No.44

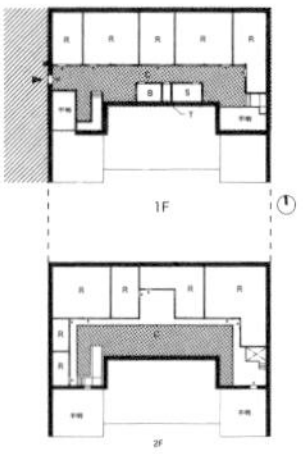

No.31

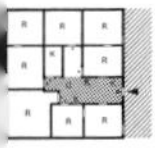

No.29　No.33　No.48　No.34

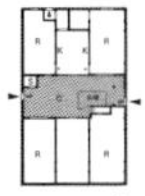

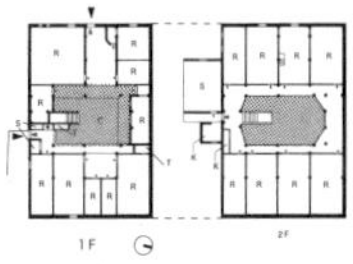

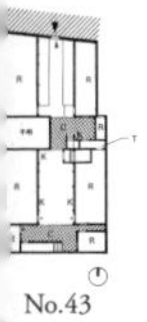

No.43　No.45　No.46　No.36

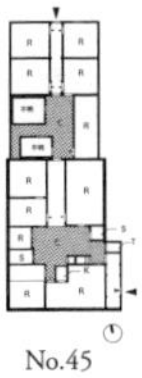

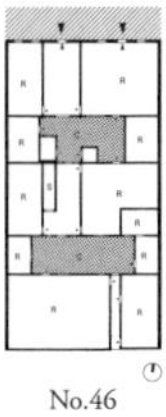

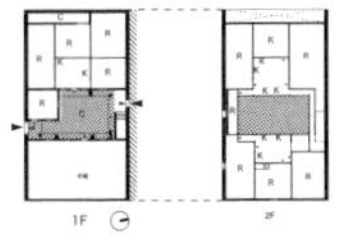

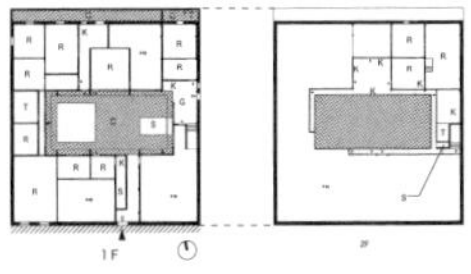

No.35

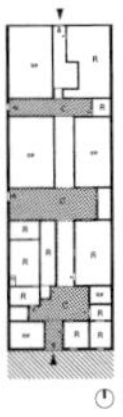

No.39

凡例
■：天井（中庭）
K：台所
S：倉庫
T：厠所
M：店房
R：房間（部屋）
▨：街路

0　5　10(m)

431

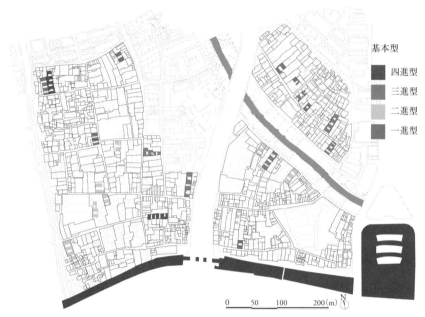

図 IV-3-18　中華門・門西地区　住居類型の分布（作成：井上悠紀）

軒ある．狭小な間口の「店屋型 (E)」の住居は，釣魚台と飲馬巷に集中して分布している．これは，店を構えるために1つの四合院の間口を2〜3分割したと推測される．

一方，調査対象街区内に点在する中層〜高層の集合住宅 (RC 造) は，ばらつきはあるが間口は大きい．元々数軒の四合院の宅地を合筆して建設されたと考えられる．中山南路より東側には見られず，西側に偏って分布している．

宅地間口が平均間口よりも少し大きな宅地 (10〜15.9) 128 軒ある．中華門・門西地区には，伝統絹織物産業の工場である「機房」という四合院形式の工場が立地していた．多進の平屋が多く，平面は「門庁—大庁—正房（楼）—正房（楼）」である．三進〜五進までのものが多かった．また，同じ絹織物産業において「帳房」という店屋形式の四合院もあったとされる．「帳房」は楼房が多かったという[438]．この「機房」は，機器のスケールに合わせて，一般的な南京の四合院よりも部屋の幅が広く，宅地間口が大きかったとされている．民国初期における中華門・門西地区の絹織物産業の衰退によって，住宅に転用されている．

住居の平面形式はおよそ以上のように把握されるが，居住する世帯は様々である．

---

438) 汪永平「中華門門西地区保護与発展研究」（『江蘇建築』，2003 (1) 総第 89 期）．

南京

図 IV-3-19　中華門・門西地区　住居 No. 32, No. 34（作成：井上悠紀）

図 IV-3-20　中華門・門西地区　住居 No. 39（作成：井上悠紀）

臨地調査では，世帯構成は入口にある住所表記によって確認できる．例えば，No. 34 の住居（図 IV-3-19）は，1 つの住所表記に 3 棟の住居又は店舗併用住居が表示されている．前面道路に隣接する部分を店舗とし，前方，中間，後方の 3 つの宅地に分割したと考えられる．同様に，隣接する No. 33 の住居は，前方と後方の 2 つに宅地分割されている．このように，街区内部の宅地と住居の形態に着目すると四合院は，宅地の分割によって新たな住居類型を生み出してきた．

一方，一棟の四合院に複数の世帯が居住する「大雑院」化が起こっている．この「大雑院」化による住居の変容には次のような特徴がある（No. 39，図 IV-3-20）．

①天井と大庁を結ぶ中軸線上の空間が共用部となり，居住者が各住居へとアプローチするための通路となっている．

②天井と大庁部分には，お風呂便所等の水廻り空間が増築される．また，

③「流し台」が各住居に設置される．さらに，

④住居（部屋）が増築される場合がある．

⑤天井と大庁は共有の空間（庭，部屋）であるが，増築が行われた四合院では，狭くなり，通

433

第 IV 章
開封・杭州・南京 —— 中国都城の変容

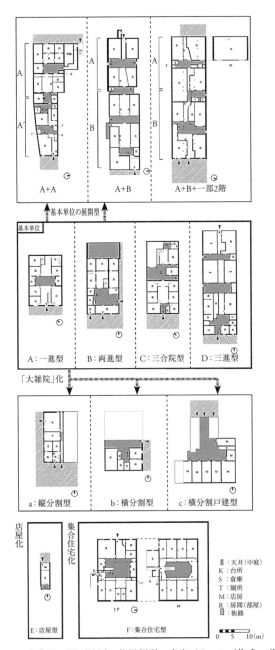

図 IV-3-21 中華門・門西地区 住居類型の変容パターン（作成：井上悠紀）

路機能のみが保持される傾向がある．
　⑥2階化が起こる際，天井部分に階段が設置される場合がある．
　宅地の分割，そして「大雑院」化を考慮して，住居の変容パターンをまとめると以下のようになる．
　4つの基本型「一進型(A)」「二進型(B)」「三合院型(C)」「三進型(D)」とその展開型である「A＋A」「A＋B」「A＋B＋一部2階」および基本単位が宅地分割したことによって成立したと考えられる「縦分割型(a)」，「横分割型(b)」，「横分割戸建型(c)」は調査対象街区に点々と分布している．これらは，基本型からの変容型で，宅地の形状やその平面構成は街区に規定されている．特に街区を横断するかたちで立地しているNo.7, 15, 16, 18, 22, 23, 41は宅地内に前門と後門を配している．「一進型(A)」，「二進型(B)」は，街路に対して入口を設けるものがほとんどだが，一部街区内部の後方に入口を設けるものがあり，これらは宅地分割の結果成立したものである．
　以上の「大雑院」化の過程を考慮すると，住居の変容パターンは次のようになる．
　①四合院の基本型として，A．一進型，B．両進型，C．三合院型，D．三進型が形成されていた．
　②基本型がいくつか集合するかたちに展開するとA＋A(No.23)やA＋B(No.40, 41)あるいは，一部2階化がおこってA＋B＋一部2階(No.7, 22)などとなる．
　③「大雑院」化の進行によって，天井と大庁を結ぶ中軸線上が共有空間となる．そして，Aが中軸線によって縦に分割される(a．縦分割型)，あるいはその中軸線に対して垂直方向に宅地分割される(b．横分割型)，さらに横分割が起こり分棟化する(c．横分割分棟型)，という3つの分割パターンが生じる．
　④新しい「型」としては，街路に小間口を構えるE．店屋型と，2階建てで中廊下を持つ，F．集合住宅型が生じる．
　以上，①〜④を模式化すると住居類型の変容パターンは12タイプに区別することができ，その代表例を抽出した(図IV-3-21)．実例としては，基本型を踏襲したタイプ特にA, B, C, Dが多く，また「大雑院」化したa, bも多数を占めている．

　こうして，開封，杭州，南京という隋唐長安以降の中国古都の街区のなかから1つずつ選んで，その都市組織の変容をみてきた．街区は，たまたま選んだわけではない．各古都を歩き回って，これぞと思う街区を選んだ．いずれもかつての古都の中心近くに位置する．そして，歴史的街並みを復元して観光地化された街区は避けた．ごく一般的な古都の街区を選ぼうとした．しかし，実際は選んだのではない，選ばされたというのが実感である．いくつか同じような候補があって，その中から選んだのではなく，その街区しかないのである．杭州の場合，姚園寺巷・梅花碑社区が別のかたちで再開発されていたら調査する対象がないというぎりぎりのタイミングであった．

第Ⅴ章

北京—中国都城の清華

北京は，華北平原の西北端に位置する．南部以外は山に囲まれていて全市域の約6割を山地が占める．西は太行山脈，北は燕山山脈の一部である軍都山，東も山地に接しており，最高峰は万里の長城が築かれてきた北部山脈の東霊山である．北京特別市の面積はほぼ日本の四国に相当し，その市街地は以上の山岳に囲まれた盆地に形成されている．歴史的には，第Ⅱ章1で概観したように，遊牧世界と農耕世界の境界に位置する．

　中原から遠く離れた東北の地に位置する北京の歴史は北京原人の時代に遡る．旧石器時代を経て新石器時代に至ると，一定のまとまりをもった地域文化（遼西（燕遼区））が形成されていた．そして，周代には「燕」（「國」）が生起し，その首都薊[439]が北京の地に置かれた．以降，燕の地として知られるが，遊牧社会と農耕社会の攻防の最前線であり続ける．今日の北京の直接の前身となるのはキタイ（契丹，遼）の燕京＝南京幽都府[440]であるが，その燕京は唐代の幽州城を引継いだものである．

　北魏，隋唐と続いて「中国」王朝を建て，隋唐長安城という中国都城の1つの理念型を実現したのは，キタイと同じシラ・ムレン河流域を本貫地とする鮮卑拓跋部である．キタイを西方に追いやって，金朝を建てた女真（女直）も東北をその本拠地にしていた．そして，その金を破って，今日の北京の骨格をなす大都を建設したのが北方遊牧民族として史上最大の帝国を築いたモンゴルである．さらに，明北京を引き継いだ満州族も金朝の末裔たちである．

　すなわち，北京建設に直接関わったのはいずれも北方遊牧民たちである．本来固定的な都市を必要としてこなかった北方遊牧集団が，いかに，そしてどのような都城を建設したのかが本章のテーマである．燕京そして金中都が直接大都に繋がるのであるが，キタイ，そして女真が建設した「五京の制」に基づく他の都城も合わせて，その空間構造に共通の理念が見出せるかどうかが焦点となる．

　元大都は明清北京に引き継がれる．本章では，元大都の変容を，大都モデルと『周礼』都城モデルの比較によってまず確認することになる．そして，『乾隆京城全図』(1750)を切断面として，古都北京の現在について考えることになる．

---

439) 宋代の人沈括『夢渓筆談』に，至るところ薊(あざみ)が咲き乱れていたことから名づけられたという．（陳高華(1984)）．
440) 1012年に燕京と改名される．

V-1　大都以前の北京

大都建設に至る北京の都市形成の歴史を以下に振り返るが，時代・王朝ごとにその名称の変遷をあらかじめ列挙すれば，周—薊，春秋—燕，戦国—燕京，秦—薊県・広陽郡，前漢—燕国・広陽郡・燕国・広陽郡・広陽国，後漢—上谷郡・広陽郡，三国時代—燕国，西晋—燕国，東晋—十六国燕郡，南北朝—燕郡，隋—幽州・涿郡，唐—幽州・幽都県・幽州，五代—幽州，北宋／遼—薊北県・幽都府・南京・燕京・析津府・析津県・宛平県，南宋／金—首都中都大興府・大興府・大興県，元—大都・大都路，明—北平府・順天府・北京・清順天府・北京，中華民国—京兆地方・北平特別市・北平市となる[441]（図 V-1-1）．

北京発祥の地となる薊の拠点は明清北京外城の西城壁辺りであったとされる．広安門の西，護城河のほとりに薊城記念碑が建てられている．そこから少し南には金中都の太液池遺址のモニュメントがある．大都以前の北京の中心は，法源寺を東辺とする現在の北京の南西，宣武区西の一帯であった．

1-1　薊城・幽州城

薊城は，春秋戦国時代には「天下の名都」として知られた．燕は「戦国七雄」の1つであり，山東の斉とともに秦に最後まで抵抗する．燕の太子丹が秦王政（始皇帝）暗殺のために荊軻を送り，危うく命拾いした秦王政が報復に転じ薊城を攻略，燕を滅ぼした物語はよく知られる（『史記』刺客列伝）．秦の郡県制下においては広陽郡の役所が薊城に置かれる．漢代には封建制の封国を加味した郡国制が敷かれるが郡県制とそう大きくはかわりない．武帝の時代に，郡県を監督するために刺史が送られた 13 の州部のうち，燕国，広陽郡は幽州の管轄下とされ，幽州刺史が置かれた．薊城は，その後隋唐に至るまで幽州の中心であり続け，幽州城と呼ばれるようになる．

---

441) 北京という名称は，「五京の制」が示すように，都城を中心として東西南北の主要都市を意味する一般名称である．しかし，以上の歴史的経緯を経て固有名詞となる．辛亥革命後も中華民国は北京を首都と定めたが，南京を首都と定めた蒋介石を中心とする国民政府は，1928 年 6 月 15 日に直隷省を河北省，北京を「北平 Běiping」と改称した．1937 年から 1945 年まで続いた日本軍占領期は北京の名称が用いられ（公式には 1940 年に改名），日本の敗戦によって再び北平に改称された．1949 年 10 月 1 日の中華人民共和国成立により新中国の首都とされた北京は再び北京と改称され現在に至っている．しかし中華人民共和国の存在を承認せず，大陸地区への統治権を主張する中華民国（台湾）では現在でも公式名称として北平の名称を用いる．

1
大都以前の北京

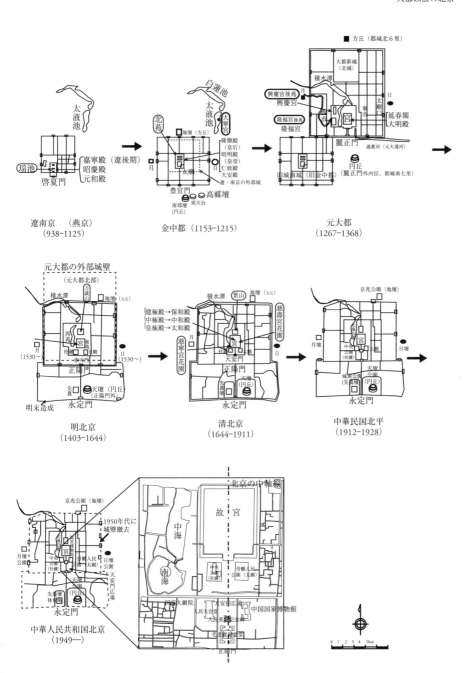

図 V-1-1　北京の変遷（妹尾達彦　作図：呉宝音）

441

燕の薊城の形態，構造については知られないが，唐代の幽州城については，「南北九里，東西七里，十門」(『太平寰宇記』巻69「幽州」) という．また，城内には唐の太宗 (李世民) が高麗侵攻に失敗し，戦死した兵士のために建てたという憫忠寺[442]があった．憫忠寺は明代に崇福寺，清初に法源寺と改名して現在に至っている．南北9里，東西7里だから，『周礼』「考工記」のいう「方九里」に規模は近いが，「旁三門」＝12門ではなく，その門の配置などもわからない．

1-2 │ 燕京—キタイ (契丹，遼) の五京

遼寧省付近を本拠として遊牧社会を形成してきたと考えられるキタイ (契丹) が中国史書に初めて表れるのは，『魏書』「契丹伝」の北魏の初めに北魏軍に撃破された (388年) という記事である．その後も，キタイは，奚[443]とゆるやかな連合体をつくり，幽州とその一帯 (南北朝燕郡，隋幽州，涿郡，唐幽州，幽都県幽州，五代幽州) を脅かし続けた．そして，キタイの存在が大きく注視されるようになるのは，隋唐王朝の出現以降である．

「キタイ帝国」の起源，成立，その後の展開については，遼，西夏，金，元の歴史を扱いながらその過半以上をキタイ帝国の歴史に割く杉山正明 (2005)『疾駆する草原の征服者』[444]がある．キタイが自立していく大きな契機となったのが「安史の乱」(755〜763年) で，その主役，安禄山 (705〜57年) は，唐玄宗皇帝によって幽州に節度使として派遣され，キタイと鋭く対峙することになった．その安禄山が唐王朝の転覆を図ったのが「安史の乱」である．安禄山，そして史思明もソグド系であるが，ユーラシア全体における遊牧集団の歴史動態と「安史の乱」の歴史的位置づけについては杉山正明の一連の著作に委ねよう．「安史の乱」以降，唐朝は以前の大唐帝国ではない．叛乱鎮圧後も，河北地域の安史の残党は一掃されず，唐朝はその分立を認めざるを得

---

[442] 唐代貞観19 (645) 年に着工，完成前に李世民は死去，さらに即天武后が死去した後の万歳通天元 (696) 年に，51年をかけて完成している．境内に「憫忠閣」という高閣がある．幽州を拠点とした「安史の乱」の安禄山と史思明はそれぞれ寺の東南と西南に2つの木塔を立てている．道教に傾斜した唐18代皇帝武宗李炎の「会昌の廃仏」においては，太宗，高宗の開国建業に忠烈であったことから難を逃れるが，僖宗李儇の中和2 (882) 年の大火で全焼している．遼代も，憫忠寺は天災や人災で幾度も破壊されその度に修復されている．道宗の大安10 (1094) 年に大規模な再建がなされ，今日に伝わる基礎が築かれた．清朝雍正年間の大改修後に「法源寺」に改名して，律宗の寺に定められ皇宮の古刹となった．

[443] 奚 (拼音：Xī) は，4世紀から10世紀頃までモンゴル高原東部から中国東北部にあるラオハムレン (老哈河，遼河の源流) 流域とシラ・ムレン (遼河の支流) 流域に存在していた遊牧民族．初めは庫莫奚 (Kùmòxī) と呼ばれていた．

[444] その記述のもとになっているのは「遼文化と慶陵一帯の歴史・現状・環境に関する学術調査」(『遼文化・遼寧省調査報告書』2005年，2006年) であり，最新の知見が含まれている．

なかった．盧竜，魏博，成徳の河朔三鎮が大きな勢力を誇示した．そしてさらに，新設された節度使が次々に各地に送られるが，それぞれ独自の軍事力をもとに世襲の軍閥「藩鎮」をつくり，全国に分立割拠することになった．一方，対外的にも，実質，ウィグルの庇護国と化すほどその地位の低下は覆うべくもなくなる．西方には吐蕃（トゥブト）の台頭があり，東北に奚，キタイが台頭する．ユーラシア大陸東部の多極化，分極化の様相を杉山はダイナミックに描いている．

唐王朝が「安史の乱」以降，帝国の名に値しない実態がある中で，キタイは国家形成に至る．上述のように，隋唐王朝もそれに先んじた北魏も鮮卑拓跋部の王朝であり，キタイと同じシラ・ムレン流域をその本貫地とする．キタイは，どういう都城モデルを採用したのかがここでのテーマである．

遊牧生活を基礎としていたキタイは，もともとカガン（可汗）の幕営を拠点としてきた．しかし，国家形成の過程で，国家の中枢となる固定的な施設，すなわち都市を必要とするようになる．耶律阿保機は，シラ・ムレン河の南に龍下州という城郭都市を建設し（902年），漢人を居住させる．また，大小城郭を各地に建設していった．耶律阿保機が大契丹国（イェケ・キタイ・オルン，Yeke Khitai Orun）（907～1125年）[445]を建国したのは907年である．そして，その首都として，上京（臨潢府）を建設する．上京はキタイ最初の都城である．耶律阿保機はほとんど一代で国家体制を築き，さらに西はモンゴル高原東部のモンゴル族を攻め，東は渤海を滅ぼして，満州からモンゴル高原東部までに及ぶ「キタイ帝国」をつくり上げることになる．

耶律阿保機が，後晋の都汴京（大梁，開封）を攻略して国名を中国風の「大遼」と改めたのは946年のことであるが，漢地と草地をどう統合するかがキタイにとって最大の課題であった．官制として北面官と南面官が設け，漢地の州—県—郷に準じて草地にも部族—石烈—弥里の上下区画を設定していること，家畜税と田税を対応させていること，遊牧民向けの刑罰と漢人向けの刑律を並存させていること（遼律），北方系標音符号を採用しながら，その組合せに漢字の形態を模したキタイ文字をつくったこと等々，遊牧と農耕，草地と漢地，北人と漢人の融合が図られた．皇城と漢城の分離という形態は，その融合が必ずしも容易ではなかったことを示している．

大契丹国においては，州城は，その規模[446]によっておよそ3つのランク（上等州城，中等州城，下等州城）に分けられ，それぞれ，節度使，（節度使・観察使）防御使，（観察使・防御使）刺史に与えられた．また，皇帝陵にともなって設けられた奉陵邑，貴族に与えられた頭下州城など小規模な州城も初期には多く建設された．モンゴルのオルホン

---

445) 耶律阿保機の死（926年）後，第2代耶律堯骨が「大遼」の国号を立てる（947年）．第6代耶律文殊奴が「大契丹」に戻し（983年），1066年にまた遼に戻されている．
446) およそ，外周4500m，3000m，2000m程度の3ランクに分けられる．向井佑介「遼代皇帝陵の立地と構造」（『遼文化・遼寧省調査報告書』京都大学大学院文学研究科，2005年）．

図 V-1-2　慶州城跡測量図（出典：田村実造・小林行雄（1952, 1953）+ Google Earth）

県にはハルボヘン・バルガスなどおよそ 500m 四方の城郭の遺址がいくつか確認されている．

　耶律阿保機（太祖，位 907〜26 年）が埋葬される祖陵（927 年）の東南約 2km にある祖州城は，奉陵邑として建設されたものであるが，周囲 1750m ほどの小城で，外形も不定形であるが，明快な空間構造をしている．すなわち，外城，内城の回字形の二重構造をしており，内城が北辺に位置し，土塀によって南北に外城が 2 分されていること，また，ほぼ正南北に軸線が設定されているのが特徴である．奉陵邑の場合，皇帝陵に付随し，宗廟での儀礼や外国からの弔問史のための空間構成が中心となるから特殊かもしれないが，逆にそれ故に，明快な空間構造をとり，1 つの定型を示していると考えることもできる．

　他の奉陵邑も比較的整形をしており単純な形態をとる．2 代太宗（耶律堯骨，位 926〜947 年），3 代穆宗（耶律述律，位 951〜969 年）を埋葬する懐陵の奉陵邑として建設された懐州城は，周囲 2000m ほどで正方形に近いかたちをしており，大型建物の基壇址も見られるが，西辺を川で削られており，内部構造ははっきりしない．

　聖宗（耶律文殊奴，位 982〜1031 年）以降の皇帝を埋葬する慶陵の奉陵邑で，白塔で有名な慶州城は，周囲約 4050m で，東西 930m，南北 1090m の長方形の外城の北東に内城が位置する構造をしている（図 V-1-2）．内城の隅部を宮城とするのは，北東部と南西部の違いはあるが，南京幽都府にも共通する．慶州城は，キタイ（遼）以降も改修が行われ，当初の形態は必ずしもはっきりしないが，さらに外側に外郭城を想定する復元案もある．

　キタイが本格的に都城建設に向かうことになるのは，燕雲十六州を手に入れた（937年）以降で，それによってキタイ社会は大きく変化する．渤海領とあわせて多くの農

大都以前の北京

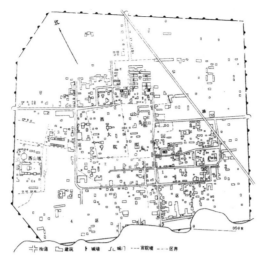
図 V-1-3 上京臨潢府皇城（出典：向井佑介（遼文化・慶遼一帯調査報告書 2005））

耕を主とする定住民を抱えることになったことが大きい．支配機構として，北院がキタイの遊牧世界，南院が河北・山西一体の漢族世界を管轄する南北両院制度が導入される（938年）．そして，上京臨潢府（内モンゴル自治区巴林左旗南波羅城），東京遼陽府（遼寧省遼陽市），南京幽都府（後に析津府に改称）（北京）の三都が置かれた．後に，この三都に中京大定府（赤峰市寧城県），西京大同府（大同）が加わる（1007年）．キタイ国は五道に分けられ，それぞれに中心都市が設けられた．いわゆる「五京の制」である．極めてシステマティックな支配機構の整備が行われるのである．

(1) 上京臨潢府

上京は，南北2城からなる．北にあるのが皇城で，南に漢城が接する．漢城はその名の通り，漢人を住まわせたと考えられるが，ウィグル商人も居住していたことがわかっている．

『遼史』「地理志」が「皇城は，城壁の高さ三丈，楼，櫓があり，門は東を安東，南を大順，西を乾徳，北を拱辰という．中に大内があって，南門を承天といい，上に楼閣があり，東門を東華，西門を西華という」ように，皇城のなかに宮城（大内）がある．回字状の二重構造をしていたことがわかる．実際，考古学的遺構を見ると宮城域は方形をしているようにみえるが，隔壁はない（図V-1-3）．

皇城周囲は，村田治郎（1981）が田村実造（1964）の「上京臨潢府此の実測図」をもとに皇城の城壁を計測したところによると（括弧内はGoogle Earth上での計測値），北壁が1480（1478.6）m，東壁が約1470（1461.5）m，南壁は，パイン・ゴール河の氾濫で崩壊しているが，直線で1580（1562.2）m，西壁は南北が折れ曲がっており，400（421.2）m，

445

1050（1461.5）m，400（366.9）m＝1850（2249.6）m，総計 6380（6751.9）m である．

内蒙古文物考古研究所の「遼上京城址勘査報告」[447]によれば，西壁の屈曲部を無視しているが，北城壁 1486m（5020 尺），東城壁 1467m（4956 尺），南城壁 1601m（5409 尺），西城壁 1063m（3591 尺），漢城の南城壁 1610m（5439m）である（1 尺＝0.296m 換算）．数字が微妙に異なるが，Google Earth 上での計測値によれば，北城壁 2.78 里，東城壁 2.74 里，南城壁 2.93 里，西城壁 4.22 里となる．計 12.67 里，東西がやや長いが単純に正方形と考えると約 3.2 里が 1 辺となる．

軸線が，正南北から東にずれているが，皇城は 3 里×3 里，漢城は 3 里×2 里で計画されたとする説がある（白石典之（2002））．ただ，上京城について『遼史』が，幅員 27 里，門は東面が迎春，雁児，南面が順陽，西面が金鳳，西雁児，南福とするのと合わない．幅員だけではなく，門についても，その名称，数が異なっている．考古学的遺構としては，皇城については，東西北にそれぞれ門跡と甕城跡が確認されるのみである．漢城については，城門跡は全く残っていない．

おそらく『遼史』の「周囲 27 里」は誤りで，燕京と比べて，上京城全体はかなり小振りであった．南北 2 城からなること，皇城が回字状をしているのが大きな特徴となる．また，皇城が矩形ではなく，その北西，南西が斜めにカットされていること，さらに，南北の軸線が正南北から東へ 30 度傾いていることが決定的に異なる．

西壁の屈折については地形を考慮したと考えられるが，都城全体が，周辺の地形全体を考慮して配置されたと考えられるのは，城外南北の丘に塼塔が建てられていることである．北塔は 8 角 7 層，南塔は 6 角 7 層である．軸線の設定に関わっていると考えられる．上京臨潢府が南北軸線を意識せず，東面を第 1 の方位にしていることを示すのが，皇城内の宮殿が全て東を向いていることである．

耶律阿保機は，渤海国を平定して帰ると，城郭を拡張して皇城内に宮室を建てて天贊と名づけ，開皇，安徳，五鑾の 3 大殿を起して歴代帝王の御容を祀っている．この宮殿の向きについて，時代は下るが，6 代耶律文殊奴（聖宗，982〜1031 年）の時代に宋が派遣した北使の見聞録があり，村田治郎の要約によると，「臨潢府の西門を入る．門を金徳門（金鳳門か？）という．門内に臨潢館があり，子城の東門を順陽という．北行して景福門に至り，また承天門（大内の南門か？）にいたる．内に昭徳・宣政の 2 殿があり，氈盧とともにみな東を向いている」という．

宮殿が東向きであることとともに，ここでもう 1 つ確認できるのが，皇城内に「氈盧」すなわちゲル，蒙古包が存在していたことである．

（2）南京幽都府

「安史の乱」後，幽州地域を支配したのは盧竜節度使である．李懐仙が節度使になっ

447）『内蒙古文物考古文集』第 1 輯，中国大百科全書出版社，1994 年．

て(763年)以来, 節度使たち藩鎮の頭目はめまぐるしく交代する. 汴州(汴梁, 開封)の節度使であった朱全忠が唐室を断絶して後梁(大梁)を建てたのと耶律阿保機がキタイ国のカガンに選ばれたのは, 奇しくも同じ年(907年)であるが, 耶律阿保機が台頭し, キタイ帝国が形成される過程と藩鎮の攻防, さらに唐朝の崩壊, 五代の興亡は, 全く同じ過程である[448]. ということは, 五大の興亡の結果, 宋の都城となる開封と燕京の形態, 空間構造を比較することは極めて興味深いことになる.

阿保機は, その死の直前(926年), 渤海国を接収し, 東丹国に改めている. 渤海国の都城建設の経験もキタイにはよく知られていた. 「人皇王」[449]として国主に立てられたのは長男突欲である. 後唐は, 李嗣源に引き継がれるが, その死後, 第2代耶律堯骨に率いられるキタイ軍の援助を受けて内紛を制するのが石敬瑭で, 後晋(936〜946年)を建てることになるが, キタイへの忠誠の証として割譲されたのが燕雲十六州である. 以降, 幽州はキタイの支配下に置かれる. 唐の幽州城は, キタイの南京幽都府となる.

キタイ側からすれば, 後晋, すなわち石敬瑭の沙陀政権は, キタイの属国あるいは衛星国家の位置づけとなる. 石敬瑭を継いだ後晋が自立性を強めると, 耶律堯骨は, 幽州を拠点として武力制圧のために南下, 開封を開城する(947年). 大遼という国号が建てられたのはこの時であり, この時の権力の空白に乗じて, 山西軍閥の劉知遠によって建てられたのが後漢(947〜50年)である. さらに, たった1年で他界した劉知遠の後の混乱の中から, 漢人の軍閥郭威がクーデターによって建てられたのが後周(951〜960年)である.

南京幽都府すなわち燕京城は, それ以前の薊城—幽州城を引き継いでおり, 現在の広安門一帯に位置していたと考えられている. 清の乾隆帝時代にキタイの官僚の墓誌銘が出土し, 現在の法源寺(憫忠寺)と琉璃廠の間に東の城壁があったことがわかっている.

『遼史』巻40「地理志」によれば, 燕京は次のようである(村田治郎(1981)).

「南京はまた燕京といい, 城は方36里, 高さ3丈, 衡の広さ(城壁幅?)1丈5尺, 敵楼, 戦櫓がそなわり, 8門であって, 門名は東面が安東, 迎春, 南面が開陽, 丹鳳, 西面が顕西, 清晋, 北面が通天, 拱辰と呼んだ. 大内は西南隅にあり, 皇城内には景宗・聖宗の御容の2殿があり, その東は宣和, 南は大内という. 内門は宣教といい後に元和と改めた. 外の三門は南端・左掖・右掖といい, のちに左掖を万春, 右掖を千

---

448) 耶律阿保機とテュルク系沙陀を率いる晋王・李克用, 燕の地を握る劉仁恭, そして汴州(汴梁)の朱全忠, キタイと汴州, 山西と幽州の四つ巴の攻防の中で, 朱全忠が建てた後梁(907〜923年)は, 李克用の息子, 李存勗によって倒され, 後唐(923〜936年)が建てられるが, 幽州は, この間, 沙陀とキタイの攻防の場となっている.

449) 父, 阿保機は「天皇帝」, 母, 月里朶は「地皇后」と呼ばれた.

秋門と改めた．門には楼閣がある．毬場はその南にあり，東が永平館だ．皇城は西門を顕西というが，門はあっても開けず，北は子北という．西城の上に涼殿があり，東北隅に燕角楼がある．坊・市・膾舎・寺観は多くて一々書くにたえない」[450]．

　陳高華 (1984) は同じ『遼史』を引きながら，規模を「方三〇里」という．『遼史』にいくつか版本があるということであろうか．方36里，方30里というのは，36里四方，30里四方ということではなく，周囲全長が36里，30里と解するのが一般的である．しかし，「南京析津府……周圍二十七里，樓壁共四十尺，樓計九百一十座，……」という史料もある（許亢宗『乙巳奉使行程録』(『三朝北盟会編』巻20所収)，また，「幽州城，周二十五里，東南曰水窓門，……」(路振『乗軺録』)という記述もある．さらに，27里は37里の誤りではないかという説もある．唐代の幽州城は，上述のように周囲32里 (9里×2+7里×2) である．後述するが，金中都は，燕京の城壁の西辺と南辺を1000歩ずつ拡張したと言われる．1里＝360歩とすると3里弱 (2.78里) 拡大したことになる．金中都の周囲が35里前後であるとすると，燕京は24里程度となる．

　燕京の規模については，とりあえず村田治郎 (1981)（周回36里）に従い，史料に書かれた燕京についてまとめると以下のようになる．

A. 城壁：

　周囲36里．城壁の高さは3丈，幅1丈5尺．敵楼・戦櫓などが置かれ，東西南北に各2門があった（門名は東面が安東，迎春，南面が開陽，丹鳳，西面が顕西，清晋，北面が通天，拱辰）．城壁の外側に3重の堀があり，城門の外側には吊橋があった．

　旁2門というから，3×3＝9分割（ナインスクエア）という理念があったかもしれない．方八里であれば周囲32里，方九里であれば周囲36里である．周囲36里であれば，『周礼』「考工記」のいう「方九里」である．しかし，実際の規模は，上述のように，小規模であった可能性が高い．

　「安史の乱」以降，唐代後期にはめまぐるしく節度使ら藩鎮が交代するが，彼らは幽州城内に宮殿を構えていたと考えられる．キタイは，幽州を占拠した後，新たな宮殿の建設を行っていない．ようやく自らの宮闕と府署を整備するのは1世紀後の興宗 (1031〜55年) の時である．しかも，既存の唐代藩鎮の宮殿の拡張，修築を行った程度である．

B. 皇城（子城）：

　①城壁と門：周囲は五里．羅郭（外城）の西南に接してつくられている．皇城の城壁の東西南北にはそれぞれ門があった．東は宣和門，南は南端門，西は顕西門，北は子北門という．平時は，南北西の三門は開かず，東の宣和門のみから出入りした．外三門として南端門の両脇に左液門，右液門があり，それぞれ万春，千秋に改名される．

---

450) 燕京城，方三十六里，崇三丈，衡廣一丈五尺，敵樓，戰櫓具，八門……

内門(東門か?)を宣教といい,元和と改称する(宣和門か).門には楼閣があり,東北の隅に燕角楼,西城(西門?)の上には涼殿がある.

②宮殿:景宗(969〜982年),聖宗(982〜1031年)の御容殿(御真影を祭る施設)の2つがあり,東を宣和,南を大内という.

C. 城内:

①坊:26坊に区分されていた.各坊は土壁で囲われ,坊門から出入りした.坊門には門楼が建てられ,唐代以来の坊名が記されていた.

②市:3つの位置は城北にあった.

③仏寺:憫忠寺(法源寺)の他,駐蹕寺,昊天寺,開泰寺などが城内にあった.

D. 城外:

城外南に毬場があり,その東に永平館(碾石館)があった.毬場はポロの競技場,永平館(碾石館)は迎賓館,接待場である.北京最古の仏寺で「先に壇柘あり,後に幽州あり」といわれた檀柘寺[451]は西郊にある.

以上からイメージされるのは,第1に坊墻によって整然とグリッド状に構成される城内の街区である.モデル化すると以下のようになる(図V-1-4a).仮に,皇城の周囲を5里,城壁の周囲を30里,いずれも正方形とすると,皇城は1.25里四方,城内は7.5里四方となる.皇城は450歩四方,燕京城内は皇城の規模の区画を単位として,6×6=36の区画からなることになる.450歩四方というのは,『周礼』「考工記」の都城モデルとして既に示した(第I章3).唐長安城の坊の規模と比較して,妥当というか,正にモデルそのものとなる規模である.

周囲30里を仮定した上記のモデルは,皇城の区画を単位としたモデルである.しかし,規模については,金中都の規模周囲35里前後がわかっているから,西,そして南に1000歩拡大したというのが事実としたら,周囲24里と考えたほうがいい.その場合,方六里,6×6=36の方一里(360歩×360歩)から構成されることになる.極めて単純であり,発掘調査をもとにした復元図(図V-1-4b)とは異なっている.

居住区は,唐と同様,十字巷(街)によって分割される坊によって構成されていたと考えていい.26坊あったというが,36区画から皇城1,市場3,仏寺等の区画を除けば,およそ妥当である.26坊というのも,長安城の宮城・皇城の東西に13坊ずつ配置されていることを想起させる.13坊は1年12ヶ月に閏月を加えた13月を象徴するという説があることは長安について触れたが,確たる根拠はない.ただ,決定的に異なるのは皇城が西南隅に置かれていることである.中央宮闕ではなく,また,南北軸を採ってはいない.この点は,西南部に未央宮を置いた前漢長安城を思わせる.あるいは,南部に宮城を置いた元大都を思わせる.皇城へは東の宣和門のみから出入

---

[451] 晋代(265〜316)の創建で嘉福寺と言った.唐代に竜泉寺と改称,さらに金代に拡張されて大万寿寺と称した.付近の竜檀(竜の池)と柘樹から檀柘寺と呼ばれて今日に至る.

第Ⅴ章
北京—中国都城の清華

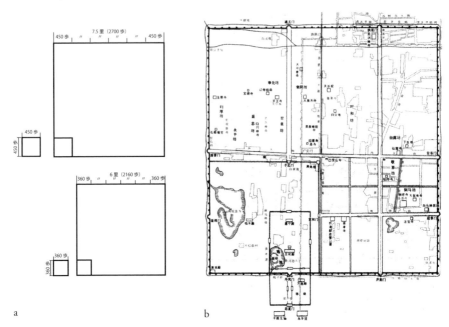

図 V-1-4　a 南京幽都府・燕京モデル図（作図：布野修司），b 燕京実測図（出典：李路珂・王南・胡介中・李青（2009））

りすることが示すように，東面するのはキタイ古来の方位観に基づいていると考えられる．

　宮城・皇城の規模は長安には比べるべくもない．唐代には幽州刺史の役所が置かれただけであり，キタイの中枢は別にあったことを考えれば当然である．とは言え，燕京城は，キタイ国の中では極めて重要な都市であった．南北交通の要衝であり，燕京3市は，周辺からの農作物，燕京の手工業品，遊牧地域からの各種産物が集散する一大拠点として栄えた．キタイ，奚，渤海から地域支配のために移住させられるが，燕京住民の大半は漢族であった．

(3) 中京大定府

　耶律文殊奴（聖宗）が，中京大定府を建設したのは1007年である．遼寧省西部，赤峰市南80kmに位置する寧城県の大明城である．その地は元々奚族の根拠地であり，「神都」の制をまねたというが，『遼史』巻39「地理志」に詳細な記述はない．「神都」は，上京臨潢府と考えるのが自然であるが，だとすると，中京城からその理念をうかがうことができることになる．しかし，中京大定府についての手掛かりはそう多くない．「神都」は，隋唐「洛陽」という説もあるが，定かではない．『哲匠録』が，キタイ（契丹，

450

遼) 時代から挙げるのが美にして才に富み，製作を好んだという聖宗の皇后 (仁德蕭皇后) であり，中京の計画に関わったとされている (Column 5).

上京臨潢府についても引かれるが，文献としては，ほとんど唯一，建設当初に中京を訪れた宋の北使，路振 (957～1014年) の『乗軺録』(『皇宋事宝類苑』巻77所収) があるだけである．村田治郎 (1981) によって要約すると以下のようになる．

A. 外城：

高さ丈余り，幅員30里．南門を朱夏門，3つの出入口があって楼閣になっている．朱夏門を入ると街道の幅は100余歩で，東西に廊舎約300間あり，居民の商店が小屋の下に並んでいる．街道の東西には各3坊があり，坊門が相対し，キタイ人の番人が門を守っている．

B. 内城：

南門を陽德門といい，3つの出入口があって楼閣になっている．城壁の高さは3丈，上が女墻形になっている．復員約7里，陽明門から入ること約1里で内門，閶闔門があり，3つの出入口がある．閶闔門楼には五鳳があり，京師 (開封) のような姿であるが，あらましの制度が卑陋である．東西掖門は，閶闔門から200余歩離れている．東西角楼は約2里の間隔にある．閶闔門から内城に入る街道の東西には民居はなく，短墻で空地が区画されている．東掖門から入ると第3門，武功門に至り，武功殿でキタイの主人公 (聖宗) に会う．西掖門から入って，第3門，文化門に至り，文化殿で国母 (承天皇太后) に会う．

まずわかるのは，中京が外城，内城，そして皇城からなることである．竹島卓一 (1940)[452] および田村実造 (1964) の作成した略図からはその全体は明らかではない．遼中京発掘委員会の発掘図面[453]によると，外城は，東西約3500m，南北約4200m，内城は東西約1500m，南北2000mである．南部は河川が走っており，城壁が欠けているけれど，Google Earthによっても以上は確認できる．外城の周囲30里 (A.) というのは実測約1万5400m ((3500m＋4200m)×2)，28.9里 (1尺＝29.6cmで換算) とほぼ一致している．ただ，内城周囲7000m ((1500m＋2000m)×2) は，13.13里であり，約7里 (B.) とは異なる．これは，皇城の規模と考えるべきであろう．

遺構は，外城の中に，北城 (内城)・南城の2城がある形態をしている．また，南城の北中央西に城壁で囲まれた一画がある．南城については，金代のものと考えられている．

以上から言えるのは，第1に，中京城は，外城，内城，皇城という3重の囲郭構造をしていたことである．開封が同じ3重の囲郭構造をしており，モデルとされた可能性がある (「京師のような姿であるが……」)．第2に，外城南部については坊制が行われ

---

452)竹島卓一「遼の中京城址」(『東方学報』1940年3月).
453)「遼中京城址発掘的重要収穫」(『文物』第9期1961年).

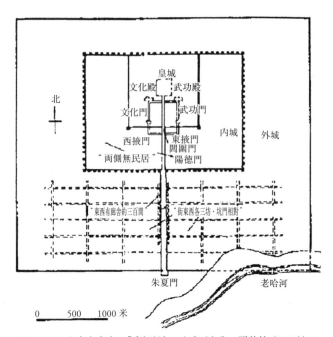

図 V-1-5　中京大定府　『乗軺録』の中京（出典：張欽楠（2010））

ていたことが確認できる (A.)．第3に，その一方で，街道の東西に廊舎が約300間あって，居民の商店が並んでいる，すなわち，防制とは異なった街区形態が出現していたことが確認される．第4に，南北軸が明快に意識された構造（あくまで北宋の使，路振の記述 (B) に基づく）をしていたことである．

張欽楠 (2010) が以上の記述を図化するが（図 V-1-5)，中京は，燕京とも上京とも異なった，漢化された中華風の（「あらましの制度が卑陋である」）空間構造をしていたと考えられるが，宮殿の向きなど詳細は不明である．

(4) 東京遼陽府

東京遼陽府は，遼東半島のつけ根，現在の遼陽市に位置した．キタイ国は渤海を滅亡させ東丹国を建てた後，上述のように，耶律阿保機の長男突欲が国主に立った．しかし，阿保機が急逝し，首都上京龍泉府は押さえたものの渤海遺民の叛乱に悩まされたことから，阿保機の後をついだ2代堯骨は，当時東平といった遼陽に東丹国を王突欲ともども移動させ，副都，南京（天福城）とする (927年)．東丹王突欲が，堯骨との確執の末，海路，後唐の開封に亡命すると (930年)，南京を東京遼陽府とし，幽州を南京とするのである (938年)．

『遼史』によれば，南京天福城は以下のようである（村田治郎 (1981)）．

A．内城：

城壁の高さ3丈，楼，櫓があり，幅員30里，8門あり，東面，北を迎陽，南を韶陽，南面，東を龍原，西を顕徳，西面，南を大順，北を大遼，北面，西を懐遠，東を安遠という．

B．宮城：

内城の東北隅に位置する．城壁は高さ3丈，敵楼を備え，四隅に角楼がある．角楼の間隔は2里である．北に護国皇帝（東丹国人皇王）の御容殿がある．2殿を建てて，宮嬪を置かない．

C．外城：

漢城という．南北の市に分かれていて，看楼，晨集南市，夕集北市を設けた．西に，金徳寺，大悲寺，駙馬寺，趙頭陀寺がある．

外城の規模が不明であるが，内城の周囲を30里とすると，上京，中京より規模は大きいことになる．上京の27里というのは以上のように疑問であるが，中京，南京（燕京）がいずれも周囲30里前後であるから，幅員30里には外城も含まれている可能性が高い．内城の東北隅に2里四方の宮城があるのは，燕京とは点対称の位置であり，興味深い．明らかに中央宮闕のかたちをとっていない．

(5) 西京大同府

西京大同府は，かつての北魏の首都平城の地に置かれた．平城を築いたのは，キタイと同じく，シラ・ムレン川流域を本貫地とする鮮卑拓跋部である．そうした意味で，平城は，北方遊牧民族が農耕地帯に南下して建設した都城の先例，モデルといっていい．そして，平城がモデルとしたのは曹魏の鄴（北城）とされ，北魏は平城を遷都して洛陽城を建設する．同じ鮮卑拓跋部が「中国」を再統一して建設したのが，隋唐長安である．

北魏平城については第III章2-4で触れた．ここではその検討を前提とするが，手掛かりとされるのは『魏書』の，外城，外郭，宮城の3重の囲郭構造をしており，それぞれ周回80里（方20里），32里，20里という記述である．

現在の大同市に部分的に残っている城壁は明代初期の建造とされる大同県城のもので，その区域は分かっているが，ほぼ正方形の区画で，さらに東西南北に居住区が飛び出す形態をしていた．平城の宮城域はこの大同城をそっくり含んでいる．宮城の核心である宮殿区について，大同駅周辺とするものと北に飛び出した，かつて練兵場，兵舎があった整然と城壁で囲われた矩形の区域とするものがあるが，応地利明は後者を採っている．

大同のある雲州は，燕雲十六州の轄譲とともにキタイのものとなる．しかし，しばらくは宋，キタイの交戦の前線となり，西京大同府が置かれるのは，耶律夷不菫（興宗，1031〜55年）の時である（1044年）．この西京大同府について，『遼史』巻41「地理志」

は，次のようにいう（村田治郎 (1981)）．

「敵楼，棚櫓を備え，広袤 20 里，城門は，東が迎春，南が朝陽，西が定西，北が拱極といった．北魏の宮垣北面の雙闕跡がなお存在する．清寧 8 (1062) 年，華厳寺を建てて諸帝の石像，銅像を奉安し，また天王寺がある」

ここでいう華厳寺は，上華厳寺（1062 年創建）であるが，それに先立つ下華厳寺（1038 年創建）も遼代の建築である．また，唐代の創建とされる善化寺も合わせて遼代西京城郭内に存在したとされる 3 寺は，いずれも明代初期の建造とされる大同県城の内部にある．

明代の大同城は，Google Earth で計測すると，東 1815.37m，南 1749.17m，西 1838.17m，北 1744.73m，計周囲 7147.44m である．民代の 1 尺＝32cm で換算すると 12.41 里（明尺）である．北魏がどのような尺度を用いたのかは不明であるが，漢尺[454]を用いたとすると 17.24 里となり，キタイが唐尺を用いていたとすると 13.41 里となる．

傅熹年 (2001) は，唐雲州―遼西京―明大同への変遷を示している（図 V-1-6ab）．それによると，全体はほぼ方四里であり，坊牆で囲われた 4 つの方二里の十字街からなる構成が「方一里」の坊が 4×4＝16 からなる構成へ変化したことになる．いささか図式的に過ぎるようにも思われるが，街区構成の理念としてはわかりやすい．

上述の北の宮殿区とされる区域も含めると，南北が 2805.48m となり，1km 近く（977.97m）長くなるので，周囲 9100.38m である．唐尺で換算すると 17.08 里，『遼史』の 20 里には及ばないから，明代の大同城を少し大きく囲んだ宮域であったと想定される．ただ，漢尺で換算すると 21.95 里で，『魏史』の記述にほぼ一致する．北魏の宮垣北面が残っていたというように，平城の宮域にほぼ重なっていると考えられる．内部の構造は不明であるが，南北に細長いことから，村田治郎 (1981) は西京もまた南北 2 城からなっていたのではないかとしている．

キタイ（大契丹国）の都城の形態，空間構造をまとめると以下のようになる．

南京幽州城，西京大同城は，既存の城郭を利用する形で築造されたものであり，「中国」都城との関係を窺うことができる．すなわち，以上に見たようなモデルを想定できる．

キタイが建設した城郭都市として，原型的な都市と考えられるのが，皇帝陵に付随する奉陵邑である．その 1 つが祖州城であるが，外城，内城の回字形の二重構造をしており，土牆によって南北に外城が 2 分されていること，内城が北辺に位置し，外城へ向けてほぼ正南北に軸線が設定されている．どちらかと言えば，「北闕」型の隋唐長安あるいは鄴に近いと思われるが，南北に長く，プロポーションが異なる．また，

[454) 漢 1 尺＝0.230m＝商鞅尺，漢 1 歩＝6 尺＝1.381m，漢 1 里＝300 歩＝414.545m

大都以前の北京

図 V-1-6　唐雲州―遼西京―明大同（出典：傅熹年（2001））

他の奉陵邑が同じような形態をしているわけではない．

　上京臨潢府，中京大定府は，南北2城からなり，北の皇城と南の漢城が区別されるのが第1の特徴（南北分離）である．前者は，皇城のなかに宮城（大内）がある回字状の二重構造をしていた．ただ，皇城が矩形ではなく，北西，南西が斜めにカットされていること，さらに，南北の軸線が正南北から東へ30度傾いていることは，中国都城の伝統とは異なる．宮殿が東向きであることとともに皇城内に「氈盧」，すなわちゲル，蒙古包が存在していたことを再度確認しておきたい．

　また，後者も外城，内城，皇城という3重の囲郭構造をしていた．開封が同じ3重の囲郭構造をしており，モデルとされた可能性がある．その1つとして，南北軸が明快に意識された構造をしていたこともはっきりしている．重要なことは，外城南部については坊制が行われていたことである．その一方で，街道の東西に廊舎が約300間あって，商店が並んでいること，すなわち，坊制とは異なった街区形態が出現していたことである．

　大元ウルスの大都に接続するという意味では，薊城―幽州城を引き継いだ南京幽都府，燕京の形態に最も関心が注がれるが，その形態は以上に確認した通りである．後に再度振り返ろう．

1-3 中都―金の首都

　満州（マンチュリア）北部，松花江支流・按出虎水（アルチュフ川）流域（黒竜江省）から，完顔部を中心とする女真（女直）族の連合体が突如として興起するのは12世紀初頭である．女真に対して過酷とも言える搾取を行っていたキタイに対し，女真族の完顔部から出た阿骨打が反乱を起こし，按出虎水の河畔で即位して，「大女真金国」（金）[455]を建国するのである（1115年）．金は，宋とキタイ（遼）を挟撃することを約す「海上の盟」と称される盟約を結び，まず上京臨潢府を落とし，西走するキタイ皇帝を追って西京大同府も攻略する（1120年）．キタイは，拠点を西に移して，モンゴル高原に西遼を建てることになる．

　燕京を攻めあぐねる宋に加勢して燕京を落とした金は，「海上の盟」に従って，宋に燕京を割譲することになる．しかし結局，金は，燕京，さらには宋の首都開封も落とし，中国北部を制覇する．

　阿骨打は1123年に死去するが，弟の呉乞買（太宗）が後を継いでキタイ（遼）との戦いを続け，1125年に逃れていた最後の皇帝天祚帝を捕らえ，キタイを完全に滅ぼして内モンゴルを支配することになる．一方，宋軍は，燕京を拠点にキタイの残存勢

---

455)「金」（女真語でアルチュフ）という国号は，女真族が按出虎水から産出する砂金の交易によって栄えたことからつけられたとされる．

力と手を組んで金を牽制するなど，金に対する背信行為を繰り返した．呉乞買はこれに反発，宋に侵攻して華北を席捲，開封を包囲する．新たに即位した欽宗と和議を結んで一旦引き揚げるが，宋の和約違反に対して，翌年再び金軍は南下して開封を陥落させる．欽宗を北方に連れ去って北宋を滅ぼし，中国の北半を征服することになる（靖康の変，1126 年）．

(1) 上京会寧府

太祖阿骨打は，その死去までに，キタイの上京，中京，西京，東京を落としていた．そして，さらに燕京を自らのものにする．結局，金はキタイの五京をそのまま使い続けるのであるが，第 3 代熙宗（位 1135～49 年）に至って，その出自の土地，現在のハルビン市阿城区の南，按出虎水の河畔に，首都として，上京会寧府を建設する．キタイの上京臨潢府は「北京」と改称される．

金と南宋は，淮河から大散関（陝西省宝鶏県）に至る線を国境線としており，会寧に拠点を置いたまま，中原の農耕地帯まで支配することは極めて難しい．拠点を南へ，南北交通の要衝の地であり，既に都市のインフラストラクチャーも整備されてきた燕京（中都大興府）へ遷都が行われる（1153 年）のは必然だった．燕京（南京）が首都となることで，開封が南京と呼ばれるようになる．また，北京臨潢府の北京の号は廃されて，中京大定府が北京大定府とされる[456]．

上京会寧府の遺址は，現在畑の中にあり，城壁と宮殿の遺址がいくつか確認されるが，その全体の形態は不明である．そもそも，明代には，その場所さえ分からなくなっていた．白城あるいは敗城と呼ばれていた，現在の地に残る遺址が上京会寧府の遺址と確証されるのは，ようやく 19 世紀前半の『吉林外記』によってであり，ロシアの考古学者トルマチョフによって調査報告がなされるのは 1925 年のことである．

トルマチョフの測量図[457]，園田一亀[458]の実測図によると，南北 2 城からなる．ほぼ同じ形状の長方形が L 字形に南北に壁を共有して並んでいる．園田の測量によると，南北 2 城の規模は，それぞれ北城（東 1910.0m (3.58 里)，西 1943.0m (3.65 里)，南 1556.0m (2.92 里)，北 1561.0m (2.92 里)），南城（東 1545.0m (2.90 里)，西 1499.0m (2.81 里)，南 2032.0m (3.81 里)，北 2010.0m (3.77 里)）である（里は，金初期の 1 尺＝29.6cm で換算）．上京臨潢府と比べると，一回り大きいことになる．

上京会寧府が上京臨潢府をモデルにしたことは考えられるが，南城の西北部に南北約 600m，東西約 546m の宮殿址が出土することをどう考えるかという問題がある．

---

456) 金では 19 の路に分け，その下に府（州），その下に県を置いた．上京路，東京路，北京路，西京路，中都路，南京路，河北東路，河北西路，山東東路，山東西路，大名府路，河東北路，河東南路，京兆府路，鳳翔路，鄜延路，慶原路，臨洮路，咸平路．

457) 鳥居龍造「七章 金の上京」（『満蒙の探査』1928 年 2 月）．石田幹之助「支那考古学に関する最近の諸発見 一．金の上京址の実査並に発掘」（考古学講座，1927 年 1 月）．

458) 『吉林・濱江両省における金代の遺跡』1942 年．

上京臨潢府の南城は漢城とされるが，その内部構造はわかっていない．北城の南壁に設けられている甕城が南城側に突き出していることから，トルマチョフがそう主張するように，北城が先に建設され，南城が後で建設されたという説がある．それに対して，園田は，南城が先で，放棄されて後に北城が造営されたとする．この説によると，南城と北城は時代を異にすることになる．村田治郎は，南城が先ではないか，と主張するが，補遺（1978年）において，「金の上京城では西北部に宮城の一郭がある南城が女真人を中心とする地域であり，北城がいわゆる漢城というべきではないかと推定したくなる．ゆえに金の上京に南北2城を築いたのは遼の上京城の制を模倣したものと認めて，2城はほとんど同じ時期に築設されたらしく考えたくなったのである」という[459]．

何故，北城が漢城で，何故，南城が女真城なのか，何故，宮殿が西北部なのか，を説明する必要がある．いずれにせよ，「中央宮闕」という理念は認められない．

(2) 中都

完顔亮は，天徳3（1151）年，燕京遷都を決定，中都建設を開始して2年後に遷都が行われる．全土から動員された人夫，工匠，兵士の数は100万人とも120万人とも言われ，城壁の築造には約60km離れた涿州の土をモッコ・リレーで運んであっという間に完成したとされる．

中都建設に当たったのは張浩，盧彦倫らである（『金史』巻83「張浩伝」，巻75「盧彦倫伝」）．総責任者は孔彦舟という説があるが疑問視されている（『金史』巻79「孔彦舟」他）．後述するように，中都建設に当たって，開封の皇城を詳細に調査させている．中都と開封の空間構造の比較が1つのテーマとなる．

中都の形態，空間構造について，主として陳高華（1984）に依りながらまとめると以下のようである．

A. 外城：

規模と形態：ほぼ正方形であるが，東西が南北よりやや長い．燕京の城壁の西辺と南辺を1000歩ずつ拡張したと言われる．実際には，東辺も拡げられており，北辺だけは燕京のものをそのまま踏襲している．東北角は，現在の宣武門内の翠花街，東南角は永定門駅の西南，西南角は鳳凰嘴村，西北角は軍事博物館の南に当たる．鳳凰嘴村付近には現在も30mほどの中都の城壁が残っている．

明代の記録（『洪武実録』）によると，周回5328丈という．『大金国史』巻33「燕京制度」は「都城の四囲は凡そ75五里」という．閻文儒[460]は5600丈とする．

城門：東西南北の各辺にそれぞれ3門，計12の城門が開かれていた．「真東を宣曜，陽春，施仁と曰い，正西を灝華，麗沢，彰義と曰い，正南を豊宜，景風，端礼と曰い，

---

[459]「第3章　金の上京会寧府城の遺跡」1928年，78年補筆（村田治郎（1981））．
[460] 閻文儒「金中都」（『文物』1959年9月）

正北を通玄，会城，崇智と曰う．」(『大金国史』巻33「燕京制度」)．北辺の中央，通玄門と南辺の中央，豊宜門は相対し，南北の軸線をなす．

坊：城内は規則的に区画され，62坊に分けられていた．東，大興県が20坊，西，宛平県が42坊である．皇城の西門，玉華門を出たところには，園池，同楽園があった．

B. 皇城

その建設に当たっては，開封の宮殿を調査させている(「画工を遣わし，京師の宮室制度を写さしめ，闊狭(ひろさながさ)，修短(つぶ)に至るまで曲さに其の数を画き，これを左相張浩輩に授け，図を按じてこれを修めしめた．」張棣『金虜図経』)．

皇城は中央やや南よりに位置した．皇城の周囲は9里30歩，4門が設けられていた．真南が宣陽門，真東が宣華門，真西が玉華門，真北が挟辰門である．南の宣陽門を南に向かうと外城の南門，豊宜門に至る．宣陽門から馳道(御成道)が北へ向かい，宮城の南門，応天門に至る．馳道の両側には，東千歩廊，西千歩廊が延々と続いている．千歩廊の外側に，太廟，尚書省，会同館(迎賓館)など役所がある．

C. 宮城

主殿は大安殿で，その北に燕京時代の仁政殿がある．宮城内には全部で36の宮殿があった．さらに楼閣はその倍あった．

D. 郊外

離宮：完顔雍(世宗，1161〜89年)は，1179年，中都の東北に太寧宮を建てた．現在の北海公園の場所である．その後改称され，万寧宮となる．南郊外にも離宮がつくられ，建春宮と呼ばれていた．

運河：中都建設が一段落すると，物資の供給確保のために運河の開削が試みられた．当時，山東，河南，河北など華北各地の物資は北京の西約30kmの通州まで運ばれていた．通州—燕京間には運河が掘られていたが急峻で水深が足らず，通州からは陸運によっていた．そこで盧溝河(永定河)の水量を利用する案が立てられ実施されるが結局は失敗に帰している．陸運の強化のために建設された(1192年)のが盧溝橋である．

寺院：中都の内外には多くの仏教寺院が建てられた．「都城のうち，招提，蘭若は碁盤にひろがる碁石のよう．無慮数百．なかでも大きなものが36」(『元一統志』巻1「中書省・大都路・寿福寺」)という．道観としては，唐代に遡るものがあり，金の章宗は改修して太極宮として崇拝したとされる．明代以降，白雲観と呼ばれる．

まず，城郭の規模については，上述のように，明代の測量によると周囲5328丈，1950年代の測定で周囲5600丈という．新中国に入ってからの測量の単位は1丈＝10/3mだから，5600丈は18.67kmである．明代の一丈はやや小さく3.2m程度とされるから17.05kmで，1.62km異なる．1辺は，およそ4.67km〜4.26kmということになる．考古学的遺址からもほぼ妥当である．いずれにせよ，周囲75里というのは

ありえない．唐代の一大尺＝0.2963m，唐1歩＝5尺（大尺），1里＝360歩で換算すると，1里＝533.3mだから，周囲は35里（18.67km）あるいは32里（17.05km）とラウンド・ナンバー（完数）となる[461]．おそらく，5328丈，5600丈という測定値は，丸めた数字を意識したものであろう．

「方九里」か「方八里」かは微妙であるが，「方」（正方形）は拡張に当たって意識されていた可能性がある．「中央宮闕」とはならないが，宮城をより中央へという意図もあったように思われる．また，宮城を貫く中軸線ははっきり意識されている．しかし，考古学的復元（図V-1-7ab）を見ると，整然とした街区割りがあらかじめなされていたわけではないことははっきりしている．外城の一部に隋唐の里坊制，拡大部分には開封の街巷制の「一城二制」を用いた，ともされるが，過渡的な形態をとっているということであろう．

大都の前身である中都は，『集史』には「ジューンドゥー Jūngdū」と称されており，チンギス・カーン治世中の廷臣ジアァファル・ホージャが城内に広大な土地を有していたことや，モンケ時代には中都城内のムスリム住民は3000戸であったこと，さらにサイイド・アジャッルもここに庭園を持っていたことなどが書かれる．1215年の陥落以来，中都はモンゴル帝国の華北支配の要としてムスリム官僚をはじめとして中央アジアからのムスリム系の住民たちが多く集住していたと考えられる．北京市内の南西部にある牛街礼拝寺（清真寺）も中都城内に位置する．もともと「ハンバリク」とはこの中都を指していた．

V-2 天(テングリ)の都—大都

ユーラシアの草原を移動する遊牧民たちは本来都市をもたなかった．オアシス都市あるいは農耕世界を基盤とする都市との一定の関係を保つことで，自ら都市を建設することは必ずしも必要はなかったのである．中原の地に都市を建設してきた民族の出自をたどれば全て遊牧民である．彼らは，農耕社会と接し，定住化する過程で都市建設者となった．これまで見てきたように，中国都城は，遊牧世界と農耕世界の境界域に建てられ，2つの世界の関係を制御する空間装置として成り立ってきた．ユーラシア大陸東部において，遊牧世界と農耕世界の境界に成立したのが「中国」である．

ところが，遊牧世界に大きな変化が起こる．本来，遊牧という生業に基礎を置くこ

---

461) 1尺＝宋初310cm，宋末329cmとすると，18.67kmは，それぞれ，33.46里，31.54里となる．

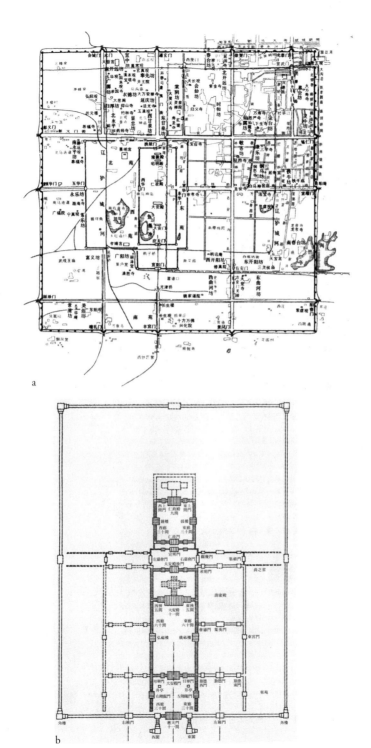

図 V-1-7　a 金中都　b 皇城（出典：李路珂・王南・胡介中・李青（2009））

とにおいて，その集団は，一定の規模を超えることはなく，そもそも拠点も流動的である．その遊牧世界から世界史を変える，というか，まさに世界史を成立させる，大帝国が出現する．そして，その大帝国が孕み落とすことになるのが大都である．

モンゴル高原における遊牧集団の群雄割拠のなかから，高原を統一し，世界史上最大の帝国が形成される起点は1206年のテムジンの即位である．テムジンは，チンギス・カーンを名乗り，「国（ウルス）」造りを開始する．チンギス・カーン，そして彼が打ち立てた大モンゴル・ウルス（イェケ）の歴史は，都市の起源とその成立をめぐる問題を改めて確認させてくれる．すなわち，遊牧と農耕，定住と漂泊，都市と農村の基本的関係，より素朴には，都市とは何か，国家とは何か，という根源的問題である．集団の組織化，国家の形成，その空間化（領土の設定，首都の建設）のダイナミックな過程をモンゴル帝国の興亡は鮮やかに示しているのである．

クビライ・カーンが大都建設に至る過程は，秦始皇帝が中国を統一して，世界（宇宙）の中心として咸陽を建設した過程と重ね合わせてみることができる．秦始皇帝は，「中国」という世界を統一するのであるが，その世界が点と点を繋ぐネットワークとして表現されるものであったことは既に見た（第II章3）．チンギス・カーンは，秦始皇帝を遥かに上回る世界を自らのものとするが，その世界は，点と点のネットワークにすぎない．そして，大モンゴル・ウルスを建国したチンギス・カーンにはその拠点となる都市，首都はない．その構成員は遊牧集団であり，国家の中枢機能を担う宮廷も移動する「遊牧宮廷」であった．

ユーラシア大陸のネットワーク支配から領域支配へ転換せざるを得ない歴史過程の中で，クビライ・カーンが大元ウルスを建てることになる．その首都として建設されるのが大都である．その首都圏構想は実に壮大である．大モンゴル・ウルスが，大都に先立って建設したのがカラ・コラムであり，上都である．モンゴル高原で，カラ・コルムに先立つ都市として知られるのは，ほとんど唯一，ウィグル可汗国（回鶻）の第3代君主である牟羽可汗（在位：759～779年）によって建設されたオルド・バリク Ordu-Baliq[462]があるぐらいである．

「オルド」（トルコ語オルダ）は，もともと住居という意味であり，君主や要人の住むものは宮殿となる．オルドはまたそれを中心とする宿営地，ベースキャンプ全体，すなわち，宮廷（可汗庭）を意味する．「バリク」は「都城」である．遊牧生活をおくるための夏営地，冬営地を含む一定の移動範囲はトルコ語でユルト，モンゴル語でヌトゥクと呼ばれる．ユルトはゲルをも意味する．複数のユルトが集まって集落アイルが形

---

[462] 唐では回鶻単于城，卜古罕城（ブグハン），窩魯朶城（オルダ）などと呼んでいた．ハル・バルガス，ハラ（カラ）・バルガスン（廃墟の都市，黒き都市）などとよばれ，その遺構が現存する．先代の葛勒可汗（在位：747年-759年）が築いたバイ・バリクをしのぐ都城と言われ，内城は420m×335mであるが，外城は5km×5kmにも及ぶ．

成される．アイルはもともと「家畜の囲い」を意味する．この集団が拡大し，部族そして部族連合ウルスとなる．このウルスの核となるのがオルドである．

　ウルスの編成は以上のような遊牧生活に基礎を置くのであるが，部族間抗争に備える軍隊組織とも密接不可分である（川本正知（2013））．モンゴル・ウルスの組織化の核になったのは「千戸ミンガン制」である．支配下の全ての遊牧民を，1000戸を単位とする集団に編成し，それぞれに指揮官として「千戸長ミンガン・ノヤン」を任命，1000戸は，10戸を最小単位ハルバン，100戸を上位単位ジャウンとし，10戸長ハルバン・ノヤン，100戸長ジャウン・ノヤンを置いた．「国（ウルス）」は，当初95の千戸集団からなっていたという．10の千戸集団が万人隊テュメンである．この10・100・1000という10進法による牧民集団の編成は，匈奴以来の草原国家の伝統であり，1000人の兵士を単位とする軍事組織の母胎となる．この10進法は，空間の組織原理にも大いに関わる．この「千戸制」のもとに，チンギスは遠征を繰り返すことになるが，その勢力が拡大するにつれて，組織の再編が必要となる．次の段階で行われたのが一族分封であり，東方の諸弟ウルスと西方の諸子ウルスにそれぞれ12の千戸集団が割り当てられた．一族に分封された24の千戸集団以外は全てチンギス・カーンとその末子トルイに直属したが，これも右翼と左翼の両翼に分けられ，中央にチンギスに直属する1万のケシク（近衛集団）が置かれた．ケシクは，モンゴル語で「恩寵」あるいはトルコ語で「輪番，番直，宿直」を意味するが，遊牧首長を輪番で護衛する仕組み（ケシク制），そして集団の長をケシク（長）という．ケシク長には1000戸長，100戸長，10戸長などの子弟が選ばれた．

　チンギスの個人財産は4つのオルド＝天幕群からなる宮処に分けられ，それぞれ皇后が管理した．ケルレン河上流のチンギスの本拠地に置かれた第1オルドをはじめ，4つのオルドをチンギス・カーンはケシク軍団を率いて移動した（杉山正明（2005））[463]．白石典之（2002）によれば，第1オルド（大オルド）はアウラガ遺跡に比定され，サアリ＝ケール，カラトンの宿営地がそれぞれブールルジュート遺跡，ブフグ遺跡に比定される．この移動する，列が15里にも及んだ（『黒韃事略』）というオルドを「移動都市」と呼んでもいいかもしれないが，少なくとも，この段階では固定された首都はない．

　チンギス・カーンは，以上のような体制を整えながら，カラ・キタイの支配下にあったウィグル王国を臣下とし，アルマリク王国も取り込んで，天山山脈のオアシス地帯まで手に入れると，金との全面戦争にふみきる．本拠地ケルレン河上流の草原に全軍が集結して南下，金軍の軍馬牧場であったシリンゴル草原（内蒙古自治区）を押さえるのが1211年，1213年には再度南下，華北，遼東の全域に侵攻，略奪を繰り返して，

---

463) これに対して后妃たちもカアンと伴に移動していたという異説もある．

第V章
北京—中国都城の清華

中都を包囲すると，1214年5月に入って金は首都を開封に移してしまう．チンギス・カーン軍が中都を陥落させ，完全支配するのは1215年5月である．チンギス・カーンは，中都を占領して，古名を蘇らせて燕京と呼んだ．そして，燕京路総管大興府を置いて京機を管轄させた．その後，チンギス・カーンはホラズムに向かい，1225年のモンゴル高原に凱旋，1227年に六盤山の夏営地で死去する．後を継いだ第2代オゴデイ（太宗，在位1229～41年）が金国を滅ぼしたのが1234年である．金国の滅亡とともに，モンゴル帝国は次の段階へ転回することになる．新都カラ・コルム（哈剌和林 Qaraqorum）[464]の建設が決定され，ジャムチ（駅伝）網設置の大事業が開始されるのである（1235年）．

カラ・コルムはモンゴルが初めて建設した首都である．

2-1 黒砂の都—カラ・コルム

カラ・コルムは，モンゴル高原中央部のモンゴル国首都ウランバートルから西へ約310km，アルハンガイ・アイマクのハルホリン・ソム，オルコン河畔に位置する．この地はモンゴル高原の真ん中にあり，歴代遊牧国家の根拠地や本営地となってきた土地である．オルド・バリクが築かれたのもこの地であり，匈奴の単于の王宮も，突厥カガンの本営も置かれた．そうした遊牧世界の結節点を拠点に，第2代オゴデイは，モンゴル帝国の版図を拡げることになる．ただ，カラ・コルムそれ自体は南北2500m，東西1500mほどだから，戦国時代の諸国の大規模な都城と大差ない．大モンゴル・ウルスの首都というけれど，巨大な人口が居住したわけではないのである．

カラ・コルムは帝国支配の中心となる政治都市である．そこから，ジャムチ網が延び，そのネットワークを管理する行政機関（財務庁，書記局）が置かれ，多種多様な人種，民族が居住した．

これまでの発掘調査については白石典之（2002）がまとめている．全体は不整形で，北辺が長く，南辺が短い，逆台形状をしており，東西は600～1100m，南北は1300～1400mほどの規模をしている（図V-2-1ab）．北西東を城壁で囲われ，南は十字街が中央を東西，南北に走り，東西南北各辺に1門，計4門ある．十字街も各辺の城壁も東西南北の絶対方位からずれている．土壁で囲われた市域の西南部に1辺約260mの正方形の範囲を2重に土壁で囲われた建造物群の遺址があり，万安宮と考えられているが，この軸線は西へ13度ずれ，十字街の南北軸は27度東にずれている．

遺跡の南にエルデネ・ゾーと呼ばれるラマ教寺院がある．1585年に建設されたも

---

[464] カラ・コルムとはテュルク語・モンゴル語で「黒い砂礫」を意味する．ペルシャ語資料では قراقوروم Qarā-qūrūm と表れ，漢語資料では哈剌和林，略して和林と表記される．また現代モンゴル語ではハラホリン（Хархорин）と表記される．

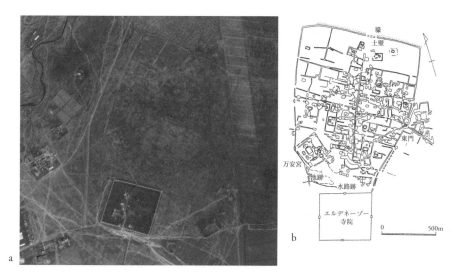

図 V-2-1　カラ・コルム（Google Earth，出典：白石典之（2002））

のであるが，カラ・コルムの廃墟に残されていた石材などが使われており，その建設によって大きく破壊されたと考えられている．市域の中心には小高い丘があり，何層にもわたる建物跡が累積しているという．そこから東へ最も大きな街路が繋がっており，大きな甕城があることから，東門が主門であったと考えられている．東門はカラ・コルムにいたる幹線道路の到達点に位置する．小規模な建物はこの東門から中心に向かう街路沿いに数多く見られる．木造瓦屋根の四合院形式である．

　用いられた尺度をもとにカラ・コルム遺跡の復元を試みる白石典之（2002）によると，造営当初用いられた尺度は，1 尺＝316mm（宋尺）であり[465]，台形の北辺はちょうど 2 里（1134m）であり，全体は，2 里四方で計画されたという．また，万安宮[466]の中心がその起点となっているという．この説は，軸線のずれや南壁から万安宮が飛び出すなど極めて不自然である．文献上では，万安宮と城壁は 1235 年に同時に着工されたとされる．万安宮に先行する建造物が明らかになっているが，それにしても軸線のずれは不自然である．

　初期（1235～1240 年代）の建物は万安宮の周辺，または大型建物に限られ，高位高

---

[465]　カラ・コルムの万安宮で用いられた基準尺であるが，周囲の土壁（296mm），エルデネ・ゾー寺院（320mm）さらに，エルデネ・ゾー寺院の北方に位置する建物（350mm）など 4 種の基準尺度が用いられているという．

[466]　西南隅の大型建物は，カンの宮殿である万安宮と考えられてきたが，近年の発掘調査では，興元閣，すなわち仏教寺院であり，万安宮は，エルデネ・ゾーの場所にあったという説も唱えられている（白石典之（2002））．

官の居宅，あるいは寺院である．また，続く第II期（1240年代〜1299年）の建造物は城壁内の南半分に集中する．

カラ・コルムについては，1252年に訪れたアラー・ウッディーン・ジュヴァイニー（1226〜83年）[467]の『世界征服者の歴史』(1260)，プラノ・カルピニ（1182〜1252年）[468]の『モンゴル人の歴史』やウィリアム・ルブルク（1220 ?〜93 ?）[469]による『東方諸国旅行記』などの旅行記[470]が知られる．それらの記述によれば，城内はおよそ以下のようであった．

 ①城内には，2つの街区があり，1つはムスリムたちの街区で，そこに多くの市場があり，多くの商人が集まっていた．
 ②もう1つはキタイ（中国）人たちの街区で，住人は全て職人であった．
 ③また，それ以外に，宮廷の書記たちが所有する大きな邸宅があった．
 ④ムスリムの街区の近くに宮廷があり，多くの使節が訪れてきた．
 ⑤城内には，12の仏教寺院，2つのモスクとキリスト教の教会が1つあった．
 ⑥4つの門に市があり，東門では黍などの穀物，西門では羊と山羊，南門では牛と車，北門では馬を売っていた．

この記述のみで，内部の空間構造を詳細に明らかにすることはできないが，宮廷が東南部（あるいは南部）にあったとすると，城内東南部にムスリムの街区があったと考えられる．ただ，第II期に南半分にイスラーム系遺物は極めて少ないという．

商人と職人の棲み分けがなされていたと考えられるから，穀物を売っていた東門を中心に東北部あるいは東部にキタイ（中国）人が住んでいたと考えられる．また，宮廷の書記たちの邸宅は，発掘図のみからの推定であるが，城内の周辺，城壁近くに位置したように思われる．包慕萍は，一般のモンゴル人が城外にゲルの街区を形成して居住したと推測するが[471]，城壁内南部，宮殿近くの池，水路周辺にはゲル用のスペースであったと考えていい．いずれにせよ，宮殿の位置といい，全体構成といい，それ

---

467) 'Alā' al-Dīn 'Atā-Malik Juvainī．フレグ・ウルスで徴税業務，秘書官，バグダードを中心とするイラク・アラビー地方の太守（ハーキム）を務める．カラ・コルムには3度（1246〜47年，49〜51年，51〜53年）使節として派遣された．8年間の歳月をかけて『世界征服者の歴史』全3巻を執筆（1260年）．
468) ヴェネツィア共和国のフランシスコ会修道士．モンゴルとの交渉役としてローマ教皇の親書を携えて1246年にカラ・コルムへ行き，グユクのクリルタイに列席している．『われらがタルタル人と呼びたるところのモンゴル人の歴史』(Historia Mongalorum quos nos Tartaros appellamus) を執筆．
469) フランシスコ会の修道士．ルイIX世の命でカラ・コルム訪問，モンケに謁見している．『東方諸国旅行記』を書いた．
470) ルブルク・カルピニ・護雅夫訳『中央アジア・蒙古旅行記』桃源社，1965年．岩村忍 (1969)『十三世紀東西交渉史序説』．
471) 包慕萍「元大都と上都：13世紀における中国の都城構造の転換」(『アジアの都市—インド・中国・日本』国立歴史民俗博物館，2011年).

までの中国都城とは異質の都であったことは明らかである．

　カラ・コルムは，第4代モンケ（憲宗，位1251～59年）の時代まで，常時使われたわけではない．また，カラ・コルムを拠点とするようになっても，カラ・コルムの周囲に設営した四季の離宮を周回した．オゴデイ，グユク，モンケの第2代～4代の皇帝は，春のオルド「ゲゲン・チャガン殿」は，カラ・コルムの北1日行程（約70里）の処にあり，1237年にムスリムによって建てられている．夏用にはカラ・コルム南山中のオルメクトに，1000人を収容できる「シラ・オルド（黄色い天幕）」を建てた．秋には，フフ・ノール（青い湖）に駐営し，冬にはカラ・コルム南10日行程のオンギンで過ごした（白石典之（2001））．

　モンケの時代に帝国は4分され，ジョチ・ウルス，フレグ・ウルス，チャガタイ・ウルス，そして，大元ウルスが形成されることになる．第4代モンゴル大カアンになったモンケは，モンゴル本土にいて全体を統括し，中央アジアからロシアにかけての広大なジョチ・ウルスをバトゥに，アム河以西の西アジアはフレグに，そして内モンゴル草原から南の中華をクビライに委ねる．

2-2 夏の都—上都

　大モンゴル・ウルスの版図を拡げ，その基礎を固めたオゴデイが死去（1241年）すると，その息子グユクが帝位につくが（位1246～48年），その即位をめぐって帝国は10年ほど動揺する．その動揺を抑え，大モンゴル・ウルスのさらなる進展を図るべく期待されたモンケが第4代カーンに即位するのは1251年である．この即位とともに歴史の表舞台に登場することになるのがモンケの実弟クビライである．1251年以前のクビライそしてフレグについてはほとんどわかっていない．1251年以降のクビライの動き，モンケとの確執，アリク・ブケとの帝位継承戦争などについては，杉山正明（1996）他に委ねよう．

　クビライは，1251年以降，シェラ・タラ（金蓮川）草原に夏営地を置いた．そして，モンケによって雲南，大理に派遣され大理国を服属させると，クビライは，モンゴル草原の本営地に戻って華北統治の拠点として開平府（多倫諾爾_{ドロンノール}）を建設する（1256年）．開平に定住しようとしたクビライは，明らかに，大元ウルス建国への方向性を見極めていたことになる．クビライが集めたのは，姚枢，劉秉忠，張徳輝，元好門など漢地の統治経験をもつ地主，軍閥首領，有能な官僚たちであった．すなわち，農耕定住世界の統治にターゲットを絞っていた．モンケが，クビライは漢人の側に寝返った，と考えた由縁である．即位し（1260年），帝位継承戦争に勝利すると，開平府を上都と改名して夏の都とし，燕京と命名した金中都を冬の都とする両都制を宣言する（1264年）．

開平府すなわち上都は，北京からほぼ真北（北から7度西方向）260km，内モンゴル自治区シリンゴル盟正藍旗に位置する．2012年に世界文化遺産に登録され，その遺址は一般に公開されている．この開平府＝上都の築城に当たって中心的役割を果たした劉秉忠（1216～1274年）は，大都築城の指揮をとった人物でもある．劉秉忠は，仏，儒，道の3教に通じ，とりわけ風水に秀でた怪僧であり，最高の技術官僚（テクノクラート）であった（Column 5）．
　大都の設計計画思想を窺うためにも，まずは上都の空間構成をみたい．考古学的調査[472]による調査から以下のような点を指摘できる（図V-2-2）．
　①全体は，それぞれほぼ正方形をした内城，外城，そして外苑からなる．外苑と外城は東壁，南壁を共有し，内城は外城の中央北に位置する．賈洲杰は，宮城（内城），内城（外城），外城（外苑）の3重の構成とするが，外苑は『集史』によれば，大都着工以降に建設されたものである．
　②内城は，4つの角に角楼があり，南中央に陽徳門（午門，閶闔門），東西中央に東華門，中華門がある．北中央城壁に接して大安閣があり，その前に東西150m×南北45.5mの宮殿址がある．
　③外城は，城壁の南北中央に各1門，東西辺には各2門が設けられている．いずれも外側に馬蹄形の甕城をもつ．城内はグリッド状に街路網が走り，城内北東部に龍光華厳寺，東南部に孔廟，南西部に華厳寺，北西部に乾元寺がある．また，東部には池がある．
　④外苑は，東部と北部の禁苑に区切られる．北に2門，西に1門，東に1門が設けられている．北部の広大な禁苑には築山があり，小河川が取り込まれている．ここにマルコ・ポーロの『東方見聞録』がいう，高さ百尺，数千人収容できる竹で作られたシェラー・オルド（棕毛殿，竹楼）が建てられていたと考えられる．このオール・バンブー[473]宮殿は，組み立て式で，クビライが滞在する6～8月に使われ，不在中には解体されている．すなわち，移動可能であった．
　⑤外苑東部には，グリッド状の街区が出土しており，住区も存在していたと考えられるが，南部には池があり，ゲルが一般的に用いられていたと考えられる．
　設計のディテールは不明であるが，内城（宮城）の左右シンメトリーの構成など上

---

472) 上都については，桑原隲蔵，鳥居龍蔵，石田幹之助，原田淑人ら日本人における戦前の調査がある．それを踏まえた村田治郎（1981）の他，陳高華・史衛明（1988）がある．
473) 竹材は太さ3パーム以上で長さは10～15ペース，縦に半割され，絹紐で縛って緊結された．屋根材は漆で厚く固められ，どんな雨でもびくともしなかったとマルコ・ポーロは書いている．全て竹でできている，というが，「柱は全て金箔と絵画をもって装飾され，柱頭には各々巨大な竜が彫られている．この竜は竜身を柱に巻きつけ，左右に張った両肢と頭で屋根を支えている．殿内も一面に金箔を張り，すばらしいできばえの鳥獣細工を施している．」と書くから，主要構造部材は木材であった可能性がある．

2 天の都—大都

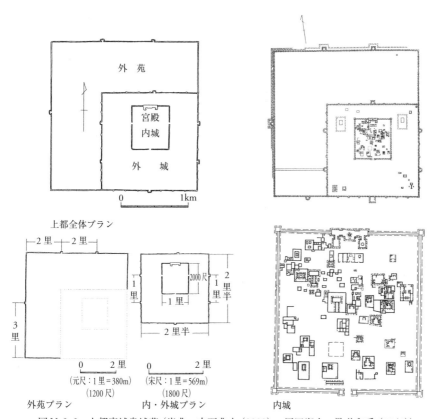

図 V-2-2　上都宮城皇城苑（出典：白石典之（2002）＋原田淑人・駒井和愛（1941））

都があらかじめ周到に練られた設計図に基づいて建設されたことは以上から明らかである．ただ，正藍旗の元上都博物館の復元模型が想定するようなグリッド街区が外苑にも外苑外にも整然と計画されていたということはない．以下に元中都についてみるが，宮城内においてもゲルが用いられていたと考えるのが妥当である．

杉山正明（2004）がつとに指摘するところであるが，まず確認すべきは，外城が大都着工以降に敷設されたものであることである．すなわち，内城（宮城），外城（内城），外苑（外城）という3重の構成ではなく，内城（宮城），外城（内城）という回字状の2重の構成が原型であった．②にまとめたように，内城・外城は実に整然と幾何学的に構成されている．明らかに明確な寸法体系が想定されるが，問題は，基準寸法である．第Ⅰ章で述べたように（2-3　単位寸法—尺・歩・里・畝），白石典之（2002）に従って，316mmとしよう．

469

賈洲杰の実測調査[474]によれば，内城は南北620m，東西570m，外城は1400m四方，外苑は2200m (2178m) 四方である．東亜考古学会の実測（原田淑人・駒井和愛 (1941)）に基づくと，内城の南北は632m，東西は576m，外城は南北1380m，東西1400mである．内城について2つの値はかなり異なっている．白石典之 (2002) は，東亜考古学会の実測をもとに検討しているが，ここではGoogle Earthによる計測をもとにすると以下のようである．

　内城は，東辺606.9m (1920.6尺)，西辺609.7m (1929.4尺)，北辺560.6m (1774.1尺)，南辺551.8m (1746.2尺)，外城は北辺1422.7m (4502.2尺)，東辺1401.7m (4435.8尺)，南辺1408.7m (4457.9尺)，西辺1401.5m (4434.2尺)，外苑は北辺2209.8m (6993.0尺)，東辺2190.4m (6931.6尺)，南辺2212.4m (7001.3尺)，西辺2202.9m (6971.2尺) である（括弧内は1尺=316mm（宋尺）で換算）．1里=1800尺とすると，内城は南北1.07里，東西0.97〜0.99里となるから，「方一里」で計画されたと考えていい．外城は，1辺2.46〜2.50里である．方2.5里で設計されたと考えていい．東辺，西辺の2門間の距離は，それぞれ5895.4m (1.04里)，5973.5m (1.05里) であること，さらに外城南門から内城の南門（陽徳門）の距離は5828.2m (1.02里) であることなど，明確な寸法計画が確認できる．ふたつの正方形はほぼ正確に南北を向いている．

　それに対して，外苑は，1辺3.85〜3.89里で必ずしも切りのいい完数（ラウンド・ナンバー）とならない．また，門の位置も均整を欠いている．外苑が内城・外城とは別に設計されたと考えられる傍証となる．注目すべきは白石典之 (2002) の指摘で，外苑の設計尺度には，元里=1200尺が使われているという点である．外苑の西辺は外城の西辺から西へ2里，北辺の2門は西から2里間隔，また，西辺の門は南から3里にあるという．順に見ると，813.4m (2.15 (1.43)里)，752.8m (1.99 (1.32)里)，740.0m (1.95 (1.30)里)，1101.6m (2.90 (1.94)里) であるから（括弧内は，宋里=1800尺で換算），およそ確認できるが，施工精度はかなり荒いことになる．少なくとも，内城・外城と外苑がまったく別に建設されたことは指摘できる．

　杉山正明 (2004) の指摘で第2に確認すべきは，内城内に見られる宮殿址はいずれも至元年間以降の造営であり[475]，建設当初の開平府城内は井水，池水などが点在するだけのがらんとしたものであったことである．杉山正明 (2004) は，この構成について，漢語「園林」に相当するモンゴル語はバーグ bagであり，これは明らかにペルシャ語のバーグ bāg（庭園）からきているとし，土壁をもって園地を囲む習慣はイラン文化圏からもたらされた可能性があるとする．モンゴル高原では，匈奴時代から城塞が建設されてきたことが確認されており，ペルシャのバーグそのものが都城のモデルとされ

---

474) 賈洲杰「元上都調査報告」（内蒙古大学歴史系『文物』1977年5期）．
475) 石田幹之助「元の上都に就いて」『考古学雑誌』28-2-8・12号，1938年（石田幹之助 (1973)『東亜文化史論考』東洋文庫）．

たかどうかについては留保しているが，北辺の壁に接して大安閣が設けられていることなども含めて，少なくとも中国的な内城の構成とは異なっていたことは確認できる．

そして，第3に確認すべきは，開平府＝上都がモデルになって，いくつかの小城が夏営地，冬営地に建設されていることである．応昌城（1270年），安西王府（1272年），黒山頭古城（成吉思汗城）などがそれである．上都がモデルになったと指摘できるのは，ほぼ規模が同じで，応昌城と上都内城が同じ形態で，東，西，南に1門ずつもち，北が閉じられ，T字形に南半分が分割されていることである．

問題は何がモデルとされているかである．「野の民」である遊牧民の世界が「壁の民」である都市民の世界とどう接触していくのか，移動組立て住宅のゲルで構成される移動宮廷オルドがどう固定的な都城に転換していくのか，選び取られたその形式は何か，そのモデルは何か，という問題である．

上都の場合，都城といっても宮城あるいは宮殿区の規模にすぎない．しかも，夏の都としての位置づけである．中心はあくまで移動する宮廷オルドであって，それが滞在する基地として設計されたのが上都である．劉秉忠によって設計された宮城，内城の2重の回字状の空間構成はその基地の核の部分である．都としての構成は，内城の内外を埋め尽くしたゲルの配置を含めて考えられるべきである．正南北東西を基準とした2重の方形のかたちは中国古来の方位観に従うといっていいであろう．一方，その選地がオアシス都市の伝統に基づいていることも当然である．オルドの野営のためには水と緑のオアシスが必須だからである．上都は，以上のように，大元ウルスの夏営地，冬営地に建設される小城のモデルになる．外城が建設されたのは内城外の園林を護るためであり，上都の固定性，定着性が高まったからである．

上都におけるオルドの配置については不明であるが，大都の空間構成について，最初にオルド起源説を唱えたのが村田治郎（1981）である．村田はオルドの配置について，ウィリアム・ルブルクによるバトゥのオルドの設営法の記述[476]，宋，彭大雅の『黒韃事略』のオルドの記述を引いている[477]．杉山正明（2004）は，さらに重ねて，アブー・サーイードのオルドについてのイブン・バットゥータの報告とジャライル朝の『書記規範』を引き，オルドでの座席配列は軍制上の左右両翼制ともパラレルであるとして，その配列を図化している．白石典之（2002）は，チンギス・カーンの大オルドに比定されるアウラガ遺跡がまさにオルドの配列を示していることを具体的に指摘する．このオルドの設営法，左右両翼制の配列原理は，同じ北方遊牧集団である鮮卑軍団の軍営組織，その原型と考えられるオグス・カガンの軍団組織の配置原理を継承するものである．オグス・カガンの軍団組織と隋唐長安城の設計原理については，応

---

[476] ルブルク・カルピニ・護雅夫訳『中央アジア・蒙古旅行記』桃源社，1965年．岩村忍『十三世紀東西交渉史序説』中央公論社，1961年．
[477] 「第4章　元・大都における平面図型の問題　6 オルドゥの建築配置」（村田治郎（1981））

地利明 (2011) に従ってみた（第 III 章 3-2）．では，大元ウルスの大都の空間構成はどうか，ということになる．

2-3 「世界都市」── 大都

　岡田英弘 (1992) は，1206 年にチンギス・カーンが即位してモンゴル帝国を建国した瞬間に世界史が誕生したのだという．正確には，即位の瞬間ではなく，大モンゴル・ウルスがユーラシアの東西を繋いで一定期間支配するまで待たねばならないであろうが，その誕生が世界を大きく変えたことははっきりしている．いわゆるモンゴル・インパクトである．以後，ヨーロッパの歴史と中国の歴史を別々に語ることはできなくなる．否，語ることができなくなったはずであった，というべきかもしれない．その後も，ヨーロッパ史観，中国史観に基づいた歴史叙述は再生産され続けるからである．それ故，杉山正明によって『遊牧民から見た世界史　民族も国境もこえて』(1997)，『モンゴルが世界史を覆す』(2006) といった著作が書かれることになるが，そのことはさておいて，ラシード・ウッディーンの『集史』(1310 年) によって初めて「世界史」（ユーラシア史）が書かれた．それを可能にしたのが大モンゴル・ウルスの成立である．
　大モンゴル・ウルスは，それ以前の帝国とは異なる．そのユーラシアの統合はオアシス都市を点でつなぐネットワーク支配によるものであり，中心は移動する宮廷であった．そして，そのネットワーク支配はやがて分裂することになる．広大なユーラシアを支配するために分割統治は必然であったといってもいい．しかし，一旦ネットワークで繋がれたことにおいて，それ以前とそれ以後では異なる．それぞれの地域で遊牧国家は土着化すると共に都市をもつことになるが，その中で最も有力となったのが大元ウルスの大都である．
　大モンゴル・ウルスによってユーラシアが統合されることによって，海上交易が活発化することになるが，大都はその海のネットワークもまたその支配下に収めることになる．大都を最初の「世界都市」というのは海陸のネットワークによってユーラシアを繋いだ都市という意味においてである．
　14 世紀初頭，1300 年の歴史上の都市の推定都市人口をみても，大都─杭州が「世界都市」であったことがはっきりわかる．ヨーロッパでは，ロンドンが 4 万 5000 人 (TC) [478]，パリが 22 万 8000 人 (TC)，マグリブのフェズが 15 万人 (TC)，カイロが 40 万人 (TC，IM) [479]，そしてイスタンブルが 10 万人 (TC)，バグダードが 4 万人 (TC)，

---

478) TC: Tertius Chandler (1987) "*Four Thousand Years of Urban Growth: An Historical Census*" 人口は行政上の市域人口ではなく，建物が連続的に存在する都市的地域に対応する．歴史上の全世界の都市約 2500 箇所について推定人口を算出している．

479) IM: Ian Morris (2010) "*Social Development*, Stanford University" 人口は行政上の市域人口ではなく，

デリー 10 万人（TC）というなかで，南京 9 万 5000 人（TC），開封 9 万人（TC），そして杭州 43 万 2000 人（TC）〜150 万人（GM）[480]，大都 40 万 1000 人（TC）〜110 万人（GM）である．

(1) 大都建設

モンケが即位して，帝国を 4 分した 1251 年，内モンゴル草原から南の中華を委ねられたクビライは 37 歳であった．それまでのクビライについてはほとんどわかっていないが，以降，1294 年に 80 歳で死去するまでに，大元ウルスという世界帝国を築き，その首都大都を建設することになる．

1251 年以降のクビライの動きについてはおよそ明らかにされている[481]．クビライが，雲南大理遠征（1253 年）のあと，開平府を築城した（1256 年）こと，南宋攻略を急いだモンケが親征半ばで死去すると，クーデターを敢行，帝位を奪取，さらに帝位継承戦争を制して，開平府を上都と命名，夏の都とするとともに燕京を中都として冬の都とする両都制を敷いたこと（1264 年）は前述の通りである．

そして，クビライはすかさず新都建設を命じる（至元 3（1266）年）．クビライもまた転輪聖王（チャクラ ヴァルティン）を目指した．師としたのは，チベット仏教僧パスパである．新都建設とともに，尚書省，大司農司，広慶司などの官庁を設立して体制整備を行う．1271 年に，国号を「大元」と称して，1272 年に新都を「大都」と命名する．並行して，開封を兵站基地として，南宋を攻め，最終的に 1276 年に至って首都臨安は無血開城する．着工まもなく宮殿部分が完成し，使用が開始されるが，南宋攻略と並行して大都建設は続けられ，1283 年には外郭城がほぼ完成し，主要官庁の移転が開始された．1285 年には，旧中都住民を資産制限つきで強制移転，1288 年に旧中都の城壁，濠を破却して，大都が完成する．

クビライは，何故，大都の建設に向かったのか，その目的と選地，建設過程と建設に関わった建築家たちは以下のようである．

選地

第 1 に，クビライは，何故，燕の薊城，キタイの燕京（幽州），金中都の地を大都の地として選択したのか．この選地については，多くが指摘しているが，杉山正明の明快な整理によれば，その理由は，

① 燕京地区には，遼代に南京，金代に中都が営まれ，既に 10 世紀初頭から南北に分裂した中華のうち，南の宋朝に対抗する北側の非漢族政権の中核都市で

都市的地域に対応する．東洋・西洋でそれぞれ最大の人口を有すると推測される都市の人口のみが算出されている．

480) GM: George Modelski (2003) "*World Cities: -3000 to 2000*" 人口は行政上の市域人口ではなく，都市的地域に対応する．全般的に Chandler (TC) の推定値よりも信頼性が高いが，紀元 1000 年以降の都市に関してはあまり推定人口を算出していない．
481)「第 3 章　クビライと大都—モンゴル型「首都圏」と世界帝都」（杉山正明（2004））．

あったこと
②モンゴル自体が1215年に中都を攻略して以来，既にクビライまでのおよそ45年間，この地を華北経営の最重要拠点として使用していたこと．
③モンゴリアと中華地域の全体を包み込む新型の政治統一体を構想する場合，燕京地区はほぼその中央に位置し，地勢上，最適と思われること．

である．そして，何よりも，その選地を必然ならしめたのは，
④クビライ新政権を生み出す母胎となった三大勢力，すなわちモンゴル左翼のチンギス・カーン諸弟王家，おなじく左翼のジャライル国王家麾下の五投下，そしてクビライ自身が率いる軍団は，いずれも後の上都周辺から興安嶺一帯の内モンゴリアに根拠していた勢力であったこと．

である．
クビライの夏営地，冬営地，大都建設前後の足取りを明らかにする中で，杉山正明（2004）は，京兆府（西安市，かつての長安の地）も首都の候補地としてありえたという．すなわち，上都と中都の関係と六盤山と京兆府の関係が同相であることを指摘する．しかし，以上の①～④に照らしても，燕の故地の選択はほぼ必然であったといっていい．ただそれ以前に，杉山正明（1996）に従って確認すべきは，大都建設がより広大な首都圏計画のもとに位置づけられていたことである．

上都―中都の両京制は，単なる機能分担を行う副都（陪都）制ではなく，両都の間350km長径とする楕円状の面としての首都圏を構成しており，この中に，各種の宮殿都市，貯蔵都市，軍事都市，工芸都市などを点在させるものであった．これらの諸「都市」をクビライは，軍団と宮廷・政府を引き連れて，季節移動した．これは遊牧国家の体系化された中核域（首都圏）のモデルと言えるだろう．時代は下るが，ムガル帝国の初期のオルドの移動も同様なものであったと考えられる．クビライは，この遊牧民の季節移動の生活パターンと統治のための政治機構を組み合わせた領域システムを，政権中枢を構成する東方3王家，5投下など大小の王家，貴族集団にも採用させた．彼らは，夏営地と冬営地に小型の夏都と冬都を建設して，その間を季節移動したのである．

建設目的

しかし，何故，クビライは大都建設に向かったのか．これが第2の問題である．これもまた，多くが諸説を唱えるところであるが，陳高華（1984）はまず以下の2つを挙げる．
①金中都はチンギス・カーン時代の攻撃で破壊され，特に1217年の大火で多くの宮殿が失われ，金代の宮殿は1つとして完形を残しているものがなかったこと．
②城西の蓮華池水系から引いていた水路の水量が不足し，また水質もよくなかっ

たこと．井戸水に塩分が噴出し，飲用に耐えぬ状況になっていたこと．
そして，以下の2つも一般的に唱えられる．
　③滅亡した前王朝の故都を使用することは不吉と考えられること．
　④マルコ・ポーロという誰かが伝える漢人警戒論．
杉山正明（2004）は，結局は，平凡な結論と断りながら，「クビライはおのれの名声のために」（『集史』）自らの富力，能力，権力を誇示するために新都が必要であったのだとする．すなわち，「世界都市」＝「大都」の建設そのものがクビライの目的であった．その目的は，その理念，都城の形態，また建設のための組織，そして建設過程に示されるはずである．都市の形態とそれを支える統治組織のあり方は切り離せない．統治組織について，主として，陳高華（1984）によってまとめると，以下のようになる．
　①金中都を攻略した後，チンギスは中都を修復して燕京と改称，燕京総管大興府を置いた．チンギス時代に，中央から派遣され地方を監察，統制する札魯忽赤（ジャルグチ）の制度がつくられ，燕京の運営は，金朝からモンゴルに下った耶律楚材など官僚たちの運営に任された．チンギスは，燕京の多くの土地を功臣に分け与えた．また，札魯忽赤は絶大なる権力を持った．
　②オゴデイが汴京（開封）を陥落させ，金朝を滅亡させると，金朝の統治組織をそのまま踏襲，燕京には行尚書省（行省，行台）が置かれた．行尚書省の長官には，中央モンゴル政府から派遣された札魯忽赤が当てられ，「漢地」全体の統治にあたった．燕京の統治に当たるために置かれたのは燕京留守長官である．オゴデイは，「漢地」住民の戸籍を調査させ，そのうちの相当部分を功臣に分け与えている．
　③モンケは，札魯忽赤として自らの腹心を燕京行省の札魯忽赤として派遣する一方で，クビライに「漠南」（砂漠の南）の草原と「漢地」（華北の農業地帯）の統治を委ねた．この二重体制がクビライのクーデターの構造的要因である．
　④クビライが，開平府を置くに当たって，招来したのは，上述のように漢地の統治システムを熟知していた英俊たちである．クビライが漢地地主勢力との連合を決意したことは，「漢法」を統治理念の基礎に置く決定をしたことになる．実際，大都建設をめぐっては，モンゴル貴族たちからは，漢地に城郭市街を建設し，儀式・法令・諸制度に至るまで，漢法の真似事をするとは何事か，といった強烈な反対を受けている（『元史』巻125「高智耀伝」陳高華（1984））．
以降，首都の南下は，一連の流れとなる．また，『易経』を引いて，国号を「大元」に改めたことが，大都建設の決定的なモチベーションを示している．

建設過程
その設計理念を伺う前に建設過程を整理すると以下のようになる．
　①大都建設に先立って，クビライは，宮殿の修築にあたる営繕組織として「修

内司」と「祇応司」を設け，金朝の離宮，万寧宮の一部であった瓊華島に残っていた広寒殿の修築を命じる（至元元 (1264) 年）．そして，続いて「修内司」と「祇応司」の機構を急速に拡大し，充実させる．すなわち，大都建設の準備を行ったと考えられる．瓊華島は大都の宮殿の一部となる．瓊華島の浮かぶ太液池は高梁河の水をうけ，水源豊かで大都の需要を賄うのに充分であると考えられた[482]．大都の建設が，瓊華島を起点としたことは以上の通りであるが，瓊華島を中心としたということではない．

② 至元 3 (1266) 年に新都建設，宮城，皇城の諸宮殿の建設が決定され，盧溝河を利用した運河の開削が行われる．

③ 至元 4 (1267) 年，新都建設着工．外郭城の建設開始（至元 13 (1276) 年完成）．皇城，宮城，諸宮殿の建設工事を総括する「提点宮城所」が設置される．

④ 至元 8 (1271) 年，宮城起工（陶宗儀『輟耕録』巻 21「宮闕制度」）．国号を「大元」（モンゴル語で「大元大モンゴル国」）と称す．

⑤ 至元 9 (1272) 年，宮城城壁竣工．東華門，西華門および左右掖門造営（『元史』巻 7「世祖紀 4」）．新都を大都と命名する．

⑥ 至元 10 (1273) 年，正殿，寝殿，香閣，周廡両翼室建設（『元史』巻 8「世祖紀 5」）．

⑦ 至元 11 (1274) 年，正月，クビライ大明殿で皇太子・諸王・百官の朝賀を受ける（『元史』巻 8「世祖紀 5」）．東宮（隆福宮）が建設される．

⑧ 至元 20 (1283) 年，外郭城が完成．主要官庁の移転が開始される．

⑨ 至元 21 (1284) 年，大都を管理する「留守司」と大都路を管理する「大都路総管府」の役所完成．

⑩ 至元 22 (1285) 年，旧中都住民の大都への移住規定発布．「財産の多い者，あるいは現に官吏として各種官庁に勤務している者を優先する．一戸主あたり 8 畝の地を与える．8 畝以上の土地を占拠することは認めず，8 畝未満であっても，住宅建設の資力のない者は居住を許さない．この場合には政府がその土地をとりあげ，一般民衆が家を建てることを許す．」[483]（陳高華 (1984)）．

⑪ 至元 25 (1288) 年，旧中都の城壁，濠を破却して，大都が完成する．

建築師たち

大都建設の中心を担ったのは，上述のように劉秉忠である．また，設計計画には趙秉温 (1222〜93 年) も大きな役割を果たしたとされる．さらに実際の建設を監督したのは，張柔，張弘略父子，行工部尚書，段楨（段天祐），野速不花（エスブカ），高觿，也黒迭児（也

---

[482] 候仁之「北京の都市発展過程における水源問題」（『北京大学学報』1955-1）．

[483] 詔令旧城居民遷入大都者，以資産多和為官者先行遷入，又規定以八畝地為一分宅基地；有人宅基地超過八畝以及靠自己的財力不能建房者，都不准冒用他人姓名占拠，要允許百姓建房（『元史』巻 13 世祖本紀 10）

黒迭児丁とも，『元史』巻5には亦黒迭児丁とある）らであった．野速不花はモンゴル人，高觿は女真人，也黒迭児は色目人である．中でも，工部尚書であるから当然であるが，段楨（段天祐）が果たした役割が抜きんでていたとされる．他に，運河開削を担当した天文学者郭守敬（1231〜1316，字は若思）が知られる．また，大都の宮殿の石材彫刻のほとんど全てを手掛けた楊瓊のような石工の名前が知られる．

　仏，儒，道の三教に通じ，とりわけ風水に秀でた怪僧であり，最高の技術官僚と言われる劉秉忠については，多くがわかっているわけではないが，河北省の出身で，父は劉潤といい，チンギス・カーンに仕えた政治家である．17歳のとき故郷の史令に命じられるが，それをよしとせず，出家してしまう．字名は仲晦，法号は子聡という．その後，雲中（山西省大同）で臨済宗の海雲禅師の知遇を得て，その推挙でクビライに仕えることになる．主に行政面で主要な役割を果たした．新都建設開始に向けて，至元元（1264）年に，還俗して光禄大夫に任命されている．以後，姚枢らと共にクビライのブレインとして，元の国号の制定から「漢法」に基づく体制整備に携わった．中でも最大の仕事となったのが大都建設であるが，その完成を見届けずに死んでいる（1274）．

　張柔（1190〜1268年，字は徳剛）は，易州の出身で，1218年にモンゴル帝国に降って行元帥事となり，金征伐に功績を挙げて河北東西等路都元帥となり，帝位継承戦争でクビライ側に付いて大元ウルス成立に功績を挙げた人物である．張弘範（1238〜80，字は仲疇）は，その九男で，南宋攻略に従事して襄陽攻略や臨安攻略に参加，臨安の陥落後は蒙古官軍都元帥として南征，文天祥を捕らえ，南宋を滅亡させた軍人として知られる．

　福田美穂（2009）が明らかにするところによると，高觿は，東宮の工事を監督したとされる（『元史』巻8「世祖紀5」）．また，劉秉忠と伴に上都の建設に関わったとされる．

　注目されるのが也黒迭児である．大都建設の中心人物とされたこともあるが，村田治郎（1981）は，その大都・オルド起源説を補強するものとして，西域人である也黒迭児が大都建設に大きな役割を果たしたと考える．

　也黒迭児は，いち早く，瓊華島の修築をクビライに進言している（『元史』巻5「世祖紀2」）．クビライは受け入れないが，まもなく広寒殿再建に着手している（陳高華(1984)）．そして，也黒迭児はそれに関わったと考えられる．興味深いのは，瓊華島の諸施設の中に噴水，空中廊，浴室があることである．噴水は，島の頂まで水を汲み上げて，龍の口から方池に注ぎ，そのあと暗渠に入って，広寒殿の南にある仁智殿の前で石刻の龍の口から噴き出る，という仕組みになっていた（陶宗儀『輟耕録』巻2「十一．宮闕制度」）．福田美穂（2009）が明らかにするところによると，中国庭園に噴水施設が設けられる例は伝統的にはなく，イスラーム系の技術者が関与した可能性が高いという．也黒迭児は，至元3（1266）年の新都建設決定とともに，茶迭児局の長

官になっている．茶迭児はモンゴル語で盧帳（ゲル）のことである．
　大都は，積水潭と呼ばれる海に繋がる都市内港を持つ極めてユニークな内陸都市として設計される．通州（天津）から閘門式の運河（通恵河）が開削され，城内の積水潭に繋げられるのである．この水利工事に当ったのが郭守敬である．郭守敬は，上述のように，「授時暦」の作成で知られる天文学者，暦学者である．元は，金以来の「大明暦」を修正した暦を使用していたが，日蝕・月蝕などの天文現象と合わないため，改正が必要とされていた．至元4（1267）年に，イスラームの天文学者ジャーマル・ウッディーンが，クビライに「万年暦」を献上すると，クビライは，イスラーム天文学の優秀性を認め，至元8（1271）年に司天台を新たに上都に設けて，ジャーマル・ウッディーンをその責任者に任命している．しかし，クビライが採用したのは，「万年暦」ではなく，中国伝統の「授時暦」であった．劉秉忠の上表によるとされるが，クビライは至元13（1276）年に，郭守敬・王恂・許衡らに暦法の修訂を命じる．この時設置されたのが，暦法を定める太史局[484]である．そして外郭城の東南隅城牆上に観象台が設置される．この年は，上述のように外郭城が完成した年である．観象台の位置をめぐっては，大都の設計計画をめぐって後に触れたい．
　郭守敬は，イスラームの観測機器をも参照しながら，簡儀・仰儀など13種類に及ぶ儀器を開発，正方案など9種類の測器を開発するなど，天体測定器を改良し，精密な観測を元に改暦作業を主導した[485]．郭守敬は，一方，都市計画に関わる実践家として，水利の技術者であった．祖父の郭栄が算学，水利に精通し，五経に通じた学者で，劉秉忠と親しく，その縁で，郭守敬も劉秉忠の門で学んだとされる．そもそも，クビライに認められたのは水利の技術者としてである．中統3（1262）年に，張文謙の薦めによってクビライに拝謁し，「水利六事」を述べてその才を認められ，提挙諸路河渠に任ぜられて，翌年には副河渠使に，さらに都水少監となる．至元元（1264）年に旧西夏域内の灌漑路の復興に尽力してクビライの信頼を得，翌々年に新都建設が決定されると，金代にふさがれた取水口を開く盧溝河を利用した運河の開削に当たった．至元8（1271）年には都水監となる．中書左丞相バヤンが至元12（1275）年から翌年にかけて南宋を討つと，新たな占領地域に軍事上の必要から水站を設けることが議されたが，郭守敬は各地を視察して，河道・地形を勘案して精密な設計図を上表している．

(2) 大都の空間構成

　大都の形態，空間構造については，闕鐸（1930）[486]以降，村田治郎（1981），陳高華

---

484) 後に太史院と改称される．一般には，欽天監という．
485) その測定による1朔望月29.530593日，1太陽年365.2425日は現在の水準と較べても極めて正確な値である．郭守敬は，至元16（1279）年には工部太史院知事となり，監候官27箇所を設けてさらなる観測を敢行し，至元17（1280）年に一応の完成をみて世祖に提出，「授時暦」の名を賜った．早速授時暦はモンゴル帝国内外に頒布され，翌年から施行されることになった．
486) 闕鐸「元大都宮苑圖」（『中國営造学社彙刊』第1巻第2期，1930年）．

(1984), Steinhardt, N.S. (1990), 杉山正明 (2004) などによって論じられてきている．また，宮殿の配置については福田美穂 (2009) が闕鐸による復元を基礎に復元案を示している．まず，その形態，空間構成を確認した上で，その設計理念について明らかにしたい．元大都の諸施設の配置については，元末の陶宗儀『輟耕録』巻21「宮闕制度」[487]における記述が最も詳細とされる．

外郭城

大都の建設は，上述のように，宮城，皇城，外郭城全て同時に開始される．すなわち，あらかじめ建てられた計画に基づいて建設された．ただ，外郭城の建設には竣工までに17年（1267～83年）の年月を要している．城壁は，基本的に版築によって築かれた．ラシード・ウッディーン『集史』は，クビライは石造としたかったけれど実現しなかったと記す．各門に甕城がつくられ，吊橋が架けられるのは元末の順帝以降である（『元史』巻45「順帝記」）．実測に拠れば，城壁の底部は約24m，高さ約16m，上部幅約8mの規模である．版築といっても，壁内に縦（永定柱）横（紝木）に木材が組まれている．雨に弱く，葦の簾によって城壁を覆っていたという記事，何度も修築が行われた記録が残されている（『元史』「世祖本紀」）．そして，費用が嵩むことから葦の簾の覆いもやがて掛けられなくなったという（『析津志』『日下旧聞考』引）．

『元史』巻58「地理志」は「周囲六十里十一門」という．東西面と南面にそれぞれ3門，北面に2門で，それぞれ名称[488]が記されている．

周囲60里については，1里=360歩の歩里法に従った記述と考えられる．実測によると約28.6kmであるが（陳高華 (1984)），1歩=1.58m（1尺=0.316cm）で計算すると58.0里である．ただ，以下の検討は1里=240歩を念頭に行う．

計11門については，『周礼』「考工記」「匠人営国」条の「旁三門」と関連して議論がなされるが，哪吒太子伝説に付会し，三頭六臂両足を象ったものであるという説がある．宋末明初の長谷真逸が「燕城は劉太保の制を定むるに係わり，およそ十一門．哪吒神の三頭六臂両足にかたどる」と唱えており（『農業余話』），陳高華 (1984) もそれに従っている．劉太保とは劉秉忠のことである．

哪吒太子は，仏教でいう北方を守護する毘沙門天王の子（三男）とされる．道教に少年神として習合され，凶暴な戦いの神となる．もともとは，インド神話の富と財宝の神クベーラの息子ナラクーバラと目され，クベーラが毘沙門天として仏教に取り入れられると，息子のナラクーバラもその陪神として取り入れられ，哪吒三太子の名で

---

[487] 文宗が編纂を命じ，至順2 (1331) 年に完成した『経世大典』からの抜書きと考えられている．
[488] 東面は，北から光熙門（現在の和平里の東，広熙門と呼ばれる地点），崇仁門（現在の東直門），斉化門（現在の朝陽門），南面は，長安街の南に築かれていたが，東から文明門（現在の東単南），麗正門（天安門南），順承門（現在の西単南），西面は，南から平則門（現在の阜成門），和義門（現在の西直門），粛清門（現在の師範学院南路西端，小西門），北面は健徳門（徳勝門小関），安貞門（安定門小関）である．

信仰の対象となった．クベーラは破壊神シヴァ神と親しいとされるが，クベーラ自身は，戦闘的イメージはもたなかった．中央アジアを経て中国に伝わる過程で武神としての信仰が生まれ，四天王の一尊たる武神・守護神とされるようになり，その息子，哪吒太子も戦闘神のイメージを引き継ぐことになったとされる．哪吒信仰がいつごろ起ったかは定かではないが，元以前から流行しており，哪吒太子の誕生日（2月）には大都で盛大な祭りが行われていたという（陳高華（1984））．

三頭六臂両足という形象，配置が，天文・地理・律暦から三式・六壬・遁甲[489]等の術に至るまで精通せざるものがなかったとされる（『元史』「劉秉忠伝」）劉秉忠の理論に基づくかどうかは別として，大都の全体形状を哪吒太子の形象に擬える見方が当初からあったことは疑いない．明代に外城が築かれると，東西両端の2門を加えて，三頭八臂両足と考えられるようになったというが，設計理論としては，もう少し多面的に考える必要がある．注目すべきは，都城の中心に「中心台」（鼓楼―鐘楼）があらかじめ設定されていたことである．外郭城の4隅には巨大な角楼が建てられ，城壁外には濠（護城河）が開鑿された．濠を掘った土は城壁に使われた他，人工の丘，景山が南北中央軸線上に造られた．

街路体系，全体計画については，宮城，皇城，諸施設の分布を確認した上で，最後に振り返りたい．

皇城・宮城

大都の皇城は，外郭城の南，やや西に位置し，東西が南北より長い長方形の城壁で囲われている．中に，外郭城の中軸線上に宮城と御苑が配置され，西に太液池と瓊華島，さらにその西に東宮と興聖宮が位置する．大都の皇城は，隋唐長安城において形式的完成をみた，宮城に接し，その南に官衙が建ち並ぶ皇城ではなく，その内に官衙は含まず，東宮はじめ，皇室関連の宮殿が園林の中に配置されるかたちをとっている．この形式は，上都の構成を思わせる．設計者が同じ劉秉忠であることは上述の通りである．

皇城内の諸施設について，福田美穂（2009）によって確認すると以下のようになる．

---

489) いずれも陰陽五行に基づく神秘的占卜や兵法であり，宋代以降，六壬，遁甲，太乙を合わせて三式と称している．六壬は時刻を元に天文と干支術を組み合わせて占う．時刻から天文についての情報を取り出すとき，式盤と呼ばれる簡易な器具を使用することがある．遁甲は，「二十四節季」や「干支」から算出される遁甲局数を基にして遁甲盤を作成して占う．このとき奇門遁甲用の式盤を使用することがある．遁甲盤の構成要素の1つである八門を重要視することから八門遁甲（はちもんとんこう）とも呼ばれる．

八門遁甲について解説した最古の文献は，中国唐代に李筌によって編纂された張良の口訣を伝えるとされる『陰符経註』や，兵書の『神機制敵太白陰經』（以下，『太白陰経』）に付けられた『巻九遁甲巻』である．太白陰経では月将の名に「徴明」が見えるが，これは宋の仁宗以前に使用されていたものである[2]．また時刻の呼び方においても「夜半」「鶏鳴」といった十二時辰が採用されている．

①瓊華島（図V-2-3a）

瓊華島の広寒殿などの造営は皇城内で最も早い．金代の離宮があり，その修理も含めて建設が開始されたのは中統3 (1262) 年から至元元 (1264) 年にかけてとされるから大都建設決定以前に整備が開始されている．上述のように，噴水，空中廊，浴室があって，也黒迭児丁によって設計されたと考えられている（村田治郎(1981)）．

②宮城（図V-2-3b）

宮城の造営は，上述のように，至元8 (1271) 年に着工，翌年には城壁が完成したとされる．東華門，西華門および左右桢門が造営され，翌10年には，正殿（大明殿），寝殿，香閣などと，それを取り囲む回廊が建設された．

『輟耕録』巻21「宮闕制度」は，「宮城周囲九里三十歩．東西四百八十歩．南北六百十五歩．高三十五尺」という．東西，南北を加えると周囲は2190歩 (6里30歩) となるから「九里三十歩」と合わない．2190歩は，1里＝360歩とすれば，6里30歩である．朱偰(1936)も「六里三十歩」の誤りとする．しかし，1里＝240歩制の換算であれば問題はない．『故宮遺録』は「内城廣可六，七里」とする．『輟耕録』巻21「宮闕制度」は，先の記述に先立って「城方六十里，里二百四十歩，分十一門」としており，里＝240歩 (1歩＝5尺，1尺＝31.6cm (宋尺，元尺)) とすれば「九里三十歩」ということでいい．東西は2里，南北は2里135歩である．宮城の東西壁は，現在の故宮の東西壁の位置にあったとされる．

宮城は，大都の中軸線上に配置され，南面に3門，東西北にそれぞれ1門の城壁で囲われた中に，大明殿，延春閣，そして御苑が一直線上に並ぶ．大明殿と延春閣はともに「工」字形の宮殿であり，宮城全体と同様に，南面に3門，東西北にそれぞれ1門の回廊で囲われている．大明殿と延春閣の間には，東華門と西華門を繋ぐ横大路が通っていた．

外郭城の南正門である麗正門と皇城正門の霊星門の間には広大な皇城前広場があり，その左右両側に千歩廊と呼ばれる長さ700歩の大路が敷設された．霊星門は，ほぼ現在の午門の位置にあり，門を入ると，金水河に架かる周橋を渡って，宮城の南正門，崇天門に至る．崇天門は，現在の太和殿の位置にあったとされる．

宮城の北の御苑については記録がほとんどなく，その構成は不明であるが，文宗の至順2 (1331) 年頃までに建設されたとされる（陶宗儀『輟耕録』巻21「宮闕制度」）．

③東宮（図V-2-3c）

宮城に続いて至元11 (1274) 年に建設されたのは東宮である．工事に当ったのは，上述のように渤海人高觿である．正殿と庭園部分からなり，後の降福宮と西御苑の前身と考えられる．正殿区域は，4隅に角楼のある矩形の塀で囲われる．南に3門，東西にそれぞれ2門，北に1門あり，中央に「工」字形の正殿が配される．

第V章
北京―中国都城の清華

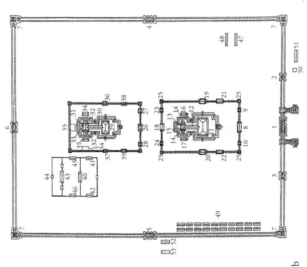

b
1 崇天門 2 星拱門 3 雲従門 4 東華門 5 西華門 6 厚載門 7 角楼 8 大明門
9 日精門 10 月華門 11 大明殿 12 柱廊 13 寝室 14 東西夾 15 香閣 16 文思殿
17 紫檀殿 18 宝雲殿 19 鳳儀門 20 麟瑞門 21 鐘楼 22 鼓楼（文楼）（武楼）
23 嘉慶殿 24 景福閣 25 角楼 26 延春門 27 懿範門 28 嘉則門 29 延春閣 30 柱廊
31 寝殿 32 東西夾 33 香閣 34 慈福殿（東煖殿）35 明仁殿（東煖殿）36 景耀門
37 清灝門 38 鐘楼 39 鼓楼 40 玉徳殿 41 東香殿 42 西香殿 43 宸慶殿 44 山字門
45 東更衣殿 46 西更衣殿 47 酒人之室 48 宿人之室 49 内蔵庫 50 御膳亭 51 拱辰堂
52 儀鸞局 53 鷹坊 54 宣文閣 55 咸寧殿（後の清寧殿）

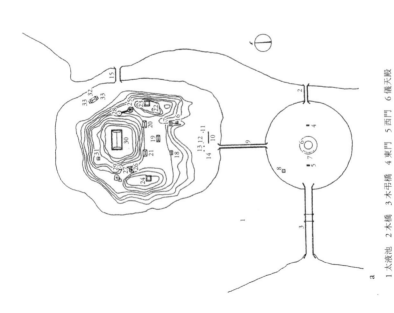

a
1 太液池 2 木橋 3 木弔橋 4 東門 5 西門 6 儀天殿
7 盦（宿衛之士のいる所）8 同堂 9 白玉石橋 10 欏木門
11 日石 12 月石 13 石棋枰 14 石坐牀 15 石崖 16 庖室
17 馬運堂 18 牧人之室 19 仁智殿 20 介福殿 21 延和殿
22 閑亭（臙粉亭）23 荷葉殿 24 温石浴室 25 方壺亭（綠珠亭）
26 瀛洲亭（綠珠亭）27 複道 28 金露亭 29 玉虹亭 30 広寒殿
31 同堂 32 東浴室夏更衣殿 33 両夾 34 塵圃

482

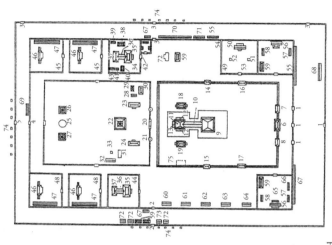

図 V-2-3　大都　a 瓊華島，b 宮城，c 東宮，d 興聖宮（出典：福田美穂（2009））

④興聖宮（図 V-2-3d）

東宮が降福宮に改称された後，その北に，武宗（位 1307～1311 年）が母のために建設した（1308 年）のが興聖宮である．興聖宮は，南を「工」字形の興聖殿を中心とする正殿区域とし，北は延華閣を中心とする庭園区域とする．

⑤オルド

大都皇城においては，元代を通じてオルド（斡耳朶，斡魯朶）が使い続けられた．チンギス・カーンが四大オルド群をもっていたことは上述したが，元朝の歴代皇帝が，即位とともにオルドを新調したことが知られる．オルドの配置法が都城の空間構成の基礎になっているという指摘（村田治郎（1981），杉山正明（2004），白石典之（2002））についても上述の通りであるが，福田美穂（2009）は，宇野伸浩の論文（1988）[490]を援用しながら，西向きを尊いとするモンゴルの方向感覚を指摘した上で，皇城の東宮の西の庭園区にオルドが設置されたとしている．

廟・社・衙・市

クビライが最初に太廟を建設したのは中統 4（1263）年であり，その場所は燕京（金中都）であった．大都が建設されると，至元 14（1277）年に新たに太廟が建設されたが（1280 年完成），その場所は皇城の東，斉化門の北である．社稷壇が建設されたのは至元 13（1293）年であり，その場所は，皇城東，和義門のやや南である（図 V-2-4）．

太廟そして社稷壇はあらかじめ計画されていたわけではない．すなわち，その建設は当初から優先的に建設されるべきものとは考えられてはいなかった．『周礼』「考工記」「匠人営国」条の「左祖右社」の配置は守られているが，その位置は隋唐長安において形式化される宮城の前部の左右ではなく，宮城の左右に宮城から離れた城壁・城門近くである．皇帝祭祀は歴代王朝の伝統に必ずしも従わず，太廟と社稷での祭祀は漢族王朝の伝統を基本としたが，一部にモンゴル古来の祭祀を取り入れていたとされる（『元史』巻 74「祭祀志 3」）．

衙署として重要なのは中書省，枢密院，御史台である．いずれも皇城外東南部にあった．行政の中心である中書省は麗正門内，千歩廊の東に置かれた．阿合馬（アフマッド）宰相の時代に北の鐘楼の西に移転され，再び元の場所に戻された．鐘楼西の場所には，その後，翰林国史院が置かれた．軍事軍政の中心である枢密院は，皇城東に置かれ，官僚を監察した御史台は，皇城東，文明門付近に置かれた．孔廟，国士監は皇城北東部，都城中心よりやや北に位置した．大都を管理する大都路都総官府と治安に責任をもつ警巡院は，都城の中央，中心閣の東に置かれていた．その北東街区に孔廟，国士監がある．

市は 2 か所あり，1 つは皇城の北，鐘楼・鼓楼の周辺，もう 1 つは皇城の西，順承門内の羊市角頭（羊角市）である．鐘楼の西，海子に接した斜巷は繁華街として知られ，

---

490) 宇野伸浩「モンゴル帝国のオルド」（『東方学』第 76 輯，1988 年）．

羊角市には，羊市，馬市，牛市，駱駝市などの家畜市があった．

マルコ・ポーロは，大都について，「目抜きの大街には各種の店舗が櫛比している」(「95　首都タイドゥ市」) (マルコ・ポーロ・愛宕松男訳 (1970)) と書いている．櫛比しているということは隙間なく並んでいるということである．このことを考慮すると，大都の設計計画に店舗用地は前提として繰り込まれていたと考えることができる．

坊

大都の城内は，50の坊に分かれ，坊には門があり，門には坊名が掲げられていたとされる．例えば，万宝坊と五雲坊は，左右の千歩廊の両側に向かい合うかたちになっていた．各坊の位置はおよそ明らかにされている (図V-2-5)[491]．50の坊名は，11の城門同様，『周易』から採られ，当初から統一的に計画されたとされるが，以下に見るように，具体的な配置として，一定の秩序が設定されていたようには思えない．

水路・井戸

大都城内には，2つの水路系統がある．1つは，高梁河—海津—通恵河という水系，もう1つは，金水河—太液池—通恵河という水系である．前者は漕運に用いられ，後者は皇城内専用に用いられた．通恵河は，皇城の東壁に沿って南流し，麗正門と文明門の間で南壁をくぐって，東に折れて通州に達する．通州からは南下して海津鎮 (天津) に至る．一般の大都住民が生活用水に利用したのは，井戸であり湧水であった．

(3) 大元都城モデル

マルコ・ポーロは，大都について

　a. 街路はどれも幅が広く一直線をなしていて端から端まで見通すことができるし，配置の具合もよく整備されているから，各城門に立てば相対する側の城門を望見することができる．

　b. 目抜きの大街には各種の店舗が櫛比している．

　c. 邸宅の建てられた敷地はいずれも正方形をなし直線で区切られ，各敷地内には広大な殿宇が手ごろな中庭や庭園を備えて建てられている．

　d. これらの敷地の周囲には人々の往来する小奇麗な通路が通じている．

という (マルコ・ポーロ・愛宕松男訳 (1970))．マルコ・ポーロは，他の箇所で，全体は24マイルで各辺等長の正方形をしているといい，また，総計12門あるとしているから，その記述の信憑性は疑われるが，以上のような印象，すなわち，大都が実に整然と計画されていたことは，以下の考察の前提としていいだろう．

全体形状 ── 基準グリッド

大都の設計計画について，一説を提起しているのが傅熹年 (2001) である．傅熹年は，

---

[491] 侯仁之編 (1988, 1997)『北京歴史地図集』は，46の坊のおよその位置を示している．

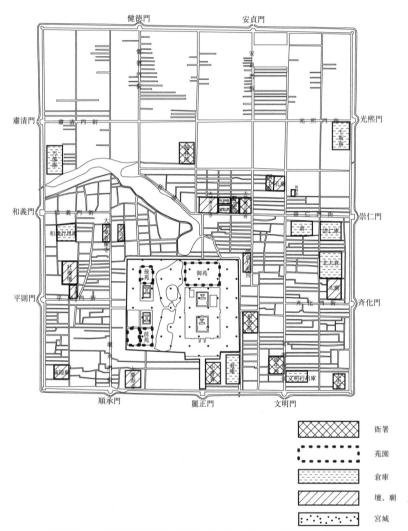

図 V-2-4　元大都施設分布（作図：呉宝音，出典：侯仁之編（1988））

宮城と御苑の東西（A）南北（B）を基準として，全体が設計されたと想定し，実測値（東西幅6672m）をもとに，東西9A，南北5B，各門の間隔（C）を等しいとして5B＝4Cとする（図V-2-6ab）．しかし，A＝753（751.7）[492]mとしており，その場合，東西幅

492）傅熹年は，2つの数字を使っている．（　）内のA＝751.7mを用いれば，誤差は7mほどになる．

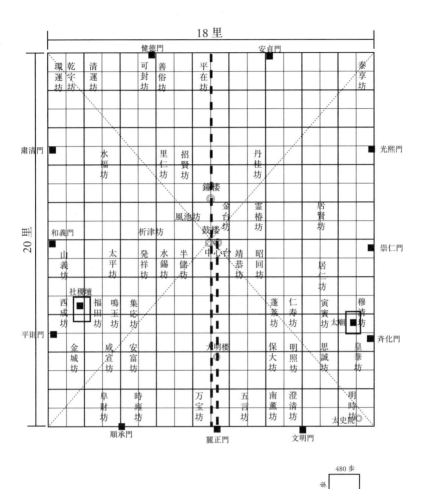

図 V-2-5 元大都・坊の分布（作図：布野修司）

は 9A＝6777（6765.3）m となって 100m ほど実測値より長くなるし，宮城と御苑の東西（A）南北（B）が基準となっている根拠はない．ただ，9A，5B，4C というのはヒントになる．以下に，当初に設定されたであろう極めて単純な基準グリッドを示したい（図 V-2-7）．

　実際に Google Earth 上で規模を確認すると，まず，東西幅については，現在の道路の芯々間で，北辺 6812.13m，南辺 6744.26m，中央，和義門―崇仁門間 6687.95m と

第V章
北京―中国都城の清華

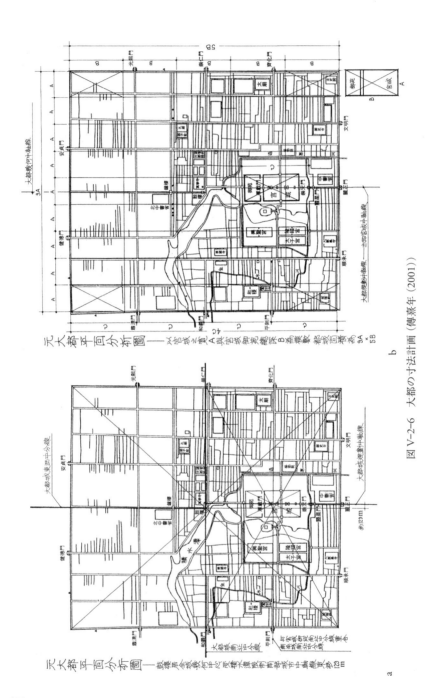

図 V-2-6 大都の寸法計画（傅熹年 (2001)）

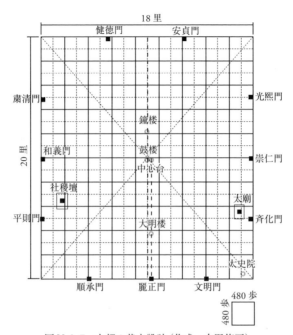

図 V-2-7　大都の基本設計（作成：布野修司）

かなりのばらつきがある．第Ⅰ章（2-3　尺・歩・里・畝）であらかじめ確認したように，元代の物差しの出土はなく，宋尺が使われたと考えられている．ただ，出土した宋代の物差しにも幅がある（表Ⅰ-2-3　76頁参照）．ここでは，上都の設計寸法についての分析同様，白石典之（2002）に従って元尺＝316mmとする．上都の寸法が里換算して切りのいい完数（ラウンド・ナンバー）になるのが理由である．ただ，308（307～309）mmを採る研究者が少なくない．そこで括弧内には1尺＝308mmとした数値もあげよう．1歩＝1.58（1.54）m，1里＝240歩＝379.2（369.6）mである．上記東西幅は，17.63里～17.96里となる．因みに傳熹年（2001）が実測値とする6672mは17.59里～18.05里となる．宇野隆夫の簡易測量に拠れば，大都の北壁幅は6673.419m＝2万1596.8尺（1尺＝309mm換算）である（「明清北京城の方位と尺度」（宇野隆夫・王維坤共編（2008））．宇野は，2万1600尺＝4320歩＝12里が設定寸法であったとするが，1里＝240歩制とすれば18里である．Google Earth上での計測と一致する．

やや18里に欠けるが，後述のように，東城壁は当初予定の位置から西へずらされたというから，東西幅は18里と設定されたと考えて間違いない．ということは，1尺＝308～309mmが実測値に近いことになる．

18里＝240歩×18＝4320歩だから，9分割すると南北大街の間隔（A）は480歩と

なる．これは続いてみる基準街区の東西幅440歩とも整合しうる．可能性として，まず，幅4歩の街路で10×10の区画を区切る基準グリッドが想定されていたと考えることができる．ダブル・グリッドである．あるいは，南北大街の幅として40歩が設定されていたと考えることができる（図V-2-8ab）．40歩の幅は広すぎるように思われるかもしれないが，そして実際，続いて確認するように，元末『析津志』は大街の幅を24歩としているが，40歩の幅の間には店舗などの施設の立地が予定されていたと考えることができる．上述のように，「目抜きの大街には各種の店舗が櫛比していた」（マルコ・ポーロ）のであり，王南（2012）もそれを想定している（図V-2-9）．ただ実際には，南北大街の全てが貫通しているわけではない．皇城，海子によって大街は遮られるし，続いてみるように，東城壁の位置をずらさざるを得なくなって，大都城の南北中心軸と宮城の中心軸線がずれたことも大きい．

　南北長さについて，Google Earth上で測定すると，同じく現在の道路の芯々間で，西辺7651.17m，東辺7521.80m，中央7623.67mとなる．里換算すると，20.18～19.83里となる．20里が設定寸法と思われる．18対20（9対10）というプロポーションで，長安と異なり南北が長いことになる．設計単位としては，以下にも述べるように，歩が用いられたと考えられる．20里×240歩＝4800歩であり，東西と同じように9等分されていたと考えると，数字的には割り切れないが，480歩×480歩が単位となっていたと考えれば実に単純なグリッドとなる．すなわち，最初に，480歩×480歩の街区単位9×10＝90が設定されたのである．

　何よりも明快なのは，18里×20里という長方形の対角線の交点に鼓楼が置かれていることである．傳熹年（2001）が図示するところであるが，中心に時を司る鼓楼が設定されたことは疑いがない．そして鐘楼も，南北中軸線上に配置されている．鼓楼と鐘楼の間隔は193.76m＝125.82歩である．鼓楼は，斉政楼とも呼ばれ，壺漏と鼓角が置かれていた．壺漏は水時計，鼓は太鼓，角は角笛である．

　そして，各城門はほぼ全て480歩×480歩の基準グリッド上に置かれている．東西の城壁については5：5：5：5の比率で分けられ，等間隔（480歩×5＝2400歩）に門が設けられている．南城壁については，480歩を単位として，4：5：5：4の比率の間隔で3門が設置され，北城壁については，2門が等間隔（480歩×6＝2880歩）に設置されている．480歩がモジュールとされたことは疑いがない．

　鼓楼そして鐘楼を結ぶ南北軸線は，実は，外城の南正門の麗正門，皇城の南正門の霊星門，宮城の南正門の崇天門を貫く南北軸線から西へ129m＝83.77歩ずれている．

　『日下旧聞考』に引く『析津志』は，宮城—皇城の中心を貫く南北軸線上の都城中心に中心閣が建っており，この中心閣の西15歩のところに1畝の広さの「中心台」があり，その真南に「中心之台」と刻んだ石碑が建っていたという（陳高華（1984））．

　このずれについて，侯仁之（1984）は，外城の東壁の位置の地盤が悪く，やむをえ

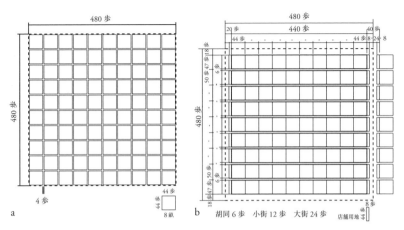

図 V-2-8　大都の基準グリッド（作成：布野修司）

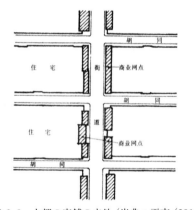

図 V-2-9　大都の店舗の立地（出典：王南（2012））

ず内側に移したからだという．そうだとすれば，上の外城の東西幅の検討を修正する必要も起こるが，西にずれた形で設計されたとすれば鼓楼が中心になる．「中心台」は，現在（明清）の北京の鼓楼と鐘楼の間に位置する．すなわち，鼓楼，鐘楼のほうが明代に東に移されたのである．宮城—皇城の南北軸線が重視されるのである．

中心に宮城が置かれるのではなく，鼓楼—中心台—鐘楼が置かれる点は大都の大きな特徴である．

　大都城の東南隅の城墻上に観象台が置かれたのも，全体形状がはっきり設定されていたことを示している．外郭城の東南隅は明時坊という．鼓楼—鐘楼とともに観象台は時の設定に関わっている．北京における観象台の設置は金代に始まるが，現在の位置に置かれたのは元の至元 16（1279）年のことである．郭守敬が製作した渾天儀，簡儀，量天尺などが据えつけられていて，観象台の下には，上述のように，観測をもとに暦数を計算する至元 13 年に設立された太史局（太史院）があった．

街路幅員・宅地規模

元末『析津志』[493]は,次のようにいう.

「大都街制:自南以至于北,謂之経,自東至西,謂之緯.大街二十四歩闊,小街十二歩闊.三百八十四火巷,二十九衢通.……」

すなわち,元大都の街路,南北の「経」東西の「緯」からなり,大街の幅は24歩,小街は12歩である.つまり,大街の幅の半分が小街の幅である.そして,それ以外に384の「火巷」と29の「衢通」がある,という.「火巷」も「衢通」も,日本語にすれば,小街より小さな細街路,路地を意味する.方言も含めると,他に「火弄」「火衢」「胡洞」「忽洞」「胡同」という言葉が元朝から清朝にかけて使われている(翁立(1996)).

「火巷」はもともと「火災から隔離し延焼を防ぐための隔壁を設けた通路」を意味した[494].衢通はモンゴル語でhutongである.今日では一般的に胡同が使われる.胡同は井戸huddug (huto)を意味するという説がある[495] (張清常(1990),陳高華(1984)).中国南部では胡同よりも巷xiangが一般的に用いられる.胡同の幅については,後代の実測結果などから,一般的には小街の半分6歩(約9.24m)とされる(孫大章編(1984),翁立(1996))[496].これについては,続いて街区の基本モデルを検討する中で確認しよう.

『析津志』がいうように,元大都の都市計画は「歩」を基本単位として行われた[497].ただ,繰り返し述べてきたように,元尺は必ずしも定かではない.316mm尺あるいは308mm尺(中国社会科学院自然科学史研究所主編(1985))を一応分析の基礎にしたい.また,尺と歩の関係については,元代は,5尺=1歩制をとったとされる.元の1歩は1.58m (1.54m)となる.

元の土地制度においては,財産の多い者,あるいは現に官吏として各種官庁に勤務している者を優先し,1戸主当たり8畝の地を与える,とされていた.8畝以上の土地を占拠することは認められなかった.また,8畝未満の土地の場合も,住宅建設の資力なき者は認められなかった(『元史』巻13「本記第13・世祖10」[498]).

畝は,古くは100歩(平方歩)であるが,前漢の武帝時代以降240歩とされてき

---

493) 熊夢祥(1983)『析津志輯佚』北京図書館善本組編,北京古籍出版社
494) 愛知大学編(1987)『中日大辞典』大修館書店
495)「胡同及水井」(『胡同及其它』,北京語言学院出版社,1990年).
496)「……按此街道等級(『析津志』「大街二十四歩闊,小街十二歩闊.……」)推算胡同為六歩闊.……」(孫大章編(1984)).「……当時明確規定寛9.24米的才叫胡同,……18米寛就叫小街,到36米寛就称為大街了」(翁立(1996)).
497)「元大都城市設計所用長度,皆以歩為単位.」(中国社会科学院自然科学史研究所主編(1985)『中国古代建築技術史』中国科学出版社出版発行).史箴「井的意義」(『建築歴史研究』『建築師』12期,中国建築工業出版社出版,1997年)には,「中国古代建築計量制度的特点之一,城邑及道路多以縁自井田規劃的歩来度量.」とある.
498) 至元二十二年春正月戊寅,……昭旧城之遷京城者以資高及居職者為先,仍定制以地八畝為一分,其余地過八畝及力不能作室者,皆不得冒踞,聴民作室.

た[499]．この場合の歩は面積の歩で，1平方歩である．1畝 = 240（平方）歩 = 240×1.58 (1.54)×1.58 (1.54) = 599.14 (569.18) m^2 であるから8畝は4793.09 (4553.47) m^2 となる．

基本街区

南北大街の間隔は計画的に設定されている．以上を念頭に，北京全体を見てみると，基本街区と呼べるような同じような規模の街区があることに気がつく．例えば，その1つ，内城の東四三条胡同と四条胡同の間を西口（東四北大街）から東口（朝陽門北小街）までを測ると，2つの胡同の間の距離は芯々で50歩 (79.0 (77.0) m) である．中国社会科学院自然科学史研究所主編 (1985) が指摘していて，「胡同与胡同之間的距離為五十歩，合77米，……胡同本身六歩的寛度，則両条胡同之間実際占用的距離為四十四歩，合63.36米」という．胡同幅は6歩で，内法で南北44歩 (69.52 (67.76) m) の幅である．趙正之 (1979) も南北44歩としている[500]．

50歩が南北芯々の基準寸法で，街路幅員は24歩，12歩，6歩というヒエラルキカルな寸法体系が設定されていることは確認されるが，44歩という単位には特別の意味はないように思える．呉良庸 (1994) も「估計八畝等于4320平方米，規定73×60平方米或62×63平方米地塊，東西長440米左右的胡同約含七家，……」としている．

しかし，胡同の東西幅を計って約440歩 (695.2 (677.6) m) ということに気がつくと，44歩に意味がありそうに思える．8畝 (4553.47m^2) を44歩 (67.76m) で除すと，67.20m，ほぼ44 (67.20m÷1.54m/歩=43.64歩) 歩である．そもそも，8畝 = 240（平方）歩×8 = 1920（平方）歩であり，平方根は43.82歩である．すなわち44歩×44歩の正方形の面積が8畝であり，単位として前提されているのである．胡同の東西長さは440歩で，80畝である．一戸8畝とするとちょうど10戸分となる．44歩×44歩の正方形の敷地が10戸で胡同と胡同の間の一街区を形成する，というのが街区の基本モデルとされたことは間違いない．

現在の北京の内城の地図（中国地図出版社『北京市街巷図』縮尺1/14000, 1996年版）によって胡同の長さを測定すると，大街（小街）の間隔がおよそ440歩であるのは図V-2-10のような街区である．図に示したのは642.13〜707.70mの胡同である．大街で囲まれる大きなブロックは23ある．すなわち，基本街区とほぼ同じ街区は23ある．

『乾隆京城全図』に描かれた北京四合院については，以下（第V章4）に明らかにするが，8畝の土地には，南北四進（院落），東西三間張の大型四合院が建設できる．もちろん，当初から四合院が建設されたということではない．陸翔・王其明 (1996) によると，唐宋以来，長安→同州→臨汾→太原→代県→北京というルートで四合院は普及し，元代に北京四合院は形成されたとする．大都建設当初には，ゲルのような移動

---

499) 宮崎市定「頃畝と里と丈尺」（「東方学」第28輯，1964年7月，『宮崎市定全集6』所収）
500) 「元大都平面規劃復原的研究」（『科技史文集』1979）

第V章
北京―中国都城の清華

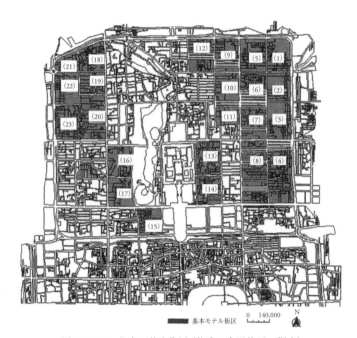

図 V-2-10　北京の基本街区（作成：布野修司・鄧奕）

式住居，仮設的住居が建てられていたと考えられる．

そして，8畝はあくまで上限である．一般に班給されたのは，その10分の1，8分の土地とされる．1畝は10分だから，8畝は10戸分の平民用の宅地となる．南北に背割りし，2分すると考えると，胡同の南北両側の宅地は，各50軒，計100軒あるのがモデルとなる（図V-2-11）．

鄧奕とともに，これを仮説として初めて図化したのであるが[501]，実は，つとに孫大章編（1984）の指摘[502]があった．10進法の遊牧民の組織原理にも適っており，定説としていい．隋唐長安（第III章3）に関して触れたように，このモデル図は，王暉（王貴祥他（2008））が引用しているし，王南（2012）さらに北京市城市規劃設計研究院・北京建築工程学院（2008）なども引用し，既に流布している．

---

501) 鄧奕，布野修司：北京内城朝陽門地区の街区構成とその変化に関する研究，日本建築学会計画系論文集，第526号，p175-183，1999年12月．鄧奕，布野修司，重村力：乾隆京城全図にみる北京内城の街区構成と宅地分割に関する考察，日本建築学会計画系論文集，第536号，p163-170，2000年10月．
502) 元代規定一般平民住宅用地為8分地，可建一独院的四合院，即一条胡同内可容100戸人家．而貴戚，功臣的住宅最多不超過8畝地，可建一座前後臨街，四進院落，三条縦軸的大型四合院．即是一条胡同可布置大型住宅10座．

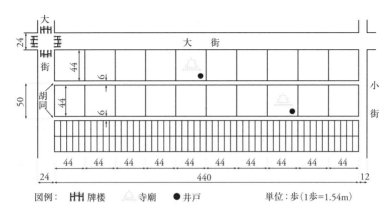

図 V-2-11 大都のモデル街区（作成：布野修司・鄧奕）

　さて，こうして大都の設計計画のための基準グリッドと基本街区については明らかにし得たのであるが，各施設そして坊の配置については，必ずしも，隋唐長安における左右相称のような明解な原理は窺えない．衙署は，皇城東南部と鼓楼，中心台の周辺の2地区にわかれて分布すること，また，城門近くに各種倉庫が置かれていることが指摘できる．坊については，皇城周辺に集中し，北部には少ない．城壁周辺には防護に当たった坊が立地したが，北部は，居住密度は小さかったと思われる．侯仁之の復元案を見ると，積水潭（海子）の周辺の風池坊，析津坊は別として，坊の東西幅は480歩もしくは960歩を単位としているように思われる．

大都の設計理念

　大都は，「見かけは純粋なまでの理想の中華式帝都であった」と杉山正明（1996）はいう．「見かけは」というのが味噌であるが，続けて，「『周礼』の，考工記「匠人営国」の条に見える都城構造の理想型を忠実に踏まえていた」「こうした中国国都の理想型は，実はそれまで実際には，ただの一度も現実化されたことのないものであった．それを異邦人であるモンゴルが，初めて地上に実現させたのである．」と言い切るのは果たしてどうか．

　そこで，杉山正明が根拠として挙げているのは，外郭の周囲が60里で「聖なる整数」（「干支」がひとめぐりする数）であり，坊の数50が「大衍」（易の筮竹の数）で象徴性を帯びているということであるが，『周礼』「考工記」「匠人営国」条にそうした件があるわけではない．周回60里も「方九里」に従っているわけではない．また，「旁三門」ではなく11門であることに関しては，杉山正明自身別のところで，「哪吒太子」伝説に付会し，三頭六臂両足を象ったものであるという説を紹介している（杉山正明（1995））．初期論文である「クビライと大都—モンゴル型「首都圏」と世界帝都」（杉山

正明（2004））では，大都の『周礼』「考工記」「匠人営国」条からの逸脱として，城門の数と宮城皇城の位置が南に偏在していることの2点を指摘するところである．

逐一確認するまでもないかもしれないが，大都の形態と『周礼』「考工記」「匠人営国」条との関係は以下のようである．

　①「方九里」については，「方」（正方形）ではなく，東西18里，南北20里（1里＝240歩）だから，従っている訳ではない．ただ，規模の問題であり，整数への拘りは貫かれている．

　②「旁三門」についてはほぼ従っていると見ることができる．しかし，北壁に1門欠けている．

　③「国中九経九緯」については，環塗を含めるかたちで，およそ従っていると考えることができるが，そうした理念があらかじめあったかどうかは断定できない．明らかにしたように，480歩×480歩の単純グリッドが想定されたと考えられる．

　④「経塗九軌」等については，不明であるが，上の基本街区に関する検討に基づくと胡同6歩，大街40歩が基準とされたと考えられる．

　⑤「左祖右社」については，皇城の左右，外郭城壁よりに対照的に配置されている．明らかに「左祖右社」は意識されている．明南京，北京のように宮城皇城南に中軸線の左右に並ぶ形ではく，むしろ，『周礼』「考工記」の記載に忠実に従おうとしていると考えられる．

　⑥「面朝後（后）市」については，斜街を中心市場とすれば，従っている．

　⑦「市朝一夫」については，不明である．

総じて，『周礼』「考工記」の都城モデルは，それなりに意識されていると言えるだろう．しかし，それは杉山正明がいうように「見かけは」というべきではないか．

以上，劉秉忠になったつもりで，というか，劉秉忠の単なるドラフトマン（図面工）として，上都，大都の設計寸法を明らかにした．大都の中心に置かれたのは「中心台」であり，鼓楼である．すなわち，宮城ではない．

何故，宮城が南に偏するか，については，明らかに「水」である．積水潭と太液池の位置が決定的であった．上述のように，大都城内には，2つの水路系統があった．1つは，高梁河—海津—通恵河という水系，もう1つは，金水河—太液池—通恵河という水系である．前者は漕運に用いられ，後者は皇城内専用に用いられた．通恵河は，皇城の東壁に沿って南流し，麗正門と文明門の間で南壁を潜って東に折れて通州に達する．通州からは南下して海津鎮（天津）に至る．この漕運の水系は，大都をまさに「世界都市」，陸と海を繋ぐ帝都とする大動脈となるのである．杉山正明（1996）が「大都は，海とリンクした港を内懐に抱え込んだ都市として，設計されていたのである．」という通りである．

そして，宮城が都城の中心にあらねばならない，という観念はクビライの頭にはなかったのではないか．上都と大都を移動する自らのオルドが中心なのである．
　クビライが『易経』の「大いなるかな乾元」をもとに「大元」という国名を定めたことは冒頭に書いた．そして続けて，「乾元」とは，天や宇宙，あるいはその原理をさす．テュルク・モンゴル系の人々にとって，世界はテングリ（天）であり，「大元」は「大（おおい）なる元（もと）」を意味した，と書いた．「見かけは」というのはこれに関わる．すなわち，天と地を繋ぐ宇宙軸線上に都城が位置するという観念はユーラシア各地にあり，必ずしも『易経』に従うとは限らない，ということである．
　クビライは，アリク・ブケが投降すると（1264年），開平府で開いたクリルタイで大カーンに即位（1260）して定めた「中統」（統に中る）という年号を「至元」に改める．「至元」，すなわち，時間の元にも戻るという意味である．杉山正明（1995）は，「「大元」，―「おおいなるもと」，それは「天（テングリ）」のことであった．クビライは，「天」をあらわすものとして「大元」という国号をなのり，その天の下の「地」の中心たる帝都に大都，天地の運行を刻む「時」の名として「至元」と，なづけたのである」という．大都の中心に鼓楼―中心台―鐘楼が置かれた意味は明らかである．

2-4 元中都

　クビライ・カーンの死後，孫のテムル（成宗）が後を継ぎ（1294年），カイドゥが死ぬと（1304年），西方諸王との和睦が行われる．大モンゴル・ウルスは緩やかな連合を回復し，シルクロード交易は活況を呈し，「パクス・モンゴリカ」と呼ばれる状況が訪れる．
　この「モンゴルの平和」は，テムルが皇太子を遺さず死ぬ（1307年）と，後継者をめぐる激しい権力闘争が繰り広げられることになる．テムルの後，甥のカイシャン（海山，武宗）が継ぐが短命で（位1307～1311年），その後のアユルパルワダ（仁宗，位1311～1320年）が比較的安定した治世を送るが，その死後，元朝最後の皇帝となるトゴン・テムル（恵宗，位1333～1368年）が帝位につくまで13年の間に7人の皇帝が次々に交代する異常事態へと元は陥った．
　この混乱への幕開けの段階でカイシャンによって建設されたのが元中都（河北省長北県県城）である．中都は，これまで知られてこなかったが，3重の回字状構成をしている．東西南北に門をもち，十字街の交点に玉座を配置する．また，4隅に角楼を配し，左右相称を徹底する極めて理念的な形態をしていることで実に興味深い．モンゴル的な都城構成から中心に皇帝の宮殿を置く中国都城の規範への転換を示しているのである．
　明代には「沙城」，清代には「白城子」と呼ばれていた都城遺址を元中都ではないか

第 V 章

北京—中国都城の清華

図 V-2-12　大都・中都・上都と交通路（出典：元中都博物館）

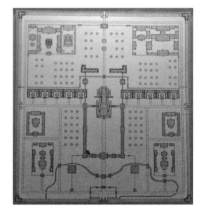

図 V-2-13　中都宮城（出典：元中都博物館）

としていたのは日本の箭内亘であるが，この白城子遺址が元中都であることが確認されたのは1997年から翌年にかけての発掘調査によってであり，この発見は1999年度の十大考古新発現の1つとされ，2001年には国家重点文物保護単位に指定された．

　元中都は，上述のように，大元ウルスは，上都と大都を広域でつなぐ首都圏を核域としており，上都と大都は，4本の街道で結ばれていたが，その西路の中間，上都の南西，大都の北西，大中小の3都で直角二等辺三角形をなすようなまさに中間に位置する（図V-2-12）．

　この中都建設の経緯は『元史』「武宗紀」が記すが，大徳11（1307）年6月の建設決定から至大3（1310）年10月の竣工の時日以外詳細は定かではない．その建設をめぐっては，交易拠点の交通強化説や軍事戦略説，行宮のための自然風貌説，政争から距離を置く政治改革説など諸説あるが，その余りにも理念的な空間構成をみると，カイシャンの統治への理念，強固な意志をみることができる．残念ながら，この大モンゴル・ウルス第7代カーンはわずか30歳で急死する．また，中都のさらなる建設，使用は停止される．

　元中都については，その後詳細な復元図および復元模型がつくられ（図V-2-13，口絵5），元中都博物館が建設（2010年）されるとともに，現在，元中都国家遺址公園が整備中である．

1998〜2003年の発掘報告書（河北省文物研究所（2012））はようやくまとめられたばかりであり，本格的検討は今後を待たねばならないが，復元図によると，宮城は東西南北の城壁は各々，606.5m，543.5m，607m，548m，皇城は周長約3400m，外城周長推定1万1800mである．先に上都について検討したが，上都の内城（宮城）は，東辺606.9m（1920.6尺），西辺609.7m（1929.4尺），北辺560.6m（1774.1尺），南辺551.8m（1746.2尺）であった（括弧内は1尺＝316mm（宋尺）で換算）．宮城は，全く上都と同じく，「方一里」で計画されたとみていい．

　東西の門の数を1つのみ中央に限定し，より中心性を高める配置となっている．工字（土字）型宮殿を中心に置き，全部に広大な朝廷を設け，諸施設は完全に左右対称に配置されている．南正門を入って，明清北京を想起させる弓形の水路がまず着目される．続いて，収蔵関係の閣，宮殿，祭祀施設が，そして北辺には寺院（西にラマ教寺院）が左右対称に配置されている．ゲルについては想定に過ぎないであろうが，元の都城をよく示している．上都も大都も多くのゲルが宮城内に存在したことは間違いない．

　元中都の宮城もまた，中国都城の1つのモデルである．重要なのは，明北京以前の大元ウルスにおいて「中央宮闕」の理念モデルが計画され実際に建設されていることである．

Column 6　暦法

　天地の空間，時間を統合的に把握，管理するのが天子である．北京紫禁城の太和殿日晷（日時計）と嘉量（升）が置かれているのがその象徴である．大都の中心に置かれたのは鼓楼である．そして東南隅に観象台が設置された．漢代以降，「正朔を改む」といえば王朝の改替を意味し，「正朔を奉ずる」といえば，その王朝の命に服することを意味する．本書では専ら空間の秩序を問題としているが，ここでは時間のシステム，暦法について通観しておきたい．

　太陽の昇降（出入）による1日，月の満ち欠けが基準となる1月，季節が一巡する1年を基準に暦がつくられるのは洋の東西を問わない．月の運行のみに基づいた太陰暦，そして，太陽の運行を基準とする太陽暦とが古来知られるが，その調整が必要となる．現在でも，イスラーム世界は太陰暦をとるが，一般には，2，3年に一度閏月を設けて調整が図られてきた（太陰太陽暦）．あらゆる暦法において，月の満ち欠けの周期＝29.53日，地軸の傾きの周期＝365.2422日という数字の調整が大きな問題となる．

　中国で当初用いられてきた暦法は「観象授時暦」と呼ばれる．すなわち，定期的な観測によってずれを調節する暦法が用いられていた．月と太陽の観測を随時行い，「太陽―月―地球」が一直線になった時を朔日とし，これと太陽暦の節目となる夏至・冬至，春分・秋分と，月数がずれた場合に閏月を挿入する方法を採る．中国では古来同じ定数を用いた原理に基づく暦が用いられてきたと考えられ，冬至月を11月にするか，12月にするか，1月にするかの違いによって夏正，殷正，周正と呼ぶ暦法が区別されてきた．そして，春秋の暦法と戦国の暦法で異なっていること，また，戦国時代の諸国においていくつかの暦法が用いられていたことが明らかにされている．

　太陽の運行に関わる「二至二分」は早くから認識されていた[503]．例えば，「冬至年初」とする『春秋』に記載される暦法においては，秋分と冬至の日の出地点をあらかじめ観測しておき，秋分の初期値を10月朔日，冬至の初期値を翌年正月朔日とし，秋分が「十一月」に含まれた場合，冬至前に「十三月」（年末）

503）『尚書』「尭典」には，夏至は「日永」，冬至は「日短」，春分は「日中」，秋分は「宵中」とある．『呂氏春秋』には，夏至は「日長至」，冬至は「日短至」，春分・秋分は「日夜分」とある．

を挿入するか，冬至の時点で「閏正月」（年初）を挿入すればいい（「第4章　春秋の暦法と戦国の暦法」小沢賢二（2010））．

「観象授時暦」の場合，太陽の運行に伴う季節の変化については不便である．太陰暦は，潮汐を問題にする漁業には密接に関連するが，農業にとって重要なのは四季の区分である．そこで用いられるようになったのが「四分暦」である．「四分暦」とは，1年の長さを「三百六十五日四分日之一（365.25日）」とする暦法で，「立春年初（立春正月）」とし，一朔望日は29.53085日となる．成立したのは魏の文候元（BC. 445）年頃[504]とされ，魏の文候が制定したと考えられている．

「四分暦」は，太陽の運行を基準とする四季の区分をもとにして成立するが，1年を365.25日とすることで，やはり時間の経過とともにずれが生じる．そこで導入されたのが「二十四節季」である．「二十四節季」による暦と月の運行による暦とのずれが1か月程度になったときに余分な1か月（閏月）を入れて調節する．「二十四節季」は，1年を太陽の黄道上の位置によって24等分し，分割点に12の「節季」と12の「中気」を交互に配する[505]．その分割点を含む日に季節を表す名称（立春，雨水，啓蟄，春分，清明，穀雨，立夏，小満，芒種，夏至，小暑，大暑，立秋，処暑，白露，秋分，寒露，霜降，立冬，小雪，大雪，冬至，小寒，大寒）が与えられる．特に重要な「中気」である夏至と冬至の二至，春分と秋分の二分を併せて「二至二分」といい，重要な節気である立春・立夏・立秋・立冬を四立，「二至二分」と四立を合わせて八節という．「二十四節季」は古くから段階的に整備されてきたと考えられるが，「二至二分」の中間点に位置する四立に関しては，『春秋左氏伝』「僖公5年」の「分至啓閉」という語の「啓」が立春・立夏，「閉」が立秋・立冬と考えられており，『呂氏春秋』において「立春」「立夏」「立秋」「立冬」の語が使われていることから，戦国時代には一般化したと考えられる．「二十四節季」のその他の名称は前漢の『淮南子』において

---

504) 小沢賢二（2010）は，BC. 446XII 16（11月甲子朔）を起点とする．
505) 1年を春夏秋冬の4つの季節に分け，それぞれをさらに6つに分けた24の期間を表すものとして使われることがある．この場合，二十四節季をさらに約5日ずつの3つに分けた，72候という分類があり，各気各候に応じた自然の特徴が記述された．日本では暦注など生活暦において使われている．日本では，江戸時代の頃に用いられた暦から採用されたが，元々二十四節季は，中国の気候を背景に名づけられたもので，日本の気候とは合わない名称や時期もある．そのため，それを補足するために二十四節季のほかに土用，八十八夜，入梅，半夏生，二百十日などの「雑節」と呼ばれる季節の区分けを取りいれたのが，日本の旧暦である．

第Ⅴ章
北京—中国都城の清華

出揃っており，それまでの間に名称が固定化したと考えられている．閏月の挿入については一定の周期が知られており，「四分暦」は19年7閏の周期（メトン Meton 周期）を「一章」と称し，これを基礎に大小月を配置した76年28閏の周期（カリポス Calipos 周期）を1蔀（4章76年）と称している．

戦国時代に，各国ごとに様々な暦が用いられていたことは，史書の年代のずれを問題にする中で明らかにされる（平勢隆郎 (1995, 1996, 2005, 2007))．戦国時代末の秦から前漢武帝の太初元 (BC. 104) 年まで用いられていたのが「顓頊（せんぎょく）暦」である．基本的に「四分暦」であり，10月を歳首とし，閏月を歳尾である9月の次に「後九月」として配置する．年初は正月であり，「二十四節季」の起点としている．この「顓頊暦」をめぐっては，唐代の僧一行（『新唐書』「歴志」「唐書大衍暦議日度議」）が暦元を B.C. 366 としており平勢隆郎はそれを前提とするが，この暦元については僧一行の推算による「仮想暦法」であるとされる（小沢賢二 (2010)[506]）．

「立春」を年初とする「太陰太陽暦」では，「冬至」は11月に含まれることになるが，19年に1度，「冬至」が「11月1日」となる日があり，これを「朔旦冬至」といい，これを「暦元」とするようになる．この「朔旦冬至」を暦元とする最初の暦法とされるのが「太初暦」である．前漢武帝の太初元年「甲子」「朔旦冬至」に「顓頊暦」は「太初暦」に切り替えられる．「太初暦」は，「八十一分律暦」といわれるが（『漢書』律暦志），1朔望月を 29 日 43/81 = 29.53064 とする．1朔望月については，ほぼ正確な数字が知られていたことになるが，19年7閏月＝235月という原則に従うと1年は 29 日 43/81 × 235 ÷ 19 ＝ 365・385/1539 ＝ 365.2501 日となる．わずかに「四分暦」の定数と異なることになる．「大初暦」は，劉歆[507]が補訂して「三統暦」を策定するまで続くが，以降も，太陰太陽暦の基本は同じであり，微調整は必要とされる．

1912年の太陽暦（グレゴリオ暦）の採用まで，改暦は50回以上行われるが，なかでも中国歴代最長の暦法となったのが大元ウルスの至元18年辛巳 (AD. 1281) を暦元とする「授時暦」である．この「授時暦」の撰に携わったのが，大都の設計計画にも関わった郭守敬である．これは明の「大統暦」に引き継がれ，イエズス会士アダム・シャール（湯若望）による西洋天文学に基づく清朝の「時

---

506) 小沢賢二 (2010) は，「顓頊暦」の暦元を秦昭王48年 (B. C. 260 末〜259) とする．
507) 前漢末から新にかけての経学者，天文学者，目録者．字は子駿．漢の時の爵位は紅休侯，新では嘉新公．五行相生説に基づく新しい五徳終始説を唱え，五徳は木→火→土→金→水の順序で循環し，漢王朝は火徳であるとした．

Column 6
暦法

図 Column6-1　郭宇敬設計の登封・観星台（撮影：布野修司）

憲暦」改暦（1644年10月）まで364年間使用され，朝鮮や日本にも大きな影響を及ぼした[508]．この「授時暦」は，伝統的な中国暦の中では最もすぐれたものとされ，それ故最長を誇ったともいえるが，薮内清・中山茂（2006）によれば，微調整に関わるパラメーター[509]について解釈できない点が残されてきた．結局，観測値に近づけようとする数値解析的代数的アルゴリズムは，地動説を基礎にする西欧的幾何学的アルゴリズムにとって変わられることになる．確認すべきは，元明の大都，北京を設計する基礎に置かれた天文学は「授時暦」をもとにしていたことである．

---

508) 高麗の崔誠之が授時暦を持ち帰ったとされる．日本へは江戸時代初期に輸入され，貞享暦の作成にも影響を与えている．
509) 例えば，「限度」と呼ばれる，日月食の起こる範囲あるいは五星（惑星）の会合周期を巡る変数は理解されてこなかった．

V-3　明北京

　朱元璋（洪武帝）が元を北方に駆逐し明朝を建て，首都を南京に定めて都城整備を行った経緯については前章でみた．洪武帝は，即位にあたり孫の標（朱允文・建文帝）を皇太子に冊立し，明王朝の永続のために息子らを各地方に諸王として冊封する諸王封建の制を『皇民祖訓』（『祖訓録』）として定めた．燕王に封じられ，北平に改称された北京に赴き就藩するのが第4子の朱棣（永楽帝）である．洪武帝が崩じ，第2代皇帝となった朱允文・建文帝は，王族を封じ込めにかかるが，後継争い（「靖難の役」）に勝利し，政権を奪取（1402年）したのは朱棣である．第3代永楽帝は，帝位につくと北平府を北京に昇格，北京—南京の両京体制を施行し，最終的には北京遷都を敢行することになる．

　大都から北京への大きな変化は，北壁が南に移動されたこと，南壁もまた南にずらされたこと，さらにその南に外城が建設されたことである．そして，その明北京は，清に引き継がれることになる．

　以下に，明清の北京の空間構成についてみたい．

　北京に関する著書は膨大な数にのぼるが，王燦炙編（1985）が歴史的な文献を列挙している[510]．北京城に関する総合的な文献としては，まず清代に于敏中他が編纂した『日下旧聞考』[511]がある．過去最大の北京の歴史，地理，城坊，宮殿，名称などに関する史料である．また，北京案内書として，北京城の官吏の生活や服装，河署，会館，寺廟，店舗などの案内を詳細に記した李紅若『朝市叢書』[512]がある．さらに，呉長元『宸垣識略』[513]，震鈞『天咫偶聞』[514]，陳宗蕃『燕都叢考』[515]，湯用杉・澎一歯・陳声聡『旧都文物略』[516]，張宗平・呂永和『清末北京史資料』[517]などの著作がある．北京市社会科学研究所編（1984）『北京歴史紀年』は，清代の重要事件をまとめている．

　坊，胡同については，明代の張爵編『京師五城坊巷胡同集』[518]に，明代北京の五城

---

510) 北京地方史に関する文献目録である．「歴史」「地理」「風物」に分類し，北京史各図書館の6300冊の本を収録している．
511) 『日下旧聞考』1〜8巻，北京古籍出版社，1981年復刻．
512) 李紅若『朝市叢書』北京古籍出版社，1995年復刻．
513) 呉長元輯『宸垣識略』北京古籍出版社，1981年復刻．
514) 震鈞『天咫偶聞』北京古籍出版社，1982年復刻．
515) 陳宗蕃『燕都叢考』北京古籍出版社，1991年復刻．
516) 湯用杉・澎一歯・陳声聡『旧都文物略』書目文物出版社，1986年復刻．
517) 張宗平・呂永和『清末北京史資料』北京燕山出版社，1994年復刻．
518) 張爵編『京師五城坊巷胡同集』北京古籍出版社，1982年復刻．

と36坊の名称，位置，各坊内の胡同などが記入されている．また，清代の朱一新編『京師坊巷志稿』[519]には，坊と胡同に関する物語，伝説がまとめられている．他に，多田貞一 (1986)『北京地名志』，松本民雄 (1988)『北京地名考』，北京史公安局編 (1958)『北京市街巷名称録』，「北京地名志」編輯委員会編 (1992)『東城区地名志』『西城区地名志』などがある．

今堀誠二 (1947) は，清代末期の北京のコミュニティ組織について論述するが，外城のみを対象としている．専ら依拠するのは，京都の書肆，浅文貫から出版された岡田玉山 (尚友) の『唐土名勝図會』(文化2 (1805) 年)である．50数種の漢籍文献をもとに中国各地について，山川名勝，庭園，寺，法制度，人物故事，器物風俗などについて記している．全6巻からなり，第3巻が内城に当てられている．北京内城の居住組織について詳述されており，1985年に中国で北京古籍出版社から翻訳されている[520]．中に描かれた絵は，清朝建物に関する参考資料として『中国大百科全書』(「劇曲巻・査楼図」)[521]などに収録されている．日本で書かれた書籍が逆に史料とされる興味深い資料が『唐土名勝図會』である．

宗教施設に関する文献史料もまた少なくない．ここでは，国立北平研究院編による『北平廟宇通検』(許道齢編 (1936)) を主として用いた．明清時代の北京城内外および近畿部 (北京周辺) の全ての寺廟が登録されている．寺廟の名称，所在，建築・修復年代，原因および記載古文献も記されている．また，北京市政当局編 (1939)『北京市志稿・宗教志』がある．寺廟の種類，分布の他，内部の管理組織なども詳しい．

以上，本書ではとても活用し得ないが，北京の生きられた都市組織の具体的なあり方をめぐっては史料の森に分け入ることになる．ここでは都城のかたちについてみることになる．

3-1 燕王府

洪武帝は諸王を冊封すると (洪武3年4月)，王府建設の詔を出し (洪武3年7月)，各王府の場所を決定して建設が開始された (洪武4年10月)．ただ，燕王府については元大都の宮室を利用する (「燕因元之宮有」) こととされた (『祖訓録』「営繕」)．また，20歳になった朱棣が燕王として燕王府に赴くのは冊封10年後の洪武13 (1380) 年3月である．

新宮学 (2004) は，燕王府の所在地について，諸説を検討した上で，従来定説とされてきた太液池の西，西苑にあったのではなく，元の大内宮城に置かれていたとする．

---

519) 朱一新編『京師坊巷志稿』北京古籍出版社，1982年復刻．
520) 岡田玉山『唐土名勝図會』銭端義，周豊訳，北京古籍出版社，1985年復刻．
521) 『中国大百科全書』「劇曲巻・査楼図」．

その構成については，朱棣の燕王府就藩に先立って，燕王府の完成図が提出されたという記事（『明太祖実録』巻127「洪武12年11月甲寅」条）[522]がある．この記事によると，規模に関わる記述は省くが，

　①王城南の右に社稷・山川の2壇がある．
　②王城の城門は東西南北に4門ある．
　③王城は，承運殿，円殿，存心殿の三殿と，その後方，前，中，後の3宮からなる．承運殿には左右2殿を附属し，11間，他は，3宮を含めて九間である．
　④王城を囲む周壁も東西南北4門を持つ．
という．

　すなわち，王府は，王城と王城を取り囲む外周垣の2重の回字構造をしており，共に東西南北に1門ずつ4門をもつ．王城は，承運殿―円殿―存心殿の三朝構成をしており，その後部に前―中―後の三宮が並ぶ．承運殿は左右東西に両殿を附属させる太極殿の形式である．

　この配置，空間構成は，上で観た大都の皇城にみられる宮殿，宮城の構成とは異なっている．ここで記述される主宮殿は「エ」字形ではなく，三朝構成をしている．すなわち，王府は，既に明南京の宮城の制に従っている．また，各宮殿域は2重の城壁はもたないし，門の数も異なる．2重構造というのは，皇城，宮城の2重の構造をさすと考えていい．燕王府は，元の宮城の諸施設を修築する形で造営されたと考えることができる．新宮学（2004）は，燕王府と秦王府の推定図を示している（図V-3-1 ab）．

3-2 ｜ 北京遷都

　永楽帝による北京遷都，その死後の洪熙帝による南京環都の試み，そして宣徳帝による北京定都へ至る過程は，新宮学（2004）が詳細に明らかにしている．永楽帝の北京遷都計画は，

　　0．北平復興策―前段階，
　　Ⅰ．南北両京体制の施行　　洪武35年7月～永楽4年閏7月，
　　Ⅱ．北京営建工事の開始と第1次巡行　　永楽4年閏7月～永楽10年3月，
　　Ⅲ．第2次巡行と西宮建設　　永楽10年3月～永楽十4年10月，
　　Ⅳ．第3次巡行と紫禁城建設　　永楽14年10月～永楽18年12月，
という諸段階を経て実施されるが，紫禁城完成直後の3殿焼失以降，南京環都が決定されるなど，北京が正式に首都として整備されるのは正統年間のことである．

　新宮学（2004）によりながら，北京遷都，北京建設の過程を追うと以下のようになる．

522）燕府営造工，絵図以進．其制，社稷・山川二壇在王城南之右．……

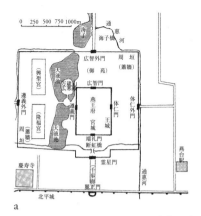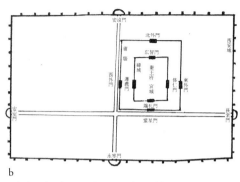

図 V-3-1　a 北京燕王府　b 西安秦王府（出典：新宮学（2004））

①永楽 4（1406）年 2 月，皇城正門，承天門再建.
②同年閏 7 月，北京営建工事着手決定．宮殿建築のための資材調達が開始され，四川，湖広，広西，浙江，山西などに監督官が派遣される．また，河南，山東，直隷など大運河沿いに窯が設置され，煉瓦の焼成が開始される．さらに，全国各地から各種工匠の徴集が開始される．
③永楽 5 年 5 月，通恵河の改修工事開始.
④永楽 7 年 5 月，天寿山造営開始．永楽 11 年正月，山陵完成，長陵と命名.
⑤永楽 9 年，会通河の開削等，大運河の整備が行われる.
⑥皇城城壁の建設．城壁修築開始の時期については明確な記事が残されていないが，永楽 12 年頃までにはその整備は終えていたとされる.
⑦永楽 14 年 8 月，西宮建設開始，翌年 4 月竣工．西宮は，皇城内西苑，大都の隆福宮，興聖宮の跡地に建てられ，奉天殿と左右 2 殿を中心とし，南に奉天門と東西角門，さらに午門と承天門が配され，北側に後殿，涼殿，暖殿の他，多くの宮殿からなっていた．一時的な「視朝之所」，すなわち朝政の場として建てられ，本格宮殿建設が前提とされていた.
⑧永楽 14 年 11 月には本格的な宮殿建設が裁可された，永楽 15 年 2 月，泰寧公陳珪が掌繕工事長官に，安遠侯柳升と成山侯王通が副官に命じられる．計画立案に当ったのは陳珪である．5 月，永楽帝北京に巡行，李慶を陳珪とともに営造総督に命じる．個別の工事監督に当った人物としては，柳升，王通の他，徐亨，薛禄，金玉，章安，譚広などが知られる．6 月，紫禁城建設開始．11 月，奉天殿，乾清宮着工．永楽 18 年末までに，太廟，社稷壇，天地壇など皇帝祭祀に関する諸施設および宮城内の諸宮殿が建設された．

⑨永楽17 (1419) 年11月，北京城南城壁建設．北京城の城壁は，元大都の城壁を継承するものであったが，北壁については，洪武元 (1368) 年に，大将軍徐達が大都の北壁の南五里に新たに城壁を建設していた．モンゴルに対する防御を強化するために2重に防衛線を設けた形である．そして，版築の城壁を塼で修築する工事は継続的に行われてきた．南城壁の移動とともに，皇城の城壁から20丈ほどの火除地が設けられた．

⑩永楽18年末までに紫禁城は完成し，翌 (1421) 年元旦，朝賀の儀式が行われる (北京遷都)．しかし，4月，奉天殿，華蓋田，勤身殿の3殿他2宮が落雷による火災で焼失する．

⑪3殿焼失の衝撃は大きく，永楽帝の死 (1424) 後，帝位についた洪熙帝によって，南京環都が決定され，南京皇城の修理工事が着手される．しかし，洪熙帝の急逝 (1425) によって環都計画は頓挫する．

⑫宣徳帝は，帝位に就くと，北京帝都を決定，天地，山川壇などを修復するとともに，北京営造を再開する．

⑬宣徳3 (1428) 年，焼失した3殿の再建のための木材調達開始．南城壁，文明門周辺整備．

⑭宣徳5年，皇城南，大明門東側に6部の1つ礼部衙門建設．

⑮宣徳7年，皇城を東へ拡張する工事が行われる．

⑯正統元 (1436) 年，北京城壁全体の大規模な改修工事開始．工事は西城壁，北城壁，東城壁，南城壁の順に行われた．正統4年には，各門の甕 (月) 城，門楼，城濠，橋梁などの工事が完成する．しかし，翌年，完成直後に北京城は大水害に見舞われ，その修復が完成するのは正統12年閏四月である．

⑰正統元年末から翌年春にかけて，3殿2宮他，中央諸官庁の建設計画が立案される．設計にあたって中心的役割を果たしたのは，太監阮安である．他に，梁端や陳謹が知られる．3殿焼失以降，歴代皇帝が起居したのは永楽帝の建設した西宮であったと考えられる．3殿2宮が完成したのは正統6年9月である．翌月正統帝は完成した乾清宮に居を移している．北京が正式に「京師」となるのは11月である．

⑱正統6 (1441) 年末以降，中央諸官庁が相次いで建設される．天文観測のための観星台 (観象台) は正統7年3月，国子監と孔子廟は正統8年12月である．北京城の整備がほぼ完工するのは，城隍廟が修復された正統12 (1447) 年9月頃とされる．

北京遷都のプロジェクトは，永楽元 (1403) 年の両京体制の開始から数えると半世紀近くの時間を経て実現されるのである．

そして，それから1世紀経って，南城壁外，正陽門，崇文門，宣武門の南に形成された住宅街，商店街を囲うために外城が建設される (1553年)．この外城建設についても新宮学が明らかにするところである (「北京外城の出現—明嘉靖「重城」建設始末」新

宮学 (2014)).

⑲外城建設についての最初の提言は北京城の整備が完工する以前に, 欽天監春官正の王巽によってなされる (1443年). 盗賊の多発に対する治安維持が目的であった. その後もモンゴルの襲来に備えるために, 定西侯蒋琬によって (1476年), また吏科給事中呉世忠によって (1503年) 外城建設が提案されるが, 工事費用が嵩むことから実施されない. いずれも, 内城を大きく取り囲む南京の外郭 (羅) 城をモデルとする提案である.

⑳嘉靖年間に入ってモンゴルの長城地帯への進攻が激しさを増すと, 外城建設は喫緊の課題とされ, 督都察院事毛伯温によって具体的な計画がなされるが, 太廟の焼失など諸般の事情によって実行されない. 嘉靖29 (1550) 年, タタール軍が長城を超えて北京に迫る事態となって, ようやく外城建設が行われることになる. 提案したのは吏部左侍郎王邦瑞である. ただ, 工事は開始されたものの工事費, 工役の負担の問題で中断され, 再開されるのは2年後の嘉靖32 (1553) 年のことである. 最終的な提案者となったのは兵部尚書聶豹によるもので, 4面とも, すなわち, 内城全体を取り囲むのが計画であった. しかし, 工期と費用の点で4面全ての工事は断念され, 実際に完成したのは南面外城のみであった.

3-3 | 明北京の設計計画

北京は, 以上のように, 大都を改築することによって形づくられる.

皇城・内城については, 上述のように, その後, 火災, 水害に見舞われるが, 陳珪の計画立案によって, 永楽15 (1417) 年に建設開始され, 永楽18 (1420) 年末までに建設されたものがもとになっている. 外郭城 (内城) については, まず, 北壁は, 洪武元 (1368) 年に, 大将軍徐達が, モンゴルに対する防御を強化するために大都の北壁の南5里に新たに城壁を建設したものがもとになっている. また, 南城壁が皇城の城壁との間に20丈ほどの火除地をとるために建設されたのは永楽17 (1419) 年である. そして, 外城が建設されたのは成徳23 (1544) 年のことである. その後, 明清を通じて, その大きな骨格は変わっていない

まず, 内城についてみよう. 北壁を南に5里移動させたというが, この場合, 1里=360歩である. Google Earth上で計測すると, 北東部に海津に従った湾曲部があるが, 鼓楼から東壁の間は, 大都北壁と明北京北壁の間の距離は, 2933.83m〜2955.11m (5.16里〜5.20里) であり, 記述は裏づけられる.

南城壁は, 上述のように20丈南にずらされたとされるが, 傅熹年の実測値によれば, 南北城壁間の幅は5314mであり, 1歩=約1.58mで換算すれば, 3363.29歩, 14.01里 (1歩=240歩, 9.34里 (1里=360歩)) である. 内城の東西幅は, 上述のように, 18里 (1

第Ⅴ章
北京—中国都城の清華

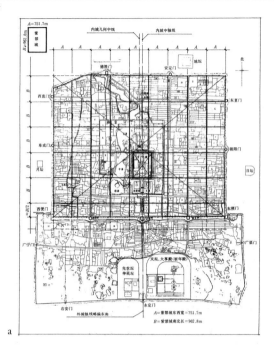

a

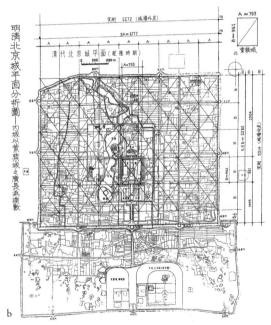

b

図 V-3-2　明清北京城平面分析（出典：傅熹年（2001））

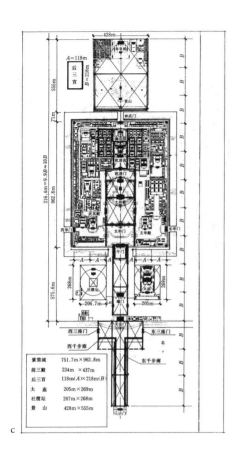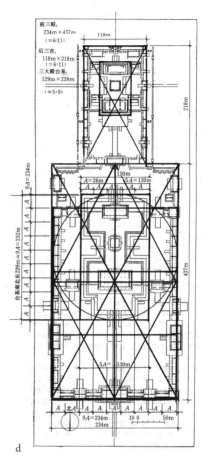

歩＝240歩）（12里（1里＝360歩））である．18里×14里ということで，480歩×480歩を単位とする基準グリッドは維持されていることになる．

北城壁，南城壁の南への移動，そして宮城の北への移動によって，紫禁城は内城のほぼ中心に位置することになる．傅熹年(2001)の作図によると，中心に位置することになるのは景山である（図Ⅴ-3-2abcd）．皇城の城壁については，基本的に大都と変わっていない．

外城については，上述のように，南京の外郭（羅）城がモデルとされ，宮城，皇城，内城，外城という4重の入れ子の空間構造が計画理念とされていた．再開工事を提案したひとりである通政使趙文華が「上帝の帝座が紫微垣，太微垣，天市垣の三垣で護られているように，人君たる天子も三城で護られるべきである」といい，嘉靖帝も「四面に築城する方が完全で美しいと述べ，そうでなければ王制とは言えないと付け加え

た」という（新宮学（2014））．

　毛伯温の計画は，北城壁として約10里ほど残存していた大都の土城，また，西南角に残存していた金中都の城壁約8里を利用するものであった．聶豹の計画も同様であったと考えられるが，「堪輿の説」すなわち風水説に従って，「前方後円」の形にしたという．新宮学は，「前方後円」を天壇の外壁と同様の形であったと推定する（図V-3-3）．

　外城の設計寸法については手掛かりが少ないが，宇野隆夫による測量値がある（図V-3-4，宇野隆夫・王維坤共編（2008））．大都の設計計画についても，その北壁の長さについてこの測定値に触れたが，方位そして造営尺についてそれぞれ3つの基準があるという興味深い指摘がある．まず方位について，南北中軸線（正陽門―鼓楼126→108，永定門―鼓楼167→108，数字は図V-3-4，以下同様）が西に2度強傾いており（方位1），宮城の東濠，西濠，内城東城壁，西城壁もほぼこれに従っているという指摘がある．皇城南城壁，宮城北濠，南濠は，この中軸線に直交しており，大都建設時の基本方位，基準グリッドと考えられる．それに対して，明内城の北壁（徳勝門―安定門208→212），内城西直門―東直門（＊2→＊3），阜成門―朝陽門（234→＊6）などは，西に1度弱傾いているだけでほぼ真東西に配置されている（方位2）．さらに，天壇―地壇（170→180），日壇―月壇（177→＊1）をそれぞれ結ぶ軸線は逆に東に1～2度振れている（方位3）．大都の基本方位（方位1）について，西2度の振れは，都城の方位の振れとしてはかなり大きく，天文観測による南北方位設定がなされたとは考えにくいと宇野隆夫はいうが，南北方位の設定はそう難しくはなく古来行われてきているし，当代一流の天文学者たちがクビライの側近にいて大都の建設に関わったことを思えば，測量誤差，施工誤差の問題と考えていいのではないか．宇野隆夫は一方で大都の建設時に東西についてはほぼ正東西（方位2）が用いられていると指摘しているのである．むしろ，明北京城の建設時に，すなわち，元大都の北城壁を南に下げ，南城壁を南にずらした時に別の基準に拠ったとする方が自然であろう．方位3が用いられるのは，明嘉靖帝の1530年である．

　尺度についても，3種の方位軸に対応するように，尺度1＝0.299m，尺度2＝0.309m，尺度3＝0.312m 3種の造営尺が用いられているということが指摘される．尺度2は，既に検討してきたように宋・元で用いられてきたとされるもので，大都北壁長さ（164→166）が12里（元18里）であることは上で触れたが，宇野隆夫は，さらに内城南城壁（231→199，12里），皇城東城壁（269→264，5里（元7.5里）），宮城東濠（295→287，2里（元3里））宮城西濠（313→304，2里（元3里））を確認している．尺度3については，明代の尺度で，天壇―地壇（170→180，16里），日壇―月壇（177→＊1，14里）が完数（ラウンド・ナンバー）になるという．問題は尺度1で，宇野隆夫は，初唐・盛唐期の尺度が明北京城の造成の際に用いられた可能性があるとする．内城の

明北京

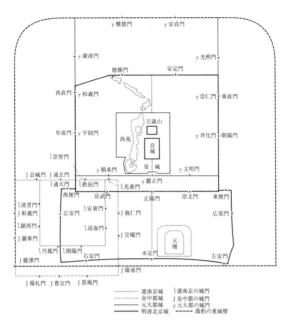

図 V-3-3　明外城計画図（出典：新宮学（2012））

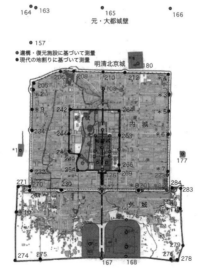

図 V-3-4　明清北京の方位と尺度（出典：宇野隆夫・王維坤共編（2008））
108 鼓楼，113 万歳山（景山），127 正陽門，167 永定門，170 天壇，180 地壇，177 日壇．

513

中軸線の南北距離（127 → 210）は 5382.816m[523]，外城の中軸線の南北距離（167 → 127）は 3182.433m で，1 尺 = 0.299m 換算でそれぞれ 1000 里，5.91 里となる．ということで，外城の南北幅については尺度 1 が用いられたとするのであるが，外城南壁の右安門―左安門 275 → 276 が 12 里であること以外他の測定点がないから確かなことは言えないのではないか．外城の中軸線の南北距離 3182.433m は 1 歩 = 1.54m 換算で 2066.51 歩 = 5.74 里となる．都市計画レヴェルの距離を尺のレヴェルで検討するのはまま数値合わせに陥る．外城の南城壁の位置は，先行して設置された天壇，先農壇の位置によって規定されたと思われるが，既に大きく発展していた市街地を大きく取り囲むことが優先され，街路や街区の細かな設計はなされなかったと思われる．

明北京の設計計画において，南京の皇城・宮城の形式がそのまま移されていることが極めて重要である．すなわち，北京紫禁城は，「左祖右社」「三朝五門」「前朝後寝」といった『周礼』の都城モデルを理念とした南京宮城を引き継いでいるのである．

そして，何よりもはっきりと示されているのは，宮城を貫く南北軸線である．鼓楼，鐘楼がこの軸線上に移動されたことは大都の設計計画に関して上に触れた通りである．

そして，この軸線を意識して，天壇祈念殿（1420 年）（円丘，皇穹宇（1530 年）），先農壇（1420 年）が建設され，宮城のほぼ東西に日壇（1530 年），月壇（1530 年）が建設されていくように，紫禁城が中心であるという理念は，大都城の改変に際して，明確に意識されているのである．

---

[523] 傳熹年の実測値は，5314m であり，この場合 9.87 里となる．この測定値 5382.816m を 1 歩 = 1.58m 換算すると 3406.85 歩 = 元 14.19 里となる．

Column 7　四合院

　古今東西，都市住居の基本形式は中庭式住居（コートヤード・ハウス）である．そして，中国の都市住居の形式と言えば「四合院」sìhéyuàn である．この前後左右に分けた棟で中庭を囲む四合院という形式が，住居のみならず，宮殿，壇廟，寺観，官衙なども含めてあらゆる建築類型に用いられることは中国建築の大きな特質である．

　中国各地にはそれぞれの地域の生態系に応じて多様な住居の形式をみることができるが，「華北区」「華中区」「華南区」「東北区」といった自然生態区分よりはるかに小さな地域区分ごとに住居の形態は異なっている．住居の形態は，単に自然生態によって規定されるのではなく，自然・文化・社会の複合的表現である．布野修司編（2005）は，そのうちゲル，窰洞（ヤオトン），竹楼などいくつかを紹介しているが，中国ははるかに広大である．しかし，そうした中で四合院という住居形式の広がりは驚異的といってもいい．「中国」の空間編成原理の象徴ともなっているのが四合院である．

　極めて単純な空間の単位，すなわち1〜3部屋からなる住棟を単位として，東西南北に自在に配置することによって多様な集合形態が生み出されていく．この単純な空間システムが四合院の持続力である．その基本原理と地域変化の多様性をここではみたい．

1-1 | 最古の四合院

　現存する四合院の大半は清末のものであり，明代に遡るものもある．その起源は不明であるが，遙かに時代を遡ることが明らかになっている（田中淡（1995））．1976年に発掘された鳳雛甲組建築遺址は周代の宗廟と考えられ，東西32.5m，南北45.2m，南側に門屋，北側に3間に仕切られた後室，そして中央に前堂を置き，これら3棟を南北に長い建物で両側から挟み込んだかたちをしている．建物は全て基壇上にあり，全棟の屋根は分離されず，寄棟に組み合わせられていたと考えられている．すなわち，四合院ではないが，形式としては「両（二）進」の四合院である（図 Column 7-1）．本文で触れたが，夏王朝の宮

第Ⅴ章
北京—中国都城の清華

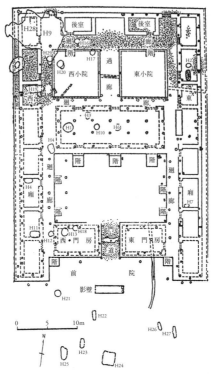

図 Column 7-1　西周時代の宮殿遺跡—陝西省岐山県鳳雛村，BC1100年頃

殿址と考えられる，1987〜88年に発掘された河南省偃師県二里頭2号宮殿遺址がある．外壁と回廊をもって敷地を囲み，大門を入ると内庭があり，同じように堂屋を置き広場を取り囲んでいる．堂屋は木骨土壁で築かれた3室からなり，その外周に柱廊を廻らしている．中国の宮殿形式の原型と考えられているが四合院の形式はとっていない．

　四川省出土の後漢時代の画像塼には裕福な階段の生活が描かれていて，当時の住居の一端を知ることができる．全域を塀で囲み，さらに区分して主院と側院がある．2つの門を経て主院の広い院子（中庭）があり，鶴の庭に面して基壇の上に主屋が置かれる．院子には楼閣が高く築かれている．

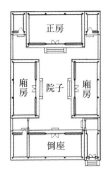

図 Column 7-2　四合院の基本型（作図：趙冲）

1-2 ｜ 四合院の基本型

　四合院は，構成単位となる住棟4つを東西南北に配して中央の院子（中庭）を取り囲む形式をとり，院子の北側にあって南に面する主屋を「正房 zheng fang」，東西に向き合う棟を「廂房 xiang fang」，南側に置かれる棟を「倒座 dao zuo」という（図 Column 7-2）．この四合院の基本型は，前後左右に連結されて自在に全体を構成する．特に中軸線上の展開は明快であり，院子を囲む単位が後方へ繰り返される数を「進 jin」といい，「一進」「二（両）進」「三進」のように数える．

　四合院といっても，その形態は地域によって異なる．しかし，以上のような一定の平面構成のシステムを共通にもっている．例えば，窰洞も基本的には四合院形式である．客家のいくつかのタイプも四合院の形式といっていい．

　『中国民居建築叢書』全17冊（陸元鼎主編（2009））は，中国全土の伝統的住居を網羅的に示している．各冊に挙げられた四合院の事例は，膨大な数に上るが，そのうち各地に最も一般的にみられる四合院の平面形式の分布図を作成すると図 Column 7-3 のように示される．

北京四合院
　北方系（華北地方）の四合院，特に北京の四合院は典型とされる（図 Column 7-4）．本論でも触れたが，陸翔，王其明（1996）『北京四合院』によると，唐宋以来，長安→同州→臨汾→太原→代県→北京のルートを経由し，現代北京四合院は形成したとされる．

　南北の大通りから入った胡同と呼ばれる東西の小路に，北を奥として南面す

第Ⅴ章
北京—中国都城の清華

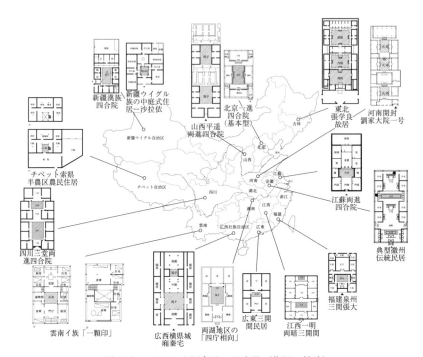

図 Column 7-3　中国各地の四合院（作図：趙冲）

る（南入り）のが一般的である．大門は，中心を避けて敷地の東南隅に設けるのが北京四合院の特徴である．大門を入ると，「照壁（zhao bi）」があり，左へ折れると中軸線上に立つ「垂花門（chui hua men）」がみえる．中規模以上の四合院では，このように，正房，東西廂房，倒座で囲まれる区画が，この垂花門によって内・外院に分けられるのが一般的である．外院は，倒座を挟んで胡同に平行する奥行きの浅い庭で，外部空間の延長としての公的な意味をもつ．倒座は，使用人の居室，物置，門番室，応接間などに使われる．

　垂花門をくぐると，正方形に近い内院がある．ここからが私的な住空間である．正面は家長の空間であり正房と呼ばれる．正房の中心の堂は祖先を祀る場である．

　正房の奥の後院より奥は，女性や子供を含む家族の日常的な生活空間である．さらに後方には，東西に長い棟が置かれ，使用人の居室や倉庫として用いられる．胡同から次の胡同までの奥行きをもつ規模の大きな住宅では，北の胡同に

Column 7
四合院

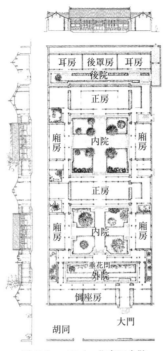

図 Column 7-4　北京四合院

背を接する棟を「後罩房 (hou zhao fang)」と呼ぶ．柱の上に梁をのせる「抬梁式」の架構法で屋根を支えるのが北京では一般的である．

北京四合院の類型については本論に譲りたい．

三合院

四合院の「倒座」を欠くものを三合院という．すなわち，3棟の独立した棟を⊐字型に並べたものをいう．四方を壁で囲む閉鎖型と三方のみ壁で南側を開く開放型がある．平屋の開放型三合院は農村地域に広く分布している．特に四川省，貴州省にみられる．院子に面する北側に走廊を設け，そこに入口や窓を開ける形態が一般的である．一方，閉鎖型三合院は都市部に多い．また，長江以南に多くみられるのが2階建ての三合院である．雲南省大理の「一顆印」は白族の住居として知られる．整然とした「印鑑」のような平面をもつことからそう呼ばれるが，三合院形式は「三坊一照壁」と呼ばれる．

四合院の構成単位

 基本単位となる住棟は，最も単純な住居形態として古くから各地に数多くみられる．建物を横長に南面させ，3間以上の間口をもつのがほとんどである．中央を居室（堂）とし，左右に寝室をもつ「一明両暗」[524]型が一般的である．華北の農村では，敷地全域を塀で囲み，その中に横長方形住居をやや北に寄せて置き，南側に庭をもつことが多い．

 この一明両暗型は，華北の四合院の平面構成の基本単位となる．また，一明両暗型以外に，「一室」型と「一明一暗」[525]型のものも多く存在する．つまり，四合院を構成する各棟の基本構成単位は，一明両暗型，一明一暗型，一室型の3種類に分けられる．周南・青木正夫他は「一室」型と「一明一暗」型とをあわせて「非一明両暗」型とする[526]．そして，中国北部黄河流域の黄土地帯を中心に，一明両暗型とは異なる「非一明両暗」型の四合院が多数存在していることを明らかにしている．さらに，文献を加え，「非一明両暗」型四合院の分布を明らかにしている．

 すなわち，四合院の基本平面構成単位として，一明両暗型は，中国全土に広く分布するのに対して，一室型は黄土地帯に多く分布しており，そのうち，正房と廂房ともに一明両暗型が，東北三省，華北平原，華中，華南地区に多く，正房が一明両暗型，廂房の一室型が中国南方の湖北省，江西省，江蘇省，広東省，海南省，福建省，湖南省，四川省，浙江省，雲南省に最も広く分布している，という．一室型は，甘粛省，陝西省の東部，山西省中南部，河北省西南部などの黄土地帯に多くみられ，正房と廂房も一室型は河南省西北部，陝西省中部，東部および山西省全域にみられる．正房は一明両暗型，廂房は一室型が，主に甘粛省，寧夏回族自治区，陝西省，山西省中部，河北省西部および河南省北部，西部に多くみられる（図 Column 7-5）．

---

524) 間口が3，三室に仕切り，真ん中の1間は「明」つまり生活空間で，両側の「暗」は寝室である．
525) 間口2間を「明」「暗」各一室に仕切る．
526) 周南，青木正夫他「中国における「非一明両暗」型住宅の平面構成及び住まい方に関する研究」日本建築学会計画系論文集，第518号，1999.4．周南，青木正夫他「中国における「非一明両暗」型四合院に関する研究 ―その1 四合院の平面類型と「非一明両暗」型住宅の分布」日本建築学会計画系論文集，第518号，－1999.4．周南，青木正夫，上和田茂，西田勝，傅 開楠「中国における一明両暗型住宅の成立過程について」計画系論文集，NO.548，2001年10月．

Column 7
四合院

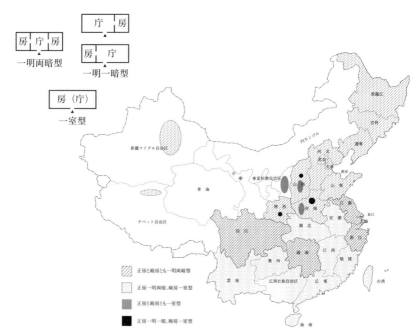

図 Column 7-5　a 基本単位となる一明両暗型・一明一暗・一室型 b 中国における非「一明両暗」形式四合院の分布（周南他（1999）をもとに作成）

1-3 │ 四合院の地域性

『中国民居建築叢書』全 17 冊（陸元鼎主編（2009））をもとに，以下，順に各地域の四合院の特徴をまとめたい．

　中国を大きく南と北に分けると，北方の「院子」「堂屋」を，南方では「天井」「庁」という．南方の「正房」は，中央が「庁」，両側は寝室になっており，北方と同様な使われ方をするが，各部屋へは「天井」から直接入るのが一般的で，南方では，「庁」を経由しない．南方では「廂房」は一室であることが一般的で，強い西日を浴び，通風も悪いため寝室にすることは少なく，厨房や倉庫などに使われる．建築の構造形式は，華北・中原では「抬梁式」（柱梁構造）であるのに対して，華中，華南，西南は貫を多用する「穿斗式」（貫構造）が一般的である．

　東北地方から雲南へ，北から南へ順にみていこう．

東北地方には，満州族，朝鮮族，漢族が居住するが，典型的な東北漢族の住居は大きな中庭を囲むそれぞれ東西南北を向く4つの正房からなる．すなわち，複数の正房によって1軒の四合院を構成する．四周を堅固な壁を廻らし，四隅に監視楼を建てるものが多い．馬車を中庭に引き入れるために南面する中央の大門の幅は広い．『東北民居』[527]は，標準形式，二進形式，三進形式，双向形式の4類型を示している．二進形式は東北漢民族住居の中で，もっとも多く見られるタイプである．二進形式はさらに，①二進三合式，②二進四合式，③二進四合半後院式に分類できる．③は，東西に廂房を置かず，後部に正房しかない，院子が半分しか囲まれていない形式をいう．三進形式は外院，内院，後院という3つの院落で構成される．双向複合式は南北方向だけでなく，東西方向にも並列付加されていくパターンである．図式的であるが，こうしたパターンは他地域にはない．

　山西の四合院は北京四合院と似ているが，入口が南中央に置かれ，奥の正房の門がアーチ型となるのが特徴的である．窰洞の影響を受けたと考えられている．また，正房の前に廊下が設けられるのが特徴的である．この正房，廂房ともに3間の一明両暗型である．院子の幅は一進から二進へやや狭くなる．正房の部分だけを2階にすることが多い．大型住居は，晋商[528]大院と呼ばれる．基本的に，一進か二進の四合院がいくつか集合するかたちで形成される．廂房は5間で，「一明一暗＋二室」型が多い．

　河南省には四合院が多く残っているが，ほとんどが農村部にあり[529]，清代から民国に建てられたものが多い．開封については，本論第Ⅳ章1で見た通り，唯一四合院住宅である劉家大院が残されている（図Ⅳ-1-15）．西安の四合院についても本論第Ⅲ章4でみた．

---

527) 周立軍，陳伯超，張成龍，孫清軍，金虹『東北民居』中国建築工業出版社，2009年．
528) 山西出身の商人・金融業者の総称．山西は古くから鉄の産地として知られ，五代以降商人勢力の存在が知られる．明代に山西商人は米穀商，塩商として巨利を得，金融業にも進出し，活動範囲を全国に拡げた．清代は票号（為替）・銭舗（両替）・炉房（貨幣銭造）・当舗（質屋）の経営など金融業を主とし，官界にも影響力をもち，土地に対しても積極的に投資した．山西商人は徒弟制度を通じて組合組織を固め，祭祀や取引を共同にして各地に山西会館を建てて活動の根拠地とした．19世紀後半には全国の為替業務のほとんど独占するほどであったが，銀行の発達や国際経済の中国浸透とともに衰退した．
529) 宗迅，福川裕一「中国洛陽市郊外衛坡老街四合院住宅の空間構成」日本建築学会計画系論文集，第76巻，第668号，2011.10．宗迅，福川裕一「中国洛陽市周辺衛坡村伝統四合院住宅における居住の変容と現状」日本建築学会計画系論文集，第77巻，第675号，2012年5月．

Column 7
四合院

　西北地方の黄土高原一帯の伝統的な洞穴住居を窰洞という．いくつかのタイプに分けられるが，黄土高原全域で見られるのが自然の崖地に横穴を直接穿つ「靠崖式」である．もう1つは，黄土高原南下半に遍在する塬(yuan)と呼ばれる台地に見られるのが「下沈式」と呼ばれる．下沈式はまず，大地に1辺約10m，深さ約6mの矩形の堅坑を掘り込む．これが地下の中庭で，次にその四面に横穴を掘る．地下へは堅坑の外側に斜路か階段を設けてアプローチする．つまり，北京四合院のような中庭式住居を下に沈めた形式である．窰洞の場合，正房，廂房は一室型の基本単位を2, 3室並列するかたちとなる．

　新疆ウィグル族の住居を「沙拉依 (sha la yi)」という．漢族の「一明両暗」型と同じ形式であるが，沙拉依は中央の部屋が狭く，間口は約3m，奥行きが4〜6mほどであり，東西の部屋は広い．大型になると，この「沙拉依」を東，西，南に置き，「阿以旺 (a yi wang)」(院子) を囲んで四合院形式とする．

　チベットのラサには，中庭型の大規模な住居形式がみられる．多くは2階建てもしくは3階建てである．石造が多いが，1階部分が石造で2階以上を日干煉瓦造とする場合もある．住居の1階部分は家畜のつなぎ場や倉庫として使われる．街路に面する部屋は店舗として使われることもある．2, 3階は中庭の周囲に廊下が設けられ，廊下に沿って居室が並ぶ．かつて2階は使用人の居室あるいは台所，3階部分は主人の家族の居室として使われていたが，現在は複数の家族が廊下や便所を共有しながら数部屋ずつ使用し，集合住宅のように住むことが多い．

　江蘇における最も典型的な四合院は中軸線上に「門庁」「円堂」「堂楼 (楼庁)」をもつ間口3の三進の形式をとる．門庁は，北京四合院の倒座に相当するが，3室からなり，両側は敞間，中央は正門庁となる．正門は中軸線上に位置する．敞間は，来訪客が主人への通報を待つ待合室と泊まりの客室として使われる．一進の天井は小さい．外天井とも呼ばれるが，東西に廂房は置かれない．天井から壁沿いに「備弄」という細長い通路が設けられ，サーヴィス通路として用いられる．断面がアーチ状となることからそう呼ばれるが，円堂は，茶庁また応接間として使われる．円堂から奥は私的な空間になる．二進の天井には，家族以外に入れない．この公私の別から全体の配置は「前堂後寝」「内外有別」と呼ばれる．この天井の両側には側廊が設けられ，この側廊は備弄に繋がる．堂楼は主人の居住空間である．中央の大庁は主人や家族の居室となり，両側の廂房は女性の召使いの居間である．廂房は2階となることが多く，2階の廂楼は倉庫として使われる．さらに四進の場合，一番奥には「女庁」が置かれ，これ

523

は主人の娘が住む場所となる．「女庁」の後方に後院を置くものも多い．

浙江省では，明清時代に貴族，官僚，地主，豪商が私家園林[530]や大型府邸を数多く建てた．大型府邸は，三進以上，七進以下の三開間の四合院をいくつか並列して構成される．

江南では，建物全体の中軸線に位置する棟を「正落」といい，入口から，「門庁」「轎庁」「大庁」「楼庁」の順に後方へ配置される．この正落は主に主人の生活空間となる．上辺に「辺落」が位置するが一般的に書斎，花庁，厨房，倉庫，物置として使われる．正落と辺落のあいだは屋根付きの備弄が設けられる．

杭州市内にある胡雪岩故居は，光緒元(1875)年に建てられたものである．『園冶』に基づいて設計されたとされる．建物は中，東，西の3つのエリアに分けられ，中は応接区，東は居住区，西は園林区となる．中央は，五開間三進の2階建てである．東西の「四面庁」は主に応接間として使われる．西区の園林は，主に築山，池，樹木などで構成される．南北には，それぞれ荟錦堂と延碧堂が置かれ，その真ん中に池がある．

安徽省南部は，古くから徽州[531]とよばれるが，明代に遡る伝統的住居が数多く現存している．土地が狭く高密度の住居形式が発達してきた．徽州四合院は，2，3階建てが多く，外観は白壁で高い外壁で囲まれ，外壁には窓がほとんどない．版築あるいは煉瓦造の外壁で，木造2階建ての構造を囲む形式をしている．延焼防止のための「馬頭墻」が特徴的である．天井の上部から採光，通風が行われ，この天井を中心に諸室が配置されている．間口は3間のものが多い．正面中央にある大門以外の開口部はほとんどなく，閉鎖的である．北方では，四合院は南向きが基本である．しかし，徽州の場合，西南向きあるいは東南向きが多い．

徽州四合院の平面類型は，一般的に「凹型」「回型」「H型」「日型」の4つに分類される[532]．「凹型」は，三間間の庁堂を凹型に囲む形式であり，廂房をもつ場合，一明両暗であるが，廂房がない場合を「明三間」という．入口は東外壁

---

530) 園林とは，回遊式庭園である．私家園林は「皇家園林」に対する名称であり，経済が発達する都市，温暖で水の豊富な江南地方に集中して発達した．四合院から連なる建築群と庭園の結合形式である．

531) 徽州は秦代にはじまり2000年の長い歴史をもっている．この地の特徴は「地狭人稠」，大いに働いてもその中で満たされることなく，人々は国を出て商いを営む．明代において徽州商人は各地に広がり，とくに塩商人は揚州・蘇州の商人とともに，当時の中国経済を動かすほどに成長した．

532) 単徳啓『安徽民居』中国建築工業出版社，2009年．

に配される.「回型」は,基本は間口3の一進四合院形式である.「上下庁」あるいは「上下対堂」とも呼ばれる. 南北には門堂と庁堂が対称に配置されるが,いずれも一明両暗型である. 入口は中央に配される.「H型」は,間口3の二進四合院形式である. 入口は東外壁におかれ,一進の庁堂と二進の庁堂は南北に隣接する. 間に2階への階段が設けられる. さらに,奥の天井にも階段がある.「日型」は単純に2つの「凹型」を南北に配置する.

以上の4類型は,いずれも天井の両側に廂房が置かれず,庇のみ設けられている. 大型四合院には,並聯式と串聯式がある.「回型」を基本型として,それを単位として東西または南北に連結される.

湖南湖北とも四合院は「四庁相向 si ting xiang xiang」と呼ばれる. 上堂は一明両暗型であり,廂房が一室型となる. 倒座側の両部屋は基本的に廂房と同じで倉庫や物置として使われる. この「四庁相向」を基本単位として奥行方向,間口方向に増築が行われる. 串聯式,並聯式,複合式といった組合せの形式が区別される.

福建広東の四合院はよく似ている. 特に,広東東北部に位置する潮汕地区は閩南地区に隣接し,その形式も呼び方も漳州と同じである. 三合院は「爬金 pa jin」あるいは「下山虎 xia shan hu」という. 四合院は「四点金 si dian jin」あるいは「四庁相向」である.「四点金」の横(左右)に部屋を設けたものは「五間過 wu jian guo」という. 天井を中心とした「ロ」の字型に囲まれた院落を一単位とする. また,天井の前を門戸(門庁),後ろを正屋(庁堂)とする. 中庭が2つで「日」の字になる場合は三落式となり,中庭が3つで「目」の字になる場合は五落式となる. こうした「大厝」は生活部分が両側にあり,横向きに対称2列の護厝(護龍)がつくと「回」の字のようになる. また,規模の大きなものであれば入口前に「埕」を置くのは福建と同様である.

江西の四合院は徽州の四合院と非常に似ている. ただ,徽州は2,3階建てであるのに対して,江西は平屋が多い. 間口の数によって,三開間あるいは五開間が区別される. 一進は,江西では「下堂 xia tang」といい,大門が配置される. 二進を「正堂 zheng tang」といい,正堂は,上堂と後堂に分けられ,後堂の奥にはさらに「半天井」が設けられる. 上堂は,応接間,その両側の上正房は,主人の居室などに用いられる. 奥の後房は倉庫また厨房に使われる. 正堂,下堂,廂房で囲まれた中庭を天井という. 廂房は一室型で小規模である.「陪屋」が付加され2階建てとする場合がある.

四川では,四合院を,「四合頭」「四合水」「四合帰堂」などと呼ぶ. 東西南北

に4棟が天井を囲んで配置される．それぞれの棟は一明両暗型であるが，1室型も少なくはない．川東，川南の農村には，2階建てのものがよくみられ，他地域と比べ，最も大きな特徴は，天井から青空が見えず，天井の上部に，「気楼」とうい屋根をつけることである．

　西南地方を代表する四合院に雲南の「一顆印」がある．一顆印は昆明を中心に周辺地域に広く分布している．2階建ての周壁が四周を取り囲み，真四角な外形となる．昆明では，「三間二耳」あるいは「三間四耳倒八尺」と呼ばれる．「三間四耳倒八尺」とは，間口が3，東西にそれぞれ「耳房[533]」が2ずつ，そして倒座部分の奥行きは8尺をもつ形式である．西北部の大理，麗江周辺は多くの白族が集中して居住している．そこには，「三坊一照壁」「四合五天井」という合院式住居がみられる．「三坊一照壁」の大きな特徴は，北方四合院の「座北朝南」に対して，「座東朝西」と配置される．つまり，正房は東に配され，西に向いている．そして，入口は東北側の隅に置かれる．厨房は西北の角に設けられるが，大理白族ではトイレを東南隅に置くのが伝統的である．正房は一明両暗型であるが，天井両側の廂房に比べると狭い．堂屋はいわゆる「明間」であり，居間である．堂屋の両側の「暗間」は，主人および家族の寝室となる．2階建ての場合，一階の堂屋と同じ平面プランをもつ．2階の堂屋は，家族の中心となる場所であり，家族の位牌を置いたり，仏壇を設置したりするのは，白族の伝統的習慣である．「三坊一照壁」より，「四合五天井」の規模は大きい．建物の真ん中に正方形のやや大きな天井が東西南北の4棟で囲まれるのは，四合院形式に共通であるが，雲南では，棟と棟が接する間にさらに小さい天井が置かれる．住居全体で5つの天井をもつ．

---

533) 雲南では「廂房」を耳房という．

V-4 『乾隆京城全図』(1750) の北京

　『乾隆京城全図』は冒頭に述べたように乾隆帝の命によって，1750 年頃作製された．『北京歴史記年』などによると，①八旗によって分割統治されていた北京城の中央集権的管理，②王府，官舎などの建設用地の確保，③土地家屋に関わる税の徴収，④北京に関する文献資料の統合的整理を目的としていたとされる．

　民国 24 (1935) 年に故宮内の内務府造辦処輿図房で発見され，現在，中国国家第一資料館に保存されている．縮尺は 600 分の 1，北京全図を北から 17 排（行）に分かち，毎排を東路・中路・西路の 3 列に画する．各排 3 冊，全体で 51 冊からなる．全てを繋げると高さ 14.1m，幅 13.2m になる．毎冊の表紙には主要地点・官衙・門楼・祠廟名などを記す．作成は，内務府大臣の海望が総指揮をとり，G. カスティリオーネ（朗世寧）の技術指導のもと，宮廷画士，沈源らが携わり，完成までに 5 年を要した[534]．1940 年に故宮博物院が 1：2600 に縮小して『清内務府蔵京城全図』1 冊 (208 頁　22.5cm×27.5cm) として出版した．同年，興亜院華北連絡部政務局調査所から『乾隆京城全図』17 冊および「乾隆京城全図解説・索引」1 冊が刊行された（解説今西春秋，昭和 15 年 7 月発行）．これは三路分を 1 冊にまとめて 1 排 1 冊の合計 17 冊とし，縮尺 1：600 の原図を 2600 分の 1 の縮尺に改めたものである[535]．

　本書で用いたのは興亜院華北連絡部政務局調査所版である．1：2600 というと，今日，建物形状も表示する日本で用いられる都市図 (1/3000) とほぼ同じで，地図には，宮殿・官衙・王府・寺廟・楼閣などのみならず，一般の四合院住居も含めて建物の形状が細かく記入されている．興亜院華北連絡部政務局調査所版は，国立情報学研究所のディジタル・シルクロード・プロジェクトの一環として，『東洋文庫所蔵』貴重書デジタルアーカイブとして一般に公開されている．

　『乾隆京城全図』をもとに 1750 年の北京について，その都市組織（街区組織，居住単

---

[534] 『乾隆京城全図』の史料価値は極めて高い．多くの研究者が利用するのは当然である．前提とすべき論考としては，第 1 に，『乾隆京城全図』の発見者である曹宗儒の「清内府蔵京城全図年代考」（『文献特刊』故宮博物院文献館，1935 年）がある．次に，今西春秋の「乾隆京城全図解説」（『乾隆京城全図』興亜院華北連絡部政務局調査所，1950 年），「介紹乾隆時代之北京地図」（一，二，三）（『農報』，1940 年）がある．両者とも作者を明らかにしえなかったが，内務府大臣の海望が総指揮をとり，G. カスティリオーネ（朗世寧）の技術指導のもと，沈源（宮廷画士）らが携わり，5 年を要したことを明らかにしたのは，楊乃済の「乾隆京城全図考略」『故宮博物院院刊』第 3 期，文物出版社，1984 年，である．
[535] 北京燕山出版社から 1996 年に影印本が出版されている．『加幕（巾→手）乾隆京城全図』とするように加筆されている．

第 V 章
北京—中国都城の清華

位）を明らかにしたい．清朝が一種の国民皆兵制である八旗制を敷いたことはよく知られる．八旗制によって北京内城の空間がどのように編成されていたのかが主要な関心となる．八旗は，以下に述べるように，「固山 gusa」—「甲喇 jalan」—「牛禄 niru」というヒエラルキカルな組織によって構成された．

『乾隆京城全図』には，井戸，柵欄 zhalan の位置が記されている．柵欄とは，胡同の両端に設けられた木の柵のことである．柵欄は，それぞれの地区にもともと自衛のために設けられたものである．井戸は，日常生活に不可欠のものであり，居住単位を考える上で大きな手掛かりと考えられる．胡同と呼ばれる北京の細街路は，上述のように，モンゴル語で井戸を意味するという説がある（張清常（1990））．また，内城全体に数多く分布する小さな寺廟は，八旗の「固山」を構成する「甲喇」「牛禄」という地区組織の核として機能していたと考えられる．

1960年代初頭，徐苹芳が『乾隆京城全図』をもとに1万分の1の地図（「清乾隆北京城図」）を復元しているが[536]，個々の建物と敷地は省かれている．分析に当たっては，『乾隆京城全図』（復刻図17冊）をスキャナーで読み込んでトレースし，「北京市街巷図」（1996年）などによって誤差を修正したものをベースマップとした．現在では，上述のように，Web上で利用できる．井戸や柵欄まではプロットされていないが，まるで1750年の北京にタイムスリップしたかのように，宮殿，王府，寺廟などの主要施設のみならず，胡同まで確認できる．また，京都大学地域研究統合情報センターでは「『乾隆京城全図』と空間画像史料を用いた「華北・北京歴史データベース」の構築」といったプロジェクトが展開されつつある（2013～2015年）．『乾隆京城全図』をベースマップとし，絵はがき・古写真・古地図という空間情報を含む画像史料（空間画像史料）から北京の景観や都市機能を抽出し，歴史データベースとして利用できるようになる．

4-1 │ 盛京—大清都城の原像

清朝の太祖となるヌルハチ（怒璽哈赤，怒璽哈斉）が明朝の建州三衛のジュシェン女真（女直）各部族（建州五部）を統合してマンジュ（満州）国を樹立するのは1588年のことである．以降，ホンタイジ（皇太極）による大清国の建国，さらにフリン（福倫，順治帝）の入関，北京遷都への過程において，われわれは中国都城のもう1つのモデルの成立過程をみることができる．ヌルハチが都とし，ホンタイジがその基礎をつくった盛京である．ここではそのモデルを確認しよう．

盛京建設への経緯は以下のようである．

---

[536] 徐苹芳「明清北京城図・文字説明」「明北京城復元図坊巷胡同地名表」（中国社会科学院考古研究所（1986））

ヌルハチがマンジュ国樹立とともに居城としたのはフェアラ（佛阿拉）である．その後さらに満州族の統合をすすめ，居城をヘトアラ（赫図阿拉）城（興京老城）に移して（1603 年），アイシン aisin（金）国（後金）を建てる（1616 年）．そして，1618 年に挙兵，サルフ（薩爾滸）の戦い（1619 年）で明軍を破ると遼東に進出，遼陽に遷都（1621年），そして東京城を建設する（1622 年）．しかし，明の反攻を受けると瀋陽に遷都し，盛京と改称する（1625 年）．

ヌルハチが道半ばにして死去すると（1626 年），後を継いでカンの位に就いたホンタイジは，盛京を拠点に 10 年を経て「大清国」を設立，皇帝となる（1936 年）．大きな契機となったのは，内モンゴルを平定し，「大元伝国の璽」[537]をチャハル部のリンダン・ハン家から得たことである．ホンタイジは，中国王朝の皇帝たることを自覚することになる．ジュシェン（女真）をマンジュ（満州）に改め，満州族，モンゴル族，漢族の推戴，衆議決定の形式を統治の基本とする．満・蒙・漢の多民族国家（蔵（チベット），回（ウィグル）を加えて五族）としての大清帝国の原型は，ホンタイジの時代に成立する．

ホンタイジが突然死去し（1643 年），その後，フリン（福倫）が摂政ドルゴンに伴われて入関，結果的に，大清国は明北京をそのまま都城とすることになる．以降，盛京は清朝の陪都となる．

以下，長年にわたる臨地調査[538]をもとにフェアラ城，ヘトアラ城，東京城，そして瀋陽の空間構成を明らかにする三宅理一（2009）『ヌルハチの都―満洲遺産のなりたちと変遷』を参照することになる．三宅以降，王茂生（2010）『従盛京到沈陽―城市発展興空間形態研究』[539]，陳伯超・朴玉順（2010）『瀋陽故宮　木作営造技術』などがある．

（1）フェアラとヘトアラ

フェアラとヘトアラ，そしてヌルハチ一族の祖廟，永陵はいずれも遼寧省新賓満族自治県永陵鎮の蘇子河流域に位置する．南に位置する最初の居城フェアラについては，稲葉岩吉（1939）の発掘図がある．また，朝鮮国王がマンジュ国に派遣した申忠一（『建州紀程図記』）の詳細な報告とスケッチがある．そのスケッチに拠れば，城は 3 重に円形に囲われているが，発掘に拠れば，内城と外城の石と丸太を交互に積み重ねる方式の 2 重の城壁で囲われ，内城の中心に木柵で囲われたヌルハチの邸宅があった（図 V-4-1a）．東西に 2 分され，東側にヌルハチとその家族が居住し，西には鼓楼や役所が

---

537)「制誥之宝」の四字が刻まれ，大官の辞令に捺す印で，元朝の皇帝の持物であった．元の順帝が大都から内モンゴルの応昌に逃れた際にも持出したとされるが行方不明となっていた．
538) その基になった瀋陽市規画設計研究院との共同研究は，「一宮三陵」（故宮＋福陵・昭陵・永陵）のユネスコ世界文化遺産登録（2004 年）に大きな寄与を果たしたことで評価が高い．
539) タイトルが示すように瀋陽の変遷をその起源から現代まで明らかにする学位論文である．

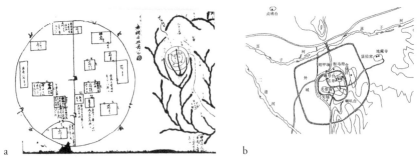

図 V-4-1 a ヌルハチの都（出典：申忠一『建州紀程図記』），b ヘトアラ城（出典：王茂生（2010））

あった．2 重目の内城にはヌルハチの親族が 100 戸余り，3 重目の外城には部下の諸将とその一族 300 戸余り，さらにその外側に兵士 400 戸余りが居住していた．

申忠一のスケッチは奇麗な 3 重の円を描くけれど，フェアラは山城であり，概念図とみていい．しかし，ヘトアラ城もまた内城，外城の二重構造をしている（図 V-4-1b）．サルフの戦い以後に設けたジャイフィアン城，サルフ城も同じ構造をしており，他の女真族の城郭も同様である．2 重の同心円の空間構造は原初的な城郭の構造と言ってもいいが，松浦茂（1995）は，中心の首長の館を内城，外城で 2 重に取囲む形式は首長と有力な臣下の集住制度と関係があるとし，16 世紀後半に東北地方で発達したものだとする．

ヘトアラ城への遷都は人口増加が大きな要因であったと考えられる．『満州実録』はヘトアラ城を方形に描くが，考古学的調査によれば，外城は矩形に見えなくはないが丸みを帯びており，内城は円形に近い．2003 年の「赫図阿拉築城 400 年祭」に合わせてテーマパーク的復元が行われているが，建築の復元については実証性を欠いている（三宅理一（2009））．建築の配置については三宅理一の調査があるが，自然地形によるところが大きく，明快な幾何学的秩序はみられない．最も高い尾根の北端に汗宮大衙門があり，そこから南に八旗衙門が並んでいた．盛京の大政殿（八角殿）を北に置いて東西に十王殿が並ぶ形式の初期形態があったと思われる．

フェアラからヘトアラへの遷都，そしてアイシン国の建都の過程で，いわゆる八旗制が成立する．当初四旗として創設され，1615 年に八旗に増加されて体制化される．ヌルハチは，アイシン国の国民すべてを 8 つの軍団（グサ gusa（固山））に編成する．これが八旗制である．満州語のグサには旗の意はないが，旗の色，種類によって区別されたことから，漢語では旗が当てられる．八旗は，縁取りがあるものを鑲旗，ないものを正旗といい，鑲黄，正黄，正白，鑲白，正紅，鑲紅，正藍，鑲藍の 8 つである．

『八旗通志初集』[540]には，方位による八旗の構成原理が以下のように記載されている（包慕萍（2005））．「本朝龍興．建旗辨色．制始統軍．尤以相勝為用．八旗分為両翼．左翼則鑲黄．正白．鑲白．鑲白．正藍也．右翼則正黄．正紅．鑲紅．鑲藍也．其次序皆自北而南．向離出治．両黄旗位正北．取土勝水．両白旗位正東．取金勝木．両紅旗位正西．取火勝金．両藍旗位正南．取水勝火．水色本黒．……黒色難辨．故以藍代之．五行虚木．蓋国家創業東方．木徳先旺．……乃令漢兵全用緑旗．以備木色．於是五徳兼全．五行並用」．すなわち，八旗が配置される方位は，旗色と同様な五行の相生相剋の理論によって規定されていた．

グサは経済的基盤としてジャラン jalan（甲喇），ニル niru（箭，牛禄）という下位組織によって支えられる．成年男子300人を1ニル，5ニルで1ジャラン，5ジャランで1グサとした．このニル，ジャラン，グサの編成は時代によって異なる．後に，モンゴル人，漢人が合流してくると，八旗蒙古，八旗漢軍，八旗満州が編成されることになる．さらに，順治帝が北京入城を果たすと（1644年），北京に駐留する禁旅八旗（京旗）と各地に駐留する駐防八旗に分けられる．八旗に属するものを総称として旗人という．ヌルハチは新たに服属させた地域の住民をマンジュ国に大量移住させる徙民政策をとった．そうした住民を軍団編成するのが八旗制である．

ヌルハチは明朝の遼東支配の拠点であった遼陽をそのまま都城とするが，まもなく，その東方に東京城と呼ぶ新城を建設する．この東京城は，基本的には山城の形式をとり，内城，外城の2重の都郭形式をとってきたそれ以前の都城とは異なり，東西南北に2門ずつもつ漢城風の構成をとる．ただ，地形の制約から全体は菱形をしており，高台に八角殿と寝宮を設けるなどヘトアラを踏襲する特徴をも合わせ持つ．満州（女直，女真）族は，基本的には農耕を基盤にする民族であり，八旗軍に組み入れられる一方，屯田兵として農耕に従事した．厳しい東北地方の冬の気候に対処するためには冬の宿営地を必要とした．三宅は，多数の漢人に囲まれて越冬するのに遼陽城が合わなかったことが東京城建設の理由であったとする．

(2) 瀋陽城建設

ヌルハチは，明の反攻の動きを見据えて，瀋陽に後退（遷都）する．

瀋陽は，キタイ（遼）によって瀋州城が建設されて以降，各王朝の地方拠点となってきたが，明代には衛所として瀋陽中衛が置かれていた．『満州実録』に図があるが，方形で東西南北に4門があり，十字街によって城内は4分割されていた．そして，十字街の交差する中心には中心廟（祠廟）が置かれていた．

ヌルハチは，瀋陽遷都後わずか1年半で世を去るから，多くを建設したわけではないが，北門のすぐ西に汗宮，そして中心廟の東南に宮城を建設したことが知られる（王

---

540) 鄂爾泰等編纂（1968）『八旗通史初集』巻103巻250，台湾学生書局．

第Ⅴ章
北京―中国都城の清華

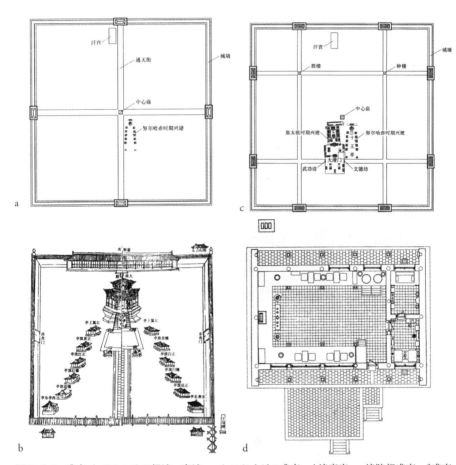

図 V-4-2　盛京 ab ヌルハチの都城・宮城　c ホンタイジの盛京　d 清寧宮　e 清陪都盛京　f 盛京と満鉄付属地（出典：王茂生（2010））

茂生（2010））．
　ヌルハチが建てた宮城は大政殿（八角殿）を北に置いて東西に十王殿が並ぶ（図 V-4-2ab）．十王殿は八旗と右翼王，左翼王である．これは軍団編成そのものであり，八旗制の軍営編成をそのまま宮城構成とした興味深い例である．十王殿が，大政殿（八角殿）を焦点として八の字のように開いて配置される（「八字布局」）のもユニークである．ヌルハチ段階では，中国都城の宮室の構成は全く意識されていないことがわかる．

532

4
『乾隆京城全図』(1750) の北京

1—大政殿	2—左翼王亭
3—镶黄旗亭	4—正白旗亭
5—镶白旗亭	6—正蓝旗亭
7—右翼王亭	8—正黄旗亭
9—正蓝旗亭	10—镶红旗亭
11—镶红旗亭	12—奏乐亭
13—奏乐亭	14—銮驾库
15—大清门	16—崇政殿
17—凤凰楼	18—清宁宫
19—配宫	20—关雎宫
21—衍庆宫	22—师善斋
23—日华楼	24—左翊门
25—飞龙阁	26—太庙
27—太庙门	28—配殿
29—配殿	30—东七间楼
31—颐和殿	32—介祉宫
33—敬典阁	34—配宫
35—麟趾宫	36—永福宫
37—协中斋	38—霞绮楼
39—右翊门	40—翔凤阁
41—西七间楼	42—迪光殿
43—保极宫	44—继思斋
45—崇谟阁	46—七间殿
47—值房	48—值房
49—扮戏房	50—戏台
51—转角房	52—嘉荫堂
53—宫门	54—文溯阁
55—仰熙斋	56—九间殿
57—碑亭	58—奏乐亭
59—西朝房	60—奏乐亭
61—东朝房	62—东朝楼

e

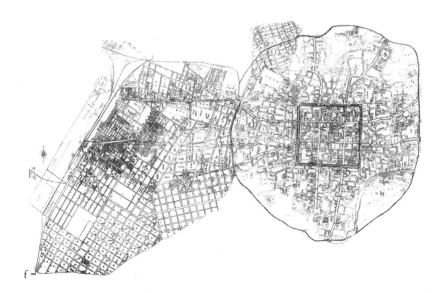

f

(3) 大清国の都城

ヌルハチの崩御後，アイシン国の汗として即位したホンタイジは，大清国設立へ向けてそれに相応しい都城の建設に当たることになる．その都城計画を表わすのが康熙年間の『盛京城闕図』（康熙 7 (1668) 年）である（口絵 7）．陪都時代の図であるが，ヌルハチが建設した大政殿（八角殿）と十王殿が整然としたグリッド区画に収められているから概念図といってよく，ホンタイジの都城理念を主として示すものと考えられる．

『周礼』「考工記」を忠実に実現するという理念は，以下のように「旁三門」に従うわけではないから認められないが，明の都城がモデルとして意識されていることは間違いない．ホンタイジは，まず，東西南北の城門をそれぞれ 2 門とし，城内全体を 3×3＝9 のナインスクエアに分割している（図 V-4-2c）．この各辺各 2 門，ナインスクエア分割は，東京城で試みられているから，ヌルハチの都城構想に既にあったとみられる．8 門の名称も東京城と全く同じである．井田分割は八旗を割り当てるのには都合がいい．相対する門を結ぶ大街の交点に鼓楼，鐘楼を置いているのも，4 隅に角楼を置いているのも，左右対称の空間秩序感覚を示している．そして，ホンタイジ時代の宮城は，崇政殿，鳳凰楼，清寧宮を南北に配置する三朝構成をとっている．さらに，ホンタイジは，大清国建国とともに天壇，地壇を築いて円丘祭天の郊祀を開始している．ユニークなのは，城外東西南北にラマ塔（東塔永光寺，西塔延寿寺，南塔広慈寺，北塔法幹寺）を配したことである．

(4) 陪都盛京

大清国が北京城に入城し，遷都すると，盛京城は陪都として整備され維持されることになる（図 V-4-2e）．

外城を建設したのは康熙帝であり，宮城の宮殿群をさらに建設し，整備したのは乾隆帝である．康熙帝は 3 度，乾隆帝は 4 度，東巡を行っている．外城の建設は，「三藩の乱」平定 1 年前の康熙 19 (1680) 年であり，天下統一を期して先祖の地を固めるとともに，東南部の治水が目的であったとされる．方形の都城を円形の外城で囲み，「天円地方」，「天人合一」の境界を示したというが，城壁は土壁で版築によって築かれており，址は残っていない．

『盛京城闕図』にみえる盛京内城の空間構成の要点は以下である．まず，縦 2，横 2 の大街の他にいくつかの街路が発生している．中央北区画には北辺に接する汗宮への南北街路がつくられている．図には宮城以外に，官衙である三院八衙門や王府などが記入されている．三院とは，内国史院，内秘書院，内弘文院の宮城内の内三院で，それぞれ国史の編纂，法令の起案，外交文書の作成を担当したが，中央門である大清門を入った東に位置した．八衙門は，吏，戸，礼，兵，刑，工の六部に官衙の考査を行う都察院とモンゴル統治のための理藩院を加える．六部は宮城南の東西の坊にそれぞ

れ三部ずつ南北に並ぶ．都察院は宮殿の東，理藩院は宮殿の西にある．他に漢人の統治に当たった奉天府は中央区画の東に位置する．王府については11を数えるが，いずれも四合院の形式をしている．三宅は11の王府に具体的に誰が居住したかを明らかにしているが，大半は建国に功のあったヌルハチの直系である．「旗民分居」が原則とされ，漢人は内城への居住は許されなかった．すなわち，内城を有力の臣下で固める集住形式はフェアラ以来のものである．

『八旗通志』は，八旗の方位による配置が公式に制定されるのは1725年というが，盛京において既に行われていた．興味深いことに，ヌルハチの十王亭の配置が北京と同様『八旗通志』に従うのに対して，ホンタイジ時代の八旗配置は白旗と紅旗が東西入れ替わっていることなどを三宅は指摘している．いずれにせよ，八旗方位による分別居住のかたちも盛京に始まっている．

宮城については，東路，中路，西路に分けられるが，およそ東路はヌルハチ時代，中路はホンタイジ時代，そして西路は乾隆時代に整備されている．東路，中路，西路の間の東所と西所の建設も乾隆帝によるものであり，全体的にも乾隆帝が手を入れている．

宮殿建築については，三宅理一（2009），王茂生（2010），陳伯超・朴玉順等（2010）に詳しいが，ホンタイジによる構成は南北軸線上に宮殿群を，中庭（院落）を介して並べる明北京に倣う中国風の配置が行われる．三朝構成と前述したが，明北京そのままのコピーではない．具体的には以下である．

南北軸線は，北へは汗宮へ向かって作られるが，内城南に向かって貫かれるわけではない．宮城へのアプローチは宮城南の東西の撫近門と懐遠門を繋ぐ大街から行われる．宮城前面に入る境界には牌坊が東西（文徳坊，武功坊）に建てられている．これを潜ると大清門前の広場となる．これは外朝にあたる．長安でいえば承天門前の横街であるが，南街区（坊）にはみ出した形で院落を囲むかたちで構成される．大清門を入ると崇政殿と左右の飛龍閣と翔鳳閣によって囲われる院落となる．これが内朝である．崇政殿の前には月台が設けられ，東に日晷，西に嘉量が置かれる．北京故宮の太和殿と同じであるが，現在の設えは乾隆帝によるものという．崇政殿の背後の院落は，高台の鳳凰楼を見上げるかたちで，2斎，2楼を左右に配すがこれも乾隆時代の建設である．そして，鳳凰楼の背後，清寧宮前の高台の院落が内朝である．この背後にさらに後庭が設けられ，厨房等が配されている．中国都城をモデルにしたというが，高台に3層の鳳凰楼を築いている点など，独自の特徴を備えていることも指摘される．

最も注目すべきは，内廷（内朝）の構成である．内廷は，中心にある清寧宮（図Ⅴ-4-2d）など5宮と鳳凰楼によって囲われる院落からなる．各宮にはいずれも暖房のために炕（カン）の設備が設けられている．まず，清寧宮の入口は中央ではなく五間間の東から二間目，東に偏って小さく設けられている．内部は4間の広間と1間の車晙閣（こけんま）からな

るが，広間の西壁には先祖を祀る神架が置かれている．すなわち正座は西で「座西朝東」の向きをしていることになる．また，清寧宮と鳳凰楼の間の中庭の東南隅には「神杆」(神鳥の止まり木)と呼ばれる索倫杆(小柱)が建っており，満州族伝来の儀礼[541]の際にはこの神杆(東南)へ向かって礼拝が行われた．祭主は薩満太々と呼ばれる巫女で皇后の代僧である．この清寧宮を中心とする満州族固有のシャーマニズムの祭礼空間は，北京紫禁城にも引継がれる．坤寧宮がそうで，朝神，夕神という満漢仏集合の神々(薩満教の神様)が祀られ，司祝と呼ばれるシャーマンによる儀式が行われたことが知られる．厳格に左右相称の秩序に従っているかに見える紫禁城の中で，坤寧宮の入口も盛京の清寧宮同様，東の端に設けられている．乾隆帝の改築である(入江曜子(2008))．

こうして，ヌルハチによって創建され，ホンタイジによって基礎が築かれ，清朝を通じて陪都として維持されてきた盛京は，以上のように都城モデルとして極めて興味深い．

王茂生(2010)によれば，盛京の計画理念については，八卦城説，曼荼羅説，「明制」説の3つがある．八卦説は，清の繆東林の『陪京雑述』が唱えるが，4塔，8門，4角楼，鐘鼓2楼の各3層といった数字を「二十四気」「三十六天罡」「六十四爻」「七十二地利」などに関係づけようとする(陳伯超・朴玉順等(2007)，張志強(2004))．こうした数字合わせはよく行われるが後世の解釈であることがほとんどで，計画の主要な概念とされることはほとんどない．王茂生も八卦説の数字合わせは民間の俗説として基本的に採用しない．八卦説は計画理念とは次元が異なる．

曼荼羅説は，美念思(2008)がチベット仏教との関係からその可能性を主張する．ヌルハチはモンゴルとの関係からチベット仏教を受け入れ，ラマ僧を重用した．そして，ホンタイジがダライラマ5世の使者を迎えて建設したのが4塔4寺である．曼荼羅説は都城の平面形式が曼荼羅図に似ているということを根拠にしている．曼荼羅図形が計画理念とされたという史料は一切ないが，検討に値すべき説である．何故なら，東西南北にストゥーパを配したカトマンドゥ盆地のパタンPatanのような都市が存在するからである．パタンについては，Funo, Shuji & Pant, M.M. (2007)を参照されたい．少なくとも確認できるのは，盛京が方形をしており，東西南北1門あるいは2門，4塔，4角楼というように単純な配置原理をもとにしていることである．

「明制」説というのは明の制度に学んだという説であり，多くが採るところである．ホンタイジが，中国的王朝を目指し，三朝構成を採り，後代の皇帝も北京の制に則って宮城を整備していったことは疑いない．しかし，ヌルハチの宮城が軍営編成をもとにしていたように，盛京には，満州族に独特な空間構成を指摘できる．

---

541) 神杆は祖宗杆子とも呼ばれ，月に1度の，開国伝説によって皇帝の先祖と考えられていた鵲に対する祭天礼の祭に用いられた．鵲は愛新覚羅のトーテムである(石橋崇雄(2011))．

王茂生（2010）は，曼荼羅説を一部すなわち4塔配置に認めながら，結局，盛京は「明制」説に立つようである．その要点は以下である．①『周礼』考工記の「左祖右社」「前朝後市」に従うように儒家的礼制思想が見られる．②「象天法地」「天人合一」という中国古来の思想に基づく「天円地方」の宇宙図式が用いられている．③中国古来の祭祀の場所として，天地日月の4壇が設けられている．④内城の「井」形の分割は「九宮格」形式であり，その中心「五」に位置するのは帝王の権威を示す「九五之尊」である．⑤内城は「北辰天宮」模式に従う．満州族も古来天神を崇拝しており統合されている．

　ヌルハチの最初の居城が円形をしており，盛京を方形に区画し，東西南北に門を設け，十字街の中心に先祖廟を置いたことは極めて象徴的に都城モデルを示している．ホンタイジの「中央宮闕」と4塔配置も図式的である．康熙帝の円城（外城）も模式的である．総じて，盛京は都城のミニチュアモデルの観がある．

　内城の規模はおよそ1300m四方，2.25里ほどである．『周礼』都城モデルで言えば全体が宮城規模である．陪都ではあるが東北地方を収める地方都市の規模であり，地方都市の典型的モデルと位置づけられるが，それ故，原型が維持されたと考えることができる．

　今日の瀋陽故宮は，中街中心に大型の商業施設が建ち並ぶ繁華街になっており，故宮を除けば故宮と東北の角楼，そして祠堂ぐらいしか残されていない．開発プレッシャーがあるなかでかろうじて盛京の原型が今日にまで残された1つの要因として，満鉄が盛京を避けて付属地（図V-4-2f）を計画したことがあると王茂生（2010）は指摘している．

4-2 ｜ 乾隆帝

　ヌルハチの第14子，摂政和碩睿親王ドルゴンの率いる大清の精鋭軍が呉三桂の先導によって北京に入城するのは順治元（1644）年である．順治以降，康熙，雍正によって大清の基礎が固められ，その領土を最大の版図にまで拡大したのが第6代乾隆帝（1711～99年，位1735～95年）である．

　古希を迎えた数少ない皇帝であることを誇り，さらに81歳になって，自らの武功を『十全記』に著して，自ら「十全老人」と称した乾隆帝は，一生豪奢な生活を送った空前絶後の皇帝として知られる．5万首も詩文をつくった文人としても知られ，古今の書物を集成した『四庫全書』，五族の対照辞典『五体清文鑑』の編纂など文化事業でも知られる．

　乾隆帝もまた自ら転輪聖王（チャクラ ヴァルティン）であることを任じた．北京城，紫禁城の骨格は転輪聖王を任じるクビライによってつくられ，洪武帝もまた転輪聖王たらんとしたことは上

述の通りである．乾隆帝は，そうした大都—北京を継承し，さらに壮麗なものとして整備することになる．康熙帝が創建した円明園などの離宮も，乾隆帝が拡大造営した施設が少なくない．康熙帝が夏の離宮として営んだ熱河の避暑山荘には，乾隆帝も毎年滞在し，山荘内に新たに宮殿楼閣を数多く建設している．盛京の建設整備については以上の通りである．

乾隆帝自身のいうように全ての外征が完勝であったわけではないが，中国都城の理念の広がりを窺う上で興味深いのは，ビルマ（第5回），台湾（第7回），ヴェトナム（第8回），ネパール（第9，10回）への遠征である．とりわけ，ビルマは，コンバウン朝の最盛期であった．清軍が侵攻したのは1767年とその翌年であり，極めて理念的なモデルに基づくアマラプラ（第Ⅰ章3）がボードーパヤー王によって設計されるのは1783年である．ボードーパヤー王は，自らを「西方において傘さす大国の全てを支配する……日出ずる処の王」と称し，中国の皇帝を「東方において傘さす大国の王全てを支配する朋友であり，黄金宮の主」として，同じように転輪聖王を任じていたのである（布野修司（2006））．

乾隆帝の円明園，避暑山荘などの造園については，中野美代子（1997，2007）が，乾隆帝の政治的意図と空間構成をめぐって興味深い図像学的分析を加えている．例えば，長春園の北側の帯状の敷地に東西に並ぶ西洋楼を配しているが，その中央には「天円地方」を象り，「九州」を象徴するナインスクエアに平面分割した海岳開襟という殿舎の建つ島を造っており，乾隆帝には，西洋庭園への好奇心というより，西洋という異教を封じ込める意図があったのではないかという．仏教に傾倒しながら，西洋の建築文化，イスラームの建築文化を導入する，乾隆帝の拠って立つ世界観を鋭く切開している．

転輪聖王を任じ，自ら偉大な読書人であることを自負していた乾隆帝の知の世界の中核に確実に関わっていたのがイエズス会の宣教師たちである．マテオ・リッチが明の万暦帝から北京への入京を許されて以降，中国の歴代皇帝はイエズス会の宣教師たちを重用してきた．乾隆帝も多くのイエズス会士を重用したが，とりわけ信任が厚かったのがイエズス会のG. カスティリヨーネ Giuseppe Castiglione（1688〜1766），中国名郎世寧（Láng Shìníng）[542]である．宮廷画家として数多くの作品を残しているが，円明園の設計にも中心的に携わった．このカスティリヨーネが作成したのが『乾隆京城全図』（1750）である．

---

542) ミラノ生まれ．イエズス会の会士となり（1709），清朝へわたる（1715）．清朝の宮廷画家として，康熙帝，雍正帝，乾隆帝に仕える．清史稿列伝に「郎世寧伝」がある．王凱（2009，2010）

4-3 | 北京 1750

『乾隆京城全図』(図V-4-3)をもとに1750年の北京を解読しよう．

『乾隆京城全図』(口絵)には，全ての建物が中庭(院子)を中心に，立面図を四方に倒す「起こし絵」の図法で描かれている．また，入口や門が識別でき，二重線が引かれている壁によって境界が明確に仕切られ，建物の規模や四合院の類型が判別できる．宮殿，重要な衙署，王府など府第は太線で描かれ，他の建物と区別されている．『乾隆京城全図』についての分析手順は以下の通りである．

①まず，復刻図17冊をスキャナーで読込み，全体を一枚の地図に繋げる作業を行った[543]．
②それを下敷きにして，街路，川，城壁などをトレースした．
③続いて，図上に文字が記された施設，宮殿，衙署，府第，寺廟などの敷地を特定した．
④次に，『乾隆京城全図』と徐苹芳が復元した「清乾隆北京城図」を比較し，誤差を修正した．『乾隆京城全図』は驚くべき精度で描かれており，わずかの縮尺の調整で重ねあわせが可能であった．
⑤名称が記載されている大街，小街，胡同について，張爵『京師五城坊巷胡同集』，中国社会科学院考古研究所編(1986)『明清北京城図』などをもとに，明代(1573〜1644)に既に存在したものを明らかにし，明代の街路を復元した．同時に清代に新たに形成された街路体系を復元し，街路体系の変化を明らかにした．

『乾隆京城全図』の時代と20世紀末の北京の間に250年の時の隔たりがあるが，大街，小街については驚くべきことにほとんど変化がない．

(1) 八旗制―牛禄・甲喇・固山

満(州)族(女真族)は，もともと遊牧集団としての組織原理をもっていた．上述のように，狩猟を行う場合の生産単位が牛禄(ニル)であり，牛禄は矢を意味する．牛禄は，すなわち戦闘集団でもあり，騎馬兵10人と農耕雑役に従事する壮丁合わせて300人からなる．牛禄は，定住地では自治組織となる．牛禄の長は，「牛禄額真 niru i ejen」(矢を持つ長)である．牛禄は「佐領」と漢訳されるが，牛禄の長も「佐領」という[544]．

牛禄の上位単位が甲喇(ジャラン)で，その上の単位が固山(グサ)である．5牛禄が1甲喇で，5甲喇が1固山というのが基本である(中国社会科学院歴史研究所・清史研究室編(1982))．1牛禄＝300人だから，1500人が1甲喇を構成し，1固山は従って7500人からなり，

---

543) 現在は，『東洋文庫所蔵』貴重書デジタルアーカイブからダウンロードできる．
544) 趙書「外火器営満族郷鎮雑憶」(中国人民政治協商会議北京市委員会文史資料研究委員会編『文史資料選編』北京出版社，1992年．

第Ⅴ章
北京—中国都城の清華

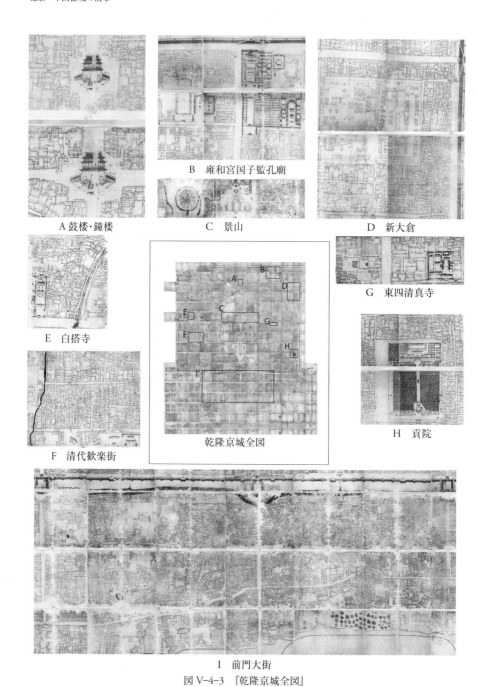

A 鼓楼・鐘楼　　B 雍和宮国子監孔廟　　C 景山　　D 新大倉　　E 白搭寺　　F 清代歓楽街　　G 東四清真寺　　H 貢院　　I 前門大街

図 V-4-3 『乾隆京城全図』

『乾隆京城全図』（1750）の北京

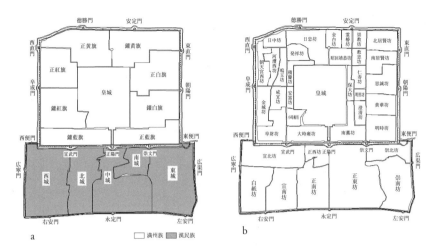

図 V-4-4　a 清北京行政区分（作図：鄧奕），b 明北京行政区分（作図：鄧奕））

1人の隊長によって指揮される．固山の漢訳が「旗」である．上述のように，ヌルハチは，アイシン国を8つの軍団グサに編成したが，これが八旗制の起源である．

当初，北京内城は八旗のそれぞれに居住区が割り当てられ，漢人は外城のみに居住が許された（図 V-4-4）．すなわち，清朝は，満州族を内城に，漢族を外城に居住させる「分城居住」の政策を採った．太宗は，八旗をさらに満，蒙古，漢の三軍に分け，満州軍八旗，蒙古軍八旗，漢軍八旗の24旗を編成した[545]．

『唐土名勝図會』は，清朝，嘉慶7（1802）年の出版であるが，参照しているのはそれ以前に出版されたものである[546]．主として『欽定大清会典』，『欽定万寿盛典』，『欽定南巡盛典』，『宸垣識略』の4冊をもとにしており，そのうち最も重要視されているのは『宸垣識略』である．『宸垣識略』は乾隆53（1788）年に呉長元が，乾隆内務府が刻版した北京資料の大全の『日下旧聞』〈42巻〉（1688年）と『日下旧聞考』〈160巻〉（1785年）を訂正，補足している．

『唐土名勝図會』を丹念に読むと内城の甲喇の境界を明らかにすることができる．また，各甲喇がいくつの牛禄からなっていたかがわかる．『乾隆京城全図』（『明清北京

---

545) 周遠廉「関於八旗制度的幾個問題」（中国社会科学院歴史研究所・清史研究室編（1982）『清史論叢』第3輯，中華書局）．
546) 『唐土名勝図會』は「天下輿地各省全図」「輿地一統各府全図」「大明一統誌」と「順天府誌」などの10種類府・県誌，「燕都遊覧誌」「客燕雑記」「日下旧聞考」「宸垣識略」などの北京史料，清代の典章制度の「宸垣識略」，「清朝礼器図式」，「霊台儀象誌」，など51種類の文献を参考にしている．そのうち，明代の「燕都遊覧誌」と「客燕雑記」は，中国では絶版である．

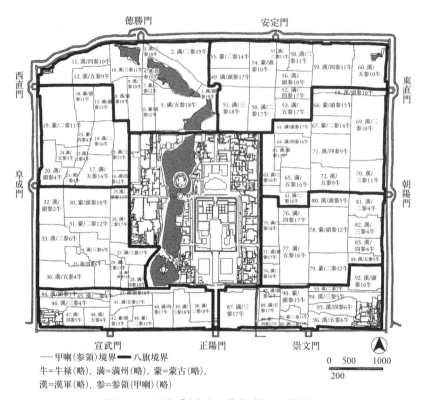

図 V-4-5　甲喇「牛禄」の構成（作図：鄧奕）

城図』[547]）を用いて，乾隆帝時代の八旗および甲喇の境界の判別作業を行った結果が図 V-4-5 である．各旗は，満州，蒙古，漢軍の3つの固山，合わせて12甲喇（満州5甲喇（頭参領，二参領，三参領，四参領，五参領），蒙古2甲喇（頭参領，二参領），漢軍5甲喇（頭参領，二参領，三参領，四参領，五参領））からなる．内城全体では 12×8＝全 96 甲喇となる．各甲喇がいくつの牛禄からなるかはまちまちで，最大19牛禄，最小は2牛禄，合わせて 1133 牛禄となる[548]．詳細は，鄧奕（2002）および穐原雅人（鄧奕）（北京四合院研究会編（2008））に譲りたい．

(2) 棲み分けの概要

清代の北京城がどのように維持管理されており，どのような生活が展開されていたかについては，清代史の研究者に委ねざるを得ないが，最初に確認すべきは，「分

---

547)『唐土名勝図會』に書かれている胡同の名称は必ずしも『乾隆京城全図』に記載されているわけではない．半数ぐらいは明代の名称である．
548) 1 牛禄＝300 戸として計算すると，内城の人口は 33 万 9900 人であったことになる．

城居住」に加えて，内城に居住した満州族の間にも，「上三旗」と「下五旗」の居住区分があったことである[549]．また，回族，ウィグル族，モンゴル族，チベット族，ミャオ族の居住区は内外城にそれぞれ指定されていたことである（北京市社会学研究所編 (1984)）．チベット族は，内城東北部，雍和宮の南，モンゴル族は内城南西部，中華聖公会共同南，ウィグル族は，皇城西外，中南海南に居住を制限されていた．

第2に，「東富西貴」という棲み分けがなされていったことが指摘される．すなわち，東部（東城）には，商人など経済的に豊かなものが住み，西部（西城）には貴族が住む傾向があった．西城には数多くの明代の官舎が残されており，清代になって，その宅地を利用し，王府や官舎として利用されたことが知られる．東城には，朝陽門地区など商業施設が立地し，経済の発展に伴い新たに四合院が建設された（「北京市東城区地名志」編輯委員会編 (1992)，「北京市西城区地名志」編輯委員会編 (1992)）．

第3に指摘されるのは，一般平民について「同業共住」，すなわち同じ職業に就くものが同じ地区に居住する傾向があったことである（賀業鉅 (1985)）．また，同じ漢族でも出身地別に居住区が形成される傾向にあった．

平民は一般に，城門に近いところ，あるいは，城内の隅部に居住していた．例えば，内城の北の安定門の周辺には最も貧困な層が居住していた．安定門周辺には，「坑胡同」（地勢が低い胡同），「下窪胡同」（雨水が溜まる胡同）という名の胡同がある．条件が悪い地区であった．平民はまた，工場や倉庫の周辺に居住した．内城東北の東直門の東直門大街の南の住宅は「貧民住宅」と呼ばれていた．東直門と朝陽門の間の「東四地区」には明代清代を通じて倉庫群があった．地区には，簡素な住宅が多く，単純肉体労働者が数多く住んでいたとされる（「北京市東城区地名志」編輯委員会編 (1992)，「北京市西城区地名志」編輯委員会編 (1992)）．

(3) 街路体系と街区類型

北京内城の街区割りについては，大都の設計を考察する中で明らかにした（第V章2-3）．寸法関係をもとに街区の基本モデルについて論じ，44歩×44歩（8畝）の正方形の敷地（基準宅地）が10戸で1街区（基本街区）を形成するという仮説を提示した．一方，元代の制度によると，平民の住宅敷地は8分とされた．1畝は10分だから，8畝は10戸分の平民用の宅地となる．南北に背割りし，2分すると，胡同の南北両側の宅地は，各50軒，計100軒あるのがモデルとなる（図V-2-10）．この仮説は，王暉（「日本古代都城城坊制度的演変及与隋唐長安里坊制之初歩比較」王貴祥 (2008)），北京市規劃委員会・北京市城市規劃設計研究院・北京建築工程学院 (2008)（『北京旧城胡同実録』）などに数多く引用され，広く受け入れられつつある．

『乾隆京城全図』を以上の基本街区モデルを念頭に見てみると，既に示したように，

549）「清代皇後冊立與八旗大姓氏族」（『故宮博物院院刊』第75期，紫禁城出版社，1997年）．

第Ⅴ章
北京—中国都城の清華

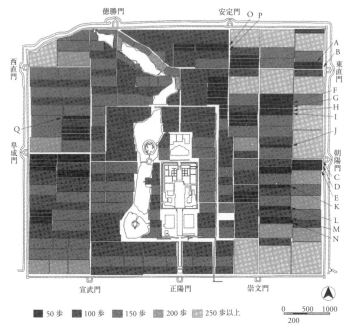

図 V-4-6　街区南北幅と基本街区（作図：鄧奕）

　基本街区モデルに相当するのは，すなわち胡同間の間隔が 50 歩程度のものは 23 胡同ある．それ以外に，基本街区モデルがいくつか集まった街区を確認できる．すなわち，東西胡同（あるいは大路）の間隔が 100 歩程度のもの，150 歩程度のもの，200 歩程度のものを順次区別でき，それを示すと図 V-4-6 のようになる．
　しかし，全体が全て整然と区割りされているわけではない．いくつか特徴のある地区をあげると以下のようである（図 V-4-7）．
　　①内城南部に胡同が斜めに走る街区が見られる．この長安街以南のブロックは，元代大都の内城外であり，明代に拡張されて内城内になった街区である．すなわち，もともと計画的な街区割りがなされていなかった地区である．
　　②内城東北部の南居賢坊は，明代には新太倉が置かれており，その跡地に小さな四合院が立地することによって形成された地区である．
　　③大街，小街で区切られる街区の中に，島のように胡同に周囲を囲まれた街区がある．まず，目立つのは，内城西部の咸宣坊である．明清時代の歓楽街である（『日下旧聞考』）．極めて特殊な街区割である．
　　④東西が長い基本街区とは異なり，グリッド（格子）状の街路パターンをとる街区がある．以前に衙署など大規模な施設があり，その敷地を再開発するかたち

544

図 V-4-7　北京の街区特性（作図：鄧奕）

で形成された街区と考えられる．

(4) 王府・衙署・倉・寺廟―四合院の類型と街区分割

以上のような街区分割パターンをもとに四合院タイプの住居や寺院が建設される．敷地分割のパターンと四合院のパターンには当然関係があり，四合院の諸類型は極めて体系的に理解することができる (Column 7)．

例えば，陸翔・王其明 (1996) は，四合院の類型を，1. 基本型（原型），2. 縦向複合型 a. 両進　b. 三進　c. 四進 ，3. 双向複合型　a. 一主一次式　b. 二組連立式　c. 多院組合式 ，4. 花園住宅，5. 王府に分ける．

基本型または原型と呼ばれるのは，1つの中庭（院落）を持つもの，縦向複合型とは，中庭を複数縦（南北）軸上に並べるものをいう．胡同間は限定されているから，さらに大型四合院になると，中庭は縦と横の両方向に並べられる．このような四合院を双向複合型という．そのうち，縦の中庭を主体とするものを，一主一次式，2つの基本型あるいは縦向複合型を横に並べるものを二組連立式という．さらに，各型の四合院を組合せるものを多院組合式，大型四合院で花園を設けているものを花園住宅という．

545

『乾隆京城全図』には，一般の四合院と異なって濃く描かれ，名称が記入されている施設がある．『乾隆京城全図』解説・索引は，宮殿，衙署，府第，寺廟，門，胡同を区別してリストアップしている．大型の四合院として，王府，衙署，倉，寺院の分布をみよう．

王府

王府とは，皇帝が諸王に与えた邸宅（官舎）のことである．元大都の内城には王府は建設されていない．明代に内城に10王府が建設される．全ての王府が内城に建設されるようになったのは，清代に入ってからのことである．

『乾隆京城全図』には26の王府が確認される．王府には，親王府，郡王府，貝勤府，貝子府の4つのランクがあり，『大清会典』にランク毎に中軸線上の主な建物の大きさなどが細かく決められている．敷地の規模については細かな決まりはないが，基本的には8畝以上の敷地をもつ．例えば，『大清会典』に則った典型的郡王府「孚郡王府」の敷地は基本宅地（8畝）×9倍の大きさをしている．

現存する15全ての王府の位置と平面図は明らかにされている（図V-4-8）．いくつかの事例と基本街区モデルの関係を示すと図V-4-9のようになる．

衙署

内城には，様々な役所が設けられた．役所には，処，府，院，寺，部，監，司，局などの名がつけられる（図V-4-10）．

軍機処は，紫禁城，乾清門の西に位置し，軍事政務を一括する中心機関となる．府は，朝廷内の人事，事務管理に関わる．院は，司法の監督，科挙制度の実施，衛生，教育，文化に関わった．寺も，地方の司法，祭祀などを担当した．部は，各行政機関である．清代には，2府，5院，5寺，6部が設置され，天安門前の東西両側に，位置した．監，司，局は宦官の役所である．いずれも宮城外の皇城内各所および内城北部に位置していた（『朝市叢書』）．北京の都市管理の行政機関としては，1府，2県，5城兵馬司があった．

寺廟

寺廟には，仏教，道教，ラマ教，イスラーム教，キリスト教の宗教施設および民間信仰のための施設が含まれる．『乾隆京城全図』上には1276の寺廟が確認できる．そのうち内城には，867の寺廟がある．ラマ教寺院12，イスラーム教の清真寺，礼拝寺3，キリスト教の天主堂4の他，圧倒的に数の多いのは街区レヴェルの仏教，道教の寺廟（848）である．『日下旧聞考』，『北平廟宇通検』，『北京市志稿・宗教志』などの寺廟の記載と『乾隆京城全図』に記入されたものとはほとんど一致する．『乾隆京城全図』が極めて精密であることがここでも裏付けられる．

『乾隆京城全図』(1750) の北京

図 V-4-8　王府の分布（作図：呉宝音，出典：于振生）

　まず『北平廟宇通検』[550]（許道齢編 (1936)）から「寺廟」の名称とそれが立地する胡同を確認した．次に『乾隆京城全図』解説・索引に記載されている胡同の名称によって，胡同を『乾隆京城全図』上に確認し，胡同中の寺廟を確認した．さらに，「明北京城復元図建物資料表」と比較し，年代や位置を確認した．以上の寺廟をプロットしたのが図 V-4-11 である．
　867 の寺廟のうち，明代以前の寺廟は 156 ある[551]．元代前に，隋代 (1)，唐 (4)，宋

---

550) 北京に関する歴代史書から，記録された寺廟を確認し，考証した北京寺廟の目録である．
551) 于敏中等編纂『日下旧聞考』(1〜8冊)，北京古籍出版社，1981年10月復刻．張　爵編『京師五城坊巷胡同集』，北京古籍出版社，1982年1月復刻．朱一新編『京師坊巷志稿』，北京古籍出版社，1982年1月復刻．北京市政当局編『北京市志稿』(七・礼俗志，八・宗教志，四・居処 p212

第Ⅴ章
北京—中国都城の清華

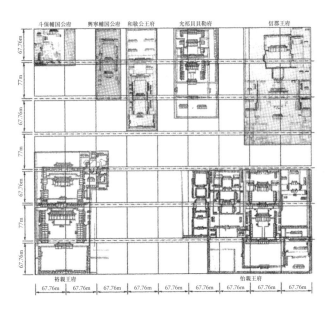

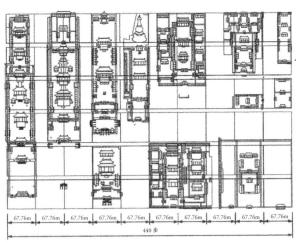

図 V-4-9　基本街区と四合院（作図：鄧奕，出典：陸翔・王基明 (1996)）

(1)，遼 (3)，金 (2) 合計 11 寺廟があり，元代が 25，明代のものが 120 である．清代 1648 年に「分城居住」政策を実施するが，一般的居民と商人は外城に移住したけれど

　　～220，六・廟集 p373～392)，北京燕山出版社，1998 年 6 月復刻．許道齢編『北平廟宇通検』国立北平研究院，民国 25 年 9 月．

『乾隆京城全図』(1750) の北京

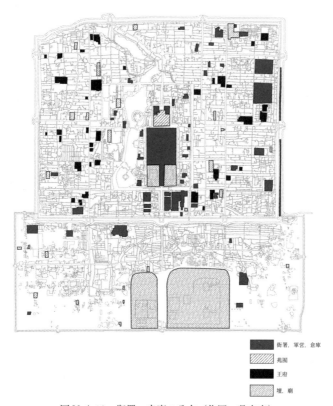

■ 衛署, 軍営, 倉庫
▨ 苑囿
■ 王府
▦ 壇, 廟

図 V-4-10　衛署・寺廟の分布（作図：呉宝音）

寺廟の僧と国家施設の役人は外城には移動しなかった．明代以前の多くの寺廟はそのまま保存されていた（北京市社会科学研究所編 (1984)，北京市政当局編 (1998)）．内城の 867 寺廟のうち，清代創建の寺廟は 711 ということになる．元代以前の 11 寺廟のうち，9 寺廟は内城の西にある．元代の寺廟は，内城の西と北東部に分布する．明代の寺廟は，内城の人工湖の両側に多く建設されている．

　明代前の寺廟において，国家が建設した寺廟は官建という．その他に，自宅を寺にした（「舎宅為寺」）があり，私建という．清代の寺廟も 2 種類あり，「官建」と「旗建」である．清代において，旗を単位として，新たな胡同（住宅区）を建設した時に，関羽廟を建設する．最も小さな規模は，正殿が 1 間で，一般的には正殿は 3 間である．このような寺廟を「旗建」という[552]．『乾隆京城全図』上に圧倒的に数の多いのは街区

---

552) 趙書「北京城区満族生活瑣記」（北京市政協文史資料委員会編『北京文史資料』第 55 輯，北京出版社，1997 年 5 月）．

549

第 V 章

北京—中国都城の清華

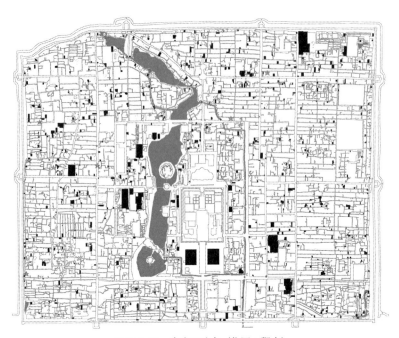

図 V-4-11　寺廟の分布（作図：鄧奕）

レヴェルの寺廟である．小規模な住宅スケールのものも多く存在していた．1139 牛禄に 848 の寺廟が存在していたから，1.34 牛禄に 1 の寺廟があったことになる．

諸施設と基準宅地

大型四合院としての王府，衙署，倉，寺廟と基準宅地（44 歩×44 歩＝8 畝）との関係を見ると，その規模は様々であるが，中には明らかに基準宅地を単位にしているものがある．基準宅地を単位として基本街区のグリッドとの関係を見ると，怡親王府（東西 4×南北 3＝12 単位），信郡王府などはほぼグリッドに従っている．それ以外にも，東西か，南北がグリッドに従っているものが少なくない．基準宅地より小さな寺廟を除いて，全ての王府，衙署，倉，寺廟の規模をプロットすると，図 V-4-12 のようになる．44 歩をモードとする罫線付近に東西，南北の幅が分布している．44 歩×44 歩の正方形の宅地が基準とされたことは疑いがない．

(5) 宅地と宅地分割

以上のような大規模な施設を除くと，『乾隆京城全図』は無数の四合院によって埋め尽くされている．

胡同・間

清の順治帝は，満州族を内城に漢民族を外城に居住させる「分城居住」政策を採る

『乾隆京城全図』（1750）の北京

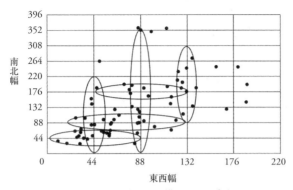

図 V-4-12　施設の規模　間口と奥行

（1648年）が，寺廟の僧と国家施設の役人は移動させていない．また移住させるに当たっては，住宅の規模に従い，1「間 jian」につき4両銀を与えている．また，内城の住宅配分において，「甲喇」の長官（三品官の参領）には12「間」，「牛禄」の長官（四品官の「佐領」）には10「間」，六品官には4「間」，七，八品官には3「間」，一般旗兵には2「間」を与えることとしている（図 V-4-13abc）[553]．

「間」は建築平面の最も重要な基本単位である．4本の柱のあいだの面積を「間」という．また，柱間の意味で「間」（または「開間」）という梁思成（1934）『清式営造則例』の言う「間」は，柱間の意である[554]．明代および清代には，平民の住宅の「正房」は3間（明間，左右の次間）で，3間を超えることは許されなかったとされる．そして，北京四合院の基本型は，「正房」の3間に，左右「耳房」の1間ずつ足して間口は5間である（王其明（1999））．

『北京四合院』「附表6 北京四合院各房屋尺寸比較表」（王其明（1999））によると，「明間」は1丈1尺，「東次間」は1丈5寸，「西次間」は1丈である．また，「耳房」は9尺5寸である．つまり，北京四合院の間口は，1丈1尺（明間）+1丈5寸「東次間」+1丈「西次間」+9尺5寸「耳房」=4丈1尺=41尺である．1尺=0.310〜0.320mであるとすると，41×0.310〜0.320=12.71〜13.12mである．壁の厚さは1尺2寸とされるから，両側合わせて1枚分加えると，1.2×0.310〜0.320=0.372〜0.384m．四合院の間口は13.082〜13.504mとなる（「古代歴代尺度簡表」（董鑒泓（1961））

これはまさに44歩の1/5=1.54m×44×1/5=13.552mにほぼ当たる．平民のみを考えると基本街区には100旗兵が住み，基本街区3本で1「牛禄」（300旗兵）が形成さ

---

553) 趙書「北京城区満族生活瑣記」（北京市政協文史資料委員会編『北京文史資料』第55輯，北京出版社，1997年5月）．
554) 梁思成「第2章平面」『清式営造則例』，中国建築工業出版社（1934年出版．1981年12月復刻版）．

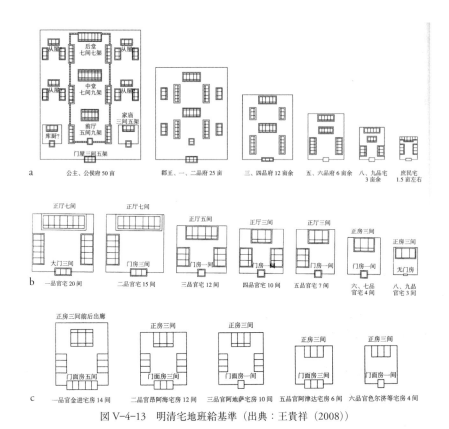

図 V-4-13　明清宅地班給基準（出典：王貴祥（2008））

れることになる．興味深いことに，これを元大都の基準グリッド 480 歩×480 歩と基準街区モデル（図 V-2-10）に照らし合わせると，基準グリッドは9つの基本街区を単位とするから3「牛禄」に相当する．組織原理は異なるけれど，空間編成システムとしては一貫するところがあることを確認できる．

　実際には，上述のように様々な大きさの四合院があった．「牛禄」を管理する官庁は「札藍」と呼ばれ，三進の四合院の規模であった[555]．「札藍」の日常責任者を「札藍達」という．「札藍達」の管理範囲はほぼ南北の2本の大街と東西の2本の大街の間であったとされる．南北の2本の大街の間に，東西向の胡同がある．胡同はコミュニティの最小単位である．胡同の管理者を「街達」という．随時，胡同の状況について

---

555) 蘇亜民「外火器営満族郷鎮雑憶」（中国人民政治協商会議北京市委員会文史資料研究委員会編（1992））．

は，街達は「札藍」に報告することになっていた[556]．

宅地分割

　一見整然と見えるが，個々の四合院の規模はばらばらで，出入口の方向も南北方向のみならず，東西からアプローチするものも少なくない．単純に法則性を見出せないように思えるが，グリッド状の街区割の当初から宅地割についての基準も想定されていたはずである．それが基準街区モデルである．

　『乾隆京城全図』において，大街（小街）の間隔がおよそ440歩（667.60m）である地区を見ると，大都の設計計画（第Ⅴ章2）について明らかにしたように，そのうち南北胡同間が約50歩の基本街区そのものであるものは23ある．そのうち，分割のパターンがはっきり読み取れるものは17ある．他は，破損があってわからない箇所がある．

　17街区について，その分割パターンを示すと，図Ⅴ-4-14aのようである．それぞれの街区を，基準宅地（44歩×44歩＝8畝）を単位として10分割して見ると，興味深いことに全ての街区についてうまく分割できる．すなわち，10分割する南北線上に宅地境界線が位置している．基準宅地がまさに基準となっていたことがこの事実からも裏づけられる．

　そこで，基準宅地を単位として，その分割パターンに着目して見ると，全体で17×10＝170街区あるが，胡同のある場合とない場合にわけて示すと図Ⅴ-4-14bのようになる．中央に示したのは，基本街区の西端（Ⅰ）と東端（Ⅹ）の基準宅地である．東西から出入可能な宅地である．Ⅱ～Ⅸは，基準街区の西端からの位置を示す．縦軸は，分割数である．

　胡同のない場合（103街区）をまず見ると，全く分割されない宅地が4例，2分割される宅地が6例，以下，10分割される宅地4例まで様々である．胡同のない場合は6分割される場合が最多で15例ある．胡同のある場合は，11分割される事例が最多である．南北に出入口を設けられるから細分化は進行しやすいのである．

　以上の具体的な事例から，分割のプロセスを推測できる（図Ⅴ-4-14c）．南北線による分割を縦の分割，東西線による分割を横の分割とする．基準宅地が2分割された宅地に横分割のものはない．南北に出入口を設けることができるから縦分割が優先されていることは，3分割以上の宅地でも確認できる．3分割の場合，縦分割されたものと縦に2分割された一方が横分割されるものがある．さらに，4分割の場合，縦に3分割されたものの1宅地が横分割されるもの，縦に2分割されたものの一方が横分割され，そのうちの1宅地が横分割もしくは縦分割されるものなどにわかれる．たまたま，縦にのみ4分割された例はないが，さらなる分割についても，以上のような分割プロセスが積み重なったものとして理解できる．

---

556) 趙之平「記北京的一個満族集住区」（中国人民政治協商会議北京市委員会文史資料研究委員会編（1992））．

第Ⅴ章
北京—中国都城の清華

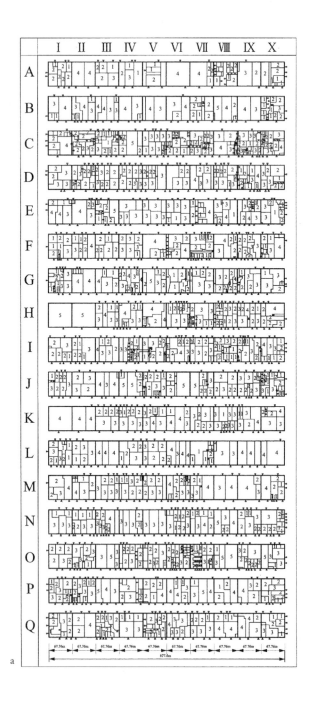

4

『乾隆京城全図』(1750) の北京

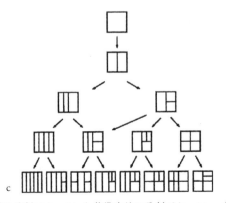

図 V-4-14　a 基本街区の分割パターン　b 基準宅地の分割パターン　c 基準宅地の分割プロセス
　　　　　（作図：鄧奕）

555

気がつくのは,宅地をおよそ南北に2等分する横分割の事例が多くないことである.そもそも,基準宅地を10以上に分割する事例は少ない.従って,仮説として示した基準宅地の分割モデル,すなわち,基準宅地を南側5,北側5,合わせて10宅地に均等に分割する理念は必ずしもなかったかもしれない.

胡同がある場合,また,南北の大街,小街に接する場合,さらに東西から出入が可能となる場合は,分割は複雑になる.胡同は,さらなる分割のためにつくられるのである.胡同も貫通する場合と死胡同(袋小路)の場合がある.胡同の形を簡単に分類すれば,｜型,―型,T型,L型,＋型などに分かれるが一定の形は見出せない.胡同は,基準宅地の中央部(「あんこ」の部分)へのアプローチを確保するために設けられる.当然,基準宅地の分割数は胡同のない場合より多い.

今日に至る街区の変化については,続いて,朝陽門地区について詳細にみたい(第V章5-2).

(6) 柵欄・井戸
柵欄

『乾隆京城全図』には胡同の出入口に柵欄と呼ばれる門の表記がなされている(図V-4-15a).柵欄は,高さは8尺5寸,幅は6尺あったという(于敏中他編纂(1981)『日下旧聞考』巻71)が,『康熙六旬萬寿盛典図』に具体的な形姿を知ることができる(図V-4-15b).

明代には「宵禁」の制(夜禁)があって犯罪を取り締まっていたが,強盗が絶えず,住民たちは自衛のために柵欄を設けるようになった.明代弘治元(1488)年には,王敏の建言によって,朝廷が柵欄を設置するようになった(松木民雄(1988)).柵欄とともに「堆子」という番所が置かれ,胡道の治安,衛生,路灯の管理に当たった.

『北京歴史紀年』(北京市社会科学研究所編(1984))によれば,順治帝が北京に入城した時点(1644年)には1755座の柵欄があった.牛禄一対の柵欄があったとすれば,878の「牛禄」が存在したと考えられる.乾隆元(1736)年6月28日に,外城の街巷に柵欄を設置させるという記録があり,そして,柵欄を損壊された場合は,各胡同の管理者から地区の管理者へ,さらに朝廷の工部まで連絡し,工部から街道庁へ令を発し,実態調査の上申告することになっていた.皇帝から都市管理者の官吏(五城三営)に修理監督を任命し,修復することになっていた(『大清会典』).また,柵欄と共に「堆子」という交番も設けている.「堆子」は胡同の治安,打更,衛生,路灯の管理を担当していた.

乾隆18(1753)年には内城の柵欄は1099座あり,皇城内には196座,外城の柵欄は440座あったという[557].清朝当初より減っている.柵欄の必要性が減ったと考えら

---

[557] 1736年6月28日乾隆元年に,外城の街巷に柵欄を設置させる(北京市社会科学研究所編(1984),『大清会典』).

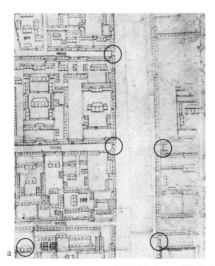 

図 V-4-15　柵欄（出典：a『乾隆京城全図』　b『康熙南巡図』）

れる．しかしそれにしても，『乾隆京城全図』を見ると内城には 635 の柵欄（皇城内に 77）を確認できるだけである．上述したように，『唐土名勝図會』には 1133 の「牛禄」が記録されているからほぼ「牛禄」毎に柵欄 1 という計算になる．柵欄は対であったと考えると 2「牛禄」に 1 対の柵欄ということになる．しかし，『乾隆京城全図』には 536 しか柵欄がない．皇城内を除くと 558 である．どちらかが不正確ということになる．『乾隆京城全図』の正確さを採ると 2.03「牛禄」に 1 柵欄，4.06「牛禄」に一対（2）の柵欄の計算になる．未曾有の安定期を誇った乾隆帝の時代は，清朝初めより柵欄の必要性は減っていたと考えられる．

井戸

北京城には 2 つの水系が流れ込んでいる．『乾隆京城全図』を細かく見ると，北西から南東へ幾筋も小川が流れていることを確認できる．しかし，それらは，上述のように，全てが一般の生活の用に供したわけではない．胡同での生活には井戸が不可欠であった．『乾隆京城全図』には北京内城に 676 の井戸を確認できる．2001 年に，北京の王府井大街で発見された乾隆年間の「古井」[558] も記載されている．宅地内部の井戸を除くと 588 である（図 V-4-16abc）．

清代の文献には，内城に 701，外城に 557，合わせて 1258 の井戸があると記載されている（「飲水与排水」果鴻孝（1992））．また，清代に「3176 戸の地区に，16 の井戸

---

558) 北京市の王府井の外文書店そば，明の時代の古井戸が発見された．井戸の深さは 10m，水の深さは 4m．水は非常に澄んでいる．既に修復作業が終了し，観光客の目を楽しませている（「北京市王府井で古井戸を発見」『人民網日本語版』2001 年 2 月 12 日）．

が設置されていた」という記録がある[559]．約200戸に1つの井戸があったことになる．1胡同中に100旗兵が住むとすると，2胡同に1つの井戸となる．

八旗兵は北京城に12万309人（旗兵）いたという記録（『清史稿・兵誌』）をもとにすると，『乾隆京城全図』の上には公共の井戸は588確認できたから，平均1つの井戸は204.61人（旗兵）によって共用されていたことになる（全井戸数676で割ると177.97人（旗兵））．以上より，ほぼ，2胡同に1つの井戸が設置されていたと考えていい．

(7) 店舗・会館

『乾隆京城全図』から解読できることはおよそ以上のようであるが，最後に，店舗，そして会館についてみておきたい．清代には，内城に店舗および会館の設置は禁じられていたから，外城についてみることになる．内城にみられる店舗は，内城に居住する八旗の兵士とその家族のためのものである．

元大都には，前述のように，鐘楼の西，海子に接した斜巷の周辺と皇城の西南の順承門周辺の2か所の市の他，大街には各種の店舗が並んでいた．また，各城門の外には城外町が形成され，多数の商館があったこと，城外に膨大な人口が居住し，商業市場が栄えていたことは，マルコ・ポーロが記すところである[560]．明代に，南の城外町が城壁で取り囲まれ，外城が建設されるが，外城には「廊房」とよばれる連棟の商店街が建設される．今日の前門大街，大柵欄の起源である．

店舗については，『乾隆京城全図』をただ見ているだけではわからない．加えて手掛かりになるのは北京を描いた画像である．

『姑蘇繁華図（盛世滋生図）』で知られる宮廷画家徐揚の『京師生春詩意図』(1767)は，前門大街から景山にいたる北京の中軸線を東南上方から見た堂々たる鳥瞰図であるが，前門外大街に面して軒を連ねる店舗（商舗）や大街上の小屋掛けの店舗，また，様々な物売りの姿が描かれている．『乾隆京城全図』の17年後の作であるが大きくは変わらないと考えられる．

というのも，『乾隆京城全図』の60年前に描かれた『康熙南巡図』[561]の第12巻が同じように前門大街の様子を描いているからである（図V-4-17a）．大街に面して，一連の店舗が描かれているが，王南（2012）は，その舖面（ファサード）に着目して，牌坊式舖面（店舗の前面に門（鳥居）を建てるもの，門柱の間に店の看板などが掛けられる），牌楼式舖面（店舗の前面に牌楼を建てるもの），拍子式舖面（店舗を前面に張出すもの），重楼式舖面（2層あるいは3層以上のもの）に分類している（図V-4-17b）．王南は，「重楼

---

559) 趙書「外火器営満族郷鎮雑憶」（中国人民政治協商会議北京市委員会文史資料研究委員会編（1992））
560) 「106　大都市カンバルック，その殷盛な人口と将来される多量の奢侈物資」（マルコ・ポーロ・愛宕松男訳（1970））．マルコ・ポーロは，また遊女，娼婦の数の多さに言及している．
561) 康熙帝は在位中（1661～1722）に六次にわたって江南巡幸を行っている．『康熙南巡図』は，王翬等によって康熙30（1691）年に書かれたとされる．

『乾隆京城全図』(1750) の北京

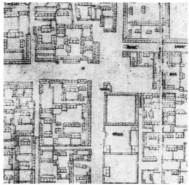
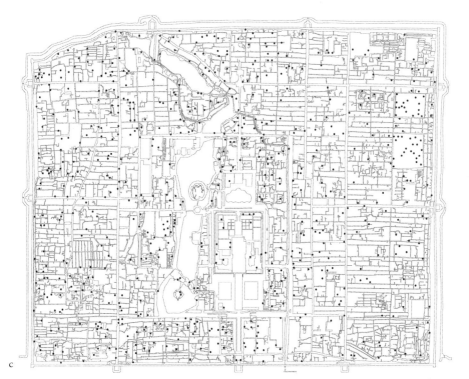

図 V-4-16　a 王府井　b 井戸『乾隆京城全図』　c 井戸の分布（作図：鄧奕）

第 V 章
北京—中国都城の清華

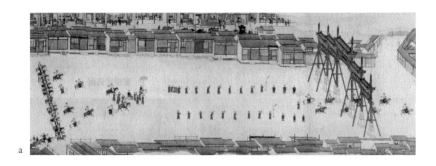

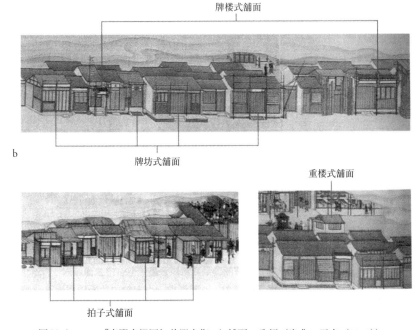

図 V-4-17　a『康煕南巡図』前門大街　b 舗面の分類（出典：王南（2012））

式舗面」は，『康煕南巡図』には前門大街の五牌楼西南側の珠宝市北口と珠市口東北側にしか見られないが，乾隆年間の『城京全図』や『京師生春詩意図』には多く見られるようになる，という．

さらに注目されるのが，在位 60 年を記念祝賀した『康煕六旬萬寿盛典図』（康煕 52

(1713)年)そして『乾隆八旬萬寿盛典図』(1792)である[562]．この『康熙六旬萬寿盛典図』には，行列の通過とは逆向きに，紫禁城北門の神武門を出て，景山の前を西へ，文津街を抜けて北海と中海を区切る橋を渡り西安門を出，西大市街（西四大街）を北上，西四牌楼を通って，新街口を西へ左折，西直門から城外へ出て揚春園へ至る道筋の様子が描かれている（図V-4-18a)[563]．『康熙南巡図』の作者でもある宋駿業，また，王原祁，冷枚らによって描かれた『康熙六旬萬寿盛典図』は，実際のスケッチをもとにするものとされ，北京の都市景観をリアルに伝えるものとして評価が高い．

全296図（148頁）の中には，内城そして北西郊外における様々な店舗の形態をみることができる．店舗の種類を列挙すれば，飲食店，煙草屋，靴屋，八百屋，銭荘（両替），薬屋，塗装屋，建材屋，練炭屋，調味料屋，酒屋，衣料品店，菓子屋，毛皮屋，雑貨屋，車屋，線香屋，医者……など実に多様である．いずれも，日常生活に必要な店舗である．清朝政府は，「漢満分離」を方針としたが，実際にはこうした店舗経営者など多くの漢人が内城にも居住していたことがわかる．

ここでは店舗の空間形式に着目しよう．神武門を出て西に向かい宮城の北西櫓を過ぎた辺りの景山西の地区の光景を見ると，中央左から右へ，ほぼ同じ間口の店が鉤の手に並ぶが，手前の2つは店舗ではなく後部に別棟が連なっている．また，店舗の奥にも別棟があり，同じ形式をしているように思われる（図V-4-18b) そして，それとは別に奥行き一間ほどの長屋形式の店舗が見える（図V-4-18c)．西四街に入って，四合院に隣接して店舗が見える（図V-4-18d)．四合院の門を壊して店を設置したと思われる．牌坊式舗面で門が立てられている．店舗として，店の後部に院子（中庭）を挟んで別棟をもつもの，また，院子を2つ持ち，3棟からなるものがある（図V-4-18e)．これは倒座を欠いた四合院の変型，最小限住居（A前棟（店）＋中庭＋後棟，B前棟（店）＋中庭＋中棟＋中庭＋後棟）と思われる．さらに，店舗が並ぶ建築線から突出する，王南がいう四合院の住居の前に飛び出す拍子式がある（図V-4-18f)．店の前を占有する形態は様々に見ることができる（図V-4-18ghijkl)．そうした中で，注目されるのが2棟を連続させる店舗である（図V-4-18m)．もう1つ注目できるのは，同じ形式で並んで描かれる店舗列である（図V-4-18n)．一体に建設されたのではなく，個々の屋根は分割されているが，一定の基準，指針があったと考えられる．

以上のような画像を念頭に，『乾隆京城全図』を見ると，『康熙南巡図』に描かれた

---

[562] この図は，『清朝北京都市大図典』（滝本弘之（1998））として，「乾隆八旬萬寿盛典図」46図（1792）を加えて，日本で完全復刻されている．他に鱗慶の『鴻雪因縁図記』(1849)があるが，内城の景観は少ない．

[563] 『康熙六旬萬寿盛典図』については，熊遠報による分析（「18世紀における北京の都市景観と住民の生活世界―康熙六旬『萬寿盛典図』を中心に」『東洋文化研究所紀要』第164冊，2014年）がある．日常と非日常の違い，人々の移動と運搬道具，動物，人々の様々な姿，商店と看板などに着目している．

第Ⅴ章
北京―中国都城の清華

図 V-4-18 『康熙六旬萬寿盛典図』に描かれた店舗（出典：『清朝北京都市大図典』（滝本弘之 1998））

前門大街には，確かに，以上のような店舗が描かれていることがわかる．特に，大街に細長い島のように描かれているのは店舗である．そう思って見ると，崇文門前門にも同様の店舗を確認できる．また，内城にも大街に建てられた小屋掛け様の建物を見つけることができる．大街に簡易な小屋がけの店が17世紀末には出現しており，18世紀中葉にも維持されていたことが確認される．

　店舗の奥に居住部分をもつタイプを見分けるのは必ずしも容易ではないが，南北大街に面するものについては，上で基本街区の宅地分割パターンをみたように，比較的わかりやすい．すなわち，南北大街に面して東西軸による宅地分割がみられる場合，そしてそれが狭小間口の場合，店舗（併用住居）と考えていい．

　『乾隆京城全図』に描かれた店舗については，高村雅彦の興味深い分析がある[564]．高村によれば，店舗には，「前店後宅」という四合院の形式と「勾連搭」と呼ばれる平入で棟を平衡に連結させる形式の2つがあるという（図V-4-19ab）．「勾連搭」の平面形式は，「前房」（店）＋中庭＋「後房」となる．上で，店の後部に院子（中庭）を挟んで別棟をもつもの，倒座を欠いた四合院の変型（最小限住居A前棟（店）＋中庭＋後棟）としたものである．『乾隆京城全図』上でこの「勾連搭」を区別するのはある程度できるが，「前店後宅」の店舗は，一般の四合院と区別するのは難しい．ただ，基本的には胡同は柵欄で閉じられるから，大街に面するものに注目することになる．わかりやすいのは，ほぼ外城に限定されるが，前面に二層屋根をもつもの，すなわち，前面が2階建てのものはほぼ店舗と考えていい．

　さて，この「勾連搭」という店舗の形式はどのように成立したのか．大街に見られる簡易な小屋がけの店との関係はあるのだろうか．四合院の形式との関係はあるのであろうか．ここで，日本における「町屋」の成立をめぐる2説が想起される．「町屋」を商業機能とは関わりなく成立した集住的建築様式とするもの，すなわち，「町屋」という集住形式が成立するのが先であって，それが路面することで商業機能は後から付加されたとするものと，「店家」から「町家」が成立したとするもの，すなわち，仮設的な簡素な小屋掛けの建築が店として建てられ，それに居住機能が付加されるかたちで「町屋」が成立したとするものの2説[565]である．

---

564) 高村雅彦「4　商業空間の成り立ち」（陣内秀信・朱自煊・高村雅彦 (1998))．笠井健，高村雅彦「中国北京の町屋の建築形式と空間構成に関する史的研究」日本建築学会計画系論文集，第651号，2010年5月．

565) 「町」を構成する基本的要素として，すなわち1つの建築類型として「町屋（町家）」が誕生する過程について，野口徹 (1988) は，「町屋」を商業機能とは関わりなく成立した集住的建築様式とする．すなわち，既に存在してきた集住的な長屋形式の住居・付属屋が路面する形をとって「町屋」が成立するのが先であって，商業機能は後からついてきたとする．野口によると，「町屋」はあくまで「供給型住居一般の集住形式」であり「店舗」「商家」(店家) と起源を異にすることになる．一方，その起源に遡ると，「店家」→「町家」という過程が想定される．「市」や「町」の成立に伴う商業施設の原像としては，仮設的な簡素な「小屋」掛けのような建築物が想定されるで

第 V 章
北京—中国都城の清華

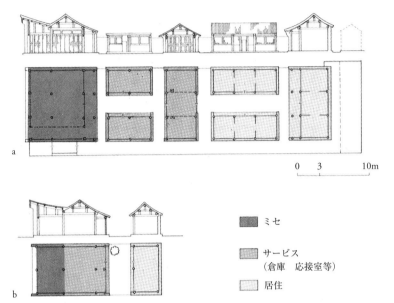

図 V-4-19　店舗の 2 類型　a「前店後宅」と b「勾連搭」（出典：高村雅彦（陣内秀信・朱自煊・高村雅彦（1998）））

　高村雅彦は，「勾連塔」は「侵街」が起源であるという．「侵街」とは，土地を不法に占拠して建物を建てることをいう（開封（第 IV 章 1））．「勾連塔」は，道路に面して商売を行う店舗が，まず商いのスペースを拡大するために，店先の道路を取り込むようにアンペラを架け，その後，それを常設化した店舗として建て替えることで成立する．高村の示す店舗の 2 つの形式（図 V-4-19ab）は，いずれも 2 棟のかたちにはなってお

あろう．そうした簡素な「小屋」から「町屋」が成立する過程で焦点となるのが「表長屋の町並み」（玉井哲雄（1986））である．『江戸図屏風』に見られる，店先に数種類の暖簾を吊る長屋形式の店舗を，玉井哲雄は「同業者集住の長屋店舗」とし，初期江戸の町は表長屋から零細独立町家が成立する過渡期にあるとする．この「表長屋の同業者店舗」について，『洛中洛外図屏風』をもとに京都について検討した高橋康夫（1989）は，同様の形式の存在を確認した上で，居住が行われたかどうか，すなわち，住居として用いられたかどうかについては，必ずしもそう思えないものもあるとし，「店舗」の諸形態として，立売の「台」「床子・床」「見世棚・棚」「店」「幄」「仮屋・屋形」「桟敷」について明らかにしている．「店」は，いわゆる「町屋」「店屋」（店舗併用住宅）であるが，専用店舗の長屋形式のものもあり，これは多くの場合仮設の小屋だという（「中世都市空間の様相と特質」）．「幄」は骨組みに幕を張った仮建築であり，台，床，棚，桟敷にしても仮設である．立売りから棚売りへ，さらに「棚」から「店」（「見世棚」）「店」へ，仮設の店舗が常設の「町屋」へ変化していく過程は一般的に想定される過程である．問題を単純化すれば，「店」→「店屋」→「町屋」（日本の場合「町屋」→「仕舞屋」）なのか，「町屋」＋「店」→「店屋」なのか，という 2 説となる．

らず，それへの過程，あるいは増築したかたち（王南のいう拍子式）を示している．高村は，「勾連搭」の前房が2つの棟を前後に平行に並べるのは，格式の高い形式であり，また，税金が大屋根を架けるより安いからだとするが[566]，「侵街」説をとるとすれば，もとの屋根に店を付加する形で2棟となるのは自然である．また，格式が問題となるのは，「勾連搭」という形式が成立して以降のことであろう．

　問題は，最初の形態，道路に面して商売を行う店舗はどのような形式をしていたのか，である．高村はさらに，「侵街」のシミュレーションとして，重楼式店舗の成立過程を推測しているが，その推定によると，最初から「侵街」によって「勾連搭」も成立したことになる．まず，大街を不法占拠することで仮設店舗が建てられ，常設化し，居住部分が付け加えられて「勾連搭」が成立するというのはわかりやすく，画像に描かれた仮設の小屋掛け店舗との関係も説明できる．ただ，この「侵街」説だと，「勾連搭」と「前店後宅」の四合院形式は関係ないということになる．

　しかし，このようにモデル化される「侵街」行為が積み重なって「勾連搭」という店舗形式が全く新たに形成されたということではおそらくはない．高村も，「侵街」が活発化する18世紀初頭以前にも「勾連搭」はあったであろうというが，大都建設以降の土地のかたちとその変化を一方で考慮すべきであろう．第1に注目したいのは，大都において，大街に面して店舗用地があり，実際に存在してきたことである（本章2-5）．狭小間口の「勾連搭」が形成される核になったことは大いに考えられる．第2に考えるべきは，四合院住居の分割である．『乾隆京城全図』をもとに宅地分割のパターンを上で見たが，大街に面する宅地は横（東西軸線によって南北）に分割される割合が高いのである．また，画像に即して上で見たが，四合院の細分化が先行して起こっていることは想定すべきだろう．商業活動のために宅地の再分割が起こり，その宅地形状に即した建築類型として「勾連搭」が成立するという過程も当然ある．もちろん，この過程は，「勾連搭」という最小限の建築類型を成立させる宅地を基準として再分割が行われたとみることもできる．

　こうして，日本における「町屋」の成立をめぐる議論に照らすと，かなり状況が違う．確固として四合院形式が古来成立してきたということが大きいであろう．「勾連搭」は，四合院の分割が進行する過程において成立した建築類型と考えることができるだろう．それは，四合院を縦に半分に割るような形で成立する中国南部の「手巾寮」（福建），「竹筒屋」（広東）とは，別の類型ということになる．

　『乾隆京城全図』に店舗と思われる前面2層のもの，そして，「勾連搭」と思われる

---

566) 2棟を持つ屋根は，四合院の入口に置かれる垂花門の形式としては格式が高いという．また，奥行方向の桁数によっても税金が定められており（『大清典』巻98），例えば，九架一棟の屋根の方が五架二棟連棟より高いという．おそらく，建設費が税金の貴人とされたことは大いに考えられるが，この説明だと，格式も高くて安い形式が選択された，ということになる．

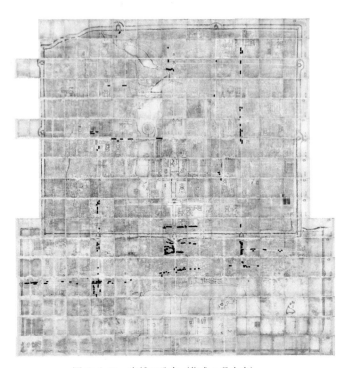

図 V-4-20　店舗の分布（作成：呉宝音）

ものをプロットすると図 V-4-20 のようになる．

　会館とは，商工業者が親睦のために建てた組織およびその建物をいう．宋代に始まり，明以後整備されて発展するが，清代に最盛期を迎える．北京には，質屋の当商会館，銭荘の銭業会館など業種ごとに，また，山西会館，潮州会館，安徽会館，湖広会館など出身地ごとに会館がつくられた．乾隆・嘉応年間（1736～1820 年）に数多くの会館が建設され，光緒年間には各省各県各邑の会館は 500 を超えたという．1949 年の北京市民政局の調べによると，391 の会館のうち，明代創建が 33，清代創建が 341 であった（王南 (2012)）．規模は様々であるが，基本的には四合院形式をしているから，『乾隆京城全図』のみから会館を区別することはできないが，梅寧華・孔繁峙主編 (2008) によれば，前門大街から西の宣南地区一帯に集中していることがわかる（図 V-4-21）．会館には，同業組合や同郷会の事務所が置かれるとともに，職種の祖師や郷土神が祀られる廟が付置されるのが一般的である．

　『乾隆京城全図』の分析によって明らかになったことをまとめると以下のようになる．

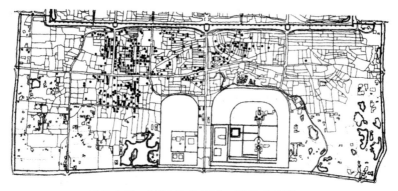

図 V-4-21 会館の分布（出典：王南（2012））

① まず，街区割と宅地分割について．「北京市街巷図」(1996) を比較すると，大街，小街については大きな変化がない．すなわち，大街，小街で囲まれたブロックに大きな変化はない．
② ブロックの中には，東西胡同（大街）と南北大街あるいは小街によって挟まれた街区が見られるが，まず，胡同間が約 50 歩のものを区別できる．さらに，胡同間が 100 歩程度のもの，150 歩程度のもの，200 歩程度のものを順に区別できる．
③ 大型の四合院である王府，寺廟，衙署を見ると，南北，東西を，50 歩程度を単位とするものが少なくない．王府，寺廟，衙署も 44 歩×44 歩＝8 畝を単位としていた．
④ 東西の長さが 440 歩程度の基本街区 17 について宅地分割のパターンを見ると，全ての街区が大きく 10 に分割されていることが分かる．すなわち，街区を 10 に等分割する南北線上に宅地境界線が位置している．44 歩×44 歩＝8 畝の宅地が 1 つの単位とされていたことが裏づけられる．また，その基準宅地 10 が基本街区をなすことも裏づけられる．
⑤ 17 の基本街区をそれぞれ 10 の基準宅地に分割し，基準宅地のさらなる分割パターンを見ると，まず，胡同のない，大街，小街に接しない場合，1（無分割）〜10 分割までのパターンが見られる．その分割パターンは，極めて単純な分割プロセスとして理解できる．指摘できるのは，縦（南北）分割が横（東西）分割より優先されることである．従って，当初から，南北背割りで基準宅地を 10 に分割するモデルは必ずしも採用されなかったと考えられる．
⑥ 胡同のある基準宅地の場合，分割数は多くなる．さらなる再分割のために胡同が必要とされたことが推測できる．

続いて，居住単位について．

① 清朝の北京内城は八旗制によって編成されており，最小居住単位は「牛禄」と呼ばれた．「牛禄」は，もともと戦闘集団で，騎馬兵10人と農耕雑役に従事する壮丁合わせて300人からなる．「牛禄」の上位単位は「甲喇」，さらに「甲喇」の上位単位が「固山」で，5牛禄が1「甲喇」で，5「甲喇」が1「固山」というのが理念であった．

② 各旗は，満州，蒙古，漢軍の3つの固山からなるが，岡田玉山『唐土名勝図會』によると，八旗全て，12甲喇からなり（全96甲喇），満州（5甲喇：頭参領，2参領，3参領，4参領，5参領），蒙古（2甲喇：頭参領，2参領），漢軍（5甲喇：頭参領，2参領，3参領，4参領，5参領）からなっていた．

③ 44歩×44歩（8畝）の正方形の敷地（基準宅地）が10戸で1街区（基本街区）を形成し，8畝は10戸分の平民用の宅地となる．南北に背割りし，2分すると，胡同の南北両側の宅地は，各50軒，計100軒あるのがモデルである．すなわち，平民のみを考えると基本街区には100旗兵が住み，基本街区3本で1牛禄（300旗兵）が形成されることになる．

④ 基本的には牛禄毎に柵欄が設けられていたと考える．しかし，清朝当初には2牛禄に1対の柵欄というのが実態であった．また，『乾隆京城全図』の時代には役4牛禄に一対の柵欄が設けられていた．

⑤ 『乾隆京城全図』の上には公共の井戸は588確認でき，ほぼ，2胡同に1つの井戸が設置されていた．

⑥ 『乾隆京城全図』上には1276の寺廟が確認でき，そのうち内城には，867の寺廟がある．そのうち，明代以前の寺廟は156ある．ほとんどが街区レヴェルの寺廟であり，牛禄単位に寺廟が置かれていたと考えられる．

⑦ 店舗については，『乾隆京城全図』のみから情報を得ることはできないが，絵画資料を中心とした史資料によって，その形態と分布を明らかにできる．基本的には，外城に見られる街路に面した2層の連棟形式の建物は店舗である．また，内城にも八旗の兵士の家族のための日常生活のために必要な品物を売る店舗が存在している．「勾連搭」と呼ばれる小規模な形式を区別することができる．

⑧ 商工業者が出身地ごとに，また業種毎に建てた会館は，外城前門大街から西部に集中して立地していたことが，関連史資料から明らかにされる．

V-5　北京の変容

　北京は，21世紀に入って，急激に変貌を遂げた．世界第2位の経済大国に浮上していったことがその首都としての力を示している．2008年に北京で開かれた北京オリンピックが北京変貌の象徴である．『乾隆京城全図』(1750)と現在の北京の距離を測ろう．

5-1　北京の20世紀

　北京歴史興図集編委会(2005)という全4巻の歴史地図集がある．それぞれ編者が異なるが，首都図書館所蔵の宋代から民国時代までに描かれた北京に関わる図750余幅が順を追って収められている[567]．第1巻は北京城図及城内分区図145幅 (李誠編)，第2巻は北京郊区173幅 (王煬編)，第3巻は外文図180幅 (王自強編)，第4巻は交通図，水系図，工程図，市制建設図，歴史沿革図など250幅 (李冠編) である．

　第1巻に収められた北京城図を見ると，『乾隆京城全図』(1750)以降，それと比較可能なものとして，『唐土名勝図絵』(嘉慶7(1802)年，光緒2(1876)年の『宸垣　略』，光緒16(1890)年の『京城内外首善全図』があるが，街路体系と主要な施設の立地がわかる程度の精度である．結局，測量に基づきある程度の精度で作成された地図は，民国5(1916)年の『京都市内外城地図』以降 (民国22(1933)年『北平市内外城分区地図』，民国23(1934)年『北平市内外城地図』，民国26(1937)年『実測北平市内外城地形図』，昭和14(1939)年『北京城内全図』，民国33(1944)年の『北京市街地図』など) である．

　こうした地図を1枚1枚重ねてみると，ディテールはともかく，中華人民共和国誕生までは大きな骨格はそう変わっていないことがわかる (図V-5-1)．朝陽門地区について続いてみるように，20世紀末においても，『乾隆京城全図』(1750)と比べてほとんど変わらない地区も少なくない．

　しかし，もちろん，変化はある．解放後の胡同の変化を見ると，消失していった過程がよくわかる．特に内城の城壁周辺，外城で胡同の変化がみられる (図V-5-2)．

　譚縦波・劉鋭は，1949～2000年の北京旧城の土地利用の変化を，①「最新北平大

---

567) 北京に関する『乾隆京城全図』以前の古地図には，『京師五城坊巷総図』(明嘉靖39(1560)年)，『順天府志』「金門図」「畿輔図」(明万暦21(1593)年)，『北京宮殿之図』(明嘉靖11(1531)～62(1562)年)，清『皇城宮殿衙署図』(詳細不明)，『畿輔通志』「京城図」(清雍正13(1735)年)，『八旗通志』(『八旗方位全図』)(清雍正5(1727)年)がある．

第 V 章
北京—中国都城の清華

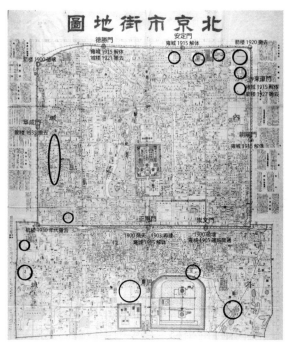

図 V-5-1　北京 1916-1949 の変化　○の部分が変化している（作成：布野修司）

地図」（武漢測絵科学技術大学出版社，1949 年），②「北京城区土地使用現状図」（北京市都市計画委員会，1981 年），③「北京城区地図」（北京市測絵設計研究院，1997 年），④「北京旧城用地現状図」（北京市計画委員会，2002 年）を重ね合わせることによって明らかにしている[568]．宅地がその他の用途に転換していったことは歴然としている．

解放後まもなく，北京城の城壁は取り壊され始める．1940 年代から 1950 年代にかけての北京の都市計画，そしてその改造については王軍（2003）『城記』（王軍・多田麻美訳（2008））が梁思成に焦点を当てて振返っている．『城記』というタイトルが暗示するように，宮城内城外城の城門城壁の歴史が辿られ，その帰趨が表の形で示されている．「義和団の乱」の際に破壊された崇文門箭楼（1900），内城西北角の箭楼（1900），外城東北角の箭楼（1900），放火で焼失した宮城東安門（1912），鉄道あるいは道路建設のために撤去された崇文門甕城（1901），朝陽門甕城（1915），正陽門甕城（1915），安定門甕城（1915）の他，老朽化によって撤去された宣武門箭楼（1920〜21），徳勝門城楼（1921），東直門箭楼（1927），阜成門箭楼（1935）……など既に失われつつあったが，

---

[568] 譚縦波・劉鋭「北京旧城の土地利用の変遷（1949〜2002）」（北京四合院研究会（2008））

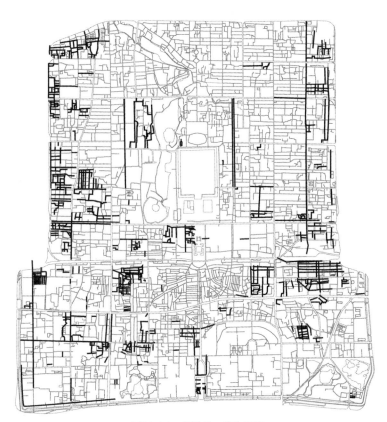

図 V-5-2　解放後の消失胡同

1950年代に入るとまもなくほとんどが撤去されている.

梁思成と陳占祥による旧城の西に行政中心区を設置しようとする「中央人民政府の行政中心区の位置に関する提案」(「陳梁プラン」1950, 図 V-5-3)と天安門広場を中心に行政中心区を置くべきだとするソ連のバランニコフらの提案をめぐる論争とその結果,具体的に実現されてきた北京改造に王軍(2003)は迫っている.ハーバードで学んだ梁思成とイギリスでアーバー・クロンビーの下で学んだ陳占祥,さらにソビエト・ロシアの都市計画家たちの北京を舞台にした鬩ぎ合いは,それ自体,近代都市計画史のテーマとして追及されるべきであろう.

そして,古都の破壊という意味では,文化大革命の勃発(1966年5月)が決定的であった.期を一にして地下鉄建設が開始されていた(1965年).この時,現在まで残る城門城壁以外は壊されることになる.地下鉄工事を始める前に,周恩来は,城壁を見て

第V章
北京—中国都城の清華

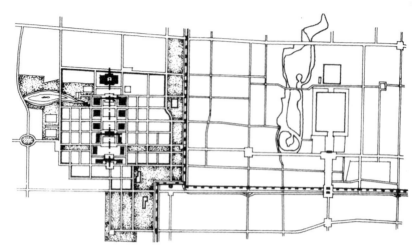

図V-5-3　陳梁プラン（出典：琿（2003），琿・多田麻美記（2008））

回り，正陽門の城楼と箭楼を残すように指示したという．また，古観象台も，その指示で地下鉄を迂回させることによって解体を免れている．しかし，「文革」による破壊はすさまじく，多くの歴史遺産がダメージを受けている．国家級の文物保護単位である天壇，北海，頤和園なども含めて，数多くの文物保護単位が被害にあった．マテオ・リッチの墓が破壊されたのもこの「文革」初期のことである．そして，「文革」期に大量の人口が北京に流入，四合院が大雑院化していく起源となった．

梁思成は，1968年「反逆者」「諜報員」などとされ「ブルジョア反動的学術権威」に定められる．周恩来の世話で北京病院に入院，思想チェックされることになるが，1972年に死去する．梁思成研究室は封鎖され，研究室に所属していた学生たちは「下方」させられる．その時ともに梁思成研究室の学生だった両親をもつ中国からの留学生が筆者の研究室にいたことがある．今では中国に戻って文化財保護関係の仕事をしている．両親にも会って，その時代のことを直接聞く機会があった．大変な苦労の末に復帰され，母親は，十大建築師のひとりとされる建築師となって日本との縁の深い仕事（阿部仲麻呂碑や青竜寺の空海碑）もされており，父親は西安市の都市計画局長にまでなられていた．筆者にとって，北京の20世紀後半は同時代史でもある．

初めて北京を訪れたのは1995年であるが，その時は，北京中を自転車が雲霞のごとく走り回る状況であった．その後，世紀末から今まで頻繁に通うようになったが，中国の古都が急激に変貌したのは21世紀に入ってからの10年である．

北京が決定的に変わったのは北京オリンピック（2008）を契機とする都市改造によってである．

5-2 朝陽門地区

　朝陽門地区の歴史的変化について，鄧奕（2002）に従ってみたい．その基礎資料になった臨地調査は，20世紀末（1997年）に行われたものであり[569]，その後の変化はかなり大きい．

　北京城の城門である朝陽門は，元代には内城の東南部にあり，斉化門と呼ばれていたが，明代になって北京城の東の正門となり朝陽門と呼ばれる．そして，朝陽門は地方各地から京城への物資が運ばれてくる重要な門となる．朝陽門の内側北側壁上には粟と麦の穂の画磚がはめ込まれ，「糧門」とも呼ばれたという（仲健惟（1992））．

　朝陽門地区は北京内城の繁華な商業地であった．明代の『京師俗語』は「東城—布帛萩栗」と記述している[570]．つまり，東城は布と帛（手工業商品），萩と栗（農産品）などの市場というのである．清代においては，内城の東側の「東四牌楼」から朝陽門までの数百mの大街[571]は運河に繋がる北京の生命線であった．この大街の南側と北側には，「北新倉」「禄米倉」など国の重要な穀物倉庫が配置されていた．各地方の商人によって，南方の特産品や海外からの輸入品なども朝陽門から運び込まれ，要するに内城の流通経済の中心であった[572]．現在も，「東四南大街」の両側に並んで，「老字号」（老舗）の「瑞珍厚飯荘」「瑞豊尼絨綢」および紡績品の名店「三友紡績品商場」などがあり，繁華な商業街となっている．

　朝陽門地区は，以上のように北京内城で最も初期に発展した地区である[573]．今でも初期の街区構成を維持している．すなわち，街区は典型的な格子状の道路網からな

---

569) 調査にあたっては，朝陽門地区街道辦事処，房管所，各居民委員会の方々の御協力を頂いた．また，北京清華大学の朱自宣教授，呉良庸教授の指導のもと，泰林，胡萍の両先生に直接協力頂いた．フィールド調査は，北京清華大学の学生の協力を得て行った．外観調査によって，階数，建物種別等を確認すること，官公庁施設についても全て立ち入り調査が可能であった．北京市測絵院修測「北京市行政区地図・朝陽門地区」（縮尺1/2000，1991年5月）には，建物の構造，間数，階数，中庭の建築類型，官公庁施設の名称の建物用途，道路の幅，電柱の位置，緑化地，上下水道，公衆電話の位置などが記されており，この地図をベースマップとして，現地調査（96年6月〜9月と97年6月〜9月の2回）を行った．続いて，「明北京城・内城東部万歴—崇禎年間」地図（縮尺1/27500，1573年〜1644年），「清北京城・内城東部乾隆十五年」地図（縮尺1/27500，1750年），「民国北平市・内城東部民国三十六年」地図（縮尺1/25000，1947年）（いずれも中国社会科学院考古研究所編集，地図出版社1986年版）および清代「乾隆京城全図」（縮尺1/26000，1750年制作．興亜院華北連絡部政務局調査所，昭和15年7月発行）を比較しながら，胡同の変化を確認し，路地の幅を実測した．
570)『京師俗語』には，「東城—布帛萩栗，西城—牛馬柴炭，南城—禽魚花鳥，北城—衣冠盗賊，中城—珠宝錦綢」とある．
571) 翁立（1996）によれば，清代以前には，大市街と呼ばれる．
572)『元史・食貨志』には，「百司庶府之繁，衛士編民之衆，無不仰給於江南」とある．
573)『順天府志・京師志・元故城考』には，「至元四年，築新城，城方六十里……分十一門．正東曰崇仁，東之右曰斉化，……」とある．

り，東西方向のほぼ平行な胡同と南北方向の3本の大街（小街）によって構成されている．こうした街区パターンは「魚骨式」「蜈蚣[574]巷」と呼ばれる．

1970年に朝陽門は取り壊される．交通上障害になるというのがその理由である．1978年8月には朝陽門立体交通橋が架けられ，その後，地下鉄の朝陽門駅も設けられた．

調査対象地区である「朝陽門行政区」は1990年10月に設立された（仲建惟編 (1992))．北京内城の東部，朝陽門の西側，南北方向の東四南大街と朝陽門南大街の間，東西方向の朝陽門内大街と干面胡同・禄米倉胡同に囲まれている．現在は，一部を除いて東四南歴史文化保護区に指定されている．南北は876m，東西幅は1432mである．

(1) 胡同の変化

朝陽門地区には，1998年現在，名前[575]のつけられた大街，小街，胡同が44存在している（図V-5-4）．歴史的には59の胡同名が確認されるが，その名称がいつ頃つけられ，どう変化してきたかは『北京市東城区地名志』（仲建惟編 (1992))および『明清北京城図』（中国科学院考古研究所編 (1986))，『北京歴史地図集』（侯仁之編 (1988))等によって明らかにできる．具体的な名称については鄧奕 (2002)および北京四合院研究会編 (2008)に譲りたい．

胡同の幅は6歩に近いほど当初の胡同であると一応想定できる．6歩 (9.24m) ≧ ～≧4歩 (6.16m) のものを見てみると，6, 10, 12, 26, 27, 28, 29, 31, 36, 37, 42, 50, 51, 52である．南北の胡同は50, 51, 52のみで他は東西の直線道路である．表に示したように東西道路は全て明朝から存在している古い胡同である．南北胡同では51のみが明朝から存在している．南水関 (51) は，城壁に沿った道であり，『周礼』「考工記」にいう「環塗」（環状道路）である．

他に明朝から存在している胡同は，2, 3, 4, 5, 7, 8, 9, 11, 30, 53である．53を除くと他は基本的には東西道路である．清朝以前の胡同は基本的に東西胡同と考えてよい．

2, 4は明朝から存在し，当初は同じ「炒米胡同」と呼ばれたが，清朝に入って「後炒米胡同」(2)「前炒米胡同」(4) に分離している．3, 5も当初「拐棒胡同」と呼ばれ

---

574) 百足のことである．即ち，住宅地内部の道路網は，東西方向のほぼ平行な小路（胡同）と住宅地中心部の南北方向の干路（小街）によって構成されている．

575) 北京胡同の名前は，人々の日常生活と密接に関係している．胡同内に住んでいた有名人の名前や市場，商品名や名所古跡，地理景観などによって，胡同の名前はつけられている．胡同の名前から，胡同内の住まい方，街路空間の形態，地理位置などが推測できる．例えば，朝陽門地区の「内務部街（胡同）」，「史家胡同」，「八大人胡同」内には，歴代の行政機関，貴族，官僚の宅があり，胡同の幅は広く，四合院住宅は規模が大きい．「驢市胡同」，「炒米胡同」，「灯草胡同」は市場，商業に関係がある．「拐棒胡同」，「竹竿胡同」は胡同の形態から付けられている．

北京の変容

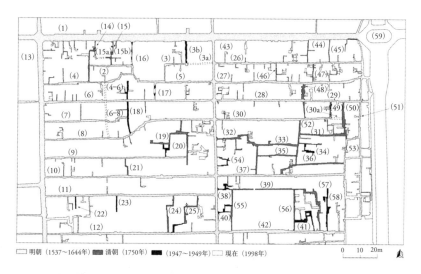
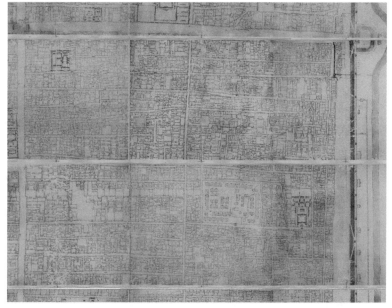

図 V-5-4　朝陽門の胡同（作成：鄧奕）+『乾隆京城全図』の朝陽門

たが，清朝に入って「後拐棒胡同」(3)と「前拐棒胡同」(5)に分離している．いずれにせよこの北東部一画は当初からグリッドのパターンが崩れていたことがわかる．また，8も変則で，途中で曲がって7の胡同と接続する形をとる．中央に寺院があり，寺院が先に立地したためと考えられる．

清朝に入って，『乾隆京城全図』の段階で，初めて命名されている胡同は，14, 15, 16, 17, 18, 19, 20, 21, 24, 25, 31, 32, 33, 34, 35, 36, 39, 44, 45, 46, 47, 48, 49, 50, 52, 55, 56, 57, 58 である．この内東西の胡同は，31, 32, 33, 34, 35, 36, 39 である．清朝に入って南北胡同による街区の分割が進行したことがはっきりと見て取れる．敷地の細分化によってアプローチのための胡同が必要となったことが推測される．東西胡同の発生は東南部に集中しており，既存の胡同間の間隔が広く，基本モデルの街区幅の約3倍あった地区である．以前は，「禄米倉」「武学」「智化寺」(仲建惟(1992))が置かれていたが，新たに街区分割が進行したことがわかる．

1947年〜49年の変化は，40, 42 の名称の変化のみである．『乾隆京城全図』と1947〜49の間で変化したのは，19, 22, 23, 38, 40, 41, 54 である．基本的には，「死胡同」(袋小路)の形態である．また，38のように胡同を延長し，突き抜ける形もある．

1965年に地名の整理が行われ，胡同の名称も整理統合が行われている．16が5に，17が6に，18が7に，21が9に，22と23が11に，44と45が26に，46と47は27に，48が28に，49が30に，58が42に統合される．全て東西胡同の名前に統合されるのである．文化大革命中にかなりの胡同の名が改変されるが，1983年の「北京市地名管理辦法」によってほぼもとの名に戻されている．

以上のように，3段階の街区分割の経緯は明快である．明代には基本的に東西胡同が建設されているが，朝陽門地区全体にわたって街区の基本モデルに基づいた分割がなされていたわけではない．しかし，その後，東西の分割は必ずしも行われず骨格は変わらない．『乾隆京城全図』(1750年)の段階でわかるように，続いて南北の胡同による分割が進行し，その後，袋小路による分割が進行していったのである．

(2) 街区の変化

以上の分析をもとに，『乾隆京城全図』と「朝陽門地区地図」(1997)を比較し，街区の変化について考察したい．対象とするのは臨地調査を行った地区の西側半分である．

臨地調査をもとにした朝陽門地区の建築類型を図 V-5-5a に示す．また，階高の分布状況を図 V-5-5b に示す．まず，3階以上の建物は明らかに『乾隆京城全図』の時代のものではない．まず，調査地区から3階以上の建物を除き，四合院を中心とした住居系の建物のみを注目してみる．

調査地区にある，行政施設，学校，工場，倉庫，現代の劇場，ホテル，病院など人々に公共的に利用されるものは，全て国家が管理所有する施設である．現在，区域内には，中華人民共和国の外務省の機構，中国赤十字会総会，国家新聞出版署の機構，人民出

版社など中央政府から直属の機関が33ヶ所，大使館は1ヶ所，市役所の施設は46ヶ所，中学校は2ヶ所，小学校は6ヶ所，幼稚園は4ヶ所，病院は1ヶ所ある．

『乾隆京城全図』は，距離，角度に関しては不正確な箇所も少なくないが，四合院の形式をベースとして現在の地図と重ね合わせることができる．重ね合わせた結果，「朝陽門地区」には，乾隆帝時代から変わっていない施設が16確認される（図V-5-5c）．また，両図の比較によって，大規模な敷地A～Zを同定することができる．以上を手がかりとして，その他の部分の宅地割りを現状図と比較しながら個々の宅地境界を判断した[576]．

大規模な敷地（A～Z）について『乾隆京城全図』と比較して見ると，当初の敷地割りからの変化がわかる．Aは，溥儀（清朝最後の皇帝）の実家があったところで現在は交通部（運輸省）公路規劃設計院になっている．敷地はほぼ変わっていない．現在デパートになっているBは，もと官衙があった敷地である．一部に四合院住宅が建てられている．その他，敷地規模が変わっていないのが，F，G，H，I，M，N，Wである．大きな敷地が2分割された形がU，V，X，Tである．他はいくつかの敷地を合わせて再開発した形である．Dは人民文学出版社であるが，胡同を潰す形で建てられている．

『乾隆京城全図』を詳細に観察し，胡同，敷地境界，入口の向きを確認すると（図V-5-5d），名前はないけれど既に1750年以前から存在してきた胡同もある．また，『乾隆京城全図』にあって，現在無い胡同がある．さらに，『乾隆京城全図』になくて現在ある胡同（死胡同＝袋小路）がある．いずれも街区の変化を示す指標である．袋小路がつくられているところは再開発されたところと見ていい．調査対象地区で唯一基本街区モデルである地区南部の「内務部街」と「史家胡同」の間には宅地割りが変わっていない四合院が多い．グリッド・パターンの街区割りと四合院という住居形式の安定性の度合を示している．

以上，胡同の名称と存在に関する資料をもとに，朝陽門地区についてみてきて，第1に指摘できるのは，基本モデルによる街区割が完全な形では行われていないことである．すなわち，東南部などには穀倉庫，学校，寺などが立地し，当初は必ずしも宅地として割り当てられていない地区がある．その後，宅地となる際に胡同による分割が起こっている．そして，明代における街区割の骨格は今日まで変わっていないことが明らかである．

朝陽門地区において明らかになったのは，清朝以前における街区割が，基本的には東西胡同による分割であることである．もちろん，南北の街路は存在するが，名前の

---

[576] 上述の16の施設について，誤差を検討すると，南北で13%，東西で−13%の誤差がある．すなわち，「乾隆京城全図」は，「朝陽門地区」については，東西が現状より長く，南北は現状より短く描かれている．

第Ⅴ章
北京—中国都城の清華

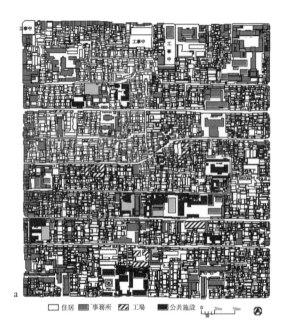

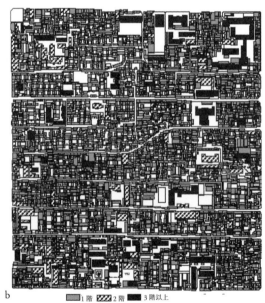

図 V-5-5　a 朝陽門建物用途，b 朝陽門建物階数分布

北京の変容

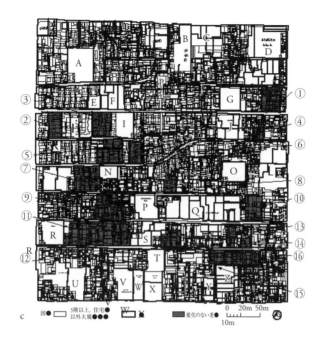

図 V-5-5　c 朝陽門大型施設分布，d 朝陽門胡同と入口（作成：鄧奕）

つけられた胡同は基本的には東西胡同である．

『乾隆京城全図』(1750年)の段階では，南北胡同による街区割が進行していることが明らかになる．東西胡同が発生するのは，東西胡同の間隔が基本モデルより大きい地区である．朝陽門地区を見る限り，以降の大きな街区割の変化は少ない．骨格は『乾隆京城全図』の段階のままである．

1947～49年の段階で見ると，その後の変化は「死胡同」(袋小路)の発生である．以上のように，街区分割は，東西胡同，南北胡同，「死胡同」という明確に3段階の過程を経て進行してきた．この事実は一般的な過程として指摘できるであろう．

(3) 四合院の類型と集合形式

朝陽門地区について，鄧奕(2002)は，住居の構成にまで調査を展開することができなかった．その後，北京旧城の胡同をめぐって実に数多くの調査が展開されるのであるが，その中から尼躍紅(2007)をもとに，「新太倉歴史文化保護区」の変化をみよう．対象地区は，北は，東直門内大街，南は東四十条，東は東直門南小街，西は東四北大街で囲われたほぼ正方形の街区である．

この街区は，『乾隆京城全図』に即して街路体系を見たときに指摘した基本街区ではない，特徴あるいくつかの地区の1つである．すなわち，内城東北部の南居賢坊で，明代には新太倉が置かれていたところである(図V-5-6)．

四合院の類型についてはColumn 7で中国全土について概観しているが，尼躍紅(2007)は，その組合せと街路との関係(入口の向き)に着目する．院落の数によって大きく類型化するのは他の類型化と同様であるが，基本要素と付属要素に分け，敷地形状による変化型も含める．また，基本的に南面(座北朝南)と考えられる北京四合院であるが，坐南朝北，坐東朝西，坐西朝南のタイプも区別する(図V-5-7)．

大雑院は，四合院に複数世帯が棟を分け合って住む形態をいう．地区全体を歩いてみると，極わずかの邸宅を除いて，四合院には複数の世帯が居住する．門の周辺に設置された電気メーターの数が世帯数を示している．

「新太倉」地区には数多くの四合院が残されており，それ故，歴史文化保護区に指定されているのであるが，北京旧城全体では大雑院化が急速に進行している．

興味深いのは，基本街区とは異なる街路パターンをとる新太倉の跡地である．他とは異なる四合院の類型，組合せがみられる．街区分割のシステムは，住居の型をこのように変えるのである．

5-3 | 北京中軸線

大都建設着工から750年，『乾隆京城全図』から260年余り，現代の北京，内城・外城を歩いて締め括りとしよう．ガイドは『乾隆京城全図』と『北京古建築図』(李路

北京の変容

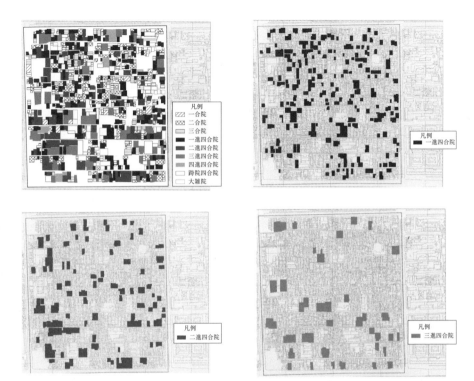

図 V-5-6　新大倉歴史文化保護区　四合院類型分布（出典：尼躍紅（2007））

珂・王南・胡介中・李青（2009））である．後者は歴史的建造物に関する実に良くできたガイドブックである．これをもとにして，王南は，『古都北京』（王南（2012））を書いた．また，北京市規劃委員会・北京市城市規劃設計研究院・北京建築工程学院（2008）の『北京旧城胡同実録』がある．これはもう北京中の胡同を隈なく歩き回ったまさに，「実録」である．記録にとどめられたのは2006年12月の北京故同である．北京オリンピック開催（2008）で，北京が大きく変わっていく過程での，悲鳴が聞こえてくるような記録集である．この作業に先立って保護策もとられた．歴史文化保護区25が指定され，それぞれ計画が立てられている（図 V-5-8，北京市規劃委員会（2002），北京市規劃委員会（2004））．さらに，北京オリンピック後にも，朱文一編（2011a，b）（『微視北京』『微視北京＆広角北京』）など「当代北京城市空間研究叢書」と題した一連のシリーズが刊行されつつある．朱文一編の2冊は，まさにミクロにそしてマクロに北京に迫る論集であるが，前者は，露天商，路上演劇，胡同游空間などに焦点を当て，後者は，著名人の墓，祠廟，名人故居・墓・祖廟，古玩（骨董品）市場，仏道院，清真寺，天主堂，公衆便所，夜市，街道弁事所，居民委員会，派出所など諸施設の分布を問題にしている．

第Ⅴ章
北京―中国都城の清華

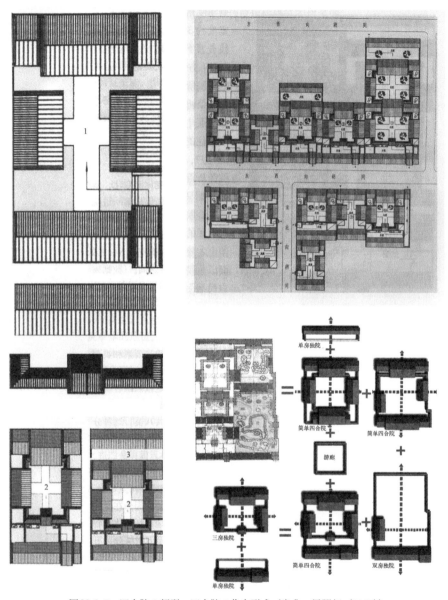

図 V-5-7　四合院の類型　四合院の集合形式（出典：尼躍紅（2007））

北京の変容

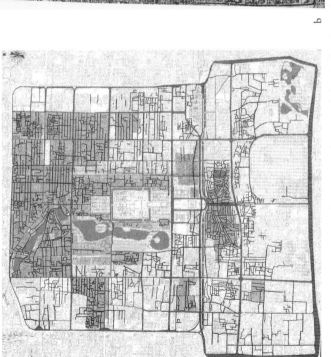

図 V-5-8　a 北京胡同 2006（出典：北京市規劃委員会・北京市城市規劃設計研究院・北京建築工程学院 (2008)）　b 北京歴史文化保護区（出典：北京市規劃委員会 (2002), 北京市規劃委員会 (2004)）

2013年8月そして2014年8月，『乾隆京城全図』を片手にGPSmap60CSx（GARMIN社）を腰に付けて，かつての明清北京の内城・外城を歩いた[577]．その記録をアーカイブしておきたい．地区区分と伝統的建造物のリストは『北京古建築図』によっている（図V-5-9，表V-5-1）．

地区区分は，およそ清北京の八旗の居住区分（図V-4-7 545頁参照）に従っているが，同じというわけではない．皇城（①皇城，②皇城外東，③皇城外西）を中心に，北は，鑲黄旗（⑥内城北（1）＋⑧内城東（1の一部）），正黄旗（⑦内城北（2）＋⑩内城西（1）の一部），東は，正白旗（⑧内城東（1）），鑲白旗（⑨内城東（2）），南が，正藍旗（④内城南（1）），鑲藍旗（⑤内城南（2）），西が，正紅旗（⑩内城西（1）），鑲紅旗（⑪内城西（2））となる．外城については，東城が⑯前門外東，西城が⑮前門外西，北城・中城・南城の北が⑫前門外西，⑬前門外東，南が⑭前門外南となる．各地区をざっと歩くのに1日かかる．何日あっても足りない皇城区域は別格として，見どころの多い地区，例えば，内城北地区（1）（2）などは駆け足でも1日では足りない．それでも，八旗の居住区分が1日歩き回る範囲であることを身体で知ることができる．

北京の歴史，とりわけ都城としての歴史の断面を連続的に窺うとすれば，南北中軸線を歩いてみることになる．あるいは，キタイの南京幽都府（燕京），金中都が位置した南東部から，北東に向かって歩くことになる．外城の南正門である永定門から北へ，地区別の歩行の記録（永定門―永定門内大街・天橋大街・前門大街前門歩行商業街―正陽門（前門）―天安門広場―天安門―端門―午門―故宮―神武門―景山―地安門外大街―鼓楼―鐘楼―旧鼓楼大街―鼓楼橋）を繋ぎ合わせてみよう．北京の中軸線については，郭超『北京中軸線変遷研究』（2012）といった，燕京から新北京まで中軸線の設定を詳細に確認する大部の研究書が出版されるほどである．中軸線への拘りは，北京の都市計画にとって根強い絶対的と思えるほどの原理となってきた．北京の中軸線が世界の中心（子午線）として指定されたのは康熙帝44（1709）年のことである．

外城最大の門であった永定門は，明嘉靖32（1553）年に城楼が，嘉靖43（1564）年に甕城が建設されたのを起源とする．そして，清乾隆15（1750）年に甕城が再建されるとともに箭楼が新たに建設され，城楼も乾隆31（1766）年に再建されている．清代，民国時代を通じて存在してきたが，道路建設のために1951年に甕城が撤去され，1957年には城楼と箭楼も解体されてしまう．現在われわれが眼にするのは2004年に再建されたものである．

永定門を入って，左右の先農壇と天壇に寄れば優に1日がかりであるが，真直ぐ左右を並木と緑地で挟まれた幹線自動車道を北へ向かうと，かつての天橋に至る．天橋一帯は水源豊かで，水路が縦横に走り，江南の水郷を思わせる風情があり，前門大街

---

[577] 参加したのは，井上悠紀，宇野求，川井操，小寺磨理子，呉宝音，成浩源，趙冲，布野修司である．

表 V-5-1　北京の古建築

一．皇城

		年代
1.	故宮	明-清
2.	天安門	明-清
3.	太廟，社稷壇	明-清
4.	景山	明-清
5.	北海・団城	金-清
6.	中南海	金-清
7.	大高玄殿	明-清
8.	西什庫教堂	清
9.	北京水準原点旧址	1915 年
10.	北平図書館旧址	1929-1931 年
11.	盛新中学と佑貞女中旧址	1917-1923 年
12.	恭儉冰窖	清
13.	雪池冰窖	清
14.	永佑廟	1731 年
15.	張自忠旧居	清
16.	万寿興隆寺	明-清
17.	福佑寺	清
18.	昭顕廟	清
19.	升平署劇場	清
20.	皇城壁遺址	明
21.	毛沢東旧居	清-民国
22.	吉安所旧跡	明-清
23.	嵩祝寺	1733 年
	智珠寺	1751-1774 年
24.	京師大学堂建築遺跡	清
25.	北京大学地質館旧址	1935 年
26.	北京大学女子寮旧址	1935 年
27.	孑民堂	1947 年
28.	北京大学赤楼	1916-1918 年
29.	宣仁廟	清
30.	凝和廟	清
31.	陳独秀旧居	民国
32.	軍調部 1946 年中共代表団駐在地	民国
33.	普渡寺	明-清
34.	皇史宬	明
35.	普勝寺	清-民国

二．皇城外東

1.	馬輝堂花園	1920 年
2.	什錦花園 19 号四合院	清
3.	元中法大学	民国
4.	麟慶宅	清
5.	美術館東街 25 号四合院	清
6.	俊啓宅	清-民国
7.	東四清真寺	元-民国
8.	老舎旧居	清
9.	恵王府	清
10.	富強胡同 6 号，甲 6 号，23 号四合院	清
11.	東堂（キリスト教会）	1904 年再建
12.	西堂子胡同 25-35 号四合院（左宗棠旧居）	清
13.	中華聖経会旧跡	民国
14.	協和医科大学旧址	1921 年
15.	北京ホテル初期建築	民国

三．皇城外西

1.	礼王府	清
2.	洵貝勒府	清
3.	国立モンゴル，チベット学校旧址（鎮国公綿徳府）	清
4.	儀親王府	清

四．内城南（一）

1.	正陽門	明-清
2.	淳親王府	清
3.	元チャータード銀行旧址	1919 年
4.	アメリカ大使館旧址	1903 年
5.	オランダ大使館旧址	清
6.	元英国大使館旧址	清-民国
7.	イギリス大使館旧址	清-民国
8.	シティバンク，エヌ・エイ旧址	1917-1920 年
9.	クレディ・アグリコル・コーポレート・アンド・インベストメント・バンク旧址	1917 年
10.	イタリア大使館旧址	清
11.	日本大使館旧址	清
12.	正金銀行旧址	1910 年
13.	日本公使館旧址	1886 年
14.	フランス大使館旧址	清
15.	フランス兵舎旧址	清
16.	オーストリア大使館旧址	清
17.	国際クラブ旧址	1912 年
18.	ベルギー大使館旧址	清
19.	フランス郵便局旧址	清
20.	St. Michael's Church	清
21.	于謙祠	明-清
22.	清代郵便局	清
23.	Asbury Church	清
24.	古代気象台	元-清
25.	北京内城東南隅楼	明
26.	明代城壁遺跡	明

五．内城南（二）

1.	明代城壁遺跡	明
2.	醇親王府（南府）	清
3.	李大釗旧居	民国
4.	鑲紅旗満洲衙門	清
5.	中華聖公会教堂	1907 年
6.	克勤郡王府	清
7.	京師女子師範学校旧址	1909 年
8.	清学部	清
9.	北京国会旧址	民国
10.	南堂	1904 年
11.	キリスト教フランス語学校旧址	清
12.	蒿公府	清
13.	西交民巷 87 号四合院，北新華街 112 号四合院	清-民国
14.	大陸銀行旧址	1924 年
15.	中央銀行旧址	1905 年
16.	中国農工銀行旧址	1922 年
17.	保商銀行旧址	民国

六．内城北（一）

1.	鼓楼，鐘楼	明-清
2.	万寧橋	元
3.	那王府	清
4.	楊昌済旧居（豆腐池毛沢東旧居）	民国
5.	東城区鼓楼東大街 225 号四合院	民国
6.	順天府大堂	元-清
7.	国子監街	元-清
8.	国子監，孔廟	元-清
9.	方家胡同 13，15 号院（循王府）	清
10.	東城区前鼓楼苑胡同 7，9 号四合院	清
11.	東城区黒胡麻胡同 13 号四合院	清
12.	東城区沙井胡同 15 号四合院	清
13.	帽儿胡同（婉容旧居）	清
14.	皇帝敕諭碑（梓橦廟，文昌帝君廟）	明-清
15.	文煜宅	清
16.	可園	1861 年
17.	帽儿胡同 5 号四合院	清
18.	雨儿胡同 13 号四合院（斉白石旧居）	清
19.	僧格林祠堂	清
20.	栄禄旧居	清
21.	茅盾旧居	民国
22.	后園恩寺胡同 7 号 9 号四合院	清
23.	綺園花園	清
24.	東棉花胡同 15 号四合院	清
25.	板厂胡同 27 号四合院	清
26.	僧王府	清
27.	順天府学	明-清
28.	文天祥祠	明-清
29.	田汉旧居	民国
30.	府学胡同 36 号（志和宅）	清
31.	孫中山行館	清
32.	和敬公主府	清
33.	欧陽予倩旧居	民国
34.	清陸軍部海軍部旧址	1906-1907 年
35.	鋪面房	清
36.	為宝書局	民国

七．内城北（二）

1.	徳勝門	明
2.	匯通祠	1988 年再建
3.	三官廟	清-民国
4.	浄業寺	明-清
5.	普済寺（高廟）	明-清
6.	梶貝子府公園	清
7.	正覚寺	明-民国
8.	護国寺金剛殿	元-清
9.	梅蘭芳旧居	清
10.	関岳廟	清-民国
11.	拈花寺	明-清
12.	双寺	明
13.	小石橋胡同 24 号宅	清
14.	徳勝橋	明-現代
15.	醇親王府	清
16.	醇親王府花園	清
17.	摂政王府馬号	清
18.	寿明寺	明
19.	大蔵竜華寺	清
20.	广化寺	元-清
21.	恭王府と花園	清
22.	鑒園	清
23.	銀錠橋	明-清
24.	広福観	明
25.	火神廟	明-清
26.	慶王府	清

一. 皇城	年代
27. 涛貝勒府	清
28. 元輔仁大学	民国
29. 旌勇祠	清
30. 賢良祠	清
31. 会賢堂	清
32. 郭沫若旧居	清

八. 内城東（一）

1. 雍和宮	清
2. 柏林寺	元-清
3. 東城区前永康胡同7号四合院（徐海東，陳毅旧居）	清
4. 通教寺	明-清
5. 梁启超旧居	民国
6. 賀屋旧址	民国
7. 北新倉	明-清
8. 南新倉	明-清
9. 東四八条71号四合院（葉圣陶旧居）	清
10. 崇礼住宅	清
11. 東四六条55号四合院（沙千里旧居）	清
12. 東四四条5号四合院（綿宜宅）	清
13. 大慈延福宮建築旧址	明
14. 孚王府（怡親王府）	清
15. 段祺瑞宅	民国
16. 恒親王府	清
17. 南豆芽清真寺	元-清

九. 内城東（二）

1. 礼士胡同129号	清
2. 内務府街11号四合院（明瑞府，六公府）	清
3. 史家胡同51	清
4. 史家胡同53号四合院	清
5. 史家胡同55号四合院	清
6. 桂公府	清
7. 朱启鈐宅	民国
8. 北総布胡同2号大宅院	民国
9. 東総布胡同53号院	民国
10. 禄米倉	明-清
11. 智化寺	明
12. 蔡元培旧居	民国
13. 総理各国事務衙門旧址	清
14. 協和病院住宅群	民国
15. 寧郡王府	清

十. 内城西（一）

1. 西堂	1912年
2. 西城区前公用胡同15号四合院	清
3. 魁公府	清
4. 玉皇閣	明-清
5. 西城区富国街3号四合院	清
6. 翠花街3号四合院	清
7. 魯迅旧居	1924年
8. 妙応寺	遼-明
9. 西四北六条23号四合院	清
10. 程硯秋旧居	清
11. 西四北三条19号四合院	清
12. 西四北三条11号四合院	清
13. 圣祚隆長寺	明-清
14. 護国双関帝廟	元-清

15. 平民中学旧址	民国
16. 中央病院旧址	民国
17. 歴代帝王廟	明
18. 西城区阜成門内大街93号四合院	民国
19. 広済寺	金-清
20. 西四転角楼	元
21. 元大都下水道	

十一. 内城西（二）

1. 万松老人塔	元-清
2. 民国地質調査所	民国
3. 普寿寺	明
4. 齐白石旧居	清
5. 呂祖閣	清
6. 鄭王府	清
7. 都城隍廟后殿（寝祠）	元-清

十二. 前門外西

1. 塩業銀行旧址	1931年
2. 交通銀行旧址	1932年
3. 勧業場旧址	1923年
4. 宝恒祥金店	民国
5. 廊房頭条19号店	清末-民国
6. 謙祥益旧址	清末-民国
7. 珠宝市街路西店	清
8. 廊房二条商店街	清-民国
9. 銭市胡同	清
10. 祥義号綢布店旧址	清
11. 端蚨評旧跡	清
12. 端蚨評西鴻記店	清
13. 裕豊タバコ店	民国
14. 大柵欄西街37号店	清末-民国
15. 裕興中銀号	清
16. 聚宝茶室	清
17. 清真一品香浴池	清末-民国
18. 上林春	清
19. 雲吉班（小鳳仙旧居）	清
20. 煤市街第二旅館	清末-民国
21. 粮食店街第十旅館	民国
22. 笤帯胡同清真寺	明
23. 正乙祠	清
24. 中原証券交易所旧址	民国
25. 紀暁嵐旧跡	清
26. 徳寿堂薬店	民国
27. 師範学校旧址	民国
28. 師範学校付属小学	民国
29. 海王村公園	1918年
30. 琉璃厂火神廟	清
31. 商務印書館旧址	1922年
32. 東南園胡同49号四合院	清
33. 安徽会館	清
34. 京報館（邵飄萍旧居）	民国
35. 順徳会館（朱彝尊旧居）	清
36. 荀慧生旧居	清
37. 林白水旧居	民国
38. 京華印書局	民国

十三. 前門外東

1. 京奉鉄道正陽門東駅旧址	1906年
2. 福建汀州会館北館	明

3. 陽平会館劇場	清
4. 奮章胡同53号四合院（郝寿臣旧居）	民国
5. 新開路（新革路）20号四合院	民国
6. 興隆街52号四合院	清
7. 金台書院	明-清
8. 薬王廟	明-清

十四. 前門外南

1. 天壇	明-清
2. 先農壇	明-清
3. 正陽橋疏渠記方碑	清
4. 永定門	明-清（2004年再建）
5. 燕墩	元-清
6. 湖广会館	清
7. 南海会館	清
8. 中山会館	清
9. 三圣庵	清
10. 陶然亭, 慈悲庵	清
11. 雲絵楼, 清音閣	清

十五. 前門外西

1. 報国寺	遼-清
2. 長椿寺	明-清
3. 沈家本旧居	清
4. 楊椒山祠（松筠庵）	明
5. 宝応寺	明
6. 牛街礼拝寺	遼-清
7. 法源寺	唐-清
8. 湖南会館	清
9. 紹興会館（魯迅旧居）	清
10. 瀏陽会館（譚嗣同旧居）	清
11. 粤東新館	清
12. 崇効寺蔵経閣	清
13. 民国政府財政部印刷局旧址	清-民国

十六. 前門外東

1. 隆安寺	明-清
2. 袁崇煥祠	明-清
3. 花市清真寺	明-清
4. 花市火神廟	清
5. 南崗子キリスト教会	清-民国
6. 法華寺	明-清
7. 夕照寺	明-清

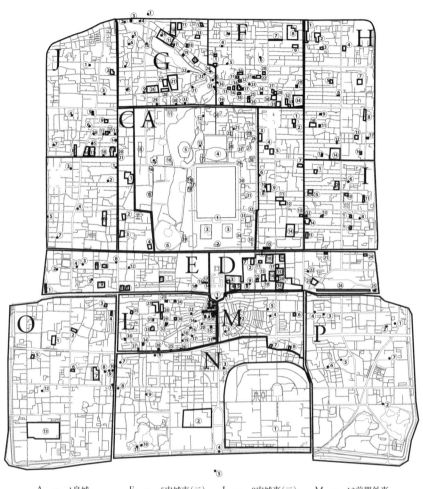

A	－	1皇城	E	－	5内城南(二)	I	－	9内城東(二)	M	－	13前門外東
B	－	2皇城外東	F	－	6内城北(一)	J	－	10内城西(一)	N	－	14前門外南
C	－	3皇城外西	G	－	7内城北(二)	K	－	11内城西(二)	O	－	15前門外西
D	－	4内城南(一)	H	－	8内城東(一)	L	－	12前門外西	P	－	16前門外東

図 V-5-9　北京の古建築　調査路線図（出典：李路珂・王南・胡介中・李青（2009），作図：呉宝音）

にも近く，清代には旅店，会館なども立地する繁華な遊覧の地であった．天橋旧址の少し東に正陽橋疎渠記方碑が建っている．乾隆56 (1791) 年に建てられたものであるが，清代にはここを水路が東西に横切っていた．

前門大街は，元大都に遡る一大繁華街である．左右に大柵欄地区と鮮魚口地区の歴史文化保護区，さらに東に東瑠璃廠街が指定されているが，「百年老店」あるいは「老字号」と呼ばれる老舗が店を構えている．歴史的にも一貫して賑やかな地区であったが，現在も観光客がごった返す人気スポットである．中軸線から少し離れるが，外城東にある長椿寺は現在宣武区全体の博物館になっており，その歴史を遡る往時も偲ぶことができる．

前門大街の北の入口に建つ五牌楼の柱間の視界を正陽門箭楼が壁となって遮る．箭楼もその背後の城楼も，「義和団の乱」(1900年) の際に8カ国連合軍によって焼き払われ，1903年に再建されたものだ．1950年代末に周恩来の指示で解体を免れたことは前述の通りであるが，雍城は道路建設のために撤去され (1915)，箭楼と城楼は切り離されていた．

箭楼の東に北京都市規画展覧館が建っている．中国の各都市に同様の都市規画展覧館が陸続と建てられたのであるが，巨大な都市模型がつくられ，都市の歴史とともに現在の都市計画の方針が展示されている．北京の都市計画史についての基本情報を得るためには真っ先に訪れたらいい．巨大模型は750分の1，まるで現代版の『乾隆京城全図』である．北京市規画展覧館には，北京全体の模型とは別に中軸線だけの模型が展示されている．中軸線が北京の都市計画にとって絶対的な重みをもっていることを理解することができる．

箭楼を迂回して，かつての城壁 (前門大街) を地下道で潜ると天安門広場である．明清代には千歩廊があり，その左右には吏部，戸部，刑部，礼部，大理寺などの官衙が並んでいた．正陽門を抜けて，中華門 (大明門) を入ると，左右に庇つきの房廊すなわち千歩廊が向かい合って北へ伸び，天安門前で左右直角に折れ曲がって，それぞれ長安左門と長安右門に至る．T字形の宮廷広場は「天街」と呼ばれた．

現在，かつての中華門の位置には毛主席祈念堂が建ち，広場の中央には人民英雄記念碑が建つ．そして，天安門広場に面して，東には改修に時間を要した中国国家博物館，西には人民大会堂が向かい合う．いずれも建国10周年を記念する「国慶工程」(1958〜59) によって建設された「十大建築」に数えられる建築である．「十大建築」として「民族文化宮」「全国農業博物館」「北京駅」が中国建築伝統の屋根を冠したのに対して，2つの建築は西欧の古典主義の建築様式を採用している．

15年戦争期の日本で，躯体は鉄筋コンクリートの近代建築で屋根は神社仏閣など日本の伝統的建築の形とする「帝冠 (併合) 様式」の問題が大きな議論になったように，中国でも屋根のシンボリズムをめぐっては熾烈な議論があった．その背景には，

というより，その議論にはソビエト・ロシアにおける社会主義リアリズムをめぐる議論が直接的に接続していた．ソビエト・ロシアの建築家たちは，フラットルーフ（陸屋根）のモダニズム建築を批判し，民族的表現を推奨したのである．民族的な形式をもって，社会主義的内容を表現するというのが，いわゆる「スターリン様式」である．ペンシルヴァニア大学で建築を学び，鉄筋コンクリートの躯体に伝統的様式の屋根を載せる建築（中国版帝冠様式）を厳しく批判して，近代建築の理念を推進してきたかにみえた梁思成が，「なぜ中国建築を研究するか」を書き，伝統的中国建築のスタイルを模したかのような建築の設計を行い始めると，転向者とみなされ，復古主義建築理論の旗頭と目されることになる．王軍（2003）が梁思成の主張を丹念に詳述しているが，日中そしてソビエト・ロシアにおける様式論争は今なお多くのことを考えさせる．

　建築様式をめぐる問題と並行して問われていたのは，北京の新たな都市計画，行政中心をどこに置くかをめぐる議論であり，結果的には，「陳梁プラン」は採用されない．天安門広場の位置づけ，広場の形と寸法，周辺に建つ構造物の高さや規模，故宮を含めた古建築の扱いをめぐる議論の末に，今日の天安門広場のかたちが決定されたのは1958年のことである．

　天安門広場は，こうして新生中国，中華人民共和国の中心として再生され，北京の中軸線は維持されることになった．天安門広場は，これまでに2度にわたって，中国を揺るがす政治的事件の場所となった．文化大革命末期の四人組批判を背景とした，1976年4月5日の，同年1月に死去した周恩来追悼のために捧げられた花輪が当局に撤去されたことをきっかけとした群衆の抗議を民兵・警察官が襲撃，鎮圧した事件（四五天安門事件）と1989年6月4日に起きた同年4月の胡耀邦の死をきっかけとして，民主化を求めて集結してきた学生，市民のデモ隊を中国人民解放軍が武力弾圧し，多数の死者を出した事件（六四天安門事件）である．

　天安門は，明代には承天門といったが，天と地を繋ぐ場所であり，皇帝が天子として天の受託を受ける場所である．毛沢東が中華人民共和国の樹立を宣言したのも天安門の楼上であった．天安門の楼上に上れば，天安門広場から南へ向かって中軸線を眺めることができる．

　金水橋を渡って天安門を入ると端門が迎えてくれる．端門は，天安門と午門の間にあって，紫禁城を護る役目を担う．端門を潜ると左右は宗廟そして社稷壇である．正面には午門が聳え，それを入ると紫禁城，現在の故宮博物院である．紫禁城に関する数多い著書の中で，1冊持って入るとするならば入江曜子（2008）を挙げよう．紫禁城の様々な殿，宮，閣，齊，亭などの空間，そしてそれぞれの場所に即して，清朝の歴史が語られている．

　天安門の内外にそれぞれ1対建てられた「華表」の意味，屋根の軒先に並ぶ「吻獣」の種類，数と建物の格，陰陽五行に基づく色彩の意味，建物に施される彩画様式の意

味，処刑の場としての「午門」，内金水河と防火，内金水橋の東西の門に設置された警報装置「石円洞」，各処に設置された防火用の甕の凍結防止用の蓋，雨水処理の排水口（ガーゴイル）「雨龍の首」，太和殿の「日晷」（日時計）と「嘉量」（桝），内部の龍と伝説の鳥獣など，建築のディテールに関わる記述が随所にある．

そして，保和殿と科挙，太和殿広場の外側に位置して左右に対面する文華殿における殿試および「経筵」（講義）と武英殿における書物編纂，武英殿の西にあった康熙帝が皇太子を幽閉した咸安宮，内廷に入って，乾清宮の「正大光明」の篇額と「秘密建儲制」，皇帝の執務室となった養心殿，盛京に即して触れたが坤寧宮におけるシャーマンの祭礼と「喜房」（新婚部屋）としての使用，交泰殿と内廷の儀礼，皇子たちの読書室上書房，また，内廷と外廷の間に設けられ軍事の大本営となった軍機処，また，皇子たちが武術を鍛えた箭亭，乾隆帝による皇玊殿の新築と新帝の毓慶宮居住，西太后の堆西六宮の三宮一殿への改変など，具体的な空間の使われ方が史実とともに活き活きと記述されている．

端門を入って，東西の太廟と社稷檀に寄り，また午門を入って武英殿に寄ったりすれば，太和殿にたどり着くまで相当時間がかかる．太和殿の月台で日晷と嘉量，吉祥の香炉鶴と亀，防火用の水缸などを確認しながら玉座を見る．玉座の周辺の龍，仙鶴，宝象，甪端など王のシンボルを確認し，闘八藻井の天井を見上げる．闘八藻井はここが世界の中心であることを示す．科挙の最終試験，殿試が行われた保和殿，内廷に入って，水時計と機械時計が置かれた交泰殿が続く．最後の坤寧宮は見逃せない．唯一中軸線上に入口をもたない．瀋陽故宮の清寧宮と全く同じ空間構成をしている．その理由については上述の通りである．

内廷，東西の六宮，さらに皇玊殿の外東宮も全てみようということになれば，1日じゃきかない．これだけは見逃すなというのであれば，皇帝の執務空間と私生活のための後殿とが一体化した養心殿であろう．寝宮の左右には，耳堂と呼ばれる皇后，妃嬪のための体順堂と燕禧堂が接している．垂簾聴政の具体的な舞台となったのは正殿の東の東暖閣であり，皇帝は西向きに座り，西太后が北に東太后が南に着席した．そして，現在見ることはできないが，西暖閣の西に接する三希堂には乾隆帝がカスティリオーネに描かせただまし絵が貼られている．

神武門を出ると景山である．元大都の御苑で延春閣があった場所に，宮城の濠，そして太液湖の南に南海を掘削した土を盛って造った人工の山で万寿山と呼んだ．上述のように，明内城の中心に位置する紫禁城の鎮山という位置づけである．俗称で煤山（石炭山）といい，清代に「万民景仰山」という意味で景山と呼ぶようになった．この山頂から眺める紫禁城の甍の屋根の連なりは「群宇の美」と称される．北を向けば鼓楼が真正面に見える．

景山を北へ下ると乾隆帝が乾隆14（1749）年に移築した寿皇殿があり，真直ぐ鼓楼

そして鐘楼へ続く．鼓楼は，本論で述べたように，元大都の中心に置かれた．そして，明北京において東にわずかにずらされたことも本論で触れた通りである．

鼓楼，鐘楼の周辺には，元代から市場が開かれた．特に，鐘楼の西，海子に接した斜巷は繁華街として知られてきた．鼓楼の東南には整然とした胡同街が残る．王府や四合院もある程度残っている（⑥内城北（1））．現在は，数少なくなった胡同の雰囲気を遺す街区として，洒落た店や四合院ホテルが立地する観光スポットとなっている．

南北中軸線上の地安門街大街は，鼓楼の前で西へずれ，旧鼓楼大街として，鼓楼橋へ向かう．このずれが明北京の設計計画上の問題であったことは上述の通りである．元大都の歴史を遡るのであれば，さらに北上する必要がある．旧鼓楼大街は，鼓楼橋で再び東にクランクし，鼓楼外大街となって北へ向かい，東西に走る北三環を越えてさらに行くと，北十城路が大都の北城壁の位置となる．小月河が東西に流れ，かつての大都の幅の区間，大都城垣遺址公園となっている．

そして，北京オリンピックの中心施設が建設された会場はこの南北軸線上にある．その象徴が，この中軸線上に相対峙する国家游泳中心・水立方（ウォーター・キューブ）と国家体育場・鳥の巣（バード・ケイジ）である．『周礼』「考工記」の「左祖右社」を想起するのはおそらく唐突ではないだろう．南北中心軸線による都城の計画が中国都城の歴史に深く根ざしていることは以上のごとくである．

終　章

都市組織研究へ

本書の第1の目標は，序章第1節で提起したように，村田治郎『中国の帝都』(1981)の改訂版，現代版を著すことであった．これは実現できたと思う．中国の古都に関するこの30年間における考古学の進展，新たに発掘された都市遺構に関する知見は本書に盛り込んである．

　しかし，本書は単なる都市史の書ではない．あくまで，現在の「かつての古都」をどう考えるかを基本的な視点として出発していることは，序章であらかじめ表明している通りである．西安・洛陽，開封，南京，杭州，北京についての臨地調査が本書の基礎にあり，限られた紙数ではあるけれど，その現在を記録にとどめるというのも目的の大きな部分を占めている．第2のその目的も果たせたと考える．

　もちろん，中国の古都をそれぞれ扱うだけで優に一書を要すから，本書では北京にターゲットを絞った．その都市形成史をまとめ，都市計画の理念と現実の都市の具体的なかたちの変遷を明らかにすることに焦点を当てたけれど，それでも紙数は足りない．『乾隆京城全図』の北京，すなわち，18世紀中葉の北京については，都市組織のあり方について，王府・衙署・倉・寺廟，甲喇・牛禄，柵欄・井戸などの分布をもとに明らかにした．鄧奕との共同作業であるが，本書の中核となる成果である．これは本書の第3の意義である．

　しかし，北京都市史研究としては多くの課題が残る．本書が問題にしたのは都市組織（街区構成，都市型住居）のあり方である．都市の形状と主要施設の配置のみならず，街区の構成，すなわち，誰がどこに居住していたのか，住まわされていたのかを一貫する視点としてきたのが本書である．これについては，中国都城論としてはユニークだと思う．枝葉末節の問題としてあらかじめ排除されるのであれば別であるが，第4の意義である．

　『周礼』「考工記」「匠人営国」条の中国都城モデルの空間化（図式化）について，一定の解答をなしえたことは本書の大きな成果である．これは，第5というより，中心的成果である．『周礼』の都城モデルについては，その条文の全てに整合する空間モデルを一義的に決定できないという問題が基本的にある．それを具体的に明らかにし，様々なモデル案の問題を明らかにした上で，1案を示した．『周礼』「考工記」「匠人営国」条の都城モデルについては，本書で決着をつけたつもりである．もちろん，1案であって，「匠人営国」条をどう解釈するか，何を重視するかによって，2案も3案も描ける．都城の設計計画に携わった建築家たちは，それぞれに『周礼』「考工記」「匠人営国」条を解釈し，都城を建設してきた．また，先人の『周礼』解釈をもとにして，また，実際に建設された都市のかたちをもとにして，中国都城の理念モデルを議論してきた．『周礼』「考工記」「匠人営国」条の都城モデルを理想型にして，中国都城の形態を議論するのは最早必要ないであろう．それが本書の結論的メッセージである．中国都城の設計計画を総覧して見ると，その中で際立つのは宇文愷の隋唐長安城であ

終 章
都市組織研究へ

り，劉秉忠の上都，大都である．2人とも，明快な街路体系，街区構成のシステムを示している．隋唐長安城，そして今日の北京に直接連続する大都の当初の設計計画（寸法計画）については，ほぼ明らかにしえたと思う．これも第6というより，本書の中心的成果の1つである．

中国都城の設計計画について，本書では徹底して建築家（ドラフトマン（製図工））の立場に立った．理念だけでは線は引けない．線を引けば，線の左右前後で所有をめぐって，制度（管理）と自由をめぐって熾烈な争いごとが起こる．これは人類史を貫く定理だと思う．

都市組織論は土地の境界，すなわち空間の所有と使用の権利関係に基礎を置いている．その立脚点から，中国都城の設計計画については一貫する見通しを得ることができた，と思う．まさに，その見通しどおり，中国の古都は，この間急速に変貌しつつある．とりわけ，20世紀末から21世紀にかけての10年で，すなわち，北京オリンピック（2008），上海万国博覧会（2010）の開催へ向けて，中国の古都はすっかり変貌を遂げた．調査を予定していた歴史的な街区が1年後にすっかり再開発されてしまっていたということが，この10年はむしろ普通であった．その変貌を記録したこと，これは本書の第7の意義だと思う．

以下に残された課題とともに，中国古都の現在についてまとめて終章としたい．

1 │ 宇宙の組織原理—中国都城の史的展開

中国都城の類型をめぐっては，序章5において，およその見取図をあらかじめ示した．本書は，中国都城の理念型について，『周礼』都城モデルを原型とし，その変異型として長安都城モデル（ヴァリアントI）と大都都城モデル（ヴァリアントII）を区分した．また，『周礼』都城モデルの現実形態として開封を位置づけた．また，キタイのいくつかの都城，そしてカラ・コルム，さらに満州族の盛京にいくつかのモデルをみた．全体を振り返ると以下のようになる（図終-1）．

中国都城の史的展開について，本書ではまず「中国」の成立をめぐって「都邑」「都市国家」「領域国家」の発展過程をめぐる議論を大きく把握した上で（第I章1-1　天下：中国と四夷），その起源をめぐって具体的な形態をみた（第II章　中国都城の起源）．

二里頭遺跡が殷（商）に先立つことが明らかになって，夏王朝の実在がほぼ認められるようになったが，今のところ，文字は出土していない（第II章2-1　王都の原像）．注目すべきは，中庭式の宮殿形式が二里頭遺跡に見られることである．日本の「都城」の成立過程を想起すればわかりやすいが，「都城」の成立過程に「宮」の成立の段階があるとすれば，それを示すのが二里頭の宮殿遺構と考えられる．

中国における都市の起源と発展については，宮崎市定の「紙上考古学」による都市

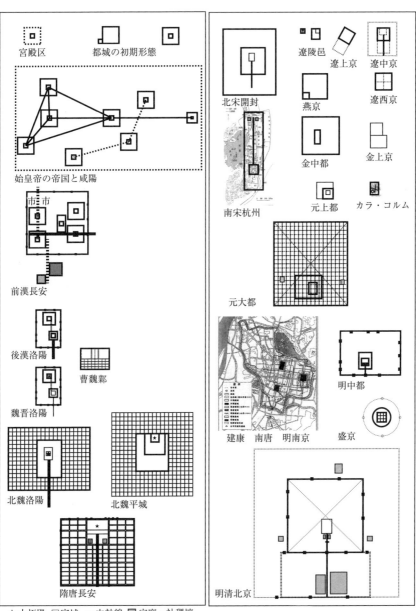

図終-1　中国都城の変遷（作図：布野修司）

終 章
都市組織研究へ

の発展図式（図II-2-4）が分かりやすいが，都市遺構についての佐原康夫（2002）の整理によると（図II-2-3），春秋戦国時代の都市遺構の具体的な形態が宮崎市定の発展図式に必ずしも当てはまるわけではない．宮崎のいう「内城外郭式」は，実際は極めて少ない．中でも回字型の二重構造をしたものはさらに少ない．圧倒的に多いのは，城壁で囲われただけの形態（城壁式あるいは外郭式）である．次にみられるのが「城」「郭」の「連結式」である．宮崎市定は「内城外郭式（回字型の二重構造）」に「連結式」を含めているようであり，実際は，「連結式」は城塞の規模を拡大する形で造られるのが一般的である．

「城」「郭」の二重構造ということであれば，洋の東西を問わず，より一般的な類型となる．問題は，この城郭の二重構造がいつ出現したかであるが，本書でみたように，宮崎市定も楊寛も，西周の東都成周をその嚆矢とする．しかし，周に先立つ偃師商城のような例があるから，おそらくそれ以前に遡るだろう．楊寛が着目するのは，単なる形状ではなく，礼制と城，郭，宮殿の配置関係，とりわけ城郭における宮殿の位置であるが，「小城大郭」（「西城東郭」）構造，「坐西朝東」配置が中国都城の初期の形態，少なくとも，西周期の特徴になる，ということである．

中国都城の初期の形態を「小城大郭」連結とみるか内城外郭式（回字型の二重構造）とみるかは，『周礼』「考工記」の都城モデルに関わるが，インダス文明の諸都市が同じ「小城大郭」（「西城東郭」）構造をしていることを想起しておこう．すなわち，コスモロジカルな秩序が認められ，それに基づいて形が決められているというより，東向きの方位が重視されていることである．

始皇帝の咸陽に至る秦の東漸の過程をみたが（第II章3-1），興味深いのは，櫟陽に先立つ19代約300年間の王都であった雍である．いくつかの「宮」「寝」が順次建てられ形成された複合体であったこと，四合院形式をとる外朝，内朝，寝宮の三朝構成からなる宮殿の形式が成立していたこと，宗廟の一定の形式が成立していたこと，歴代王の陵墓群，秦公陵園がつくられていたことなど，すなわち，咸陽の原像を雍に窺うことができるのである．

中国最初の帝都，始皇帝の咸陽は実にユニークな都城である（第II章3）．帝都は1つの世界として，星辰の世界に擬えた都市として構想され，宮殿，廟，陵園などの諸施設，さらには雲邑や麗邑などがコスモロジカルな秩序を意識する中で配置され，輦道，馳道のネットワークで繋げられていた．中国都城の原初的星雲である．その核となるミクロコスモスが，関中，渭水盆地全体で，その領域は，東は始皇帝陵，北は咸陽宮を中心とする北阪の宮殿群，南は終南山，西は秦の故地，宗廟が置かれた雍を含んでいる．そして，その宇宙軸となっていたのが，秦の起源の地，西犬丘（西垂），雍，咸陽，始皇帝陵，そして東門闕を繋ぐ東西緯度線であった．原初的星雲が銀河や恒星，惑星へ形づくられていくように，中国都城は，以降，城壁を備えた現実的形態をとっ

ていくことになる．前漢長安は，その過渡的形態である（第III章1）．

　秦の咸陽の施設や遺構をそのまま利用することにおいて，また，様々な現実的諸条件において，白紙（処女地）に理念型を描くように建設されたわけではなかった．それ故，その空間構成に明快な秩序を見出すことはできない．前漢長安は，城壁によっていくつかの囲壁で囲われた大規模な宮域（宮殿区）をそのうちに取り囲む形態をとる．壮大な宮殿や官衙の建築が建ち並ぶ間に小さな廬舎が密集する．そして，各宮殿を復道（複道）で繋いだ立体（2層）都市であった．しかし，結論として述べたように，前漢長安の建設は，宇宙を地上に投影する全世界を具体的な1つの都市の形に縮小していく過程を示している．その象徴が市壁の建設である．その形を北斗や南斗の形に見立てる後代の解釈は荒唐無稽などではなく，中国都城の建設に当たって，宇宙（マクロコスモス）を都城（メタコスモス）に投影するという理念が大きな軸になっていく．この過程で，『周礼』「考工記」の都城モデルが成立したと考えられる．

　中国都城のあり方が大きく転換するのは，前漢から後漢にかけてのことである．この転換には，儒教の国教化とそれに伴う皇帝祭祀のあり方の変化が関わっている（Column 2　陵寝・壇廟―皇帝祭祀）．前漢の皇帝祭祀は，方士主導の呪術的な祭祀から儒教的な祭祀へ変化していくことになるが，長安に南北郊が設けられたのは建始2（BC. 31）年のことである．それとともに多くの旧祠が廃止され，王莽によって，長安城南郊に，巨大な廟群，辟雍，宗廟，官社，官稷が建てられる．この南北郊祀の成立が，楊寛のいう「座西朝東」から「座北朝南」への転換をもたらすのである．

　後漢洛陽，曹魏鄴，魏晋洛陽という都城の遷移において，太極殿が成立する（Column 3　太極殿と大極殿―宮闕の空間構造）．古来，天子の居所そして朝政の場は天下の中心と考えられてきたのであるが，それが太極殿という名称で建設されたのは，魏の曹叡（明帝）（226〜239）によってである．曹魏洛陽における太極殿の空間形式ははっきりしないが，史書によれば，東西2堂が付置されていたとされる．天子の居所，朝政の中心を太極とする発想は，曹操が自ら政務をとった宮殿を，北斗の魁星を助ける六星（上将，次将，貴相，司命，司禄，司災）文昌に喩えて文昌殿と称したことが示すように，魏洛陽に先立ってあるが，文昌殿が東西2堂を付置する形式であったとされる．この太極殿・東西2堂の形式は，西晋滅亡後，東晋さらに南朝の諸王朝に引き継がれていく．一方，北朝においても，北魏平城において孝文帝によって採用され，北魏洛陽，さらに東魏・北斉に引き継がれる．

　曹魏鄴は，さらにいくつかの点で，中国都城史上，極めて特別な位置を占めていることが指摘される（第III章2-3）．1つは，市壁内を東西に貫走する大路によって南北に宮城・外郭と外城が2分されていることである．明快な南北2分化は中国最初の事例となる．また，南の外城はグリッドによる整然たる区画割が施行されていた．これは中国の都城史を通じて最初の事例となる．さらに，北の宮域・外郭は，中央を宮

終 章
都市組織研究へ

闕が占める「北闕」型をしている．すなわち，曹魏鄴は「北闕」型の嚆矢である．ただ，本書で述べたように，北南が截然と分かれていたかどうかは必ずしもはっきりしない．官署は南城にも建てられている．そして，南城は漳河に削られて失われており，グリッド街区が全体的に導入されたかどうかはわからない．また，「北闕」型の嚆矢ということについても，三台・銅雀園―東西2宮―咸里という東西軸がむしろ意識されているように思われる．さらに，中央南北大路が宮城正門を抜けて中心宮殿へ向かう南北大街の中心軸の成立も曹魏鄴以降であることが主張されるが，東西に隣接する文昌殿，聴政殿にそれぞれ向かう少なくとも2つの南北中軸線があり，その主張は必ずしも認められない．

北魏平城は，曹魏鄴をモデルにしたとされる．道武帝（拓跋珪）は，遷都とともに，鄴の宮城とほぼ同規模の宮城を整備するが，鄴城を雛型にしたことは『魏書』帝紀第2「太祖記」が伝えるところである．実際，道武帝，文成帝の時代は，ほぼ，魏晋・後趙鄴の宮城を踏襲していた．すなわち，北魏平城に，当初，太極殿の存在はない．そして，華北統一を成し遂げる太武帝から文成帝の時代，さらにそれを踏襲した顕祖（献文帝）（465～471）にかけて，宮城構成は変遷し，一定の形式は確固として成立してはいない．太極殿・東西2堂形式が中心宮殿として導入されたのは孝文帝（471～499）によってである．道武帝の段階で皇帝親祀として行われたのは西郊祀天である．すなわち，北族の西郊祀天の伝統は維持されていた．また，祖先祭祀も，各皇帝の神主を1つの宗廟に納める太廟の制度をとっていなかった．すなわち，北魏の都城建設とその空間編成は，大興安嶺山脈南部のシラ・ムレン河流域を本貫地とするモンゴル系遊牧集団である鮮卑拓跋部が都市（住民）化し，漢（「中国」）化していく過程を示している．そして強調すべきは，鮮卑拓跋部が中国都城の基本骨格となる坊墻制を持ち込んだことである．

北魏平城は，この坊墻制の成立という点で中国都城史上の転換点に位置する（第III章2-4）．すなわち，中国都城に住民管理の空間装置としての街区（坊）という単位を持ち込んだのは北魏平城が最初である．

坊墻制は，第1に治安維持を目的とした．第2の目的は，強力な国軍の編成である．鮮卑拓跋部は，諸部族の連合からなる部族連合国家であり，各部族は，宗主によって統率され，防衛のための小さな城堡を建設し，兵士を従え，その傘下に戸籍をもたない多くの農民を従属させる「宗主督護制」を組織原理としていた．道武帝が行ったのは，部族を解散させて1箇所に集め，さらに坊墻で囲われた区画に定住させることであった．部族民は，遊牧移動の生活から定住生活を強制されることになり，部族長の統帥権も皇帝直属となった．残念ながら，里・坊の具体的形態についてははっきりしない．

礼制改革を一気に推し進めた孝文帝が洛陽に遷都することによって，洛陽に坊墻制

が導入されることになる．洛陽盆地には，夏王朝の二里頭，殷王朝の偃師商城以降，9朝とも13朝とも言われる王朝が王都を置いた．陪都（副都）であった期間を含めれば，中国史の半分はその中心であったことになる．まさに中原のさらに中核である．だから，歴史研究としての中国都城史は，洛陽盆地史として成立しうるはずである．中でも北魏洛陽が立地した場所は，その中核である．

　北魏洛陽は，戦国時代の東周の小城が置かれた場所に位置し，秦代には，秦王政を立てて相国となった呂不韋の封邑となり，漢の高祖劉邦が氾水の陽（北岸）定陶で帝位に就き，洛陽の南宮に置酒した場所である．秦代の南・北宮が存在し，200年の時を経て，光武帝が洛陽に都を定めて長安から移る．南北宮から構成される洛陽は，漢代を通じて維持され続けていたことになる．曹魏がこの洛陽を引継ぎ，太極殿を中心とする都城が成立する．

　『周礼』「考工記」について検討したように（第Ⅰ章3），そもそも，『鄭玄注』によれば，『周礼』「天官・序官」は，洛陽を天子の居をつくるに相応しい地，「土中」としている．「土中」あるいは「地中」とは，夏至の南中時に8尺のノーモンの影が1尺5寸となる地点であるが，その場所が，天地が相合して世界が秩序をえる天下の中心である，というのが後漢の洛陽遷都を正統化した理論である．

　そして，天下の中心たる洛陽に街区モデルとしての坊墻制が持ち込まれて成立したのが北魏洛陽である．北魏洛陽は，宮城，内城（大城），外城の3つの城郭域によって構成される．北魏平城と同じであるが，平城の宮城と外郭が北辺を共有していた（「北闕」型）のに対して，回字形をさらに外城で囲む3重の入れ子の空間構造（「中央宮闕」型）をとる．さらに，北魏洛陽において，南北中軸線をもつ空間構造が成立する．後漢代に，既に南宮に直結する平門がわざわざ造られ，城外の霊台，明堂に至る軸線となっていたが，宮城に南壁の宣陽門から直結する銅駝街が南北の中心軸となって「座北朝南」の構造が明確となるのである．内城内には，多くの住居が建ち並ぶ里坊があったが，全て大小の官吏の居住する里坊である．外郭城の基本単位となる里は方300歩（各周1200歩）で，4門が開かれ，里正2人，吏4人，門士8人が置かれた．この里坊システムは，隋唐長安に引き継がれる．北魏洛陽は，中国の都城理念の実現モデルとして，開封，明清北京に継承されることになる．

　この北魏洛陽を引継いで，隋大興城を設計したのが宇文愷である．

　隋の文帝（楊堅）（581〜604）は，帝位につくや高熲，宇文愷等に命じて新都を築き（開皇2（582）年），大興城と号した．まず全体計画が立てられ，宮城，皇城，郭城の順に建設が行われた．中国都城の建設がこれほど計画的に，白紙に図面を引くようにそのまま実施に移された例は大興城以前にはない．鄴にしても，北魏平城にしても，北魏洛陽の外郭城にしても，それぞれ作成された復元図は，むしろ実際に建設された長安，あるいは平城京，平安京をモデルとして，それを当てはめた理念図である．隋唐

終章
都市組織研究へ

　長安の設計計画（空間分割システム，規模寸法計画）については，本書でほぼ解答を提出した．問題は，何故「北闕」型かということである．
　「北闕」型都城の嚆矢とされる曹魏鄴について上でも述べたが，東西軸線が意識されており，南北中軸線が中央に明快に設定されているかどうか疑問である．「北闕」型が明解になるのは北魏平城以降であり，それを引継いだのが隋唐長安と見るのが妥当である．北魏平城以降，「北闕」型都城を造営してきたのは遊牧民族である鮮卑拓跋部である．すなわち，北方遊牧集団としての鮮卑拓跋部の空間編成原理が「北闕」型の空間編成に関わっているとみることができる．「北闕」型が本来の中国都城であるという村田治郎の主張は否定される．
　ひたすら漢化政策を推し進めてきた孝文帝以降，中国都城理念と北魏平城以降の都市管理システムである坊墻制を統合することが文帝（楊堅）の課題であり，具体的設計が宇文愷に求められた．そして，宇文愷は，鮮卑拓跋部的空間編成原理をベースに『周礼』「考工記」モデルを摂取，同化し，精密な幾何学として，わかりやすい空間分割原理を示すのである．
　結果として，実現された長安の形態，その街路体系，坊の分割システムは，大きな影響を周辺地域に及ぼすことになる．その影響が及んだ具体的事例の１つが渤海の上京龍泉府であり（Column 4），さらに，それをそのまま受け入れたかに思われる平城京など日本の都城は，長安の系譜に連なることになる．
　唐代の長安城に結晶化した空間編成原理は，唐王朝の衰退とともに崩れていく．唐の長安に替わって，中国都城の地位を占めるのは宋（北宋）の開封である．中国都城の歴史において，開封は大きな転換点となる（第Ⅳ章1）．
　第1に，坊墻制の崩壊がある．中国古代の都城の歴史の中で，１つの完成型とみなされる隋唐長安城の街区構成の基礎である坊墻制は，北宋開封においては最早実態をともなっていない．第2に「市制」の変化がある．城市内の「坊」に場所を限定されていた「市」は，その場所と形を変えていく．全国的市場が成立するとともに，「県」のなかに，「鎮」「草市」「虚市」「歩」「店」などと呼ばれ，「鎮市（市鎮）」と総称される小都市，集落が発達してくる．
　開封は，宮城を内城が取り囲み，さらに外城が取り囲む3重の「回」字構造をしている．全体は整然とした幾何学的形態をとらないが，トポロジカルには「中央宮闕」型である．北魏洛陽以来の形態である．開封のこの3重の入れ子の空間構造は，以後の都城計画に大きな影響を与え，金中都，すなわち大都の前身は，開封を模倣したとされるし，元大都も基本的に同じ空間構造をしている．
　坊墻制の崩壊，「市制」の変化に加えて，第3に，朱雀門街から御街への変化がある．皇帝祭祀，とりわけ南郊郊祀は宋代に入って，都市祭礼へと変化していく．すなわち，王家，宮廷の祭祀から住民に見せる祭礼へと変化する．その舞台となったのが都市の

中軸線を形成する御街である．

問題は，南宋臨安，杭州である（第IV章2）．それ以前の歴代都城と比べると極めて特異である．第1に，そもそも臨時の都であり，その選地には，天下の中心といった位置づけはない．新たに都城は計画されず，既存の北宋の杭州城を皇城，宮城として使用しながら，都城としてのかたちが整えられる．第2に，結果として，宮城，皇城が都城の南に位置し，北部に城域が位置する「南闕」型となる．開封と比べれば，左右が半転しており，南北も分裂している．第3に，治水，水運，水路網に大きく規定されていることも大きな特徴である．皇帝の権威を示す皇帝祭祀は，北宋開封同様，明堂で代替される形式的なものとなり，また，地上において演出されるものと化している．これこそ皇帝の権威の世俗化である．

金，南宋を滅ぼし，ユーラシアを制覇した大モンゴル・ウルスを継承した大元ウルスが首都として建設したのが大都である（第V章2）．大都の設計計画についても，全体計画から基本街区の設計まで明らかにした．大都は，隋唐長安とともに整然と幾何学的に設計された中国都城の第2の事例となる．設計の中心にいるのは，仏，儒，道の三教に通じ，とりわけ風水に秀でた怪僧であり，最高の技術官僚であった劉秉忠である．宇文愷のように固有名が伝えられるのが，その役割の大きさを窺わせるが，劉秉忠の場合，大きな設計指針を示しただけのように思える．

大都の設計計画については，大モンゴル・ウルスの都城建設の系譜，すなわち，カラ・コルム（第V章2-1），上都（第V章2-2），そして，大都以前の北京の都城，すなわち燕京（キタイ（契丹，遼）南京幽都府）（第V章1-2），金中都（第V章1-3）についてみた．劉秉忠が設計した上都は当然として，直接大都に繋がる燕京，中都の空間構造は何らかのかたちで参照されたのではないか，という想定からである．

いずれも北方遊牧民族の都城である．キタイは，北魏平城，洛陽，そして隋唐長安を実現した鮮卑拓跋部と同じシラ・ムレン流域をその本貫地とする．キタイを西方に追いやって，金朝を建てた女真（女直）も東北をその本拠地にしていた．その金を破って，今日の北京の骨格をなす大都を建設したのが，北方遊牧民族として史上最大の帝国を築いたモンゴルである．中国都城の歴史において，北方遊牧民の果たした役割は明らかである．それぞれ，遊牧生活から定住生活へ移行する過程として都市建設を経験している．そして，いずれも単純な矩形の都城のかたちを選定している．そのこと自体興味深いことである．秩序は幾何学的形態を要求するのである．

大都建設に際して，『周礼』「考工記」の都城モデルや具体的に建設されてきた隋唐長安なども参照されたことであろう．結論的に，劉秉忠が選択したのは，『周礼』モデルでも「長安」モデルでもなかった．大都の場合，カーンのオルドは移動する中心であり，中心に置かれたのは時間を司る鼓楼である．大都の宮城の選地に決定的であったのは水である．そういう意味では，イスラームのバーグ（庭園）の伝統，オア

終 章
都市組織研究へ

シス都市の伝統に従っているといっていい.中心は,「中国」(『易経』)の「乾元」,というよりテュルク・モンゴル系の人々の世界「テングリ(天)」であった.

本書で明らかにしたように,大都は,従来考えられてきたような,『周礼』都城モデルを唯一実現する都城ではない.『周礼』都城モデルを実現したというとすれば,永楽帝の明北京である.

中国都城史の最後の鍵となるのは南京である(第Ⅳ章3).南京は,「中原」から遠く離れた江南の地に位置する.元を北方に追いやって,華南に初の統一王朝を建てるのであるが,南京の地には古来様々な城邑,都城が建置されてきた.三国時代を終結させ,中国を再統一した西晋の中国再統一が瓦解すると,漢族は南に下って東晋を建て,中原の中国都城の空間形式は伝えられた.この遺伝子は洪武帝の南京に伝えられた.都城全体については制約条件が大きかったが,平行して建設された明中都同様,その中核となる宮城皇城の構成は『周礼』都城モデルに則るものであり,その宮城皇城の基本形式は,北京にコピーされることになる.永楽帝が整除した北京に外城が建設されたのは成徳23(1544)年のことである.この構成の骨格は,以降変わらない.

時を経て,ジュシェン(女真)族に占拠されることになり,八旗制によって,城内は再編成される.今日の北京に繋がる基礎は清朝において形づくられるが,明朝の形態が継承されることになる.

以上,中国史学の膨大な蓄積をもとに,中国都城の歴史を,都城のかたちに焦点を当てて振返ったけれど,ほぼ明解に整理できたと思う.城壁の成立,太極殿の成立,坊墻制の成立,南北中軸線街路の成立など,およそ中国史学では通説になっていることの確認であるが,都城のかたち,その空間編成に大きく関わったのが北方遊牧集団であることははっきりしており,前漢末から後漢にかけて成立したと思われる『周礼』「考工記」の都城モデルをそのまま実現する都市はなく(本書でも述べたように,さらに続いてまとめるように,『周礼』「考工記」の記述は,一義的,一元的にモデル化できない),理念的,概念的なモデルに止まったことも本書での確認である.少なくとも「北闕」型都城を中国都城の起源とする村田治郎の説は否定される.中国都城のうち,明解に幾何学的パターンとして実現されたのは,隋唐長安と元大都の2つである.そして,その空間構成原理は異なる.それぞれに,宇宙(世界)の組織原理を見ることができる.いずれも「中央宮闕」型ではない.

2 │ 数の体系:里・畝・歩—中国都城の設計計画

冒頭に述べたように(序章6),本書は,街区組織(街区の空間構成)を大きな主題にしてきた.その前提として,まず,「中国」という「宇宙」あるいは「天下」の時空間の編成原理についてまとめ(第Ⅰ章1),続いて,中国における空間分割システムにつ

いて明らかにした(第Ⅰ章2).言うまでもなく,都城を構成する街区編成について,その数字の体系を確認する意味がある.『周礼』は数のピラミッドといってもいい形式的数値主義に貫かれているし,9,8,6を基本数とする音楽理論もある.四夷,九州,五服,八紘,陰陽五行,十干十二支など,「中国」の宇宙モデルは日本には親しい.

より具体的な手掛かりと思われるのが,井田制,阡陌制など土地制度に関わる土地分割システムであり,家から隣,そして里,さらに亭,郷,県,……国家に至る社会集団の編成原理である.また,宅地班給の規模設定は,直接,都城の土地配分に関わる.また,軍団編成も重要である.清朝北京の空間を支配したのは八旗制の組織原理である.そして,隋唐長安も,本書で応地利明(2011)に依拠して触れたように,北方遊牧集団の軍団組織の編成原理が都城の空間構成の前提とされた可能性が高い.

諸文献の示す数の体系は驚くほど多様である.田制も,宅地も様々な分割パターンがある.本書は,まず,『周礼』「考工記」を検討することによって,全ての条項を満たす空間モデルを整合的に図式化することは不可能であることを示した(第Ⅰ章3).これまでの様々な復元案は,各条項に優先順位をつけることによって,また,一定の解釈を前提とすることによってつくられてきた.あるいは,そうした解釈モデルによって実現されたであろう事例を手掛かりとして復元図がつくられてきた.例えば「九経九緯」というが,環塗を含むかどうかで全体グリッドは8×8か,10×10に分かれる.そこで,「一道三塗三道九塗」という解釈も行われてきた.実際,「一道三塗」の遺構が出土しているから,そういう制度が実際にあったことははっきりしているが,「九経九緯」をそう解釈しただけかもしれない.また,「左祖右社」というが,宮廷の前に相対して左右に置く場合もあるし(明中都,南京,北京),宮廷の左右に大きく離して置く場合もある(元大都).「面朝後(后)市」というが,市を宮廷の前(南)に置く事例もある.

本書では,テキストのみを手掛かりにして1つのモデルを提出した(図Ⅰ-3-8).『周礼』「考工記」は,「方九里」というから,方里(300歩)を基準とするのが自然であるが,単純なシステムとしては,450歩×450歩の単一の街区(坊)からなるモデルとすればいい.街区(坊)の分割パターンとしては2つを挙げておいた(図Ⅰ-3-9ab).『周礼』「考工記」「匠人営国」条をこれ以上詮索する必要はないと考える.

街区組織としては,防牆制の成立以降,すなわち,北魏平城以降が主たる関心となる.それ以前,例えば,秦咸陽については,詳細は不明であり,前漢長安の場合,史資料からは,巨大な宮殿区域の間に小さな「盧舎」が密集するのが一般的な形態であった(第Ⅲ章1-4).後漢洛陽も,同様に,巨大な北宮,南宮を城壁がとり囲む間に多くの「盧舎」が存在していたと考えられるが,曹魏鄴(第Ⅲ章2-3)において,グリッド街区が成立したとされる.しかし,復元に様々な案があり,街区モデルを議論する手掛かりがない.

605

終 章

都市組織研究へ

　そして,「宗主督護制」による坊墻制を採った北魏平城（第III章2-4）であるが,残念ながら里坊の具体的形態についてははっきりしない．里坊の規模は大小様々で必ずしもシステム化されてはいなかったようである．

　北魏洛陽において,一応,坊墻制の全体システムが整えられたことが確認できる（第III章2-5）．基本単位となる里は方里（300歩）で,四門が開かれ,里正2人,吏4人,門士8人が置かれる．全体は「東西二十里．南北十五里．」30×15＝300のグリッド（里）からなる．

　そして,宇文愷による隋大興城の設計が行われる．これまで,様々な復元案が提出されてきたが,通説とされている復元案は,南北街路幅は100歩,東西街路幅は六街（100歩）を除いて50歩であり,街区（坊）は,400歩×650歩,550歩×650歩,350歩×650歩,350歩×450歩,350歩×350歩という5種（『三礼図』）からなる（図III-3-8）．しかし,問題は,この通説の寸法と実測値が大きくずれていることである．街路幅員にも大きなばらつきがあるのである．このことに関わって,本書では,最も説得力があると思われる解答を示した（図III-3-1）．その要点は,以下である（第III章3）．

　　A. 基準グリッドとして1000歩,2000歩,500歩,750歩という1000歩を2分割,4分割する極めて単純な寸法体系が設定されている．
　　B. 街区（坊）には,芯々で500歩×750歩（A）,625歩×750歩（B）,375歩×750歩（C）,375歩×550歩（D）,375歩×450歩（E）の5種がある．
　　C. 街路幅員は,六街の幅員は100歩,環塗と城壁を合わせて50歩,南北街路（小街）幅は全て50歩,皇城南の東西街路幅は25歩,坊間街路幅は東西,南北とも50歩とする．
　　D. 街区の形状と規模は,宮城の東西の坊は450歩×700歩,皇城の東西の坊は550歩×700歩,皇城直南の坊は,350歩×475歩,350歩×375歩,皇城南東西の坊は,350歩×700歩とする．

　ただ,以上の解答には,基準グリッドと六街との接続をどう考えるか,すなわち,皇城南に接する金光門―春明門を結ぶ東西大街（横街）,そして,延平門―延興門を結ぶ東西大街と基準グリッドをどう重ねるか,という問題が残る（100歩の幅を厳密に設定すると,基準線のずれは,それぞれ,α＝37.5歩,β＝75歩とすればいい．なお,南北全長の実測値とのずれは,南端に残る（γ＝97.5歩＋50歩））．

　以上の全体計画の妥当性は,街区（坊）分割モデルによって裏打ちされる．

　基準グリッド（I）を前提として,通説の400歩×650歩,550歩×650歩,350歩×650歩,350歩×450歩,350歩×350歩という5種の坊は,坊間街路幅の設定（100歩,75歩,25歩）によって導き出される．南北街路は全て100歩幅,東西幅は,Aについては100歩幅,Bについては75歩幅,C,D,Eについては25歩幅とすればいい（図III-3-2）．

本書で述べたように，単純な出発点となるのは，
    E. 面積配分の単位となるのは，「方一里」(360 歩×360 歩)，1 畝 = 240 平方歩である．

ということである．北魏洛陽が「方一里」としているように，以下で示されるようなことからもごく自然な設定である．

そして，これまで明らかにされているように，
    F. 宮城皇城の東西の坊は，大小の十字街によって，1/4，1/16 に分割される．また，皇城直南の坊は，横街によって，1/2，さらに 1/6 に分割される．

そこで，
    G. 方一里坊モデルとして X，Y の 2 案示した．X は，1/16 坊 = 25 畝 (5×5)，1/4 坊 = 100 畝，坊 = 400 畝という構成になり，Y は，1/16 坊 = 24 畝 (3×8)，1/4 坊 = 96 畝，坊 = 384 畝という構成になる．中国の研究者は Y の配列を採るが，X の方がはるかに明解であろう．
    H. X を基本として，坊の類型毎に分割パターンを示した (図 III-3-3ab)．

以上，本書独自の提案である．

さて，唐王朝以降，隋唐長安で見事に実現した都城モデル，街区モデルによる空間管理システムは，崩れていく．「坊墻制」「市制」の崩壊とともに，幾何学的に明解な空間システムは失われていく．開封，杭州（臨安）については第 IV 章でみたが，以上のような，わかりやすい空間分割パターンを検討する史資料がない．

例外的なのは，渤海の上京龍泉府であろう (Column 4)．隋唐長安と日本の平城京を媒介していることは明らかである．そして，宇文愷の都城の設計計画システムが，都市建設の伝統を持たないキタイや女真など北方遊牧集団に伝えられたことは，幾何学的な（矩形をした）彼らの都城の遺構が示しているところである．

というわけで，街区組織の規模や形状について次に検討できるのは元大都ということになる．

大都の設計計画についても，本書は，1 つの解答を出すことが出来た．実は，本書での一連の考察のきっかけとなったのは，大都の設計における基本街区の発見であった．鄧奕とともに論文[578]にし，図示したのであるが，中国の学会では広く受け入れられ，出典を明記しない著書も多いが，定説のように引用されている (王貴祥他 (2008)，王南 (2012) など)．本書で触れたように，先立ってその指摘 (孫大章編 (1984)) はあったけれど，図化したのが分かりやすかったのであろうか，王貴祥他 (2008) (『中国古代建築基址規模研究』) のような共同研究を誘発したのではないかとも思える．少なくとも，日本の平城京，平安京の精緻な寸法体系が参照され，中国都城の設計計画が見

---

578) 鄧奕，布野修司：北京内城朝陽門地区の街区構成とその変化に関する研究，日本建築学会計画系論文集，第 526 号，1999 年 12 月．

終 章

都市組織研究へ

直されるようになったのではないか．本書では，逆に，そうした作業をもとにして，『周礼』「考工記」の都城モデル，隋唐長安の設計計画を統一的に考えることができるようになった．それがこの間の経緯である．

これまでは，基本街区のモデル化に止まっていたけれど，本書では大都の全体計画を検討することで，その妥当性を改めて確認することとなった．元尺＝308mm，1歩＝1.54mとして基準街区のモデルを提示したのであるが，元尺＝316mmとする説があることから，1歩＝1.58mも合わせて検討している．中国では，元尺＝308mm，1歩＝1.54mとされている．結果は，ミリ単位の詮索によっても何も問題はない，結論は変わらないということである．尺寸が時代によって変わってきたことは事実であるが，土地配分の単位が何であったかということが重要であり，基準は単純だということである．大都の設計に当たって，劉秉忠が方針としたことは実に単純である，というのが本書の結論である．

北京全体を見ると，同じような規模の街区，すなわち，胡同の間の距離が芯々で約50歩 (79.0～77.0m) で，東西幅が約440歩 (695.2～677.6m) の街区がある．そして，街路幅について見ると，胡同の幅は大体同じで6歩であり，小街は12歩，大街は24歩というヒエラルキーがある．統一的に設計しているのであるから，統一的寸法体系が設定されているのは当然である．

街区の南北幅が44歩 (50歩−6歩)，東西440歩，44という数字に何か意味があるのか，というのが出発点となった．

そして，『元史』巻13「本記第13・世祖10」の「至元二十二年春正月戊寅，……昭旧城之遷京城者以資高及居職者為先，仍定制以地八畝為一分，其或地過八畝及力不能作室者，皆不得冒踞，聴民作室．」の8畝というのが大きなヒントになった．

1畝は240平方歩であり，44歩×44歩の正方形の面積がちょうど8畝なのである．

胡同の東西長さは440歩で，80畝である．1戸8畝とするとちょうど10戸分となる．44歩×44歩の正方形の敷地が10戸で胡同と胡同の間の一街区を形成する，というのが街区の基本モデルとされたことは間違いない．

8畝はあくまで上限である．一般に班給されたのは，その10分の1，8分の土地とされる．1畝は10分だから，8畝は10戸分の平民用の宅地となる．南北に背割りし，2分すると，胡同の南北両側の宅地は，各50軒，計100軒あるのがモデルとなる (図V-2-6)．

本書では，基本街区を念頭に置きながら大都の全体計画をみた．東西18里×南北20里，1里＝240歩を単位として設計されていることがわかった．方18里であれば，「方九里」が意識されていたと思われるが，9対10の比率は，18里×20里という長方形の対角線の交点に鼓楼が置かれていることから疑いはない．大都は，すなわち，240歩×240歩を単位として設計されているが，基本街区 (44歩×440歩) を考慮すると，

608

方2里 (480歩×480歩) が単位とされていたと考えられる．基準モデルとしては，幅4歩の街路で 10×10 の区画が区切られていたとすればいい．ダブル・グリッドである．こうして，『周礼』都城モデル，長安都城モデル，大都都城モデルについて，明解な設計計画図を提出したことは，本書の貢献である．別案を期待したい．

3 | 城中村と大雑院 —— 中国都城の変容パターン

中国古都の変貌はすさまじい．

本書で取り上げた中国古都のうち，臨地調査を行うことができたのは西安（旧城「回民居住地区」），開封（文殊寺・学院門社区），杭州（姚園寺巷・梅花碑社区），南京（中華門・門西地区），北京（朝陽門地区）の5都市である．安陽（殷墟）は遺跡と化しているし，鄭州も古代まで連続的に遡るのは難しい．洛陽については，後漢洛陽，曹魏洛陽は遺構のみ残る状態だし，西周東都，隋唐洛陽が立地した範囲に，歴史を遡行する適当な調査地区を見出すことができなかった．その成果を本書に盛り込むことは出来なかったけれど，本書でとりあげた中国古都とは別の類型，中国南沿海部の港市への興味に従って，平行して，泉州，福州，漳州，さらに広州についてもこの間調査してきた（趙沖 (2013)）．急激な変貌という点については，古都と同様の事態が進行しつつある．

中国では，3000分の1程度の詳細な地図を入手することはできないのであるが，10年経つとオープンになる．ちょうど20世紀末から21世紀になる頃の地図が入手できたが，現状と比べると，その変貌に驚く．日本だと1960年代の10年間，さらに1980年代後半以降のバブル期に街並みが一掃された時代をさらに上回る変貌である．

例えば，杭州の姚園寺巷・梅花碑社区は，予備調査をして1年後に訪れてみると，地区は解体されて，再開発が開始されているという有様であった．各都市とも，今では Google Earth で経年変化をみることができるが，開封の文殊寺・学院門社区の場合，2000年からの5年の間に，大規模な開発が行われたことがわかる．南京の場合，調査対象とした中華門・門西地区に隣接する門東地区ではみるみるうちに伝統的な四合院が壊され，更地となってしまった．

古都のこうしたドラスティカルな変貌に対して，都市計画当局も手を拱いているわけではない．各都市とも，歴史的地区を保存街区に指定し，保存策がとられようとしてきている．福州の中心街区「三坊七巷」など大規模な集合住宅開発のために地区全体を解体したところ，中央政府からストップがかかり，方針転換を迫られた例があるほどである．

しかし，見るところ，日本の街づくりが目指そうとする方向とは異なっているよう

終 章
都市組織研究へ

に思える．歴史的地区の保存といっても，保存を装う再開発が主流なのである．すなわち，歴史的建造物を一旦解体し，歴史的様式の建造物を再建するのが一般的になりつつあるのである．場合によると，壁にペンキで歴史的建築様式を描くだけといったレヴェルの保存修景もある．こうした街並みのテーマパーク化は，日本でも見られる文化変容の一断面である．

　本書では，都市組織研究を標榜して，街区レヴェルに焦点を当ててきた．そして，各都市において，同じようなプロセスが進行していることを明らかにしてきた．中国古都の場合，わかりやすいのは，都市型住宅としての四合院が伝統的な住居類型として成立してきたことがあるからである．すなわち，臨地調査においては，その変容プロセスをトレースすることになるのである．本書では，住居類型とその変化型をそれぞれの地区について明らかにすることによって，街区全体の変容プロセスを明らかにした．

　この間起こったことは，四合院の大雑院化と細分化である．すなわち，四合院にいくつかの世帯が住むのが一般的となるのである．北京で大雑院化の大きなきっかけになったのが「文化大革命」である．また，改革解放後の大都市の流入である．そしてさらに，中国の都市が大きく変化していくことになったのは，2000年に「持家政策」が導入されて以降である．四合院が分割されて，売買，貸借されるようになるのである．

　西安の旧城・回民地区に残る四合院は，ほぼ博物館となった1軒のみである．開封の文殊寺・学院門社区にも劉家住宅が残るが，一部は社区事務所に転用されている．杭州も，ほぼ四合院はなくなりつつある．多くの胡同が破壊されたとはいえ，北京の方が四合院はまだ残されているといえるのかもしれない．

　極めて興味深いのが，南京の中華門・門西地区である．歴史的街区に指定され，四合院もかなり残るけれども，廃品回収業者など低所得者も少なくない地区となっている．いわゆる「城中村」化である．

　大雑院化と城中村化の先に中国古都の未来があるかどうかはわからない．しかし，現在進行しているこのプロセスを無視してはその未来は構想できないであろう．そして，このプロセスは，日本の都市も辿ってきた道とその未来とも無縁ではない．

4 ｜ 店屋の世界史 ── 都市組織研究のさらなる展開

　アジアを歩き始めたのは1979年1月であり，当初はアセアン諸国を巡った．「地域の生態系に基づく住居システムに関する研究」あるいは「東洋の居住問題に関する理論的実証的研究」と題する建築学，都市計画学の枠組みによる研究展開の一環であった．その作業をまとめたのが『インドネシアにおける居住環境の変容とその整備手法にかんする研究』（私家版，1987年，学位請求論文（東京大学））である．そして，こ

のエッセンスを一般向けに問うたのが『カンポンの世界　ジャワの庶民住居誌』(パルコ出版，1991年)である．この時，調査したスラバヤのカンポン[579]，特にサワ・プロ Sawa Pulo とサワハン Sawahan は，スラバヤに行く度に訪れる[580]．都市組織研究の原点だからである．調査方法は，本書が取上げた5都市の場合と同じである．都市を歩き回っていくつか典型的と思われる地区を選び出す．居住密度と住居類型がその選定の主な基準となる．もちろん，都市形成の歴史と地区特性もクライテリアとなる．そして，選び出した地区について，そのかたちを図面化し(基礎図面を入手し)，典型的な住居について実測してヒヤリングする．愚直な作業だけれど，そうした作業の過程でその地区の歴史や政治経済社会の力学的構造を理解する．

　このインドネシアにおけるカンポン研究が契機となって，「イスラームの都市性」に関する重点領域研究に参加することになる．そしてさらに「植民都市研究」を展開することになる．経緯は，以下に列挙する著書のあとがき等に書いてきたから省略するが，都市組織調査をベースとしたことは同様である．イスラーム都市ということでは，ラホール，デリー，アフマダバードの3都市，植民都市研究としてはオランダ植民都市としては，ジャカルタ，マラッカ，ゴール(スリランカ)，コーチン(インド)，ケープタウン，レシフェ，パラマリボ，ウィレムスタットなどを，調査密度の差異はあるが，同様の方法で調査をしてきた．

　むしろ，都市組織研究が一貫するといえるかもしれない．韓国の日本人移住漁村と鉄道町に関する調査も，植民都市研究の重層化が目的であったが，同じように地べたを這いずり回るフィールドワークがもとになっている．スペイン植民都市研究についてもカリブ海を中心とする臨地調査がもとになっている．

　この間上梓することのできた関連著書は以下の通りである．
　　布野修司編『近代世界システムと植民都市』京都大学学術出版会，2005年2月
　　布野修司『曼荼羅都市—ヒンドゥー都市の空間理念とその変容』京都大学学術出版会，2006年2月25日

---

[579] カンポンについての論文として，布野修司，前田尚美，内田雄造：「インドネシアのスラムの居住対策と日本の経験との比較」第三世界の居住環境とその整備手法に関する研究 その1，日本都市計画学会 学術研究論文集 19，1984年．布野修司，前田尚美，内田雄造：「インドネシアのカンポンの実態とその変容過程の考察」第三世界の居住環境とその整備手法に関する研究 その2，日本都市計画学会，学術研究論文集 20，1985年．Shuji Funo: Dominant Issues of Three Typical Kampungs and Evaluation of KIP, Peran Perbaikan Kampung dalam Pembangunan Kota, KOTAMADJA SURABAYA ITS, 1985．布野修司：カンポンの歴史的形成プロセスとその特質，日本建築学会計画系論文報告集，第433号，1992年3月などがある．

[580] 20年後に同じカンポンを調査したこともある．布野修司，髙橋俊也，川井操，チャンタニー・チランタナット，カンポンとカンポン住居の変容(1984-2006)に関する考察，Considerations on Transformation 1984-2006 of Kampung and Kampung Houses, 日本建築学会計画系論文集，第74巻　第637号，2009年3月．

終 章

都市組織研究へ

Shuji Funo & M.M. Pant "Stupa & Swastika", Kyoto University Press + Singapore National University Press, 2007

布野修司＋山根周『ムガル都市―イスラーム都市の空間変容』京都大学学術出版会，2008年5月30日

布野修司＋韓三建＋朴重信＋趙聖民『韓国近代都市景観の形成―日本人移住漁村と鉄道町』京都大学学術出版会，2010年5月

布野修司・ヒメネス・ベルデホ，ホアン・ラモン『グリッド都市―スペイン植民都市の起源，形成，変容，転生』京都大学学術出版会，2013年2月

チャクラヌガラの発見(1991年)がアジア都城論の起点となるが，ジャイプルとマドゥライを加えて『曼荼羅都市』をまとめたのは2006年である．その「おわりに」に次のように書いている．『大元都市』の構想は10年前に遡ることがわかる．

「今日の「世界」が「世界」として成立したのは，すなわち，「世界史」が誕生するのは，「西欧世界」によるいわゆる「地理上の発見」以降ではない．ユーラシア世界の全体を1つのネットワークで繋いだのはモンゴル帝国である．……モンゴル帝国が広大なネットワークをユーラシアに張り巡らせる13世紀末になると，東南アジアでは，サンスクリット語を基礎とするインド起源の文化は衰え，上座部仏教を信奉するタイ族が有力となる．サンスクリット文明の衰退に決定的であったのはクビライ・カーン率いる大元ウルスの侵攻である．……大元ウルスが，『周礼』孝工記をもとにして中国古来の都城理念に則って計画設計したのが大都(→北京)である．……この中国都城の系譜を，ほとんど唯一，理念をそのまま実現したかに思われる大都に因んで，「大元都市」の系譜と仮に呼ぼう．「大元」とは，『易経』の「大いなる哉，乾元」からとったと言われる．「乾元」とは，天や宇宙，もしくはその原理を指す……近い将来，本書とともに，『大元都市』『ムガル都市』もまとめられればと思う．」

大都について，「中国古来の都城理念に則って」そして「中国都城の系譜を，ほとんど唯一，理念をそのまま実現した」と書いたことについては，本書では修正することになったが，曲がりなりにも予告通りアジア都城論三部作をまとめることができたと思う．近代植民都市のグローバルな展開に関する枠組みと前近代のユーラシアにおける3つの都市の系譜，すなわち，イスラーム都市，ヒンドゥー都市そして中国都市の系譜についての見取図によって，世界都市史を構想する基本的骨格は構築し得たと考える．また，本書において，遊牧集団が繰り返し都市建設に至る過程を確認し，さらに大都が「世界都市」となる段階を跡づけることで，「世界都市」のダイナミックな歴史的形成の諸段階については一定の理解が共有できたのではないか．

この骨格をより精緻に組み立てていくには，世界史の興亡に関わる諸都市について，より緻密な研究を積み重ねることが必要とされる．そしてもう1つの作業とし

て，各都市を横に縫い合わせるような比較研究，都市の骨格に関わる諸類型とは別に，都市組織レヴェルにおけるより多様な諸類型の起源，形成，変容，転生のプロセスを明らかにする必要がある．

中国都市について本書で焦点を当てたのは四合院という都市住居の型とその変容である．その極めて単純な空間システムは都市組織のあり方を支えてきたが，都市は単に住居の集合によって成り立つわけではない．都市組織レヴェルにおいてもさまざまな施設，空間が必要とされる．例えば「店屋」の世界史を明らかにする作業が必要である．本書では，開封（第Ⅳ章1）に関連して，「邸店」「房廊」「停塌」などの建築類型ついて触れたが，必ずしも都市組織の多様な単位の問題として議論しえていない．清北京における「勾連搭」と「店屋」の形式は異なる．店屋は，江南の諸都市で成立した可能性が高い．

中国南部には，いわゆる北方の「四合院」の形式とは異なり，間口が狭く，従って中庭（「天井」）が狭く，奥行きが長い住居形式が見られる（Column 7）．狭小間口の場合，福建で「手巾寮」，広東で「竹筒屋」と呼ばれる住居形式である．すなわち，都市的集住の密度が高くなるとともに狭小間口を前提に日本の町屋に似た形式が成立したと考えられる．時代は遥かに下るが，乾隆年間の徐揚『姑蘇繁華図』（原名『盛世滋生図』）[581]には，棟を連ねる2階建てあるいは店屋が数多く描かれている．また，「手巾寮」そして「四合院」形式の大型住居も見ることができる．軒を連ねる店屋の成立をはっきりと跡づけることのできる例はないが，塊村あるいは集村の形式として，それを見ることができる．四川地方で「廊坊式場鎮」と分類される[582]集落がそうである．店屋の形式は，華僑（オーバーシーズ・チャイニーズ）とともに東南アジア各地に移植される．

棟を連ねる店屋の形式には多くの場合アーケードを伴う．四川の「廊坊式場鎮」がそうであるが，浙江地方にも見ることができる．ヨーロッパにおけるアーケードという形式の伝統はギリシャ・ローマ時代に遡る．西アジアには屋根付きのバーザールの伝統もある．東南アジアのアーケードは，高温多湿の気候を背景として中国南部にそ

---

[581] 清朝の宮廷画家徐揚が，乾隆年間における江南・蘇州城内外の風物を描いた縦39cm，全長1241cmの図巻．蘇州の山川，城郭，大通りや横町，橋梁，運河，波止場，寺院，廟堂，役所，米倉，民家，店舗などの当時の情景が描かれており，さらに蘇州の船舶，轎輿，学塾，舞台，服飾品，看板などの様子，婚礼，宴会，文人の集まり，科挙の試験，巡幸，演芸，商売，田作，漁業，建築，錬兵，などまで描かれている．本図巻に描かれている人物は全部で4600余人，家屋などの建物は約2140棟余り，各種の橋梁が40余，各種の客貨船舶および筏合わせて約300余隻．各種の商号看板が300余りあり，造船，絹織物，綿花問屋や錦織物，染物屋，顔料，漆器，竹細工製品，磁器，煉瓦，石灰，銅器，錫器，鉄器，金銀装飾品，玉器骨董，書画，花木盆栽，扇子，手拭，化粧品，楽器，靴類，帽子，雑貨，書籍紙，文具，図書，食糧，をはじめ約50余種の商工業を代表しており，蘇州経済の隆盛を物語っている．

[582] 李先逵（2009）『四川民居』中国建築工業出版社

終　章
都市組織研究へ

の起源をもつというのが定説となっているが，ポルトガルがマカオに到達（1517年）して以降に持ち込まれた可能性も考えられる．

　こうして一例として店屋をあげたが，他に集会施設や水場など，都市組織のために必要な建築要素，建築類型についてグローバルにその起源，発生，変容の過程を明らかにしていく作業が考えられる．グローバリゼーションの波が世界中の都市をますます均質化していく中で，身近な都市組織の多様なあり方の歴史的根拠を示す必要があるからである．

おわりに

　本書をまとめるうえで決定的だったのは，漢籍がインターネットを通じて容易に利用可能になったことである．中国史，東洋史の碩学たちの膨大な業績に導かれて，原文に接することができ，その内容を確認できる．漢字文化圏に生まれた僥倖というべきか．などど書くと，中国史学の先達たちにお叱りをうけるであろう．若き中国史学徒たちに向けて，余りにも基礎知識が足りない，文言を正確に読むことすら覚束ない，関係資料をあっという間に集めただけのコンピューター論文の氾濫に苦言を呈する大御所の文章を耳の痛い思いで読んだ記憶がある．この点に関しては居直るしかない．ひたすら，中国史学の蓄積に依拠し，教えを請う．本書の関心は，中国における空間のかたちであり，空間構成の原理である．

　もう1つ大きいのは Google Earth という巨大な地理情報システム（GIS）によって居ながらにして各都市を旅することができるようになったことである．本書のベースは地べたを這いずり回るフィールドワークであるが，特に規模（寸法）の測定，確認には Google Earth は絶大なる威力を発揮した．

　とはいえ，北京，西安，洛陽，鄭州，開封，南京，杭州と臨地調査を続けているうちに，いささか収拾がつかなくなってきたことは告白しなければならない．1つには，固有の起源と歴史をもつ都市を複数比較しようとすれば当然のことであるが，比較の視点や平面が重層的になっていくのである．都市は一個の人生と同様，集団の人生の重ね合わさった生き物である．

　具体的に，都市の変貌が激しく，都市の変遷を必ずしも的確に復元できないということがある．例えば，宋代の開封（汴梁）は，度重なる黄河の洪水のために数メートルの地下に埋もれている．杭州（南宋臨安）にしても，かつての「御街」は地下1〜3メートルに沈んでいるのである．さらに，各都市の起源と『周礼』都城モデルとの関係について，共通のフレームに基づいた統一的な解釈が必ずしも容易ではないということがあった．要するに，『周礼』都城モデルのみを参照軸とする議論を進化させる視点を見出せないできた．

　そうした中で，本書を後押しすることになったのが応地利明（2011）である．隋唐長安の空間構成に関して，これまでにない解釈を示している．特に，軍団編成と都城の街区（条坊）編成，民居の空間構成と都城の空間構成の同相性に着目する議論は，本書の関心に大いに重なっている，というよりそのものである．問題は，空間であり，空間構成の原理である．そして，それと集団の編成原理との関係である．都市組織という概念を用いるねらいと根拠がそこにある．

　北魏平城における坊墻制の成立には「宗主督護制」がある．徙民がある．大室幹雄

によれば牧畜の囲い込みの論理であるが，農耕の単位，軍隊の編成としても坊墻によって空間を囲い込むことによって管理する必要があった．それを精緻な幾何学にまとめあげたのが宇文愷の隋唐長安である．坊墻制という要素がなければ，長安は成り立たなかったはずである．満州（女真，女直）族の八旗制も軍団編成を空間化する典型的な例である．大都の地割は，その軍団編成の基本である10進法がベースになっている．盛京がその原型モデルとして興味深い．

人類史の長い歩みの中で都市は成立した．必然だったと思う．しかし，そのかたちについては決定的なものはなかったはずである．もちろん，グリッド・システムは，実際そうであるように，ヒッポダモスがいなくても生み出されたであろう．しかし，その解答は唯一画一的ではない．歴史的に存在してきた無数の都市がそれを証明している（布野修司＋ヒメネス・ベルデホ，ホアン・ラモン（2013））．いささか手前味噌であるが，建築家による設計計画の力のすごさを思う．都市をどうかたちづくるかということについては，発明に近いことが断続的に行われてきたのではないか．本書では，宇文愷の天才に特にそれを感じる．隋唐長安の空間システムの力が実に強力であったことは，遠く日本にまで伝わったことが示している．

アジア都市研究の旅は，アジア都城論三部作の最後となる本書によって一区切りをつけることになる．もちろん，その旅は終わることはないし，フィールドで考え続ける旅は一生続けたいものだと思う．しかしそれにしても，採寸の道具やコンピューターなど道具立ての進化には隔世の感がある．調査を開始した頃は，歩測で地区の図面をつくっていたし，コピーやファックスなどはなかった．今では Google Earth によって，居ながらにして街の様子が窺がえたり，GPS で歩行記録が自動的に地図上に描かれたりするのである．

まとめの最終段階において，明清北京のルーツの匂いを嗅ぐべく，満州そしてモンゴル高原を歩いた．また，北京に10日ほど滞在した．原稿に手を入れながらの旅である．

ヌルハチ，ホンタイジの都，瀋陽は，世界文化遺産に登録されたとは言え，その中枢部は現代都市化の波に埋もれそうで，また偽満州国の歴史が重く，そのかつての姿を想起する気分ではなかったが，大政殿（八角殿）と十王殿の配置，4塔4寺の東西南北配置の確認は我が意を得たりであった．渤海の都城遺址には足を延ばせなかったけれど，集安の高句麗都城址は見ることができたことは，中国都城とは異なる都城のあり方をみる機会ともなった．

モンゴル高原をウランバートルからハラホリン（カラ・コルム）まで車で移動して，その雄大な自然には圧倒された．また，家畜たちの群れやパオで暮らす人たちの姿からチンギス・カーンの時代の遊牧民たちの生活を考えた．ゲルにソーラー・バッテリー，衛星アンテナ，オートバイ，車が装備されていてもである．一極集中が進むモ

ンゴル・ウルスの首都ウランバートルの郊外には住宅地が広がりつつあるが，囲われた区画に点々とゲルをみることができる．遊牧国家が都市建設に向かう過程は，このようにゲルが壁で囲われていく過程であったと思う．

ハラホリン博物館には，口絵6に示したように，十字街は全く漢族風，ムスリム地区はイスラーム風，そして北西部にはモンゴル風にゲルが並ぶ，カラ・コルムのかなり精緻な復元模型が置かれていた．エルデネ・ゾーの北，亀石のすぐ傍でちょうど発掘中であったオゴデイの寺院から，草原と化したかつてのカラ・コルムのことを想った．3つの都市組織の型が並存する随分ユニークな都市だったと思う．ゲルに泊まった夜，見上げた満天の星空が忘れられない．北極星が迫り来るようであった．天(テングリ)とはこれだと思った．

北京から内モンゴル自治区シリンゴル盟正藍旗に車を走らせた．言うまでもなく，上都―大都の移動を疑似体験したかったからである．八達嶺を抜けて，途中鶏鳴山城（河北省懐来県鶏鳴駅郷）により，出来たばかりの元中都博物館（河北省張北県県城）（2010年開館）に立ち寄っていささか興奮することになった．大都以降，第7代武宗（カイシャン）によって建設されたこの元中都についてほとんど情報をもっていなかったからである．しかしそれにしても，元中都博物館の復元模型は実に迫力があった．Column 3で補足したが，中国都城の宮城の中で最も形式的に整ったものといっていい．現場は遺址公園とすべく急ピッチで進められていたが，規模は上都と同じであり，同じような印象を抱いた．ハル・バルガス，ハルボヘン・バルガスといったキタイ，ウィグルの城郭都市も同じで，「方一里」に宮域を囲む伝統がモンゴル高原でも成立していたのである．

北京では，『北京古建築図』（李路珂・王南・胡介中・李青（2009））を片手に，文物保護指定された建築のほとんど全てを見て歩いた．多くの四合院が指定にもかかわらず大雑院化していたり，王府など大型の四合院は一切参観謝絶だったりするけど，北京徘徊は実に楽しかった．最後の1週間は，四合院ホテルに泊まって新太倉歴史文化保護区を歩き回った．朝陽門地区も北京に来るたびに歩くけれど，随分変わってしまった．史家胡同のように自前で博物館をつくった胡同もあるけれど，胡同らしさは失われ，ただの駐車スペースになってしまっている．それに比べると，新太倉地区は未だに胡同の臭いがした．本文で触れたけれど，北京の中で基本街区モデルに従わない地区のひとつである．すなわち，街区の中に島のような地区がある．『乾隆京城全図』で確かめると街路パターンは250年以上前から変わらない．歩いていて，カンポンのことを思い出した．植木を売りに来たり，テンポラリー・マーケットができたり，廃品回収の仕組みがあったり，表通りの世界と全く別世界があるのである．カンポンとフートン，都市組織をめぐって新たなテーマが見えたような気がし始めている．

振り返れば，1991年に京都大学に赴任した時に与えられた部屋に村田治郎先生の

資料が様々残されていたことを思い出す．廃棄された資料のようであったけれど，直筆のゲラや写真など興味深いものが少なくなかった．西川幸治先生からアジアを歩いているのだからアジアについてしゃべりなさいと言われ，1995年以降，「世界建築史Ⅱ」(「東洋建築史」を改称．Ⅰは西欧建築，Ⅱは非西欧建築)を担当することになったこともあって，村田先生の仕事についてにわか勉強することになったのも縁である．まさか『中国の帝都』を意識した本書を上梓することになるとは夢にも思わなかったが，その最初のきっかけは村田先生の雑然と積まれた見捨てられた資料であったような気がしないでもない．

田中淡先生には是非本書を読んで批評を頂きたかった．若いころはお酒をご一緒する機会が少なくなかったし，晩年にも，玉井哲雄先生の主催するアジアの都市建築史に関する研究会（国立歴史民俗博物館）でお会いする機会があった．まさか布野が中国都城に関する一書をものするなどとは想像だにされなかったと思う．厳しい先生だったけれど，原稿には眼を通していただくつもりであった．即座に反論を頂いたかもしれないけれど，初歩的な誤りは正していただけたと思う．中国都市建築史について田中淡先生の仕事を若い世代に繋いでいく橋渡しの役割を本書が果たせればと思う．

本書のまとめにあたっては，これまでと同様，京都大学学術出版会の鈴木哲也さんの多大なるお世話になった．最終段階の原稿において，なお冗長に膨れ上がり骨格を見失っている問題点を厳しく指摘して頂き，的確な指示を頂いたことも，これまでと全く同様である．進歩しないものである．中国都城史のフレームについての決断を迫られたといってもいいが，おかげで自分ではそれなりにすっきりすることができたと思う．中国史について学んだことを書き留めようとついつい冗長となってしまっていたけれど，これでも随分そぎ落としたつもりである．建築学，都市計画学の後学のためとご理解頂ければ幸いである．

本書に関連する論考を末尾に列挙しておきたい．多くの若い仲間たちとの共同作業がもとになっていることはこれまでの著書と同じである．本書については，第一に鄧奕（稐山）（北京），川井操（西安），于航（開封），榎本雅司（杭州），井上悠紀（南京）との共同研究の成果である．また，臨地調査については実に数多くの学生たちの参加がある．とりわけ，近年の開封，杭州，南京の調査を取り仕切ったのは趙冲である．趙冲は，並行して，福建の3都市，泉州，福州，漳州を対象とする学位論文を書いた（趙冲（2013）『福建・港市の都市組織および住居類型の形成，変容に関する研究』）．本書は，中原と北方に視点を置いたが，南に全く異なる中国都市の伝統があることを，歴史的な国際港市に焦点を当てて明らかにした論文である．近い将来に出版されることを願っている．臨地調査に参加した学生諸君については本文に注のかたちで記しているが，中国人学生の参加も得ている．鄧奕の北京朝陽門調査には，北京清華大学の朱自宣，呉良鏞の両先達のもと多くの精華大学の学生の参加が不可欠であったし，川井

操の西安調査には，京都大学で『中国における都市の祭祀集会空間に関する考察—旧西安城を事例として』(1993) を書いた西安工程学院の段煉孺の学生たちが参加している．近年の広州調査（諏訪雅司）には福州大学の張鷹先生の学生たちも参加してくれている．京都大学時代の研究仲間である孫躍新は，この間何度か調査に同行してくれた．最後に布野研究室にいて本書の執筆を支えてくれた諸君には，感謝の念を記しておきたい．

本書の刊行は，日本学術振興会の研究成果公開促進費（学術図書）の助成による（課題番号 265271）．本書の意義を認めて研究成果助成の審査をしていただいた審査員の先生方に感謝の意を記しておきたい．

鄧奕，布野修司「北京内城朝陽門地区の街区構成とその変化に関する研究」『日本建築学会計画系論文集』第 526 号，pp. 175-183，1999 年 12 月

Yi Deng, Shuji Funo, Tsutomu Shigemura, 'A Study on the Block Formation and its Subdivision into the Housing Lots in the Inner City of Beijing An Analysis of Qianlong Jingcheng Quantu, Map of the Capital City of Qianlong Period (1750)', *Journal of Asian Architecture and Building Engineering*, Vol. 1 No. 2, pp. 209-217, Nov. 2002

鄧奕（北京精華大学），布野修司，重村力「乾隆京城全図 (1750) にみる居住単位に関する考察　Considerations on Neighborhood Unit in the Old City of Beijing An Analysisi of Qianglong Jingcheng Quantu, Map of the Capital City of Qianlong-Period (1750)」『日本建築学会計画系論文集』第 582 号，pp. 65-72，2004 年 8 月

川井操，布野修司，山根周「西安旧城・回族居住地区の社区構成と街路体系に関する考察　Considerations on Formation of Community and Street System of Hui's Residential District in Xi'an Old Castle District」『日本建築学会計画系論文集』第 628 号，pp. 1213-1219，2008 年 6 月

川井操，布野修司，山根周「西安旧城・回族居住地区の棲み分けの特性に関する考察　Considerations on Characteristics of Habitat Segregation of Hui's Residential District in Xi'an Old Castle」『日本建築学会計画系論文集』第 75 巻，第 651 号，pp. 1097-1102，2010 年 5 月

する考察」，日本建築学会計画系論文集，77 巻，No. 681，pp. 2545-2552，2012 年 11 月

趙冲，布野修司，川井操，山田香波，張鷹「福州上下杭社区（福建省）の住居類型とその変容に関する考察　Considerations on Spatial Formation and Transformation of House Types in Shangxiahang Neigbourhood District (Fuzhou, Fujian)」『日本建築学会計画系論文集』77 巻，No. 682，pp. 2689-2695，2012 年 12 月

趙冲，于航，布野修司，川井操「開封旧内城の空間構成とその変容に関する考察—文殊寺・学院門社区の都市組織」『日本建築学会計画系論文集』第 78 巻，No. 685，pp. 519-526，2013 年 3 月

趙冲，布野修司，張鷹，山田香波「三坊七巷・朱紫坊（福州，福建省）の住居類型とその集合形式に関する考察」『日本建築学会計画系論文集』第 79 巻，No. 697，pp. 589-596，2014 年 3 月

参考文献

日本語文献

愛新覚羅顕琦・江守五夫共編 (1996)『満族の家族と社会』第一書房
青木信仰 (1982)『時と暦』東京大学出版会 (新装版, 2013)
青山定雄 (1963)『唐末時代の交通と地誌地図の研究』吉川弘文館
青山治郎 (1996)『明代京営史研究』響文社
秋山國三・仲村研 (1975)『京都「町」の研究』法政大学出版局
足利健亮 (1984)『中近世都市の歴史地理―町・筋・辻子をめぐって』地人書房
浅野充 (2007)『日本古代の国家形成と都市』校倉書房
浅野裕一 (1992)『黄老道の成立と展開』創文社
浅野裕一 (2005)『古代中国の文明観―儒家・墨家・道家の論争』岩波新書
浅野裕一 (2006)『古代中国の宇宙論』岩波書店
浅野裕一・小沢賢二 (2012)『出土文献から見た古史と儒家経典』汲古書院
足立喜六 (1933)『長安史蹟の研究』東洋文庫論叢第二十之1,東洋文庫
ジャネット・L. アブー＝ルゴド (2001)『ヨーロッパ覇権以前：もう1つの世界システム』佐藤次高・斯波義信・高山博・三浦徹一訳, 岩波書店 (Abu-Lughod, Janet L. (1989) "Before European Hegemony: The World System A.D. 1250-1350", Oxford University Press)
安部健夫 (1971)『明代史の研究』創文社
安部健夫 (1972)『元代史の研究』創文社
天野元之助 (1979)『中国農業史研究』増補版, 御茶の水書房
新井宏 (1992)『まぼろしの古代尺―高麗尺はなかった』吉川弘文館
荒川正晴 (2003)『オアシス国家とキャラヴァン交易』世界史リブレット62, 山川出版社
荒野保典 (1988)『近世日本と東アジア』東京大学出版会
新宮学 (2004)『北京遷都の研究―近世中国の首都移転―』汲古書院
新宮学編 (2014)『近世東アジア比較都市史の諸相』白帝社
安藤武雄 (1955)『西ウィグル国史の研究』彙文堂書店
飯島武次 (1998)『中国周文化考古学研究』同成社
池田雄一 (2002)『中国古代の聚落と地方行政』汲古書院
石井正敏 (2001)『日本渤海関係史の研究』吉川弘文館
石田幹之助 (1973)『東亜文化史論考』東洋文庫
石田幹之助 (1979)『長安の春』講談社学術文庫
石野博信 (1982)『考古学と古代史』
石橋崇雄 (2000)『大清帝国』講談社選書メチエ
石橋秀雄 (1989)『清代史研究』緑蔭書房

石濱裕美子（2001）『チベット仏教世界の歴史的研究』東方書店
石濱裕美子（2111）『清朝とチベット仏教 菩薩王となった乾隆帝』早稲田大学出版部
石割平造（1940）『支那城郭ノ概要』，陸軍参謀本部（Wallacker, B.E. at el（1979）"Chinese Walled Cities: A Collection of Maps from Sina Jōkaku no Gaiyō", The Chinese University of Hong Kong）
伊勢仙太郎（1955）『中国西域経営史研究』巌南堂書店，1968 年
板野長八（1995）『儒教成立史の研究』岩波書店
伊東忠太建築文献編纂委員会編（1936, 1937）『伊東忠太 東洋建築の研究上・下』龍吟社
井筒俊彦（1991）『イスラーム文化―その根底にあるもの』岩波文庫
稲葉一郎（1999）『中国の歴史思想』創文社
稲葉一郎（2006）『中国史学史の研究』京都大学学術出版会
稲葉岩吉（1939）『興京二道河子旧老城』建国大学
井上和人（2004）『古代都城制条里制の実証的研究』学生社
井上悠紀（2014）『南京（中華門・門西地区）の都市空間構成とその変容に関する研究―城中村と「大雑院」化』滋賀県立大学修士論文, 私家本
伊原弘（1988）『中国中世都市紀行 宋代の都市と都市生活』中公新書
伊原弘（1991）『中国開封の生活と歳時 描かれた宋代の都市生活』山川出版社
伊原弘（1993a）『蘇州』講談社現代新書
伊原弘（1993b）『中国人の都市と空間』原書房
伊原弘・梅村坦（1997）『宋と中央ユーラシア』世界の歴史 7，中央公論社
伊原弘編（2003）『清明上河図を読む』勉誠出版
伊原弘（2009）『中国都市の形象―宋代都市の景観を読む』勉誠出版
伊原弘編（2012）『「清明上河図」と徽宗の時代 そして輝きの残照』勉誠出版
今堀誠二（1947）『北平市民の自治構成』文求堂
イブン・ザイヌッディーン（1985）『イスラーム法理論序説』，村田幸子訳, 岩波書店
イブン・ハルドゥーン（1999）『歴史序説』全 3 巻，森本公誠訳, 岩波書店
入江曜子（1998）『我が名はエリザベス 満洲国皇帝の妻の生涯』筑摩書房（ちくま文庫, 2005）
入江曜子（2005）『李玉琴伝奇 満洲国最後の〈皇妃〉』筑摩書房
入江曜子（2006）『溥儀 清朝最後の皇帝』岩波新書
入江曜子（2008）『紫禁城―清朝の歴史を歩く』岩波新書
入谷仙介（1976）『王維研究』創文社
石見清裕（1998）『唐の北方問題と国際秩序』汲古書院
岩村忍（1961）『西域とイスラーム』中央公論社
岩村忍（1968）『モンゴル社会経済史の研究』京都大学人文科学研究所
岩村忍（2007）『文明の十字路＝中央アジアの歴史』講談社学術文庫（岩村忍（1977）『世界の歴史 12 中央アジアの遊牧民族』講談社）
上田信（1999）『森と緑の中国史―エコロジカル・ヒストリーの試み』岩波書店
上田信（2002）『トラが語る中国史―エコロジカル・ヒストリーの可能性』山川出版社
上田信（2005）『海と帝国 明清時代』中国の歴史 08，講談社
上田信（2005）『東アユーラシアの生態環境史』世界史リブレット 83，山川出版社
上田信（2013）『シナ海域 蜃気楼王国の興亡』講談社
上田正昭編（1976）『日本古代文化の探求 都城』社会思想社
上田雄・孫栄健（1990）『日本渤海交渉史』六興出版（改訂増補版, 彩流社, 1994）
上田雄（2002）『渤海使の研究』明石書店
上田雄（2004）『渤海国 東アジア古代王国の使者たち』講談社学術文庫（講談社現代新書, 1992）

上野直明（1982）『唐代社会経済の構造的研究』こだま社
ウエルズ，スペンサー（2007）『アダムの旅』和泉裕子訳，バジリコ株式会社（Wells, Spencer（2002）"The Journey of Man", Gillon Aiyken Association Limited）
ウエルズ，スペンサー（2008）『旅する遺伝子』上原直子訳，英治出版（Wells, Spencer（2008），"Deep Ancestry inside the Geographic Project", National Geographic Society）
ウォーラーステイン，I（2013）『近代世界システムI〜Ⅳ』名古屋大学出版会
于航（2013）『開封の空間構成とその変容に関する研究』滋賀県立大学修士論文，私家本
内田吟風（1975a）『北アジア史研究―匈奴篇』同朋舎出版部
内田吟風（1975b）『北アジア史研究―鮮卑柔然突厥篇』同朋舎出版部
宇都宮清吉（1955）『漢代社会経済史研究』弘文堂
宇都宮清吉（1977）『中国古代中世史研究』創文堂
ウッド，フランシス・粟野真紀子訳（1997）『マルコ・ポーロは本当に中国へ行ったのか』草思社（Wood, Francis（1995）"Did Marco Polo Go to China?" Jennifer Kavanagh）
宇野隆夫・王維坤共編（2008）『古代東アジア交流の総合的研究』国際日本文化研究センター共同研究報告，人間文化研究機構国際日本文化研究センター，日文研叢書
宇野隆夫編（2010）『ユーラシア古代都市・集落の歴史空間を読む』勉誠出版
宇都宮清吉（1955）『漢代社会経済史研究』弘文堂
梅棹忠夫（1967）『文明の生態史観』中央公論社
梅棹忠夫（1976）『狩猟と遊牧の世界』講談社学術文庫
梅原郁（1966）『文天祥』「中国人物叢書」人物往来社
梅原郁（1977）『宋王朝と新文化』講談社
梅原郁編（1984）『中国近世の都市と文化』京都大学人文科学研究所
梅原郁（1985）『宋代官僚制度研究』同朋社
梅原郁・高島俊男・寺田隆信（1998）『亡国の皇帝．中国の群雄 8』講談社
梅原郁（2003）『皇帝政治と中国』白帝社（アジア史選書 2003）
梅原郁（2006）『宋代司法制度研究』創文社
梅原郁訳注（1978-81）沈括『夢渓筆談』全 3 巻，平凡社，東洋文庫
江頭廣（1970）『姓考―周代の家族制度』風間書房
江上波夫・松田壽男編（1961）『北アジア・中央アジア』図説世界文化史体系 13．角川書店．
江上波夫（1965，1967）『アジア文化研究』要説編，論考編，山川出版社
江上波夫・川崎庸之・西嶋定生編（1980）『長安から平城へ』平凡社
江上波夫編（1981）『シルクロードの世界』現代のエスプリ 167．至文堂
江上波夫編（1987）『中央アジア史』世界各国史 16．山川出版社
江嶋寿雄（1999）『明代清初の女直史研究』中国書店
榎一雄編（1971）『西欧文明と東アジア』東西文明の交流 5．平凡社
榎本雅司（2012）『姚園寺巷・梅花碑社区（杭州）における空間構成とその変容に関する考察』滋賀県立大学修士論文，私家版
愛媛大学東アジア古代鉄文化研究センター編（2011）『曹操高陵の発見とその意義―三国志　魏の世界』汲古書院
遠藤隆俊・平田茂樹・浅見洋二編（2010）『日本宋史研究の現状と課題―1980 年代以降を中心に』汲古書院
王柯（2005）『多民族国家　中国』岩波新書
王凱（2009）『紫禁城の西洋人画家―ジュゼッペ・カスティリオーネによる東西美術の融合と展開』大学教育出版

王凱 (2010)『苦脳に満ちた宮廷画家郎世寧による異文化の受容と変貌』大学教育出版
王軍・多田麻美訳 (2008)『北京再造―古都の命運と建築家梁思成』集広社（王軍 (2003)『城記』三聯書店）
大川富士夫 (1987)『六朝江南の豪族社会』雄山閣出版
大木康 (2008)『『史記』と『漢書』―中国文化のバロメーター』岩波新書
大倉集古館編・板倉聖哲監修 (2013)『描かれた都　開封・杭州・京都・江戸』東京大学出版会
大阪市立大学経済研究所監修・植田政孝・古澤賢治編 (2002)『アジアの大都市 [5] 北京・上海』日本評論社
大澤正昭 (1996)『唐宋変革期農業社会史研究』汲古書院
応地利明 (1996)『絵地図の世界像』岩波新書
応地利明 (2011)『都城の系譜』京都大学学術出版会
応地利明 (2012)『中央ユーラシア環境史　生態・生業・民族の交響』臨川書店
大西國太郎 (1995)『『中国・西安市における都市景観の形成・誘導と歴史的地域の保存再生に関する研究―日本・京都との比較分析も含めて』学位請求論文（京都工芸繊維大学），私家本
大西國太郎・朱自煊 (2001)『中国の歴史都市』井上直美監訳，鹿島出版会
大室幹雄 (1975a)『正名と狂言―古代中国知識人の言語世界』せりか書房（新編，1986）
大室幹雄 (1975b)『滑稽―古代中国の異人たち』〈東洋人の行動と思想 15〉評論社，新編せりか書房，1986 年／岩波現代文庫，2001 年
大室幹雄 (1977, 2004)『囲碁の民話学』せりか書房（岩波現代文庫，2004）
大室幹雄 (1981)『劇場都市』三省堂（ちくま学芸文庫，1994）
大室幹雄 (1984)『桃源の夢想―古代中国の反劇場都市―』三省堂
大室幹雄 (1985)『園林都市―中世中国の世界像』三省堂
大室幹雄 (1992)『干潟幻想―中世中国の反園林都市』三省堂
大室幹雄 (1994a)『檻獄都市―中世中国の世界芝居と革命』三省堂
大室幹雄 (1994b)『パノラマの帝国―中華唐代人生劇場』三省堂
大室幹雄 (1996)『遊蕩都市―中世中国の神話・笑劇・風景』三省堂
大塚和夫 (1989)『異文化としてのイスラーム―社会人類学視点から』同文館
大塚和夫他編 (2002)『岩波イスラーム事典』岩波書店
大庭脩 (1982)『秦漢法制史の研究』創文社
アミーナ・オカダ，ジョン，M.C., (1994)『タージ・マハル』中尾ハジメ訳，岩波書店
岡崎文彬 (1988)『イスラームの造景文化』同朋舎出版
岡崎文夫 (1932)『魏晋南北朝史』弘文堂
岡崎文夫 (1935)『南北朝期に於ける社会経済制度』弘文堂
岡崎文夫 (1989)『魏晋南北朝史　内編』東洋文庫，平凡社
岡崎敬 (1973)『東西交渉の考古学』平凡社
岡崎勝世 (1996)『聖書 vs 世界史』講談社現代新書
岡崎勝世 (2000)『キリスト教的世界史から科学的世界史へ』勁草書房
岡崎勝世 (2003)『世界史とヨーロッパ』講談社現代新書
岡崎精郎 (1972)『タングート古代史研究』東洋史研究
尾形勇 (1979)『中国古代の「家」と国家』岩波書店
尾形勇・平勢隆郎 (1998)『中華文明の誕生』世界の歴史 2，中央公論社（中公文庫，2009）
尾形禎亮・佐藤次高・永田雄三・加藤博 (1993)『西アジア史』上下，地域からの世界史』朝日新聞社
岡田玉山 (尚友) (1802)『唐土名勝図會』文化 2 年（清・嘉慶 7 年）（岡田玉山 (1985)『唐土名勝図會』北京古籍出版社，復刻）．

岡田英弘（1979）『康熙帝の手紙』中公新書
岡田英弘（1992）『世界史の誕生』筑摩書房（ちくま文庫，1999）
岡田英弘（1994）『チンギス・ハーン』朝日文庫（集英社，1986）
岡田英弘（1998）『皇帝たちの中国』原書房
岡田英弘（1992）『世界史の誕生』筑摩書房（初版 1992）
岡田英弘（2001）『モンゴル帝国の興亡』ちくま新書
岡田英弘（2004）『中国文明の歴史』講談社現代新書
岡田英弘・神田信夫・松村潤（2006）『紫禁城の栄光　明清全史』講談社学術文庫
岡田英弘（2010）『モンゴル帝国から大清帝国へ』藤原書店
岡田英弘（2013〜）『岡田英弘著作集』全 8 巻，藤原書店
岡村秀典（2003）『夏王朝　王権誕生の考古学』講談社
岡村秀典（2008）『中国文明　農業と礼制の考古学』講談社
岡本さえ（2008）『イエズス会と中国知識人』山川出版社
小川琢治（1929）『支那歴史地理研究　続集』弘文堂書房
小岸昭（2007）『中国・開封のユダヤ人』人文書院
奥野信太郎（1990）『随筆北京』東洋文庫 522，平凡社（第一書房，1940）
小倉芳彦（1974）『古代中国を読む』岩波新書
小沢賢二（2010）『中国天文学史研究』汲古書院
小澤重雄（1994）『元朝秘史』岩波新書
小澤毅（2003）『日本古代宮都構造の研究』青木書店
織田武雄（1974）『地図の歴史―日本編，世界編』講談社現代新書
小田美佐子（2002）『中国土地使用権と所有権』法律文化社
愛宕松雄（1959）『契丹古代史の研究』東洋史研究会
愛宕元（1991）『中国の城郭都市―殷周から明清まで』中公新書
愛宕元（1997）『唐代地域社会史研究』同朋舎
愛宕松雄・寺田隆信（1998）『モンゴルと大明帝国』講談社学術文庫（『中国の歴史』第六巻　元・明，講談社，1974）
越智重明（2000）『中国古代の政治と社会』中国書店
落合重信（1967）『条里制』日本歴史叢書，吉川弘文館
小野勝年（1989）『中国隋唐長安・寺院史料集成』史料編・解説編，法蔵館
小尾孟夫（2001）『六朝都督制研究』渓水社
尾本恵一・濱下武志・村井吉敬・家島彦一編（2000）『海のパラダイム』岩波書店
加賀栄治（1964）『中国古典解釈史・魏晋編』勁草書房
影山剛（1979）『漢の武帝』教育社歴史新書
影山剛（1984）『中国古代の商工業と専売制』東京大学出版会
笠原十九司（1997）『南京事件』岩波新書
加藤九祚（1995）『中央アジア歴史群像』岩波新書
加藤九祚（2013）『シルクロードの古代都市―アムダリア遺跡の旅』岩波新書
加藤謙一（1998）『匈奴「帝国」』第一書房
加藤繁（1916）『支那古田制の研究』京都法学会
加藤繁（1952，53）『支那社会経済史考証』上下，東洋文庫
加藤繁（1991）『中国貨幣史研究』東洋文庫
加藤千洋（2012）『胡同の記憶　北京夢華録』岩波現代文庫
加藤徹（2005）『西太后　大清帝国最後の光芒』中公新書

加藤博（1995）『文明としてのイスラーム』東京大学出版会
加藤博（2005）『イスラーム世界の経済史』NTT出版
金子修一（2001a）『古代中国と皇帝祭祀』汲古書院
金子修一（2001b）『隋唐の国際秩序と東アジア』名著刊行会
金子修一（2006）『中国古代皇帝祭祀の研究』岩波書店
狩野直禎（1993）『後漢政治史の研究』同朋舎出版
鎌田重雄（1962a）『秦の始皇帝』河出書房新社
鎌田重雄（1962b）『秦漢政治制度の研究』日本学術振興会
狩谷棭斎・冨谷至校注（1991，1992）『本朝度量権衡攷』1，2，東洋文庫537，546，平凡社
川内良弘（1992）『明代女真史の研究』同朋舎出版
川勝守（1980）『中国封建国家の支配構造—明清賦役制度史の研究』東京大学出版会
川勝守（1992）『明清江南農業経済史研究』東京大学出版会
川勝守（1999）『明清江南市鎮社会史研究—空間と社会形成の歴史学—』汲古書院
川勝守（2000）『日本近世と東アジア世界』吉川弘文館
川勝守（2004）『中国城郭都市社会史研究』汲古書院
川勝義雄（1974）『魏晋南北朝』中国の歴史3，講談社（講談社学術文庫，2003）
川勝義雄（1982）『六朝貴族制社会の研究』岩波書店
河上光一（1966）『宋代の経済生活』吉川弘文館
川越泰博（2001）『明代中国の軍制と政治』国書刊行会
川越泰博（2003）『明代長城の群像』汲古書院
川越泰博（2004）『明史』中国古典新書続編，明徳出版社
川端俊一郎（2004）『法隆寺のものさし』ミネルヴァ書房
川本芳昭（2005）『中華の崩壊と拡大—魏晋南北朝』中国の歴史05，講談社
岸俊男編（1987）『都城の生態』日本の古代9，中央公論社（中公文庫1996）
岸俊男編（1985）『中国江南の都城遺跡—日本都城制の源流を探る　中国都城制研究学術友好訪中団報告記録』同朋舎
魏晋南北朝隋唐時代史の基本問題編集委員会（1997）『魏晋南北朝隋唐時代史の基本問題』汲古書院
木村正雄（2003）『中国古代帝国の形成—特にその成立の基礎条件』新訂版，比較文化研究所
京都市埋蔵文化財研究所（1994）『平安建都1200年記念シンポジウム　平安京』古代都城の変遷を探る，財団法人京都市埋蔵文化財研究所
京都大学人文科学研究所（1998）『中国技術史の研究』京都大学人文科学研究所
京都文化博物館（1994）『大唐長安展』京都文化博物館
金文京（2005）『三国志の世界—後漢　三国時代』中国の歴史04，講談社
工藤元男（1988）『中国古代文明の謎』光文社文庫
窪添慶文（2003）『魏晋南北朝官僚制研究』汲古書院
窪徳忠（1992）『モンゴル期の道教と仏教』平河出版社
久保田和男（2007）『宋代開封の研究』汲古書院
熊田忠亮（1943，1989）『東洋天文学史論叢』恒星社厚生閣
栗原朋信（1960）『秦漢史の研究』吉川弘文館
R. グルッセ（1944）『アジア遊牧民族史』，後藤十三雄訳，三一書房
A. グレロン（1986）『東西暦法の対立—清朝初期中国史』矢沢利彦訳，平河出版社
黒田明伸（1994）『中華帝国の構造と世界経済』名古屋大学出版会
黒田明伸（2003）『貨幣システムの世界史—〈非対称性〉をよむ』岩波書店
黒田由彦・南裕子編（2009）『中国における住民組織の再編と自治への模索』明石書店

桑田六郎（1993）『南海東西交通史論考』汲古書院
気賀澤保規（1995）『則天武后』白帝社
気賀澤保規（1999）『府兵制の研究』同胞舎
気賀澤保規（2005）『絢爛たる世界帝国—隋唐時代』中国の歴史06, 講談社
玄奘『大唐西域記』中国古典文学大系22（水谷真成訳注, 平凡社, 1971）
五井直弘（2001）『漢代の豪族社会と国家』名著刊行会
五井直弘編（2002）『中国の古代都市』名著刊行会
五井直弘（2002）『中国古代の城郭都市と地域支配』名著刊行会
小岩井弘光（1988）『宋代兵制史の研究』汲古書院
興亜院華北連絡部政務局調査所（1940）『乾隆京城全図』
小泉和子・玉井哲雄・黒田日出男編（1996）『絵巻物の建築を読む』東京大学出版会
小泉袈裟勝（1977）『ものさし』ものと人間の文化史22, 法政大学出版局
古賀登（1980）『漢長安城と阡陌・県郷亭里制度』, 雄山閣
小島毅（2005）『中国思想と宗教の奔流　宋朝』中国の歴史07, 講談社
後藤末雄（1942）『乾隆帝伝』生活社
後藤富男（1968）『内陸アジア遊牧民社会の研究』吉川弘文館
コットレル, A.・日比野丈夫監訳・田島淳訳（1985）『秦始皇帝』河出書房新社
小林登志子（2005）『シュメル—人類最古の文明』中公新書
駒井和愛（1948）『日本古代と大陸文化』野村書店
駒井和愛（1977）『中国都城・渤海研究』雄山閣出版
小松久男編（2000）『中央ユーラシア史』新版世界各国史4, 山川出版社
小松久男他編（2005）『中央ユーラシアを知る事典』平凡社
小峰和夫（1991）『満州：起源・殖民・覇権』お茶の水書房
小山正明（1992）『明清社会経済史研究』東京大学出版会
斉藤国治・小沢賢二（1985）『中国古代の天文記録の検証』雄山閣出版
斉藤優（1978）『半拉城と他の史蹟』半拉城史刊行会
坂出祥伸（1991）『中国古代の占法—技術と呪術の周辺』研文出版
酒寄雅志（2001）『渤海と古代の日本』校倉書房
佐口透（1963）『18-19世紀東トルキスタン社会史研究』吉川弘文館
佐口透（1986）『新疆民族史研究』吉川弘文館
佐口透（1995）『新疆ムスリム研究』吉川弘文館
佐竹靖彦（1990）『唐宋変革の地域的研究』同朋舎出版
佐竹靖彦（1991）『アジアの集落と地割制度』東京都立大学特別研究成果報告書
佐竹靖彦（1992）『梁山泊』中公新書
佐竹靖彦（1997）『アジアの地割制度』文部科学省科学研究費研究成果報告書
佐竹靖彦（2005）『劉邦』中央公論新社
佐竹靖彦（2006）『中国古代の田制と邑制』岩波書店
佐竹靖彦（2007）『宋代史の基礎的研究』朋友書店
佐竹靖彦（2010）『項羽』中央公論新社
佐藤武敏（1962）『中国古代手工業史の研究』吉川弘文館
佐藤武敏（1971）『長安』近藤出版社（講談社学術文庫, 2004）
佐藤武敏（1979）『司馬遷の研究』汲古書院
佐藤武敏（1997）『中国古代史研究』吉川弘文館
佐藤長（1958, 59）『古代チベット史研究』上・下, 東洋建築史研究会

佐藤文俊（1999）『明代王府の研究』研文出版
佐藤誠編（2003）『日本と渤海の古代史』山川出版社
佐藤祐治（1998）『魏晋南北朝社会の研究』八千代出版
佐藤圭四郎（1981）『イスラーム商業史の研究』同朋舎
佐藤圭四郎（1993）『東西アジア交流史の研究』同朋舎
佐藤洋一郎（2008）『イネの歴史』京都大学学術出版会
佐藤洋一郎監修（2008〜2010）『ユーラシア農耕史』全5巻，臨川書店
佐原康夫（2002）『漢代都市機構の研究』汲古書院
沢田勲（1996）『匈奴―古代遊牧国家の興亡』東方書店
J・ジェルネ（1990）『中国近世の百万都市：モンゴル襲来前夜の杭州』栗本一男訳，平凡社
塩沢裕仁（2010）『千年帝都　洛陽　その遺跡と人文・自然環境』雄山閣
竺沙雅章（2000）『宋元仏教文化史研究』汲古書院
竺沙雅章（2002）『中国仏教社会史研究』増補，同朋舎出版（1982）
重田徳（1975）『清朝社会経済史研究』岩波書店
司馬遷・小竹文夫・小竹武夫訳（1995）『史記』全8巻，ちくま学芸文庫
斯波義信（1968）『宋代商業史研究』風間書房
斯波義信（1988）『宋代江南経済史の研究』汲古書院
斯波義信（1995）『華僑』岩波新書
斯波義信（2002）『中国都市史』東京大学出版会
嶋田襄平（1996）『初期イスラーム国家の研究』中央大学出版部
嶋田襄平（1977）『イスラームの国家と社会』岩波書店
島田正郎（1975）『遼史』明徳出版社
島田正郎（1978）『遼代社会史研究』巖南堂書店（三和書房，1952）
島田正郎（1979）『遼朝史の研究』創文社
島田正郎（1993）『契丹国―遊牧の民キタイの王朝』東方書店
清水和裕（2005）『軍事奴隷・官僚・民衆　アッバース朝解体期のイラク社会』山川出版社
清水盛光（1942）『支那家族の構造』岩波書店
清水盛光（1951）『中国郷村社会論』岩波書店
志茂碩敏（1995）『モンゴル帝国史研究序説』東京大学出版会
志茂碩敏（2013）『モンゴル帝国史研究正編　中央ユーラシア遊牧諸政権の国家構造』東京大学出版会
徐勇（2003）『胡同　北京下町の路地』平凡社
白石典之（2001）『チンギス＝カンの考古学』同成社
白石典之（2002）『モンゴル帝国史の考古学的研究』同成社
白石典之（2006）『チンギス＝カン　"蒼き狼"の実像』中公新書
白川静（1981）『詩経研究　通論編』朋友書店（私家本，1960）
徐松撰・愛宕元訳注（1994）『唐両京城坊攷』東洋文庫577，平凡社
志茂碩敏（1995）『モンゴル帝国史研究序説』東京大学出版会
陣内秀信・朱自煊・高村雅彦（1998）『北京　都市空間を読む』鹿島出版会
周藤吉之（1944）『清代満洲土地政策の研究 特に旗地政策を中心として』河出書房
周藤吉之（1952）『中国土地経済史研究』東京大学出版会
周藤吉之（1962）『宋代経済史研究』東京大学出版会
周藤吉之（1965）『唐宋社会経済史研究』東京大学出版会
周藤吉之（1969）『宋代史研究』東洋文庫
周藤吉之（1974）『五代・宋』講談社

周藤吉之 (1980)『高麗朝官僚制の研究 宋制との関連において』法政大学出版局
周藤吉之 (1992)『宋・高麗制度史研究』汲古書院
周藤吉之・中嶋敏編著 (2004)『五代と宋の興亡』中国の歴史 5, 講談社学術文庫 (『中国の歴史 5　五代・宋』講談社, 1974)
杉田英明 (1995)『日本人の中東発見 ── 逆遠近法のなかの比較文化史』東京大学出版会
杉田六一 (1967)『東アジアへ来たユダヤ人』音羽書房
杉村勇造 (1961)『乾隆皇帝』二玄社
杉本憲司 (1986)『中国古代を掘る──城郭都市の発展』中央公論社
杉山正明 (1992)『大モンゴルの世界　陸と海の巨大帝国』角川選書
杉山正明 (1995)『クビライの挑戦──モンゴル海上帝国への道』朝日新聞出版社 (杉山正明 (2010)『クビライの挑戦　モンゴルによる世界史の大転回』講談社学術文庫)
杉山正明 (1996a)『耶律楚材とその時代 [中国歴史人物選書 8]』白帝社
杉山正明 (1996b)『モンゴル帝国の興亡』上下, 講談社
杉山正明 (1997)『遊牧民から見た世界史　民族も国境もこえて』日本経済新聞社 (日経ビジネス文庫, 2003)
杉山正明編 (1997)『岩波講座世界歴史 11　中央ユーラシアの統合』岩波書店
杉山正明 (2002)『逆説のユーラシア史』, 日本経済新聞社 (杉山正明 (2006)『モンゴルが世界史を覆す』日経ビジネス文庫)
杉山正明 (2004)『モンゴル帝国と大元ウルス』京都大学学術出版会
杉山正明 (2005)『疾駆する草原の征服者』中国の歴史 08, 講談社
杉山正明 (2008)『モンゴル帝国の長いその後』興亡の世界史 9, 講談社
杉山正明 (2010a)『ユーラシアの東西』日本経済新聞出版社
杉山正明 (2010b)『世界史を変貌させたモンゴル──時代史のデッサン』角川書店
鈴木薫 (1992)『オスマン帝国』講談社新書
鈴木薫編 (1993)『新書イスラームの世界史②　パクス・イスラミカの世紀』講談社現代新書
鈴木薫 (1997)『オスマン帝国とイスラーム世界』東京大学出版会
鈴木薫 (2000)『オスマン帝国の解体 ── 文化世界と国民国家』筑摩書房
鈴木俊 (1980)『均田・租庸調制度の研究』刀水書房
妹尾達彦 (2001)『長安の都市計画』講談社選書メチエ
妹尾達彦 (2011)「都城の時代の誕生」(『歴博　特集　東アジアの都城』167. 佐倉・国立民俗博物館)
宋應星撰・薮内清訳注 (1969)『天工開物』東洋文庫 130, 平凡社
曾我部静雄 (1940)『開封と杭州』富山房
曾我部静雄 (1953)『均田法とその税役制度』講談社
曾我部静雄 (1976)『中国社会経済史の研究』吉川弘文館
高田修, 上野照夫 (1965)『インド美術Ⅰ, Ⅱ』日本経済新聞社
高橋康夫 (1983)『京都中世都市史研究』思文閣
高橋康夫 (1998)『洛中洛外　環境文化の中世史』平凡社
高橋康夫 (2001)『京町家・先年のあゆみ　都にいきづく住まいの原型』学芸出版社
高橋康夫・吉田伸之編 (1990a)『日本都市史入門Ⅰ空間』東京大学出版会
高橋康夫・吉田伸之編 (1990b)『日本都市史入門Ⅱ　町』東京大学出版会
高橋義堅 (1975)『宋代仏教史の研究』百華園
高橋芳郎 (2002)『宋代中国の法制と社会』汲古書院
高村雅彦 (2000)『中国江南の都市とくらし　水のまちの環境形成』山川出版社
滝川政次郎 (1967)『京制並びに都城制の研究』角川書店

629

滝本弘之（1998）『清朝北京都市大図典』遊子館
竹内実（1998）『中国　歴史の旅』朝日新聞社
竹内実（2003）『中国長江　歴史の旅』朝日新聞社
竹島卓一（1935）『遼金時代ノ建築ト其仏像』東方文化学院東京研究所
竹島卓一（1970）『中国の建築』中央公論美術出版社
竹島卓一（1970）『営造方式の研究』（全3巻）中央公論美術出版
竹田知代（2008）『北京故宮散策事始め』凱風社
多田貞一（1984）『北京地名志』書目文献出版社
多田狷介（1999）『漢魏晋史の研究』汲古書院
立川武蔵・石黒淳・菱田邦男・島岩（1980）『ヒンドゥーの神々』せりか書房
舘野和己（2001）『古代都市平城京の世界』日本史リブレット7，山川出版社
舘野和己編（2009）『古代都城のかたち』同成社古代史選書3
田中重光（2005）『近代・中国の都市と建築』相模書房
田中淡（1995）『中国建築史の研究』弘文堂
田中淡・福田美穂・外村中編（2003）『中国古代造園史料集成―増補　哲匠録　畳山篇　秦漢―六朝』中央公論美術出版社
田中史生（2012）『国際交易と古代日本』吉川弘文館
田辺征夫・佐藤誠編（2010）『平城京の時代』古代の都2，吉川弘文館
田中麻紗巳（2003）『後漢思想の探究』研文出版
谷光隆（1991）『明代河工史研究』同朋舎出版
谷川道雄（1971）『隋唐帝国形成史論』筑摩書房
谷川道雄（1976）『中国中世社会と共同体』国書刊行会
谷川道雄（1998）『増補　隋唐帝国形成史論』筑摩書房
谷川道雄他編（1996）『魏晋南北朝隋唐史の基本問題』汲古書院
谷口房男（1996）『華南民族史研究』緑蔭書房
谷口義春（1988）『中国古代社会史研究』朋友書店
谷田孝之（1989）『中国古代家族制度論考』中華書局
ターパル，R.（1970）『インド史1，2』，辛島昇・小西正捷・山崎元一訳，みすず書房
ターパル，R.（1986）『国家の起源と伝承―古代インド社会史論』山崎元一・成沢光訳訳，法政大学出版局
ターパル，B.K.（1990）『インド考古学の新発見』小西正捷・小磯学訳，雄山閣
玉井哲雄（1986）『江戸―失われた都市空間を読む』平凡社
田村実造（1940）『満蒙史論叢』日満文化協会
田村実造・小林行雄（1952，1953）『慶陵』Ⅰ・Ⅱ
田村実造（1964～1985）『中国征服王朝の研究・上中下』東洋史研究会，同朋舎出版
田村実造（1985b）『中国史上の民族移動期―五胡・北魏時代の政治と社会』創文社
田村実造編（2000）『大モンゴル帝国』中国文明の歴史7，中央公論新社（『東洋の歴史・第7巻　大モンゴル帝国』人物往来社，1967）
田村晃一編（2005）『東アジアの都城と渤海』東洋文庫
檀上寛（1994）『明の太祖　朱元璋』白帝社
檀上寛（1995）『明朝専制支配の史的構造』汲古書院
檀上寛（2012）『永楽帝―華夷秩序の完成』講談社学術文庫（檀上寛（1997）『永楽帝　中華「世界システム」への夢』講談社新書メチエ）
段煉孺（1993）『中国における都市の祭祀集会空間に関する考察～旧西安城を事例として～』京都大学

学位請求論文，私家本
中央大学人文科学研究所編（2010）『アフロ・ユーラシア大陸の都市と宗教』中央大学出版会
中国社会科学院考古研究所編（1984）『新中国の考古学』関野雄監訳，文物出版社（平凡社（1988））
中国建築史編集委員会編（1981）田中淡訳編『中国建築の歴史』平凡社
張在元編（1994）『中国　都市と建築の歴史　都市の史記』鹿島出版会
張承志（1993）『回教から見た中国』中央公論社
趙冲（2013）『福建港市における住居類型の形成，変容に関する研究』学位請求論文（滋賀県立大学），
　　　私家本
陳高華・佐竹靖彦訳（1984）『元大都　マルコ・ポーロ時代の北京』中公新書
沈括・梅原郁（1978-81）『夢渓筆談』全3巻，東洋文庫，平凡社
陳橋駅編著（1990）『中国の諸都市』馬安東訳，大明堂
陳舜臣・鎌田茂雄・NHK取材班（1996～1997）『故宮　至宝が語る中華五千年』NHKスペシャル第1
　　　巻～6巻，NHK出版
角田文衛編（1962）『北方ユーラシア・中央アジア』世界考古学体系9，平凡社
鶴間和幸（1996）『秦漢帝国へのアプローチ』世界史リブレット，山川出版社
鶴間和幸（2001）『秦の始皇帝　伝説と史実のはざま』歴史文化ライブラリー，吉川弘文館
鶴間和幸（2001，2004）『始皇帝陵と兵馬俑』講談社学術文庫（『始皇帝の地下帝国』）
鶴間和幸（2004）『ファーストエンペラーの遺産　秦漢帝国』講談社
鶴間和幸編（2007）『黄河下流域の歴史と環境　東アジア海文明への道』学習院大学東洋文化研究叢
　　　書，東方書簡
鶴間和幸（2013）『秦帝国の形成と地域』汲古書院
寺田隆信（1981）『鄭和　中国とイスラーム世界を結んだ航海者』清水書院
寺田隆信（1997a）『永楽帝』中公文庫（人物往来社，中国人物叢書，1966）
寺田隆信（1997b）『物語　中国の歴史　文明史序説』中公新書
寺田隆信（1997c）『山西商人の研究 明代における商人および商業資本』（「東洋史研究叢刊」東洋史研
　　　究会（京都大学文学部内）1972）
寺田隆信（1999）『紫禁城史話　中国皇帝政治の檜舞台』中公新書
寺田隆信（2009）『明代郷紳の研究』東洋史研究叢刊，京都大学学術出版会
都出比呂志（2000）『王陵の考古学』岩波新書
鄧奕（1998）『北京の内城空間における居住環境の変遷に関する研究』京都大学，修士論文，私家本
鄧奕（2002）『北京旧城の街区構成の形成とその変容に関する研究』神戸大学，博士論文，私家本
唐代史研究会編（1979）『隋唐帝国と東アジア世界』汲古書院
唐代史研究会編（1989）『中国聚落史の研究』中国聚落史関係研究文献目録，刀水書房
唐代史研究会編（1992）『中国の都市と農村』汲古書院
都市史図集編集委員会編（1999）『都市史図集』彰国社
ドーソン（2003）『モンゴル帝国史』1～6，佐口透訳注，平凡社
礪波護（1986）『唐代政治社会史研究』東洋史研究叢刊，同朋舎
礪波護（1989）『馮道　乱世の宰相』中公文庫（人物往来社 1966，新版 2003）
礪波護（1992）『中国　「地域からの世界史　2巻，3巻」』朝日新聞社
礪波護（1998）『唐の行政機構と官僚』中公文庫
礪波護（1999）『隋唐の仏教と国家』中公文庫
礪波護（2011）『唐宋の変革と官僚制』中公文庫
礪波護・岸本美緒・杉山正明（2006）『中国歴史研究入門』名古屋大学出版会
礪波護・武田幸男（2008）『隋唐帝国と古代朝鮮』世界の歴史⑥（中公文庫（1997））

友杉孝編（1999）『アジア都市の諸相―比較都市論にむけて』同文館
外山軍治（1964）『金朝史研究』東洋史研究
虎尾俊哉（1961）『班田収授法の研究』吉川弘文館
内藤湖南（1969-76）『内藤湖南全集』全14巻，神田喜一郎・内藤乾吉編，筑摩書房（復刊1996-1997）
内藤湖南（1992）『支那史学史1，2』東洋文庫，平凡社
内藤湖南（1993）『清朝史通論』東洋文庫，平凡社
内藤湖南（2002）『支那近世史』ちくま学芸文庫（『支那絵画史』弘文堂，1938）
内藤湖南（2002）『支那絵画史』ちくま学芸文庫（『中国近世史』弘文堂，1947）
内藤湖南・礪波護責任編集（2004）『東洋文化史』中公クラシックス
内藤湖南（2012）『先哲の学問』文芸春秋
内藤湖南（2013）『支那論』ちくま学芸文庫
内藤湖南（2004）『東洋文化史』中央公論新社
内藤みどり（1988）『西突厥史の研究』早稲田大学出版部
那珂通世（1907）『成吉思汗実録』大日本図書株式会社
中井一夫（1981）『条里制の諸問題』
中尾健一郎（2012）『古都洛陽と唐宋文化人』汲古書院
長沢和俊（1962）『シルクロード』，校倉書房
長瀬守（1983）『宋元水利史研究』国書刊行会
永田久（1982）『暦と占いの科学』新潮社
永田雄三編（2002）『西アジア史Ⅱ　イラン・トルコ』山川出版社
中田吉信（1997）『回回民族の諸問題』アジア経済研究所
中野竜也（2013）『中華と対話するイスラーム　17-19世紀中国ムスリムの思想的営為』京都大学学術出版会
中野美代子（1989）『仙界とポルノグラフィー』青土社
中野美代子（1991）『龍の住むランドスケープ　中国人の空間デザイン』福武書店
中野美代子（1997）『カスティリオーネの庭』文藝春秋
中野美代子（2007）『乾隆帝　その政治図像学』文芸春秋
中村圭爾（2006）『六朝江南地域史研究』汲古書院
中村賢二郎編（1986）『歴史の中の都市』ミネルヴァ書房
中村慎一（2002）『稲の考古学』同成社
中村治兵衛（2008）『中国聚落の研究』刀水書房
那波利貞（1969）『宋都汴京の繁華』岩波書店
那波利貞（1974）『唐代社会文化史研究』創文社
奈良県立橿原考古学研究所編（1987）『大和国条里復原図』奈良県立橿原考古学研究所
奈良文化財研究所編（2002）『日中古代都城図録』クバプロ
仁井田陞（1937）『唐宋法律文書の研究』東方文化学院東京研究所
仁井田陞（1960）『中国法制史研究　土地法取引法』東京大学出版会
西岡弘晃（2004）『中国近世の都市と水利』中国書店
西嶋定生（1950）『国家権力の諸段階』岩波書店
西嶋定生（1961）『中国古代帝国の形成と構造―二十等爵制の研究』東京大学出版会
西嶋定生（1966）『中国経済史研究』東京大学出版会
西嶋定生（1974）『秦漢帝国』中国の歴史2，講談社（講談社学術文庫，1997）
西嶋定生（1981）『中国古代の社会と経済』東京大学出版会

西嶋定生（1983）『中国古代国家と東アジア世界』東京大学出版会
西村元佑（1970）『中国経済史研究 均田制度篇』東洋史研究会
仁藤淳史（1998）『古代王権と都城』吉川弘文館
仁藤淳史（2000）『古代王権と官僚制』臨川書店
仁藤淳史（2011）『都はなぜ移るのか 遷都の古代史』吉川弘文館
日本イスラーム協会監修（2002）『新イスラーム事典』平凡社
日本建築学会編（1995）『東洋建築史図集』彰国社
野口徹（1988）『中世京都の町屋』東京大学出版会
野口徹（1992）『日本近世の都市と建築』法政大学出版局
野田仁（2011）『露清帝国とカザフ＝ハン国』東京大学出版会
包慕萍（2005）『モンゴルにおける都市建築史研究〜遊牧と定住の重層都市フフホト』東方書店
ハキーム，B. S.（1990）『イスラーム都市―アラブの町づくりの原理』，佐藤次高監訳，第三書館
白林（1996）『中国・伝統住宅における空間構成および生活との対応に関する研究―西安の四合院を中心にして』京都大学学位論文，私家本
橋本義則編（2011）『東アジア都城の比較研究』京都大学学術出版会
長谷川周（2006）『中国仏塔紀行』東方出版
イブン・バットゥータ（1961）『三大陸周遊記』前嶋信次訳，角川文庫
イブン・バットゥータ（1996-2002）『大旅行記』1-8，家島彦一訳，東洋文庫，平凡社
服部克彦（1965）『北魏洛陽の社会と文化』ミネルヴァ書房
服部克彦（1966）『古代中国の都市とその周邊』ミネルヴァ書房
服部克彦（1968）『続北魏洛陽の社会と文化』ミネルヴァ書房
服部宇之吉他編著（1908）『北京誌』博文館
羽田明（1969）『西域』河出書房
羽田明（1982）『中央アジア史研究』臨川書店
羽田正・三浦徹編（1991）『イスラーム都市研究』東京大学出版会
羽田正（2005）『イスラーム世界の創造』東京大学出版会
羽田正（1994）『モスクが語るイスラーム史―建築と政治権力』中公新書
羽田正編（1996）『シャルダン『イスファハーン誌』研究―17世紀イスラーム圏都市の肖像』東京大学出版会
羽田正編（2000）『岩波講座 世界歴史14 イスラーム・環インド洋世界』，岩波書店
羽田亨（1931）『西域文明史概論』弘文堂
羽田亨（1975）『羽田博士史学論文集』上・下，復刻，同朋舎（東洋史研究会，1957-58）
浜口重国（1966）『秦漢隋唐史の研究』東京大学出版会
濱田耕策（2000）『渤海国興亡史』吉川弘文館
原田叔人・駒井和愛（1939）『東京城・渤海国上京龍泉府祉の発掘調査』，東方考古学叢書甲種第五冊，東亜考古学会
原田種成（1986）『訓点本 宋史（文苑傳）』汲古書院
林槇之介（2005）『北京物語 黄金の甍と朱楼の都』講談社学術文庫（集英社，1987）
林俊雄（2005）『ユーラシアの石人』雄山閣
林俊雄（2007）『スキタイと匈奴 遊牧の文明』興亡の世界史02，講談社
林巳奈夫（1986）『殷周時代青銅器紋様の研究』吉川弘文館
林巳奈夫（1989）『春秋戦国時代青銅器の研究』吉川弘文館
林巳奈夫（1992）『中国古代の生活史』吉川弘文館（新版，2009）
林巳奈夫（1999）『中國殷周時代の武器』朋友書店

林巳奈夫（2002）『中国古代の神がみ』吉川弘文館
林巳奈夫（2004）『神と獣の紋様学』吉川弘文館
林良一（1962）『シルクロード』, 美術出版社
林田愼之助（2005）『北京物語　黄金の甍と朱楼の都』講談社学術文庫（集英社, 1987）
春名徹（2008）『北京—都市の記憶』岩波新書
班固・冨谷至・吉川忠夫訳注（1986）『漢書五行志』東洋文庫460, 平凡社
東晋次（1995）『後漢時代の政治と社会』名古屋大学出版会
東晋次（2003）『王莽—儒家の理想に憑かれた男』白帝社
東野治之（2007）『遣唐使』岩波新書
日野開三郎（1968）『唐代邸店の研究』（東洋史学論集第17巻, 『続・唐代邸店の研究』日野開三郎東洋史学論集第18巻, 三一書房, 1992）
日比野丈夫（1977a）『宋代都市生活の一面』同朋舎出版
日比野丈夫（1977b）『中国歴史地理研究』同朋舎出版
平岡武夫（1956）『唐代の長安と洛陽』（『唐代研究のしおり』第7）京都大学人文科学研究所
平勢隆郎（1995）『新編　史記東周年表—中國古代紀年の研究序章』東京大学出版会
平勢隆郎（1996）『中國古代紀年の研究—天文と暦の検討から』汲古書院
平勢隆郎（2000）『中国古代の予言書』講談社現代新書
平勢隆郎（2003）『「春秋」と「左伝」—戦国の史書が語る「史実」,「正統」, 国家領域観』中央公論新社
平勢隆郎（2005）『中国の歴史02　都市国家から中華へ　殷周　春秋戦国』講談社
平勢隆郎（2008）『左傳の史料批判的研究』汲古書院
平勢隆郎（2009）『世界の歴史2　中華文明の誕生』中公文庫
平勢隆郎（2011）『八紘とは何か』汲古書院
平田茂樹・遠藤隆俊・岡元司編（2006）『宋代社会の空間とコミュニケーション』汲古書院
平中苓次（1967）『中国古代の田制と税法—秦漢経済史研究』東洋史研究会
平野聡（2004）『清帝国とチベット問題』名古屋大学出版会
平野聡（2007）『大清帝国と中華の混迷』興亡の世界史⑰, 講談社
ブーヴェ・後藤末雄訳・矢沢利彦校注（1970）『康熙帝伝』東洋文庫155, 平凡社（Bouvet, P.J.（1699）"Histoire de L'Empereur de La Chine, Presente'e Auroy"）
福田美穂（2009）『元代建築の史的研究—宮殿配置を中心に』学位請求論文（京都大学）, 私家本
福原啓郎（1995）『西晋の武帝　司馬炎』［中国歴史人物選第3巻］白帝社
福原啓郎（2012）『魏晋政治社会史研究』京都大学学術出版会
藤井一二（2010）『天平の渤海交流　もう１つの遣唐使』塙書房
藤井律之（2013）『魏晋南朝の官制度』京都大学学術出版会
藤田勝久（1997）『史記戦国資料の研究』東京大学出版会
藤田勝久（2001）『司馬遷とその時代』東京大学出版会
藤田勝久（2005）『中国古代国家と郡県社会』汲古書院
藤田勝久（2011）『史記戦国列伝の研究』汲古書院
藤田豊八（1974）『東西交渉史の研究』国書刊行会（岡書院, 1932）
深田久弥（1971）『中央アジア探検史』白水社
布野修司（1987）『インドネシアにおける居住環境の変容とその整備手法に関する研究—ハウジング計画論に関する方法論的考察』（学位請求論文, 東京大学）私家本
布野修司（1991）『カンポンの世界』パルコ出版
布野修司（1997）『住まいの夢と夢の住まい　アジア住居論』パルコ出版
布野修司編＋アジア都市建築研究会（2003）『アジア都市建築史』昭和堂（布野修司編（2009）『亜州城

市建築史』胡恵琴・沈謡訳，中国建築工業出版社）
布野修司編 (2005a)『近代世界システムと植民都市』京都大学学術出版会
布野修司編 (2005b)『世界住居誌』昭和堂（『世界住居』胡恵琴訳，中国建築工業出版社，2010）
布野修司 (2006)『曼荼羅都市—ヒンドゥー都市の空間理念とその変容』京都大学学術出版会
布野修司＋山根周 (2008)『ムガル都市—イスラーム都市の空間変容』京都大学学術出版会
布野修司＋韓三建＋朴重信＋趙聖民 (2010)『韓国近代都市景観の形成—日本人移住漁村と鉄道町』京都大学学術出版会
布野修司＋ヒメネス・ベルデホ，ホアン・ラモン (2013)『グリッド都市—スペイン植民都市の起源，形成，変容，転生』京都大学学術出版会
古林森廣 (1987)『宋代産業経済史研究』国書刊行会
古林森廣 (1995)『中国宋代の社会と経済』国書刊行会
ブラッカー，C・ローウェ編 (1976)『古代の宇宙論』矢島祐利・矢島文夫訳，海鳴社
ブレイ・フランチェスカ (2007)『中国農業史』古川久雄訳，京都大学学術出版会 (Bray, Francesca (1984) "Joseph Needham, Science and Civilization in China Volume6 Biology and Biologicak Technology, Part2 Agriculture", Cambridge University Press).
北京四合院研究会編 (2008)『北京の四合院』中央公論美術出版
P. ベルウッド (2008)『農耕起源の人類史』長田俊樹・佐藤洋一郎訳，京都大学学術出版会 (Peter Bellwood (2005) "First Farmers: The Origins of Agricultural Societies", Blackwell Publishing)
アンドリュー・ボイド (1979) 田中淡訳『中国の建築と都市』鹿島出版社
朴漢済 (2009)『中国歴史地図』吉田光男訳，平凡社
星斌夫 (1971)『明清時代交通史の研究』山川出版社
星斌夫 (1982)『大運河発展史　長江から黄河へ』東洋文庫 410，平凡社
堀敏一 (1975)『均田制の研究』岩波書店
堀敏一 (1987)『中国古代の身分制—良と賤』汲古書院
堀敏一 (1993)『中国と古代東アジア世界』岩波書店
堀敏一 (1996)『中国古代の家と集落』汲古書院
堀敏一 (2002)『唐末五代変革期の政治と経済』汲古書院
本田実信 (1985)『イスラーム世界の発展』，ビジュアル版世界の歴史 6，講談社
本田実信 (1991)『モンゴル時代史研究』東京大学出版会
前嶋信次 (1971)『東西文化交流の諸相』誠文堂新光社
前田直典 (1973)『元朝史の研究』東京大学出版会
前田正名 (1979)『平城の歴史地理学的研究』風間書房
ジョージ・マカートニー (2000)『中国訪問使節日記』坂野正高訳注，平凡社東洋文庫
牧野巽 (1944)『支那家族研究』生活社
間嶋潤一 (2010)『鄭玄と『周礼』—周の太平国家の構想』明治書院
増井経夫 (2002)『大清帝国』講談社学術文庫（増井経夫 (1974)『中国の歴史 7 清帝国』講談社）
増渕龍夫 (1996)『中国古代の社会と国家』新版，岩波書店
松井嘉徳 (2002)『周代国制の研究』汲古書院
松浦茂 (1995)『清の太祖　ヌルハチ』中国歴史人物選第 11 巻，白帝社
松木民雄 (1988)『北京地名考』朋友書店
松田毅一・E・ヨリッセン (1983)『フロイスの日本覚書　日本とヨーロッパの風習の違い』中公新書
松田壽男 (1954)『中央アジア史』弘文堂
松田壽男 (1962)『東西文化の交流』至文堂
松田壽男 (1966)『砂漠の文化　中央アジアと東西交渉』中公新書

松田壽男（1970）『古代天山の歴史地理学的研究』早稲田大学出版部（増補版，1956）
松田壽男（1986-87）『松田壽男著作集』（全六巻）六興出版
松田壽男（1992）『アジアの歴史　東西交渉から見た前近代の世界像』岩波書店（日本放送出版協会，1971年）
松田壽男（2006）『シルクロード紀行』岩波現代文庫（毎日新聞社，1971）
松本善海（1977）『中国村落制度の史的研究』岩波書店
間野英二（1977）『中央アジアの歴史　草原とオアシスの世界』講談社現代新書
間野英二・堀直・中見立夫・小松久男（1992）『内陸アジア　地域からの世界史6』朝日新聞社
間野英二（1995～2001）『バーブル・ナーマの研究』全4巻松香堂
間野英二編（1999）『アジアの歴史と文化8　中央アジア史』同朋舎
間野英二編（2000）『アジアの歴史と文化9　西アジア史』同朋舎
間野英二・堀川徹編（2004）『中央アジアの歴史・社会・文化』（財）放送大学推興協会
間野英二（2013）『バーブル ムガル帝国の創設者』世界史リブレット，山川出版社
馬彪（2013）『秦帝国の領土経営　雲霧龍崗秦簡と始皇帝の禁苑』京都大学学術出版会
護雅夫（1967-1997）『古代トルコ民族史研究Ⅰ～Ⅲ』山川出版社
護雅夫（1967）『遊牧騎馬民族国家』講談社現代新書
護雅夫・山田信夫・佐口透・榎一雄編（1975）『東西文明の交流』1～5，平凡社
護雅夫（1976）『古代遊牧帝国』中公新書
護雅夫（1984）『草原とオアシスの人々』人間の世界歴史7，三省堂
護雅夫・岡田英弘共編（1990）『中央ユーラシアの世界』民族の世界史4，山川出版社
マルコ・ポーロ・愛宕松男訳（1970）『東方見聞録』1，2，平凡社東洋文庫
マルコ・ポーロ・青木一夫訳（1960）『東方見聞録』校倉書房
三浦國雄（2006）『風水講義』文春新書
三上次男・護雅夫・佐久間重男編（1974）『中国文明と内陸アジア』人類文化史4，講談社．
三上次男（1989）『中国陶磁史研究』中央公論美術出版
三崎良章（2002）『五胡十六国──中国史上の民族大移動』東方書店
溝口雄三他編（2001）『中国思想文化事典』東京大学出版会
宮紀子（2006）『モンゴル時代の出版文化』名古屋大学出版会
宮紀子（2007）『モンゴル帝国が生んだ世界地図』日本経済新聞出版社
三宅理一（2009）『ヌルハチの都──満洲遺産のなりたちと変遷』ランダムハウス講談社
宮崎正勝（1997）『鄭和の南海大遠征　永楽帝の世界秩序再編』中公新書
宮崎正勝（1994）『イスラーム・ネットワーク』講談社選書
宮崎正勝（1997）『鄭和の南海大遠征　永楽帝の世界秩序再編』中公新書
宮崎市定（1991-94）『宮崎市定全集』（全24巻・別巻1冊，岩波書店，復刊1999-2000）
宮崎市定（2000）『中国文明の歴史9　清帝国の繁栄』中公文庫
宮崎市定（2011）『中国史の名君と宰相』礪波護編，中公文庫
宮本一夫（2005）『神話から歴史へ──神話時代・夏王朝』中国の歴史01，講談社
村上正二訳注（1970-76）『モンゴル秘史1～3　チンギス・カン物語』東洋文庫163，209，294，平凡社
村田治郎（1944）『満州の史跡』座右宝刊行会
村田治郎（1981）『中国の帝都』綜芸舎
村田治郎（1972）『東洋建築史（建築学大系4）』彰国社
村松伸（1992）『書斎の宇宙──中国都市的隠通術』Inax Album
村松伸（1998）『中華中毒　中国的空間の解剖学』作品社

村松伸・淺川敏 (1999)『北京　三〇〇〇年の悠久都市』河出書房新社
孟元老・入矢義高・梅原郁訳注 (1996)『東京夢華録―宋代の都市と生活』岩波書店 (平凡社東洋文庫, 1983)
籾山明 (1994)『秦の始皇帝　多元世界の統一者』[中国歴史人物選第1巻] 白帝社
籾山明 (1999)『漢帝国と辺境社会―長城の風景』中公新書
森克己 (1975)『森克己著作選集』全5巻, 国書刊行会
森田明 (1974)『清代水利史研究』亜紀書房
森田明 (2002)『清代の水利と地域社会』中国書店
森田憲司 (2004)『元代知識人と地域社会』汲古書院
森田憲司 (2008)『北京を見る読む集める』大集館書店
守屋美都男 (1954)『中国古代史の諸問題』東京大学出版会
守屋美都男 (1957)『中国古代の社会と文化』東京大学出版会
守屋美都男 (1968)『中国古代の家族と国家』東洋史研究会
森安孝夫編 (2004)『中央アジア出土文物論叢』朋友書店
森安孝夫 (2007)『シルクロードと唐帝国』興亡の世界史05, 講談社
矢沢利彦 (1972)『中国とキリスト教　典礼問題』近藤出版社
矢沢利彦 (1987)『北京四天主堂物語　もう1つの北京案内記』平川出版社
矢沢利彦 (1992)『西洋人の見た中国皇帝』東方書店
矢沢利彦 (1993)『西洋人の見た十六～十八世紀の中国官僚』東方書店
矢沢利彦 (1997)『東西文化交渉史』大空社
矢沢利彦訳注 (1970～74)『イエズス会士中国書簡集』1康熙編, 2雍正編, 3乾隆編, 4社会編, 5紀行編, 6信仰編, 平凡社東洋文庫 (ワイド版, 2000-2003年)
家島彦一 (1991)『イスラーム世界の成立と国際商業―国際商業ネットワークの変動を中心に』岩波書店
家島彦一 (1993)『海が創る文明―インド洋海域世界の歴史』朝日新聞社
家島彦一 (2003)『イブン・バットゥータの世界大旅行　14世紀イスラームの時空を生きる』平凡社新書
家島彦一 (2006)『海域から見た歴史―インド洋と地中海を結ぶ交流史』名古屋大学出版会
安田二郎 (2003)『六朝政治史の研究』京都大学学術出版会
柳田節子 (1986)『宋元郷村制の研究』創文社
柳田節子 (1995)『宋元社会経済史研究』創文社
藪内清 (1974)『中国の数学』岩波新書
藪内清 (1989)『隋唐暦法史の研究』贈訂 (臨川書店　1944)
藪内清編 (1997)『宋元時代の科学技術史』朋友書店 (京都大学人文科学研究所, 1968)
藪内清 (1998)『中国中世科学技術史の研究』朋友書店 (1963)
藪内清 (2004)『中国古代の科学』講談社学術文庫 (角川書店, 1964)
藪内嘉一郎 (1969)『中国古尺集説』綜芸社
藪内清・中山繁 (2006)『授時暦―訳注と研究』アイ・ケイコーポレーション
山口瑞鳳 (1983)『吐番王国成立史研究』岩波書店
山田勝芳 (2000)『貨幣の中国古代史』朝日選書
山田慶児 (1980)『授時暦の道―中世中国の科学と国家』みすず書房
山田信夫 (1989)『北アジア遊牧民族史研究』東京大学出版会
山田信夫 (1985)『草原とオアシス』ビジュアル版世界の歴史10, 講談社
山田信夫 (1989)『北アジア遊牧民族史研究』東京大学出版会

矢守一彦（1975）『都市図の歴史　世界編』講談社
山中章（1997）『日本古代都城の研究』柏書房
H. ユール & H. コルディエ（1976）『東西交渉史』東亜史研究会訳，帝国書院（原書房，1944）
楊寛（1981）『中国皇帝陵の起源と変遷』尾形勇・太田侑子訳・西嶋定生監訳，学生社
楊寛（1987）『中国都城の起源と発展（中国古代都城的起源和発展）』尾形勇・高木智見訳・西嶋定生監訳，学生社
楊衒之・入矢義高訳注（1990）『洛陽伽藍記』東洋文庫
吉岡義信（1978）『宋代黄河史研究』御茶ノ水書房
吉川忠夫（1995）『古代中国人の不死幻想』東方書店
吉川忠夫（2002）『秦始皇帝』講談社学術文庫（集英社，1986）
吉田歓（2002）『日中宮城の比較研究』吉川弘文館
吉田孝（1983）『律令国家と古代の社会』
吉野裕子（1987）『大嘗祭　天皇即位式の構造』弘文堂
吉本通雅（2005）『中国先秦史の研究』京都大学学術出版会
米倉二郎（1960）『東亜の集落—日本および中国の集落の歴史地理学的比較研究』古今書院
米田賢次郎（1989）『中国古代農業技術史研究』同朋舎出版
李済（1943）『支那民族の形成』須山卓訳，生活社（Li Chi (1928), "The Formation of the Chinese People", Harvard University Press）
渡邊信一郎（1986）『中國古代社会論』青木書店
渡邊信一郎（1994）『中国古代国家の思想構造—専制国家とイデオロギー』校倉書房
渡邊信一郎（1996）『天空の玉座—中国古代帝国の朝政と儀礼』柏書房
渡邊信一郎（2003）『中國古代の王権と天下秩序—日中比較史の視点から』校倉書房
渡邊信一郎（2010）『中國古代の財政と國家』青木書店
渡辺武（1994）『画像が語る中国の古代』平凡社
渡辺忠世・桜井由躬雄（1984）『中国江南の稲作文化』日本放送出版協会
渡辺豊和（1986）『縄文夢通信』徳間書店
渡辺豊和（1991）『発光するアトランティス』人文書院
渡辺豊和（2012）『失われたアトランティスの魔術』Gakken
渡邊義浩（1995）『後漢国家の支配と儒教』雄山閣出版
渡邊義浩（2004）『三国政権の構造と「名士」』汲古書院
渡邊義浩（2009）『後漢における「儒教国家」の成立』汲古書院
渡邊義浩（2012）『王莽　改革者の孤独』大修館書店

中国語文献（著者名ピンイン表記・アルファベット順）

北京歴史輿図集編委会（2005）『北京歴史輿図集』全四巻，外文出版社
北京市東城区地名志編輯委員会編（1992）『東城区地名志』北京出版社
北京市公安局編（1958）『北京市街巷名称録』北京群衆出版社
北京市規劃委員会（2002）『北京宮城二十五片　歴史文化保護区保護規劃』北京燕山出版社
北京市規劃委員会（2004）『北京歴史文化名城北京皇城保護規劃』中国建築工業出版社
北京市規劃委員会・北京市城市規劃設計研究院・北京建築工程学院（2008）『北京旧城胡同実録』中国建築工業出版社
北京市社会科学研究所編（1984）『北京歴史紀年』北京出版社
北京市社会科学研究所編（1985）『北京史苑』北京出版社
北京市西城区地名志編輯委員会編（1992）『西城区地名志』，北京出版社
北京市政当局編（1939）『北京市志稿』（1 建置・官署，2 民政・戸口，4 文教・国学六，7 礼俗・居処，廟集，8 宗教）北京燕山出版社（復刻，1998）
北京市政当局編（1998）『北京市志稿』，北京燕山出版社
布野修司編（1997）『日本当代百名建築師作品選』布野修司＋京都大学亜州都市建築研究会，中国建築工業出版社
布野修司編（2009）『亜州城市建築史』布野修司＋亜州都市建築研究会，胡恵琴・沈謡訳，中国建築工業出版社
布野修司編（2010）『世界住居』胡恵琴訳，布野修司＋亜州都市建築研究会，中国建築工業出版社
曹昌智（2008）『大同歴史文化名城』中国工業出版社
曹婉如（1997）『中国古代地図集―清代』文物出版社
陳伯超・支運亭等（2003）『瀋陽故宮建築』機械工業出版社
陳伯超・朴玉順等（2007）『盛京宮殿建築』中国建築出版社
陳伯超主編（2010）『沈阳城市建筑图说』機械工業出版社
陳伯超・朴玉順（2010）『沈阳故宫木作营造技术』東南大学出版社
程存潔（2002）『唐代城市史研究初編』中華書局
陳高華・史衛明（1988）『元上都』吉林省教育出版社
陳国燦（2002）『宋代江南城市研究』中華書局
陳国灿（2009）『南宋城鎮史』人民出版社
陳明達（1981）『営造方式大木作制度研究』文物出版社
陳明達（2010）『《営造方式》辞解』天津大学出版社
陳述主編・趙大川編（2006）『京杭大運河図説』杭州出版社
程遂営（2002）『唐宋開封生態環境研究』中国社会科学出版社
陳学文（1993）『明清時期杭嘉湖市鎮史研究』群言出版社
陳耀東（2009）『《魯班経匠家鏡》研究』中国建築工業出版社
陳沂撰（2006）『洪武京城図志・金陵古今図考』南京出版社
程子良（1993）『開封城市史』社会科学文献出版社
戴吾三編（2002）『考工記図説』山東画報出版社
董鑒泓（1961）『中国城市建設史』中国建築工業出版社

董鑒泓（1988）『中国古代城市建設』中国建築工業出版社
董鑒泓主編（2004）『中国城市建設史（第三版）』中国建築工業出版社
段智鈞・趙娜冬（2011）『天下大同　北魏平城遼金西京城市建築史綱』高璋主編，中国建築工業出版社
段智鈞（2012）『古都南京』精華大学出版社
杜金鵬・銭国祥主編（2007）『漢魏洛陽城遺祉研究』科学出版社
杜金鵬（2010）『殷墟　宮殿区　建築基祉研究』科学出版社
鄂爾泰等編纂（1968）『八旗通史初集』巻103巻250，台湾学生書局
傅伯星・胡安森（2006）『南宋皇城探秘』杭州出版社
傅伯星（2007）『杭州街巷旧聞録』杭州出版社
傅崇蘭（1985）『中国運河城市』発展史』四川人民出版社
傅熹年（2001）『中国古代建築史』中国建築工業出版社
高安寧・王永泉編（2009）『中華門史活』南京出版社
郭成康他（1982）「清入関前満州八旗的固山額真」『清史論叢』第4輯，中国社会科学院歴史研究所・清史研究室編，中華書局
郭超（2012）『北京中軸線変遷研究』学苑出版社
耿铁华（2008）『高句麗古墓壁画研究』吉林大学出版社
高丹予 主編（2000）『南京民国総統府遺跡考実』南京博物院〈東南文化〉雑志社
故宮博物院編（2011）『《清明上河図》新論』故宮出版社
高年華（2002）『胡雪岩故居修復研究』文物出版社
郭湖生（2003）『中華古都』空間出版社
果鴻孝（1992）『昔日北京大観』中国建材工業出版社
郭湖生（2003）『中華古都』空間出版社，台北
国家計量総局主編（1981）『中国古代度量衡図集』文物出版社
韓大成（1991）『明代城市史研究』中国人民大学出版社（修訂，2009）
杭州市档案局編（2004）『杭州历史文化图说-让沈寂千年的文明灵动起来』人民出版社
杭州市規画局（2006）『社区詳図2005年10月』
河北省文物研究所（2012）『元中都：1998-2003年発掘報告（上，下）』文物出版社
賀業鋸（1985）『考工記営国制度研究』中国建築工業出版社
賀業鋸（1986）『中国古代城市規劃史論叢』中国建築工業出版社
賀業鉅他著（1992）『建築歴史研究』中国建築工業出版社
賀業鋸（1996）『中国古代城市規劃史』中国建築工業出版社
賀従容編（2012）『古都西安』清華大学出版会
何忠礼編（2009）『南宋史及南宋都城臨安研究』上下，人民出版社
侯仁之（1984）『歴史地理学理論与実践』上海人民出版社
侯仁之編（1988，1997）『北京歴史地図集』一集，二集，北京出版社
侯仁之（2000）『北京城市歴史地理』北京燕山出版社
胡嘉『唐土名勝図會』初集評介（『北京史苑』第一輯，北京市社会科学研究所編，北京出版社，1985）
胡明星・金超編（2012）『基于GIS的歴史文化名城―保護体系應用研究』東南大学出版社
吉林省集安市文物局（2008）『高句麗王城王陵及貴族墓葬』上海世界図书出版社
開封地方志編委員・開封市文物管理委員会編（1988）『開封文物勝覧』中州古籍出版社
闞鐸（1930）「元大都宮苑圖」『中國営造学社彙刊』第1巻第2期
雷従雲・陳紹棣・林秀貞（1995）『中国宮殿史』文津出版
梁思成（1934）『清式営造則例』，中国建築工業出版社（復刻，1981）
梁思成（1983）『営造法式註』中国建築工業出版社

梁思成（2006）『清工部《工程做法則例》図解』精華大学出版社
李合群（1995）『開封明清城墻沿革考』中華書局
李合群（2004）『開封城市史論』北京燕山出版社
李虹若（1995）『朝市叢書』，北京古籍出版社
李誡・孫国慶責任編集（2005）『営造方式』中国書店
李誡・鄒其昌点校（2006）『営造方式』人民書店
李潔萍（1994）『中国歴代都城』黒竜江人民出版社
李令福（2009）『古都西安城市布局及其地理基石出』人民出版社
李路珂・王南・胡介中・李青（2009）『北京古建築図』上中下，精華大学出版社
李路珂（2012）『古都開封興杭州』精華大学出版会
歴史建築測絵五校聯展編委会（2006）『上棟下宇』天津大学出版社
劉暢（2009）『北京紫禁城』精華大学出版社
劉敦禎（1980）『中国古代建築史』中国建工出版社
劉敦禎（1957）『中国住宅概説』建築工程出版社（田中淡・沢谷昭次訳『中国の住宅』鹿島出版会，1976）
劉鳳雲（2001）『明清城市空間的文化探析』中央民族大学出版社
劉琳（1999）『成都城池変遷史考述』中古泥鴻，巴蜀書社
劉慶柱（1988）『長安春秋』人民出版社
劉慶柱（2000）『古代都城与帝陵考古学研究』科学出版社
劉石吉（1987）『明清江南市鎮研究』中国社会科学出版社
劉順安（2000）『开封城墻』中州古籍出版社
劉順安（2001）『開封研究』中州古籍出版社
劉叙杰（2000）『中国古城墻』江苏教育出版社
劉叙傑主編（2003）『中国古代建築史』中国建築工業出版社
劉春迎（2006）『考古開封』河南大学出版社
劉春迎（2009）『開封城下城揭秘』科学出版社
李曉丹（2011）『康乾期中西文化変融』中国工業出版社
李興華・馮今源（編）（1985）『中国伊斯蘭教史参考資料　下冊』寧夏人民出版社
李学勤（1999）『十三経注疏』北京大学出版社
李志超（2012）『中国宇宙学史』科学出版社
竜登高（1997）『中国伝統市場発展史』人民出版社
羅福頤（1957）『伝世古代図録』，文物出版社
羅香林（1933）『客家研究導論』希山書蔵
陸翔・王其明（1996）『北京四合院』中国建築工業出版社
陸翔（2012）『北京四合院人居環境』中国建築工業出版社出版
陸元鼎主編（2009）『北京民居』『山西民居』『東北民居』『江蘇民居』『浙江民居』『安徽民居』『福建民居』『江西民居』『両湖民居』『広東民居』『広西民居』『四川民居』『貴州民居』『雲南民居』『西藏民居』『西北民居』『新疆民居』，中国建築工業出版社
馬時雍（2006）『杭州的街巷里弄（上・下）』杭州出版社
馬时雍（2006）『杭州的古橋』杭州出版社
馬世之（2003）『中国史前古城』湖北教育出版社
馬先醒（1977）『漢簡與漢代城市』簡牘社
馬正林（1978）『豊鎬　長安—西安』陝西人民出版社
美念思（2008）『瀋陽史話』瀋陽出版社

梅寧華・孔繁峙主編（2008）『中国文物地図集・北京分冊』科学出版社
孟元老・姜漢椿訳注（2008）『東京夢華録全訳』貴州出版集団・貴州人民出版社
民国国都設計技術専員弁事処編（2006）『首都計画』南京出版社
南京市地方志編纂委員会（2007）『南京城市規劃志』上下，江蘇人民出版社
南京出版伝媒集団（2012）『老照片・南京旧影』南京出版社
寧越敏・張務棟・銭今昔（1994）『中国城市発展史』安徽科学技術出版社
尼躍紅（2007）『北京四合院類型学』中国建築出版社
潘光（2001）『猶太人在中国』五洲伝播出版社
潘光（1993）『中国建築史』六合出版社
潘谷西主編（2001）『中国古代建築史』中国建築工業出版社
庞骏（2012）「東晋建康城市権力空間―兼対儒家三朝五門観念史的考察」東南大学出版社
喬迅翔（2012）『宋代官式建築営造及其技術』同済大学出版社
丘剛・劉春迎（1998）『開封考古発現与研究，中州古籍出版社
丘光明編（1992）『中国歴代度量衡考』科学出版社
丘光明・丘隆・楊平（2001）『中国科学技術史：度量衡巻』科学出版社
曲英傑（1991）『先秦都城復元研究』黒竜江人民出版社
闕維民編（2000）『杭州城池暨西湖历史図説』浙江人民出版社
沈榜（1983）『宛署雑記』北京古籍出版社出版
史紅帥（2008）『明清時期西安城市地理研究』中国社会科学出版社
史念海主編（1996）『西安歴史地図集』西安地図出版会
史念海（1998）『中国古都和文化』中華書局
史念海主編（1999）『漢唐長安与関中平原』陝西師範大学
四川省文史館（1987）『成都城坊古考』四川人民出版社，成都
孫大章編（1984）『中国古代建築史話』中国建築工業出版社
蘇則民（2008）『南京城市規画史稿　古代篇・近代篇』中国建築工業出版社，
譚基驤主編（1985）『中国歴史地図集』全八冊，地図出版社出版
唐俊杰・杜正賢（2008）『南宋臨安城考古』杭州出版社
田春涛（2012）『大古都』中国青年出版社
田飛・李果（2005）『尋城記・南京』，商務印書館
同済大学城市規劃教研室編（1982）『中國城市建設史』中国建築工業出版社
脱脱（1997）『宋史』中華書局
王燦炙編（1985）『北京史地風物書録』北京出版社
王曾瑜（1988）『金代的開封城』科学出版社
汪徳華（1997）『中国古代城市規劃文化思想』中国城市出版社
王国平編（2011）『宋画中的南宋建築』西泠印社出版社
王貴祥他（2008）『中国古代　建築基址規模研究』中国建築工業出版社
王軍（2003）『城記』三聯書店（王軍・多田麻美訳（2008）『北京再造―古都の命運と建築家梁思成』集広社）
王茂生（2010）『従盛京到沈陽―城市発展興空間形態研究』中国建築工業出版社
王南（2012）『古都北京』精華大学出版社
王其明（1999）『北京四合院』中国書店
王其鈞『中国伝統建築組群』中国伝統建築文化系列叢書，中国電力出版社
王貴祥（2009）『古都洛陽』精華大学出版社
王貴祥他（2012）『明代城市与建築』中国建築工業出版社

王世仁（2000）『王世仁建築歴史理論文集』中国建築工業出版社
王学理（1999）『咸陽帝都記』三秦出版社
王子今（1990）『中国古代交通文化』三環出版社
王仲殊（1984）『漢代考古概説』中華書局
魏存成（2008）『渤海考古』文物出版社
魏全瑞主編（2005）『両京新記輯校　大業雑記輯校』三泰出版社
翁立（1996）『北京的胡同』北京美術撮影出版社出版
呉長元輯（1981）『宸垣識略』，北京古籍出版社（復刻）
呉國楨（2000）『中国的伝統 The Chinese Heritage』陳博訳，東方出版社
呉良鏞（1994）『北京旧城与菊児胡同』中国建築工業出版社
呉良鏞（1996）『呉良鏞城市研究論文集』中国建築工業出版社
呉慶州（1995）『中国古代城市防洪研究』中国建築工業出版社
武伯綸編著（1979）『西安歴史述略　増訂本』歴史人民出版社
武廷海（2011）『六朝建康規画』清華大学出版社
呉承洛（1984）『中国度量衡史』上海書店
呉慧（1985）『井田制考察』農業出版社
呉涛（1984）『北宋都城東京』河南人民出版社
武廷海（2011）『六朝建康規画』精華大学出版会
肖愛玲等（2009）『隋唐長安城』古都西安叢書編纂委員会編
熊夢祥（1983）『析津志輯佚』北京図書館善本組編，北京古籍出版社
許道齡編（1936）『北平廟宇通検』国立北平研究院
薛氷（2008）『南京城市史』南京出版社
薛鳳旋（2010）『中国城市及其文明的演変』世界図書出版公司
許宏（2000）『先秦城市考古学研究』北京燕山出版社
徐吉軍（2008）『南宋都城臨安』杭州出版社
徐苹芳（1986）『明清北京城図』地図出版社
徐松撰・李健超増訂（2006）『唐両京城坊考』三秦出版社
徐衛民（2000）『秦都城研究』陝西人民教育出版社
楊寛（1938）『中國歴代尺度考』商務印書館出版
楊寛（1993）『中国古代都城制度研究』上海古籍出版社出版
楊寛（1995）『商鞅変法』上海人民出版社
楊寛（2006）『中国古代都城制度史』上海人民出版社
楊小苑・丁波・楊新華 編（2008）『南京名人故居史活』南京出版社
楊新等（2012）『清明上河図的故事』故宮出版社
楊新華 主編（2009）『南京明故宮』南京出版社
楊永生編（2005）『哲匠録』中国建築工業出版社
姚堅主編（2007）『南京名人旧居』河南人民出版社
叶皓 主編（2009）『南京民国建筑的故事 上』南京出版社
葉驍軍（1986）『中國都城歴史図録』蘭州大学出版社
葉驍軍（1988）『中国都城発展史』陝西人民出版社
尹鈞科・孔冬虎（2009）『北京地名研究』北京燕山出版社
伊永文（1987）『宋代城市風情』黒龍江人民出版社
于敏中他編（1981）『日下旧聞考』（1～8冊）北京古籍出版社（清・乾隆内務府刻版，1785，1981年復刻）
臧汝奇主編（2010）『北京朝陽門』人民出版社

張颿寰（2011）『北宋東京城建築復原研究』浙江工商大学出版社
張復合（2004）『北京近代建築史』精華大学出版社
張国碩（2001）『夏商時代都城制度研究』河南人民出版社
張建庭編（2006）『南宋御街』浙江人民出版社
張継海（2006）『漢代城市社会』社会科学文献出版社
張景合（1999）『開封市地名志』開封市民政局
張爵（1982）『京師五城坊巷胡同集』，北京古籍出版社，復刻
張清常（1990）『胡同及其它』北京語言学院出版社
張欽楠（2012）『中国古代建築師』三聯書店（香港）
張蓉（2010）『先秦至五代成都古城形態変遷研究』中国建築工業出版社
張永禄主編（1987）『唐都長安』西北大学出版社
張永禄主編（1999）『西安詞典』陝西人民出版社
張軫（2009）『話説古都群－尋找失落的古都文明』吉林文史出版社
張志強（2004）『盛京古城風貌』瀋陽出版社
趙岡（1995）『中国城市発展史論集』聯経出版事業公司
趙家珍（2000）『開封民族宗教志』天馬出版社
趙展著（1993）『満族文化与宗教研究』，遼寧民族出版社
震鈞（1982）『天咫偶聞』北京古籍出版社，復刻
鄭希成（2012）『老北京明居宅院』学苑出版社
中村圭弥・辛徳勇（2004）『中日古代城市比較』中国社会科学出版会
中共南京市委党史工作復公室・中共南京市委宣傳部（2011）『南京歴代風華』南京出版社
中国人民政治協商会議北京市委員会文史資料研究委員会編（1992）『文史資料選編』北京出版社
中国社会科学院考古研究所編（2010）『安陽殷墟小屯建築遺存』文物出版社
中国社会科学院考古研究所編集（1986）『明清北京城図』地図出版社
中国社会科学院考古研究所編（1984）『新中国の考古学』関野雄監訳，文物出版社，平凡社，1988.
中国社会科学院考古研究所編（2001）『殷墟の発現興研究』科学出版社
中国社会科学院歴史研究所・清史研究室編（1982）『清史論叢』第 4 輯，郭成康など著「清入関前満州八旗的固山額真」中華書局
中国社会科学院自然科学史研究所主編（1985）『中国古代建築技術史』中国科学出版社出版発行
仲建惟（1992）『北京市東城区地名志』北京出版社
周宝珠（1992）『宋代東京研究』河南大学出版社
周宝珠（2008）『《清明上河図興清明上河学》』河南大学出版社
周長山（2001）『漢代城市研究』人民出版社
周城（1988）『宋東京考』中華書局
朱文一編（2011a）『微視北京』当代北京城市研究叢書 1，精華大学出版社
朱文一編（2011b）『微視北京＆広角北京』当代北京城市研究叢書，2 精華大学出版社
朱一新編（1982）『京師坊巷志稿』，北京古籍出版社
朱偰（1936）『元大都宮殿考』商務印書館
朱偰（2006）『金陵古跡図考』中華書局
朱偰（2006）『建康蘭陵六朝陵墓図考』中華書局
朱士光主編（2003）『古都西安』西安出版社
左川・鄭光中編（1996）『北京城市計画研究論文集』中国建築工業出版社出版発行

欧語文献

Abu-Lughod, Janet L. (1989) "Before European Hegemony: The World System A.D. 1250-1350", Oxford University Press（ジャネット・L. アブー＝ルゴド（2001）『ヨーロッパ覇権以前：もう１つの世界システム』，佐藤次高・斯波義信・高山博・三浦徹一訳，岩波書店）

Akhmedov, A.(ed.) (1999) "The Cities and Routes of the Great Silk Road (on Central Asia Documents)", Sharg, Tashkent

Belsky, Richard (2005) "Localities at the Center Native Place, Space, and Power in Late Imperial Beijing", Harvert University Press

Boyd, Andrew (1962) "Chinese Architecture and Town Planning 1500BC.-A.D. 1911", Alec Tiranti

Bredon, Juliet (1922) "Peking, A Historical and Intimate Description of its Chief Places of Interest", T. Werner Laurie, Ltd. (Bredon, Juliet (2008), Soul Care Publishing)

Chaudhuri, K.N. (1978), "Trading World of Asia and the English East India Company, 1660-1760", Cambridge University Press

Chinese Academy of Social Sciences (CASS) (1985) "Concise Historical Atlas of China. Beijing" China Cartographic Publishing House.

Cody, Jeffrey W., Steinhardt, Nancy S. and Atkin, Tony (ed.) (2011) "Chinese Architecture and the Beaux-Arts", University of Hawai'I Press

Crump, J.I. (1964) "Intrigue; Studies of the Chan-kuo Ts'e", University of Michigan Press

Curtin, Philip D. (1984) "Cross-Cultural Trade in World History", Cambridge University Press（フィリップ・カーティン（2002）『異文化間交易の世界史』，田村愛理・中堂幸政・山影進訳，NTT出版）

De Veer, Gerrit (2010) "A True Description of Three Voyages by the North-East towards Cathay and China, Undertaken by the Dutch in the Years 1594, 1595 and 1596", Cambridge University Press

Dong, Madeleine Yue (2003) "Republican Beijing: The City and Its Histories", University of California Press

Elvin, M & Skinner, G.W (eds.) (1974) "The Chinese City between Two Worlds", Stanford University Press

Esherick, Joseph W. (2002) "Remaking the Chinese City: Modernity and National Identity, 1900-1950", University of Hawaii Press.

Faruqi, L.L. (1986) "The Cultural Atlas of Islam", Macmillan Publishing Company, New York

Forēt, Philippe (2000) "Mapping Chengde, The Qing Landscape Enterprise", University of Hawai'I Press

Funo, Shuji & Pant, M.M. (2007) "Stupa & Swastika", Kyoto University Press ＋ Singapore National University Press

Geiss, James (1979) "Beijing under the Ming (1368-1644)", Ph.D. Dissertation, Princeton University

Jackson, Peter (2005) "The Mongols and West, 1221-1410", Pearson, Longman

Lewis, J.W. (ed.) (1971) "The City in Communist China", Stanford University Press

Li Chi (1928), "The Formation of the Chinese People", Harvard University Press（李済（1943）『支那民族の形成』須山卓訳，生活社，1943）.

Li, Lillian M., Dray-Novey, Alison J. & Kong, Haili (2007) "Beijing From Imperial Capital to Olympic City", Palgrave Macmillan

Man, John (2006) "Kublai Khan: The Mongol King Remade China", Bantam Press

Mote, F.W. (1999) "Imperial China: 900-1800.", Harvard University Press

Nanda, Vivek (1990) "Urban Morphology and the Concept of 'Type' – A Thematic and Comparative Study of the Urban Tissue", School of Architecture CEPT, Ahmedabad

Naquin, Susan (2000) "Peling Temples and City Life, 1400–1900", University of California Press

Pant, M.M. & Funo, S. (2007) "Stupa & Swastika", Kyoto University Press + Singapore National University Press

Prakash, Om (1997) "European Commercial Expansion in Early Modern Asia", Variarum, Aldershot

Ratchnevsky, Paul (1993) "Genghis Khan: His Life and Legacy", Wiley-Blackwell.

Schinz, Alfred (1996) "The Magic Square Cities in Ancient China", Edition Axel Menges (梅青訳, 呉志強審, 何曉昕・干靚校 (2008)『幻方―中国古代的城市』中国工業出版社)

Shanley, Tom (2008) " Dominion: Dawn of the Mongol Empire", Tom Shanley

Shi, Mingzheng (1993) "Beijing Transforms: Urban Infrastructure, Public Works, and Social Change in the Chinese Capital, 1900–1928." PhD dissertation Columbia U.

Siren, Osvald (1924) "The Walls and Gates of Peking" (『北京的城牆和城 門』許永全訳, 北京燕山出版社, 1985).

Sit, Victor F S (2010) "Chinese City and Urbanism Evolution and Development", World Scientific

Skelton, R.A., Marston, Thomas E., and Painter, George D. (1995) "The Vinland Map and the Tartar Relation", Yale University Press

Skinner, G. William (ed.) (1977) "The City in Late Imperial China", Stanford University Press

Steinhardt, N.,S. (1990) "Chinese Imperial City Planning", University of Hawaii Press

Steinhardt, Nancy Riva Shatzman (1981) "Imperial Architecture under Mongolian Patron age: Khubilai's Imperial City of Daidu", a doctoral dissertation to the Department of Fine Arts of Harvard University

Steinhardt, Nancy Shatzman (1990) "Chinese imperial city planning" University of Hawaii Press

Song, Weijie (2006) "Mapping Modern Beijing: A Literary and Cultural Topography, 1900s–1950s.", PhD dissertation, Columbia University.

Strand, David (1993) "Rickshaw Beijing: City People and Politics in the 1920s", University of California Press.

Wallacker, B.E. at el (1979) "Chinese Walled Cities: A Collection of Maps from Sina Jōkaku no Gaiyō", The Chinese University of Hong Kong

Wan, Aihe (2000) "Cosmology and Political Culture in Early China", Cambridge University Press

Wang, Jun (2010) "Beijing Record: A Physical and Political History of Planning Modern Beijing" World Scientific.

Wheatley, P (1971) "The Pivot of the Four Quarters, Preliminary Enquiry into the Origins and Characters of the Ancient Chinese City", Aldine

Xu, Yinong (2000) "The Chinese City in Space and Time, The Development of Urban Form in Suzhou", University of Hawai'I Press

索　引（事項・地名／人名・神話人名）

■事項・地名索引

阿房宮　　18, 156, 165, 191-192, 203-204
アマラプラ　　104, 109, 538
アルマリク　　463
安史の乱　　63, 321, 442, 446
安陽　　3, 18, 131
渭水（渭河）　　18, 124-125, 133, 141-142, 147, 166, 183, 186-188, 191, 200, 598
一道三塗　　102, 112, 191
一明両暗　　520
一顆印　　519
『逸周書』　　139
イリ　　291
殷　　43, 125, 133, 136
　　殷墟　　9, 131, 133, 136-137, 152, 183, 609
院子（中庭）　　26, 517, 521
陰陽五行　　34, 37, 44, 156, 605
ウィグル　　131, 331, 443, 445, 462-463, 543
内法制（ダブル・グリッド）　　52, 85, 88, 249
　　→ダブル・グリッド
内蒙古（内モンゴル）　　124, 131, 617
宇宙　　31, 45, 149, 184, 599, 604
　　宇宙の縮図　　14-15, 183
ウランバートル　　464, 616
雲州　　453
雲南　　126, 473
衛　　142, 323
郢　　142, 147
嬴　　149, 358
永安宮　　204
永嘉の乱　　207
営州　　277
嬴州　　157
『営造方式』　　351
永寧寺　　359
滎陽　　142
『永楽大典』　　102, 213, 243

『易経』　　1, 232, 604
易田　　52, 59
越　　141, 368
『淮南子』　　501
エルデネ・ゾー　　口絵6, 464
燕　　140, 142, 235, 439, 440
燕雲十六州　　444, 447, 453
燕王府　　505
燕下都　　9, 143
円丘　　94, 173, 222-223, 359
燕京　　3, 439-440, 447, 456, 473, 603
垣曲商城　　136-137
偃師商城　　133, 136, 598, 601
『燕都叢考』　　504
洹北商城　　137
『園冶』　　357, 524
鄢　　156
横街　　244, 326, 606
甕城　　377, 446
王田制　　50, 62
鴨緑江　　281
オグス・カガン　　25, 26, 274, 471
オルド・バリク（斡耳朶，斡魯朶）　　7, 462, 464, 467, 471, 477, 484, 603
オルドス　　124
オルドワン文化　　127

夏　　32, 34, 125, 133, 596, 601
会稽郡　　368, 399
懐州城　　444
海上の盟　　456
回族　　287, 293, 315, 318, 349, 543
蓋天説　　41
開封　　3, 7, 18, 183, 287, 322, 336, 451, 473, 595, 601-602, 609
開平府　　468, 471, 473
夏営地　　474　→冬営地

カガン（可汗）　443, 447
夏官　38
華僑　130, 613
閣道　166
衙署　495, 546, 550, 595
夏正　500
家畜税　443
滑城　142
下都　142-143　→上都
曲尺　77, 79
河姆渡遺跡／河姆渡文化　124, 368
『華陽国志』　154
カラ・コルム　口絵 6, 2, 78, 462, 464, 596, 603, 616
嘉量　口絵 1
『嘉量』　75, 500
漢魏洛陽　→洛陽
『漢舊儀』　58, 188-189
漢尺　454
甘粛　295, 340, 520
『咸淳臨安志』　376, 379, 382
『漢書』　37, 127, 148, 186
　　『漢書』「食貨志」　55
　　『漢書注』　203
漢城　446, 458
観象台　口絵 2, 478, 491, 500
甘泉宮　156, 185, 193, 195
邯鄲　9, 131, 141-143, 147, 161
関中　52, 125, 207, 598
環塗　104, 112, 273, 606
　　環塗七軌　101
広東　27, 520, 613
『韓非子』　350
観風行殿　242
観文殿　243
堪輿　403, 512
咸陽　18, 141, 148, 152-154, 183, 186, 199, 598
　　咸陽宮　18, 156, 187, 199, 204
干欄式建築　368
冠礼　151, 154
魏　140-141
『魏史』　454
『冀州図』　216
『魏書』　209, 214, 225, 359, 600

魏晋南北朝　22, 77, 183, 231, 600
キタイ（契丹，遼）　3, 130-131, 278, 439, 444, 451-453, 596, 603, 607
『吉林外記』　457
『魏都賦』　209-210
紀南城　137, 142
旗民分居　535
儀邑　323
『日下旧聞』　541
『日下旧聞考』　479, 541, 546
宮闕　8, 132, 211, 275, 599
九州　34-35, 37, 104, 605
『旧唐書』　39, 276-277
九服　38, 104
九分其国　口絵 3
九六城　203, 225
鄴　7, 18, 73, 206-208, 227-228, 239, 274, 359, 401, 453, 599-600, 602, 605
『鄴中記』　209
鎬京　18
行在　321, 367
仰韶遺跡／仰韶文化　124
匈奴　130-131, 207, 209, 222, 274, 464
享保尺　79
御街　24, 325, 379, 398, 602, 615
曲江　247
極廟　18, 166, 187, 192, 199
曲阜　9, 142-143
曲沃　142-143
虚市　325, 602
御史台　382, 411, 484
居庸関　131
『儀礼』　90-91
金　131, 278, 439, 442
禁軍　238, 335-336
『金史』　458
金水河　326, 338, 481, 485, 496
金中都　→中都
『欽定工部則例』　357
『欽定古今図書集成』　127
『欽定大清会典』　541
『欽定万寿盛典』　541
『欽定礼記義疏』　8, 102
均田制　221, 223
均田法　50

索引

『欽天暦』　361
金墉城　205, 207
『金虜図経』　459
金陵　321, 399
『金陵古蹟図考』　400-401
九経九緯　口絵 3, 104, 189
グサ（固山）　528, 530, 539
鯨尺　79
グユク　467
グリッド（グリッド・システム）　35, 60, 108, 153, 210, 359, 468, 599-600, 616
　　シングル・グリッド　52, 85, 88, 249
　　　→芯々（心々，真々）制
　　ダブル・グリッド　52, 88, 490, 609
　　　→内法制
クリルタイ　1, 222
軍営　21, 336, 471
郡王府　546
郡県制　10, 63, 156, 440
『郡国志』　154
郡国制　63, 440
奚　442
薊　439-440, 456
瓊華島　476-477, 481
桂宮　136, 187, 193-194, 199
計口受田　214
京杭大運河　370, 377
景山　403, 480
京師　17, 331, 451, 508
『京師五城坊巷胡同集』　504
『京師坊巷志稿』　505
慶州城　444
京城　10, 17, 326, 414
京兆　287-288, 440, 474
『景定建康志』　400
経塗　112
　　経塗九軌　2, 100-101, 273
慶陵　444
景霊宮　330, 379-380
ケシク（近衛師団）　463
羯　130, 209
月壇　172, 512, 514
ゲル　口絵 6, 446, 456, 462, 515, 616
ケルレン　463
『元河南志』　102, 203, 225, 243

建業　321, 370, 399
乾元　1, 604
建康　18, 321, 359, 400
『建康実録』　401
『元康地道記』　203
県郷亭里　64, 68-69
『元史』　476, 608
元尺　78, 489, 608
『建州紀程図記』　529
建章宮　187, 193, 195, 358
遣隋使　276
元中都　→中都
限田令　61
遣唐使　276, 372
『乾道臨安志』　382
玄武門　411, 414
遣渤海使　276
『乾隆京城全図』　口絵 1, 2-3, 439, 565, 595
『乾隆八旬萬寿盛典図』　561
股　41
呉　141, 368
絳　141
後燕　207
黄河　10, 32, 124, 128, 133, 240, 325, 370
靠崖式　523
『康熙南巡図』　561
『孝経』　91
『孝経注』　91
『康熙六旬萬寿盛典図』　335, 561
高句麗　276, 616
鎬京　138, 156, 166, 183
考工記　→『周礼』「考工記」
勾股弦　41
郊祀　21, 183, 187, 228-229
「工」字形　481, 484
孔子廟（北京）　508
孔子廟（洛陽）　222
高車　131
後周　321
広州　291, 370, 609
杭州　3, 7, 18, 291, 473, 595, 603, 609
　　杭州姚園寺巷・梅花碑社区　609
皇城　20, 25, 239, 451
後晋　322, 447
後秦　207

江蘇	295, 520	鼓楼	209, 296, 326, 491, 495
黄巣の乱	287, 321	『混一疆理歴代国都之図』	408
公孫彌牟	350	墾田永代私財法	83
後趙	207-209, 214, 600	渾天儀	41, 491
広通渠	241	坤寧宮	414
皇帝祭祀	21, 169, 230, 599	昆明	526
『工程做法』	357	昆明池	193
後唐	447		
黄道十二星座	42	蔡	141
江南	132, 385	齊	161
江寧	399-400	西京	17, 457
工部尚書	240, 408, 476-477	西京鴨緑府	278, 281
『皇民祖訓』	504	『西京雑記』	148, 194
高麗	278, 372	西京大同府	17, 445, 453
高麗尺	79	『西京賦』	148, 231
興楽宮	156, 184, 186, 191, 199, 204	西犬丘（西垂）	141, 157, 199, 598
甲喇	528, 539, 595	西市	187
後梁	321-322, 324	『西都賦』	148
勾連塔	27, 334, 565	柵欄	528, 556, 595
鼓角	490	坐西朝東	20, 22, 83, 146, 154, 201, 228, 598-599
後漢	447, 599, 601	左祖右社	2, 8, 100, 229, 273
後漢洛陽	→洛陽	蠍座	42
午汲古城	64, 70	座南朝北	379
『故宮遺録』	481	座北朝南	20, 22, 152, 183, 201, 228, 599, 601
『五経正義』	90, 95		
五行相克説	46	左右民廛	8
五京の制	33, 278, 439-440, 445	沙拉依	523
『国語』	37	佐領	539
骨尺	75	三合院	519
『黒韃事略』	471	三黄五帝	157 →五帝
国中九経九緯	2, 19, 100, 273 →九経九緯	『三国志』	209
五胡十六国	130, 202, 207	三国時代	22, 206, 604
固山	→グサ	『三才図絵』	357
五丈河	326, 338	三銃暦	502
古蜀	153	三星堆遺跡	153
胡族	132, 240	三世一身法	83
『姑蘇繁華図』	613	三族制	67-68, 71-72
『五体清文鑑』	537	三朝五門	22, 200, 183, 228, 233-235, 326
五帝	37, 45, 133 →三黄五帝	三長制	63, 221, 223
胡同	303, 492-493, 517, 528, 546, 550, 553	三分損益法	44
死胡同（袋小路）	556	『三輔舊事』	188, 192
戸等制	336	『三輔決録』	188, 192
五服	34, 36-37, 605	『三輔黄圖』	59, 148, 161, 168, 186, 188
呉服尺	79	『三礼図』	248
五畝之宅	49-50, 70		

四夷　33, 226, 596, 605
シェラ・タラ（金蓮川）　467
『爾雅』　125
四海　34, 36
『史記』　31, 127, 133, 148, 186
『詩経』　31-32, 91
四行八門　264
時憲暦　502-503
四合院　口絵 1, 26, 349, 515, 598, 610, 613
始皇帝陵　18, 152, 163, 199, 598　→人名索引参照
『四庫全書』　537
死胡同（袋小路）　556　→胡同
『資治通鑑』　209
時辰　43
紫宸殿　238, 326
市制　24, 196, 602, 607
『至正金陵新志』　400
市朝一夫　2, 100, 274
市舶司　372
寺廟　527, 546, 550, 595
之罘山　158, 160
四分暦　501
徙民　128, 161, 214, 215
ジャアファル・ホージャ　460
『釈名』　71
社稷/社稷壇　口絵 1, 8, 102, 109, 172, 229
尺貫法　82
　曲尺　77, 79
　漢尺　454
　享保尺　79
　鯨尺　79
　骨尺　75
　呉服尺　79
　小尺　77, 79, 80
　折衷尺　79
　宋尺　489
　大尺　77, 79, 80
　竹尺　79
　唐尺　77, 454
　北魏尺　225
　又四郎尺　79
ジャムチ（駅伝）　464
ジャラン　531　→甲喇
周　17, 125, 133, 141, 440

『周易』　91, 206
『周易注』　91
十王殿　口絵 7, 275, 532, 616
『周官』　38
『周官伝』　91
秋官　38, 74
什伍の制　59, 67, 154
『十三経注疏』　90
『集史』　460, 468, 472, 475, 479
十字街　454, 464, 497, 531
十日十二辰　42
『周書』　32
周正　500
柔然　131
『十全記』　537
終南山　168, 598
『周髀算経』　41
十里一郷　64, 66-67
十里一亭　64, 67, 70
手巾寮　27, 565, 613
州県制　64
ジュシェン　→女直（女真）
寿春　141
授時暦　478, 502
十干十二支　34, 42, 605
『周礼』　2, 7, 54, 90, 91, 273, 595
　『周礼』「考工記」「匠人営国」　2, 7, 273, 495, 595
『周礼正義』　235
『周礼注』　39, 91
『周礼』都城モデル　口絵 3, 8-9, 23, 228, 321, 439, 596, 599, 604
寿陵　149, 163
閏月　247, 500
『荀子』　37, 71
春秋時代　10, 440
『春秋』　33, 54, 91
『春秋公羊伝』　33, 91
『春秋穀梁伝』　33, 48
『春秋左氏伝』　16, 33, 91
順天府　407
『淳祐臨安志』　382
商鞅尺　75
商鞅変法　53, 57, 79, 148, 154　→人名索引参照

索　引

商鞅升　75
商丘　134, 141
上京　17, 457
上京会寧府　7, 78, 457
上京龍泉府　276-279, 281, 286, 452, 602, 607
上京臨潢府　17, 443, 445, 451, 456-457
城隍廟　296, 508
襄国　207
小尺　77, 79-80
『尚書』　33-34, 70, 134
小城大郭　138, 146, 154, 598
尚書省　402, 459, 473, 475
『尚書伝』　91
匠人為溝洫　49, 95
「匠人営国」　→『周礼』
匠人建国　95
章台　156, 186, 199
城中村　口絵8
象天法地　537
上都　口絵5, 3, 9, 17, 471, 474, 596　→下都
襄汾　142-143
条坊　26, 82, 249
昭陽殿　358, 402
『乗輅録』　451
条里制　53, 80, 83, 249
上林苑　156, 185
鐘楼　口絵2, 209, 326, 491
『書記規範』　471
『書経』　91　→尚書
蜀　153
『蜀王本紀』　154
女真　→女直
ジョチ　2, 274, 467
女直（女真）　130-131, 133, 276, 439, 604, 607
ショップハウス　27
シラ・ムレン　213, 278, 439, 442, 453, 600, 603
新羅　276
紫欄厝　27　→手巾寮
『事林広記』　326
シリンゴル　463, 468
寝　151, 169, 183, 598
新　75

晋　141
秦　141, 183, 440, 598
讖緯　91, 202
『宸垣識略』　504, 541
秦王政　148, 202, 440, 601
親王府　546
侵街　73, 565
寝宮　151, 598
新疆　132, 291, 523
シングル・グリッド　52, 85, 88, 249
　　　　→芯々（心々, 真々）制
震国　277
『清式営造則例』　551
心宿　42
『晋書』　32, 40
芯々（心々, 真々）制　→シングル・グリッド
斟鄩　134, 137
新鄭　141-142
新田　141
『新唐書』　276-277
晋陽　141-142
瀋陽　口絵7, 531, 616
秦嶺山脈　125
隋　62, 274
『水経注』　70, 148, 184, 188, 209, 214, 223
『隋書』　32, 241, 243
隋大興城　→大興城
隋唐長安　→長安
『隋唐両京坊里譜』　264
趙衍　44
嵩山　161
枢密院　380, 484
スキタイ　274
朱雀門/朱雀門街　24, 325, 330, 602
崇徳殿　203, 205, 213
斉　44, 140, 142, 400
西安　3, 7, 18, 183, 289, 474, 595
青烏/『青烏経』　403
西夏　442
西華門　326, 411, 414, 476
西魏　62, 73, 274
盛京　口絵7, 275, 596
『盛京城闕図』　534
西亳　137
西郊祀天　22, 219, 222, 228, 600

652

靖康の変	132, 321	甑盧	446, 456
成周	95, 138, 141, 183	楚	140-141, 368
西周	20, 27, 598	宋	18, 141, 400
西戎	33	曹	142
西城東郭	146, 598	曹魏洛陽	→洛陽
星辰	183, 188, 199-200, 598	草市	325, 336, 602
西晋	228, 359, 599, 604	宋尺	489
清真寺	287, 296, 341, 349	宗主督護制	22, 25, 214, 221, 228, 600, 606, 615
西垂	149	崇天門	481, 490
井田制（井田法）/ 井田地割	35, 46, 50-51, 80, 605	宗廟	8, 21, 102, 169, 187, 229, 444, 598-599
成都	153-154, 291	崇文門	508, 563, 570
靖難の役	132	楚丘	142
『清明上河図』	322, 325, 336	『続漢書』	66, 189, 203
正陽門	414, 508, 570, 572	ソグド	331, 442
盛楽	207, 213	『祖訓録』	505
『析津志』	479, 490, 492	祖州城	444
積水潭	478, 495-496	租庸調	62
藉田	52	『孫子』	10
赤眉の乱	202		
薛	142	大諲譔	278
浙江	368, 520	太陰太陽暦	500
折衷尺	79	太液池	245, 440, 480, 485, 496
節度使	322, 443	大契丹国	443, 454
『説文』	54	太行山脈	439
前燕	207-209	『大業雑記』	242
顓頊暦	502	『大金国史』	276, 458
戦国七雄	31, 140, 440	太原	493, 517
前秦	207, 209	代県	493, 517
前趙	207	大元ウルス	1, 2, 183, 462, 456, 467, 472, 603
前殿・東西2堂形式	186, 199, 206, 227-228	大興安嶺	131, 600
前店後宅	563	太閤検地	80, 82
遷都	207, 359, 458, 504, 531	大興城	口絵4, 24, 239, 241, 601
銭塘江	368, 370, 377	代国	131
『全唐文』	243	大極殿	234, 599
穿斗式（貫構造）	521	太極殿	22, 183, 202, 227-228, 402, 599-600, 604
先農壇	514	大雑院 / 大雑院化	口絵8, 27, 347, 349, 610
阡陌	10, 51, 53, 56, 67, 154, 605	泰山	151, 156-157, 159
鮮卑	22, 62, 73, 130-132, 202, 207, 213, 239-240, 274, 439, 453, 600	太史局	326, 478, 491
宣武門	458, 508, 570	大尺	77, 79-80
千歩廊	408, 414	台城	402
潜埋	170	太初暦	502
宣陽	141	『大清会典』	546
宣陽門	229, 601		

653

代制地割　84
大政殿（八角殿）　口絵 7, 532, 616
太倉　186-187, 193, 199
代田制　51, 60
大都　口絵 1, 1, 18, 439-440, 462, 473-474, 596
大同　131, 213, 454
『大唐開元礼』　330
『大唐大典（大唐六典）』　230-231, 238
『大同府志』　216
太廟　口絵 1, 228, 359
太武帝　216, 220, 600
太平天国　130, 375, 399
大宝律令　79-80
大明宮　238, 245
太陽暦　500
大理　473
大遼　443, 447
抬梁式（柱梁構造）　519, 521
太和殿　口絵 1, 481, 500
宅地班給　20, 605
タタール　509
ダブル・グリッド　52, 88, 490, 609
　→内法制
段（反）　80, 82
壇廟　26, 599
丹陽　141
地官　49, 74
竹筒屋　27, 565, 613
竹尺　79
『竹書紀年』　134
地皇　155
地壇　172, 512
地中（土中）　94, 139, 161, 214, 601
馳道　161, 191, 243, 358
チベット　130, 473, 543
チャガタイ　2, 274, 467
チャンパ　372
中央宮闕　8, 281, 321, 325, 601
中京　451, 457
中京顕徳府　277-281
中京大定府　17, 445, 456
中原　32, 183, 239
中国都城論　3, 7, 25, 595-596
中山　142, 422

中州（中国）　35
中心台　口絵 2, 480, 490-491
中朝　102, 233
中都　3, 18, 473, 474, 603
　　中都（金）　238, 467, 474, 603
　　中都（元）　口絵 5, 7, 238, 469, 497, 617
中牟　141
中書省　380, 402, 411, 484
趙　140-141, 161
長安　7, 9, 11, 17-18, 20, 24, 142, 183, 200, 228, 239, 276, 439, 474, 493, 595
長安都城モデル　口絵 4
『長安志』　148, 243, 259, 264
『長安志図』　148, 188-189, 243
『長安図碑題記』　243
朝賀 / 朝賀の礼　20, 326
朝会　136, 326
張家口　131
朝議　204-206, 230-231
長江　124, 128, 368, 370, 372
『朝市廛里図』　8, 102
長城　124, 162, 240
『朝市叢書』　504
聴政殿　209, 211, 228, 600
朝堂　206, 213, 227-228, 231, 238, 402
朝陽門（地区）　416, 543, 570, 573, 609
長楽宮　136, 186-187, 193-194, 200, 204, 207, 358
直道　161-162
竹楼　515
陳　141
鎮市（市鎮）　10, 325, 602
『陳書』　32
陳梁プラン　571
通恵河　478, 485, 496, 507
通済渠　242
『鄭玄注』　21, 39, 110, 601　→人名索引参照
鄭国渠　162
鄭州　3, 133, 136-137, 183, 609
邸店　330-331, 613
定陶　184, 601
『輟耕録』　476-477, 479, 481
『哲匠録』　359
哲瑪堤　301, 305
テュルク　1, 274, 497, 604

654

デリー　473, 611
天（テングリ）　1, 40, 274, 604
天円地方　41-42, 189
天下　21, 31, 230, 596, 604
天官　74
天干地支　42
天極　166, 206
佃戸　336
『天工開物』　357
天山山脈　463
天子　24, 408, 599
『天咫偶聞』　504
天井　27, 521
天人合一　口絵7, 537
田制　46, 51, 59, 67, 69, 80
天壇　172, 512, 514
天皇　155
天命思想　45
転輪聖王（チャクラ・ヴァルティン）　24, 239, 473
『東方見聞録』　468
唐　11, 62, 274, 276
冬営地　474　→夏営地
東華門　326, 411, 414, 476
東魏　62, 73, 208-209, 274, 599
東京開封府　17　→開封
『東京夢華録』　322, 325, 336
東京龍原府　277-280
東京遼陽府　17, 445, 452　→遼陽
冬官　21
東宮　211, 219, 476, 481
東京城　9, 281
東闕　186, 199
倒座　517
唐尺　77, 454
銅雀園　209, 600
銅雀台　209, 359
登州　277
東周　95, 140, 202, 601
同州　493, 517
東晋　228, 359, 400
銅駝街　226, 229, 601
東丹国　447, 452
『同治上江両県志』　400
登封　134, 161

『東方諸国旅行記』　466
東牟山　277, 279
東門闕　157, 199, 598
『唐両京城坊攷』　243-244, 259, 264, 268, 273
『唐六典』　77
都江堰　162
斗城　188
突厥　131
吐蕃　443
度量衡　53, 74, 77, 154, 156　→尺貫法
屯田制　61-62

ナインスクエア　口絵7, 35, 37, 47, 51-52, 448
長岡京　17
哪吒太子　479, 495
中庭式住宅　口絵6
南京　2-3, 7, 17-18, 278, 281, 291, 439, 444-445, 447, 456, 473, 595, 604, 609
南宮　202-203, 211, 226, 601
南郊　94, 173　→北郊
『南斉書』　221, 225
南朝　228, 401
南斗　599
南唐　400
南蛮　33, 130
二宮制　203, 206
二至二分　42, 500
二十四節季　42, 501
二十八宿　41-42
日壇　172, 512, 514
日晷　口絵1, 500
日清戦争　375
日中戦争　418
『日知録』　17
難波京　85
『日本書紀』　17, 82
日本租界　375
二里岡　133
二里頭　124, 133, 596, 601
ニル（牛禄）　528, 531, 539, 595
ヌトゥク　462
寧波　368
熱河　538

655

索　引

『農業余話』　479

バーグ（庭園）　470, 603
バーザール　613
貝子府　546
陪都　17-18, 137, 601
パイン・ゴール　445
パオ　616
亳　133, 137
白城子遺址　7
白村江の戦い　276
バグダード　11, 472
パスパ　473
八街九陌　59
客家　517
八旗　口絵7, 21, 25-26, 275, 291, 539, 604-605, 616
『八旗通志』　535
『八旗通志初集』　531
八卦　536
八紘　34, 39, 605
ハル・バルガス（ハルボヘン・バルガス）　444, 617
蕃客　293
版築　124, 163
班田収授法　62, 82
半坡遺跡　124
ハンバリク　460
盤龍城　136-137
鄙　123, 140
未央宮　136, 184, 186-187, 191, 193-194, 199-200, 203-204, 227, 358, 528
廂　335, 385
避暑山荘　538
白虎観会議　21
百刻制　43
廟　152, 169, 183
風水　357, 403, 512
封禅の儀　151, 156-157
『風俗通』　53
封泥　166
フェアラ（佛阿拉）　529
福州　291, 609
復道（複道）　166, 192, 200, 599
『武経綜要』　10

藤原京　9, 17, 85, 234, 276
府第　359, 546
福建　27, 374, 520, 613
フフホト（呼和浩特）　143
フレグ・ウルス　2, 467
文昌殿　209, 211, 228, 599-600
文成帝　216, 600
平安京　239, 276, 601, 607
平壌　276
平城　20, 24, 72, 207, 210, 228-229, 239, 274, 401, 453, 599-600, 605
平城京　7, 9, 85, 239, 276, 286, 601, 607
兵馬俑　148, 157
平陽　141, 147
辟雍　187, 197, 203, 599
『北京市街巷名称録』　505
北京臨潢府　457
ヘトアラ（赫図阿拉）　529
汴河　326, 338
汴州　287, 323
編鐘　44
坊巷　327, 331
方丘　94, 222
鄴京　156, 183, 200
方九里　2, 19, 100, 104, 273, 442, 460
法源寺　440, 442, 447
奉元路城　287, 289
旁三門　口絵3, 2, 19, 100, 189, 442, 495
方士　599
方丈　157, 195
坊墻制　23, 46, 183, 202, 221, 228, 275, 600, 602, 604, 606-607, 615
坊制　10, 46, 451, 456
坊正　73, 222
方万里　34, 37
蓬莱　157, 195
奉陵邑　443-444, 454
房廊　334, 613
仿六国宮　156, 165
牧　136
北魏　202, 439, 453, 600
北魏洛陽　→洛陽
『木経』　351
『北史』　209
『墨子』　10, 66

北魏尺　225
北周　62, 209, 228, 235, 239, 274
北斉　62, 208-209, 274, 599
『北斉書』　32, 209
北狄　33, 130, 132
北斗　599
『北平廟宇通検』　546-547
北平　440, 504
『北平廟宇通検』　505
北涼　207
『法華経』　219
渤海　9, 276, 444, 602, 607
北宮　136, 187, 193-194, 199-200, 202-204, 211, 601
北闕　9, 20, 186, 199, 202, 211, 228, 274, 281, 325, 454, 602
北郊　94, 173　→南郊
北方遊牧民族　22, 34, 202, 239, 439, 603
歩里法　78

マカオ　614
又四郎尺　79
鞦韆　276
秣陵　399
満洲　131-132, 277, 289, 439, 456, 596, 616
『満州実録』　530
満城　287, 289
マンダレー　104
万年県　247
万年暦　478
明十三陵　171
『夢渓筆談』　351
『夢梁録』　380, 382
明州　374
明堂　24, 94, 197, 203, 223, 226, 240, 326, 359, 601
面朝後（后）市　2, 100, 274
蒙古包　446, 456
『孟子』　35, 40, 54, 68
『毛詩伝』　91
『唐土名勝図會』　505
モン・クメール　130
モンゴル　口絵2, 1, 78, 131, 439, 474, 543, 604, 616
モンチョパット　33

夜禁　324
八字布局　532
夜市　330
野塗　112
　野塗五軌　101
八連城　280
幽州　439-440, 447, 452, 456
邑制　59, 63, 67, 70
　邑制国家　123
ユルト　462
雍　141-142, 147, 151-152, 200, 598
姚園寺巷・梅花碑社区　→杭州
雍五畤　151, 197, 201
陽城　134, 142
『容成氏』　33
『雍譚』　188
窰洞（ヤオトン）　515
養老令　82
『雍録』　148, 243

『礼記』　22-33, 34-35, 90-91
『禮器図』　8, 102
『礼記正義』　235
『楽経』　91
雛邑　94, 183, 350
洛陽　3, 7, 17-18, 183, 200, 207, 595, 601
　洛陽（漢・魏）　202, 223
　洛陽（後漢）　202, 599
　洛陽（曹・魏）　22, 206, 228-229, 599
　洛陽（北魏）　9, 22, 24, 228-229, 239, 401, 601
『洛陽伽藍記』　223, 225, 359
楽浪郡治　9
ラサ　291, 523
ラマ教　464, 546
里　10, 46, 68, 72-73, 80, 82, 222, 387, 460, 600
六街　252, 606
六宮六寝　102
六朝　10, 401
六盤山　464, 474
驪山　149, 163
律令　62, 82
龍山文化　124
龍盤虎踞　403

657

閭　　　68, 72, 111
梁　　　400
遼　　　131, 439, 442, 603　→キタイ
『両京新記』　243, 259, 264
両京体制　　504, 508
『遼史』　　445-447, 453-454
『梁書』　　32
良渚文化　　368
陵寝　　169, 204, 599
遼西　　124
両税法　　336
遼東　　162, 277, 529
両都制　　17, 467, 473
『両都賦』　231
陵邑　　198, 204
『呂氏春秋』　35, 48, 163
盧帳（ゲル）　478
閭里　　68, 184, 198
臨安　　18, 20, 132, 367

臨淄　　142
臨汾　　493, 517
盧舎　　48, 199, 201, 599, 605
霊渠　　165
澧水　　183
霊星門　　481, 490
麗正門　　485, 490, 496
霊台　　203, 226, 601
暦法　　42, 156, 500
櫟陽　　141, 147-149, 153-154, 598
魯　　　142
琅邪山　　158-160
魯班　　355
『論語』　　91
『論衡』　　42, 45
『論語訓説』　91

淮河　　128, 370
倭寇　　374

■人名・神話人名索引

アユルパルワダ（仁宗）　497
アブー・サイード　　471
アラー・ウッディーン・ジュヴァイニー
　　466
アリク・ブケ　467, 497
安禄山　　442
イブン・バットゥータ　471
禹　　34, 44, 134
ルブルク，ウィリアム　466, 471
宇文愷　　口絵4, 24, 239-240, 287, 358, 360,
　　595, 601, 603, 606
嬴政　　358　→始皇帝
永楽帝　　132, 604
王桀　　134
王国維　　75, 77
王充　　42, 45
王通　　365, 507
王莽　　21, 62, 67, 75, 187, 202, 204, 358, 599
オゴデイ・カーン　口絵6, 274, 467
オッチギン　　274

海望　　527
郭守敬　　365, 477-478, 491
郭璞　　403
何稠　　360
狩谷棭斎　　75
賀婁子幹　　241, 360
クビライ・カーン　1, 2, 239, 468, 473, 474
クベーラ　　479
恵帝　　187, 189, 207
阮安　　365, 508
献公　　147, 150
玄宗　　10, 277
献文帝　　216, 222, 600
乾隆帝　　口絵1, 3, 133, 239, 366, 375
康熙帝　　127, 133, 375
高熲　　239-240, 360, 601
高鶚　　476-477, 481
洪秀全　　130, 375
黄帝　　133
昊天上帝　　173
光武帝　　170, 202-204

索　引

洪武帝　　239, 604
孝文帝　　62, 214, 216, 221-223, 228-229, 239, 359, 600, 602
顧炎武　　17

蔡邕　　172
始皇帝　　154, 598
始皇帝　　18, 183
史思明　　442
司馬遷　　91, 127, 133, 358
ジャアファル・ホージャ　　460
ジャライル　　471, 474
周公旦　　46, 350
朱熹　　54, 362
朱元璋　　365
喩皓　　351
朱全忠　　287, 321-322, 371
舜　　134
商鞅　　53, 55, 60, 154
蕭何　　187, 358
蒋介石　　417, 440
徐松　　243, 268, 273
仁徳蕭皇后　　361, 451
石敬瑭　　447
石勒　　209, 214
曹叡　　402, 599
曹操　　62, 206, 208, 359, 599
曹丕　　209
蘇軾（蘇東坡）　　372

大欽茂　　277, 279
大祚栄　　276-277
戴震　　102
拓跋珪　　72, 213　→道武帝
拓跋宏　　223, 359
拓跋晃　　220
趙匡胤　　321-322
張浩　　362, 458
張衡　　91, 231, 366
張柔　　476, 477
チンギス・カーン　　1, 274, 462, 474, 616
陳珪　　365, 507
鄭玄　　39, 90, 173
鄭和　　133
湯王　　133, 136

陶宗儀　　476-477, 479, 481
董仲舒　　55, 61
道武帝　　72, 207, 213, 216, 219, 221-222, 229, 600
徳公　　147, 150
トゴン・テムル（恵宗）　　497
突欲　　447, 452
杜甫　　361
鳥居龍蔵　　279
トルイ　　463
トルマチョフ，V.　　457-458

ヌルハチ　　291, 616

白居易　　361, 371
馬融　　91, 94
班固　　55, 127, 231
盤古　　133
標（朱允文・建文帝）　　504
伏羲　　44, 133
武則天　　277
武帝（漢）　　21, 55, 60, 77
武帝（元）　　238, 497
プラノ・カルピニ，I.　　466
フリン（福倫，順治帝）　　528
文帝（漢）　　64, 77
文帝（隋）　　24, 239, 601-602
文帝（魏）　　170
ボードーパヤー　　104, 538
ホンタイジ（皇太極）　　528, 616

マテオ・リッチ　　538
マルコ・ポーロ　　367, 468
明帝　　170, 204
蒙恬　　162, 358
モンケ（憲宗）　　460, 467

也黒迭児　　365, 476-477, 481
野速不花　　476-477
耶律阿保機　　278, 443-444, 446, 452
耶律堯骨　　444, 447
耶律楚材　　475
有巣氏　　350
楊守敬　　184

659

陽城延　　187, 358
雍正帝　　133
楊素　　241, 360, 370
煬帝　　132, 240, 370

ラシード・ウッディーン　　472, 479
李好文　　188-189, 243
李沖　　359
李白　　361
劉歆　　21, 75, 502
柳升　　365, 507

劉秉忠　　口絵 5, 9, 24, 358, 365, 467-468, 476-478, 596, 603, 608
劉徹　　187, 358
劉邦　　184, 358
劉龍　　240, 360
梁思成　　354, 551, 571
呂太后　　187
呂大防　　243
呂不韋　　163, 202
婁敬　　185

著者紹介

布野　修司（ふの　しゅうじ）

滋賀県立大学大学院環境科学研究科教授　副学長
1949年，松江市生まれ．工学博士（東京大学）．建築計画アジア都市建築史専攻．東京大学工学研究科博士課程中途退学．京都大学大学院工学研究科助教授 を経て現職．
『インドネシアにおける居住環境の変容とその整備手法に関する研究』で，日本建築学会賞（1991年），『近代世界システムと植民都市』（京都大学学術出版会，2005年）で，日本都市計画学会賞論文賞（2006年），また，『韓国近代都市景観の形成』（京都大学学術出版会，2010年）で日本建築学会著作賞を受賞．

主な著書

『カンポンの世界』（パルコ出版，1991年）．『住まいの夢と夢の住まい：アジア居住論』（朝日新聞社，1997年）．『曼荼羅都市』（京都大学学術出版会，2006年），"Stupa and Swastika" Kyoto University Press + NUS Press, 2007（M.Pantとの共著），『ムガル都市：イスラーム都市の空間変容』（京都大学学術出版会，2008年，山根周との共著）『韓国近代都市景観の形成』（京都大学学術出版会，2010年，韓三建・朴重信・趙聖民との共著），『グリッド都市：スペイン植民都市の起源，形成，変容，転生』（京都大学学術出版会，2013年，ヒメネス・ベルデホ　ホアン・ラモンとの共著），『景観の作法：殺風景の日本』（京都大学学術出版会，2015年）など．

大元都市――中国都城の理念と空間構造　　　　©Shuji Funo 2015

2015年2月27日　初版第一刷発行

著　者　布　野　修　司
発行人　檜　山　爲　次　郎
発行所　京都大学学術出版会
　　　　京都市左京区吉田近衛町69番地
　　　　京都大学吉田南構内（〒606-8315）
　　　　電話（075）761-6182
　　　　FAX（075）761-6190
　　　　URL　http://www.kyoto-up.or.jp
　　　　振替　01000-8-64677

ISBN 978-4-87698-322-3
Printed in Japan

印刷・製本・装丁　㈱クイックス
定価はカバーに表示してあります

本書のコピー，スキャン，デジタル化等の無断複製は著作権法上での例外を除き禁じられています．本書を代行業者等の第三者に依頼してスキャンやデジタル化することは，たとえ個人や家庭内での利用でも著作権法違反です．